Das Bürgerliche Gesetzbuch

mit besonderer Berücksichtigung der Rechtsprechung
des Reichsgerichts und des Bundesgerichtshofes

Kommentar

herausgegeben von Mitgliedern des Bundesgerichtshofes

12. neubearbeitete Auflage

12. Lieferung

§§ 433 bis 534

Bearbeiter: Hans-Robert Mezger

13. Lieferung

§§ 688 bis 700

Bearbeiter: Günter Krohn

W DE G

1975

Walter de Gruyter · Berlin · New York

Verzeichnis der Bearbeiter der 12. Auflage:

Richter am BGH *Richard Alff;* Senatspräsident a. D. Dr. *Georg Augustin;* Richter am BGH *Werner Ballhaus;* Bundesrichter a. D. Dr. *Franz Finke;* Richter am BGH Dr. *Otto-Friedrich Freiherr von Gamm;* Bundesrichter a. D. Dr. *Wolfgang Gelhaar;* Vizepräsident des BGH a. D. *Roderich Glanzmann;* Bundesrichter a. D. Dr. *Georg Heimann-Trosien;* Vorsitzender Richter am BGH Professor *Kurt Herbert Johannsen;* Richter am BGH *Heinz Knüpfer;* Richter am BGH Dr. *Friedrich Kreft;* Präsident des OLG Celle i. R. Dr. *Wilhelm Kregel;* Richter am BGH Dr. *Günter Krohn;* Vorsitzende Richterin am BGH Dr. *Gerda Krüger-Nieland;* Bundesrichter a. D. Dr. *Hans-Robert Mezger;* Richter am BGH *Josef Mormann;* Richter am BGH Professor Dr. *Karl Nüssgens;* Richter am BGH *Heinz Pikart;* Richter am BGH Dr. *Gerhard Rothe;* Bundesrichter a. D. Dr. *Claus Seibert;* Richter am BGH Dr. *Erich Steffen;* Vorsitzender Richter am BGH Dr. *Reinhold Weber;* Professor Dr. *Wilhelm Wengler;* u. a.

Bei Umstellung der Kommentierung auf Randnummern wird das Werk nicht mehr durchpaginiert; es erscheinen jeweils einzelne Abschnitte als Lieferungen, wobei keine bestimmte Reihenfolge eingehalten werden soll. Jeweils bei Vorliegen aller Lieferungen wird — bei Aufteilung entsprechend der Vorauflage — eine Einbanddecke geliefert. Diese Erscheinungsweise ermöglicht es, die eingehenden Manuskripte unabhängig von der Reihenfolge des Gesetzes zu veröffentlichen. Die einzelnen Lieferungen werden in der Reihenfolge ihres Erscheinens durchnumeriert — die Numerierung wird also mit der Reihenfolge des Gesetzes nicht übereinstimmen.

Bisher liegen vor:

Lieferung 1: §§ 812– 822
Lieferung 2: §§ 1922–2064 (Band V 1. Teil)
Lieferung 3: §§ 2147–2196
Lieferung 4: §§ 701– 779
Lieferung 5: §§ 21– 89
Lieferung 6: §§ 241– 258
Lieferung 7: §§ 662– 687
Lieferung 8: §§ 362– 397
Lieferung 9: §§ 780– 811
Lieferung 10: §§ 158– 185
Lieferung 11: §§ 2197–2273
Lieferung 12/13: §§ 433– 534 und §§ 688– 700
Lieferung 14: §§ 259– 304

ISBN 3 11 005807 3
Subskription: ISBN 3 11 005806 5

Printed in Germany.

Satz und Druck: H. Heenemann KG, Berlin 42

Bindearbeiten: Lüderitz & Bauer, Berlin 61

SIEBENTER ABSCHNITT

Einzelne Schuldverhältnisse

I. Einleitung 1

Während das zweite Buch des Bürgerlichen Gesetzbuches in seinen ersten sechs Abschnitten allgemeine Lehren über Schuldverhältnisse enthält, wendet sich der siebente Abschnitt den einzelnen Schuldverhältnissen zu. Er ist wie folgt **gegliedert:**

1. Titel: Kauf. Tausch. §§ 433—515.
- **I. Allgemeine Vorschriften. §§ 433—458.**
- **II. Gewährleistung wegen Mängel der Sache. §§ 459— 493.**
- **III. Besondere Arten des Kaufes. §§ 494—514.**
  - **1. Kauf nach Probe. Kauf auf Probe. §§ 494—496.**
  - **2. Wiederkauf. §§ 497—503.**
  - **3. Vorkauf. §§ 504—514.**
- **IV. Tausch. § 515.**

2. Titel: Schenkung. §§ 516—534.
3. Titel: Miete. Pacht. §§ 535—597.
- **I. Miete. §§ 535—580.**
- **II. Pacht. §§ 581—597.**

4. Titel: Leihe. §§ 598—606.
5. Titel: Darlehen. §§ 607—610.
6. Titel: Dienstvertrag. §§ 611—630.
7. Titel: Werkvertrag. §§ 631—651.
8. Titel: Mäklervertrag. §§ 652—656
9. Titel: Auslobung. §§ 657—661.
10. Titel: Auftrag. §§ 662—676.
11. Titel: Geschäftsführung ohne Auftrag. §§ 667—687.
12. Titel: Verwahrung. §§ 688—700.
13. Titel: Einbringung von Sachen bei Gastwirten. §§ 701—704.
14. Titel: Gesellschaft. §§ 705—740.
15. Titel: Gemeinschaft. §§ 741—758.
16. Titel: Leibrente. §§ 759—761.
17. Titel: Spiel. Wette. §§ 762—764.
18. Titel: Bürgschaft. §§ 765—778.
19. Titel: Vergleich. § 779.
20. Titel: Schuldversprechen. Schuldanerkenntnis. §§ 780—782.
21. Titel: Anweisung. §§ 783—792.
22. Titel: Schuldverschreibung auf den Inhaber. §§ 793—808.
23. Titel: Vorlegung von Sachen. §§ 809—811.
24. Titel: Ungerechtfertigte Bereicherung. §§ 812—822.
25. Titel: Unerlaubte Handlung. §§ 823—853.

2 **II. Entstehungsgrund**

1. Entstehungsgrund der einzelnen Schuldverhältnisse ist grundsätzlich entweder ein *Rechtsgeschäft*, und zwar meist ein *Vertrag* (§ 305), oder ein *gesetzlich bestimmter Tatbestand*. Das BGB regelt im 7. Abschnitt des zweiten Buches eine Reihe von Vertragstypen, die bei seiner Abfassung am wichtigsten erschienen. Weitere typische Vertragsverhältnisse sind in besonderen Gesetzen geregelt. Zu nennen sind hier:

a) der Versicherungsvertrag. Vgl. das Versicherungsvertragsgesetz v. 30. 5. 08 und für die Seeversicherung die §§ 778 ff HGB.

b) der Verlagsvertrag. Vgl. das Ges. über das Verlagsrecht v. 19. 6. 01.

c) die Altenteilsverträge. Für sie gilt nach Art. 96 EGBGB Landesrecht.

d) Abzahlungsverträge. Vgl. Ges. betr. die Abzahlungsgeschäfte v. 16. 5. 95 i. d. Fass. v. 1. 9. 69 u. v. 16. 5. 74.

e) Die vornehmlich von Kaufleuten geschlossenen Verträge, die im HGB geregelt sind: Handelskauf, Kommissionsgeschäft, Speditionsgeschäft, Lagergeschäft, Frachtgeschäft, Seehandel.

3 2. Das Recht der Schuldverhältnisse wird weitgehend vom **Grundsatz der Vertragsfreiheit** (vgl. vor § 433 Rdn. 98 ff) beherrscht. Dieser Grundsatz führt dazu, daß die Vertragschließenden eine gesetzlich geregelte Vertragstype nach ihren Sonderwünschen und ihren besonderen Verhältnissen abändern und umgestalten dürfen (inhaltliche Gestaltungsfreiheit), und zum anderen, daß Verträge eigener Art geschlossen werden dürfen. Auch können die Parteien sog. gemischte Verträge schließen, die Bestimmungen verschiedener Vertragstypen enthalten.

4 3. **Verträge eigener Art** sind:

a) das Vinkulationsgeschäft (vgl. vor § 433 Rdn. 17),

b) der Garantievertrag (RG **146** 120; **163** 91; vgl. § 459 Rdn. 28),

c) die Schuldmitübernahme (BGH **6** 385),

d) der Schiedsgutachtervertrag (RG **152** 201; **153** 193; BGH **6** 335; **17** 366,

e) der Schiedsrichtervertrag (RG **94** 210; BGH **15** 12),

f) der Trödelvertrag, durch den der Trödler ermächtigt wird, eine fremde Sache zu einem festgesetzten Mindestpreis zu veräußern und den Mehrerlös für sich zu behalten oder die Sache zurückzugeben — der Trödler hat kein Eigentum, sondern nur eine Veräußerungsbefugnis —,

g) die Tarifverträge (BAG **4** 133),

h) der Lizenzvertrag (vgl. vor § 433 Rdn. 22),

i) der Bühnenaufführungsvertrag (BGH **13** 115),

k) der Filverwertungsvertrag (BGH **2** 331; **9** 264; vor § 433 Rdn. 22).

Veränderte Formen der Unternehmensführung haben in letzter Zeit ganz **neue Vertragstypen** herbeigeführt, wie etwa

l) Factoring-Vertrag, Forfaitierung (vor § 433 Rdn. 58),

m) Leasing oder Mietkauf (vor § 433 Rdn. 24),

n) Baubetreuungsvertrag (s. *Mattern* WM **72** 670).

ERSTER TITEL

Kauf. Tausch

Vorbemerkung

Vor § 433

Übersicht

	Rdn.
I. Wesen des Kaufes	1–5
1. Allgemeines	1
2. Der Kauf als schuldrechtlicher Vertrag	2
3. Kauf und Erfüllungsgeschäft als getrennte Geschäfte	3–5
a) Allgemeines	3
b) Doppelverkauf	4
c) Kauf und Erfüllung als wirtschaftliche Einheit	5
II. Die Abgrenzung des Kaufvertrags gegen andere Verträge	6–28
1. Tauschvertrag	7
2. Geldwechselgeschäft	8
3. Eigenhändlervertrag	9
4. Energieversorgungsvertrag	10
5. Zeitschriftenlieferungsvertrag	11
6. Werkvertrag und Werklieferungsvertrag	12
7. Mästvertrag	13
8. Kommissionsvertrag	14
9. Tankstellenvertrag	15
10. Bank- und Börsenverträge	16–20
a) Wechseldiskont	16
b) Vinkulationsgeschäft	17
c) Auszahlungsgeschäft	18
d) Differenzgeschäft	19
e) Börsentermingeschäft	20
11. „Rückkauf" von Verträgen	21
12. Lizenzvertrag	22
13. Grundstücksausbeutungsvertrag	23
14. Leasing, Mietkauf	24
15. Gesellschaftsvertrag	25
16. Switch-Vertrag	26
17. Betriebliches Ruhegehaltsversprechen	27
18. Freihändiger Verkauf durch Gerichtsvollzieher	28
19. Grabstellenvertrag	29
III. Einteilung des Kaufrechts des BGB	30–32
1. Kauf von Sachen und Rechten	30
2. Kauf beweglicher Sachen und Grundstückskauf	31
3. Stückkauf und Gattungskauf	32
IV. Arten des Kaufes	33–68
1. Allgemeines	33
2. Einzelne Vertragsarten	34–68
a) Dauerverträge	34–38
aa) Kauf mit Ausschließlichkeitsbindung	34
bb) Sukzessivlieferungsvertrag	35
cc) Wiederkehrschuldverhältnis	36
dd) Bezugsvertrag	37
ee) Kauf auf Abruf	38
b) Handelskauf	39–44
aa) Allgemeines	39
bb) Bestimmungs- oder Spezifikationskauf	40
cc) Fixhandelskauf	41
dd) Kauf nach Gewicht	42
ee) Selbsthilfeverkauf, Notverkauf	43
ff) Handelsbrauch, Handelsklauseln	44
c) Sonstige Kaufverträge des Handels	45–49
aa) Deckungskauf	45
bb) Akkreditivgeschäft	46
cc) Abladegeschäft	47
dd) Handelsklassen, Handel mit Futtermitteln, Saatgut	48
ee) Verträge der Einfuhr- und Vorratsstellen	49
d) Lieferungskauf	50
e) Kauf mit Kaufschein	51
f) Kreditkauf, Kauf mit Kreditkarte	52
g) Abzahlungskauf	53
h) Handkauf	54
i) Kauf durch Selbstbedienung	55
k) Automatenverkauf	56
l) Kauf „an der Haustür"	57
m) Factoring, Forfaitierung	58
n) Erprobungskauf	59
o) Kauf auf Umtausch	60
p) Kauf unter Vorbehalt eines besseren Gebots	61
q) Konditionskauf	62
r) Hoffnungskauf	63
s) Kauf einer künftigen Sache	64
t) Kauf unter Vorbehalt des Rücktritts bei Verzug in der Zahlung des Kaufpreises	65
u) Sicherungskauf	66
v) Ankaufsrecht	67
w) Kauf eines Eigenheims oder einer Eigentumswohnung	68
V. Vertragsschluß	69–97
1. Allgemeines	69
2. Antrag	70–75
a) Bindungswille	70
b) Antrag durch Bereitstellen der Ware	71
c) Übersendung unbestellter Waren	72
d) Ausschluß der Bindung	73
e) Bestimmtheit	74
f) Antrag durch Allgemeine Geschäftsbedingungen	75
3. Annahme	76–82
a) Allgemeines	76
b) Auftragsbestätigung	77

Rdn.
c) Schlüssiges Verhalten 78
d) Schweigen 79
e) Annahme nach Maßgabe der Geschäftsbedingungen 80
f) Kaufmännisches Bestätigungsschreiben 81
g) Nachträgliche Fakturenvermerke .. 82
4. Vertragsverhältnis durch sozialtypisches Verhalten 83
5. Bedingte Kaufverträge 84
6. Kaufverträge mit Vorzugsrechten 85–87
a) Kaufvorvertrag 85
b) Langfristiges Verkaufsangebot ... 86
c) Kaufverträge mit Optionsrechten . 87
7. Geheimer Vorbehalt und Scheinerklärung 88
8. Kauf durch Stellvertreter 89
9. Treuhandgeschäft 90
10. Form des Kaufvertrages 91
11. Grundsatz von Treu und Glauben ... 92
12. Vorverhandlungen 93–96
a) Verschulden bei Vertragsschluß .. 93
b) Abgrenzung zur vertraglichen Nebenpflicht 94
c) Schadensersatz 95
d) Verletzung der Verkehrssicherungspflicht 96
13. Nachwirkungen der vertraglichen Bindung 97
VI. Vertragsfreiheit 98-105
1. Grenzen der Vertragsfreiheit 98
2. Vertragsfreiheit und Allgemeine Geschäftsbedingungen 99
3. Vertragsfreiheit und Formularverträge . 100
4. Lenkungsbestimmungen 101-105
a) Abschlußzwang 101
b) Normierter Vertrag 102
c) Diktierter Vertrag 103
d) Abschlußverbot 104
e) Genehmigungsbedürftiger Vertrag . 105

Rdn.
VII. Unerlaubte Kaufverträge 106-122
1. Gesetzesverstoß 106-112
a) Verstoß gegen inländische Gesetze 106
aa) Einzelfälle der Nichtigkeit ... 107
bb) Wettbewerbsverstöße im besonderen 108
cc) Verstoß gegen Preis- und Bewirtschaftungsvorschriften ... 109
dd) Kopplungsgeschäfte 110
ee) Keine Nichtigkeit 111
b) Verstoß gegen Völkerrecht und ausländische Gesetze 112
2. Sittenverstoß 113-124
a) Allgemeines 113
b) Nichtigkeit des Erfüllungsgeschäftes 114
c) Zeitpunkt 115
d) Teilnichtigkeit 116
e) Aufrechterhaltung trotz Sittenverstoßes 117
f) Einzelfälle 118-124
aa) Ausnutzung einer Machtstellung 118
bb) Sittenwidrige Vertragsbedingungen in Allgemeinen Geschäftsbedingungen und Formularverträgen 119
cc) Sittenwidrige Bezugsbindungen 120
dd) Pauschalisierter Schadensersatz 121
ee) Sittenwidrigkeit bei Verstoß gegen ausländische Gesetze 122
ff) Sittenwidrigkeit bei Verstoß gegen das UWG 123
gg) Sonstige Fälle 124
VIII. Anfechtbare Kaufverträge 125-126
1. Irrtum 125
2. Arglistige Täuschung und Drohung ... 126
IX. Widerruf von Kaufverträgen 127
X. Wegfall der Geschäftsgrundlage 128
XI. Rücktritt wegen positiver Vertragsverletzung 129

1 **I. Wesen des Kaufes**

1. Allgemeines. Der Kauf ist wirtschaftlich Umtausch von Gütern (Waren und Rechten) gegen Geld (Preis). Daß der Kaufpreis in Geld bestehen muß, ist für den Begriff wesentlich. Ist als Entgelt die Verschaffung eines anderen Wertes vereinbart, so liegt ein Vertrag anderer Art vor. Das schließt die entsprechende Anwendung der Bestimmungen des Kaufrechts nicht unbedingt aus. S. zum Tausch § 515 und zur Abgrenzung des Kaufes von ähnlichen Verträgen unten Rdn. 7 f. Eine entsprechende Anwendung der Kaufregeln ist vielfach vorgeschrieben (§§ 515, 651, 365, 757, 2182, 2376). Über andere Verträge, die auf Veräußerung oder Belastung eines Gegenstandes gegen Entgelt gerichtet sind, vgl. §§ 445 und 493.

2 2. Der **Kauf als schuldrechtlicher Vertrag.** Der Kaufvertrag ist im BGB als ein rein schuldrechtlicher Vertrag, der beide Teile zu einer Leistung verpflichtet, ausgestaltet. Auch die Vorschriften über Abnahme (§ 433 Abs. 2) und Annahme (§ 373 HGB) stellen Grundsätze schuldrechtlicher Art auf. Sie haben keine dingliche Wirkung. Eigentümer wird der Käufer erst, wenn er zu erkennen gibt, daß er die in seinen Besitz gelangte

Ware als sein Eigentum behalten will (BGH Urt. v. 24. 3. 65 — VIII ZR 105/63). Das Eigentum wird durch einen besonderen „dinglichen" Vertrag, der im Sachenrecht geregelt ist, und durch Übergabe bei beweglichen Sachen, durch Eintragung bei Grundstükken übertragen (§§ 929 ff, 873 ff). Dieser dingliche Vertrag ist in den rechtlichen Wirkungen vom zugrundeliegenden Rechtsgeschäft unabhängig, ist „abstrakt".

a) *Kaufvertrag und Erfüllungsgeschäft* sind danach *getrennte Geschäfte* und nicht **3** Teile eines einheitlichen Rechtsgeschäfts (BGH LM KWVO § 1 a Nr. 3). Im täglichen Leben pflegt man Kauf und Eigentumsübergang zwar nicht streng zu trennen. Insbesondere beim sog. Bar- oder Handkauf, wie er meist im Laden vorgenommen wird und bei dem die Übergabe der Kaufsache und die Zahlung des Kaufpreises sofort im unmittelbaren Zusammenhang mit dem Kaufabschluß erfolgen, wird die gesetzliche Unterscheidung in einen schuldrechtlichen und einen dinglichen Vertrag als gekünstelt und der natürlichen Rechtsanschauung widersprechend angesehen. Auch ist zahlreichen ausländischen Rechten das Akstraktionsprinzip fremd (vgl. *Larenz*, Schuldrecht II 10. Aufl. II § 39 c). Die rechtspolitischen Erörterungen zu der Regelung des BGB (s. 11. Aufl. § 433 Anm. 7 und *Larenz* aaO § 39 d) sind zur Zeit nicht praktisch bedeutsam.

b) Aus der Trennung von Kaufvertrag und Erfüllungsgeschäft folgt: Bis der **4** *Verkäufer* erfüllt hat, bleibt das Eigentum an der verkauften Sache noch unbeschränkt bei ihm. Er *kann die verkaufte Sache*, weil und solange er noch ihr Eigentümer ist, *an einen Dritten übereignen.* Zum Doppelverkauf eines Grundstücks s. BGH WarnRspr. **73** Nr. 239. Der Dritte erwirbt das Eigentum, selbst wenn er um den ersten Verkauf weiß. Da das Schuldverhältnis grundsätzlich nur unter den Vertragsparteien wirkt und gegen Dritte keine rechtlich geschützte Stellung erzeugt, erlangt der Käufer aus dem Kaufvertrag keinen Anspruch gegen den Dritten, dem der Verkäufer vertragswidrig die Sache übereignet. Nach früheren deutschen Partikularrechten, z. B. nach ALR I 19 5, 6 erzeugte der Kaufabschluß ein Recht zur Sache, ius ad rem, das sich gegenüber dem bösgläubigen Dritterwerber durchsetzte. Ein solches Recht kennt das BGB nicht. Der Käufer kann sich gegen die Nichteinhaltung der Verpflichtung des Verkäufers nur durch eine einstweilige Verfügung oder durch Eintragung einer Vormerkung im Grundbuch schützen. Der Käufer ist in der Regel auf einen Schadensersatzanspruch gegen den Verkäufer beschränkt. Nur unter den Voraussetzungen des § 826 hat der Käufer einen Schadensersatzanspruch gegen den Dritterwerber (BGH **12** 308; **14** 313; BGH WarnRspr. **72** Nr. 146). Nach § 249 geht dieser Anspruch auf Herausgabe der Kaufsache, falls der Käufer sie ohne das Schadensereignis unmittelbar vom Verkäufer erlangt hätte (RG **108** 58; a.A. RG **103** 419). Eine Vereinbarung, wonach unter Aufrechterhaltung des Kaufvertrages über eine Gattungssache das dingliche Erfüllungsgeschäft aufgehoben wird mit der Folge, daß der Käufer danach erneut Erfüllung verlangen kann, ist rechtlich möglich (BGH Urt. v. 6. 5. 64 — VIII ZR 234/62).

c) In einzelnen Beziehungen ist es allerdings gerechtfertigt, *Kauf und Übereig-* **5** *nung* der Kaufsache als eine *wirtschaftliche Einheit* zu behandeln: Für die Gläubigeranfechtung im Konkurse und außerhalb des Konkursverfahrens sind Grundgeschäft und Erfüllungsgeschäft zwar begrifflich zu trennen, in der Regel bilden aber beide Geschäfte als Einheit den Benachteiligungsvorgang (RG **116** 136). Der wirtschaftlich bestehende Zusammenhang zwischen Verkauf und Erfüllungsgeschäft rechtfertigt es, eine Anfechtungserklärung im Zweifel auch auf das Erfüllungsgeschäft zu beziehen (BGH Urt. v. 23. 2. 66 — VIII ZR 30/64). Zur Frage, ob und wann die Unsittlichkeit des Kaufvertrages die Nichtigkeit des Erfüllungsgeschäftes nach sich zieht, s. unten Rdn. 114.

6 **II. Die Abgrenzung des Kaufvertrags gegen andere Verträge**

Das Wesen des Kaufvertrages ist auf den Umtausch von Ware gegen Geld gerichtet. Daraus ergibt sich im wesentlichen die Abgrenzung des Kaufvertrages von anderen Vertragsarten.

7 **1. Tauschvertrag** (§ 515). Er ist auf Umtausch von Ware gegen Ware gerichtet; bei ihm schuldet jede Partei Ware, die Parteirollen und ihre Verpflichtungen sind also nicht verschieden. Zweifel, ob Tausch oder Doppelkauf vorliegt, kann dann entstehen, wenn im Vertrag für die Sachen, die seinen Gegenstand bilden, beiderseits Preise eingesetzt und gegeneinander verrechnet sind. Hierbei ist jedenfalls der Gebrauch des Wortes Tausch nicht unbedingt entscheidend. Denn das Wort Tausch wird im Geschäftsverkehr auch dann gebraucht, wenn zwei gegenseitige Kaufverträge zu einer Einheit zusammengefaßt sind. Auch die Veranschlagung in Geld ist für sich allein nicht maßgebend. Denn ohne Rückführung auf den gemeinschaftlichen Nennner des Geldes kann ein Tausch von einigermaßen bedeutenden Werten nicht leicht vorkommen. Entscheidend ist vielmehr, ob nach dem Inhalt der Vereinbarung die unmittelbare Leistung jedes Teiles in der Verschaffung einer Sache besteht und die Preisangabe nur anschlaghalber beigefügt ist oder ob ein unmittelbarer Sachaustausch überhaupt nicht vereinbart ist, sondern von jeder Seite Geldleistung gegen Sachhingabe gewollt war und die Preise nur im Endergebnis durch Aufrechnung ausgeglichen sind (RG **73** 88; **73** 157). Auch der Umstand, daß im Vertrag demjenigen, der die wertvollere Sache zu leisten hat, die Zuzahlung des Wertunterschiedes in Geld auferlegt wird, zwingt nicht zur Annahme zweier Kaufverträge. Die Entscheidungen des RG zum Doppelkauf sind weitgehend überholt, weil sie auf der damaligen Stempelsteuerpflicht beruhten. Die Frage nach der Natur solcher Verträge hat aber wieder Bedeutung gewonnen durch die besonders im *Kraftfahrzeughandel* häufig vorkommende Vereinbarung, nach der der Verkäufer, meist also der Kraftfahrzeughändler, bei der Veräußerung eines neuen Kraftwagens einen *Gebrauchtwagen* des Erwerbers für einen Teil des Kaufpreises *in Zahlung* nimmt. Dann liegt im Regelfall nicht Tausch, sondern ein Kauf vor, bei dem der Käufer das Recht hat, nach § 365 den vertraglich festgelegten Teil der Kaufpreisschuld durch die Verpflichtung zur Hingabe des Gebrauchtwagens zu ersetzen, seine Verbindlichkeit also durch Hingabe des Altwagens zu tilgen (BGH **46** 338). Das trifft jedenfalls dann zu, wenn der Kauf des Neuwagens der wesentliche Geschäftszweck ist. Dagegen kann ein Doppelkauf anzunehmen sein, wenn der Händler an dem Erwerb des Altwagens ein besonderes Interesse hat. Die Abgrenzung zum Tausch ist wichtig für die Frage, wie sich die Gewährleistungsansprüche gestalten, wenn das gekaufte Neufahrzeug oder der Gebrauchtwagen einen Mangel aufweist. Darüber s. § 467 Rdn. 11. Im übrigen vgl. zur Unterscheidung des Kaufes vom Tausch § 515 Rdn. 2 und zur Gestaltung des Entgelts beim Kaufvertrag § 433 Rdn. 20.

8 **2. Geldwechselgeschäft.** Es stellt bei inländischem Geld ein eigenartiges Geschäft dar, ist ebensowenig Tausch wie Kauf, da Geld gegen Geld, nicht Ware gegen Geld oder Ware gegen Ware eingetauscht wird. Die Vorschriften des Tausches sind aber zumindest entsprechend anwendbar. Bei der Umwechslung inländischen Geldes in ausländisches oder umgekehrt (Valutentausch, Sortengeschäft) liegt Kauf vor.

9 **3. Der Eigenhändlervertrag** ist als solcher kein Kaufvertrag, sondern ein auf gewisse Dauer gerichteter Rahmenvertrag eigener Art, durch den sich der eine Teil (Eigenhändler oder Vertragshändler) verpflichtet, Waren des anderen Teiles (Herstellers oder Lieferanten) im eigenen Namen und auf eigene Rechnung zu vertreiben, und

durch den der Eigenhändler in die Verkaufsorganisation des Vertragsgegners eingegliedert wird (BGH **29** 83; **34** 282; **54** 338; LM BGB § 347 Nr. 5). Eigenhändlerverträge sind auch zwischen Großhändlern denkbar (BGH LM BGB § 138 (Bb) Nr. 33). Die dem Warenbezug dienenden Kaufverträge sind Hilfsgeschäfte für die dem Eigenhändler auf Grund des Eigenhändlervertrages obliegenden Verpflichtungen (BGH **54** 338). Dem Eigenhändlervertrag ist meist eine beiderseitige Vertriebsbindung eigen (s. dazu unten Rdn. 34). Der Hersteller ist daher grundsätzlich nicht berechtigt, die unter das Alleinverkaufsrecht des Eigenhändlers fallende Ware in lediglich anderer äußerer Aufmachung und unter anderer Bezeichnung in das Vertragsgebiet zu liefern (BGH WarnRspr. **72** Nr. 189; **73** Nr. 94). Eigenhändlerverträge, die eine unzumutbare Erschwernis in der Lösung des Eigenhändlervertrages enthalten, können nichtig sein (BGH LM BGB § 138 (Bb) Nr. 33). Streitig können die Rechte und Pflichten der Parteien eines Eigenhändlervertrages bei Produktionsumstellung und Weiterentwicklung der Erzeugnisse des Herstellers sein: Für den Hersteller erhebt sich die Frage, ob er dem Eigenhändler die neuen Erzeugnisse, und falls ja, nur diese liefern muß, und für den Eigenhändler, ob und wieweit er noch alte Erzeugnisse abzunehmen hat. Grundsätzlich ist der Hersteller in der Gestaltung seines Betriebes frei. In jedem Fall haben die Parteien eines Eigenhändlervertrages bei Schwierigkeiten, die bei Produktionsumstellungen auftreten, aufeinander Rücksicht zu nehmen. Der Hersteller kann den Eigenhändler nicht auf die Abnahme alter, nur noch schwerer absetzbarer Waren verweisen, und umgekehrt kann der Eigenhändler sich nicht auf die Abnahme einer bestimmten, noch nicht in ausreichender Zahl lieferbarer Ware versteifen (BGH LM HGB § 86 a Nr. 2; BGB § 242 (Ba) Nr. 59). Die Vorschriften des Handelsvertreterrechts sind auf den Eigenhändler nur dann entsprechend anwendbar, wenn er wirtschaftlich dem Erscheinungsbild des Handelsvertreters entspricht und der gesetzgeberische Grundgedanke auf den Eigenhändler zutrifft (BGH LM BGB § 687 Nr. 10; LM BGB § 433 Nr. 33). Die Entscheidungen BGH **54** 338 = LM BGB § 433 Nr. 37 mit Anm. *Mezger;* LM BGB § 347 Nr. 5 (vgl. auch *Finger* NJW **71** 555; *Ulmer* JZ **71** 262) betreffen das Schicksal der bei Beendigung des Eigenhändlervertrages nicht abgesetzten Waren und des Ausstellungslagers. Grundsätzlich erfordern Treu und Glauben, daß der Hersteller zumindest ein Warenlager zurücknimmt, zu dessen Unterhaltung zwecks Kundenwerbung er den Eigenhändler verpflichtet hat. Vertraglich kann auch ein Rückverkaufsrecht des Eigenhändlers vereinbart sein (hierüber s. § 497 Rdn. 9). Zur Frage, ob der Eigenhändler nach Beendigung des Vertrages vom Hersteller noch Belieferung mit Ersatzteilen zur Kundenbetreuung verlangen kann, BGH NJW **74** 141.

4. Auf **Energieversorgungsverträge** hat der BGH, auch wenn die Energie von einem öffentlich-rechtlichen Versorgungsunternehmen geliefert wird, Kaufrecht entsprechend angewendet, soweit das Wesen der Verträge es zuläßt (vgl. für Gas Urt. v. 21. 1. 58 — VIII ZR 3/57; für Elektrizität BGH **23** 175 und BGH LM Allg. Beding. d. Elektr. Versorg. Unternehmen Nr. 12; für Wasser Urt. v. 8. 7. 58 — VIII ZR 115/57 und BGH **59** 303; s. auch *Bydlinski*, Energielieferung und Kaufrecht, Festschrift Hämmerle 1972). Die Urteile befassen sich auch mit der Wirksamkeit und Auslegung von Freizeichnungsklauseln bei solchen Verträgen. Die rechtliche Einordnung ist streitig. Wie hier *Soergel/Ballerstedt* (Bem. 17 vor § 433); a.A. *Esser* (Schuldrecht § 61 I 4) und *Larenz* (Schuldrecht II § 62 III), die einen Vertragstyp eigener Art annehmen, sowie *Wolff* (Verwaltungsrecht 8. Aufl. I § 23 III) und *Schwabe* (NJW **73** 455), die hoheitliche Verwaltung als gegeben ansehen. Zur Frage, ob dann, wenn ohne ausdrücklichen Vertragsschluß eine Wohngemeinschaft (Kommune) oder Hausbesetzer die Stromabnahme fortsetzen, das Energieversorgungsunternehmen von einem Mitglied **10**

der Gemeinschaft Bezahlung des verbrauchten Stroms beanspruchen kann, LG Berlin JZ **73** 217 m. Anm. *Beuthin*. Energieversorgungsverträge können wegen sittenwidriger Ausnutzung einer Monopolstellung unwirksam sein (BGH LM BGB § 138, (Cc) Nr. 4; vgl. auch Rdn. 118).

11 5. Das Rechtsverhältnis zwischen dem Verleger und dem Händler von Zeitschriften erschöpft sich nicht in Einzelkaufverträgen (Zeitschriftenlieferungsvertrag); es besteht vielmehr ein über die Lieferung einzelner Hefte hinausgehendes Rahmenverhältnis. Der Verlag kann nicht unvermittelt die Bezugsbedingungen für den Händler verschlechtern, sondern ist dabei an die nach Treu und Glauben sich aus der Natur der Verträge ergebenden Anforderungen gebunden. Doch ist der Verleger nicht gehindert, außer Preis und Händlerrabatt auch den Umfang der Zeitschriftenhefte zu bestimmen (BGH LM BGB § 157 (B) Nr. 7; RG DR **39** 1887).

12 6. **Werkvertrag** (§ 631) und **Werklieferungsvertrag** (§ 651). Beim *Werkvertrag* wird die Herstellung eines Werkes, nicht eine Sache geschuldet; nach Abs. 2 kann Gegenstand des Werkvertrages auch die Herstellung einer Sache und jeder andere durch Arbeit oder Dienstleistung herbeizuführende Erfolg sein. Auch dem (eigentlichen) *Werklieferungsvertrag* über eine nicht vertretbare Sache ist die Herstellungspflicht wesentlich, im Unterschied zum Werkvertrag aber aus einem dem Unternehmer gehörigen Stoff. Mit dem Kauf hat er die Pflicht zur Eigentumsverschaffung gemeinsam. Grundgedanke des Werkvertrages und des eigentlichen Werklieferungsvertrages ist die entgeltliche Schöpfung eines Wertes für den Besteller (BGH **48** 118). Anhand dieses Leitgedankens läßt sich auch die Abgrenzung zum Kaufvertrag vollziehen. Der sog. *Lieferungskauf*, d. h. die Lieferung einer vom Lieferer herzustellenden vertretbaren Sache, ist deshalb Kauf. Hier gehört nicht mehr die Herstellung als solche zum Vertragsinhalt. Der Dritte, der die Ware für den Lieferanten bearbeitet hat, ist deshalb nicht Erfüllungsgehilfe des Lieferanten (BGH aaO; vgl. auch unten Rdn. 50). Der oben genannte Grundgedanke hat Bedeutung auch für die in neuer Zeit wichtig gewordenen Verträge zwischen Wohnungsbauunternehmern und Wohnraumbewerbern über den Erwerb von Grundstücken mit bereits erstellten oder noch zu errichtenden Gebäuden oder Gebäudeteilen, also vornehmlich für den *„Kauf" von Eigentumswohnungen oder Eigenheimen* (s. unten Rdn. 68). Diese Verträge können je nach Sachlage Kaufverträge sein — so, wenn das Gebäude fertiggestellt ist (BGH **59** 104). Als Kaufverträge sind auch Verträge eingeordnet worden, in denen mit einem Grundstückskaufvertrag die Erstellung eines Gebäudes Vertragsgegenstand war, wenn für Erwerb und Errichtung ein einheitlicher Preis vereinbart worden war (RG LZ **10** 622). Verträge, bei denen die Herstellung des Gebäudes ein besonderes Gewicht hat, sind richtigerweise als Mischverträge mit Merkmalen des Kaufvertrages und des Werkvertrages oder Werklieferungsvertrages anzusehen (BGH LM BGB § 459 Nr. 20; WM **72** 1025; OLG Celle OLGZ **71** 401; *Mattern* WM **72** 670; s. auch unten Rdn. 68). Die Unterscheidung ist bedeutsam für die Mängelhaftung. Handelt es sich um Mängel des erstellten Hauses, kommt nur ein Gewährleistungsanspruch nach dem Recht des Werkvertrages in Frage (BGH **60** 362; LM BGB § 459 Nr. 20).

Bei der Veräußerung von Waren können Leistungen des Lieferers, die die Waren in einem bestimmten Zustand versetzen sollen, *bloße Nebenleistungen* sein, die dem Vertrag nicht das Merkmal des Kaufes nehmen. So ist bei einem Maschinenlieferungsvertrag die *Montage* regelmäßig nur Nebenleistung. Ausnahmsweise kann die Vereinbarung der Montage eine selbständige Bedeutung, insbesondere die eines dem Hauptvertrag beigefügten Werkvertrages haben (RG **66** 279). Der Vertrag über Lieferung von Öfen für einen Neubau ist Kaufvertrag, auch wenn die Aufstellung und Einfügung übernommen wird. Der Kauf eines fertigen Kleidungsstücks mit der Verpflichtung, kleine Änderungen vorzunehmen, ist reiner Kauf, auch wenn für eine Änderung ein besonderes Entgelt gewährt wird. Die Übernahme einer *Ausbesserungsverpflichtung* nimmt einem Liefervertrage nicht das Wesen eines Kaufvertrages (BGH Urt. v. 5. 11. 57 — VIII ZR 307/56). Unter bestimmten Umständen kann auch bei Montagevereinbarungen ein Mischvertrag oder ein Werkvertrag vorliegen, etwa wenn Maschinen einem bestimmten Raum oder Betriebe oder sonstigen Verhältnissen anzupassen sind. Ist Gegenstand der Vereinbarung die Gesamtheit aufeinander abgestimmter Maschinen für eine Fabrikanlage, nicht die unvertretbare Einzelsache, so liegt ein Kauf vor, der erst mit Lieferung der letzten Maschine erfüllt ist (RG HRR **35** 301). Auch die Ausstattung einer Wohnung mit einer Zentralheizungsanlage ist Werkvertrag. Allgemein spricht für Werkvertrag oder echten Werklieferungsvertrag, wenn die Parteien eine Anlage nicht schon mit der Lieferung und Aufstellung als abgenommen betrachten, sondern davon ausgehen, daß zur Abnahme außer der körperlichen Hinnahme noch die Anerkennung vertragsmäßiger Herstellung gehört (RG **171** 299). Der Kauf eines Hauses auf Abbruch ist reiner Kauf. Dagegen ist der zur Beseitigung von Kriegsschäden nach Kriegsende häufig geschlossene Enttrümmerungsvertrag, bei dem dem Abbruchsunternehmer die Trümmer verbleiben, ein Mischvertrag aus Kaufvertrag und Werkvertrag. Ein Mischvertrag ist auch der Verkauf eines elektronischen Programmierungsautomaten mit der Verpflichtung des Verkäufers zur Erstellung von Programmen (LG Hamburg MDR **73** 931).

7. Merkmale eines Werkvertrages weisen Verträge auf, durch die ein Futtermit- **13**
telhersteller einen Viehhalter verpflichtet, ihm vom Hersteller unter Eigentumsvorbehalt verkauftes Vieh mit dem gleichzeitig verkauften Futtermittel zu mästen und das gemästete Vieh nach der Mästung zurückzuverkaufen. Im Gegensatz zum rein werkvertraglichen **Mästvertrag** wälzt der Futtermittelhersteller die Gefahr des zufälligen Untergangs des Viehs auf den Mäster als den Käufer ab. Solche Verträge unterliegen in besonders hohem Maße den Grundsätzen von Treu und Glauben (BGH **57** 292, 301).

8. Ob Kauf oder **Kommissionsvertrag** vorliegt, richtet sich nach den Umständen **14**
des Einzelfalls (BGH Urt. v. 27. 3. 67 — VIII ZR 105/65). Nicht entscheidend ist der Wortlaut des Vertrages. In der Ausdrucksweise des Kaufmannes wird nicht scharf unterschieden. Maßgebend ist die wirtschaftliche Bedeutung der Erklärung, insbesondere, ob die Absicht der Parteien auf bloße Vermittlung oder auf festen Abschluß gerichtet war. Für das Vorliegen eines Eigenverkaufs spricht in der Regel, wenn ein fester Preis vereinbart ist, er braucht aber nicht in festen und bestimmten Zahlen ausgedrückt zu sein, muß aber objektiv feststellbar sein (BGH **8** 222; BGH BB **55** 1039), ferner das Fehlen der Bezeichnung „Provision" (RG **101** 380). Für eine Verkaufskommission spricht dagegen, wenn trotz Übersendung die Gefahr beim Geber bleiben soll. Entsprechendes gilt für den gewöhnlichen Auftrag. Das Fehlen jeglicher Weisungsbefugnis schließt die Annahme eines Kommissionsverhältnisses aus (OGH **4** 149; BGH **1** 75). Über die Rechtsverhältnisse bei der freiwilligen Versteigerung *Hoyningen—Huene* NJW **73** 1473.

9. **Tankstellenvertrag.** Der Vertrag, durch den ein Tankstelleninhaber verpflich- **15**
tet wird, im Namen einer Treibstoffgesellschaft deren Treib- und Schmierstoffe von der Tankstelle aus zu verkaufen, ist in der Regel ein Handelsvertretervertrag (BGH **42** 244; BGH LM BGB § 242 (Ba) Nr. 53).

10. **Bank- und Börsengeschäfte**

16 a) Der **Diskontierung von Wechseln** liegt regelmäßig Kauf zugrunde (RG **142** 26; BGH **19** 282). Unter „diskontieren" versteht man den Erwerb noch nicht fälliger Wechsel unter Abzug der Zinsen für die Zeit zwischen Ankauf und Fälligkeitstag. Außerdem wird meist eine Provision in Rechnung gestellt. Diskontiert werden auch Buchforderungen; dabei handelt es sich um ein Lombardgeschäft, eine Beleihung mit Überdeckung. Rediskont ist der Weiterverkauf von Wechseln an eine Landeszentralbank. Dadurch verschafft sich die Bank, die das Papier gekauft hat, wieder ihrerseits flüssige Mittel. Die Landeszentralbanken kaufen nur Wechsel, die binnen 3 Monaten fällig sind und für die mindestens 3 Verpflichtete haften. Darum werden fast nur derartige Wechsel auch von Banken diskontiert. Die Hereinnahme von Warendokumenten unter Gutschrift des Fakturenwertes (kaufmännisch vielfach als Diskontierung bezeichnet) ist Kauf (BGH WM 70 1363).

17 b) **Das Vinkulationsgeschäft** hat sich im Handel mit dem Ausland herausgebildet. Der ausländische Verkäufer läßt die Ware von einer Bank bevorschussen, übergibt ihr die Verladedokumente und macht sie zum Eigentümer. Die Bank bietet die Ware mit einer vom Verkäufer ausgestellten Rechnung dem Käufer in Erfüllung des Kaufvertrages, jedoch mit dem Hinweis an, daß der Kaufpreis an sie, die Bank, zu zahlen sei und das Eigentum erst mit der Zahlung oder gegen ein Akzept des Käufers auf ihn übergehe. Nimmt der Käufer das Angebot der Bank an, so kommt zwischen beiden ein Vertrag zustande, der den Käufer der Bank gegenüber nach Maßgabe ihres Angebots verpflichtet (RG **101** 321). Es liegt eine vom Verkäufer ausgehende Doppelanweisung vor, kraft deren die Bank ermächtigt wird, dem Käufer die Ware gegen Zahlung der Vinkulationssumme auszuhändigen, und kraft deren der Käufer ermächtigt wird, den Preis an den Verfügungsbefugten statt an den Verkäufer Zug um Zug gegen Empfang der Ware zu zahlen. Im übrigen bleibt das Kaufgeschäft unverändert; es geht nach wie vor auf Rechnung und Gefahr des Verkäufers, der Vinkulant ist nur Kreditgeber, ihn trifft nicht die Gewährleistungspflicht.

18 c) Der Kauf einer erst zu begründenden abstrakten Forderung, wie er sich beim sog. **Auszahlungsgeschäft** findet, ist Kauf. Nach RG **107** 136 soll eine Geschäftsbesorgung nach § 675 vorliegen.

19 d) **Differenzgeschäft.** S. § 764.

20 e) **Börsentermingeschäft** in Waren (RG **101** 361; **107** 22). Es steht im Gegensatz zum handelsrechtlichen Lieferungsgeschäft. Börsentermingeschäfte sind an sich wirkliche Kaufgeschäfte, deren Rechtsnatur durch den Beweggrund der Vertragschließenden nicht geändert wird. Es kann aber möglicherweise nur die Form des Kaufs gewählt sein, während Gegenstand des Vertrages tatsächlich der Preisunterschied ist, also ein Spielgeschäft vorliegt (RG **147** 112).

21 11. **Der „Rückkauf"** eines Bausparvertrages durch die Bausparkasse ist nicht Kauf, sondern die Rückzahlung der Spareinlage unter Aufhebung des Sparvertrages (RG **147** 32). Über den „Rückkauf" einer Lebensversicherung vgl. §§ 173—176 VVG und RG **152** 268.

22 12. Übertragung der gewerblichen Verwertung eines Patents durch einen **Lizenzvertrag** ist kein Kauf, sondern ein Vertrag eigener Art, der dem Lizenznehmer in der Regel nur ein persönliches Forderungsrecht auf Benutzung des Patents verleiht. Dieser Vertrag kann verschiedene Vertragsarten in sich vereinigen. Für die Rechtsmängelhaftung sind die allgemeinen Gewährleistungsvorschriften des Rechtskaufes heran-

zuziehen (BGH **2** 331; **9** 262). Zum Lizenzvertrag vgl. im übrigen *Nirk*, Festschrift Hefermehl **71** 149. Dem patentrechtlichen Lizenzvertrag ähnlich ist der Filmverwertungsvertrag zwischen dem Inhaber des Urheberrechts am Film und einem Filmverleiher (BGH aaO; vgl. auch BGH LM Allg. Geschäftsbedingungen Nr. 29).

13. Bei **Grundstücksausbeutungsverträgen** kann zweifelhaft sein, ob sie sich als **23**
Pachtverträge über das Grundstück mit dem Ziel, daß der Pächter die Bodenerzeugnisse als Früchte zieht, oder als Kauf der Bodenerzeugnisse oder Kauf des Rechts zur Ausbeute darstellen. Liegt das Schwergewicht auf der Fruchtgewinnung durch die Tätigkeit des Pächters, so spricht das für Pacht. Dem steht auch nicht entgegen, wenn das Entgelt sich nach dem Umfang des Ertrages richtet. Ausbeutungsverträge sind deshalb in der Regel Pachtverträge, so Verträge über Kiesausbeute (BGH LM BGB § 581 Nr. 2; BGH WarnRspr. **72** Nr. 140), über Sandausbeute (BGH WarnRspr. **73** Nr. 37), Bims (BGH WarnRspr. **69** Nr. 281 und 282). Wegen Kaliabbauverträgen s. BGH LM BGB § 133 (A) Nr. 4; § 242 (Ba) Nr. 2 und § 581 Nr. 9. Veräußerung von zur Ernte anstehenden Feldfrüchten ohne Recht auf sonstige Nutzung ist im allgemeinen Kauf (OLG Naumburg JW **30** 845; s. aber auch OLG Dresden OLG **36** 68). Bei Pacht erwirbt der Berechtigte die Früchte unmittelbar nach § 953, bei Kauf ist noch ihre Übereignung erforderlich. Bei Pacht ist dem Berechtigten Besitz an der nutzbaren Sache selbst einzuräumen (§§ 581, 536), beim Kauf nicht.

14. **Leasing, Mietkauf.** Das Leasing-Unternehmen erwirbt ein — meist langlebi- **24**
ges — Gut und vermietet es demjenigen, der Bedarf an einem Investitionsgut hat, zu einem Mietzins, der grundsätzlich höher ist als der Gebrauchswert. Meist ist dem Mieter das Recht eingeräumt, nach bestimmter Zeit den Gegenstand zu kaufen unter Anrechnung des bis dahin gezahlten Mietzinses auf den Kaufpreis. Das Verhältnis des Leasing-Unternehmens zum Lieferanten behandelt das Urteil BGH LM GWB § 26 Nr. 21, insbesondere unter dem Gesichtspunkt der Behinderung eines Leasing-Unternehmens bei der Belieferung . Der Leasing-Vertrag ist ein Vertrag eigener Art mit überwiegenden Zügen des Mietrechts, der die Überlassung einer Sache zum Gebrauch zum Inhalt hat. Über einen Vertrag, in dem der Leasingnehmer eine Kühltruhe erhält und verpflichtet ist, Tiefkühlkost vom Leasinggeber zu beziehen, s. LG Augsburg NJW **73** 709. Wirtschaftlich ersetzt der Leasingvertrag meist einen finanzierten Kauf. Insbesondere ist denkbar, daß der Leasinggeber das Leasinggut von dem Lieferanten erwirbt, um es dem Leasingnehmer weiter zu überlassen. Die Funktion des Leasinggebers besteht dann wirtschaftlich in der Finanzierung der Nutzung des Leasingguts durch den Leasingnehmer (vgl. BGH NJW **74** 365; dort auch zur Frage der Anwendung des Abzahlungsgesetzes). Es kann wie beim finanzierten Abzahlungskauf die Frage auftreten, ob der Leasingnehmer dem Leasinggeber Einwendungen entgegensetzen kann, die ihren Grund in dem das Leasinggut betreffenden Liefergeschäft haben (OLG Düsseldorf, NJW **73** 1612; OLG Köln NJW **73** 1615, beide mit Anm. *Reich* NJW **73** 1613, auch zu Allgemeinen Geschäftsbedingungen beim Leasing). Zum Wesen des Leasing-Vertrages vgl. im übrigen *Larenz*, Schuldrecht II, 10. Aufl. § 63 III; *Krause* NJW **73** 691, 1260; *Flume*, Betrieb **72** 1 ff; Ausführungen vor § 535. Übt der Leasingnehmer sein Optionsrecht, ein Gestaltungsrecht, aus, so tritt an die Stelle des beendeten Mietvertrages ein Kaufvertrag. Sollen nach dem Willen der Vertragsparteien allerdings die als Mietzins bezeichneten Zahlungen von vornherein Ratenzahlungen auf den Kaufpreis sein, so handelt es sich um einen Kauf (*Flume*, Betrieb **72** 1 ff; *Larenz* aaO). Auf Leasing-Verträge, die sich als ein ein Abzahlungsgeschäft verhüllender Kauf darstellen, findet das Abzahlungsgesetz Anwendung (s. BGH NJW **74** 365).

25 15. **Gesellschaftsvertrag.** Ihm ist die Verfolgung eines gemeinschaftlichen Zwekkes wesentlich. Daß der Vorteil bei beiden Teilen Hand in Hand geht, reicht noch nicht aus. So ist das Conto-a-metà-Geschäft ein Ankauf auf eigenen Namen, wenn schon auf gemeinsame Rechnung. Die Beteiligung des anderen tritt aber nicht hervor (RG WarnRspr. **16** Nr. 209). Ein Kaufvertrag kann aber mit gesellschaftsähnlichen Rechten und Pflichten verbunden sein. Das Urteil BGH LM VerglO § 36 Nr. 4 betrifft den Fall, daß ein Mineralölunternehmen seine Rechte auf *Zuteilung von Autobahntankstellen* an ein anderes Unternehmen im Zuge verabredeter wirtschaftlicher Zusammenarbeit veräußert hatte. Die Verpflichtung des Käufers erschöpfte sich nicht in der Zahlung des Kaufpreises; vielmehr war ein Dauerrechtsverhältnis gesellschaftsrechtlicher Art begründet.

26 16. **Switchgeschäfte** sind Geschäfte, durch die in ein Warengeschäft mit dem Ausland ein in einem dritten Land ansässiger Switchbroker eingeschaltet wird, dem es obliegt, die vom Käufer in knapper harter Währung zu leistende Kaufpreiszahlung gegen eine leichter verfügbare weiche Währung zu tauschen. Diese Geschäfte sind durch den Mangel an konvertiblen (frei austauschbaren) Währungen entstanden. Der Ausfuhr-Switch z. B. besteht darin, daß der deutsche Exporteur den in harter Währung geschuldeten Kaufpreis einem Switchbroker überläßt und dafür einen höheren Betrag in einer weichen Währung erhält. Gleichviel, ob dies offen oder versteckt geschieht, liegt in der Verwertung der Kaufpreisforderung gegen andere Devisen eine Verfügung über einen Devisenwert und ist darum ohne Devisengenehmigung nichtig (BGH **55** 334).

27 17. Auf ein **betriebliches Ruhegehaltsversprechen,** das in der Verschaffung einer Forderung gegen eine selbständige Unterstützungseinrichtung besteht, wendet das Bundesarbeitsgericht die Vorschriften über den Verkauf einer Forderung an (BAG AP § 242 BGB Nr. 2 Ruhegehalt — VBL und Ruhegehalt-Unterstützungskasse; BAG WM **71** 808).

28 18. Wird eine gepfändete Sache auf Grund vollstreckungsgerichtlicher Anordnung (§ 825 ZPO) **freihändig durch** den **Gerichtsvollzieher verkauft,** so ist das kein Verkauf nach bürgerlichem Recht. Denn der Gerichtsvollzieher handelt nicht für den Eigentümer, sondern kraft staatlicher Zwangsgewalt. Wie bei der Zwangsversteigerung handelt es sich um einen öffentlich-rechtlichen Vorgang, um eine Pfandverwertung, die den Vorschriften über die Zwangsvollstreckung unterliegt, ähnlich in Fällen der §§ 817 a Abs. 3, 821 ZPO. Anders ist es zu beurteilen, wenn die Pfandsache nach Anordnung des Vollstreckungsgerichts durch einen anderen als den Gerichtsvollzieher freihändig verkauft werden soll; der andere wird nicht kraft Amtes, sondern auf Grund des ihm vom Vollstreckungsgericht erteilten Auftrags privatrechtlich tätig; Verkauf und Veräußerung vollziehen sich nach bürgerlichem Recht (RG **164** 172).

29 19. Der **Erwerb einer Grabstelle** auf einem Friedhof beruht im allgemeinen auf der Eigenschaft des Friedhofs als einer öffentlichen Anstalt und wird von öffentlichem Recht der Friedhofsordnung geregelt. Durch besondere Vereinbarungen können allerdings privatrechtliche Beziehungen geschaffen werden. Der „Kaufpreis" für ein Erbbegräbnis ist das Entgelt für die Gewährung einer Sondernutzung (BGH **25** 200; RG **157** 246).

III. Einteilung des Kaufrechts des BGB

30 1. Das Kaufrecht des BGB unterscheidet einmal zwischen dem **Kauf von Sachen und von Rechten.** Zum Teil gelten die Vorschriften ausdrücklich nur für Sachen.

Soweit die Eigenart des Rechtskaufes die unmittelbare Anwendung der allgemeinen Regeln nicht erlaubt, gelten für ihn die besonderen Vorschriften der §§ 437, 438, 441, 449, 451. Daneben gibt es, vom BGB nicht geregelt, auch den Verkauf von unkörperlichen Vermögenswerten wie etwa eines Unternehmens oder einer freiberuflichen Praxis (vgl. unten Rdn. 124 und § 433 Rdn. 13).

2. In Abweichung vom Kauf beweglicher Sachen enthält das Kaufrecht für den **31**
Grundstückskauf die Sondervorschriften der §§ 435 Abs. 1, 436, 439 Abs. 2, 446 Abs. 2, 449 Abs. 1, 468, 477 Abs. 1. Für Grundstücke und grundstücksgleiche Rechte ist auch die Begründung eines dinglichen Vorkaufsrechts vorgesehen (§§ 1094 ff).

3. Stückkauf und Gattungskauf. Die Bestimmung der Sache als Kaufgegenstand **32**
erfolgt derart, daß entweder nur mit dem Einzelgegenstand erfüllt werden kann (Spezieskauf) oder daß alle Sachen gleicher Gattung zur Erfüllung der Verpflichtung geeignet sind (Gattungskauf). Dazwischen steht der beschränkte Gattungskauf (Zugehörigkeit des Kaufgegenstandes zu einem bestimmten Vorrat) und der Ausscheidungskauf (aus einem speziell bestimmten größeren Ganzen wird ein durch Messen, Wägen oder Zählen bestimmbarer Teil verkauft). Der Gattungskauf wird in § 480 vom Stückkauf unterschieden.

IV. Arten des Kaufes

1. Allgemeines. Die Vielfalt der Arten von Kaufverträgen findet im Kaufrecht **33**
des BGB keinen Ausdruck. Geregelt sind nur als „besondere Arten" der *Kauf nach Probe* und *auf Probe* (§§ 494 ff), der *Wiederkauf* (§§ 497 ff), der *Vorkauf* (§ 504 ff) und der *Viehkauf* (§§ 481 ff). Ferner werden der sog. *Lieferungskauf*, d. h. die Lieferung einer vom Lieferer herzustellenden vertretbaren Sache (§ 651 Abs. 1) nicht im eigentlichen Kaufrecht, sondern im Werkvertragsrecht, der *Erbschaftskauf* (§§ 2371 ff) im Erbrecht und das Fixgeschäft, das besonders als *Fixkauf* vorkommt, in § 361 BGB, § 376 HGB behandelt. Außerhalb des BGB finden sich Bestimmungen über den *Handelskauf* in §§ 373 ff HGB, über den *Abzahlungskauf* im Abzahlungsgesetz und über *Börsengeschäfte* im Börsengesetz. Darüber hinaus hat die wirtschaftliche Entwicklung im Zuge der Vertragsfreiheit zur Herausbildung zahlreicher Vertragstypen geführt, die nicht in Gesetzen, sondern im Handelsbrauch, in Handelsklauseln, teilweise auf internationaler Vereinbarung (z. B. Incoterms), ihre Grundlage haben.

2. Einzelne Vertragsarten

a) Dauerverträge

aa) Kauf mit Ausschließlichkeitsbindung (vgl. *Rittner,* Die Ausschließlichkeitsbin- **34**
dungen in dogmatischer und rechtspolitischer Betrachtung, 1957). Bei auf die Dauer gerichteten Lieferungsverträgen, insbesondere beim Eigenhändlervertrag (s. oben Rdn. 9) oder auch Bezugsvertrag (unten Rdn. 37) findet sich häufig eine Ausschließlichkeitsbindung. Der Verkäufer kann sich verpflichten, Waren nicht unmittelbar an den Verbraucher abzusetzen, sondern allein an den Käufer zu liefern (Alleinverkaufsbindung des Verkäufers, Verbot des Direktverkaufs). Der Käufer kann sich verpflichten, die Waren allein vom Verkäufer zu beziehen. Derartige Vertriebsbindungen können nach §§ 1, 15 in Verbindung mit § 38 Abs. 1 WBG (BGH LM BGB § 138 (B) Nr. 33) oder nach Art. 85 EWGV (BGH NJW 72 2180 = LM ZPO § 1041 Abs. 1 Ziff. 2 Nr. 10; vgl. auch BGH **54** 145) nichtig sein. Sie können auch, wenn die Freiheit des gebundenen Teils übermäßig beschränkt wird, wegen Verstoßes gegen die guten Sitten nichtig sein, oder es kann die

Berufung auf eine Bindungsklausel sich als Rechtsmißbrauch darstellen (vgl. für Tankstellenvertrag BGH LM BGB § 242 (Ba) Nr. 53; s. im übrigen unten Rdn. 120). Ein *Alleinvertriebsrecht* zugunsten des Käufers kann auch stillschweigend vereinbart werden. Die Bezeichnung eines Eigenhändlers als „Generalvertreter" läßt darauf aber nicht zwingend schließen (BGH WM 70 556). Unter dem aus einem Alleinverkaufsrecht fließenden Anspruch ist zu verstehen, daß nur der Eigenhändler im Vertragsgebiet mit der Vertragsware beliefert werden darf und dem Hersteller Direktgeschäfte verboten sind (BGH LM BGB § 157 Nr. 2). Allerdings ist ein inländischer Lieferant, wenn er für das Gebiet eines ausländischen Staats ein Alleinvertriebsrecht eingeräumt hat, in der Regel nicht verpflichtet, einem inländischen Kunden zu untersagen, die bezogenen Waren an dessen Tochterunternehmen weiterzuliefern, das in dem betreffenden Ausland ansässig ist. Überhaupt geht die Auffassung des Handelsverkehrs im allgemeinen dahin, daß die Anforderungen an den Unternehmer nicht überspannt werden dürften (BGH LM BGB § 433 Nr. 33; § 687 Nr. 10). Verletzung des Alleinvertriebsrechts hat eine Auskunfts- und Schadensersatzpflicht zur Folge. Der Käufer, der dem Handelsvertreter nicht gleichsteht, kann aber nicht in entsprechender Anwendung des § 87 Abs. 1 HGB ohne weiteres vom Verkäufer den von diesem erzielten Gewinn verlangen. Dieser Gewinn ist vielmehr nur einer unter mehreren Faktoren für die Ermittlung des dem Verletzten entstandenen Schadens (BGH aaO). Hat der Hersteller das Alleinvertriebsrecht nicht übertragen, vielmehr von vornherein auch einem anderen Abnehmer den Vertrieb gestattet, so steht dem Vertragsteil, dem das Alleinvertriebsrecht versprochen war, der Rücktritt nach §§ 437, 440, 326 zu (BGH WarnRspr. **73** Nr. 94). Ein Vertrag mit Ausschließlichkeitsbindung kann im übrigen wie jeder Dauervertrag aus wichtigem Grunde gekündigt werden, so bei Verletzung des Alleinvertriebsrechtes (BGH Urt. v. 18. 12. 56 — VIII ZR 55/56; 24. 3. 59 — VIII ZR 39/58; BGH LM BGB § 433 Nr. 33; BGH WarnRspr. **72** Nr. 189). Vertriebsverträge können wie jeder Dauervertrag aus wichtigem Grunde fristlos gekündigt werden, wenn sie ein enges Zusammenwirken zwischen den Vertragsteilen erfordern und dieses Vertrauensverhältnis zerstört wird (Betrieb **72** 2054); fristlose Kündigung daher unter Umständen auch bei berechtigtem Zweifel an der Kreditwürdigkeit des anderen Teils (Urt. v. 4. 2. 70 — VIII ZR 79/68).

35 **bb) Der Sukzessivlieferungsvertrag.** Er ist ein einheitlicher Vertrag auf Lieferung einer fest bestimmten Menge gegen ein fest bestimmtes Entgelt, der jedoch in Abweichung von § 266 in zeitlich getrennten bestimmten Raten zu erfüllen ist und bei dem jede Rate gesondert bezahlt werden soll (RG **148** 331). Wegen des einheitlichen Verpflichtungsgrundes ist der Vertrag vom Gesamtvertragsverhältnis aus zu beurteilen. Die einzelnen Teilleistungen haben zwar eine gewisse Selbständigkeit, die Teilleistung, die im Hinblick auf das Ganze und die Zukunft noch eine unvollständige Gesamtleistung ist, wird jedoch im Hinblick auf die Gegenwart und als Rate zur Volleistung. Hat der Käufer eine mangelhafte Teillieferung entgegen § 377 HGB nicht gerügt, so kann er weitere Lieferungen nicht ablehnen. Es bleibt ihm allerdings unbenommen, die Zusicherung zu verlangen, daß künftige Leistungen mangelfrei sein werden (BGH BB **55** 490). Bei Verstößen gegen die Verpflichtungen zu den Teilleistungen kann dem jeweiligen Gläubiger der Rücktritt aus wichtigem Grunde zustehen, jedoch wie bei allen Dauerschuldverhältnissen nur für die Zukunft (vgl. die Ausführungen zu § 326). Wenn sich die Abwicklung des Geschäfts durch die Schuld des Verkäufers hinzieht, kann er nicht verlangen, daß der Käufer die Ware auf einmal abruft und abnimmt. Im allgemeinen besteht bei Sukzessivlieferungsverträgen nur für den Verkäufer die Pflicht, sukzessiv zu liefern, nicht aber die entsprechende Pflicht des Käufers, abzurufen. Eine solche Verpflichtung des Käufers bedarf besonderer Vereinbarung (RG JW **16** 1188).

cc) Vom Sukzessivlieferungsvertrag ist das **Wiederkehrschuldverhältnis** zu unterscheiden; bei ihm entsteht die Verpflichtung auf wiederkehrende Leistungen und Gegenleistungen kraft immer wieder stillschweigend vorgenommener Vertragserneuerung für weitere Bezugsmengen und Zeitabschnitte neu. Ob ein Einheitsvertrag oder ein Wiederkehrschuldverhältnis gegeben ist, hängt von den Umständen des einzelnen Falles ab. Streitig ist insbesondere, welcher Art die normalen Stromabnehmerverträge (Kleinabnehmerverträge) sind. Sie sind grundsätzlich als Wiederkehrschuldverhältnisse anzusehen. Dagegen können Sonderabnehmerverträge als Sukzessivlieferungsverträge abgeschlossen werden (BGH LM KO § 17 Nr. 3; RG **148** 331). Der Unterschied ist nicht mehr wesentlich, nachdem Reichsgericht und Bundesgerichtshof ausgesprochen haben, daß es unzulässig ist, den Konkursverwalter zum Eintritt in einen als Sukzessivlieferungsvertrag aufzufassenden Stromlieferungsvertrag zu zwingen und damit die Anerkennung der aus diesem Vertrag stammenden, noch nicht bezahlten Stromkosten als Masseschulden herbeizuführen, und nachdem der Sukzessivlieferungsvertrag durch § 36 Abs. 2 VerglO dem Wiederkehrschuldverhältnis im Vergleichsverfahren gleichgestellt worden ist. Bedeutung haben neuerdings auch Wärmelieferungsverträge erlangt (vgl. *Golling* BB **70** 324). 36

dd) **Der Bezugsvertrag** ist ein dem Sukzessivlieferungsvertrag ähnlicher Vertrag; er unterscheidet sich von ihm aber dadurch, daß der Käufer seinen ganzen, im einzelnen jetzt noch nicht feststellbaren Bedarf oder die gesamte Produktion des Lieferers kauft. Damit ist häufig die Verpflichtung verbunden, den Bedarf ausschließlich vom Lieferer zu beziehen (s. oben Rdn. 34). Die Verpflichtung, den gesamten eigenen Bedarf beim Vertragspartner zu decken, wird häufig im Rahmen eines Darlehensvertrages, insbesondere gegenüber Brauereien und Bierhändlern übernommen. Über die Inhaltskontrolle bei solchen Verträgen auf Verstoß gegen die guten Sitten und gegen Treu und Glauben s. unten Rdn. 120. Tankstellenverträge, die den Inhaber verpflichten, die Schmiermittel und Treibstoffe einer Treibstoffgesellschaft zu verkaufen, sind in der Regel nicht Eigenhändlerverträge, sondern Handelsvertreterverträge (BGH **42** 244; BGH LM BGB § 242 (Ba) Nr. 53). 37

ee) **Der „Kauf auf Abruf"** ist häufig, aber nicht notwendig ein Sukzessivlieferungsvertrag. Es genügt, daß die abzunehmende Menge bestimmbar ist. Er ist ein Kauf nach Bedarf. Wo die Grenze aufhört und dann bei völliger Unbestimmbarkeit nur noch ein Vorvertrag anzunehmen ist, ist flüssig. Übernimmt nur eine Partei die Verpflichtung zur Lieferung und hat die andere nur das Recht der Abnahme, liegt meist ein Vorvertrag vor, dagegen bei Bestimmbarkeit der Menge und Verpflichtungsübernahme ein fester Lieferungsvertrag. So kann die Biermenge durch den objektiv feststellbaren Bedarf des Wirtes genügend bestimmbar sein. Ist sie dagegen der bloßen Willkür des Wirtes überlassen, liegt nur ein Vorvertrag vor. Der Abruf ist eine Pflicht des Käufers, aber nicht ohne weiteres Hauptverpflichtung (§ 433 Rdn. 68). 38

b) Handelskauf 39

aa) Allgemeines. Der Handelskauf ist ein Kauf von Waren oder Wertpapieren, der wenigstens für einen der beiden Teile ein Handelsgeschäft ist (§§ 343, 373, 381 HGB). Grundstücke, Briefhypotheken oder sonstige verbriefte Forderungen können zwar nicht Grundhandelsgeschäfte (§ 1 HGB) sein, der Handel damit kann aber Handelsgewerbe nach § 2 HGB und damit auch Handelsgeschäft sein (§ 343 HGB). Die Kaufvorschriften finden auch auf Handelslieferungsverträge (§ 381 Abs. 2 HGB) Anwendung. Auch der Viehkauf kann Handelskauf sein (§ 382 HGB; vgl. dazu im einzelnen § 481 Rdn. 3). Das HGB enthält im Abschnitt über den Handelskauf Bestimmungen über mehrere Arten von Kaufverträgen, so:

40 **bb) Bestimmungskauf oder Spezifikationskauf** (§ 375 HGB). Dem Käufer einer Ware ist die nähere Bestimmung über Form, Maß oder ähnliche Verhältnisse vorbehalten. Ist keine Zeit für die Bestimmung vereinbart und ergibt sie sich auch nicht aus den Umständen, so muß der Käufer die Bestimmung sofort treffen (§ 271). Ist der Käufer mit der Erfüllung dieser Verpflichtung im Verzuge, so kann der Verkäufer auf Vornahme der Spezifikation klagen oder die Bestimmung selbst vornehmen (§ 375 Abs. 2 HGB) oder nach Nachfristsetzung gemäß § 326 Schadensersatz wegen Nichterfüllung verlangen oder vom Vertrage zurücktreten. Er kann aber auch zum Selbsthilfeverkauf (§ 373 HGB) schreiten. Die vorherige Vereinbarung eines bestimmten Grundstoffes ist jedoch erforderlich (RG **94** 47).

41 **cc) Der Fixhandelskauf.** Zum Fixgeschäft gehört nach § 361 allgemein, daß die Zeit für die zu erbringende Leistung derart genau bestimmt ist, daß mit ihrer Wahrung oder Nichteinhaltung das Geschäft steht und fällt (RG **108** 158). Die Vereinbarung eines bestimmten Lieferungstermins kann ausdrücklich („fix", „genau", „spätestens") geschehen oder sich aus den Umständen ergeben (RG **101** 363). Weder die Vereinbarung der Klausel „ohne Nachfrist" noch die Vereinbarung der „cif"-Klausel mit bestimmtem Bestimmungsort vermögen für sich allein der Lieferverpflichtung des Verkäufers den Fixcharakter zu verleihen; doch können diese Klauseln in Verbindung mit anderen Umständen (Lieferung einer starken Preisschwankungen unterliegenden Ware, über die ein Konnossement ausgestellt ist) das Geschäft zum Fixgeschäft machen (BGH LM HGB § 376 Nr. 2). Beim Fixgeschäft löst schon die Fälligkeit das Rücktrittsrecht des Käufers aus; daß der Verkäufer in Verzug ist und ihm eine Nachfrist gesetzt ist, ist entbehrlich (RG **108** 159). Der Mahnung und Nachfristsetzung bedarf es auch dann nicht, wenn der Gläubiger nach dem Inhalt der getroffenen Vereinbarung ohne diese Voraussetzungen schadensersatzberechtigt sein sollte (RG **96** 255) oder wenn die Leistung für den Schuldner erkennbar zum Zeitpunkt eines bestimmten Ereignisses erbracht sein muß, soll der Gläubiger nicht erhebliche Nachteile erleiden (BGH LM HGB § 376 Nr. 2). Der *Unterschied des Fixhandelskaufs zum bürgerlich-rechtlichen Fixgeschäft* besteht nach § 376 HGB hauptsächlich darin, daß nach Ablauf des Leistungstermins Erfüllung nur noch verlangt werden kann, wenn dies sofort nach Ablauf des Stichtages erklärt wird, und daß wahlweise ein Schadensersatzanspruch wegen Nichterfüllung gegeben ist. Ein Rücktrittsrecht nach §§ 361 BGB, 376 HGB ist nicht gegeben, wenn die Leistung des Verkäufers zwar nicht innerhalb der bestimmten Frist erbracht war, sie aber von einer Vorleistung des Käufers (Akkreditivgestellung) abhing und der Käufer sie schuldhaft nicht erbracht hatte (BGH LM BGB § 361 Nr. 1). *Abladegeschäfte* (s. unten Rdn. 47) sind zwar keine Fixgeschäfte, das Zeitmoment hat aber entscheidende Bedeutung; es bedarf keiner Mahnung, damit der Schuldner in Verzug gerät (BGH LM HGB § 376 Nr. 2). Zur Frage, ob die Vereinbarung einer „*Erwartungsklausel*" die Vereinbarung eines Fixgeschäftes bedeutet, s. OLG Celle MDR **73** 412.

42 **dd) Kauf nach Gewicht** (§ 380 Abs. 1 HGB) bedeutet, daß das Gewicht der Verpackung (Taragewicht) in Abzug kommt, falls nicht vereinbart ist „brutto für netto". Die nähere Ausgestaltung ergibt Abs. 2.

43 **ee) Selbsthilfeverkauf** (§ 373 HGB), **Nothilfeverkauf** (§ 379 HGB). Der Verkäufer von Waren und Wertpapieren hat beim Annahmeverzug des Käufers ein Recht zum Selbsthilfeverkauf. Der Selbsthilfeverkauf erfolgt durch öffentliche Versteigerung oder, wenn die Ware einen Börsen- oder Marktpreis hat, aus freier Hand durch einen zu solchen Verkäufen ermächtigten Handelsmäkler oder durch eine zur öffentlichen Versteigerung befugte Person zum laufenden Preise. Er erfolgt für Rechnung des säumigen Käufers. Der Verkäufer erlangt damit Erfüllung. Die Nichteinhaltung der Bestimmun-

gen über den Selbsthilfeverkauf schließt es nicht aus, daß Geschäftsführung ohne Auftrag vorliegt und die Veräußerung demzufolge so zu behandeln ist, als habe der Verkäufer die Ware im Auftrag des Käufers einem Dritten ausgefolgt und dadurch den Vertrag vollzogen (BGH LM BGB § 325 Nr. 5). Einen Selbsthilfeverkauf darf der Verkäufer, wenn der Käufer zugleich im Zahlungsverzuge ist, nach § 326 BGB auch als Deckungskauf behandeln (BGH Urt. v. 18. 3. 64 — VIII ZR 281/62). Zum Deckungskauf s. unten Rdn. 45. Nach den Vorschriften über den Selbsthilfeverkauf kann der Käufer auch eine ihm übersandte Ware, die er beanstandet, verkaufen lassen, wenn sie dem Verderb ausgesetzt und Gefahr im Verzuge ist (Notverkauf). Das gilt zwar nur für ein beiderseitiges Handelsgeschäft. Die Verpflichtung, eine beanstandete Ware aufzubewahren (§ 379 Abs. 1 HGB) und sie notfalls veräußern zu lassen, kann den Käufer aber auch nach § 242 BGB als Nebenpflicht aus dem Kaufvertrag treffen (vgl. § 433 Rdn. 72).

ff) Für die Auslegung von Willenserklärungen beim Handelskauf sind nach 44
§ 346 HGB die im Handelsverkehr geltenden Gewohnheiten und Gebräuche (**Handelsbrauch**) zugrunde zu legen. Auf Handelsbrauch beruht z. B. die Auslegung, daß durch Schweigen auf ein kaufmännisches Bestätigungsschreiben ein Vertrag mit dem im Bestätigungsschreiben wiedergegebenen Inhalt zustande kommt (vgl. unten Rdn. 81). Der Handelsverkehr gebraucht vielfach *Handelsklauseln,* für deren Auslegung dann Handelsbrauch gilt. Über Handelsklauseln s. § 433 Rdn. 81—84.

c) Sonstige Kaufvertragsarten des Handels.

aa) Der **Deckungskauf** dient der Berechnung des Schadens, der dem Käufer aus 45
der Nichterfüllung oder der nicht rechtzeitigen Erfüllung entsteht. Wenigstens in der Vorstellung des Käufers muß ein ursächlicher Zusammenhang zwischen dem Deckungskauf und der Nichterfüllung des Verkäufers bestehen. Dem Käufer kann nicht erlaubt sein, nachträglich ein beliebiges Geschäft als Deckungsgeschäft zu bezeichnen, das er ganz ohne den Willen, sich für ein anderes Geschäft Deckung zu verschaffen, abgeschlossen hat. Der Deckungskauf muß grundsätzlich zu den Bedingungen des Kaufs, für den Deckung gesucht wird, abgeschlossen werden. Ein noch vor Lieferverzug abgeschlossener Deckungskauf kann z. B. durch die Unzuverlässigkeit des Verkäufers oder die unbedingte Notwendigkeit des Käufers, seine Kunden rechtzeitig zu beliefern, bedingt sein; er geht aber auf Gefahr des Käufers, falls der Verkäufer noch erfüllen darf und erfüllt. Es ist immer Frage des Einzelfalles, ob ein vom Käufer als Deckungsgeschäft vorgenommener Kauf nach Treu und Glauben der Schadensberechnung zugrunde gelegt werden kann.

bb) Akkreditivgeschäft. Es enthält im Kaufvertrag die Vereinbarung zwischen 46
dem Käufer (Akkreditivsteller) und dem Verkäufer, daß der Käufer eine Bank verpflichtet, gegen Vorlegung von Dokumenten, die die Ware repräsentieren, den Kaufpreis dem Verkäufer zu zahlen (Dokumentenakkreditiv). Die Verpflichtung des Käufers, ein Akkreditiv binnen der bestimmten Zeit zu stellen, ist eine Hauptverpflichtung und hat das Wesen eines Fixgeschäfts i. S. des § 376 HGB, so daß der Verkäufer bei Fristablauf vom Kaufvertrag zurücktreten kann (s. oben Rdn. 41). Die Eröffnung und Bestätigung des Akkreditivs läßt die Verpflichtung der Bank gegenüber dem begünstigten Verkäufer entstehen. Diese Verpflichtung ist vom Kaufvertrage unabhängig. Die Bank darf nicht eigenmächtig aus Gesichtspunkten, die im Warenvorgang liegen, etwas an dem Akkreditiv ändern oder von ihm abweichen, mögen die hierfür sprechenden Gesichtspunkte an sich auch noch so berechtigt und vernünftig erscheinen. Dem Käufer gegenüber ist die Bank verpflichtet, die Dokumente darauf zu prüfen, ob sie mit den Akkreditivbedingungen übereinstimmen. Nur bei genauer Übereinstimmung (sog. *Dokumentenstrenge*) ist die Bank gegenüber dem Verkäufer verpflichtet und kann sie vom auf-

traggebenden Käufer Deckung verlangen. Zum Aufrechnungsausschluß beim Dokumentenakkreditiv s. § 433 Rdn. 61. Im übrigen vgl. wegen der Akkreditivklausel auch § 433 Rdn. 62.

Der *Überseehandel* wickelt seine Geschäfte überwiegend mittels Dokumentenakkreditiv ab. Dokument ist hier das *Konnossement* (§§ 642 ff HGB). S. auch § 433 Rdn. 85. Zum Akkreditivgeschäft, insbesondere zur Rechtsprechung des BGH vgl. *Liesecke* WM **60** 210; **61** 194; **64** 1282; **66** 458.

47 cc) Beim überseeischen **Abladegeschäft** (Abladung = Einladung ins Schiff) — vgl. dazu *Großmann-Doerth*, Überseekauf; *Haage*, Das Abladegeschäft, 1958; *Liesecke* WM **66** 174 — können den Verkäufer je nach den Vereinbarungen verschiedene Pflichten für den Schiffstransport treffen. Hat er etwa nur die „Abladung" zu besorgen, so genügt es regelmäßig, daß er die Ware fristgerecht der Reederei zur Verschiffung übergibt. Hat sich der Verkäufer auch zur „Verschiffung" verpflichtet, so muß er dafür sorgen, daß die Ware innerhalb der Frist an Bord gelangt. Ist „Segelung" verabredet, so hat er für das fristgemäße Auslaufen des Frachtschiffes einzustehen (BGH LM HGB § 346 (B) Nr. 3). Das Abladegeschäft mit bestimmter Abladezeit ist Fixgeschäft (BGH LM HGB § 376 Nr. 1). Im übrigen wird der Überseekauf weitgehend durch die Welthandelsbräuche bestimmt. Die Internationale Handelskammer (IHK) hat mehrfach einheitliche Richtlinien herausgegeben, so in den *Incoterms 1953, den einheitlichen Richtlinien und Gebräuchen für Dokumentenakkreditive* und in den Standardformeln für die Eröffnung von Dokumentenakkreditiven. Über Klauseln des Überseehandels s. im übrigen § 433 Rdn. 81 ff und 85 und wegen Akkreditivgeschäften im modernen Außenhandel *Axmann* Betrieb **73**, Beilage 8.

48 dd) **Handelsklassen, Handel mit Saatgut, Handel mit Futtermitteln.** Kaufverträge einzelner Handelszweige erhalten durch gesetzliche Vorschriften eine besondere Ausgestaltung. So sind auf Grund des Handelsklassengesetzes v. 5. 12. 68 (BGBl I 1303) für Erzeugnisse der Landwirtschaft und Fischerei Handelsklassen eingeführt und in Rechtsverordnungen die Merkmale und Aufmachungen bestimmt worden, die Erzeugnisse aufweisen müssen, wenn sie in den Verkehr gebracht werden. Nach § 6 FuttermittelG bilden handelsübliche Reinheit und Unverdorbenheit zugesicherte Eigenschaften i. S. des § 459 Abs. 2, wenn der Veräußerer von Futtermitteln bei der Veräußerung keine Angaben über die Beschaffenheit macht (BGH **57** 292). Ebenso gelten nach § 39 SaatgutverkehrsG Sortenechtheit und Artenechtheit sowie sonstige festgesetzte Anforderungen als zugesichert. Über die Freizeichnung von dieser Haftung und den Umfang des Schadensersatzanspruches beim Fehlen zugesicherter Eigenschaften s. § 476 Rdn. 4 und § 463 Rdn. 15.

49 ee) Die Verträge der Joint Export-Import-Agency (**Jeia**) nach dem 2. Weltkrieg mit ihren Abnehmern haben ihre Bedeutung verloren. Sie sind als bürgerlichrechtliche Kaufverträge anzusehen (BGH WM **60** 296; **62** 246). Gleiches gilt für die **Einfuhr- und Vorratsstellen** (BGH **20** 77; WarnRspr. **73** Nr. 160). Übernahme von Getreide zum Erzeugerpreis nach § 3 GetreidePrG läßt lediglich öffentlich-rechtliche Beziehungen zwischen dem Antragsberechtigten und der Einfuhr- und Vorratsstelle entstehen. Es liegt kein Kaufvertrag vor (BVerwG DVBl. **73** 417).

50 d) Von einem **Lieferungskauf** wird im weiteren Sinn gesprochen, wenn der Verkäufer verpflichtet ist, dem Käufer eine Sache zu beschaffen, die er sich zu diesem Zweck selbst erst anschafft, gleichviel ob der Dritte, von dem er sie bezieht, sie erst herstellt oder nicht. Mit der Verpflichtung zur Leistung übernimmt der Verkäufer zugleich die Haftung für sein Leistungsvermögen. Er kann sich, wenn er den verkauften Gegenstand nicht zur Verfügung erlangt, dem Käufer gegenüber nicht darauf berufen, dieser habe gewußt, daß er sich den Kaufgegenstand erst beschaffen müsse (BGH NJW 72 1702).

e) Kauf mit Kaufschein. Es handelt sich um eine neuere Art des Vertriebes von Waren an Endverbraucher. Der Einzelhändler verteilt an Kunden Kaufausweise, die den Empfänger berechtigen, bei einem angeführten Großhändler für Rechnung des Einzelhändlers einzukaufen. Zur Frage, wann die Ausgabe solcher Kaufscheine gegen § 6 b UWG verstößt, s. BGH **57** 216. **51**

f) Der Kreditkauf. Das ist ein Kauf, bei dem der Kaufpreis gestundet und der Verkäufer vorleistungspflichtig ist. Er steht in der Regel unter der stillschweigenden Bedingung der fortdauernden Kreditwürdigkeit des Käufers. In jedem Fall greift bei einer wesentlichen Verschlechterung in den Vermögensverhältnissen des Käufers § 321 ein. Ohne dahingehende Vereinbarung hat derjenige, der auf Kredit kauft, den Kaufpreis nicht zu verzinsen (§ 452). Eine in den USA seit längerem angewendete, neuerdings auch in Deutschland vordringende Art des Kreditkaufs ist der *Kauf mit Kreditkarte.* Zwischen Käufer und Verkäufer wird meist eine Finanzierungsbank eingeschaltet. Diese übernimmt gegenüber den ihrem Finanzierungssystem angeschlossenen Händlern die Verpflichtung, die Verpflichtungen der Kunden der Händler aus Käufen oder Dienstleistungen zu bezahlen. Die Bank schließt mit den an einer solchen Kreditierung interessierten Personen einen Vertrag. Sie händigt ihnen eine Kreditkarte aus und verpflichtet sich, dafür zu sorgen, daß die ihr angeschlossenen, aus einem überreichten Verzeichnis ersichtlichen Händler ihre Leistung ohne Bezahlung erbringen. Die Händler sind ihrerseits durch ihren mit der Bank geschlossenen Vertrag verpflichtet, jedem Inhaber einer Kreditkarte Leistungen wie einem Barzahler zu erbringen. Aus dieser Vereinbarung als einem Vertrag zugunsten Dritter kann der Kaufinteressent vom Händler den Abschluß eines Kaufvertrages verlangen. Die über die abgeschlossenen Käufe ausgestellten, vom Käufer belegten Rechnungen werden dem Händler von der Bank bezahlt. Die Bank ihrerseits zieht die gestundeten Beträge periodisch ein. Von den finanzierten Abzahlungskäufen unterscheidet sich der Kauf mit Kreditkarte u. a. dadurch, daß der Verkauf nicht unter Eigentumsvorbehalt erfolgt. Vgl. zum Ganzen *Zahrnt,* NJW **72** 1077 mit weiteren Nachweisen. **52**

g) Abzahlungskauf. Hat bei dem Verkauf einer dem Käufer übergebenen beweglichen Sache, deren Kaufpreis in Teilzahlungen berichtigt werden soll, der Verkäufer sich ein Rücktrittsrecht für den Fall der Nichterfüllung vorbehalten, insbesondere bei Eigentumsvorbehalt, so sind die zwingenden Vorschriften des AbzahlungsG v. 16. 5. 94 i. d. Fass. v. 1. 9. 69 anzuwenden, es sei denn, daß der Käufer Vollkaufmann ist. S. auch Zweites Ges. zur Änderung des AbzahlungsG (verk. am 16. 5. 74 (BGBl I 1169), das am 1. 10. 74 in Kraft tritt. Das Nähere s. § 455 Rdn. 37. Nicht zu den Abzahlungsgeschäften gehören Sukzessivlieferungsverträge. Als Sukzessivlieferungsverträge anzusehen sind auch Kaufverträge über Buchreihen, wenn der auf jeden einzelnen Band entfallende Kaufpreis sofort fällig ist (*Hönn* NJW **73** 272; a.A. LG Hamburg NJW **73** 804). **53**

h) Der Handkauf. Bei ihm wird das Kaufangebot durch die Erfüllungshandlung angenommen. Wer im Ladengeschäft Dinge des täglichen Lebens oder an einem Schalter z. B. Postwertzeichen oder Fahrkarten verlangt, macht einen Kaufantrag. Der Verkäufer, der das Gewünschte gibt, nimmt den Antrag dadurch an, daß er den Vertrag gleich erfüllt. Vertragsschluß und Erfüllung fallen zusammen. Die Besonderheit liegt darin, daß nicht der Käufer die Zahlung des Kaufpreises, sondern der Verkäufer die Nichtzahlung beweisen muß. Das folgt aus dem Erfahrungssatz, daß beim Handkauf sofort bezahlt wird. Beim Barverkauf kann ein Irrtum über die Kreditwürdigkeit keine Grundlage zu einer Irrtumsanfechtung sein (RG **105** 206). **54**

55 i) **Kauf im Selbstbedienungsladen.** Dabei erhebt sich die Frage, wann der Vertrag zustande kommt. Es wird die Auffassung vertreten, der Ladeninhaber mache durch die Bereitstellung der Ware dem Kunden ein Kaufangebot (*Soergel/Lange*, 10. Aufl. § 145 Anm. 6; *Palandt/Heinrichs*, BGB § 145 Anm. 1). Die andere Ansicht geht dahin, der Kunde mache an der Registrierkasse das Angebot, die in dem Wagen oder Korb befindlichen Waren zu kaufen (*Recke* NJW **53** 92; *Carlsson* JR **54** 253; *Dietrich* Betrieb **72** 957). Die erste Auffassung wird im allgemeinen den Verhältnissen der Selbstbedienung mehr gerecht. Da es sich bei den ausgelegten Waren fast durchweg um Standard-Massenware des täglichen Lebens handelt, liegt die Annahme nicht fern, daß der Inhaber des Ladens sich nicht die Entscheidung, ob er die vom Kunden ausgewählte Ware verkaufe, vorbehalten will, sondern sich verpflichtet, die ausgestellte Ware dem Kunden auf dessen Wunsch zu verkaufen. Der Unterschied zwischen den Meinungen ist von geringer Bedeutung. Auch wenn im Bereitstellen der Ware schon ein bindendes Angebot liegt, so wird die Annahme nicht schon mit der Entnahme aus dem Regal erklärt. Der Kaufvertrag kommt jedenfalls erst an der Kasse dadurch zustande, daß der Kunde die Ware vorlegt und damit die Annahme des Angebots erklärt. Im Wesen des Selbstbedienungskaufes liegt es begründet, daß der Kunde bereits aus dem Regal entnommene Ware wieder zurücklegen darf, wenn er anderen Sinnes wird. Ebenso hat der Ladeninhaber, der vom Kunden die sichtbare Beförderung der Ware zur Kasse in dem zur Verfügung gestellten Behältnis erwartet, nicht den Willen, daß mit der Entnahme aus dem Regal der Kauf schon abgeschlossen sei (*Soergel/Lange* aaO; *Palandt* aaO; *Dietrich* aaO). Wer im Selbstbedienungsladen Waren einsteckt, um sie sich ohne Bezahlung anzueignen, begründet rechtswidrig eigenen Gewahrsam und begeht damit schon Diebstahl oder Mundraub (BGHSt **16** 271; **17** 205). Wegen Ersatzpflicht bei Ladendiebstählen s. § 433 Rdn. 75.

56 k) **Der Automatenverkauf.** Die Kaufofferte geht vom Aufsteller des Automaten aus und ist an einen unbestimmten Personenkreis gerichtet. Sie wird durch den Einwurf eines Geldstücks in den Automaten angenommen. Wie beim Handkauf (oben Rdn. 54) fällt die Erfüllungshandlung mit der Annahme des Kaufangebots, also mit dem Zustandekommen des Vertrages, zusammen. Zur Preisbindung beim Automatenverkauf BGH **54** 227.

57 l) **Kauf „an der Haustür".** Darunter werden Kaufverträge verstanden, bei denen der Käufer durch mündliche Verhandlungen ohne vorherige Bestellung außerhalb der ständigen Geschäftsräume des Verkäufers zum Kauf bestimmt wird. Solche Kaufverträge im sog. Reisegewerbe sind für bestimmte Warengattungen, um den Käufer vor Übervorteilung und übereilten Entschlüssen zu schützen, oder zum Schutz der Allgemeinheit verboten. Eine Aufzählung enthält § 56 GewO. Verboten sind ferner der Verkauf von Arzneimitteln nach § 36 Abs. 1 ArzneimittelG und von Losen und Inhaberpapieren auf Abzahlung nach § 7 AbzahlungsG. Zu der Frage, ob Kaufverträge unter Verstoß gegen das Verbot wirksam sind, s. unten Rdn. 107, 111, ferner *Holschbach* NJW **73** 444. Hat ein Käufer ausländische Investmentanteile oder Anteilscheine an Kapitalanlagen „an der Haustür" gekauft, so ist er nach § 11 AuslInvestmG v. 28.7.69 (BGBl. I 986) und § 18 a Ges. über Kapitalanlagegesellschaften i. d. Fass. v. 28.7.69 zum Widerruf binnen 2 Wochen berechtigt. Vgl. unten Rdn. 127.

58 **m)** Ein Forderungsverkauf liegt vor bei dem sog. **Factoring.** Bei dieser neuerdings häufiger angewandten Art kaufmännischer Forderungsverwertung läßt sich das Factoring-Unternehmen von den ihm angeschlossenen Unternehmen deren Kundenforderungen abtreten und zahlt ihnen — meist unter Abzug eines bestimmten Betrages

— den Gegenwert aus. Die Abtretung wird meist den Kunden des Angeschlossenen mitgeteilt. Der Factor zieht die Kundenforderung ein. Das Factoring-Verfahren geschieht meist unter Übernahme des Delkredere durch den Factor (vgl. BGH **42** 53), teils als sog. unechtes Factoring mit bestehenbleibender Haftung des angeschlossenen Unternehmens für die Zahlungsfähigkeit des Kunden (vgl. BGH **58** 364). Im Exporthandel findet sich häufig eine besondere Art des Factoring. Die vom inländischen Factor (Exportfactor) vom Exporteur gekaufte Exportforderung wird an einen ausländischen Korrespondenzfactor (Importfactor) im Lande des Importeurs weiterverkauft. S. zu diesem Geschäft, auch „à forfait" oder „*Forfaitierung*" genannt, *Thoma*, Betrieb **74** 894. Für den ausländischen Factor ist die an ihn verkaufte Forderung nun eine reine Inlandsforderung. Die Risiken, die in der Beurteilung der schwierigen Auslandsfragen liegen, werden auf den Beteiligten verlagert, der die bessere Beurteilungsmöglichkeit hat. So haftet der Exportfactor dem Importfactor gegenüber für Bestand und Übertragbarkeit der Forderung, der Importfactor gegenüber dem Exportfactor für die Bonität und Durchsetzung der Forderung. Im Verhältnis zum Exporteur haftet der Exportfactor für beide Risiken, wie wenn er den Importfactor nicht eingeschaltet hätte. Wegen der rechtlichen Gestaltung s. *Montenbruck*, MDR **71** 541 und BGH aaO, insbesondere auch zur Frage, ob das Factoring unzulässige Rechtsberatung ist, und zur wirtschaftlichen Bedeutung s. Betrieb **70** Beilage 7. Über das Verhältnis des Factoring zum verlängerten Eigentumsvorbehalt eines Lieferanten, von dem das angeschlossene Unternehmen Ware bezogen hat, s. § 455 Rdn. 14.

n) **Erprobungskauf** oder auch **Kauf zur Probe.** Er ist vom Kauf auf Probe (§ 495) zu unterscheiden. Der Erprobungskauf ist unter der *auflösenden Bedingung der Nichteignung* der gekauften Sache geschlossen. Der Verkäufer verpflichtet sich zugleich zu einer besonderen Nebenleistung, nämlich dem Käufer die Gelegenheit zur Erprobung auf bestimmte und als ungewiß behandelte Eigenschaften zu gewähren. Er hat daher den Probegegenstand nicht nur frei von Rechten Dritter zu verschaffen, sondern alle Maßnahmen zu treffen, die die Erprobung für den Käufer ermöglichen. Der Käufer muß die Erklärung über die Nichteignung so bald wie möglich abgeben. Unterbleibt die Erklärung innerhalb angemessener Frist, ist der Kaufvertrag endgültig wirksam (BGH Betrieb **70** 1432 = BGH WarnRspr. **70** Nr. 136). **59**

o) Beim **Kauf auf Umtausch,** der vor allem beim Kauf eines für einen Dritten bestimmten Geschenkes, neuerdings häufig auch zur Kundenwerbung, vereinbart wird, handelt es sich um einen einzigen unbedingten Kauf mit der Befugnis für Käufer oder vorgesehenen Dritten, die zunächst ausgesuchte Ware durch eine andere ersetzt zu erhalten. Er kann einen Kauf mit facultas alternativa des Käufers als Gläubigers bilden. Vgl. *Riebow*, Rechtswiss. Studien, Heft 21 (1924). Der Kauf auf Umtausch kann auch als ein Kauf mit Vorbehalt des Rücktritts unter der Bedingung einmal der unbeschädigten Rückgabe der Kaufsache und sodann des neuen Kaufs einer annähernd gleichwertigen Sache ausgestaltet sein (*Lenel*, JW **26** 1791). Der Umtauschvorbehalt kann schließlich den Kauf zu einem Probekauf machen (vgl. § 495 Rdn. 4). Hat sich nach unbedingt abgeschlossenem Kauf der Verkäufer zum Umtausch bereit erklärt und fehlte es bei dieser Abrede an der Vereinbarung über die Ersatzware und deren Preis, so bedarf es des Abschlusses eines neuen auf Rückgängigmachung des alten Vertrages und Erwerb der Tauschware gerichteten Vertrages (BGH LM BGB § 273 Nr. 16). Der Umtauschberechtigte hat an Waren, die ihm auf seinen Wunsch zur Ansicht und Entscheidung, ob er sie gegen die gekaufte Ware eintauschen will, kein Zurückbehaltungsrecht (BGH aaO). Davon zu unterscheiden ist der Umtauschvertrag, der dahin geht, gegen Rückgewähr der gelieferten mangelhaften Sache mangelfreie Ware zu liefern (RG **94** 327). Wieder etwas anderes ist es, wenn sich der Verkäufer erbietet, anstelle der vom Käufer zurück- **60** gewiesenen vertragsmäßigen Gattungssache eine mangelfreie Ware nach Wunsch des Käufers zu liefern (RG **91** 110; vgl. auch § 480 Rdn. 3).

61 p) Der **Kauf unter Vorbehalt eines besseren Gebots.** Hier hat der Verkäufer das Recht zum Rücktritt vom Vertrage für den Fall, daß ein Dritter ein besseres Kaufangebot macht und dieses Gebot vom Verkäufer angenommen wird. Das Rücktrittsrecht erlischt, wenn der Verkäufer das Angebot nicht innerhalb der vereinbarten Frist annimmt; ist keine Frist vereinbart, so greift § 355 ein.

62 q) Der **Kauf auf Kondition** (im Buchhandel). Hier kauft der Käufer die Ware unter der aufschiebenden Bedingung, daß er sie entweder weiterverkauft oder bis zum Ablauf einer bestimmten Frist, der „Abrechnungsfrist" nicht zurückgibt. Der Sortimenter ist nicht Trödler, sondern verkauft das Buch als eigenes, er erwirbt auch unmittelbar mit Ablauf der Rückgabefrist ohne Zahlung des Kaufpreises das Eigentum. Dieser Kauf ist kein Kauf auf Probe nach § 495. Vgl. dazu *Pade,* Buchhändlerisches Bedingungsgeschäft (1935). Zur Beweislast s. OLG Karlsruhe OLGZ **72** 277.

63 r) Der **Hoffnungskauf,** gemeinrechtlich emptio spei. Bei ihm ist keine Sache und kein Recht, sondern eine Gewinnaussicht Gegenstand des Kaufs, wie die Gewinnchance bei einer Spiel- oder Losgemeinschaft (RG **77** 344) oder einer Beteiligung, die weder Gesellschaft noch partiarisches Darlehen ist (RG **77** 223). Die Gewährleistung ist ausgeschlossen. Die Leistung des Verkäufers besteht in der Einräumung einer bei Vertragsabschluß bestehenden Erwerbsaussicht (im übrigen vgl. § 433 Rdn. 3).

64 s) Vom Hoffnungskauf unterscheidet sich der **Kauf** einer bei Vertragsschluß noch nicht vorhandenen, also **einer künftigen Sache,** gemeinrechtlich emptio rei speratae. Der Kaufvertrag ist in der Regel unter der aufschiebenden Bedingung geschlossen, daß die Sache entsteht. Nur wenn beide Parteien mit der Entstehung als sicher rechnen, kann ein unbedingter Vertrag vorliegen. Im übrigen vgl. § 433 Rdn. 3.

65 t) **Der Kauf unter Vorbehalt des Rücktritts** für den Fall nicht rechtzeitiger Entrichtung des Kaufpreises (lex commissoria). S. dazu § 360.

66 u) Den Fall eines **Sicherungskaufes** behandelt das RG in RG **126** 313. Ein Schuldner, der nicht in der Lage ist, eine Geldforderung zu tilgen, verkauft und übereignet dem Gläubiger eine Sache mit der Abrede, die Forderung des Gläubigers werde mit der Kaufpreisforderung des Schuldners getilgt. Dabei kann aber verabredet werden, daß auf Verlangen des Schuldners der Gläubiger die Kaufsache ihm wieder verkaufen oder auf Verlangen des Gläubigers der Schuldner die Sache wiederkaufen muß. Zur Frage der Haftung für Verschlechterung der Sache beim Wiederverkaufsrecht des Gläubigers s. § 498 Rdn. 3. Mit der Bezeichnung Sicherungskauf kann unter Umständen auch eine Sicherungsübereignung gemeint sein (RG JW **10** 390).

67 v) **Ankaufsrechte** werden vornehmlich für Grundstücke begründet. Bei dem Ankaufsrecht, das im Gesetz nicht geregelt und von der Praxis entwickelt ist, handelt es sich um einen mehrdeutigen Begriff. Die Praxis kennt drei Hauptformen. Das Ankaufsrecht kann entweder einseitig eingeräumt werden durch *Abgabe eines Verkaufsangebots* mit befristeter Bindung oder durch *Abschluß eines Kaufvorvertrages* oder durch *Abschluß eines bedingten Kaufvertrages* (BGH LM BGB § 433 Nr. 16). Über das Zusammentreffen eines für den Todesfall eingeräumten Ankaufsrechtes mit einem Vorkaufsrecht an einem Grundstücksmiteigentumsanteil s. BGH WM **73** 208. Beim bedingten Kaufvertrag kann die Bedingung in den freien Willen beider Vertragsparteien gestellt werden (BGH LM BGB § 433 Nr. 25). Die Einräumung eines Ankaufsrechtes bedarf bei Grundstücken der Form des § 313. Das Formbedürfnis gilt im Falle des Vertragsangebots auch für die spätere Annahmeerklärung (BGH NJW **69** 1479, 1480), dagegen kann beim be-

dingten Kaufvertrag die Ausübung des Ankaufsrechtes formlos erklärt werden (BGH LM BGB § 433 Nr. 16; BGH WM **68** 249 — dort auch zur Auslegung der Parteierklärungen —; NJW **69** 1479). Das Ankaufsrecht bindet als schuldrechtliche Verpflichtung nur den Verkäufer. Der Anspruch aus einem bedingten Kaufvertrag kann allerdings nach § 883 Abs. 1 durch Eintragung einer Vormerkung dinglich gesichert werden. Die Frist zur Geltendmachung des Ankaufsrechts hängt von seiner Rechtsform ab. Bei einem Ankaufsrecht in der Form des Kaufvertragsangebots ergibt sich die Bindungsdauer aus § 147 Abs. 2. Bei einem Kaufvorvertrag unterliegt der Anspruch der dreißigjährigen Verjährung. Beim bedingten Kaufvertrag kommt eine entsprechende Anwendung der Ausschlußfrist des § 503 in Betracht (BGH LM BGB § 433 Nr. 29).

w) Verträge auf **Erwerb eines Eigenheims oder einer Eigentumswohnung.** Der **68**
sog. Eigenheimbewerbervertrag ist der schuldrechtliche Vertrag zwischen einem Wohnungsbauunternehmen, das als Bauherr einen Bau errichtet, und dem Bewerber um ein Eigenheim, an den das Wohnungsbauunternehmen das von ihm bereits fertiggestellte oder noch zu errichtende Bauwerk veräußern soll. Der Bewerbervertrag tritt in mehreren Rechtsformen in Erscheinung. Handelt es sich um eine bloß einseitige Verpflichtung des Kaufanwärters zum Grundstückserwerb oder zum Abschluß eines entsprechenden Hauptvertrages, so bedurfte sie vor Inkrafttreten des ÄndG v. 30. 5. 73 (BGBl I 501) nicht der Form des § 313 (BGH **57** 394; BGH LM BGB § 313 Nr. 58). Dabei ist es für die bis dahin abgeschlossenen Verträge geblieben (BGH WM **73** 1356). Der Hauptvertrag kann ein Kaufvertrag oder ein aus Kaufvertrags- und Werkvertragsformen zusammengesetzter Vertrag sein. Zur Abgrenzung vom Werkvertrag s. oben Rdn. 12. Im einzelnen vgl. *Mattern,* DNotZ **67** 661; WM **72** 670; **73** 662; *Brych,* NJW **73** 1583; *Koeble,* NJW **74** 721. Ist der Eigenheimbewerbervertrag als Kaufanwärtervertrag ein Kaufvorvertrag, so ist er grundsätzlich dahin auszulegen, daß der Auflassungsanspruch nicht schon durch den Vorvertrag, sondern erst durch den Hauptvertrag entsteht. Bewohnt der Kaufanwärter schon vor der Auflassung die Wohnung, so hat er während des Nutzungsverhältnisses Anspruch darauf, daß der Bauträger Mängel beseitigt (LG Köln BauR **72** 375). Vorvertrag und Hauptvertrag bedürfen der notariellen Beurkundung nach § 313 (BGH aaO). Zur Frage, ob nach Treu und Glauben ausnahmsweise ein nicht notariell beurkundeter Kaufanwärtervertrag wirksam ist und ob ausnahmsweise ein Auflassungsanspruch schon auf Grund eines entsprechenden Kaufvorvertrages, selbst bei Formmangel, entsteht, s. BGH LM BGB § 313 Nr. 53 und Nr. 58; *Mattern* WM **72** 670, 677. Selbst wenn eine Auflassungsverpflichtung nicht rechtswirksam begründet ist, kann der Vertrag im übrigen nach § 139 wirksam sein (OLG Saarbrücken NJW **69** 662). Zur Auslegung eines Vertrages über den Kauf einer Eigentumswohnung s. im übrigen BGH **59** 104 und BGH LM BGB § 313 Nr. 58. Zur Verpflichtung einer Wohnungsbaugenossenschaft zum Abschluß eines Kaufvertrages mit einem Genossen auf Grund der Satzung s. BGH LM § 313 Nr. 59.

V. Vertragsschluß

1. Allgemeines. Der Kauf ist ein Vertrag, er untersteht den Vorschriften der §§ **69**
145—155. Jeder Vertragsabschluß erfordert eine Einigung zwischen dem Verkäufer und Käufer über die wesentlichen Bestandteile des Kaufs. Über die Massenverträge der Daseinsvorsorge, die nicht ausgehandelt werden, s. unten Rdn. 83. Ein Kaufvertrag ist nicht schon dann abgeschlossen, wenn die Parteien sich über die Ware und den Preis geeinigt haben, sondern erst dann, wenn eine Einigung auch über die Punkte erzielt ist, auf die auch nur eine Partei Wert legt. Die Einigung kommt in der Regel dadurch zustande, daß die eine Partei ein Vertragsangebot macht und die andere es annimmt.

2. Antrag

70 a) **Bindungswille.** Aus den besonderen Verhältnissen und Umständen ist zu entnehmen, ob ein Bindungswille vorliegt. Das Angebot kann sowohl durch ausdrückliche Erklärung als auch durch Handlungen erfolgen, aus denen ein Angebot verkehrsüblich zu entnehmen ist. Im allgemeinen ist aus der Tatsache, daß jemand ein geschäftliches Unternehmen betreibt, noch nicht zu folgern, daß alle in ihm feilgebotenen Waren und Leistungen Gegenstand eines rechtswirksamen Antrags sein sollen, sondern nur, daß er bereit ist, einen Antrag auf Abschluß eines Kaufvertrages anzunehmen. *Kein Antrag* liegt deshalb vor, wenn die Erklärung nur eine Anregung oder Aufforderung an den anderen enthält, seinerseits ein Angebot zu machen, wie bei der Übersendung von *Preislisten, Katalogen* und *Empfehlungsschreiben,* bei *Zeitungsankündigungen,* bei der Ankündigung einer Theatervorstellung (RG **133** 390), *Auslagen* von Waren *in Schaufenstern.* Der Wille, gebunden zu sein, fehlt nicht nur bei Erklärungen an die Allgemeinheit und unbestimmte Personen, sondern in der Regel auch bei Übersendung von Preislisten an eine bestimmte Person. Nur bei individueller Gestaltung des Angebots kann ein rechtswirksam bindender Wille angenommen werden.

71 b) Aus der **Art des Feilhaltens** kann aber zuweilen auch ein rechtsverbindlicher Antrag zum Verkauf entnommen werden, so bei *Bereitstellung von Waren* in Gastwirtschaften und je nach Umständen in offenen Ladengeschäften zum sofortigen Kauf, durch *Automaten,* wie z. B. für Zigaretten, Schokolade oder Süßwaren. Über den Handkauf und Automatenverkauf s. oben Rdn. 54 u. 56, über den Kauf in Selbstbedienungsläden s. oben Rdn. 55.

72 c) In der **Übersendung unbestellter Waren** liegt ein Angebot unter Verzicht auf Zugang der Annahmeerklärung. Unverlangte Warenübersendungen mit der Aufforderung zum Kauf verstoßen in der Regel selbst dann gegen die Grundsätze des lauteren Wettbewerbs, wenn zugleich ein Vertreterbesuch angekündigt wird, der die alsbaldige Rückgabe der Ware ermöglicht (BGH LM UWG § 1 Nr. 70). Ein Angebot kann auf bestimmte Zeit befristet werden; das kann auch stillschweigend geschehen. So erlischt der Kaufantrag für ein Lotterielos im Augenblick der Ziehung (vgl. BGH LM BGB § 148 Nr. 2).

73 d) Die Erklärung, daß eine nach § 145 **rechtsverbindliche Bindung ausgeschlossen** werden soll, kann durch Klauseln wie „*freibleibend*“, „*ohne obligo*“ ausgedrückt werden. Sie kann sich aber auch aus dem Geschäftsgebrauch und den Umständen ergeben. Eine solche Erklärung muß spätestens mit dem Zugang des Angebots erfolgen. Erklärungen, die den Willen zur Bindung an das Angebot ausschließen, sind zu unterscheiden von Lieferklauseln, die Bestandteil eines Kaufvertrages sind und dem Verkäufer gestatten, sich von einzelnen Bindungen des geschlossenen Vertrages zu befreien (über sie vgl. § 433 Rdn. 45). Erklärt der Käufer auf ein freibleibendes Angebot des Verkäufers, die Ware kaufen zu wollen, so liegt darin ein Angebot, das der Verkäufer annehmen oder ablehnen kann. Lehnt er in der nach § 147 Abs. 2 zu bemessenden Zeit nicht ab, so gilt das Angebot des Käufers nach Inhalt des freibleibenden Angebots als angenommen. Der Verkäufer kann die Freiklausel auch auf einzelne Teile des Angebots beschränken, wobei er an das nicht eingeschränkte Angebot gebunden bleibt. Ist eine Probe vorbehalten worden, so muß der Verkäufer das Ergebnis abwarten und ist so lange gebunden, bis das Proberecht ausgeübt ist.(RG JW **23** 605). Soll der Vertragsabschluß selbst freibleibend sein, so kann zwar ein wirksamer Kaufvertrag vorliegen, der Verkäufer behält sich aber bei Eintritt besonderer Umstände das Rücktrittsrecht vor (RG **104** 100; **105** 368). Es kann aber auch ein bloßer Vorvertrag oder ein auflösend bedingter Vertrag gewollt sein. Die Ausübung dieses Rücktrittsrechts darf nach Treu und Glauben nicht län-

gere Zeit hinausgeschoben werden; der Käufer kann der Ungewißheit auch nach § 355 ein Ende machen. Auch wer als Käufer auftritt, kann dies mit der Klausel „Auftrag freibleibend" tun.

e) **Bestimmtheit.** Der Antrag muß, wenn er durch die Annahme zum Vertragsschluß führen soll, bestimmt oder bestimmbar sein. Die Bestimmtheit kann sich auch aus den Umständen, etwa vorausgegangenen Verhandlungen ergeben. Auch kann der Antragende dem anderen die Wahl innerhalb der verkehrsüblichen Grenzen überlassen, ohne dadurch die Gebundenheit aufzugeben, z. B. bei Bestellung einer Theaterkarte ohne Angabe eines bestimmten Platzes. Beim Spezieskauf ist Bestimmtheit oder Bestimmbarkeit des Gegenstandes, beim Gattungskauf nur Bestimmbarkeit der Gattung erforderlich. Bestimmbarkeit nach dem Bedarf des Käufers genügt; so kann beim Sukzessivlieferungsvertrag vereinbart werden, daß der Käufer nach seinem Bedarf abrufen dürfe (RG **66** 121). Genügend für die *Bestimmbarkeit* ist auch die „Zirka-Klausel", die eine nach Ermessen des Gerichts unbedeutende Abweichung von der vereinbarten Zahl gestattet (BGH LM BGB § 157 (Ge) Nr. 2). Das gleiche trifft zu für Formulierungen wie: Verkauf „eines Pöstchens"; bei Vereinbarung von „3—4 Waggons" genügen 3 Waggons. Dagegen fehlt es an der erforderlichen Bestimmbarkeit bei: „mehrere hundert Dutzend". Beim Spezifikationskauf muß jedenfalls der Grundstoff bestimmbar sein, sonst liegt ein Wahlkauf vor. Die Person des Vertragsgegners braucht beim Angebot oder Vertragsschluß weder dem Verkäufer noch dem Käufer bekannt zu sein; es genügt die objektive Bestimmbarkeit. Dieser Fall liegt vor, wenn für die Gegenpartei jemand offen als Vertreter handelt, die Gegenpartei aber noch offen läßt, sei es, weil er sie kennt, aber nicht nennen will, sei es, weil er sie selbst noch nicht kennt. Zustande gekommen ist dann der Kauf im Augenblick des Abschlusses durch den Vertreter für den erst noch zu benennenden Dritten. Über Unbestimmtheit des Käufers s. auch RG JW **14** 350; über Unbestimmtheit des Verkäufers RG **38** 188. Bei Warenbestellung bei einem Verteilungskartell tritt dieses im Zweifel als Vertreter des noch zu bestimmenden Lieferers auf (OLGRspr. **8** 58). **74**

f) **Allgemeine Geschäftsbedingungen** als Teil des Antrags. Das RG hatte ausgesprochen, der Abschluß von Verträgen unter Bezugnahme auf Allgemeine Geschäftsbedingungen (AGB) stelle kaum noch eine echte vertragliche Vereinbarung dieser Regelungen dar, sie bedeute vielmehr eher eine Unterwerfung unter eine fertig bereitliegende Rechtsordnung, und es komme wenig darauf an, was dem in diese Rechtsordnung Eintretenden an ihrem Inhalt bekannt sei (RG DR **41** 1210; RG **170** 233; **171** 43; vgl. auch *Rehbinder,* Allgemeine Geschäftsbedingungen und die Kontrolle ihres Inhalts, 1972; *Meyer-Cording,* Die Rechtsnormen, 1971). Dem hatte sich der BGH ursprünglich angeschlossen (BGH **1** 86; **3** 200; **8** 55). Von dieser Auffassung, die zum Teil im Schrifttum Widerspruch gefunden hatte (vgl. *Soergel/Lange* BGB 10. Aufl. vor § 145 Bem. 83; *Soergel/Ballerstedt* § 433 Bem. 7; s. auch *Helm,* Grundlage einer normativen Theorie allgemeiner Geschäftsbedingungen, Festschrift Schnorr von Carolsfeld, 1973; *Wolf,* Normsetzung durch private Institutionen? JZ **73** 279), hat sich der BGH in der Sache erstmalig in BGH **17** 1 gelöst und die Ansicht vertreten, daß es sich bei den AGB um eine allgemein festgelegte Vertragsgrundlage handele, die infolge beiderseitiger Unterwerfung unter ihre Bestimmungen Wirksamkeit erlange. Die AGB sind richtig gesehen ein Vertragsmuster, ein Gefüge von Vertragsbedingungen, zu denen das Wirtschaftsunternehmen, das sie aufstellt, ausschließlich seine Verträge abschließen will. Verweist es in seinem Antrage zum Abschluß eines Kaufvertrages auf seine AGB, so sind diese Bestandteile des Antrages. Ob die AGB auch Bestandteil des in Aussicht genommenen Kaufvertrages werden, richtet sich danach, ob der Gegner mit ihnen einverstanden ist, sich ih- **75** nen, wie eine vielfach gebrauchte Wendung lautet, „unterwirft“, d. h. den die AGB enthaltenden Antrag annimmt (s. unten Rdn. 79). Eine andere Frage ist, ob die AGB der richterlichen Inhaltskontrolle standhalten, ob also ein unter den AGB geschlossener Kaufvertrag oder eine einzelne Bestimmung wegen Verstoßes gegen die guten Sitten nichtig ist oder die Herleitung von Rechten sich als unzulässige Rechtsausübung darstellt (darüber s. unten Rdn. 99 und 119). Zur Abgrenzung von AGB als Bestandteil von Massenverträgen zu Individualvereinbarungen *Schulte* NJW 74 1217.

3. Die Annahme

76 a) Zum Angebot muß die *Annahme* kommen, die rechtzeitig und in gehöriger Form erfolgen muß (§§ 147, 148). Daran fehlt es, wenn die Parteien auch nur in irgendeinem Punkt, der Inhalt des Vertrages werden soll, nicht übereinstimmen (s. oben Rdn. 69). Die Annahme kann ausdrücklich erklärt werden oder durch schlüssige Handlung erfolgen.

77 b) Eine ausdrückliche Erklärung ist die im kaufmännischen Verkehr häufige **Auftragsbestätigung.** Sie ist die in Form einer Bestätigung gekleidete Annahmeerklärung gegenüber einer Bestellung. Deckt sie sich nicht mit der Bestellung, so liegt in der Auftragsbestätigung nach § 150 Abs. 2 die Ablehnung des Antrages verbunden mit einem neuen Antrag. Schweigen hierauf hat grundsätzlich die Ablehnung des neuen Antrags zur Folge (BGH **18** 212). Die Auftragsbestätigung ist vom kaufmännischen Bestätigungsschreiben zu unterscheiden (s. unten Rdn. 81).

78 c) Eine Annahme durch **schlüssiges Verhalten** bedeutet die Annahme durch ein Verhalten, aus dem auf den Willen zur Annahme des Angebots zu schließen ist. Es setzt an sich wie jede Willenserklärung einen Erklärungswillen oder wenigstens das Bewußtsein voraus, daß das Verhalten als eine Erklärung bestimmten Inhalts aufgefaßt werden kann (BGH **2** 152). So z. B. Verbrauch unbestellter Ware. Nach dem Urteil BGH LM BGB § 157 (Gb) Nr. 4 soll auch Schweigen auf Zusendung einer Rechnung über unbestellte Waren als Annahmeerklärung zu werten sein (a. A. *Baumgärtel* MDR **58** 400). Die Entscheidung darf nicht verallgemeinert werden; sie ist auf den besonderen Fall zugeschnitten. Zur Frage, wie im Selbstbedienungsladen der Kaufvertrag zustande kommt, s. oben Rdn. 55.

79 d) Bloßes **Schweigen** gilt im bürgerlichen Rechtsverkehr in der Regel nicht als Willenserklärung und demzufolge auch nicht als Annahmeerklärung. Das folgt einmal aus §§ 416, 496, 516, in denen Schweigen als Genehmigung „gilt“, zum anderen aus § 362 HGB, nach dem Schweigen auf ein Vertragsangebot selbst im Handelsverkehr nur unter ganz bestimmten Voraussetzungen als Annahme gilt. Nur *ausnahmsweise* kann Schweigen im bürgerlichen Rechtsverkehr als *schlüssige Willenserklärung* angesehen werden, wenn die Umstände eindeutig darauf hinweisen, daß der andere Teil es als Einverständnis verstehen durfte, so etwa in dem Fall, daß jemand nach einverständlichen und alle wichtigen Punkte betreffenden Vorverhandlungen auf ein ihm zugegangenes Vertragsangebot schweigt (*Diederichsen* JuS **66** 129, 131). Allgemeiner Grundsatz ist, daß Schweigen als Erklärung nur gilt, wenn der Schweigende mit Rücksicht auf Treu und Glauben und die Handelssitte, sofern er nicht einverstanden war, sich hätte äußern müssen (s. Ausführungen zu § 145). So gilt auch im Handelsverkehr Schweigen nur dann als Zustimmung, wenn besondere Umstände vorliegen, die nach Treu und Glauben keine andere Deutung zulassen (BGH LM WG Art. 7 Nr. 1). Solche Umstände sind bei einem Kauf mit Preisvorbehalt gegeben, der den Verkäufer berechtigt, von dem ursprünglichen Vertrage abzugehen und dem Käufer einen höheren Preis vorzuschlagen;

übt der Verkäufer dieses Recht aus, so ist das Schweigen des Käufers Zustimmung zu einem neuen Vertrag mit höherem Preis (BGH **1** 355).

Stillschweigend kann auch eine „Unterwerfung" der einen Vertragspartei unter die Geschäftsbedingungen des Aufstellers erfolgen und insbesondere den Umständen zu entnehmen sein. Stehen etwa Kaufleute in *laufender Geschäftsverbindung* zueinander, sind dabei auch frühere Verträge zwischen ihnen stets zu den Geschäftsbedingungen der einen Partei abgeschlossen worden und hat diese unmißverständlich zu erkennen gegeben, daß sie grundsätzlich Geschäfte nur auf der Grundlage ihrer eigenen Geschäftsbedingungen tätigen will, so kann in dem vorbehaltlosen Vertragsabschluß durch die andere Partei ein derartig stillschweigendes Einverständnis auch dann zu sehen sein, wenn bei neuen Vertragsverhandlungen die Geschäftsbedingungen nicht nochmals in Bezug genommen sind (vgl. dazu RG HRR **26** Nr. 46; BGH **61** 282; **18** 212; BGH Betrieb **73** 1393). Stets bedarf es dabei aber einer sorgfältigen Prüfung im Einzelfall, wie nach Treu und Glauben und mit Rücksicht auf die Verkehrssitte — insbesondere im Hinblick auf Art, Umfang und Dauer der Geschäftsverbindung — das Verhalten der Parteien bei Vertragsabschluß zu würdigen ist. Zweifel gehen dabei zu Lasten des Aufstellers, dessen Sache es ist, für eine mit dem Gebot der Rechtssicherheit und Rechtsklarheit zu vereinbarende Einbeziehung seiner Geschäftsbedingungen in den Vertrag zu sorgen (Betrieb **73** 1393).

e) Erklärt der Empfänger die **Annahme** eines Angebots nur **nach Maßgabe seiner eigenen Geschäftsbedingungen,** so liegt darin die Ablehnung des Angebots und die Abgabe eines neuen Angebots (§ 150 Abs. 2). Ein Vertrag kommt erst zustande, wenn die zuerst antragende Partei das Angebot annimmt. Ein schlüssiges Einverständnis mit den Geschäftsbedingungen des Gegners liegt vor, wenn die Partei nunmehr die Leistungen des Gegners entgegennimmt oder selbst leistet. Das gilt allerdings — anders als beim kaufmännischen Bestätigungsschreiben — nur bei Kenntnis der Geschäftsbedingungen (BGH **18** 212; BGH LM BGB § 929 Nr. 19). **80**

Wenn die Partei, die ein Angebot gemacht hat, dabei erklärt hat, daß sie ihre Lieferungsbedingungen zugrunde legen wolle und daß abweichende Bedingungen des Vertragsgegners ihrer schriftlichen Anerkennung bedürfen, und widerspricht sie den in der Auftragsbestätigung des Gegners enthaltenen Geschäftsbedingungen nicht, so gelten dessen Bedingungen (BGH LM BGB § 150 Nr. 3). Nimmt der Empfänger einer Bestellung aber die Lieferung bereits auf, bevor dem Besteller die Annahmeerklärung zugegangen ist, und nimmt die Annahmeerklärung nur ganz allgemein auf die Verkaufsbedingungen des Lieferers Bezug, so kommt der Vertrag zu den Bedingungen des Angebots zustande; hier gilt das Schweigen des Bestellers auf den der Annahmeerklärung beigefügten Zusatz nicht als Billigung, weil die Annahmeerklärung mindestens im Zusammenhang mit der vor ihrem Zugang aufgenommenen Lieferung nicht unzweideutig ergibt, daß der Verkäufer nur mit gewissen Maßgaben liefern will (BGH LM BGB § 150 Nr. 2). Wenn *Schmidt-Salzer* (BB **71**, 591) danach unterscheiden will, ob der Hinweis auf die Geschäftsbedingungen formularmäßig ohne Bezug auf den Einzelfall erfolgt ist oder auf den betreffenden Vertrag bezogen ist, so steht dem das Bedenken entgegen, daß auch formularmäßige Hinweise sinnvoll nur auf einen bestimmten künftig abzuschließenden Vertrag aufgestellt werden können. Jemand, dem ein Vertragsangebot gemacht und zugleich die Vertragsleistung angeboten wird, kann nicht den Antrag ablehnen und die Leistung annehmen (BGH LM BGB § 150 Nr. 6; LM BGB § 929 Nr. 19).

f) Im kaufmännischen Verkehr werden mündliche, fernmündliche (s. BGH **54** 236), aber auch fernschriftliche und telegraphische Vertragsabschlüsse häufig durch ein sog. **kaufmännisches Bestätigungsschreiben** in ihren Einzelheiten bestätigt. Dabei kann es vorkommen, daß entgegen dem Inhalt des Bestätigungsschreibens die Verhandlungen **81** tatsächlich noch nicht zum Vertragsschluß geführt hatten oder daß Vereinbarungen unrichtig wiedergegeben werden, sei es, daß getroffene Abreden anders oder überhaupt nicht bestätigt werden, sei es, daß eine nicht getroffene Abrede in das Bestätigungsschreiben eingeführt wird. Auf Grund der Gepflogenheit des kaufmännischen Verkehrs (Handelsbrauch), noch nicht schriftlich niedergelegte Vereinbarungen zur Vermeidung von Mißverständnissen und späteren Streitigkeiten alsbald schriftlich festzulegen, haben Rechtsprechung und Schrifttum den Grundsatz entwickelt, daß der Empfänger des Bestätigungsschreibens, wenn er mit dem Inhalt nicht einverstanden ist, unverzüglich widersprechen muß. *Schweigen* ist *als Zustimmung* zu werten und führt zur Bindung entsprechend dem Inhalt des Bestätigungsschreibens (BGH **7** 187; **11** 1; **18** 212; BGH LM HGB § 346 (D) Nr. 15). Anders, wenn sich der Inhalt so weit vom tatsächlich Vereinbarten entfernt, daß der Bestätigende nicht mit einer Zustimmung rechnen kann (BGH **40** 42) oder er die Vereinbarung bewußt oder arglistig entstellt (BGH LM HGB § 346 (D) Nr. 14). Die stillschweigende Genehmigung des Bestätigungsschreibens umfaßt in der Regel auch die in ihm ausdrücklich in Bezug genommenen Geschäftsbedingungen, selbst wenn diese dem Schreiben nicht beigefügt und dem Empfänger auch sonst nicht bekannt waren (BGH **7** 187; a. A. *Krause* BB **52** 996). Um als Bestätigungsschreiben zu gelten, muß das Schreiben nach seinem äußeren Erscheinungsbild zur Wiedergabe der Verhandlungen nach ihrem wesentlichen Inhalt bestimmt sein (BGH **54** 236). In der widerspruchslosen Hinnahme einer modifizierten Auftragsbestätigung allein ist aber keine stillschweigende Annahmeerklärung zu sehen (BGH **18** 212; BGH LM BGB § 150 Nr. 2 und Nr. 6). Hier weiß der bestätigende Vertragsteil, daß ein Vertrag noch nicht zustande gekommen ist, die Auftragsbestätigung vielmehr erst dem Vertragsabschluß dienen soll. Weicht er daher von den Lieferungsbedingungen des Gegners ab, so kann er nicht ohne weiteres damit rechnen, daß die nicht widersprechende Vertragspartei mit der Änderung einverstanden ist (BGH NJW **73** 2106 = BGH **61** 282). Sind weder die Bedingungen der einen noch die Bedingungen der anderen Partei Vertragsinhalt geworden, folgt daraus nicht notwendig, daß ein Vertrag deswegen nicht zustande gekommen ist. Haben beide Parteien nicht in Zweifel gezogen, daß ein Kaufvertrag rechtswirksam abgeschlossen sei, kann ihnen nach Treu und Glauben eine Berufung auf ein Nichtzustandekommen des Vertrages verwehrt sein (BGH **61** 282; BGH WM **57** 1064; *Krause* BB **52** 996). Das bloße Schweigen auf ein Bestätigungsschreiben kann allerdings die Annahmeerklärung dann nicht ersetzen, wenn diese nach dem Parteiwillen schriftlich erfolgen und nur bei Einhaltung dieser Form rechtswirksam sein sollte; denn wer weiß, daß sein Vertragspartner den Vertragsschluß ausdrücklich von einer schriftlichen Annahmeerklärung abhängig gemacht hat, kann redlicherweise nicht damit rechnen, daß dieser durch bloßes Schweigen auf sein Bestätigungsschreiben seinen bisherigen Schriftformvorbehalt fallen läßt (BGH LM BGB § 346 (D) Nr. 15). Die Grundsätze über die Wirkung des Schweigens auf ein kaufmännisches Bestätigungsschreiben gelten auch dann, wenn der Bestätigende oder der Bestätigungsempfänger nicht Kaufmann ist, aber in erheblichem Umfang am Geschäftsleben teilnimmt und erwartet werden kann, daß die Beteiligten nach kaufmännischer Sitte verfahren (BGH **11** 1; **40** 2; BGH WM **73** 1376). Zur Beweislast s. BGH NJW **74** 991.

82 **g) Einseitige** nach Kaufabschluß vorgenommene **Änderungen** des Angebots oder der Annahmeerklärung bleiben wirkungslos, wenn sie nicht nachträglich noch angenommen werden. Das gilt namentlich von *Fakturenvermerken*, die sich auf der Rechnung über einen bereits abgeschlossenen Kaufvertrag befinden. Ein Vermerk auf einer erst nachträglich übersandten Rechnung kann keinesfalls rückwirkende Kraft haben (RG **133** 330; BGH **1** 4). Durch solche Vermerke werden insbesondere nicht ein abweichender Gerichtsstand oder Erfüllungsort oder die Geltung von Allgemeinen Geschäftsbedingungen vereinbart. Schweigt der Käufer auf einen in der Rechnung unternommenen Versuch, den Vertrag geändert zu erhalten, so gilt das weder als Annahme noch als Genehmigung. Bei ständiger Geschäftsverbindung von Kaufleuten kann aber Schweigen auf eine in Rechnungen enthaltene geschäftliche Mitteilung unter ganz besonderen Umständen ausnahmsweise als Zustimmung zu werten sein (OGH **3** 237). Über die Rechtslage, wenn eine vor oder bei Eingang der Ware übersandte Rechnung eine Eigentumsvorbehaltsklausel enthält, vgl. § 433 Rdn. 43 und § 455 Rdn. 4. Zu den sich aus der Rechnungserteilung ergebenden Rechtsfolgen allgemein s. *Anders,* Die Faktura, JR **34** 90 und *Dauses,* Betrieb **72** 2145.

4. Im modernen Massenverkehr werden häufig zur Daseinsvorsorge dem einzelnen Bürger Leistungen gewährt, für die die Bedingungen vom Versorgungsunternehmen festgelegt sind und deren Entgelt tarifmäßig bestimmt ist. Sie werden vom Benutzer ohne das Bewußtsein einer Willenserklärung in Anspruch genommen. Schrifttum und Rechtsprechung haben zum Teil angenommen, in diesen Fällen komme ein **Vertrag kraft sozialtypischen Verhaltens** oder als „faktisches Vertragsverhältnis" zustande (vgl. Ausführungen zu § 145). Auf dem Gebiet des Kaufrechts sind unter diesem Blickpunkt die Energieversorgungsverträge, auf die die Vorschriften des Kaufrechts entsprechend angewendet werden (oben Rdn. 10), behandelt worden (BGH **23** 175). Dabei geht es um die Frage, ob derjenige, der unbefugt und heimlich Energie entnimmt mit dem Willen, die Gegenleistung nicht zu entrichten, zum Versorgungsunternehmen in ein Vertragsverhältnis tritt, aus dem er zur Zahlung und gegebenenfalls Vertragsstrafe verpflichtet ist. Der BGH hat später angesichts der wachsenden Ablehnung, auf die die Lehre vom sozialtypischen Verhalten gestoßen ist, unentschieden gelassen, ob die bisherige Ansicht aufrechtzuerhalten sei (BGH LM BGB vor § 145 Nr. 10). Zeigt jemand ein Verhalten, das nur als Ausdruck eines bestimmten Willens aufgefaßt werden kann, so setzt er sich, wenn er einen Vertrag nicht abschließen will, mit seinem tatsächlichen Verhalten in Widerspruch und verwirkt das Recht einer anderweiten Auslegung. Unabhängig von der Lehre vom faktischen Vertragsverhältnis ist deshalb z. B. ein Stromabnehmer auch dann zur Zahlung des vom Elektrizitätsversorgungsunternehmen festgesetzten zulässigen Entgelts verpflichtet, wenn er erklärt, daß er sich dem Strompreis nicht unterwerfen wolle (RG **111** 310; BGH LM BGB vor § 145 Nr. 10; BGH Betrieb **70** 1686). **83**

5. **Der bedingte Kauf.** Die Bedingung kann den Abschluß des Kaufvertrages betreffen, z. B. ein Möbelkauf von Brautleuten unter der Bedingung, daß sie ein in Aussicht stehendes Darlehen erhalten, oder ein Kaufvertrag, der von einer Ausfuhrbewilligung abhängt, oder unter der Klausel „Lieferung vorbehalten", „glückliche Ankunft vorbehalten" geschlossen wird (RG **104** 98). Die Bedingung kann auch bloß das dingliche Erfüllungsgeschäft betreffen, während der Kaufvertrag unbedingt abgeschlossen wird. So wenn die Übereignung der Kaufsache von der vollständigen Bezahlung des Kaufpreises abhängig gemacht wird, wie beim Kauf unter Eigentumsvorbehalt, § 455. Die Bedingung kann auch sowohl den Kauf als das dingliche Erfüllungsgeschäft betreffen. Ob dies der Fall ist, ist Tatfrage. Da, wo Grundgeschäft und Erfüllungsgeschäft als ein einheitlicher, zusammengehöriger Rechtsvorgang anzusehen sind, wird es dem Parteiwillen mehr entsprechen, eine zugefügte Bedingung auf beide Geschäfte zu beziehen. Auch ein bloßes Wollen des Berechtigten oder Verpflichteten kann das Ereignis sein, das den Eintritt einer Rechtswirkung bestimmt. So hat die Rechtsprechung als Fälle bedingter Kaufverträge, nämlich bedingt durch die in das freie Belieben gestellte Erklärung, daß der Kaufvertrag in Kraft treten solle, angesehen den Kauf auf Probe (RG **104** 98) und die Verträge mit Vereinbarung eines Vorkaufsrechtes (RG **72** 385), eines **84**

Wiederkaufsrechtes (BGH **29** 107; **38** 369; BGH WM **65** 356), auch die Vereinbarung eines Ankaufsrechtes, soweit es in der Form eines bedingten Vertrages begründet wird (BGH **47** 387; BGH LM BGB § 433 Nr. 25; s. auch oben Rdn. 67). Im Schrifttum wird z. T. die Auffassung vertreten, es handele sich beim Vorkaufs- und beim Wiederkaufsrecht um ein Gestaltungsrecht (vgl. *Larenz* Schuldrecht II § 44 II und III).

6. Kaufverträge mit Vorzugsrechten

85 **a) Der Kaufvorvertrag** — zu unterscheiden vom Vorkaufsvertrag — enthält die Verpflichtung, mit einem anderen auf dessen Verlangen einen Kaufvertrag abzuschließen. Aus dem Kaufvorvertrag entspringt ein unbedingter, sofort fälliger Anspruch auf Abschluß eines Kaufvertrages. Der Kaufvorvertrag braucht wie jeder Vorvertrag nicht die gleiche Vollständigkeit aufzuweisen wie der Hauptvertrag. Es genügt ein solches Maß von Bestimmtheit, daß im Streitfall der Inhalt des Hauptvertrages richterlich festgestellt werden kann (BGH WM **66** 89). In die Form eines Vorvertrages können auch das sog. Ankaufsrecht (BGH **47** 387 — s. oben Rdn. 67) sowie die Verträge über Eigenheime und Wohnungseigentum (BGH LM BGB § 313 Nr. 58) gekleidet sein. Ansprüche auf Erfüllung eines Kaufvorvertrages und Schadensersatzansprüche wegen Nichterfüllung verjähren nach § 196 Abs. 1 Nr. 1 und Abs. 2 (BGH WM **74** 216; bestr.).

86 b) Auch als *langfristiges Verkaufsangebot* kann das erwähnte Ankaufsrecht sich darstellen (BGH **47** 387; s. oben Rdn. 67).

87 c) **Kaufverträge mit Optionsrechten.** Das Optionsrecht ist ein schillernder Begriff. Der Kauf mit Optionsrecht unterscheidet sich vom Vorvertrag dadurch, daß aus dem Vorvertrag nur der Anspruch auf Abschluß eines Kaufvertrages begründet wird, dagegen durch die Ausübung des Optionsrechtes bereits der Kaufvertrag zustande kommt. Zu denken ist etwa an die Optionsabrede, daß der Verkäufer das Recht hat, innerhalb einer bestimmten Frist die Rückübertragung eines verkauften Aktienpaketes zu verlangen (BGH WM **65** 356), oder daß einem Dritten in einem Vertrage das Recht eingeräumt wird, ein Grundstück zum amtlichen Schätzpreis anzukaufen (BGH WM **70** 493). Der BGH hat solche Verträge als aufschiebend bedingte Kaufverträge gewertet. Wegen des Zusammentreffens eines für den Todesfall bedingten Ankaufsrechtes und eines Vorkaufsrechtes an einem Grundstücksmiteigentumsanteil s. BGH WM **73** 208.

88 7. **Geheimer Vorbehalt und Scheinerklärung** machen den Kauf nichtig. Ist das Scheingeschäft dazu bestimmt, ein anderes, wirklich gewolltes Geschäft zu verdecken, so finden die für das verdeckte Rechtsgeschäft geltenden Vorschriften Anwendung, also wenn ein Geschenkversprechen durch einen Kaufvertrag verdeckt werden soll (RG **77** 403; **87** 301). Ist in einem Grundstückskauf der Kaufpreis unrichtig beurkundet, so gilt das verdeckte Rechtsgeschäft (§ 117 Abs. 2); bedarf dieses einer Form, fehlt es aber daran, so ist das verdeckte Rechtsgeschäft nach § 125 nichtig (RG **87** 301).

89 8. **Kauf durch Stellvertreter.** Der Abschluß eines Kaufvertrages kann auch durch dritte Personen als Stellvertreter erfolgen, die entweder zum Abschluß bevollmächtigt sind oder nur zur Vermittlung und Vorbereitung des Abschlusses. Bevollmächtigt sind nach dem Gesetz die Prokuristen, § 49 HGB, die Handlungsbevollmächtigten, § 54 HGB, die Handlungsreisenden, § 55 HGB, die zum Abschluß ermächtigten Handelsvertreter, § 84 HGB, die in einem Laden oder offenen Warenlager Angestellten, § 56 HGB. Die Erklärungen dieser Vertreter muß der Geschäftsherr gegen sich gelten lassen, auch wenn die Bevollmächtigung nicht ausdrücklich bekanntgegeben worden war (RG **103** 295).

9. Vom Kauf durch Stellvertreter unterscheidet sich das **Treuhandgeschäft.** Es kommt in vielen Spielarten vor und ist nicht wegen fehlender Offenkundigkeit zu beanstanden. Es ist auch kein Scheingeschäft (BGH **21** 378). Zur verdeckten und offenen Treuhandschaft s. BGH **10** 49. Hat dagegen jemand einen Gegenstand nur für Rechnung und im Interesse eines anderen als stiller Stellvertreter für diesen von einem Dritten erworben, so steht dem anderen nur ein schuldrechtlicher Anspruch auf Übertragung des erworbenen Vermögensgegenstandes auf Grund des Vertretungsverhältnisses zu (RG **138** 87). **90**

10. **Form des Kaufvertrages.** Der Abschluß eines Kaufvertrages bedarf regelmäßig keiner Form. Das Erfordernis der Schriftform kann sich aber aus *Handelsbrauch* ergeben. „Gewohnheit" in Bank- und Handelskreisen ist es, mündliche Erklärungen von erheblicher Tragweite schriftlich zu bestätigen und nicht nur in internen Aktenvermerken niederzulegen (BGH WM **66** 511). S. auch § 94 HGB wegen Erteilung von Schlußnoten über vom Handelsmakler vermittelte Geschäfte. **91**

Vorgeschrieben ist *notarielle Beurkundung*:

a) bei Verkauf der Erbschaft, § 2371,

b) bei dem Verkauf des gegenwärtigen Vermögens des Verkäufers in seiner Gesamtheit, § 311,

c) bei dem Verkauf des gesetzlichen Erbteils oder Pflichtteils unter den künftigen gesetzlichen Erben, § 312,

d) beim Verkauf von Grundstücken, § 313. Wegen der Beurkundung von Ankaufsverträgen s. oben Rdn. 67,

e) der Kaufvertrag über ein Erbbaurecht bedarf der Form nach § 313; § 11 ErbbaurechtsVO erfaßt auch diesen Fall; über Bergwerkseigentum RG JW **27** 262,

f) beim Verkauf von GmbH-Anteilen, § 15 GmbHG.

11. **Der Grundsatz von Treu und Glauben** beherrscht auch das Kaufrecht. Dieser Grundsatz darf, wie schon die Worte besagen, nicht allein unter wirtschaftlichen Gesichtspunkten gesehen werden. Insbesondere bei auf die Dauer angelegten Lieferungsverträgen, die gegenseitiges Vertrauen voraussetzen, hat er auch eine starke auf dem Gemeinschaftsgedanken beruhende persönliche Seite (BGH LM BGB § 242 (Bc) Nr. 6). Für Kaufleute umschreibt RG **151** 370 den Begriff von Treu und Glauben als die unter Kaufleuten herrschenden Anschauungen von Recht und Billigkeit. So können nach der an Treu und Glauben ausgerichteten Auslegung eines Kaufvertrages den Parteien — abgesehen von getroffenen Abreden — Nebenpflichten als Vertragspflichten obliegen (s. § 433 Rdn. 49 und 72 und unten Rdn. 93 und 94). **92**

12. **Vorverhandlungen**

a) Schon **bloße Vertragsverhandlungen** können ein besonderes Vertrauensverhältnis und damit für beide Teile die Pflicht begründen, ihr Verhalten nach Treu und Glauben so einzurichten, daß der Vertragsgegner nicht geschädigt wird. Dieses gesetzliche Schuldverhältnis ist vom Zustandekommen oder der Wirksamkeit des erstrebten Vertrages nicht abhängig. Aus ihm entstehen insbesondere Offenbarungs-, Sorgfalts- und Fürsorgepflichten, deren Verletzung bei Verschulden (culpa in contrahendo, **Verschulden bei Vertragsschluß)** zur Schadensersatzpflicht führt (unten Rdn. 95; vgl. im übrigen Ausführungen zu § 276; *Nirk*, Festschrift Möhring S. 385). Zu den Pflichten des Verkäufers im einzelnen s. § 433 Rdn. 47, des Käufers § 433 Rdn. 71. **93**

94 **b)** Auf Grund einer an Treu und Glauben ausgerichteten Auslegung des Kaufvertrages kann den Verkäufer — abgesehen von einer selbständigen vertraglichen Verpflichtung — auch eine **Nebenpflicht** zur Beratung und Aufklärung **als Inhalt des Vertrages** treffen. Die Rechtsprechung unterscheidet nicht immer scharf. Aus Vertragsverhandlungen werden grundsätzlich solche Pflichten begründet, die sich auf ein Verhalten beziehen, das von Wirkung auf das Zustandekommen des Vertrages selbst ist. Pflichten aus dem Vertragsinhalt dagegen beruhen auf dem treugerecht zustande gekommenen Vertrag und bestimmen dessen Abwicklung. Bei den Nebenpflichten handelt es sich vorwiegend um *Offenbarungs- und Beratungspflichten.* Solche Pflichten können sowohl aus Vertragsverhandlungen als auch aus dem Vertrage herrühren. Im täglichen Leben sind die Übergänge fließend (vgl. § 433 Rdn. 47, 49). Die Abgrenzung im Einzelfall ist schwierig, kann aber mit Rücksicht auf die Rechtsfolgen bei Verletzung der Nebenpflichten von Bedeutung sein (s. unten Rdn. 95; vgl. auch *Nirk* aaO S. 407). So kann die Beratung durch den Verkäufer nach ständiger Rechtsprechung als Nebenleistung Gegenstand einer Vertragspflicht unabhängig von der Zusicherung von Eigenschaften sein (BGH **47** 312; BGH LM BGB § 276 (Hb) Nr. 15). In einem Fall, in dem der Verkäufer nach einer Vermessung irrig erklärt hatte, eine Maschine könne an einem bestimmten Platz aufgestellt werden, hat der BGH angenommen, der Verkäufer habe fahrlässig eine aus dem Kaufvertrage entspringende Nebenverpflichtung zur Beratung verletzt (BGH LM BGB § 276 (H) Nr. 5). Im Urteil BGH LM BGB § 123 Nr. 42 handelte es sich darum, daß ein fachkundiges Unternehmen, das Spezialfahrzeuge herstellt, einem Fuhrunternehmer ein Fahrzeug verkauft hatte, das für die Zwecke des Käufers nur eingeschränkt brauchbar war. Die vom BGH angenommene Nebenpflicht zur Beratung grenzt hier bereits an eine beim Abschluß von Kaufvertragsverhandlungen bestehende Offenbarungspflicht über Umstände, die für den Entschluß des Käufers bedeutungsvoll sind, mithin an eine Verpflichtung aus Vertragsverhandlungen (vgl. auch BGH WM **72** 854).

95 **c)** Die Verletzung einer aus dem Vertrage hergeleiteten Nebenpflicht führt zum **Schadensersatzanspruch** *wegen positiver Vertragsverletzung.* Die Schadensersatzpflicht bei schuldhafter Verletzung von Offenbarungs-, Fürsorge- und Sorgfaltspflichten bei Vorverhandlungen richtet sich bei Verletzung nach den für *Verschulden bei Vertragsschluß* entwickelten Grundsätzen auf Ersatz des sog. Vertrauensschadens, d. h., der Gegner ist so zu stellen, als habe die verpflichtete Partei ihre Pflicht erfüllt. Hat der Verkäufer seine Pflicht verletzt, geht der Schadensersatzanspruch also auf Freistellung des Käufers von seinen vertraglichen Verpflichtungen, sofern er ohne die Verletzung den Vertrag nicht oder mit anderem Inhalt geschlossen hätte (BGH Urteile vom 5. 5. 65, VIII ZR 167/63; 23. 2. 66, VIII ZR 30/64; 24. 4. 68, VIII ZR 121/66 und BGH LM BGB § 276 (Fb) Nr. 5, ausführlich WM **70** 132). Ausnahmsweise kann das Erfüllungsinteresse gefordert werden, wenn der Schadensersatzberechtigte nachweist, daß der Vertrag ohne das schuldhafte Verhalten des Gegners mit dem von ihm gewünschten Inhalt zustande gekommen wäre (RG **151** 359). Die Verletzung der Offenbarungspflicht kann bei entsprechendem Vorsatz auch den Tatbestand einer arglistigen Täuschung erfüllen (BGH **57** 137).

96 **d)** Unter die Haftung aus Verschulden bei Vertragsverhandlungen fallen schließlich auch die Schäden, die ein Teil, in der Regel der Käufer, durch Verletzung der Pflicht des anderen Teils, für **Verkehrssicherheit** zu sorgen, erleidet (s. im einzelnen § 433 Rdn. 48).

97 **13.** Nach Treu und Glauben können sich bei einem durch beiderseitige Leistungen erfüllten Warenumsatzgeschäft auch noch gewisse **Nachwirkungen** der vertragli-

chen Bindung ergeben. Die Parteien können zu einem Verhalten verpflichtet sein, das den Erfolg des erfüllten Geschäfts nicht gefährdet (vgl. im einzelnen § 433 Rdn. 51 und 74).

VI. Vertragsfreiheit

1. Grenzen **98**

Der Grundsatz der Vertragsfreiheit läßt die mannigfaltigste Ausgestaltung des Kaufvertrages zu. Sie besteht einmal in der Freiheit, einen Vertrag abzuschließen (*Abschlußfreiheit*), und zum anderen in der Freiheit, den Inhalt des Vertrages auszuhandeln und zu gestalten (*Gestaltungsfreiheit*).

Eine vollständige Vertragsfreiheit besteht nicht; das Bürgerliche Gesetzbuch gibt die Befugnis zum Vertragsschluß vielmehr von vornherein nur in begrenzter Ermächtigung. Einschränkungen der Vertragsfreiheit bringen sowohl Vorschriften des BGB selbst (§§ 134, 138, 242, 276 Abs. 2, 306, 443, 476) als auch zahlreiche Nebengesetze. Darüber hinaus bedarf es der richterlichen Kontrolle des Gebrauchs der Vertragsfreiheit. Der Handel wickelt Kaufverträge kaum mehr nur nach kaufvertraglichen Bestimmungen ab. Der Gebrauch der Vertragsfreiheit führt nicht selten dazu, daß Rechte des wirtschaftlich schwächeren Teils, meist des Käufers, immer mehr eingeengt werden; das geschieht vielfach in der Weise, daß der geschlossene Kaufvertrag nicht mehr dem Leitbild entspricht, von dem der Gesetzgeber ausgegangen ist, und nicht nur den Anstand, sondern auch die guten Sitten verletzt oder sonst gegen die Rechts- und Wirtschaftsordnung verstößt. Der *mißbräuchlichen Ausnutzung der Vertragsfreiheit* ist die rechtliche Anerkennung zu versagen. Bleibt dem einen Teil nur die Wahl, ob er sich einseitig festgesetzten Bedingungen des anderen Teils unterwerfen oder den Vertragsschluß ablehnen will, wird ihm also bloß die Abschlußfreiheit gelassen, so kann darin ein Mißbrauch der wirtschaftlichen Machtstellung liegen, der den geschlossenen Vertrag nichtig macht. Zur Vertragsfreiheit und Sozialbindung s. *R. Fischer,* DRiZ **74** 209.

2. Die Freiheit, über den Abschluß eines Vertrages zu entscheiden, wird des öfteren auch dadurch in Frage gestellt, daß ein Vertragsteil **„Allgemeine Geschäftsbedingungen“** aufstellt, unter denen allein er Verträge abschließt. Allgemeine Geschäftsbedingungen spielen eine berechtigte Rolle beim Absatz industrieller Massenerzeugnisse, der in diesem Umfang bei Schaffung des BGB nicht bestand und keine gesetzliche Regelung finden konnte. Wer Allgemeine Geschäftsbedingungen aufstellt, nimmt die Vertragsfreiheit, soweit sie die Gestaltung des Vertragsinhalts betrifft, für sich allein in Anspruch. Die Macht, anstelle der gesetzlichen Regelung eine allgemeine Ordnung durch Liefer- und Bezugsverträge zu setzen, darf nicht grenzenlos ausgeübt werden. Die Befugnis, eine eigene oder allgemeine Vertragsordnung zu schaffen, ist durch das Gebot beschränkt, daß jede Regelung die beiderseitigen Belange sachgerecht zu berücksichtigen und unerträgliche oder ungerechte Belastungen zu vermeiden hat (BGH **33** 216; **37** 94; **51** 55; BGH LM BGB § 138 (Bc) Nr. 9). Wer Allgemeine Geschäftsbedingungen aufstellt, ist daher *nach Treu und Glauben verpflichtet,* schon bei Abfassung die *Interessen seiner künftigen Vertragspartner angemessen zu berücksichtigen.* Bringt er nur seine eigenen Interessen zur Geltung, so mißbraucht er die Vertragsfreiheit (BGH **33** 216; **38** 183; **41** 151; **50** 200). Das kommt insbesondere dann in Betracht, wenn durch die Allgemeinen Geschäftsbedingungen eine abweichende Regelung von Vorschriften des dispositiven Rechts geschaffen werden soll, die ihre Entstehung nicht nur Zweckmäßigkeitsgründen, sondern einem aus der Natur der Sache sich ergebenden Gerechtigkeitsgebot verdanken (BGH **60** 243; **54** 106; BGH LM BGB § 138 (Bc) Nr. 11). Das gilt auch für Allgemeine Einkaufsbedingungen, s. hierzu *Heinze* NJW **73** 2182. Neben das Gebot, nicht **99**

unangemessene Geschäftsbedingungen durchzusetzen, tritt das Gebot, nicht die „intellektuelle Unterlegenheit" des Vertragsgegners auszunutzen. So wird die geschäftliche Unerfahrenheit des Vertragsgegners oft ausgenutzt durch Verwendung kleingedruckter, unübersichtlicher Klauseln und den Gebrauch von verklausulierten, dem Laien in ihrer Tragweite unverständlichen Formulierungen. Zwar können auch unterschriftlich nicht gedeckte Geschäftsbedingungen Vertragsinhalt werden; der Hinweis auf sie muß aber dann deutlich und an sichtbarer Stelle angebracht sein. Zur Frage, wann im Verkehr zwischen Kaufleuten auch unauffällige und kleingedruckte Klauseln beachtlich sind, s. BGH WarnRspr. **71** Nr. 199 = Betrieb **71** 2106; im übrigen vgl. *Grunsky*, JurA **69** 87; *Wolf*, Rechtsgeschäftliche Entscheidungsfreiheit und vertraglicher Interessenausgleich 1970, S. 111 ff; ders. JZ **73** 92; **74** 41; *Schmidt-Salzer*, NJW **71** 173; **71** 1010; *Weber*, Betrieb **70** 2355, 2417. Außer durch die Rücksicht auf den Vertragsgenossen ist die Vertragsfreiheit weiter eingeschränkt durch die *Rücksicht auf die Interessen der Allgemeinheit.* Wenn es sich auch beim Kauf in erster Linie um die Deckung des Bedarfs des einzelnen handelt, so dürfen doch die Belange der Allgemeinheit nicht außer acht gelassen werden. Vgl. etwa die strafrechtlichen Folgen wirtschaftsrechtlich anstößigen Verhaltens in §§ 1 ff WirtschaftsstrafG. Zum Schutz des Verbrauchers gegenüber AGB s. auch *Hiddemann*, DRiZ **74** 219.

Die in Rechtsprechung und Schrifttum aufgestellten Grundsätze dürfen allerdings nicht verallgemeinert werden. Es entsteht sonst die Gefahr, daß eine Partei sich aus einem Vertrage, den sie im Bewußtsein der Tragweite in der Hoffnung auf Gewinn abgeschlossen hat, unter Berufung auf angebliche Sittenwidrigkeit der AGB herauszuwinden sucht, weil der erhoffte Gewinn ausgeblieben ist. So ist der BGH auch dem Bestreben entgegengetreten, sich wegen einzelner anstößiger Bedingungen vom ganzen Vertrage zu lösen; zu der Frage, ob der ganze Vertrag oder nur die einzelne zu mißbilligende Bedingung unwirksam ist, s. unten Rdn. 116. Die Fälle, in denen Vertragsbestimmungen die Rechte einer Vertragspartei in anstößiger Weise beschneiden, werden im einzelnen bei der Erörterung der jeweiligen Rechte behandelt.

Zur Frage, in welcher Weise AGB Vertragsbestandteil werden, s. oben Rdn. 75 und 80.

100 3. **Auf Formularverträge** sind die für die AGB entwickelten Grundsätze nicht unbesehen anzuwenden (BGH LM BGB § 157 [A] Nr. 14). Auch in Formularverträgen, die den Individualverträgen näherstehen und deshalb nicht im ganzen wie Allgemeine Geschäftsbedingungen zu behandeln sind, können Einzelabreden enthalten sein, die ein für Allgemeine Geschäftsbedingungen typisches Gepräge haben. Auch derartige Abreden sind wie Allgemeine Geschäftsbedingungen zu behandeln, sowohl hinsichtlich der Revisibilität als auch hinsichtlich Auslegung und Inhaltskontrolle (BGH NJW **74** 1135). Handelt es sich indessen um ein von Wirtschaftsunternehmen verfaßtes Formular, das einen Vertragswortlaut mit umfangreichen Vertragsklauseln enthält, zu deren uneingeschränkten Annahme sich der Gegner entschließen muß, wenn der Vertrag geschlossen werden soll, so liegt es nicht anders, als wenn in einem — meistens ebenfalls — vorgedruckten Vertrage auf Allgemeine Geschäftsbedingungen verwiesen wird. Mindestens in diesem Fall gelten die Grundsätze der AGB entsprechend (BGH **51** 55; BGH WM **71** 615; BGH LM BGB § 138 [Bc] Nr. 8; vgl. aber für Formularverträge mit wenigen, leicht verständlichen Klauseln BGH WM **70** 1450 und für einen im wesentlichen individuell ausgehandelten Formularvertrag BGH LM BGB § 138 [Bc] Nr. 9).

101 4. **Lenkungsbestimmungen**

a) **Abschlußzwang.** Es gibt geschäftliche Unternehmen, die verpflichtet sind, rechtsverbindliche Angebote zu machen, deren Annahme freisteht. Man spricht hier ungenau von einem „Kontrahierungszwang"; der Zwang besteht aber nur darin, daß der Verkäufer ein bindendes Angebot zu machen hat, die Annahme steht dem Käufer frei. Die Verpflichtung des Verkäufers beruht darauf, daß der Kaufvertrag den Interessen der Allgemeinheit dient und einer dem Verkäufer obliegenden Sorgfaltspflicht entspricht. Über den Abschlußzwang im einzelnen, insbesondere zu der Frage, ob und wann ein Kaufmann mit monopolartiger Stellung zum Abschluß eines Kaufvertrages verpflichtet ist, s. Ausführungen zu § 145. Ein Kaufvertrag mit „Kontrahierungsbeschränkung" für den Milcherzeuger und mit „Kontrahierungszwang" für die Molkerei wird z. B. nach § 1 Milch- und FettG abgeschlossen (BGH **33** 259; **41** 271). Für nicht marktbeherrschende Unternehmen besteht zwar grundsätzlich ein Abschlußzwang nicht, doch ergibt er sich mittelbar aus der Schadensersatzpflicht bei einem Verstoß gegen § 25 GWB (BGH **44** 279). Umgekehrt gibt es bei Versorgungsunternehmen, auf deren Rechtsbeziehungen mit ihren Abnehmern grundsätzlich kaufrechtliche Vorschriften angewendet werden (s. oben Rdn. 10), für die Abnehmer einen Abschluß- und Benutzungszwang (BGH **59** 303).

b) Im öffentlichen Interesse, des öfteren bei einer Abschlußpflicht, kann auch die **102** Ausgestaltung eines zu schließenden Kaufvertrages vorgeschrieben sein (**normierter Vertrag**). Das gilt insbesondere für die Preisgestaltung und die Art und Weise, in der die Ware in den Verkehr gebracht werden muß. Aus der großen Zahl der Vorschriften seien genannt: Preisbildung bei öffentlichen Aufträgen, GetreideG, FuttermittelG, Milch- und FettG (vgl. BGH **48** 385), Vieh- und FleischG, ZuckerG, mehrere Gesetze über Saatgut, HandelsklassenG (s. oben Rdn. 48), PreisauszeichnungsVO v. 18. 9. 69 und VO über Preisangaben v. 10. 5. 73 (s. § 433 Rdn.32).

c) Wird durch Hoheitsakt für die Parteien ein Vertrag mit festumrissenem Inhalt **103** begründet, liegt ein sogenannter **diktierter Vertrag** vor. Er ist wesentlich ein Mittel der Planwirtschaft in Notzeiten, um die Belieferung der Bevölkerung mit den nötigen Lebenshaltungsmitteln sicherzustellen. Nach BGH LM BGB § 284 Nr. 1 ist er ein privatrechtlicher Vertrag.

d) Besteht ein **Abschlußverbot**, so kann ein unter Verstoß abgeschlossener Kauf- **104** vertrag nach § 134 nichtig oder schwebend unwirksam sein; s. unten Rdn. 106 ff.

e) Für manche Kaufverträge bedarf es der **behördlichen Genehmigung**. Sie ist ein **105** Wirksamkeitserfordernis für das Rechtsgeschäft. Das Rechtsgeschäft gilt mit der Genehmigung nach dem Zweck des Verwaltungsaktes als bereits mit der Vornahme wirksam geworden (BGH **32** 383). Auch für den guten Glauben kommt es auf die Zeit der Vornahme des Geschäfts an (RG **125** 53; **142** 59). Hängt die Wirksamkeit eines Kaufs von einer behördlichen Genehmigung ab, so obliegt den Parteien ohne Rücksicht darauf, ob ihnen daraus Nachteile erwachsen, die gegenseitige Treupflicht, alles in ihren Kräften Stehende zu tun, um die Genehmigung herbeizuführen, und alles zu unterlassen, was dieser Genehmigung hinderlich sein könnte (vgl. BGH LM WährG § 3 Nr. 10, Nr. 14, Nr. 16; OLG Hamburg MDR **72** 947). Die Bindung der Parteien entfällt erst, wenn die Genehmigung endgültig versagt ist. Es tritt nachträgliche Unmöglichkeit ein (BGH **37** 233). Wird die Genehmigung nachträglich doch noch erteilt, so bleibt das Rechtsgeschäft, falls es nicht erneuert wird, unwirksam; das gilt auch dann, wenn der die Genehmigung versagende Verwaltungsakt fehlerhaft ist und deshalb durch einen anderen Verwaltungsakt als von Anfang an unwirksam aufgehoben wird (BGH LM GrundstVerkBek § 4 Nr. 1). Eine Verpflichtung zum Neuabschluß eines Vertrages mit einer zulässigen Klausel besteht im allgemeinen nicht, doch kann eine Partei unter dem Gesichtspunkt des Schadensersatzes oder des Verbots unzulässiger Rechtsausübung verpflichtet sein, den Vertrag mit einer wirksamen Klausel neu zu schließen (BGH LM WährG § 3 Nr. 14).

Aus der großen Zahl von *Gesetzen, die öffentlich-rechtliche Genehmigungserfordernisse enthalten,* seien genannt: Für Grundstücksverkehr BundesbauG vom 23.6.60 und GrundstücksverkehrsG vom 28.7.61; zur nunmehr gegenstandslos gewordenen Preisgenehmigung bei Grundstückskäufen vgl. die 11. Auflage. Die Veräußerung von Grundstücken öffentlich-rechtlicher Körperschaften bedarf nach Länderrecht vielfach der Genehmigung der Aufsichtsbehörde. Für die Genehmigung von Außenhandelsgeschäften ist jetzt das AußenwirtschaftsG vom 28.4.61 maßgebend. Das Erfordernis devisenrechtlicher Genehmigung bei Auslandsgeschäften hat mit der Liberalisierung des Handels seine Bedeutung weitgehend verloren. Wegen der hierzu ergangenen Entscheidungen vgl. die 11. Auflage. Das MilRegG 53 gilt zur Zeit noch für den Verkehr mit der DDR. Wegen Wertsicherungsklauseln s. WährG § 3. Vgl. auch das Gesetz zum Schutze deutschen Kulturguts gegen Abwanderung vom 6.8.55. Bei erschlichener Genehmigung ist der Kaufvertrag unwirksam (für Devisengenehmigung s. BGH WM **60** 1275). Ein als Transithandelsgeschäft nicht genehmigungsbedürftiger Kaufvertrag mit einem in der DDR ansässigen Verkäufer ist nicht nach MilRegG 53 Art. I und X nichtig, wenn die Inlandspartei sich insgeheim vorbehält, den Vertrag nicht wie vereinbart, als Transitgeschäft durchzuführen, sondern ohne Genehmigung die Ware im Inland zu belassen (im Urteil BGH WM **72** 1222 = BGH WarnRspr. **72** Nr. 149 unentschieden; s. auch BGH LM BGB § 117 Nr. 2).

Neben den im BGB bestimmten allgemeinen Genehmigungserfordernissen (Genehmigung des gesetzlichen Vertreters, des Vormundschaftsgerichts usw.) ist in § 458 ein *Genehmigungszwang* für Verkäufe im *Zwangsvollstreckungsverfahren* und *Pfandverkäufe* vorgesehen, die gegen die Vorschriften der §§ 456, 457 verstoßen. Dazu treten Genehmigungserfordernisse in bürgerlich-rechtlichen Nebengesetzen: Genehmigung der Veräußerung eines Wohnungseigentums nach § 12 WohnEigtG (bei fehlender Genehmigung ist auch der Kaufvertrag unwirksam, vgl. BayObLG NJW **73** 152) und Zustimmung zur Verfügung über ein Erbbaurecht nach §§ 5, 6 ErbbauVO (s. BayObLG MDR **72** 949).

106 **VII. Unerlaubte Kaufverträge**

1. Gesetzesverstoß

a) Kaufverträge, die gegen ein gesetzliches Verbot verstoßen, sind nur nichtig, wenn das Verbotsgesetz nach seinem Sinn und Zweck die zivilrechtliche Nichtigkeit anordnet (BGH LM BGB § 134 Nr. 15). Ein Vertrag, der für den Fall abgeschlossen ist, daß ihm kein gesetzliches Verbot mehr entgegensteht, ist wirksam und nur von der Aufhebung des Verbots abhängig.

Als Gesetzesverstöße kommen zunächst in Betracht solche gegen **inländische Gesetze.**

107 **aa)** Nichtig **im einzelnen** sind danach Kaufverträge unter Verstoß gegen *strafrechtliche Bestimmungen:* Kauf auf Grund Hehlerei (§ 259 StGB); Kauf zur Vollstreckungsvereitelung (§ 288 StGB). § 7 AbzG macht zwar nur das Verhalten des Verkäufers von Lotterielosen und Inhaberpapieren strafbar, richtet sich aber gegen das Geschäft selbst und macht dieses nach § 134 nichtig. Anders das Verbot des § 56 GewO, das sich nur gegen das Feilbieten richtet und keine Nichtigkeit zur Folge hat. Der unerlaubte Verkauf von verschreibungspflichtigen Arzneimitteln ist nicht schlechthin nichtig (BGH LM BGB § 134 Nr. 56), bei einem Verstoß gegen das Verbot des Feilhaltens von Arzneimitteln im Reisegewerbe (§ 36 Abs. 1 AMG) nimmt das LG Stuttgart (NJW **65** 354) aber

mit beachtlichen Gründen — Schutz des unkundigen Käufers vor Gesundheitsschäden — Nichtigkeit des Kaufvertrages an (s. auch Rdn. 111). Ein Vertrag, mit dem eine *Steuerhinterziehung* verbunden ist, ist nur nichtig, wenn die Steuerhinterziehung der alleinige Zweck des Geschäfts ist (BGH **14** 25). Eine Vereinbarung zur Steuerverkürzung, daß der Käufer keine Rechnung erhalten und das Geschäft nicht in den Büchern erscheinen solle, ist nichtig. Der ganze Kaufvertrag ist nichtig, wenn die Abrede die Preisvereinbarung beeinflußt hat (BGH LM BGB § 134 Nr. 57). Auch diejenigen Rechtshandlungen sind nichtig, die einer besonderen Genehmigung bestimmter Behörden oder Stellen bedürfen, diese aber nicht erhalten haben (s. auch oben Rdn. 105). Ein gegen ein gesetzliches Verbot verstoßender Kaufvertrag ist selbst dann nichtig, wenn die Parteien zwar die Einholung einer behördlichen Ausnahmegenehmigung vereinbaren, die erteilte Genehmigung aber den geschlossenen Vertrag nicht deckt (BGH LM BGB § 134 Nr. 3). Machen Parteien eine verbotene Leistung bewußt zum Gegenstand eines Kaufvertrages, so ist das Verpflichtungsgeschäft wegen seines verbotenen Inhalts ebenfalls verboten und nichtig (BGH LM BGB § 134 Nr. 34).

bb) Aus dem Gesetz gegen **Wettbewerbsbeschränkungen** ergeben sich für Kaufver- **108**
träge die aus dem Gesetz zu ersehenden Verbote. Wegen Verstoßes gegen unerlaubte Vertriebsbindungen können Dauerlieferungsverträge, so etwa Bierlieferungsverträge (BGH LM GWB § 18 Nr. 1), oder Vertriebsbindungen oder Wettbewerbsverbote in Unternehmensveräußerungsverträgen (s. § 433 Rdn. 13) nach dem GWB oder nach Art. 85 EWGV nichtig sein (BGH LM BGB § 138 [Bb] Nr. 33; BGH NJW **72** 2180; BGH **54** 145; vgl. auch oben Rdn. 34). Ob auch die sog. Folgeverträge nichtig sind, ist bestritten. Für Nichtigkeit OLG Frankfurt OLGZ **68** 283; aA *Hefermehl* bei Soergel/Siebert, BGB § 134 Anm. 31; *Baumbach/Hefermehl*, WettbewR § 1 Anm. 64; OLG Celle NJW **63** 2126; s. auch BGHSt **8** 221. Keine Nichtigkeit liegt vor bei einer auf Verletzung der §§ 22 und 104 GWB beruhenden Gebietsschutzvereinbarung (OLG Frankfurt WuW **72** 50). Die Diskriminierungsverbote der Art. 4 und 60 des Montanunionvertrages führen nicht zur Nichtigkeit der betroffenen Rechtsgeschäfte (BGH **30** 74). Ein unter Verstoß gegen § 1 UWG geschlossener Kaufvertrag ist nicht ohne weiteres nichtig. Die Rechtswidrigkeit betrifft nur die Unlauterkeit gegenüber dem Mitbewerber. So sind auch Kaufverträge, die gegen *Zugabe- und Rabattvorschriften* verstoßen, grundsätzlich nicht nach § 134 nichtig (BGH LM UWG § 1 Nr. 12). Desgleichen nicht ein nach § 6 b UWG unzulässiger Kauf mit Kaufschein. Eine andere Frage ist, ob das unlautere Gebahren auch den Käufer beeinträchtigt und daher das abgeschlossene Geschäft sittenwidrig ist. S. unten Rdn. 123.

cc) Preis- und Bewirtschaftungsvorschriften. Diese Vorschriften haben in der ge- **109**
genwärtigen freien Marktwirtschaft ihre Bedeutung verloren. Auf dem Gebiete der Preisregelung gilt dagegen die Blankettvorschrift des § 2 WirtschaftsstrafG; gegen Preisüberhöhungen wendet sich § 2 a des Gesetzes. Nach §§ 8 ff kann die Abführung oder die Rückerstattung des Mehrerlöses angeordnet werden. Damit wird zur zivilrechtlichen Seite der Rückforderung nichts bestimmt. Der Kaufvertrag, in dem der übermäßige Preis vereinbart ist, ist wirksam; lediglich die Vereinbarung über den Preis ist, soweit er über die zulässige Höhe hinausgeht, unwirksam. § 139 ist jedenfalls für Umsatzgeschäfte des täglichen Lebens nicht anzuwenden, da es mehr auf die Wahrung des volkswirtschaftlich gerechtfertigten Preises als auf die Vernichtung des Vertrages ankommt (BGH **11** 95; BGH LM BGB § 134 Nr. 8). Wegen der Rechtsprechung zum Verstoß gegen Preis- und Bewirtschaftungsvorschriften vgl. die 11. Auflage. Zum Preisauszeichnungsgebot s. § 433 Rdn. 32.

110 **dd) Kopplungsgeschäfte** sind nicht grundsätzlich verboten. Allerdings ist nach Art. 9 § 3 Abs. 3 des Gesetzes vom 4. 11. 71 (BGBl. 71 I 1745) eine Vereinbarung, durch die sich der Wohnungssuchende im Zusammenhang mit dem Auftrag zur Wohnungsvermittlung verpflichtet, Waren zu beziehen, unwirksam. Damit ist das Urteil des BGH NJW **70** 2017 überholt. Nach Art. 10 § 3 des Gesetzes ist auch die sog. Architektenbindung beim Grundstückserwerb unwirksam; der Kaufvertrag selbst ist wirksam. Zur Kopplung eines Grundstückskaufvertrages mit einem Recht der verkaufenden Gemeinde, Mieter des zu errichtenden Hauses zu bestimmen, s. BGH WM **69** 1174 = MDR **70** 34.

111 **ee) Keine Nichtigkeit.** Nicht jedes Verbotsgesetz fällt unter § 134. Insbesondere Verstöße gegen bloße polizeiliche Verbote, z. B. gegen Ladenschluß-, Sonntagsruhe- oder Polizeistundevorschriften haben keine Nichtigkeit zur Folge. Das gleiche gilt grundsätzlich für Geschäfte unter Verletzung von Vorschriften der GewO. So der Verstoß gegen das Verbot des Feilhaltens von Edelsteinen und Edelmetallen im Reisegewerbe (OLG Düsseldorf MDR **72** 321) und der Verkauf von Wertpapieren im Reisegewerbe. Nach § 23 Ges. über Kapitalanlagegesellschaften und § 11 AuslandsInvestmG hat der Käufer von Investmentanteilen aber bei Geschäften im Reisegewerbe ein Rücktrittsrecht. Über den unerlaubten Verkauf verschreibungspflichtiger Arzneimittel s. oben Rdn. 107. Ein Kaufvertrag über eine Maschine unter Verletzung des Ges. über technische Arbeitsmittel vom 24. 6. 68 (BGBl. I 717) ist wirksam (LG Augsburg MDR **70** 760). Ebenso die Einfuhr einer Ware mit fremder Einfuhrbewilligung unter Verletzung von § 33 AußenwirtschG (BGH LM BGB § 134 Nr. 59). Ein Vertrag, mit dem eine Steuerhinterziehung verbunden ist, ist nicht nichtig, wenn die Steuerhinterziehung nicht der alleinige Zweck des Geschäfts ist (BGH **14** 25); wegen etwaiger Sittenwidrigkeit vgl. unten Rdn. 124.

Veräußerungsverbote berühren nur die Erfüllbarkeit, können aber auch (z. B. nach § 306) Bedeutung für die Wirksamkeit des Kaufgeschäfts haben. Die Unübertragbarkeit von Rechten stellt nicht ohne weiteres ein absolutes Verbot dar, es kann auch ein relatives Verbor gemeint sein, das nur bestimmte Personen schützen soll. So enthält § 514 Satz 1 über das unübertragbare persönliche Vorkaufsrecht an einem Grundstück nur ein relatives Veräußerungsverbot (RG **148** 105).

112 **b) Ausländische Verbotsgesetze** rechtfertigen grundsätzlich nicht die Anwendung des § 134 (BGH **59** 82). Völkerrechtliche Verbote können dagegen nach Art. 25 GG Bestandteil des Bundesrechts sein; zu denken etwa an Kaufverträge über völkerrechtlich verbotene Waffen. Verbotsgesetze der Europäischen Gemeinschaft sind als inländische anzusehen, so bei Verstoß gegen Art. 85 EWGV (vgl. oben Rdn. 34; BGH **54** 145; BGH LM ZPO § 1041 Abs. 1 Ziff. 2 Nr. 10). Verstöße gegen Art. 4 und 60 Montanunionsvertrag führen nach BGH **30** 74 nur deshalb nicht zur Nichtigkeit, weil diese Rechtsfolge im Gesetz ausgeschlossen worden ist. Ist nach deutschen Kollisionsbestimmungen ein Kaufvertrag nach ausländischem Recht zu beurteilen, so richten sich Gesetzesverstoß und seine Folgen nach diesem Recht. Ist dagegen deutsches Recht anwendbar, so können ausländische Verbotsgesetze einen Kaufvertrag im allgemeinen zwar nicht nach § 134 nichtig machen, wohl aber wird häufig ein solcher Vertrag sittenwidrig und deshalb nach § 138 nichtig sein (vgl. BGH **34** 169; **59** 82; BGH LM ADS Nr. 4; s. auch unten Rdn. 122).

113 **2. Sittenverstoß**

a) Allgemeines. Nichtig ist ein Kaufvertrag, der gegen die guten Sitten verstößt (§ 138 Abs. 1) oder wucherisch ist (§ 138 Abs. 2). Werden in Ausnutzung des Grundsatzes der Vertragsfreiheit die Rechte einer Partei des Kaufvertrages, meist der wirtschaftlich schwächeren, so eingeengt, daß der Vertrag nicht mehr dem Leitbild des Gesetzgebers entspricht oder gegen Grundsätze des Allgemeinwohls verstößt, so ist er sittenwidrig und ihm ist nach § 138 Abs. 1 die Anerkennung zu versagen (vgl. BGH **51** 55). Bei der Beurteilung der Sittenwidrigkeit ist unter Umständen auf die Sittenanschauung eines bestimmten Volkskreises Rücksicht zu nehmen, z. B. der ehrbaren Kaufmannschaft (BGH **10** 232; **15** 364). Nicht jede Verletzung von Standespflichten enthält aber einen Verstoß gegen die guten Sitten (RG **142** 81). Ein Verstoß gegen ein gesetzliches Verbot braucht nicht auch gegen die guten Sitten zu verstoßen. Wäre der Begriff gleichen Inhalts, hätte es der verschiedenen Vorschriften nicht bedurft. Sittenwidrigkeit eines Vertrages kann sich aus seinem Inhalt ergeben oder Beweggrund und Zweck können gegen das Anstandsgefühl verstoßen; auch können diese Umstände in ihrer Gesamtheit zur Sittenwidrigkeit führen (vgl. im übrigen Ausführungen zu § 138).

Zu unterscheiden ist zwischen dem Fall, daß ein Kaufvertrag schon seiner Art oder den Gesamtumständen nach im ganzen sittenwidrig ist, und dem Fall, daß der Güterumsatz für sich betrachtet nicht anstößig ist, aber einzelne Vertragsbestimmungen sittenwidrig in obengenanntem Sinne sind. Im zweiten Fall handelt es sich vorwiegend um Vertragsbestimmungen in Allgemeinen Geschäftsbedingungen und Formularverträgen. Über die sich dabei ergebenden Rechtsfragen s. unten Rdn. 116 und 119.

b) Grundsätzlich sind zwar Verpflichtung und Erfüllung von einander unabhängige **114**
Rechtsgeschäfte (s. oben Rdn. 3 und 5). Im allgemeinen hat daher die Unsittlichkeit des Schuldgrundgeschäfts die **Nichtigkeit des Erfüllungsgeschäfts** nicht zur Folge. Es ist indessen denkbar, daß gerade mit dem dinglichen Vorgang unsittliche Zwecke verfolgt werden oder in ihm die Unsittlichkeit begründet liegt. Dann ist auch das dingliche Geschäft nichtig (RG **145** 152; BGH LM BGB § 138 [Aa] Nr. 15; BGH NJW **73** 613; vgl. auch Ausführungen zu § 138).

c) Maßgebender Zeitpunkt. Für die Beurteilung, ob ein Verkauf ohne Verstoß **115**
gegen die guten Sitten abgeschlossen worden ist, sind die tatsächlichen Verhältnisse maßgebend, die bei seinem Abschluß bestanden (BGH **20** 74). Daher kann bei einem Anschauungswandel die Frage nach dem Sittenverstoß grundsätzlich nur nach der zur Zeit des Vertragsschlusses geltenden Anschauung beurteilt werden. In grundlegenden Fragen wird aber die im Zeitpunkt der Urteilsfällung verfassungsgesetzlich geltende Auffassung maßgebend sein müssen. Die Ausnutzung der aus einem gültigen Kauf gewonnenen Rechte kann jedoch wegen veränderter Verhältnisse gegen Treu und Glauben verstoßen (s. hierzu *Herschel*, JW **38** 1774).

d) Verstoßen nur einzelne Bestimmungen eines Kaufvertrages gegen die guten Sit- **116**
ten, so erhebt sich die Frage der **Teilnichtigkeit.** Das ist insbesondere der Fall bei sittenwidrigen Vertragsbestimmungen in Allgemeinen Geschäftsbedingungen und Formularverträgen (s. dazu auch unten Rdn. 119). Grundsätzlich kann davon ausgegangen werden, daß die Vertragschließenden ihre Entscheidungen in vernünftiger Abwägung der in Betracht kommenden Verhältnisse getroffen hätten und daß sie die Wirksamkeit des ganzen Geschäfts nicht an der Nichtigkeit eines nur unwesentlichen Teiles hätten scheitern lassen, wenn sie die rechtliche Unverbindlichkeit eines Teiles ihrer Erklärungen gekannt hätten. In diesem Fall ist der Kaufvertrag nach der Ausnahmeregel des § 139 wirksam. An die Stelle der unangemessenen Klausel tritt das nur scheinbar verdrängte dispositive Recht, soweit es vorhanden ist (BGH **22** 90; **41** 151; BGH LM BGB § 138 [Bc]

Nr. 9; Betrieb **73** 518). Soweit es nicht vorhanden ist, entfallen die zu beanstandenden Klauseln. Voraussetzung für die verbleibende Wirksamkeit des Vertrages ist allerdings, daß der so gestaltete Vertrag noch von dem zu vermutenden Willen der Parteien getragen wird. Ist eine Vielzahl von Bedingungen wegen Verstoßes gegen die guten Sitten unwirksam, so ist der ganze Vertrag nichtig. Das kann insbesondere der Fall sein, wenn umfangreiche und für den Vertragsgegner nachteilige, nicht leicht verständliche Bedingungen so unübersichtlich und ungegliedert aufgeführt sind, daß der Vertragsgegner sich vor Unterzeichnung der Vertragsurkunde nicht hinreichend über die rechtliche Tragweite der einzelnen Bedingungen klar werden kann (BGH **51** 55; *Mezger* zu BGH LM BGB § 138 [Bc] Nr. 6; *Sieg* NJW **51** 508).

Wenn im Urteil BGH LM BGB § 138 [Bc] Nr. 9 anklingt, der auf Individualverträge zugeschnittene § 139 finde auf Klauseln Allgemeiner Geschäftsbedingungen keine Anwendung, so ist das mißverständlich. Gemeint ist, der Grundsatz, daß das ganze Rechtsgeschäft nichtig ist, sei nicht anwendbar; vielmehr greife hier die Ausnahmeregel Platz, daß abgesehen von den nichtigen Klauseln die restlichen Vereinbarungen ihre Wirksamkeit behielten. So können Verträge, die wegen ihrer Dauer gegen die guten Sitten verstoßen — etwa Bierlieferungsverträge — in Anwendung des § 139 mit einer angemessenen Laufzeit aufrechterhalten werden (vgl. unten Rdn. 120). Ist dagegen der Kaufpreis sittenwidrig überhöht, so ist der Vertrag nichtig und nicht zum angemessenen Entgelt wirksam (BGH LM BGB § 139 Nr. 14). Zur Frage der Teilnichtigkeit s. im übrigen Ausführungen zu § 139 und *Pierer von Esch*, Teilnichtige Rechtsgeschäfte, 1968, Erlanger Jur. Abh. Bd. 2.

In einer Reihe von Entscheidungen hat die Rechtsprechung als Grundlage für die Inhaltskontrolle auch § 242 herangezogen. Das hat zu Unklarheiten und Mißverständnis geführt. Der *Grundsatz von Treu und Glauben* ist unter mehrfachen Gesichtspunkten von Einfluß. Einmal ist die Frage, ob und wie unangemessenen Vertragsbedingungen ein angemessener Inhalt gegeben werden kann, nach § 242 zu entscheiden. So ist die Freizeichnung von Mängelhaftung nur zugelassen worden, wenn dem Käufer statt dessen ein Nachbesserungsrecht eingeräumt wird (s. § 476 Rdn. 6). Die Sittenwidrigkeit eines Kaufes kann daher nicht aus solchen Vertragsbestimmungen hergeleitet werden, denen mit dem Einwand der unzulässigen Rechtsausübung begegnet werden kann und die dadurch ihrer Härte oder ihrer die Freiheit beschränkenden Wirkung entkleidet werden können. Zum anderen kann es sich nach § 242 als unzulässige Rechtsausübung darstellen, wenn der Verkäufer, der unter wirtschaftlicher Übermacht sittenwidrige Bedingungen in den Kaufvertrag gebracht hat, sich auf die Nichtigkeit der Bedingungen und damit des Vertrages stützt, um dem Käufer die Möglichkeit zu nehmen, den im übrigen einwandfreien Vertrag unter zu billigenden Bedingungen abzuwickeln (*Weber*, WM **68** Sonderbeilage 2, dort unter V; derselbe Betrieb **71** 129, 133, 177). Schließlich kann, selbst wenn ein Kaufvertrag trotz seiner scharfen Bedingungen nicht sittenwidrig ist, doch die Geltendmachung der Vertragsrechte im Einzelfall gegen § 242 verstoßen.

117 e) **Aufrechterhaltung** eines Kaufes **trotz Sittenverstoßes.** Die Nichtigkeit ist nicht heilbar; ein unsittliches Geschäft kann weder durch Entgegenkommen des anderen Teiles, noch durch bloße Bestätigung oder Vergleichsschluß zu einem sittlichen werden (BGH LM BGB § 138 [Aa] Nr. 15; WM **57** 1458). Auch diejenige Vertragspartei, in deren ausschließlichem Interesse und zu deren Vorteil eine teilweise nichtige Vereinbarung zustande gekommen ist, ist nicht berechtigt, die nach der Regel des § 139 eintretende Nichtigkeit des ganzen Vertrages dadurch wieder zu beseitigen, daß sie den nichtigen Teil durch Verzicht ausschaltet (RG (RG **91** 360).

f) Einzelfälle **118**

aa) Sittenwidrig ist z. B. die **Ausnutzung einer** rechtlichen oder nur tatsächlichen **Macht- oder Monopolstellung.** Doch ist nicht jede Vereinbarung eines überhöhten Preises auch bei wirtschaftlicher Überlegenheit eines Teiles sittenwidrig. Erst das Hinzutreten weiterer Umstände kann die Sittenwidrigkeit des Kaufvertrages herbeiführen. Auf seiten des die übermäßigen Vorteile beanspruchenden Vertragsteils muß eine solche Gesinnung vorliegen, daß das Rechtsgeschäft nach Inhalt, Beweggrund und Zweck gegen das Anstandsgefühl aller billig Denkenden verstößt. So kann ein Kauf dann nichtig sein, wenn sich ein Teil böswillig oder grobfahrlässig der Erkenntnis verschließt, daß sich der andere Teil nur aus einer mißlichen Lage heraus auf die schweren, ihm auferlegten Bedingungen einläßt (BGH LM BGB § 138 [Ba] Nr. 2). Dabei kann, wenn das *Mißverhältnis zwischen Leistung und Gegenleistung* besonders groß ist, der Schluß auf gröbste oder grobfahrlässige Ausnutzung eines den Vertragsgegner hemmenden Tatumstandes zwingend nahe liegen (BGH WM **69** 1255). Als ein solcher besonderer Umstand ist in der Regel schon die Ausnutzung einer Monopolstellung anzusehen. In diesem Fall genügt, daß das Monopolunternehmen die maßgeblichen Tatumstände gekannt hat, die die Handlung bei objektiver Würdigung als einen Verstoß gegen die guten Sitten erscheinen lassen (BGH LM BGB § 138 [Cc] Nr. 1 und Nr. 4). Wegen Sittenwidrigkeit von Bezugsverträgen s. unten Rdn. 120.

bb) Von der Sittenwidrigkeit der Ausbeutungsverträge hat die Rechtsprechung des Reichsgerichts und des Bundesgerichtshofes zur **Sittenwidrigkeit von Allgemeinen Geschäftsbedingungen und Formularverträgen** ihren Ausgang genommen. Davon hat sich die neuere Rechtsprechung gelöst. Der Umstand, daß die Einführung Allgemeiner Geschäftsbedingungen in einen Vertrag nicht selten zur Entrechtung des schwächeren Teils führt, nötigt zu einer richterlichen Kontrolle der Allgemeinen Geschäftsbedingungen auch in Fällen, in denen ein Ausbeutungsvertrag nicht vorliegt (vgl. oben Rdn. 98, 99). Häufig handelt es sich um die Unwirksamkeit von Klauseln, mit denen der Verkäufer sich von Gewährleistungsvorschriften freizeichnet; hierüber s. § 476 Rdn. 6. Grundsätze über die Sittenwidrigkeit von Vertragsbestimmungen lassen sich schwer aufstellen. Es kommt in der Regel auf die Gestaltung des einzelnen Falles an. Aus der Vielzahl von Entscheidungen seien genannt: Freizeichnungsklauseln, die es der Willkür des Verkäufers überlassen, ob, wann und zu welchem Preis geliefert werden soll (RG **104** 307), Klauseln, die den Ersatz von Verzugsschaden ausschließen oder auf einen geringen Betrag begrenzen, weil sie den Verkäufer von der Einhaltung der Lieferfrist bis zur Willkür befreien. Sittenwidrig sind auch Lieferbedingungen, die anordnen, daß im Verhältnis von Verkäufer und Käufer auch die Bedingungen des Lieferanten des Verkäufers gelten (OLG Hamburg NJW **64** 500). Unwirksam ist der Ausschluß der Haftung eines Heizöllieferanten für Versehen bei Füllung des Heizöltanks (BGH LM Allg. Geschäftsbed. Nr. 34 = NJW **71** 1036 mit Anm. *Schmidt-Salzer*). Geschäftsbedingungen in fremder Sprache müssen für den Geschäftsgegner eindeutig sein (BGH LM BGB § 433 Nr. 34 für die Klausel, daß anstelle der vereinbarten Markenware eine gleichwertige andere geliefert werden dürfe; OLG Karlsruhe NJW **72** 2185). Die Frage, ob eine Gerichtsstandsklausel in AGB schlechthin unwirksam ist, ist in jüngster Zeit mehrfach Gegenstand der Erörterungen in Rechtsprechung und Schrifttum gewesen. Abgesehen vom Fall des § 6 a AbzG ist eine Gerichtsstandsklausel nicht schlechthin unwirksam; sie kann aber im Einzelfall unter den oben aufgezeigten Voraussetzungen der richterlichen Inhaltskontrolle nicht standhalten (*Löwe* NJW **73** 17, 1162; mit Recht abwägend *Ott* NJW **73** 297 und 1127; zutreffend LG Limburg NJW **73** 333 und LG Ravensburg NJW **73** 1126). Vgl. neuestens Gerichtsstandsnovelle vom 21. 3. 74, *Löwe* NJW **74** 473 und *Unruh*, NJW **74** 1111. **119**

120 cc) **Sittenwidrigkeit bei Bezugsbindungen.** Eigenhändlerverträge (s. oben Rdn. 9) können nichtig sein, wenn dem Eigenhändler die Auflösung des Vertrages durch Kündigung nur unter unzumutbaren Bedingungen möglich ist (BGH LM BGB § 138 [Bb] Nr. 33). Mißbräuchliche Ausnutzung der Bezugsbindung eines Tankstellenpächters s. OLG Nürnberg NJW **72** 2270. Ein Bierlieferungsvertrag, bei dem eine Brauerei einem Gastwirt als Darlehensnehmer eine ausschließliche Bezugsverpflichtung auferlegt, ist grundsätzlich nicht zu beanstanden. Solche Verträge verstoßen indessen gegen die guten Sitten, wenn sich aus der Abnahmeverpflichtung eine übermäßige und unbillige Beschränkung der persönlichen Freiheit oder des Gewerbebetriebes des Gastwirts ergibt. Die lange Dauer der Bindung für sich allein zieht noch nicht die Nichtigkeit nach sich, es kommt auf den Einzelfall an. Eine Bindung auf 20 Jahre kann noch gerade hinnehmbar sein (BGH **54** 145; BGH LM BGB § 138 [Bb] Nr. 27, 31 und 34; BGH WarnRspr. **73** Nr. 28 und 232). Eine darüber hinausgehende Bindung verstößt gegen die guten Sitten. Ein lediglich wegen zu langer Laufzeit gegen die guten Sitten verstoßender Bierlieferungsvertrag ist indessen nicht schlechthin nichtig. Er kann in Anwendung des § 139 mit einer angemessenen Laufzeit — hier 20 Jahre — aufrechterhalten werden (BGH LM BGB § 138 [Bb] Nr. 34; BGH WarnRspr. **73** Nr. 28). Sittenwidrige Überhöhung von Strompreisen infolge Ausnutzung der Monopolstellung des Versorgungsunternehmens s. BGH LM BGB § 138([Cc] Nr. 4 = Betrieb **72** 2109).

121 dd) **Pauschalierter Schadensersatz.** Es handelt sich insbes. um die Bestimmung in Kaufverträgen, wonach der Käufer, der den Kaufvertrag nicht erfüllt, eine Schadensersatzpauschale in Höhe eines Hundertsatzes des Kaufpreises zu zahlen hat. Rechtliche Bedeutung und Zulässigkeit dieser Bestimmung sind bestritten. Zum Teil wird die Schadenspauschale als Vertragsstrafe angesehen. Andere erblicken in ihr die Vereinbarung über Voraussetzung und Höhe des bei einer Vertragsverletzung zu leistenden Schadensersatzes. Der BGH (LM BGB § 138 [Bb] Nr. 26) hat angenommen, eine Vertragsstrafe sei anzunehmen, wenn die Zahlung des versprochenen Betrages in erster Linie die Erfüllung des Hauptvertrages sichern und auf den Vertragsgegner einen möglichst wirkungsvollen Druck ausüben solle. Eine Schadensersatzabrede liege dagegen vor, wenn sie der vereinfachenden Durchsetzung eines als bestehend vorausgesetzten Vertragsanspruches dienen solle. Die Abrede eines pauschalierten Schadensersatzanspruches ist nicht grundsätzlich unwirksam. Für den Gläubiger kann ein anerkennenswertes Bedürfnis bestehen, von den mit der Darlegung der Schadenshöhe verbundenen Schwierigkeiten befreit zu sein. So spricht ein berechtigtes Interesse dafür, im Rechtsstreit nicht die Kalkulationsunterlagen offenlegen zu müssen. Doch ist nicht ausgeschlossen, daß der Pauschalierungsabrede wegen der besonderen Ausgestaltung die Anerkennung versagt werden kann. Was die Höhe der Pauschale betrifft, so bestehen keine Bedenken, wenn die Klausel nicht zu einer ungerechtfertigten Benachteiligung des vertragsbrüchigen Käufers führt. So wird im allgemeinen die Verpflichtung zum Ersatz eines pauschalierten Schadens nur begründet sein, wenn die Verpflichtung zum Schadensersatz dem Grunde nach besteht (BGH aaO). Wegen der Umstände des Falles, insbesondere der Verletzung der Interessen des Käufers, hat das LG Ravensburg (NJW **65** 637) eine Pauschalabrede mit Recht für unwirksam erklärt. Zum Problem der Pauschalierungsabrede s. *Beuthien*, Festschrift Larenz 1973, 494 ff.

122 ee) Verstößt ein Kaufvertrag, auf den deutsches Recht anwendbar ist, gegen ein **ausländisches Verbotsgesetz,** so ist er im allgemeinen zwar nicht nach § 134 nichtig, er wird aber häufig sittenwidrig sein. Als sittenwidrig war ein Vertrag angesehen worden, wenn das ausländische Verbotsgesetz mittelbar auch deutsche Interessen schützt oder wenn es auf einer allen Kulturstaaten gemeinschaftlichen Anschauung beruht. Dagegen soll

nicht genügen ein Verbot aus handelspolitischen Gründen (RG JW **27** 2288). Mit der zuerst angeführten Begründung hat der BGH einem Kaufvertrag, mit dem Embargovorschriften der USA umgangen werden sollten, für nichtig erklärt, weil die Embargovorschriften verhindern sollten, daß mit westlichen Wirtschaftsgütern das Kriegspotential des Ostens vermehrt werde, und daher diese Vorschriften auch im Interesse der Bundesrepublik lagen (BGH **34** 169; BGH LM ADS Nr. 4). Diese Urteile dürften gegenwärtig überholt sein. Bei sich ändernder außenpolitischer Lage könnte aber die Frage wieder Bedeutung gewinnen, ob und wieweit die außenpolitischen Interessen eines Bündnispartners Einfluß auf die Wirksamkeit von Verträgen haben, die nach deutschem Recht mit einem Ausländer geschlossen worden sind. Mann (NJW **72** 2179) befürwortet mit beachtlichen Gründen, *Sittenwidrigkeit* in der Regel *bei* jedem *bewußten Verstoß* gegen ein ausländisches Verbotsgesetz — abgesehen von Widerspruch gegen deutschen ordre public — anzunehmen. Die neue Rechtsprechung neigt zur Ausdehnung. Das Urteil BGH **59** 82 versagt einem Versicherungsvertrag wegen Verstoßes gegen die guten Sitten die Anerkennung, weil er die Ausfuhr von Kulturgut aus einem Staat (Nigeria) zum Gegenstand hat, der diese Ausfuhr zum Schutz seines nationalen Kulturbesitzes verboten hat. Der BGH geht davon aus, daß die verbotene Ausfuhr, also wohl auch der Kaufvertrag, keinen bürgerlich-rechtlichen Schutz verdiene.

ff) Ein unter **Verstoß gegen § 1 UWG** geschlossener Kaufvertrag ist nicht schlecht- **123**
hin nichtig. Die Tatsachen, die die Unlauterkeit begründen, können aber auch einen Sittenverstoß gegenüber dem Käufer darstellen, so etwa die Ausnutzung des psychologischen Kaufzwanges bei ungewünschten Vertreterbesuchen oder sog. Kaffeefahrten (so AG Trier NJW **72** 160; vgl. auch LG Trier NJW **74** 151 und *Tetzner* NJW **73** 1099). Sittenwidrig kann auch bei Fehlen der sonstigen Merkmale des Wuchers die Ausnutzung des Leichtsinnes einer gerade volljährig gewordenen Person sein — Kauf einer Trockenreinigungsanlage für 41 000 DM durch einen Studenten (BGH LM BGB § 138 [Aa] Nr. 14 a). Angesichts der teilweise unseriösen und auf die Gutgläubigkeit ausgerichteten Werbung für den Erwerb von ausländischen Ferienwohnungen kann die nach dem ausländischen Recht wirksame Erklärung, eine Ferienwohnung auf einem noch zu erschließenden Gelände zu kaufen und bei Nichterfüllung 20% des Kaufpreises zu zahlen, gegen die guten Sitten verstoßen; die abweichende Ansicht des OLG Köln (NJW **68** 2199) überzeugt nicht. Veranlaßt ein Rechtsanwalt seinen Auftraggeber, an ihn eine Sache zu verkaufen, obwohl deren Verbleib bei dem Auftraggeber zur erfolgversprechenden Durchführung des Auftrages unbedingt erforderlich ist, so verstößt der Kaufvertrag gegen die guten Sitten (BGH LM BGB § 138 [Cf] Nr. 4).

gg) Sonstige Einzelfälle. Der Verkauf einer *Anwalts- oder Arztpraxis* ist nicht schon **124**
deswegen sittenwidrig, weil Anwalt und Arzt einen dem Allgemeinwohl dienenden Beruf ausüben. Wohl aber kann im Einzelfall der Vertrag wegen seines Inhalts und der Beweggründe gegen die guten Sitten verstoßen, insbesondere wenn der Vertrag dem Käufer unverhältnismäßig schwere Belastungen auferlegt, infolge deren zu befürchten ist, daß er darauf angewiesen sein werde, unter Außerachtlassung der Belange seiner Klienten oder Patienten die Erzielung besonders hoher Einnahmen anzustreben (BGH **43** 46). Die Praxis kann einen selbständigen Vermögenswert besitzen. Zu dessen Bewertung bei der Frage, ob das vereinbarte Entgelt im Mißverhältnis zur Gegenleistung steht, vgl. BGH NJW **73** 98. Das gleiche gilt für den Verkauf einer Steuerberaterpraxis. Auch der Verkauf eines Grundstücks an einen Arzt ist nicht schon deshalb wegen Sittenwidrigkeit nichtig, weil sich der Arzt gegenüber dem Verkäufer außer zur Zahlung einer lebenslänglichen Rente zu freier ärztlicher Behandlung verpflichtet hat (BGH LM BGB § 138 [Cf] Nr. 3). Ein beim ärztlichen Praxistausch vereinbartes Rückkehrverbot ist

grundsätzlich nicht sittenwidrig (BGH **16** 71). Beim Verkauf einer Arztpraxis ist auch die Überlassung der Patientenkartei nicht zu beanstanden (BGH NJW **74** 602). S. zum Praxisverkauf auch § 433 Rdn. 13. Verträge, mit denen eine *Steuerhinterziehung* verbunden ist, insbesondere bei Angabe eines falschen Kaufpreises beim Grundstückskauf, verstoßen nicht schon deshalb gegen die guten Sitten, sondern nur dann, wenn der Hauptzweck des Vertrages gerade die Steuerhinterziehung ist (BGH **14** 25; BGH LM BGB § 138 [Aa] Nr. 14; BGH DNotZ **69** 350). *Schmiergelder*, die die Vergebung eines Auftrags oder die Vertragsbedingungen zum Nachteil des Geschäftsherrn beeinflussen, machen das Hauptgeschäft in der Regel nichtig (RG **136** 359; **161** 229); zumindest begründet die Zahlung von Schmiergeldern bei für den Geschäftsherrn der gegnerischen Partei unvorteilhaften Geschäften eine Schadensersatzpflicht nach §§ 826, 249 (BGH LM BGB § 138 [Cb] Nr. 13; vgl. auch BGH LM BGB § 138 [Cb] Nr. 17). Rechtshandlungen, die in der Absicht der *Gläubigerbenachteiligung* vorgenommen werden, sind im allgemeinen nur anfechtbar und nur beim Hinzutritt weiterer Umstände wegen Sittenwidrigkeit nichtig (BGH Betrieb **68** 1709 = BB **68** 1057; NJW **73** 513). Das gilt grundsätzlich auch, wenn der Gläubiger zum Schuldner in nahen Familienbeziehungen steht (BGH FamRZ **58** 414). Ein besonders verwerflicher Umstand kann die planmäßige Entäußerung des gesamten Vermögens zur Vereitelung von Unterhaltsansprüchen sein (BGH LM BGB § 826 [Ge] Nr. 2).

125 **VIII. Anfechtbare Kaufverträge**

1. Irrtum. Die Anfechtung wegen Irrtums beim Abschluß eines Kaufvertrages bietet gegenüber der Anfechtung sonstiger Willenserklärungen grundsätzlich keine Besonderheit. Vor der Übergabe der Kaufsache ist die Anfechtung immer möglich. Doch kann nach der Übergabe der Käufer wegen eines Irrtums über verkehrswesentliche Eigenschaften der Kaufsache nicht anfechten, da er insoweit Gewährleistungsrechte hat (vgl. § 462 Rdn. 8). Sind die Parteien bei Abschluß eines Kaufvertrages von einer irrigen Voraussetzung ausgegangen und wäre der Vertrag bei Kenntnis der wahren Sachlage nicht geschlossen worden, dann verstößt er gegen Treu und Glauben, wenn eine Partei die andere an diesem Vertrag festhalten will (BGH LM BGB § 242 [Bd] Nr. 1). Bei beiderseitigem Irrtum sind die Grundsätze über den Wegfall der Geschäftsgrundlage anzuwenden (BGH LM BGB § 242 [Bd] Nr. 18 a; BGH **47** 48).

126 2. Wer zum Abschluß eines Kaufvertrages durch **arglistige Täuschung** oder widerrechtlich durch **Drohung** bestimmt worden ist, kann den Vertrag anfechten. Häufig wird es sich bei der arglistigen Täuschung um das Verschweigen von Fehlern der Kaufsache handeln, wo eine Verpflichtung zur Offenbarung bestand (vgl. hierzu § 433 Rdn. 47 und § 463 Rdn. 4). Die bloße Absicht, einen Kaufvertrag nicht zu erfüllen, reicht im allgemeinen zur Täuschungsanfechtung nicht aus; Ausnahmefälle sind aber denkbar (BGH LM BGB § 123 Nr. 12j. Über arglistige Täuschung beim Kauf auf Kredit BGH **20** 36. Nach begründeter Anfechtung sind Gewährleistungsansprüche ausgeschlossen.

127 **IX. Widerruf von Kaufverträgen**

Nach § 11 AuslInvestmG vom 28. 7. 69 (BGBl. I 986) ist der Käufer von ausländischen Investmentanteilen, der durch mündliche Verhandlungen außerhalb der ständigen Geschäftsräume des Verkäufers zum Kauf bestimmt worden ist, nur gebunden, wenn er nicht die Willenserklärung der Investmentgesellschaft gegenüber binnen zwei Wochen schriftlich widerruft. Das gleiche gilt nach §§ 18 a, 23 des Gesetzes über Kapitalanlagegesellschaften idF vom 28.7.69 (BGBl. 69 I 986) für den Kauf von Anteilscheinen. Wegen des Widerrufsrechtes bei Abzahlungsgeschäften s. 2. Ges. zur Änderung des Abzahlungsges. vom 15. 5. 74 (BGBl. I 1169), in Kraft am 1. 10. 74, § 1 b.

X. Wegfall der Geschäftsgrundlage 128

Der Kauf unterliegt auch den Regeln über den Wegfall der Geschäftsgrundlage. Die Verwendung der Kaufsache ist zwar im allgemeinen weder Vertragsinhalt, noch pflegt sie zu den Umständen zu gehören, die die Parteien gemeinsam in ihre Vorstellungen über die Grundlage des Vertrages aufnehmen (s. § 433 Rdn. 17). Die Gefahr, daß der Kaufgegenstand so wie geplant nicht verwertet werden kann, trägt vielmehr grundsätzlich der Käufer. Doch kann ausnahmsweise auch die Verwendung der Kaufsache die Geschäftsgrundlage des Kaufvertrages bilden. So ist denkbar, daß dann, wenn der Hersteller einem Händler eine für den vorgesehenen Verwendungszweck noch nicht erprobte Ware in großer Stückzahl verkauft, der Vertrag dahin zu verstehen ist, daß der Hersteller auf den Abnehmer nicht das gesamte Risiko der Verwendbarkeit abwälzen kann (WM 71 1016). Auch kann bei dem Kauf eines Fertighauses die Erteilung der Baugenehmigung Geschäftsgrundlage des Kaufvertrages sein (BGH LM BGB § 242 [Bd] Nr. 18 a). Weitere Fälle der Rechtsprechung, in denen der *mit dem Kaufvertrag erstrebte Erfolg als Geschäftsgrundlage* anerkannt ist: Baut sich ein Eigenhändlervertrag auf der übereinstimmenden Vorstellung der Parteien auf, der Hersteller und Verkäufer der weiter zu veräußernden Ware werde während einer für den Absatz erforderlichen und angemessenen Zeit keine Typenänderung eintreten lassen, so kann es dem Eigenhändler gestattet sein, sich wegen Wegfalls der Geschäftsgrundlage vom Vertrage zu lösen, wenn der Verkäufer eine neue Type auf den Markt bringt und dem Eigenhändler nicht zuzumuten ist, den vom Verkäufer geforderten Vertrieb von Waren der alten Type fortzusetzen (BGH LM BGB § 242 [Bb] Nr. 36). Die übereinstimmende Auffassung, daß der zu verkaufende Gebrauchtwagen zugelassen werde, während tatsächlich wegen Durchrostung des Rahmens und Aufbaus eine Zulassung nur unter Aufwendung unverhältnismäßiger Kosten zu erreichen war, kann den Wegfall der Geschäftsgrundlage rechtfertigen (OLG München DAR **72** 329). Hatte ein Apotheker unter der Herrschaft des Apothekenkonzessionierungssystems eine Realkonzession gekauft in der auch vom anderen Teil erkannten Erwartung, die Beschränkung der Apothekenzulassung dauere fort, so kann nach Einführung der unbeschränkten Niederlassungsfreiheit die Geschäftsgrundlage des Kaufvertrages weggefallen sein (BGH LM BGB § 242 [Bb] Nr. 33). Beim Kauf einer Gaststätteneinrichtung mit der Verpflichtung des Verkäufers zur Beschaffung der Gaststätte trägt der Verkäufer das Risiko, daß die Gaststätte eröffnet werden kann. Der Käufer kann sich, wenn die Gaststätte nicht erbaut wird, auf den Wegfall der Geschäftsgrundlage berufen (BGH LM BGB § 242 [Bb] Nr. 54). Liegt einem Kaufvertrag von Zuchttieren der Zweck zugrunde, dem Käufer unter Anleitung des Verkäufers den Aufbau einer eigenen Tierzucht zu ermöglichen, so kann durch den Tod des Käufers die Geschäftsgrundlage entfallen (OLG Frankfurt MDR **74** 401). Bildet die Verwendung der Kaufsache die Geschäftsgrundlage, so muß der Käufer sich am Vertrage, gegebenenfalls unter Anpassung, festhalten lassen, wenn ihm eine andere Verwertung zuzumuten ist (BGH LM BGB § 242 [Bd] Nr. 18 a; BGB § 242 [Bb] Nr. 51). Ferner ist der Bestand der Ehe die Geschäftsgrundlage für einen Vertrag, durch den der Mann sein Handelsgeschäft auf seine Ehefrau überträgt, um das Auskommen seiner Familie zu sichern (RG **169** 250). Dagegen gehören nicht zur Geschäftsgrundlage die allgemeine Gefahrenlage in der Kriegszeit und das Risiko des Kriegsverlustes. Allgemein darf die Änderung der Geschäftsgrundlage nicht im Risikobereich der einen Partei liegen (für Forderungskauf BGH LM BGB § 242 [Bb] Nr. 47). Vorstellungen, die sich die Parteien eines Kaufvertrages von seinen steuerlichen Folgen machen, gehören jedenfalls dann nicht zur Vertragsgrundlage, wenn die Parteien diese Folgen vor oder bei Vertragsschluß nicht erörtert haben (BGH LM BGB § 497 Nr. 1). Wegen Anpassung an veränderte Umstände, insbesondere Währungsverfall, und wegen des Ausgleiches der zusätzlichen Belastung des Verkäufers infolge Änderung des Umsatzsteuersystems s. § 433 Rdn. 29.

Ein Kauf wird infolge Wegfalls der Geschäftsgrundlage nicht ohne weiteres hinfällig. Der Grundsatz, daß Verträge zu halten sind, darf nur zur Vermeidung untragbarer, mit Recht und Gerechtigkeit schlechthin unvermeidbarer Ergebnisse durchbrochen werden. Das Gericht kann gegebenenfalls die Vertragspflichten rechtsgestaltend ändern, wenn das den Interessen beider Parteien gerecht wird (BGH LM BGB § 242 [Bb] Nr. 18, 27, 36, 41, 51, 54). Im übrigen vgl. Ausführungen zu § 242.

129 **XI. Rücktritt wegen positiver Vertragsverletzung**

Hat bei der Abwicklung eines Kaufvertrages der Verkäufer eine so hohe Unzuverlässigkeit gezeigt, daß dem Käufer nicht mehr zugemutet werden kann, am Vertrage festzuhalten — so wiederholte grobe Verzögerungen bei der Lieferung im Exportgeschäft —, so darf sich der ausländische Käufer ohne Nachfristsetzung vom Vertrage lösen (BGH LM BGB § 325 Nr. 13).

I. Allgemeine Vorschriften

§ 433

Durch den Kaufvertrag wird der Verkäufer einer Sache verpflichtet, dem Käufer die Sache zu übergeben und das Eigentum an der Sache zu verschaffen. Der Verkäufer eines Rechtes ist verpflichtet, dem Käufer das Recht zu verschaffen und, wenn das Recht zum Besitz einer Sache berechtigt, die Sache zu übergeben.

Der Käufer ist verpflichtet, dem Verkäufer den vereinbarten Kaufpreis zu zahlen und die gekaufte Sache abzunehmen.

Übersicht

	Rdn.
I. Vertragsgegenstand	1–17
Allgemeines	1
1. Sachen	2–5
a) Begriff	2
b) Kauf künftiger Sachen	3
c) Verkauf einer fremden Sache; Kauf der eigenen Sache	4
d) Lieferung einer anderen als der verkauften Sache (aliud)	5
2. Rechte	6–11
a) Begriff	6
b) Kauf gewerblicher Schutzrechte	7
c) Kauf von Unternehmensbeteiligungen	8–10
aa) von Mitgliedschaftsrechten	8
bb) sämtlicher Anteile einer Kapitalgesellschaft	9
cc) Mantelkauf	10
d) Wertpapierkauf	11
3. Sonstige Vermögensgegenstände	12–16
a) Begriff	12
b) Kauf von Erwerbsgeschäften und freiberuflichen Praxen	13
c) Kauf des Kundenkreises	14
d) Kauf immaterieller Güter	15
e) Kauf künftiger Rechte und Vermögenswerte	16
4. Verwendungszweck	17
II. Preis	18–33
1. Allgemeines	18–21
a) Preis in Geld	18
b) Bestimmbarkeit	19
c) Leistung an Erfüllungs Statt	20
d) Leistung erfüllungshalber	21
2. Preisbemessung	22–31
a) Fester Preis	22–25
aa) Durch Vereinbarung	22
bb) Zusätzliche Mehrwertsteuer	23
cc) Markt- oder Börsenpreis	24
dd) Behördliche Preisbestimmung	25
b) Bestimmbarer Preis	26, 27
aa) Einzelfälle	26

Rdn.
bb) Preisklauseln ... 27
c) Wertverhältnis zwischen Preis und Kaufgegenstand ... 28–30
aa) Gleichgewicht der Leistungen ... 28
bb) Anpassung an veränderte Umstände ... 29
cc) Wertsicherungsklauseln ... 30
d) Berechnungsirrtum ... 31
3. Einschränkungen der Preisfreiheit ... 32
4. Beweislast ... 33
III. Verpflichtungen des Verkäufers ... 34–54
1. Beim Verkauf von Sachen ... 34–51
a) Allgemeines ... 34
b) Übergabe der Kaufsache ... 35–40
aa) Verschaffung unmittelbaren Besitzes ... 35
bb) Verschaffung mittelbaren Besitzes ... 36
cc) Übergabe mittels Orderpapier 37
dd) Übergabe an Dritte, Versendungskauf ... 38
ee) Ablieferung ... 39
ff) Holz auf dem Stamm ... 40
c) Übertragung des Eigentums ... 41–45
aa) Erklärungen und Handlungen allgemein ... 41
bb) Übereignungswille ... 42
cc) Eigentumsvorbehalt in Fakturenvermerken ... 43
dd) Kaufsache in fremdem Eigentum 44
ee) Lieferklauseln ... 45
d) Nebenverpflichtungen des Verkäufers 46–51
aa) Aus dem Gesetz ... 46
bb) Auf Grund von Vorverhandlungen ... 47
cc) Aus Verkehrssicherungspflicht 48
dd) Aus vertraglicher Treuepflicht 49
ee) Kraft besonderer Vereinbarung 50
ff) Als Nachwirkung vertraglicher Bindung ... 51
2. Beim Verkauf von Rechten ... 52–54
a) Allgemeines ... 52
b) Rechte, die zum Besitz einer Sache berechtigen ... 53
c) Nebenverpflichtungen ... 54
IV. Verpflichtungen des Käufers ... 55–75
1. Zahlung des Kaufpreises ... 55–64
a) Allgemeines ... 55
b) Zahlungsweise im einzelnen ... 56–62
aa) Barzahlung und Überweisung 56
bb) Wechsel und Scheck ... 57
cc) Verrechnung ... 58
dd) Aufrechnung und Zurückbehaltungsrecht ... 59
ee) Zeit der Zahlung ... 60
ff) Zahlungsklauseln ... 61
gg) Akkreditivklausel ... 62
c) Gesetzliches Pfandrecht wegen der Kaufpreisforderung ... 63
d) Verjährung der Kaufpreisforderung 64

Rdn.
2. Abnahme der Kaufsache ... 65–69
a) Kauf beweglicher Sachen ... 65–68
aa) Wesen der Abnahme ... 65
bb) Bei nicht vertragsmäßigem Angebot ... 66
cc) Abnahme und Annahme ... 67
dd) Abnahme und Abruf ... 68
b) Grundstückskauf ... 69
3. Sonstige Verpflichtungen des Käufers ... 70–75
a) Nebenverpflichtungen ... 70–74
aa) Aus dem Gesetz ... 70
bb) Auf Grund von Vorverhandlungen ... 71
cc) Aus vertraglicher Treuepflicht 72
dd) Kraft besonderer Vereinbarung 73
ee) Als Nachwirkung vertraglicher Bindung ... 74
b) Ersatzpflicht bei Ladendiebstählen 75
V. Rechtsverhältnisse zu Dritten ... 76, 77
1. Hersteller, Vorlieferant ... 76
2. Keine Schutzwirkung zugunsten Dritter 77
VI. Beweislast ... 78
VII. Erfüllungsort ... 79
VIII. Handelskauf ... 80–97
1. Begriff ... 80
2. Handelsbrauch ... 81
3. Handelsklauseln ... 82–97
a) Allgemeines ... 82
b) Incoterms ... 83–85
aa) cif ... 83
bb) c&f ... 84
cc) fob ... 85
c) Beim Abladegeschäft ... 86
d) Sonstige Klauseln ... 87–94
aa) Preisklauseln, Lieferklauseln, Zahlungsklauseln ... 87
bb) Kasse gegen Dokumente ... 88
cc) Beschlagnahmefrei ... 89
dd) Muster „tel quel" ... 90
ee) Gewicht ... 91
ff) „frei Bestimmungsort" ... 92
gg) Ausbesserung, Montage ... 93
hh) Sperrklausel ... 94
e) Verpackung und Behältnisse ... 95, 96
aa) Einweg- und Mehrwegverpackung ... 95
bb) Rechtliche Behandlung der Mehrwegverpackung ... 96
f) Arbitrage ... 97
IX. Kauf im internationalen Recht ... 98–101
1. Nach internationalem Privatrecht ... 98
2. Internationale Zuständigkeit ... 99
3. Haager Kaufrechtsübereinkommen ... 100
4. Übereinkommen der EWG-Länder über die gerichtliche Zuständigkeit und die Vollstreckung gerichtlicher Entscheidungen in Zivil- und Handelssachen 101

1 **I. Vertragsgegenstand**

Allgemeines

Gegenstand des Kaufvertrages ist grundsätzlich alles, was im Umtausch gegen Geld gegeben werden kann. Das BGB nennt in § 433 nur Sachen und Rechte. Die Rechtsprechung behandelt in erweiternder Auslegung auch unkörperliche Erscheinungen und Vermögenswerte, die als verkehrsfähig angesehen werden, als Kaufgegenstand (s. Rdn. 12 ff).

2 **1. Sachen**

a) **Begriff.** Sachen sind alle körperlichen Gegenstände (§ 90); der Kauf erstreckt sich auch auf ihre Bestandteile (§ 93) und im Zweifel auch auf ihr Zubehör (§ 314). Zur Frage, wieweit die Verpackung mitverkauft ist, s. unten Rdn. 95 und 96. Der Verkauf einer Eigentumswohnung umfaßt in der Regel auch die Verpflichtung zur Verschaffung des Miteigentums an den gemeinschaftlichen Einrichtungen (BGH LM WohnungseigentumsG § 21 Nr. 1; BGH WM **71** 1251). Eine Filmkopie ist eine körperliche Sache, mit deren Veräußerung auch die Veräußerung des Vorführungsrechtes verbunden ist (RG JW **28** 356; vgl. über den Filmverwertungsvertrag vor § 433 Rdn. 22). Auch Wasser (BGH **59** 303), Dampf und Gas sind Sachen, nicht Kräfte wie Elektrizität. Die *elektrische Kraft* ist aber als Gegenstand gleichwertig neben die körperliche Sache getreten und wird in entsprechender Anwendung der Kaufvertragsbestimmungen von der Rechtsprechung als Kaufgegenstand angesehen (vor § 433 Rdn. 10). Wie Verträge über Elektrizität sind auch Verträge über Lieferung von *Wärme* zu beurteilen (*Golling*, BB 70 324). Bei diesen Lieferungsverträgen steht der Beurteilung als Kaufverträge der Umstand nicht entgegen, daß häufig der Abnehmer nicht zur Abnahme verpflichtet ist. Zur Frage, wieweit Dinge wie der menschliche Körper oder Leichen nicht unter den Sachbegriff fallen und wieweit Sachen nicht verkehrsfähig sind, s. Ausführungen zu § 90.

Werden *Wertpapiere*, Kuxe, Wechsel verkauft, so ist nicht nur das Papier als Sache, sondern vor allem das in ihm verkörperte Recht Vertragsgegenstand (§ 437 Rdn. 13). Geld ist als solches Mittel, nicht Gegenstand des Güterumsatzes, es können aber *Geldstücke und Geldsorten* auch Gegenstände des Kaufes sein (z. B. Münzen für Sammler, ausländisches Geld). Auch *Sachgesamtheiten*, so das Inventar eines Geschäfts, eines Gasthofes, können Gegenstand eines einheitlichen Kaufes sein, insbesondere bei „Kauf in Bausch und Bogen" oder Kauf „en bloc". Ein Zeitungsbezugsvertrag ist ein Kaufvertrag (RG **148** 158; zu den Rechtsbeziehungen zwischen einem Verleger und einem Zeitschriftenhändler s. vor § 433 Rdn. 11). Wegen Kaufes einer Stücksache (Spezieskauf) und einer Gattungssache s. vor § 433 Rdn. 32.

Waren sind bewegliche körperliche Sachen (§ 1 Abs. 2 Nr. 1 HGB), die Gegenstand des Handelsverkehrs sind. Der Begriff der Ware ist ein allgemeiner Begriff des Handelsrechts, im BGB kommt er bei der Verjährung (§ 196 Abs. 1 Nr. 1) vor. Die Vorschriften über den Handelskauf gelten nach § 381 HGB auch für den Kauf von Wertpapieren. Die §§ 373 ff HGB haben nur Waren im Auge.

3 b) Die **Sache** braucht zur Zeit des Kaufabschlusses noch nicht vorhanden zu sein, sie kann als eine **künftige** verkauft werden (emtio rei speratae). Der Kauf ist dann durch die künftige Entstehung der Sache bedingt. Hierher gehört der Kauf von Holz auf dem Stamm (BGH LM BGB § 242 (Ba) Nr. 18; unten Rdn. 40), Früchten einer Ernte, der Ausbeute eines Steinbruchs, der Ausbeute eines Bergwerks, der Milcherzeugung, der Kauf eines Hauses auf Abbruch. Dieser letzte ist kein Grundstücksveräußerungsvertrag und bedarf daher nicht der Form des § 313. Der Verkauf der „nächsten 35 Tonnen Erz" einer Grube ist kein beschränkter Gattungskauf, sondern ein Spezies-

kauf einer erst zu erzeugenden zukünftigen Sache. Sobald sie gefördert sind, treten sie als der von vornherein vorgestellte Kaufgegenstand in Erscheinung, ohne daß es noch einer Ausscheidung bedürfte (RG **92** 371).

Etwas anderes als der Kauf einer künftigen Sache ist der Kauf einer **Gewinnaussicht** (emtio spei, Hoffnungskauf). Hierhin gehört der Kauf eines noch nicht gezogenen Loses, eines Fischzugs (s. vor § 433 Rdn. 63). Der sogenannte Hoffnungskauf kann einmal darin bestehen, daß der Verkäufer nur bei Eintritt eines ausschließlich oder weitgehend vom Zufall abhängigen Ereignisses verpflichtet sein soll, zum anderen auch darin, daß der Verkäufer sofort eine Leistung, z. B . die Übertragung eines Loses schuldet. Im letzten Falle liegt eine unbedingte Leistungsverpflichtung des Verkäufers vor; die Erfüllung der Verpflichtung hängt nicht vom Zufall ab, lediglich der Wert des Kaufgegenstandes entscheidet sich in der Zukunft. Ist das Los tatsächlich schon gezogen, so liegt beiderseitiger Irrtum über den Vertragsgegenstand vor. Der Verkauf einer künftigen Sache unterscheidet sich vom Lieferungskauf, bei dem sich der Verkäufer zur Beschaffung einer Sache verpflichtet, wobei der Lieferant sie möglicherweise erst herzustellen hat (s. vor § 433 Rdn. 50 und unten Rdn. 45).

c) Die Sache braucht dem Verkäufer nicht zu gehören. Er kann die ihm oblie- **4**
gende Verschaffungspflicht auch beim **Verkauf einer fremden Sache** erfüllen; dazu gehört, daß er das fremde Eigentum beseitigt (s. zur Eigentumsverschaffung § 433 Rdn. 44). Ein Kaufvertrag über eine **eigene Sache** oder ein eigenes Recht des Käufers enthält in der Regel einen Vertrag über eine unmögliche Leistung. Denn da der Verkäufer nach § 433 das Eigentum zu verschaffen hat, kann er diese Verpflichtung nicht erfüllen, wenn der Käufer das Eigentum bereits hat. Der Vertrag kann aber unter einem anderen rechtlichen Gesichtspunkt aufrechterhalten werden, so etwa dahin, daß der Verkäufer auf sein Recht zum Besitz der Sache entgeltlich verzichtet. Dann liegt im Kauf der eigenen Sache der Kauf des Besitzes der eigenen Sache, wie des Besitzes etwa der gestohlenen oder der zur Sicherung übereigneten Sache. Ebenso der Kauf der eigenen Sache aus einer Zwangsversteigerung oder einem Zwangsverkauf; es liegt hier die Lösung aus der Beschlagnahme oder aus sonstigen Verpflichtungen vor (§§ 371 Abs. 3, 373 Abs. 2, 376, 379, 388 Abs. 2, 391, 437 Abs. 2 HGB; § 179 Abs. 3 AktG). Nach der StrandungsO können leicht verderbliche Gegenstände vom Strandamt öffentlich verkauft werden, der Käufer kann hier auch der Eigentümer des Strandgutes sein. Das Recht des Gläubigers, seine eigene Sache zu verwerten, die er unter Eigentumsvorbehalt einem Dritten übertragen hat, wird vielfach als Kauf der eigenen Sache betrachtet; tatsächlich löst sich der Verkäufer aber nur von der Anwartschaft des Vorbehaltskäufers (*Letzgus*, Die Anwartschaft des Käufers unter Eigentumsvorbehalt, 1938, S. 4, 51, 63, 86; *Serick*, Eigentumsvorbehalt und Sicherungsübertragung Bd. I S. 290). Erwirbt der Abzahlungsverkäufer die unter Eigentumsvorbehalt verkaufte Sache im Wege der Zwangsvollstreckung oder nach § 825 ZPO, so liegt darin ein Rücktritt gemäß § 5 AbzG (BGH **15**.171; **15** 241; **55** 59). Daß eine AG ihre eigenen Aktien erwirbt, ist an sich eine Unmöglichkeit, da sie damit ihr eigenes Mitglied würde. § 65 AktG gestattet ihr aber den Erwerb eigener Aktien in den dort behandelten Ausnahmefällen.

d) Die vom Verkäufer gelieferte Sache ist — insbesondere beim Gattungskauf **5**
— dann nicht mehr der Verkaufsgegenstand, wenn sie nicht der den Gegenstand des Vertrages bildenden Gattung angehört, sondern eine **andere Sache (aliud)** ist. Dann liegt nicht die Leistung einer mangelhaften Sache vor, sondern Nichterfüllung (*Falschlieferung*). Die Gewährleistungsansprüche der §§ 459 ff finden keine Anwendung (vgl. § 459 Rdn. 7). Die Abgrenzung zwischen mangelhafter Sache und „anderer" Sache ist fließend. Entscheidend ist der in § 378 Halbs. 1 HGB ausgedrückte Grundgedanke, daß in diesem Sinn eine andere als die bedungene Ware vorliegt, wenn sie offensichtlich von

der Bestellung so erheblich abweicht, daß der Verkäufer die Genehmigung des Käufers als ausgeschlossen betrachten muß (BGH LM HGB § 378 Nr. 1). So ist Lieferung von Inlandschrott statt Einfuhrschrotts eine Falschlieferung, wenn mit Rücksicht auf die Bestimmungen der Europäischen Gemeinschaft für Kohle und Stahl Lieferung von Inlandschrott ausdrücklich ausgeschlossen war (BGH LM BGB § 325 Nr. 12). Keine Falschlieferung liegt vor bei dem Verkauf eines Omnibus, der für Reiseverkehr mit bestimmter Sitzplatzzahl bestellt war, aber eine geringere Zahl benutzbarer Plätze aufweist (BGH LM BGB § 459 Abs. 1 Nr. 3). Ebenso nicht bei Verkauf von Kakaopulver mit anderer Farbe, Fettgehalt und Schalengehalt als vereinbart (Urteil vom 22. 10. 57 — VIII ZR 290/56). Dagegen liegt Falschlieferung vor bei Pfeffer mit 50 % Kokosschalenbeimischung (LM HGB § 378 Nr. 1) und Lieferung von Sommerweizen statt Winterweizens (BGH LM BGB § 477 Nr. 10).

Ist entgegen einer im Akkreditiv bezeichneten Markenware in einem Kaufvertrag mit einem ausländischen Käufer in einer Klausel der Allgemeinen Lieferungsbedingungen des Verkäufers bestimmt, der Verkäufer sei berechtigt, anstelle der vereinbarten Markenware eine gleichwertige andere zu liefern, so ist eine solche Klausel in der Regel unwirksam (BGH LM BGB § 433 Nr. 34).

6 **2. Rechte**

a) Begriff. Unter Rechten im Sinne des § 433 sind Rechte im weitesten Sinn zu verstehen: Forderungen, so Kundenforderungen bei Factoring (vor § 433 Rdn. 58), Wechselforderungen bei Diskontierung (vor § 433 Rdn. 16), ferner Erbbaurechte, alle Rechte auf Nutzungen, auch wenn sie nur ihrer Ausübung nach übertragbar sind, so der Erwerb von Grabstellenbenutzung, gewerbliche Gerechtigkeiten (Apotheker-, Schankgerechtigkeit, Bohrgerechtigkeit, Berggerechtigkeit, Recht zur Ausbeutung eines Grundstücks auf Bodenbestandteile), dingliche Rechte an Sachen wie Hypotheken, Versicherungsansprüche, Filmvorführungsrechte. Auch die Anwartschaft ist eine Rechtsstellung, die Gegenstand eines Kaufes sein kann, so die Anwartschaft des Vorbehaltskäufers (BGH **20** 88; **28** 16; BGH LM BGB § 182 Nr. 7). Die Anwartschaft ähnelt allerdings dem Eigentum an der Sache und wird nach den Vorschriften für die Übereignung beweglicher Sachen übertragen (BGH aaO; *Serick*, Eigentumsvorbehalt und Sicherungsübertragung Bd. I S. 256). Auch die Rechte aus dem Meistgebot können gekauft werden. Dann haftet der Verkäufer nicht nach den Vorschriften der §§ 459 ff über Sachmängel, also nicht für Fehler des erstandenen Grundstücks (RG **150** 397).

Das BGB behandelt den Sachkauf und den Rechtskauf als zwei gesonderte Arten des Kaufes. Für den Rechtskauf s. zum Teil die besondere Regelung in § 437.

7 **b) Gewerbliche Schutzrechte** (Firma, vgl. § 23 HGB, Warenzeichen, Urheberrechte, Verlagsrechte). Die Übertragung der gewerblichen Nutzung eines Patents durch einen Lizenzvertrag ist kein Kauf, sondern ein Vertrag eigener Art (s. vor § 433 Rdn. 22). Doch kann der Vertrag zum Kauf werden, wenn in der Person des Lizenznehmers ein besonderes absolutes Recht entstehen soll und dieses Recht Gegenstand der Übertragung ist, also nicht bloß die gewerbliche Ausnutzung gewährt wird. Die Patenturkunde ist nur Beweisurkunde. Im übrigen vgl. UrheberrechtsG, VerlagsG, GebrauchsmusterG und WarenzeichenG.

8 **c) Kauf von Unternehmensbeteiligungen**

aa) Rechtskauf ist an sich auch der Kauf von **Mitgliedschaftsrechten** an einer Gesellschaft, so der entgeltliche Erwerb von vinkulierten Namensaktien. Wird die Zustimmung zur Übertragung der Aktien versagt, so hat der Käufer keine Ansprüche gegen den Verkäufer, weder auf Erfüllung, noch auf Rückzahlung des Kaufpreises, noch auf Schadensersatz (RG **132** 157). Verkäuflich, gegebenenfalls nur mit Zustimmung des Kartells, ist auch die Kartellquote, wenn auch die Rechte und Pflichten des Kartellmitglieds von der Mitgliedschaft im Kartell abhängig bleiben (RG **169** 234). Der Verkauf eines Gesellschaftsanteils erstreckt sich im Zweifel auf alle auf dem Gesellschaftsverhältnis beruhenden Geldansprüche (BGH LM HGB § 105 Nr. 29).

bb) Fraglich wird die Rechtsnatur der Veräußerung in dem Falle, daß **sämtliche Anteile an einer Kapitalgesellschaft** verkauft werden. Nach herrschender Meinung steht ein solcher Kauf dem Kauf des Unternehmens gleich. Rechtlich ist zwar zwischen den Mitgliedschaftsrechten und dem Gesellschaftsvermögen, also dem Unternehmen mit seinen Beziehungen zur Kundschaft, Firma, gewerblichen Schutzrechten, Inventar, Warenlager zu unterscheiden. Nach der Auffassung des Verkehrs wird aber ein Verkauf sämtlicher Geschäftsanteile regelmäßig als eine Veräußerung des Unternehmens selbst angesehen. Dem Erwerber soll die gleiche Stellung eingeräumt werden, wie wenn er das Unternehmen gekauft hätte (RG **150** 397; BGH LM BGB § 433 Nr. 31). Deshalb haftet der Verkäufer nach den Vorschriften über den Verkauf eines Unternehmens (BGH aaO; s. auch unten Rdn. 13 und § 459 Rdn. 12). Dasselbe gilt bei einem Verkauf eines Teiles der Anteilsrechte, jedoch nur wenn dieser Vertrag nach dem Willen der Vertragsparteien oder nach der Verkehrsauffassung als Verkauf des ganzen Unternehmens anzusehen ist und der Käufer die beherrschende Stellung im Unternehmen erlangt (RG DR **44** 485; BGH BB **70** 819 = Betrieb **70** 1313; vgl. auch *Flume*, Eigenschaftsirrtum und Kauf S. 188; *Loos*, NJW **62** 519; *Neumann-Duesberg*, WM **68** 494). Beim gleichzeitigen Verkauf sämtlicher GmbH-Anteile haftet auch derjenige Verkäufer, der einen einzigen Anteil verkauft hat, wie beim Verkauf des ganzen Unternehmens für dessen Rechts- und Sachmängel (OLG Hamburg MDR **53** 49). 9

cc) **Mantelkauf.** Er besteht im Kauf aller oder nahezu aller Anteilsrechte an einer nicht mehr betriebenen Kapitalgesellschaft. Zu Unrecht wird er in der Literatur überwiegend als nichtig angesehen (dahingestellt bei RG JW **34** 27). Es liegt weder eine Umgehung der Gründungsvorschriften, insbesondere über die Aufbringung des Stammkapitals, noch ein Scheingeschäft oder ein sittenwidriges Geschäft vor (*Scholz*, GmbHG § 3 Anm. 6; *Breit*, JW **25** 635; *Gürtner*, MDR **54** 76; *Pape*, BB **55** 1099). Anders, wenn die Gesellschafter die Gesellschaft für beendet erklärt haben (LG Ravensburg, NJW **64** 597). Über die steuerrechtliche Seite vgl. BFH Betrieb **58** 241 und *Hoffmann*, Betrieb **58** 811. 10

d) **Wertpapierkauf.** Da beim Erwerb eines Wertpapiers das in der Urkunde verbriefte Recht übertragen werden soll, ist der Verkauf eines Wertpapiers in erster Linie als Kauf eines Rechtes anzusehen. Die Vorschriften des Sachkaufes sind deshalb lediglich anwendbar, soweit es sich gerade um die Urkunde als körperliche Sache handelt. Vgl. im einzelnen § 437 Rdn. 13. Der Verkauf von Wertpapieren „an der Haustür" ist gewissen Beschränkungen und Sonderbestimmungen unterworfen, s. vor § 433 Rdn. 57 und 127. 11

3. Sonstige Vermögensgegenstände 12

a) **Begriff.** Wenn das BGB nur Sachen und Rechte erwähnt, so hat es dadurch den Umsatz von Dingen, die wirtschaftlich als selbständige Verkörperungen und Gegenstände des Umtauschs behandelt werden, von der gleichartigen Regelung nicht ausschließen wollen. Hierfür spricht schon, daß es den Erbschaftskauf nach § 2371 als Kauf anerkennt. Daher sind in derartigen Fällen die Bestimmungen des Kaufes gleichfalls anzuwenden.

13 b) Hierunter fallen insbesondere kaufmännische und gewerbliche Unternehmen (§ 25 HGB) oder **Erwerbsgeschäfte** schlechthin in ihrer Eigenschaft als Verkörperungen einer gewerblichen Tätigkeit, also als „Betriebe". Ebenso die **Praxen freier Berufe** (BGH **43** 46; vgl. vor § 433 Rdn. 124). Bei diesen Unternehmen ist zu unterscheiden, was Gegenstand des Kaufes ist: Das im Geschäft steckende Betriebsvermögen (Grundstücke, Kapital, Warenvorräte, Inventar) oder das Unternehmen als unkörperliches, durch Arbeit geschaffenes Gut, als organisierter Betrieb, zu dem Firma, Warenzeichen, eine bestehende Wettbewerbsklausel, geschäftlicher Ruf, Kundschaft, Geschäfts- und Betriebsgeheimnisse usw. als Bestandteile gehören. Das Unternehmen und das Geschäftsvermögen können je für sich verkauft werden, ebensogut aber auch als ein zusammengehöriges Ganzes.

In Verträgen über Unternehmensveräußerungen wird dem Veräußerer in der Regel ein *Wettbewerbsverbot* auferlegt. Enthält der Vertrag keine Bestimmung, kann es vielfach als stillschweigend vereinbart gelten. Ein solches Verbot ist grundsätzlich wirksam, doch können solche Abmachungen anstößige Bindungen enthalten oder nach § 1 GWB oder Art. 85 EWGV nichtig sein (vgl. *Heinze* NJW **73** 492). Bei der Veräußerung einer Arztpraxis kann der Verkäufer sich auch zur Übergabe der *Behandlungsunterlagen* verpflichten, selbst wenn es an einem Einverständnis des Patienten fehlt (BGH NJW **74** 602). Soweit solche unkörperlichen Güter wie Unternehmen im Verkehr den körperlichen Sachen gleichbehandelt werden, sind auf ihren Verkauf die Bestimmungen des Sachkaufs, insbesondere Gewährleistungsvorschriften, entsprechend anzuwenden (BGH LM BGB § 433 Nr. 31; s. § 459 Rdn. 12).

14 c) Die „**Kundschaft**" als solche ist kein Gegenstand, der übertragen werden könnte, wohl aber die gewerbliche Stellung, die jemand einnimmt und an die sich natürliche Beziehungen zu dem Kundenkreis knüpfen. Diese Stellung kann aufgegeben und einem anderen eingeräumt werden, was einer Übertragung wirtschaftlich gleichkommt (RG **95** 57). Welche Pflichten aus dem Verkauf einer „Kundschaft" für den Verkäufer folgen, ergibt sich vielfach durch besondere Vereinbarungen der Parteien (RG DR **42** 464); beim Fehlen besonderer Abmachungen wird häufig ein Wettbewerbsverbot hinsichtlich der früheren Kundschaft gewollt sein.

15 d) Auch besondere kaufmännische und gewerbliche Kenntnisse und Ideen können als **unkörperliche Güter** übertragen werden, so (unpatentierte) Erfindungen, Fabrikations- und Geschäftsgeheimnisse, Rezepte. Ihre Veräußerung ist Kauf. Der Gedanke muß sich freilich mit festem Inhalt gefüllt haben, nicht bloß unbestimmte Pläne enthalten. Eine andere Frage ist, inwieweit die Gewährleistungsansprüche entsprechende Anwendung finden (RG JW **14** 674).

16 e) Was oben Rdn. 3 von **künftig** erst entstehenden und dem Verkäufer nicht gehörenden Sachen gesagt ist, gilt gleichermaßen auch für **Rechte** und rechtsähnliche Verhältnisse. Auch ein erst zu begründendes Recht, wie die Gutschrift auf einem Girokonto einer Bank, kann Gegenstand eines Kaufes sein. Beim Auszahlungsgeschäft ist Kaufgegenstand eine erst zu begründende abstrakte Forderung ausländischer Währung gegen eine Bank (vgl. allerdings RG **107** 136, wonach eine Geschäftsbesorgung nach § 675 vorliegen soll).

17 4. **Der Verwendungszweck** des Kaufgegenstandes ist *nicht Vertragsinhalt.* Die Gefahr, ob ein Gegenstand so wie geplant verwertet werden kann, trägt nach dem bei Kaufverträgen üblichen Willen der Parteien grundsätzlich der Käufer (BGH LM BGB § 242 (Bb) Nr. 12). Zur Abgrenzung des Risikobereiches zwischen Käufer und Verkäufer bei Anfälligkeit der Kaufsache gegenüber Außeneinwirkungen vgl. auch

Urt. v. 5. 4. 65 — VIII ZR 145/63. Auch beim Kauf eines Rechtes gehört die Ausübung des Rechtes zum Risikobereich des Käufers. Im Falle des Urteils BGH LM BGB § 242 (Bb) Nr. 47 war der Ankauf einer Forderung sinnvoll nur unter der Voraussetzung, daß ein Unternehmen Zugang zum städtischen Schlachthof behielt. Die Zulassung wurde widerrufen. Dadurch wurde der Bestand des Kaufvertrages nicht berührt. Daß die Zulassung aufrechterhalten wurde, gehörte zum Risikobereich des Käufers. Solche Umstände, die in den Risikobereich einer Vertragspartei fallen, sind grundsätzlich auch nicht geeignet, dem hierdurch betroffenen Vertragsteil eine Berufung auf den Wegfall der Geschäftsgrundlage zu ermöglichen (BGH aaO und BGH LM BGB § 242 (Bd) Nr. 18 a). *Ausnahmsweise* kann allerdings der Verwendungszweck der Kaufsache auch *Geschäftsgrundlage* sein (vgl. dazu vor § 433 Rdn. 128).

II. Der Preis 18

1. Allgemeines

a) Der **Preis** muß **in Geld** bestehen. Das folgt daraus, daß er zu „zahlen" ist (§ 433 Abs. 2). Neben dem in Geld festgesetzten Kaufpreis können Leistungen anderer Art bedungen werden, z. B. daß der Käufer seinen Bedarf nur beim Verkäufer deckt. Auch kann vereinbart werden, daß solche Leistungen zu einem bestimmten Geldwert an die Stelle des Kaufpreises treten sollen. Nach § 473 dürfen „neben dem in Geld festgesetzten Preise" Leistungen, die nicht vertretbare Sachen zum Gegenstand haben, bedungen werden. § 507 spricht schlechthin von Nebenleistungen. Neben dem in Geld vereinbarten Preise vorgesehene Leistungen anderer Art machen das Geschäft also nicht zum Tausch. Der als wirtschaftliches Endziel bezweckte Tausch von Ware gegen Ware kann auch im Wege des *Doppelkaufs* mit gänzlicher oder teilweiser Aufrechnung der vereinbarten Preise herbeigeführt werden. Wesentliche Merkmale des Doppelkaufs sind zeitliches Auseinanderfallen, besonderer Umsatzzweck für jede Warenveräußerung, Preisbestimmung als Inhalt der Gegenleistung. Im Unterschied zum Tausch wirkt Verzug, Nichtlieferung, Mangel der Kaufsache nur für den einen Kauf, die Wandlung und Minderung läßt den anderen unberührt. Zur Abgrenzung von Tausch und Doppelkauf s. im übrigen vor § 433 Rdn. 7.

b) Der Preis muß **bestimmt oder** wenigstens **bestimmbar** sein (§ 315). Bestimm- 19
bar ist er auch, wenn er z. B. nach einer bestimmten Quote der Einnahmen des verkauften Geschäftes während einer bestimmten Zeitdauer bemessen wird. Das Geschäft wird dadurch noch nicht zu einer Gesellschaft. Ob der Käufer vor der vereinbarten Zeit den Betrieb aufgeben kann und dann noch Zahlung zu leisten hat, richtet sich nach Treu und Glauben im Einzelfall (RG **95** 36). Ebenso kann als Entgelt vereinbart sein Bruchteile der Renngewinne eines Pferdes (BGH WarnRspr. **64** Nr. 88). Die Vereinbarung bei einem zur Vermeidung der Enteignung geschlossenen Grundstückskaufvertrag, daß der Käufer so viel erhalten solle, wie er im Falle einer Durchführung des Enteignungsverfahrens bekommen haben würde, ist wirksam. Der Kaufpreis ist anhand der Grundsätze für die Bemessung der Enteignungsentschädigung zu bestimmen (BGH LM GG Art. 14 (Ea) Nr. 46). Die Vereinbarung, „der Preis solle durch Arbeit abverdient werden", ist eine Nebenabrede über die Tilgungsweise, setzt aber einen vorausgegangenen bestimmten Preis voraus.

c) Zulässig ist die Vereinbarung, daß der festgesetzte Kaufpreis durch **Hingabe** 20
eines Gegenstandes **an Erfüllungs Statt** gewährt werde. In der Regel wird die *Übernahme einer Fremdhypothek* in Anrechnung auf den Kaufpreis dahin auszulegen sein, daß damit ein entsprechender Teil der Leistung des Käufers unmittelbar bewirkt wird. Es liegt keine Leistung an Erfüllungs Statt nach § 364 vor, weil der Käufer keine andere Leistung

als die geschuldete macht. Vielmehr soll in der Regel in Höhe der übernommenen Hypothek eine Geldforderung des Verkäufers gar nicht zur Entstehung kommen. Der Kaufpreis soll insoweit nur Rechnungsgröße sein (RG **121** 38; **120** 168). Zu der Frage, ob den Käufer eine Nachzahlungspflicht trifft, wenn er eine in Wahrheit nicht bestehende Grundstücksbelastung übernommen hat, s. unten Rdn. 31.

Nimmt bei der Veräußerung eines neuen Kraftfahrzeuges der Händler einen *Gebrauchtwagen in Zahlung*, so bedeutet es, daß der Käufer das Recht hat, den vertraglich festgelegten Teil des Kaufpreises durch Hingabe des Gebrauchtwagens an Erfüllungs Statt zu tilgen (BGH **46** 338). Zur Frage, welche Ansprüche gegeben sind, wenn der Gebrauchtwagen Mängel aufweist, s. § 467 Rdn. 11.

21 d) Wird ein Wechselakzept gegeben, so geschieht das im Zweifel **erfüllungshalber** (§ 364 Abs. 2; RG **158** 317; BGH LM BGB § 766 Nr. 12). Der Verkäufer hat den Erlös, den er aus der Diskontierung erzielt, auf den Kaufpreis zu verrechnen.

22 **2. Preisbemessung**

Die Preisbemessung kann erfolgen

a) als fester Preis

aa) Das kann geschehen durch **freie Vereinbarung.** Der Preis kann berechnet werden als Einheitspreis für die Wareneinheit, so daß sich die Summe aus Zahl, Maß und Gewicht der Ware ergibt (vgl. HGB § 380 Abs. 1). Beim Kauf nach Gewicht ist das Nettogewicht maßgebend, d. h. das Gewicht der Ware ohne Verpackung (= Tara), also brutto abzüglich Tara (§ 380 HGB). Der Käufer kann Vorwiegen verlangen. „Netto ab hier" bedeutet den Abzug aller Spesen; „brutto für netto" bedeutet, daß die Verpackung nicht abgezogen werden darf, sondern mitverkauft und zu berechnen ist; im übrigen vgl. zur Frage der Verpackung unten Rdn. 95 u. 96. Ein fester Preis findet sich auch als Gesamtpreis, so beim Kauf in Bausch und Bogen. Da jedem Kaufgeschäft ein Kaufpreis wesentlich ist, ist es beim Vorliegen zweier selbständiger Kaufverträge unzulässig, einen einheitlichen Preis für beide Kaufgegenstände festzulegen (RG JW **31** 1028). Die Angabe eines bestimmten Bestandes, einer Menge, der Größe eines Grundstücks kann einmal die Zusicherung einer Eigenschaft, aber auch bloß eine Unterlage für die vorläufige Feststellung des Kaufpreises sein, der endgültig erst nach vollständiger Feststellung oder genauer Abmessung errechnet werden soll (RG **101** 69). Der *Ladenpreis* oder kundenübliche Preis ist der im Geschäftsbetrieb des Verkäufers allgemein geforderte Preis, nicht der in anderen Läden des Ortes übliche. Kaufverträge über Grundstücke oder Geschäftsunternehmen werden nicht selten, um dem Verkäufer, der von den Erträgnissen der Kaufsache gelebt hatte, den Lebensunterhalt zu sichern, auf Rentenbasis verkauft, d. h. der Käufer hat dem Verkäufer eine *Leibrente* zu zahlen, die auf einen bestimmten Geldbetrag festgesetzt werden kann, zuweilen auch mit einer Wertsicherungsklausel versehen ist. Über Wertsicherungsklauseln s. unten Rdn. 30, und über den Einfluß des Währungsverfalls s. unten Rdn. 29. Ist in einem Grundstückskaufvertrage auf Rentenbasis der Kaufpreis mit einem Grundbetrag, der dem Wert des Grundstücks entsprechen sollte, angegeben und ferner der für die Zeit der Rentenzahlung kapitalisierte Zinsbetrag bestimmt, so fragt es sich, was als Kaufpreis anzusehen ist. Der BGH billigte die Auslegung, Kaufpreis sei die volle — hier den Grundstückswert übersteigende — Kapitalschuld und nicht nur der Grundstückswert nebst Zinsen (BGH LM BGB § 248 Nr. 2).

23 **bb)** Kaufpreis im Sinne des Kaufrechts ist der Betrag, den der Käufer für die gekaufte Ware an den Verkäufer zahlen muß. Darin ist, sofern nicht eine besondere Vereinbarung getroffen ist, grundsätzlich die **Mehrwertsteuer** eingeschlossen, weil auch sie an den Verkäufer zu entrichten ist (BGH LM BGB § 157 (Ge) Nr. 17). Auch die nach

§ 14 Abs. 1 UStG vom 29. 5. 67 gesondert ausgewiesene Umsatzsteuer ist Teil des Kaufpreises und deshalb bei einer Verwertung von Sicherungsgut Teil des Erlöses, der zur Befriedigung des Sicherungsnehmers dient (BGH **58** 292). Der Grundsatz, daß die Mehrwertsteuer im Kaufpreis eingeschlossen ist, beantwortet noch nicht die Frage, wie eine Preisvereinbarung auszulegen ist, bei der lediglich ein Betrag genannt, jedoch nicht eine Aufgliederung in das eigentliche Entgelt und den Steuerbetrag vorgenommen ist. Dabei ist zu unterscheiden der Fall, daß der Käufer ein Verbraucher ist, und der Fall, daß der Käufer ebenfalls Unternehmer ist. Nach § 14 Abs. 1 UStG ist der Verkäufer, soweit er Umsätze an einen anderen Unternehmer für dessen Unternehmen ausführt, auf Verlangen verpflichtet, Rechnungen auszustellen, in denen die Steuer gesondert ausgewiesen ist. Der Käufer kann nach § 15 Abs. 1 Nr. 1 UStG die ihm gesondert in Rechnung gestellte Steuer als Vorsteuerbetrag abziehen. Diese steuerrechtlichen Bestimmungen haben an sich keine bürgerlich-rechtliche Wirkung, sind aber zur Auslegung heranzuziehen. Da der Käufer die gesonderte Berechnung zum Vorsteuerabzug benötigt, ist eine solche Rechnungstellung allgemein üblich geworden. Der Käufer kann nicht davon ausgehen, daß der Verkäufer bei der Preisbemessung die Umsatzsteuer in den Kaufpreis eingerechnet hat, obwohl er ihn bei der Rechnung wiederum auszuwerfen pflegt. Rein rechnerisch ist auch die Zurechnung eines Prozentsatzes — von z. B. 11 % — einfach, während ein entsprechender Abzug von 9,91 % schwierig ist. Mindestens für die Zeit ab Oktober 69 läßt sich die zum Handelsbrauch gewordene Auffassung und Übung feststellen, daß bei Preisabsprachen unter Unternehmern die Preise ohne Mehrwertsteuer zugrunde gelegt werden (vgl. *Kuhn*, NJW **69** 261; *Scholl* Betrieb **70** 35; OLG Köln **71** 894). Die abweichende Ansicht (OLG Oldenburg NJW **69** 1486; OLG München Betrieb **70** 1480) ist überholt. Anders ist es beim Verkauf an den nicht zum Vorsteuerabzug berechtigten Verbraucher sowie bei einem Grundstücksveräußerungsvertrag (OLG Hamm Betrieb **73** 125). Hier ist es Sache des Verkäufers, zu erklären, daß zu dem genannten Kaufpreis die Umsatzsteuer hinzutrete (vgl. auch BGH WarnRspr. **73** Nr. 99). Wegen des Ausgleiches für vermehrte Belastung durch die Änderung des Umsatzsteuersystems nach § 29 UStG 1967 s. BGH LM UStG 1967 Nr. 3.

cc) Der Preis kann auch bestimmt werden als **Markt- oder Börsenpreis** (§ 385, **24**
§ 453). *Marktpreis* ist der am Erfüllungsort zur Erfüllungszeit bei normaler Marktlage gezahlte Durchschnittspreis. Eine Notmarktlage kann, wenn Marktpreis vereinbart ist, in der Regel nicht zugrunde gelegt werden. Soll der Preis nach künftiger schwankender Marktlage bestimmt werden und ist ein Höchst- oder Mindestpreis festgesetzt worden, dann hat die Abrede den Zweck, das Geschäftsrisiko der Parteien zu begrenzen (RG **94** 339). Der *Börsenpreis* ist eine Unterart vom Marktpreis; er wird in der Regel aber nicht notwendig durch amtliche Ermittlung (Kursmakler) festgestellt. Bei Wertpapieren wird der Börsenpreis im „Kurs" ausgedrückt.

dd) Behördliche oder hoheitliche **Preisbestimmung.** Eine gesetzliche Normie- **25**
rung des angemessenen Preises findet in den behördlichen Preistaxen statt (GewO § 80 Abs. 1, z. B. Arzneitaxen). Preisfestsetzungen auf Grund des Montanunionsvertrages: Die Kohle, Eisen und Stahl erzeugenden Unternehmen müssen ihre Preise in Preislisten festsetzen und veröffentlichen. An die einmal festgesetzten Preise sind sie gebunden. Andere Preise dürfen erst 5 Tage nach Versendung einer neuen Preisliste an die Hohe Behörde gefordert werden. Der Zonenpreis ist der Preis, der sich generell für die Lieferung von Kohle, Eisen und Stahl in bestimmte Gebiete durch einen von der Hohen Behörde auf den Listenpreis vorgenommenen Nachlaß ergibt. Behördlich bekanntgegebene Richtpreise sind Preisgrenzen, die von dazu berufenen Sachverständigen festgesetzt werden und einen Hinweis darauf geben, was nach der Beobachtung des Marktes

oder bei gewissenhafter Preisberechnung noch als angemessen angesehen werden kann. Richtpreise von privaten Verbänden, mögen sie auch in die Form von Gebührenordnungen gekleidet sein, verstoßen gegen die Kartellvorschriften. Bei Vergabe öffentlicher Aufträge sind bestimmte Preise vorgeschrieben. Zur Preisauszeichnung s. unten Rdn. 32.

26 b) Der **Preis** kann, wenn er nicht auf einen bestimmten Betrag festgesetzt ist, nach Umständen und vereinbarten Merkmalen **bestimmbar** sein.

aa) **Einzelfälle**: Der *Ladenpreis* oder kundenübliche Preis ist der im Geschäftsbetrieb des Verkäufers allgemein geforderte, nicht der in anderen Läden des Ortes übliche. Das schließt nicht aus, daß ungewöhnliche Abweichungen von den sonst in den Läden des Ortes üblichen Preisen die Anfechtung wegen Irrtums oder arglistiger Täuschung begründen können.

Der *angemessene Preis* wird bei Waren ohne Markt- oder Ladenpreis nach den §§ 315 ff bestimmt. Nach § 316 gilt die Vereinbarung als zugunsten des Verkäufers getroffen. Die Beweislast für die Angemessenheit trifft den Verkäufer. Bei Markenartikeln wird häufig die Einhaltung von Wiederverkaufspreisen vereinbart. Dasselbe gilt für die vertikale Preisbindung. Im Einzelfall kann die Preisbindung gegen das GWB verstoßen.

Der laufende oder *ortsübliche Preis* (§§ 385 BGB, 373, 376, 379 HGB) ist im Gegensatz zum Marktpreis der örtlich von bestimmten Einrichtungen zu ermittelnde Preis. Er bedeutet dasselbe wie der Tagespreis. Der „bei Lieferung gültige Preis" ist der zur Zeit der Versandbereitschaft gültige, nicht notwendig der zur wirklichen Absendungszeit geltende, wenn die Versendung durch Transportschwierigkeiten verzögert wurde.

Unter *Selbstkostenpreis* sind die gesamten Gestehungskosten zu verstehen, die sich zusammensetzen aus dem Einstandspreis, den besonderen Betriebsunkosten und dem Anteil an den allgemeinen Betriebsunkosten, Kapitalzinsen, Risikoprämie und Unternehmerlohn. Unter Fabrikpreisen, Originalfabrikpreisen sind die Preise zu verstehen, die die Fabrik dem Zwischenhändler beim Verkauf im großen berechnet, ohne Zuschlag von Kosten eines etwaigen eigenen Vertriebs an das Publikum in Verkaufsstellen (RG WarnRspr. **14** Nr. 201). Syndikatspreise sind die Preise, die das betreffende Syndikat jeweils festsetzt.

Haben die Parteien vereinbart, daß die Kosten des Vertragsabschlusses zu Lasten der einen gehen sollen, so fallen darunter auch die Maklerkosten (OLG Karlsruhe WM **56** 106).

27 bb) **Preisklauseln.** Der Preis kann auch anhand von Preisklauseln bestimmbar sein. Vgl. dazu *Finger*, Betrieb **70** 1865. So, wenn die Preisbestimmung einem Dritten (bei *Arbitrageabreden*) oder dem Vertragsgegner überlassen wird (§§ 315, 316). Die Vereinbarung eines *Richtpreises* berechtigt den Verkäufer, den endgültigen Kaufpreis nach billigem Ermessen entsprechend der Marktlage am Ort und zur Zeit der Lieferung festzusetzen; von diesem Recht kann der Verkäufer jedoch, wenn die Parteien nicht ausdrücklich etwas anderes vereinbaren, nur einmal Gebrauch machen (OGH **4** 174). Eine ähnliche Bedeutung haben Abreden, durch die sich der Verkäufer vorbehält, unter bestimmten Voraussetzungen einen erhöhten Kaufpreis zu fordern (*Preiserhöhungsklausel*). Eine solche Klausel kann aber auch dahin auszulegen sein, daß der Verkäufer berechtigt sein soll, von dem geschlossenen Vertrag abzugehen und einen höheren Preis vorzuschlagen, und daß der Käufer dieses Angebot annehmen oder auch ablehnen kann. Beim beiderseitigen Handelskauf hat der Käufer auf ein solches Angebot unverzüglich zu antworten, widrigenfalls sein Schweigen als Annahme des neuen Angebots anzusehen ist (BGH **1** 353).

Die *Hausse-Klausel* bedeutet die Zulässigkeit angemessener Erhöhung des Preises bei langdauernden Bezugsverträgen infolge Erhöhung der Rohstoffpreise usw. Das Umgekehrte besagt die Baisse-Klausel. Zuweilen wird eine zeitliche Grenze gesetzt.

Wenn der Preis mit „*zirka*", „etwa", „gegen" und ähnlichen Ausdrücken umschrieben wird, ist in der Regel anzunehmen, daß die Grenze der Angemessenheit den Ansatz nicht nach oben und unten wesentlich übersteigen darf, preismindernde Umstände aber zu berücksichtigen sind. Im Einzelfall kann die Bestimmung auch besagen, daß der Ansatz als Mindestpreis immer gefordert werden, nötigenfalls aber ein mäßiger Zuschlag gemacht werden kann.

Bei der Klausel „*Preis freibleibend*" tut die Unbestimmtheit der Preisabrede der bindenden Kraft des Vertrages und dem unveränderten Festhalten der Parteien an seinem übrigen Inhalt keinen Abbruch. Notfalls kommen §§ 315 und 317 zur Anwendung (RG **103** 414). Jedenfalls ist die Vereinbarung, daß der Verkäufer eine Verbindlichkeit in bezug auf Preise nicht übernehme, dann nicht zu beanstanden, wenn sie dahin auszulegen ist, daß die Preise nur nach billigem Ermessen und unter Berücksichtigung der Verhältnisse erhöht werden sollen (RG **104** 306). Der Verkäufer darf jedenfalls nicht auf Kosten des Käufers spekulieren (RG **105** 368). Auch der Vereinbarung eines der Höhe nach genau bestimmten Preises kann die Klausel „Preise freibleibend" angefügt werden (OGH **4** 168).

Im Handel mit gebrauchten Kraftwagen wird häufig die Schätzung der *DAT-Schätzstelle* zur Grundlage der Preisberechnung gemacht. Zur Verbindlichkeit solcher Schätzungen s. BGH WarnRspr. **73** Nr. 166. Bei der Inzahlungnahme eines Gebrauchtwagens auf den Preis eines Neuwagens hat im Zweifel der Händler das Recht, den Wagen der Schätzstelle vorzuführen (OLG Celle MDR **64** 232).

Zur Auslegung der Klausel „*zoll- und steuerfrei* auf Zollerlaubnisschein" s. BGH LM HGB § 346 (Ed) Nr. 6. Zu Preisklauseln im Außenhandel s. *Axmann*, Betrieb **73** Beilage 8.

Über Klauseln, die die Zahlungs*weise* regeln, s. unten Rdn. 61. Dort auch zur Skonto-Abrede.

c) Wertverhältnis zwischen Preis und Kaufgegenstand **28**

aa) Ein angemessenes Wertverhältnis zwischen Preis und Ware wird bei der Vertragsfreiheit im allgemeinen nicht gefordert. Den Rechtsbehelf der laesis enormis kennt das Gesetz nicht. Dennoch muß nach § 242 von dem Grundsatz des **Gleichgewichtsverhältnisses** zwischen Leistung und Gegenleistung als der Grundlage des Kaufgeschäfts ausgegangen werden, und es ist deshalb bei Entwertung der vereinbarten Währung dann ein Ausgleichsanspruch gegeben, wenn diese Entwertung unvorhergesehen und unvorhersehbar war und zu einem mit Recht und Gerechtigkeit nicht mehr zu vereinbarenden Mißverhältnis der gegenseitigen Leistungen führt (s. folgende Rdn.). Ist aus dem Mißverhältnis eine bewußte Ausnutzung der veränderten Lage durch einen Vertragsteil zu entnehmen, kann der Vertrag auch nach § 138 Abs. 1 nichtig sein (RG **150** 1).

bb) Anpassung an veränderte Umstände kann einmal deshalb nötig werden, weil **29**
durch das Gesetz einem Vertragsteil nach Vertragsschluß eine zusätzliche Belastung auferlegt wird. Gesetzlich geregelt ist der Ausgleichsanspruch für vermehrte Belastung durch Einführung des Umsatzsteuersystems in § 29 UStG 1967; s. dazu BGH LM UStG 1967 Nr. 3. Die Streitfragen über die Verteilung der sich aus dem LastenausgleichsG ergebenden Belastungen gehören im wesentlichen der Vergangenheit an. Zur Rechtsprechung vgl. *Rothe*, Betrieb **63** 1527. Zum anderen erhebt sich die Frage der Anpassung, wenn die Zahlung des Kaufpreises sich vereinbarungsgemäß über längere Zeit erstreckt, etwa bei einem Kaufpreis in Leibrentenform, und die Kaufkraft des Zahlungsmittels sich vermindert. Grundsätzlich reicht das *Sinken der Kaufkraft* der DM allein

nicht aus, um unter dem Gesichtspunkt des Wegfalls der Geschäftsgrundlage eine Erhöhung des Kaufpreises zu rechtfertigen (vgl. BGH Betrieb **69** 2029 = BB **69** 1413). Das gilt für Leibrenten, falls eine Spannungsklausel fehlt, jedenfalls so lange, wie die Rente noch als annehmbare Versorgungsgrundlage anzusehen ist (OLG Düsseldorf NJW **72** 1137). Für einen Pensionsanspruch hat der BGH bei einer Verteuerung von über 40 % seit Vertragsschluß eine Verpflichtung zur angemessenen Erhöhung angenommen (BGH **61** 31). Das gleiche kann für die Erhöhung eines auf Leibrentenbasis festgesetzten Kaufpreises gelten. Für eine Anpassung eines Ankaufsrechts, wenn bei Ausübung des Ankaufsrechts nach 15 Jahren der Grundstückswert auf das 13fache gestiegen ist, OLG Hamburg MDR **71** 842. Schließlich kann der Kaufpreis infolge Währungsverfalls und dadurch bedingter Kostensteigerungen nicht mehr angemessen sein, wenn die Zahlung, etwa weil die Herstellung der Kaufsache geraume Zeit erfordert, lange Zeit nach Vertragsschluß erfolgt. Auch dann entfällt aber grundsätzlich eine Preiserhöhung (BGH Betrieb **64** 234 = BB **64** 1397). Zu dieser Frage vgl. *Finger* Betrieb **70** 1865.

30 **cc) Wertsicherungsklauseln,** namentlich bei Vereinbarung eines Preises in Rentenform, knüpfen häufig an die Beamtenbesoldung an. Sie bedürfen der Genehmigung nach § 3 WährG. Über die dabei auftretenden Streitfragen vgl. *Pikart* WM **69** 1062, 1067. Haben die Parteien für die Anpassung des Kaufpreises nicht die Entwicklung der Grundstückspreise, sondern den Lebenshaltungskostenindex gewählt, so ist die Geschäftsgrundlage nicht deshalb entfallen, weil die Grundstückspreise stärker als die Lebenshaltungskosten gestiegen sind (BGH WM **73** 839; vgl. auch BGH LM BGB § 557 Nr. 6). Zur Verfassungsmäßigkeit und zur Genehmigung von Gleitklauseln s. BVerwG NJW **73** 529.

31 **d) Berechnungsirrtum.** Fehler des Verkäufers in der Preisberechnung (Kalkulation) und Fehler des Käufers bei der Überprüfung des Kaufpreises sind regelmäßig nur Irrtum im Beweggrund und daher unbeachtlich (BGH LM BGB § 119 Nr. 8 und 21). Ebenso berechtigt der Irrtum über den Wert eines Gegenstandes oder über die Umstände, die nur mittelbar den Wert eines Gegenstandes bestimmen, nicht zur Anfechtung (BGH LM BGB § 779 Nr. 2). Für den Fall, daß die Preisberechnung zum Gegenstand der für den Vertragsschluß entscheidenden Verhandlungen und damit zum Bestandteil der Erklärung geworden ist, ist nach Ansicht des RG der Kaufvertrag nach § 119 Abs. 1 anfechtbar (RGZ **94** 65; **105** 406; **116** 15; **149** 235; **162** 198). Diese Ansicht hat im Schrifttum mit Recht Widerspruch gefunden (u. a. *Larenz*, Geschäftsgrundlage und Vertragserfüllung 3. Aufl. S. 28 ff, 32, 173; *Enneccerus/Nipperdey* BGB Allg. Teil 15. Aufl. § 167 I und IV; *Soergel/Siebert/Hefermehl* BGB 10. Aufl. § 119 Anm. 22; *Staudinger/Coing* BGB 11. Aufl. § 119 Anm. 4 a). Daß die Berechnung Gegenstand der Verhandlung gewesen ist, macht sie in der Regel noch nicht zum Inhalt der Erklärung. Anders nur, falls ausnahmsweise die Preisgestaltung Teil der Vereinbarung über den Preis gewesen ist. Der BGH hat über die Frage nicht abschließend entschieden. War die Berechnungsweise beiden Parteien bekannt und wurde sie in die Verhandlungen eingeführt, so liegt, wenn sie falsch ist, ein beiderseitiger Irrtum vor, der die Geschäftsgrundlage berührt. Hält der durch den Irrtum Begünstigte den anderen am Vertrage fest, so stellt das regelmäßig eine unzulässige Rechtsausübung dar (BGH LM BGB § 119 Nr. 8). Denkbar ist auch, daß die Vertragsauslegung zur Ermittlung des von den Parteien wirklich gewollten Kaufpreises führt. Hat der Käufer eines Grundstücks eine in Wahrheit nicht bestehende Grundstücksbelastung, von deren Bestehen die Parteien ausgegangen sind, in Anrechnung auf den Kaufpreis als eigene Schuld übernommen derart, daß die Übernahme ein Teil der vertraglich geschuldeten Käuferleistung sein sollte, so kann nach dem Urteil WM **61** 505 der Verkäufer grundsätzlich nicht die Nachzahlung des ersparten Betrages verlangen. Das Urteil wird nicht verallgemeinert werden dürfen. In ihm

wird aus überwiegend tatsächlichen Gründen eine ergänzende Vertragsauslegung oder ein Wegfall der Geschäftsgrundlage abgelehnt. Auf dieser Grundlage wird in anderen Fällen aber ein befriedigendes Ergebnis zu erzielen sein. Wenn bei der Berechnung des Kaufpreises für ein Grundstück beide Parteien von einer falschen Größe in qm ausgegangen sind, wird nach Treu und Glauben der nach der wirklichen Größe errechnete Preis als geschuldet anzusehen sein (ähnlich OLG Frankfurt MDR **71** 841). Hat der Verkäufer den Käufer über den Anschaffungspreis getäuscht und dadurch einen höheren Kaufpreis erzielt, so kann der Käufer, sofern er den Vertrag aufrechterhält, Geldersatz nur verlangen, wenn er nachweist, daß der Kauf bei Angabe des richtigen Anschaffungspreises zu günstigeren Bedingungen zustande gekommen wäre (BGH LM BGB § 123 Nr. 30 a; Betrieb **69** 877 = BB **69** 696).

3. Einschränkungen der Preisfreiheit 32

Allgemeine Preisgestaltungsvorschriften für alle Warengattungen enthalten Rabattgesetz vom 25. 11. 33 i. d. Fass. vom 11. 3. 57 und die ZugabeVO vom 9. 3. 32 i. d. Fass. vom 15. 11. 55. Die Rechtswirksamkeit eines Lieferungsvertrages wird grundsätzlich nicht dadurch berührt, daß der Verkäufer gegen diese Gesetze verstößt. Besondere Preisvorschriften enthalten auch die oben Rdn. 25 und vor § 433 Rdn. 109 angeführten Bestimmungen. Die PreisauszeichnungsVO vom 18.9.69 und die VO über Preisangaben vom 10.5.73 verpflichten den Verkäufer bei Verkäufen an Letztverbraucher zur Preisauszeichnung. Die PreisauszeichnungsVO einschließlich der Änderung vom 25.10.71 richtete sich nur an den Anbieter, regelte dessen Verpflichtung zur Auszeichnung der Preise und stellte etwaige Verstöße gegen diese Pflicht unter die Sanktion des § 9. Es handelte sich mithin ausschließlich um Regelungen im Bereich des Preisordnungsrechts. Vorschriften des materiellen Preisrechts blieben grundsätzlich unberührt (BGH NJW **74** 859). Doch ist bei Verstößen nur der nach der gebotenen Preisangabe gebildete Preis als vereinbart anzusehen (vgl. *Gelberg* Betrieb **71** 1459; s. auch BGH NJW **73** 1371).

4. Beweislast 33

Der Verkäufer ist für die Vereinbarung des Kaufpreises und seine Bestimmtheit oder Bestimmbarkeit beweispflichtig. Kann der Verkäufer auf Grund von Preisklauseln den Preis naeh billigem Ermessen bestimmen (s. oben Rdn. 27), so muß er beweisen, daß die Bestimmung der Billigkeit entspricht (BGH LM BGB § 315 Nr. 9).

III. Verpflichtungen des Verkäufers 34

1. Beim Verkauf von Sachen

a) Allgemeines. Beim Verkauf von Sachen ist der Verkäufer verpflichtet, die Sache dem Käufer zu übergeben und das Eigentum an der Sache zu verschaffen. Beide Leistungspflichten stehen selbständig nebeneinander. Erst wenn beide Leistungen erfüllt sind, liegt vollständige Erfüllung des Kaufvertrages vor. Solange nur die eine Leistung erbracht ist, ist lediglich Teilerfüllung gegeben. Nichterfüllung und Verzug können auch nur mit einer dieser beiden Pflichten eintreten (RG **95** 105; **95** 322). Denn es liegt keine einheitliche Verpflichtung mit doppeltem Inhalt, sondern ein Nebeneinander zweier getrennter Pflichten vor (RG aaO). Der Verkäufer übernimmt mit der Verpflichtung zur Leistung auch die Haftung für seine Leistungsfähigkeit. Er hat für sie einzustehen und kann sich deshalb auf subjektives Unvermögen zur Leistung nicht berufen. Zur Frage der Haftung des Verkäufers im übrigen s. unten Rdn. 44; § 440 Rdn. 4 ff.

35 **b) Übergabe der Kaufsache**

aa) Die Verpflichtung zur Übergabe ist klagbar und geht dahin, dem Käufer den **unmittelbaren körperlichen Besitz** an der Sache mit Zubehör zu verschaffen (§ 854). Die Übergabe ist Teil des tatsächlichen Angebots der Leistung nach § 294, muß also zum Zweck der Vertragserfüllung erfolgen. Wegen Übergabe des Kraftfahrzeugbriefes beim Kauf eines Kraftfahrzeuges s. § 444 Rdn. 3.

36 **bb)** Die Verschaffung des **mittelbaren Besitzes** durch Vereinbarung eines Besitzmittlungsverhältnisses (§§ 868, 930) oder Abtretung des Herausgabeanspruches (§§ 870, 931) genügt nicht, wenn nicht diese Art der Besitzverschaffung vereinbart ist. Ist der Käufer mit Abtretung des Herausgabeanspruches einverstanden, hat der Verkäufer seine Verpflichtung dennoch nicht erfüllt, wenn der Herausgabeanspruch mit Rechtsbeschränkungen für den Erwerber verbunden ist (RG JW **27** 1087). Ist dem Käufer die Verpflichtung auferlegt, die Sache bis zur Vollbezahlung des Kaufpreises nicht von einer bestimmten Stelle fortzuschaffen, so ist die Verpflichtung des Verkäufers aus § 433 bis zum Wegfall dieser Verpflichtung noch nicht erfüllt.

37 **cc)** Die Übergabe eines **Orderpapieres** (Konnossement der Seeschiffer, § 647 HGB; Ladeschein der Frachtführer, § 450 HGB; indossierte Ladescheine der staatlich zur Ausstellung solcher Urkunden ermächtigten Anstalten, § 424 HGB) hat für den Erwerb von Rechten an dem Gut dieselben Wirkungen wie die Übergabe des Gutes selbst. Dagegen hat der Eigentumserwerb am Papier nicht stets den Eigentumserwerb der Ware zur Folge (BGH LM HGB § 356 Nr. 1). Da die Pflicht des Verkäufers aus § 433 aber auf die Verschaffung des körperlichen Besitzes der Sache selbst gerichtet ist, kommt es darauf an, ob eine Besitzverschaffung durch Orderpapiere vereinbart ist. Andernfalls braucht sich der Käufer mit dem Anbieten eines Papiers nicht zu begnügen und kann körperliche Übergabe der Sache selbst verlangen. Ist Eigentumsverschaffung durch Übergabe eines Orderpapiers vereinbart, so enthält die Übergabe vertraglich die Übergabe der Kaufsache, und dann knüpfen sich an die Übergabe des Papiers alle gesetzlichen Folgen der Übergabe der Sache selbst, so etwa Gefahrübergang. Die Übergabe des Papiers ersetzt die Besitzübertragung nicht bei abhanden gekommenem Gut (RG **89** 41). Das Frachtbriefduplikat ist kein Traditionspapier; unter Umständen kann seine Übergabe aber eine Abtretung des Herausgabeanspruchs nach § 931 zum Inhalt haben (RG **102** 97). Über Kauf unter Übergabe von Dokumenten und über die Besitzverschaffung beim überseeischen Abladegeschäft s. vor § 433 Rdn. 46, 47 und unten Rdn. 86, 88.

38 **dd) Übergabe an Dritte.** Die Pflicht zur Übergabe wird auch dadurch erfüllt, daß der Verkäufer die Ware auf Anweisung des Käufers einem Dritten, etwa dem Abkäufer des Erstkäufers, übergibt. Bei Übergabe an den Spediteur ist zu prüfen, ob dieser Vertreter des Verkäufers oder des Käufers sein soll. Grundsätzlich ist der vom Verkäufer beauftragte Spediteur oder Frachtführer nicht Vertreter des Käufers, es sei denn, daß der Verkäufer im Auftrage oder Einverständnis des Käufers gehandelt hat; nur im letzteren Falle steht die Übergabe der Ware an den Spediteur der Übergabe an den Käufer gleich (RG **102** 39). Beim Versendungskauf des § 447 geht zwar die Gefahr mit der Auslieferung an die Transportperson über. Der Verkäufer hat die ihm obliegende Leistung mit der Übergabe an die Transportperson aber noch nicht bewirkt, weil die Kaufsache damit noch nicht aus seiner Verfügungsgewalt entlassen war. Zur Leistungserfüllung ist erforderlich, daß die Kaufsache dem Käufer übergeben ist (BGH **1** 4).

39 **ee)** Verschieden von der Übergabe ist die **Ablieferung.** Diese ist nicht Teil eines Gesamtvorganges, nicht Teil eines Zusammenwirkens von Verkäufer und Käufer, sondern eine rein selbständige und einseitige Handlung des Verkäufers, durch die er den

Käufer in die Lage versetzt, nunmehr seinerseits über die Ware zu verfügen und ihre Beschaffenheit zu untersuchen. Die Bedeutung der Ablieferung liegt darin, daß nach § 377 HGB mit ihr die Rügefrist beginnt. Die Ablieferung liegt vor, wenn sich der Verkäufer der Sache entäußert und dem Käufer die tatsächliche Möglichkeit verschafft hat, sie zu untersuchen und sich sofort den Gewahrsam zu verschaffen. Lagerte die aus dem Ausland eingeführte Ware unter Zollverschluß, so gilt sie i. S. des § 377 HGB auch dann als abgeliefert, wenn der Käufer sich die Ware dadurch verschaffen kann, daß er die zur Auslieferung erforderlichen Maßnahmen trifft (Urt. vom 14. 2. 58 — VIII ZR 10/57). Ist nach dem Kaufvertrag eine Maschine in mehreren Bestandteilen zu liefern, ohne daß der Verkäufer den Zusammenbau übernommen hat, so wird die Ablieferung der Kaufsache regelmäßig schon dadurch bewirkt, daß die dem Käufer am Bestimmungsort zugelieferten Teile der Maschine in seinen Gewahrsam übergehen (BGH LM BGB § 477 Nr. 4).

ff) Beim Verkauf von **Holz auf dem Stamm** oder von Bäumen eines Grund- **40**
stücks kann eine Übergabe erst nach Trennung der Bäume vom Grundstück stattfinden, die, wenn nichts anderes vereinbart, dem Verkäufer obliegt (vgl. § 956 Abs. 1). Ist dem Käufer die Aneignung gestattet und das Waldstück übergeben, so erwirbt er das Eigentum an den Bäumen mit dem Fällen, also mit der Trennung. An geschlagenem Holz, das noch im Walde liegt, geht das Eigentum nicht schon mit der bloßen Überweisung des Holzes, wohl aber mit der Erteilung und Entgegennahme der Abfuhrerlaubnis über, falls damit der Übereignungswille verbunden ist (BGH LM BGB § 854 Nr. 1). Das Anschlagen von Stämmen mit dem Zeichen des Käufers bedeutet keinen Übergang des unmittelbaren Besitzes, sondern bloß die Übernahme der gekauften Ware (OLG München MDR **55** 414).

c) Übertragung des Eigentums

aa) Der Verkäufer hat die zur Verschaffung des Eigentums erforderlichen **Erklä- 41**
rungen und Handlungen formgültig vorzunehmen und hat alle Hindernisse zu beseitigen, die dem Eigentumserwerb des Käufers im Wege stehen (RG JW **31** 2626; BGH WM **71** 936). Hängt die Wirksamkeit eines Kaufes von einer *behördlichen Genehmigung* ab, so haben beide Vertragschließenden alles in ihren Kräften Stehende zu tun, um die Genehmigung herbeizuführen, und alles zu unterlassen, was der Erteilung dieser Genehmigung hinderlich sein könnte (s. vor § 433 Rdn. 105). Anders liegt es bei der vormundschaftsgerichtlichen Genehmigung; ob der Vormund die vormundschaftsgerichtliche Genehmigung einholen oder von der erteilten Genehmigung Gebrauch machen will, steht dem Vertragsgegner gegenüber in seinem freien Belieben. Bei Grundstücken hat der Verkäufer nicht nur Bucheigentum, sondern vollwirksames Eigentum zu verschaffen. Das geschieht nicht, wenn eine zur Auflassung erforderliche Genehmigung verweigert wird. Der Verkäufer hat allerdings auf die Bewirkung der Eintragung, durch die der Käufer erst das Eigentum erlangt, als eine behördliche Tätigkeit keinen unmittelbaren Einfluß. Er hat aber die Pflicht, alles zu tun, um die Umschreibung herbeizuführen, z. B. die Grundsteuer zu zahlen. Hat der Verkäufer das Seine getan, was ihm zur Eigentumsverschaffung oblag, ist aber trotzdem das Eigentum nicht übergegangen, etwa weil das Grundbuchamt die Eintragung noch nicht vorgenommen hat, so hat der Verkäufer zwar seiner Leistungspflicht nach § 433 genügt, der Leistungserfolg ist aber nicht eingetreten und der Kaufvertrag ist daher noch nicht vollständig erfüllt (das ist entscheidend für die Anwendung der §§ 17 KO, 36 VerglO, RG **85** 403; **113** 405).

bb) Übereignungswille. Der auf Übertragung oder Erwerb des Eigentums ge- **42**
richtete Wille braucht nicht ausdrücklich erklärt zu werden, er kann auch durch schlüssige Handlungen kundgegeben werden (RG **108** 27). Übergibt der Verkäufer die vorbehaltlos verkaufte Ware an eine Transportperson, so geschieht es in der Regel mit dem

Willen, das Eigentum auf den Käufer zu übertragen. Der Verkäufer kann seine Eigentumsübertragungsverpflichtung auch durch einen *Erfüllungsgehilfen* erfüllen. Daß der Lieferant des Verkäufers grundsätzlich nicht als Erfüllungsgehilfe angesehen werden könne, läßt sich nicht sagen. Ausschlaggebend ist allein, wie er dem Berechtigten gegenübertritt. Es genügt, daß er bei der Vertragserfüllung als Hilfsperson des Verkäufers mitwirkt. Anders in der Regel nur, wenn die Ware zunächst dem Verkäufer geliefert wird (RG **101** 152). Wenn aber der Lieferant dem Käufer die Ware unmittelbar liefert, so sind die Voraussetzungen des § 278 gegeben (RG **108** 223), mindestens soweit es um den Übereignungswillen geht. In der Abnahme durch den Käufer kommt jedoch zunächst nur sein Wille zum Ausdruck, die Ware in Gewahrsam zu nehmen und seiner Übernahmepflicht zu genügen, um festzustellen, ob die Ware vertragsmäßig ist. Das Eigentum geht auf ihn erst dann über, wenn er zugleich zu erkennen gibt, daß er die Ware als sein Eigentum behalten will; erst dann liegt die zur Eigentumsübertragung erforderliche Einigung vor. Gibt der Käufer die nach § 377 HGB gebotene Mängelrüge ab, so liegt darin nicht ohne weiteres die Zustimmung zum Eigentumserwerb (RG **108** 26).

43 cc) **Eigentumsvorbehalt in Fakturenvermerken.** Ein Eigentumsvorbehalt, der in einer erst nach Übersendung der Ware zugesandten Rechnung gemacht wird, ist wirkungslos, wenn der Käufer das in der Übersendung der ohne Eigentumsvorbehalt verkauften Ware liegende Übereignungsangebot bereits angenommen hatte. Trifft dagegen eine mit dem Vermerk des Eigentumsvorbehalts ausgestattete Rechnung vor oder mit der vorbehaltlos verkauften Ware ein, so geht das Eigentum nicht über, weil dann in der Zusendung der Ware kein Übereignungsangebot gefunden werden kann (KG JW **29** 2164; OLG München JW **32** 1668; BGH LM BGB § 930 Nr. 2, einen Lieferschein betreffend; s. auch *Dauses*, Betrieb **72** 2145, 2150). Der Empfänger einer solchen Rechnung mit Eigentumsvorbehalt kann den Eigentumsvorbehalt zurückweisen, vorbehaltlose Übereignung verlangen und Rechte aus der Nichterfüllung geltend machen, da der Verkäufer noch nicht erfüllt hat. S. auch § 455 Rdn. 4 u. 5.

44 dd) Daß die Sache zur Zeit des Vertragsschlusses **in fremdem Eigentum** stand, macht die Erfüllung noch nicht unmöglich. Mit der Leistungsverpflichtung übernimmt der Verkäufer zugleich die Haftung für sein Leistungsvermögen (BGH **11** 16; RG **80** 247). Ist es für den Verkäufer ausgeschlossen, sich den Kaufgegenstand zur Übereignung zu verschaffen oder den Eigentümer unmittelbar zur Übereignung an den Käufer zu veranlassen, so liegt anfängliches Unvermögen vor (BGH **47** 226; BGH WarnRspr. **72** Nr. 72). Der Verkäufer haftet dann nicht auf Gewährleistung, sondern ist nach § 440, 323 ff zum Schadensersatz verpflichtet. Er kann sich, wenn er den verkauften Gegenstand nicht zur Verfügung hat, nicht darauf berufen, der Käufer habe gewußt, daß er sich den Kaufgegenstand erst beschaffen müsse (BGH LM BGB § 242 (Ba) Nr. 60). Will der Verkäufer die Gefahr, die Kaufsache nicht beschaffen zu können, nicht übernehmen, so muß er sich durch eine Lieferklausel schützen (s. unten Rdn. 45). Hat sich der Verkäufer die Erfüllung des Kaufvertrages nachträglich durch anderweiten Verkauf der Kaufsache unmöglich gemacht und beweist er nicht, daß er zur Erfüllung durch Wiedererwerb der Sache willens und in der Lage ist, so kann der Käufer die Zahlung des Kaufpreises verweigern (BGH WM **73** 1202).

Der Nichteigentümer kann die Verpflichtung, Eigentum zu verschaffen, erfüllen, wenn er kraft Vertretungsmacht im Namen des Eigentümers handelt oder die Erklärung mit Einwilligung des Eigentümers abgibt oder dieser sie nachträglich genehmigt. Hat ein Käufer auf Grund der Vorschriften über den Erwerb von Eigentum kraft guten Glaubens Eigentum an der Kaufsache erworben, so steht das einem Schadensersatzanspruch gegen den Verkäufer entgegen. Die Haftung des Verkäufers auf Verschaffung des Eigentums wird durch die Vorschriften über den Eigentumserwerb kraft guten Glaubens eingeengt (BGH LM REG (BrZ) Art. 12 Nr. 2 = WM **57** 634). Die Erlangung des Eigentums durch Ausübung eines Hoheitsrechts (Beschlagnahme) hat jedoch nicht dieselbe Wirkung, weil es hier an der Übergabe als privatrechtlichem Tatbestandsmerkmal fehlt.

ee) Lieferklauseln. Die *„Selbstbelieferungsklausel"* befreit den Verkäufer grund- 45
sätzlich von seiner **Lieferpflicht,** wenn er von einem Lieferanten, mit dem er ein entsprechendes Deckungsgeschäft abgeschlossen hatte, im Stich gelassen wird. Das gilt auch beim Kauf einer nur der Gattung nach bestimmten Sache (BGH **49** 388). Mangels eines entsprechenden Handelsbrauches (wie in Hamburg) ist der Verkäufer auch nicht verpflichtet, seine etwaigen Schadensersatzansprüche gegen den Erstverkäufer an seinen Abnehmer abzutreten (BGH LM BGB § 249 (D) Nr. 11 = Betrieb **73** 911). Ähnlich will der Verkäufer mit der Klausel *„freibleibend"* jede Gebundenheit ausschließen. Allerdings muß der im Geschäftsleben sich zeigenden Neigung, durch die Wahl unklarer Worte unklare Verhältnisse zu schaffen, um je nach der Entwicklung der Dinge die dem Erklärenden günstigere Auslegung sich anzueignen, entgegengetreten werden. Es muß daher klar erkennbar sein, ob sich „freibleibend" nur auf das Vertrags*angebot* bezieht oder zum Bestandteil des Vertrages selbst werden soll (s. vor § 433 Rdn. 73). Nicht so weit geht dagegen die Klausel *„Lieferungsmöglichkeit vorbehalten"*. Bei dieser Klausel bleibt der Verkäufer verpflichtet, sich die Ware unter Anstrengung nach Treu und Glauben zu verschaffen; muß er sich dabei zu erhöhtem Preise eindecken, so kann er sich auf die Freizeichnung nur dann berufen, wenn er dartut, daß ihm die Beschaffung der verkauften Ware zu diesem Preise nach Treu und Glauben nicht zumutbar ist (BGH LM BGB § 157 (Gf) Nr. 4; LM HGB § 346 (Ea) Nr. 12). Jedenfalls sichert der Vorbehalt der Liefermöglichkeit nicht gegen Preissteigerungen (RG WarnRspr. **21** Nr. 86). Darum kann der Berufung auf diese Klausel die Anerkennung versagt werden, wenn es dem Verkäufer möglich gewesen wäre, seiner Lieferverpflichtung nachzukommen, falls er nur einen etwas höheren Preis aufgewendet haben würde. Führt der Verkäufer die Klausel der Liefermöglichkeit allein oder zusammen mit den Klauseln *„glückliche Ankunft, behördliche Maßnahmen vorbehalten"* unter einer bestimmten Vertragsbedingung auf, etwa im Abschnitt über die Lieferzeit, so kann sie die Bedeutung haben, daß sie nur für diesen Vertragspunkt gelten soll (BGH **24** 39). Denn derartige Klauseln können auch zur Freizeichnung von einem begrenzten Risiko dienen. Bei Vorbehalt der Liefermöglichkeit ist der Verkäufer, der ohne eigenes Verschulden von seinem Lieferanten im Stich gelassen wird, zur Erfüllung nicht mehr verpflichtet, wenn nach den Vertragsverhandlungen zwischen den Parteien Einverständnis darüber besteht, daß der Verkäufer die Ware gerade von einem bestimmten Lieferanten beziehen solle (BGH Urt. vom 27. 9. 56 — II ZR 146/55). Die Klausel „Verkäufer liefert nur, *wenn ihm die Ware selbst geliefert wird"* hindert nicht die Annahme des Abschlusses eines festen Kaufvertrages. Sie ist als auflösende Bedingung oder als Kauf mit Rücktrittsvorbehalt zu verstehen.

Die *„Höhere Gewalt"-Klausel* (Force majeur) muß in angemessener Zeit geltend gemacht werden; der Verkäufer darf die Geltendmachung nicht beliebig hinausschieben (RG **91** 108). Wenn die Befreiungsklausel auf Betriebsstörung abgestellt ist, bedarf es der Auslegung, was darunter im Einzelfall zu verstehen ist (RG **94** 81; **100** 262; **125** 236). Auf die Kriegsklausel, die den Verkäufer zur Einschränkung oder Aufhebung der Lieferung berechtigt, sind dieselben Grundsätze anzuwenden. Der Verkäufer kann sich auf sie auch dann berufen, wenn die Ware infolge Kriegsausbruchs auf der Reise angehalten wird (RG **92** 271).

Klauseln, die die Lieferzeit betreffen: Die „*Promptklausel*“ verpflichtet zu möglichst schneller Lieferung, hat aber keinen festen Stichtag zum Gegenstand wie das Fixgeschäft. Der Verkäufer verpflichtet sich nur zur prompten Absendung, übernimmt aber nicht wie beim Fixgeschäft Gewähr für rechtzeitiges Eintreffen. Der Verkäufer kann aber hier je nach der Art des Geschäfts wie beim Fixgeschäft auch ohne Mahnung in Verzug kommen. Die Klausel „*Lieferung so schnell wie möglich*“ kann bedeuten, daß eine angemessene kurze Lieferfrist ohne Stundung vereinbart ist oder daß die Leistungszeit in das Belieben des Schuldners gestellt ist (BB **54** 116). Ist eine feste Lieferzeit für den Ankunftsort der Ware vereinbart (*Ankunftsklausel*), so ist bei nicht fristgerechter Lieferung eine Nachfristsetzung aus § 326 nicht nötig (BGH LM HGB § 376 Nr. 1). „*Erwartungsklausel*“ (etwa: Januar bis Ende März Erwartung) bedeutet, daß der Käufer eine Lieferung verlangen kann, deren Ankunft am Bestimmungsort nach Lage der Umstände spätestens zu dem angegebenen Termin zu erwarten ist. Diese „Erwartung“ wird wie eine objektive Eigenschaft der Ware angesehen, für die der Verkäufer haftet, wenn sich eine bestimmte Herkunft der Ware (Ernte) daraus erkennen läßt (OLG **13** 418). Über den Vorbehalt: „Die Lieferung hinausschieben zu dürfen“, „Lieferungszeit vorbehalten“ s. RG **94** 80. Die Verschiebung darf aber nicht willkürlich geschehen, sondern nur unter Einhaltung von Treu und Glauben (§ 315).

46 **d) Nebenpflichten des Verkäufers**

aa) Aus den Verpflichtungen unter b) und c) ergeben sich für den Verkäufer **aus dem Gesetz** auf Grund des abgeschlossenen Kaufvertrages ohne besondere Vereinbarung eine Reihe von Nebenpflichten. Von ihnen sind einige ausdrücklich geregelt, z. B.: die Pflicht, dafür zu sorgen, daß Rechte anderer an der Kaufsache gegen den Käufer nicht nur tatsächlich, sondern auch rechtlich nicht geltend gemacht werden können (§ 434); die Löschungspflicht hinsichtlich nicht bestehender, aber noch im Grundbuch eingetragener Rechte (§ 435); die Auskunftspflicht über die den Gegenstand betreffenden rechtlichen Verhältnisse und die Pflicht zur Herausgabe der den Gegenstand betreffenden Urkunde (§ 444); das Abmessen, Abwägen und Bereitstellen der gehörig geordneten Ware als Vorbereitung der Übergabe (§ 448); die Ausscheidungs- und Konzentrierungspflicht beim Gattungskauf (§ 243). Unter Umständen besteht die Nebenpflicht, den Käufer hierzu hinzuzuziehen.

47 **bb)** Ohne besondere Vereinbarung können auch schon **bloße Vertragsverhandlungen** ein besonderes Vertrauensverhältnis zwischen den Parteien entstehen lassen und damit für den Verkäufer die Pflicht begründen, sein Verhalten so einzurichten, daß der Käufer durch den Abschluß des Vertrages nicht geschädigt wird (s. vor § 433 Rdn. 93). Bei der Führung von Kaufvertragsverhandlungen ist der Verkäufer verpflichtet, alle Tatsachen zu offenbaren, die erkennbar für den Willensentschluß des anderen Teiles von wesentlicher Bedeutung sind und deren Mitteilung von ihm nach Treu und Glauben erwartet werden kann (BGH LM BGB § 276 (Fb) Nr. 1; WM **72** 854). So besteht beim Abschluß eines Geschäfts, das auf die Dauer berechnet ist und ein Vertrauensverhältnis voraussetzt, eine *Offenbarungspflicht* über alles, was für dieses Vertrauen wesentlich ist (RG **142** 222). Die Aufklärungspflicht darf aber nicht zu weit ausgedehnt werden. Der Verkäufer ist im Regelfall nicht verpflichtet, den Käufer über seine Selbstkosten aufzuklären; die Preisberechnung ist vielmehr eine innere Angelegenheit des Verkäufers. Eine andere Betrachtungsweise ist nach dem Urteil BGH LM BGB § 242 (Be) Nr. 23 aber geboten, wo die Höhe der Selbstkosten nicht nur den Verkäufer, sondern auch den Käufer angeht, so bei der Veräußerung von Kaufeigenheimen, die mit öffentlichen Mitteln gefördert werden, weil gesetzliche Sonderbestimmungen und Musterverträge die Ausrichtung des Erwerbspreises nach den Selbstkosten des veräußernden Bauherrn for-

dern. Eine Verpflichtung des Verkäufers zur Angabe des Anschaffungspreises kann auch beim Verkauf gebrauchter Maschinen gegeben sein, wenn der Entschluß des Käufers, einen bestimmten Kaufpreis zu bewilligen, vom Anschaffungspreis abhängt (BGH WM **69** 496). Ebenso ist der Verkäufer verpflichtet, seine Verdienstspanne wahrheitsgemäß anzugeben, wenn er von sich aus bei Vertragsverhandlungen genaue Angaben über eine Importspanne und seinen Verdienst aus dem Geschäft macht (BGH LM BGB § 123 Nr. 30 a). Zur Aufklärungspflicht einer Gemeinde s. BGH WM **74** 687. Zur Hinweispflicht eines Wohnungsbauunternehmens auf die mit dem Kauf einer Eigentumswohnung verbundene Dauerbelastung für Tilgung und Zinsen s. BGH WarnRspr. **74** Nr. 55.

Eine *Verletzung der Aufklärungspflicht* unter dem Gesichtspunkt der *Haftung für Verschulden bei Vertragsverhandlungen* kann insbesondere vorliegen, wenn zwischen den Parteien ein enges Vertrauensverhältnis besteht (BGH LM BGB § 276 (Fb) Nr. 1). So etwa, wenn der Verkäufer erkennt, daß der Käufer von einer unrichtigen Auffassung über die Eignung der Kaufware oder von einer falschen Preisberechnung ausgeht (BGH WM **72** 854). Ähnlich, wenn der Verkäufer, der vom Käufer danach gefragt ist, fahrlässig falsche Angaben über die Ertragsfähigkeit und Umsätze eines Unternehmens macht (BGH LM BGB § 276 (Fb) Nr. 5 = NJW **70** 653 m. Anm. von *Putzo* und NJW **70** 1077 m. Anm. *Körting*). Der Verkäufer eines gewerblichen Unternehmens darf erhebliche Mängel der Buchführung und die Kündigung eines Bankkredites nicht verschweigen (Urt. vom 13./14. 5. 71 — VIII ZR 142/70). Der Verkäufer, der über einen für die Entschließung des Käufers wesentlichen Punkt günstige, an sich wahre Angaben macht, ist verpflichtet, auch ungünstige wesentliche Tatsachen anzugeben, wenn die Mitteilung lediglich der günstigen Umstände beim Käufer einen Irrtum über die ungünstigen Tatsachen erregen würde. Beim Verkauf von *Gebrauchtfahrzeugen* gilt die Regel, daß der Verkäufer verpflichtet ist, von einem *Unfall Mitteilung* zu machen und alle Umstände bekanntzugeben, die die Tauglichkeit des Fahrzeugs auch nach vollzogener Ausbesserung betreffen und geeignet sind, den auf den Erwerb des Kraftfahrzeugs gerichteten Willen des Käufers zu beeinflussen (RG **151** 366). Der Umfang der Offenbarungspflicht beim Verkauf von Gebrauchtfahrzeugen läßt sich nicht allgemein bestimmen (BGH LM BGB § 123 Nr. 10). Eine Aufklärungspflicht entfällt jedenfalls nicht schon deshalb, weil ein langjährig benutztes Fahrzeug Kaufgegenstand ist und „wie besehen und probegefahren" verkauft wird. Weist der Motor eines solchen Fahrzeuges erhebliche Mängel auf, mit denen der Käufer eines Gebrauchtfahrzeuges nicht ohne weiteres zu rechnen hat, so muß der Verkäufer auf diese Mängel hinweisen. Zur Frage der beiderseitigen Pflichten beim Kauf eines Gebrauchtwagens s. auch Urt. OLG Köln NJW **73** 903. Eine Offenbarungspflicht ist beim Fehlen einer ausdrücklichen Frage des Käufers abgelehnt in einem Fall, in dem ein Fahrzeug geraume Zeit vor einem dem Käufer erkennbaren Umbau einen Unfallschaden erlitten hatte (BGH WarnRspr. **73** Nr. 52). Seine Auskunftspflicht verletzt der Verkäufer eines Neuwagens, wenn er den Käufer nicht auf die Möglichkeit verspäteter Lieferung aufmerksam macht (OLG Köln DAR **71** 295). Zur Hinweispflicht des Verkäufers eines Betriebes auf Abgasebelästigung s. BGH WarnRspr. **73** Nr. 313.

Unter Umständen kann bei Verhandlungen über den Abschluß formbedürftiger oder genehmigungsbedürftiger Kaufverträge zu der Verpflichtung aus Vertragsverhandlung gegenüber einem unkundigen Vertragsgegner auch die *Aufklärung über die Formbedürftigkeit oder das Genehmigungserfordernis* gehören (vgl. *Reinicke*, Betrieb **67** 109; *Nirk*, Festschrift Möhring S. 398 ff). So muß der Verkäufer von Warenautomaten den Käufer darüber aufklären, daß der Vertrieb von Waren aus Automaten möglicherweise der Einzelhandelserlaubnis bedarf, wenn er selbst weiß, daß die Rechtslage zumindest zweifelhaft ist (Urt. vom 5. 5. 65 — VIII ZR 167/63). Ist in Einkaufsbedingungen bestimmt, daß Bestellungen zu ihrer Gültigkeit der Schriftform bedürfen, so wird dadurch, auch wenn mangels Erfüllung der Form kein Vertrag zustande gekommen ist, die Haftung für den Vertrauensschaden nicht ausgeschlossen (BGH LM BGB § 276 (Fa) Nr. 3).

48 cc) Unter die Haftung aus Verschulden bei Vertragsverhandlungen läßt die Rechtsprechung schließlich die Schäden fallen, die ein Teil gelegentlich von Vertragsverhandlungen oder geschäftlicher Berührung zur Anbahnung eines Vertragsschlusses durch **Verletzung von Fürsorge- oder Obhutspflichten** des anderen Teiles erleidet. Auf dem Gebiet des Kaufrechtes handelt es sich um die Pflicht des Verkäufers, den *Käufer vor Gesundheitsschäden* bei der Führung von Kaufverhandlungen zu *schützen* und den Verkehr in Kaufräumen sicher zu gestalten (RG **78** 239; BGH LM BGB § 276 (Fa) Nr. 13; LM BGB § 823 (Db) Nr. 10; LM BGB § 278 Nr. 39; OLG Köln NJW **72** 1950). So hat das RG zu Recht Vertragshaftung für den Fall angenommen, daß ein Kauflustiger in einem Laden infolge ölgetränkten Fußbodenbelags während der Kaufverhandlungen ausrutscht und sich verletzt (RG JW **28** 2210). Ähnliches gilt für die *Verkehrssicherungspflicht bei Probefahrten* anläßlich von Kaufverhandlungen über Kraftfahrzeuge (vgl. BGH LM BGB § 276 (Fa) Nr. 37 = NJW **72** 1706 m. Anm. *Batsch*). Bei Verletzung dieser Verkehrssicherungspflicht ist die volle Schadloshaltung zu gewähren; der Schadensersatzanspruch wird nicht durch das Erfüllungsinteresse begrenzt, denn als der wiederherzustellende Zustand kommt eine Lage, wie sie bei Erfüllung bestände, nicht in Frage (RG **151** 359).

49 dd) Auch die an **Treu und Glauben** ausgerichtete **Auslegung des Kaufvertrages** kann Nebenpflichten des Verkäufers aufzeigen. Eine solche ist z. B. die Pflicht zur *Untersuchung der Kaufsache.* Grundsätzlich ist der Verkäufer zwar nicht zur besonderen Untersuchung verpflichtet, sondern kann sich, wenn er keine Zweifel an der Zuverlässigkeit des Lieferanten hat, auf diesen verlassen. Das gilt in erster Linie für den Verkauf einer Speziessache (BGH LM BGB § 276 (Hb) Nr. 2). Der Grundsatz ist aber auch auf Gattungskäufe anzuwenden (BGH LM BGB § 276 (Hb) Nr. 13). Der Verkäufer haftet auch nicht für ein Verschulden des Vorlieferanten. Dieser ist grundsätzlich nicht Erfüllungsgehilfe des Verkäufers (BGH **48** 119; BGH LM BGB § 276 (Hb) Nr. 2 und 13; BGH WM **71** 1121). Doch hat der BGH angenommen, der Verkäufer von Schrott habe zu prüfen, ob sich darunter etwa Sprengkörper befinden (BGH BB **53** 992). Die Entscheidung ist im Sachverhalt überholt; doch gilt der Grundsatz, daß der Verkäufer zu untersuchen hat, ob sich unter verkauftem Abfall etwa umweltverschmutzende Stoffe befinden. Im Handel mit Gebrauchtkraftwagen trifft den Verkäufer im allgemeinen die Pflicht zur Untersuchung des Gebrauchtwagens (BGH WM **73** 490; OLG Düsseldorf WM **73** 473).

Nach Treu und Glauben trifft den Verkäufer eine *Beratungs- und Unterweisungspflicht* da, wo beim Käufer nicht die erforderliche Sachkenntnis für den Gebrauch, bei der Bedienung oder Handhabung des Kaufgegenstandes erwartet werden kann. Das trifft vor allem beim Verkauf gefährlicher Gegenstände (BGH LM BGB § 328 Nr. 18), komplizierter Maschinen oder Mittel (BGH **47** 312; BGH LM BGB § 459 Abs. 1 Nr. 7) zu. Ebenso beim unkontrollierten Verkauf von gefährlichen Mitteln an bastelnde Jugendliche — vgl. BGH NJW **73** 615, dort nur unter deliktischem Gesichtspunkt —. Eine Hinweispflicht besteht auch beim Verkauf leicht verderblicher Ware (RG LZ **30** 1447).

Bei *Lieferungsverträgen* (vor § 433 Rdn. 50), bei denen der Verkäufer erkennbar macht, daß die Durchführung von einem vorausgehenden Deckungskauf abhängt, erklärt er stillschweigend seinem Vertragsgegner gegenüber, dafür einzustehen, daß die

Lieferungsverpflichtungen seines Vormanns ihm gegenüber mindestens die gleiche Sicherheit für die Lieferung bieten, wie er selbst sie seinem Abkäufer im Lieferungsvertrage gewährleistet. Grundsätzlich hat der lieferungspflichtige Verkäufer die der Warenlieferung entgegenstehenden Hindernisse zu beseitigen, während der Käufer, soweit nötig, auf Verlangen mitwirken muß (RG **97** 257; **98** 260). Wer sich als Verkäufer bei Abschluß eines Kaufvertrages über die Lieferung eines größeren Postens anzufertigender Waren vorbehält, sich vom Vertrage zu lösen, wenn eine von ihm einzuholende Auskunft über den Besteller ungünstig laute, kann sich auf diese dann nicht berufen, wenn er nicht alles ihm nach Treu und Glauben Zumutbare getan hat, eine solche Auskunft alsbald zu erhalten (BGH LM BGB § 242 (Cd) Nr. 56).

Erhaltung und Sicherung der Kaufsache. Der Verkäufer ist zur Verwahrung der noch nicht übergebenen Kaufsache verpflichtet; dazu gehört bei Tieren auch ihre Fütterung und Wartung. Zuweilen wird auch ein besonderer Verwahrungsvertrag abgeschlossen (BGH WarnRspr. **71** Nr. 297 = Betrieb **72** 34). Aus der Verpflichtung, die Sache so zu übergeben, wie sie zur Zeit des Kaufabschlusses war, und der Gefahrtragung bis zur Übergabe ergibt sich ohne weiteres die Pflicht, sie so zu behandeln, daß sie erhalten und nicht beschädigt wird. Ein Anwendungsfall dieser allgemeinen Verpflichtung wird in § 450 behandelt. Die Verpflichtung kann sich im Einzelfall zur Verpflichtung steigern, die Sache zu versichern (RG **50** 169). Es kann die Pflicht bestehen, dem Käufer die Prüfung der Kaufsache zu ermöglichen, etwa durch Benachrichtigung und durch Vorführung einer Maschine. Auch *aus der Versendung* oder der Übergabe der Kaufsache folgen Nebenpflichten. Wenn der Verkäufer es übernimmt, die Kaufsache durch seine eigenen Angestellten zu überbringen, so erfolgt in der Regel nach der Verkehrssitte diese Überbringung auf seine Gefahr, weil er allein die Auswahl unter den Angestellten trifft und ihre Zuverlässigkeit zu beurteilen vermag. Beim Versendungskauf ist die Ware ordnungsmäßig zu verladen. Die Verpflichtung des Verkäufers zur Übergabe der Kaufsache schließt endlich die Verpflichtung in sich, die Ware dem vom Käufer geschickten Frachtführer so zu übergeben, daß dieser sie dem Käufer unbeschädigt übergeben kann (BGH LM BGB § 447 Nr. 7). Unter einem ähnlichen Gesichtspunkt sieht das Urteil BGH LM BGB § 447 Nr. 3 den Verkäufer für verpflichtet an, die Ware so zu versenden, daß sie die für den vertragsmäßigen Transport erforderliche Haltbarkeit hat. Durch Witterungseinfluß verderbliche Ware ist ordnungsmäßig verwahrt, bedeckt zur Beförderung zu bringen; greift der Verkäufer im eigenen Interesse in den Beförderungsverlauf ein, hat er für anderweitige Sicherung zu sorgen (RG **115** 162). Der Verkäufer von Heizöl ist verpflichtet, durch seine bei dem Einfüllen beschäfigten Angestellten den Einfüllvorgang von Anfang bis Ende zu überwachen, um zu verhindern, daß Heizöl überfließt (BGH LM Allg. Geschäftsbedingungen Nr. 34; BGH LM BGB § 831 (Fc) Nr. 11).

Der Verkäufer hat zwar nicht die Pflicht, etwaige Mängel auszubessern. Eine solche Verpflichtung läßt sich auch nicht daraus ableiten, daß der Verkäufer mangelfreie Ware zu liefern hat; denn die Verpflichtung zu liefern ist von der Verpflichtung herzustellen verschieden. Davon ist zu unterscheiden, ob der Verkäufer das Recht zu freiwilliger *Nachbesserung* hat, was für die Zeit zwischen Abschluß des Vertrages und Übergabe der Kaufsache und dann zu bejahen ist, wenn die Geltendmachung von Gewährleistungsansprüchen durch den Käufer nur den Zweck haben kann, dem Verkäufer Schaden zuzufügen, oder wenn aus dem Inhalt des Vertrages die Verpflichtung des Käufers zu folgern ist, die ausgebesserte Sache als Erfüllung gelten zu lassen (§ 463 Rdn. 3).

Nach Treu und Glauben kann eine Pflicht des Verkäufers bestehen, den Käufer, der seinerseits schon alle für die Kreditzuweisung erforderlichen Maßnahmen eingeleitet hat, bei der Beschaffung der für die *Tilgung des Kaufpreises* erforderlichen Mittel auf zumutbare Weise zu *unterstützen.* So kann der Verkäufer gehalten sein, auf eine entsprechende Aufforderung des Käufers hin schon vor Zahlung des Kaufpreises eine Löschungsbewilligung mit der Weisung an den Notar auszuhändigen, daß dieser die Bewilligung erst nach Eingang der Zahlung bei dem Verkäufer oder wenigstens auf einem Anderkonto des Notars an das Grundbuchamt weiterleiten solle (BGH WM **68** 1299).

Aus dem Inhalt des Kaufvertrages kann sich des weiteren nach Treu und Glauben für den Verkäufer die Nebenverpflichtung zur Erteilung eines ordnungsmäßigen Kontoauszuges ergeben (BGH LM BGB § 276 (Cc) Nr. 16).

50 **ee)** Nebenpflichten können auch ausdrücklich durch **Nebenabreden im Kaufvertrage** übernommen werden. So kann die Beratung durch den Verkäufer nach ständiger Rechtsprechung als Nebenleistung Gegenstand einer besonderen vertraglichen Verpflichtung unabhängig von der Zusicherung von Eigenschaften sein (BGH **47** 312). Bei schuldhaft falscher Beratung (Irreführung des Käufers) kann auch dann, wenn die Voraussetzungen einer Anfechtung des Vertrages wegen arglistiger Täuschung nicht gegeben sind, schadensersatzweise verlangt werden, daß der Verkäufer keine Rechte aus dem Kaufvertrag herleiten darf (BGH LM BGB § 276 (H) Nr. 5; s. dazu § 462 Rdn. 6). Beim Verkauf eines Unternehmens wird häufig eine *Wettbewerbsklausel* vereinbart. Dann ist der Kaufvertrag erst vollständig erfüllt, wenn ein Wettbewerb nicht mehr in Frage kommt (RG **133** 115). Es können als Nebenpflicht auch bestimmte Zurichtungen der Ware vertraglich vom Verkäufer übernommen werden, z. B. kostenloses Dekatieren des verkauften Stoffes oder die Herstellung der Betriebsfähigkeit einer Maschine.

Im *Kraftfahrzeughandel* haben die Verkäufer zum Teil besondere Verpflichtungen durch *Inspektionen* übernommen. Der Verkäufer haftet für ein Versehen des die Inspektion ausführenden Betriebes als seines Erfüllungsgehilfen, insbesondere, wenn dieser Betrieb bei einer Ablieferungsinspektion einen Fehler des Kraftwagens fahrlässig übersieht und dadurch ein Schaden verursacht wird (BGH LM BGB § 433 Nr. 32).

51 **ff)** Nach Treu und Glauben können sich bei einem durch die beiderseitigen Leistungen erfüllten Warenumsatzgeschäft noch gewisse **Nachwirkungen der vertraglichen Bindung** ergeben. So können die Parteien noch nach Erfüllung der eigentlichen Leistungspflichten zu einem Treu und Glauben gemäßen Verhalten verpflichtet sein; insbesondere können sich Benachrichtigungspflichten (OGH **1** 380) oder die Pflicht ergeben, alles zu unterlassen, was den *Vertragszweck noch nachträglich gefährden* oder vereiteln könnte (BGH LM BGB § 362 Nr. 2). Es kann auch eine Rechtspflicht zu anderen Unterlassungen oder zu bestimmten Handlungen übrigbleiben (RG **161** 338). So haftet der Verkäufer eines Grundstücks nach §§ 433, 276, wenn er, nachdem der Käufer im Vertrauen auf die vorausgesetzte Unbebaubarkeit des Hinterlandes auf dem Kaufgrundstück ein Wohnhaus errichtet hat, alsbald selber zur Bebauung des Hinterlandes schreitet (RG **161** 338). Der Verkäufer eines Gewerbebetriebes oder eines Grundstücks kann auch, wenn aus den näheren Umständen der Vereinbarungen zu entnehmen ist, daß der Käufer in der Entfaltung seiner Tätigkeit durch den Verkäufer nicht beeinträchtigt werden solle, verpflichtet sein, sich eines Wettbewerbs zu enthalten und einen solchen nicht nur von dem verkauften, sondern auch von dem Nachbargrundstück fernzuhalten (OLG Karlsruhe WM **62** 26).

Der Hersteller technischer Industrieerzeugnisse ist verpflichtet, nach Lieferung der Kaufsache auch später dem Käufer während der gewöhnlichen Betriebsdauer notwendige, anderwärts nicht zu beschaffende *Ersatzteile oder Betriebsstoffe* gegen entsprechende Bezahlung zu *liefern* (AG München NJW **72** 1852). Diese Verpflichtung besteht allerdings nicht unbeschränkt, sondern nur, soweit eine Vorratshaltung dem Verkäufer nach Treu und Glauben zumutbar ist (*Finger* NJW **70** 2049; *Rodig* BB **71** 854). Zur Frage, ob ein Lieferungsanspruch des Eigenhändlers gegen den Hersteller auch nach Beendigung des Vertrages noch besteht, vgl. BGH NJW **74** 141.

2. Beim Verkauf von Rechten

a) Allgemeines. Beim Verkauf von Rechten geht die Verpflichtung in erster Linie dahin, dem Käufer ein (bestehendes) Recht zu verschaffen. Wegen der Rechtslage, wenn das verkaufte Recht nicht besteht, s. § 437 Rdn. 1 u. 2. Als *Erfüllungshandlungen* kommen namentlich in Betracht die Abtretung von Forderungen (§§ 398, 413), die Indossierung von Orderpapieren, Erklärungen vor dem Grundbuchamt (§ 873). Bei Rechten, bei denen die Verfügungsmöglichkeit an eine Urkunde gebunden ist (Wertpapiere, Inhaberpapiere), gehört zur Erfüllung auch die Übergabe der Urkunde. Die Verpflichtung zur Übergabe stellt dann eine Hauptverpflichtung dar. Bei Verkauf eines Patents muß das Patentrecht an den Käufer abgetreten werden. In der Regel erfolgt diese Abtretung in dem Veräußerungsvertrag selbst und ohne eine besondere Übertragungshandlung. Die Übertragung erfolgt durch formfreien Vertrag, der Eintragung in die Patentrolle bedarf es zum Vollzuge nicht (RG **126** 284). Eine Blankettabtretungserklärung wird erst mit ihrer Ausfüllung wirksam (BGH **22** 128). 52

b) Bei Rechten, die zum Besitz einer Sache berechtigen, hat der Verkäufer außer der Beschaffung des Rechtes auch die Sache zu übergeben. Hierfür gelten die für sie bestehenden Grundsätze. In Betracht kommen das Erbbaurecht (ErbbauVO §§ 1, 11), das Nießbrauchsrecht (§§ 1036 Abs. 1, 1059), das Wohnungsrecht (§§ 1093 Abs. 1, 1092). 53

c) Nebenverpflichtungen (vgl. oben Rdn. 46). Der Verkäufer haftet dafür, daß dem Käufer die Befugnis zur Geltendmachung des verbrieften Rechtes verschafft wird (§ 437 Rdn. 4). Aus der Eigenart des auf den Verkauf einer Forderung oder sonstigen Rechtes gerichteten Vertrages ist der Verkäufer über die unmittelbar durch die Vornahme der Abtretung bewirkte Erfüllung hinaus vertraglich verpflichtet, alles zu unterlassen, was den neuen Gläubiger beeinträchtigt. Er darf daher insbesondere nicht die Leistung des Schuldners der abgetretenen Forderung entgegennehmen und ist zur Herausgabe des dennoch Erlangten verpflichtet (RG **111** 302). Bei dem Verkauf einer pfandgesicherten Forderung ist die Übertragung des Besitzes an der Pfandsache Nebenverpflichtung, weil der Besitz zur Ausübung des Sicherungsrechtes erforderlich ist. Beim Verkauf von Wertpapieren, die vor der Übergabe bei irgendeiner Stelle anzumelden sind oder einem befristeten Umtausch unterliegen, trifft den Verkäufer auch die Pflicht, diese Maßnahmen zu ergreifen (BGH Urt. vom 21. 4. 55 — II ZR 66/53). 54

IV. Verpflichtungen des Käufers

1. Zahlung des Kaufpreises

a) Allgemeines. Zur Geldzahlung vgl. die §§ 244, 245, 267, 268, 270, 362, 387, 1142, 1249; § 361 HGB. Über die Rechtsnatur der Zahlung s. § 362. Dort auch zur Frage, wann Erfüllung durch Zahlung eintritt. 55

Grundsätzlich ist Zug um Zug gegen Erfüllung der dem Verkäufer obliegenden Leistung zu zahlen (Barkauf). In RG **68** 305 ist angenommen worden, die Beweislast dafür, daß der Kaufpreis nicht gestundet worden ist, treffe den Verkäufer. Das ist abzulehnen. Der Käufer, der sich auf einen Ausnahmetatbestand beruft, muß ihn beweisen (ebenso *Soergel/Ballerstedt* § 433 Rdn. 75; *Rosenberg* AcP **94** 102).

b) Zahlungsweise im einzelnen 56

aa) Bei **Barzahlung** ist Geld zu leisten. Der Barzahlung gleich steht im Falle vereinbarter oder dem Käufer freigestellter **Überweisung** auf ein vom Verkäufer bezeichnetes Bank-, Postscheck- oder Girokonto des Verkäufers die Gutschrift auf dem Konto des Verkäufers. Die Gutschrift hat auch dann Zahlungswirkung, wenn der Kontoinhaber noch nichts von der Gutschrift weiß oder nichts von ihr erfährt (OGH **4** 49; **4** 193). Wer sich mit Zahlung oder Überweisung auf sein Konto einverstanden erklärt, muß die Gutschrift als Zahlung gegen sich gelten lassen. Das Einverständnis kann allgemein auf Geschäftsmitteilung, Briefbogen, Rechnungen und in ähnlicher Weise erklärt werden. Streitig ist, ob das Einverständnis auch bereits in der Errichtung eines Girokontos liegt. Im Urteil BGH LM BGB § 364 Nr. 1 hat der BGH angenommen, in der bloßen Eröffnung des Kontos könne eine allgemeine vorherige Genehmigung von Überweisungen nicht gesehen werden. Diese Auffassung hat Widerspruch gefunden. Sie wird der modernen Entwicklung des bargeldlosen Verkehrs nicht gerecht. Wer ein Girokonto einrichtet, erklärt damit, daß er am Giroverkehr teilnehmen will. Er erklärt sich bereit, Gutschriften auf diesem Konto als Zahlungen anzuerkennen (so mit Recht *Caemmerer* JZ **53** 446).

57 **bb)** Ist **Zahlung mit Wechseln** vereinbart, so kann das bedeuten, daß der Käufer ein Akzept geben soll oder daß Kundenwechsel zu geben sind. Letztenfalls müssen diese so gut sein, daß sie der Verkäufer bei einer Bank ohne weiteres diskontieren kann. Die Hingabe eines Wechsels zur Bezahlung einer Kaufschuld bedeutet regelmäßig Leistung zahlungshalber, nicht an Zahlungs Statt. Die Kaufpreisschuld bleibt daher bestehen; bis zum Verfall des Wechsels darf aber auf sie nicht zurückgegriffen werden, da die Entgegennahme des Wechsels eine Stundung bis zu dessen Fälligkeit enthält (RG **153** 179). Der Verkäufer hat zunächst zu versuchen, sich aus dem Wechsel zu befriedigen (RG aaO). Läßt der Verkäufer das Papier diskontieren, so erlischt die Kaufpreisschuld nicht, solange der Verkäufer wechselmäßig in Anspruch genommen werden kann (RG **136** 137; **140** 159). Wird der Wechsel eingelöst, so ist der Kaufpreis nicht bloß in Höhe der Diskontsumme, sondern zum Nennbetrag des Wechsels beglichen; der in der Wechselhingabe zu sehende Zahlungsversuch nimmt infolge der Einlösung des Papiers das Wesen einer endgültigen Zahlung an (RG **158** 317). Der Käufer, der für die Kaufpreisschuld Wechsel gibt, muß nach kaufmännischer Sitte im Zweifel die Diskontspesen tragen (BGH WM **70** 960). Zahlung mittels ungedeckten *Schecks* ist positive Vertragsverletzung. Eine besondere Form ist das Wechselremboursgeschäft, namentlich bei überseeischen Geschäften. Es vollzieht sich so, daß der Importeur den Exporteur anweist, Wechsel in Höhe des Kaufpreises auf die Bank des Importeurs, die Remboursstelle zu ziehen (Wechselrembours zu nehmen), und dieser Tratte dann die Verschiffungspapiere (Konnossement, Seeversicherung usw.) beizufügen („dokumentierte Tratte"). Die Auslandsbank des Exporteurs schickt die Tratte mit den Dokumenten meist in zwei Ausfertigungen an die Remboursstelle zum Akzept, belastet den Importeur und übergibt ihm die Dokumente. Weder die Bank des Exporteurs noch des Importeurs treten aber in den Kaufvertrag ein (vgl. hierzu RGZ **92** 225; BGH LM BGB § 675 Nr. 25). Zur Wechseldiskontierung vgl. im übrigen vor § 433 Rdn. 16.

58 cc) Die Vereinbarung, den **Kaufpreis** zu **verrechnen,** muß bestimmt erkennen lassen, wie und worauf der Kaufpreis verrechnet werden soll. Verrechnung bedeutet im allgemeinen, daß der Kaufpreis nur Bemessungsgröße ist, der Käufer aber in Höhe des zu verrechnenden Betrages eine andere Leistung als Geldzahlung zu erbringen hat. Der häufigste Fall ist die Übernahme einer Belastung in Anrechnung auf den Kaufpreis (s. oben Rdn. 20). Es bleibt bei der Barzahlung, wenn keine zur Gegenrechnung geeignete Leistung entsteht. Möglicherweise können auch zwei Kaufverträge mit der Abrede gegenseitiger Aufrechnung vorliegen.

59 **dd) Aufrechnung.** Grundsätzlich kann die Kaufpreisschuld auch durch Aufrechnung getilgt werden. In Kaufverträgen wird jedoch zuweilen die Aufrechnung ausgeschlossen. Das Verbot gilt aber nach Treu und Glauben nicht für Gegenansprüche, die

aus dem betrügerischen Verhalten des Verkäufers bei Vertragsschluß erwachsen sind. Wegen des Aufrechnungsausschlusses durch Zahlungsklauseln und Akkreditivklauseln s. unten Rdn. 61 u. 62. Auch ein *Zurückbehaltungsrecht* kann vertraglich ausgeschlossen werden. Auf eine solche Abrede kann sich bei einem Teillieferungsvertrag der Verkäufer nicht berufen, wenn er seinerseits sich grundlos vom Vertrage lossagt und erklärt, daß er die ihm obliegenden späteren Teilleistungen nicht bewirken werde, und der Käufer deshalb mit der Bezahlung früherer Teillieferungen zurückhält (BGH Betrieb **72** 868).

ee) Zeit der Zahlung. Sie bestimmt sich mangels besonderer Vereinbarung nach **60**
§ 271. Grundsätzlich ist Zug um Zug gegen Erfüllung der dem Verkäufer obliegenden Leistungen zu zahlen. Bei Leistung Zug um Zug muß nach Treu und Glauben dem Käufer ermöglicht werden, die Kaufsache vor Abnahme und Bezahlung so zu besichtigen, daß er sich über ihre Beschaffenheit genügend vergewissern kann (RG **118** 290). Insofern besteht für den Verkäufer eine Vorleistungspflicht. Auch beim Versendungskauf braucht der Käufer den Preis erst nach Empfang und Prüfung der Ware zu zahlen. Daher ist der Verkäufer nicht berechtigt, ohne weiteres die Ware unter Nachnahme zu versenden. Denn dadurch wird der Kauf zum Vorauszahlungskauf. Die Vereinbarung einer Nachnahme berührt im übrigen die gesetzlichen Regeln über die Tragung der Gefahr und Kosten nicht, sie sollen nur den Verkäufer sichern. Anderes kann vereinbart sein. Zur Vorleistung verpflichtet wird der Käufer auch bei Vereinbarungen wie „Kasse gegen Faktura", „Kasse bei Faktura", „Kasse gegen Dokumente" sowie durch die Akkreditivklausel. In diesen Fällen muß der Käufer zahlen, ehe er die Ware prüfen kann (s. unten Rdn. 61 u. 62).

ff) Zahlungsklauseln. Vereinbarung eines **Skontos.** Zum Begriff und Wesen des **61**
Barzahlungsskontos s. *Mühlhaupt,* Betrieb **63** 921. Man unterscheidet Zahlungsskonto und Warenskonto. Das Zahlungsskonto kann eine Prämie für vorzeitige oder für pünktliche Leistung bedeuten. Beim Warenskonto erfolgt ein Abzug ohne Rücksicht auf die Zahlungszeit. „Kasse 2 %" bedeutet, daß der Käufer nur bei sofortiger Zahlung den Skonto abziehen darf. Wird nicht pünktlich gezahlt, fällt der Zahlungsskonto weg. „Netto Kasse", „rein netto" schließt einen sonst etwa verkehrsüblichen Abzug ausdrücklich aus. Den Zahlungsskonto muß der Käufer beweisen; der Warenskonto bedeutet nur eine Preisbestimmung, die Höhe des Preises und damit den Warenskonto muß der Verkäufer beweisen. Im übrigen kommt die sog. **Kassaklausel** in verschiedener Ausgestaltung vor, so auch als „Kassa gegen Faktura", „Kassa gegen Dokumente". Kassaklauseln bestimmen einmal sofortige Fälligkeit. Sie sind weiter grundsätzlich dahin auszulegen, daß der Käufer den fälligen Kaufpreis nur durch Barzahlung oder gleichstehende Zahlungsformen zu entrichten hat. Das bedeutet den *Ausschluß der Aufrechnung und eines Zurückbehaltungsrechtes* (*RG* **132** 305; BGH **14** 61; **23** 131; BGH LM HGB § 346 (Ef) Nr. 7). Dasselbe ist bei einer Klausel der Fall, der Kaufpreis sei mittels Bankakkreditiv zu begleichen (OLG Düsseldorf Betrieb **72** 1018). Der Aufrechnungsausschluß bei der Dokumentenklausel gilt in der Regel auch dann, wenn die Ware ohne Verladepapiere ausgeliefert wird und mit der Rechnung lediglich Gewichtsbescheinigungen vorzulegen sind (BGH **23** 131). Darüber hinaus werten Rechtsprechung und Schrifttum die Klausel als Vereinbarung einer Vorleistungspflicht des Käufers mit der Zahlung des Kaufpreises, die zur Folge hat, daß der Käufer grundsätzlich die Zahlung des Kaufpreises nicht von einer vorherigen Untersuchung der Ware abhängig machen darf, sondern verpflichtet ist, den Kaufpreis ohne Rücksicht auf die Beschaffenheit der Ware im voraus zu bezahlen und bei Dokumentenkauf die Dokumente aufzunehmen. Diese Auslegung entspricht insbesondere dem Bedürfnis des Überseehandels, weil der ausländische Verkäufer einerseits über die Ware keine Kontrolle mehr hat, andererseits

in der Regel Bankkredite nur erhält, wenn er in der Gestalt von Dokumenten Sicherheiten stellt, die die unbedingte Zahlungspflicht des Käufers garantieren (BGH **14** 61; **41** 215; a. A. RG **106** 294). Nur ganz besondere Umstände können das Zahlungsverlangen des Verkäufers als arglistig erscheinen lassen, so etwa, wenn im Falle früherer mangelhafter Teilleistung der dringende Verdacht begründet ist, daß die vom Verkäufer versuchte Erfüllung vertragswidrig ist (so bei der Klausel „Kassa gegen Dokumente bei Ankunft des Dampfers" BGH **41** 215; BGH WM **67** 1215; bei Akkreditivstellung BGH LM HGB § 346 (Ed) Nr. 5). Zu der Frage, ob der Käufer einwenden kann, die Ware sei nicht kontraktgemäß, s. auch *Liesecke* WM **66** 174, 181. Dokumente im Sinne der Dokumentenklausel sind die Dispositions- und Traditionspapiere nach §§ 424, 450, 647 HGB; auch Duplikatfrachtbriefe, in ihnen ist eine Abtretung des Herausgabeanspruchs nach § 931 BGB zu erblicken. Ebenso sind Versicherungspapiere, Ursprungszeugnisse, Ein- und Ausfuhrgenehmigungen, Affidavits Dokumente.

Der in der vereinbarten Gestellung eines unwiderruflichen Dokumenten-Akkreditivs liegende stillschweigende Aufrechnungsausschluß bleibt bei Verfall des Akkreditivs grundsätzlich dann wirksam, wenn die Gründe hierfür zumindest überwiegend in den Verantwortungsbereich des Käufers fallen (BGH **60** 262).

62 gg) **Akkreditivklausel.** Zum Akkreditivgeschäft allgemein s. vor § 433 Rdn. 46. Die Zusage des Käufers, ein Akkreditiv zu stellen, begründet eine Hauptverpflichtung und hat grundsätzlich das Wesen einen Fixgeschäfts. Wird das Akkreditiv nicht gestellt, so ist der Verkäufer — in der Regel ohne Mahnung — zum Rücktritt berechtigt (RG **102** 155; BGH WM **58** 456). Hat der Verkäufer noch nach dem Ablauf der Frist zur Stellung des Akkreditivs auf Eröffnung bestanden, so wandelt sich das Fixgeschäft in einen gewöhnlichen Handelskauf um (BGH LM HGB § 384 Nr. 2). Über die Akkreditivklausel im Kaufvertrage s. im übrigen *Liesecke* WM **66** 458, 460; *Eisemann*, Recht und Praxis des Dokumentenakkreditivs 1962; über Dokumentenakkreditiv im modernen Außenhandel *Axmann* Betrieb **73** Beilage 8.

63 c) Ein **gesetzliches Pfandrecht** zur Sicherung der Kaufpreisforderung besteht nach dem Ges. zur Sicherung der Düngemittelversorgung vom 19. 1. 49 (WiGBl 49, 8, verlängert durch Ges. vom 30. 7. 51 BGBl I 476) an landwirtschaftlichen Früchten. Hierzu im einzelnen BGH **29** 280 und zum Zusammentreffen mit dem Pfandrecht eines Pachtkreditinstituts BGH **41** 6.

64 d) Die **Verjährungsfrist** für eine Kaufpreisforderung der Kaufleute beträgt 2 und bei Leistungen für den Gewerbebetrieb des Käufers 4 Jahre (§ 196 Abs. 1 Nr. 1, Abs. 2). Verpflichten sich Eheleute als Käufer gesamtschuldnerisch, so wirkt die von einem durch Abschlagzahlung herbeigeführte Unterbrechung der Verjährung auch gegenüber dem anderen Ehegatten. Daran ändert spätere Scheidung der Ehe nichts (OLG Köln NJW **72** 1899). Wegen Verjährung von Ansprüchen aus einem Kaufvorvertrag s. vor § 433 Rdn. 85.

2. Abnahme der Kaufsache

a) Bei beweglichen Sachen

65 **aa) Das Wesen der Abnahme** besteht bei beweglichen Sachen in der tatsächlichen körperlichen Wegnahme, die für den Käufer die Verfügungsgewalt begründet, dem Verkäufer aber Besitz und Verfügung abnimmt und ihn dadurch — das ist gerade der Zweck der Verpflichtung — von den Pflichten dieses Besitzes entlastet. Bei Traditionspapieren besteht die Abnahme in deren Entgegennahme. Durch § 433 Abs. 2 wird ein klagbarer Anspruch des Verkäufers auf Abnahme begründet. Da Abnahmepflicht und Zahlungspflicht selbständige Pflichten aus dem Kaufvertrag sind, muß der Klageantrag

gegebenenfalls auf Zahlung und auf Abnahme lauten, nicht auf Abnahme gegen Zahlung. Die Abnahme ist in der Regel Nebenpflicht. Sie kann aber zur Hauptpflicht werden, wenn auf die Abnahme dasselbe Gewicht gelegt wird wie auf Bezahlung des Kaufpreises und sie zu einer wesentlichen Vertragsverpflichtung gemacht worden ist, z. B. wenn der Verkäufer an der Wegschaffung ein besonderes Interesse hat (RG **92** 268; BGH LM BGB § 631 Nr. 21). Bei Exportgeschäften ist die Abnahme im allgemeinen eine sofort und unbedingt zu erbringende Leistung, weil die Lagerung im Auslandshafen hohe Kosten verursacht (BGH Urt. vom 13. 5. 64 — VIII ZR 163/62). Ist die Abnahme bloße Nebenverpflichtung, stehen dem Verkäufer zwar Rechte aus § 326 nicht zu, wohl aber Schadensersatzansprüche aus §§ 283, 286 (BGH LM BGB § 631 Nr. 21; RG **92** 268). Wird durch das Verhalten des Käufers die Abnahme unmöglich gemacht, so kann der Verkäufer vom Vertrage zurücktreten (RG Gruchot **24** 297). Beim Gattungskauf hat der Verkäufer auch im Falle des Abnahmeverzuges sein durch Zufall verursachtes Unvermögen zur Leistung zu vertreten, wenn nicht die Voraussetzungen für den Gefahrübergang auf den Käufer nach § 300 Abs. 2 gegeben sind. Die Vorschrift des § 300 Abs. 2 schützt den Verkäufer hinreichend; § 287 ist daneben gegenstandslos (RG **57** 402). Die Abnahmepflicht kann vertraglich für bestimmte Umstände ausgeschlossen werden. Eine solche Vereinbarung lag dem Urteil RG **125** 236 zugrunde, wo die Abnahmepflicht einer Raffinerie bei gänzlicher Zerstörung ihrer Fabrik als aufgehoben angesehen wurde.

bb) Bei nicht vertragsmäßigem Angebot. Eine Verpflichtung zur Abnahme be- **66**
steht nur dann, wenn die Sache zur körperlichen Wegnahme bereitsteht, vertragsgemäß angeboten wird und der Verkäufer imstande ist, die Sache so zu übergeben, daß sie die vertragsmäßigen Eigenschaften hat. Bei geringfügigen Mängeln, die der Käufer in seinem Betrieb ohne weiteres nachbessern kann, hat der Käufer die Ware abzunehmen und unter angemessener Minderung des Kaufpreises zu bezahlen. Nach Treu und Glauben kann ihm ausnahmsweise zugemutet werden, geringfügige, ohne wesentlichen Aufwand behebbare Mängel selbst zu beseitigen (BGH BB 57 92). Wenn teils bestellte, teils unbestellte Waren geliefert werden und die Ausscheidung zeitraubend ist, kann die ganze Sendung zurückgewiesen werden.

cc) Abnahme und Annahme. Zutreffender als „abnehmen" wäre der Ausdruck **67**
„an sich nehmen", weil der Kaufmann unter „Abnahme" die sämtlichen Erfüllungshandlungen des Käufers versteht. Die Pflicht zur bloßen tatsächlichen Abnahme ist zu unterscheiden von der Annahme der Leistung als Erfüllung i. S. von § 363. Die Abnahme erfolgt häufig, ohne überhaupt die Ware prüfen zu können, wie z. B. bei Postpaketen. Beim Versendungskauf von Gattungssachen erfolgt die Abnahme der Ware im Zweifel nur mit dem Willen, der Abnahmepflicht zu genügen, und um die Untersuchung der Ware zu ermöglichen (RG **108** 28). Die Annahme als Erfüllung führt nach § 363 zur Umkehr der Beweislast, wenn der Gläubiger die Leistung nicht als Erfüllung gelten lassen will; nach § 464 stehen dem Käufer Gewährleistungsansprüche nicht zu, wenn er die Kaufsache trotz Kenntnis des Mangels vorbehaltlos angenommen hat. In der bloßen Abnahme liegt dagegen keine irgendwie geartete Billigung der Ware (BGH Betrieb **66** 415; Urt. vom 5. 7. 72 — VIII ZR 82/71).

dd) Abnahme und Abruf. Verschieden von der Abnahme ist der Abruf. Mangels **68**
besonderer Vereinbarung muß sofort unter Berücksichtigung des gewöhnlichen Geschäftsgangs abgenommen werden, wobei persönliche Behinderungen oder Raummangel nicht entschuldigen. Zuweilen wird aber die Abnahmeverpflichtung bis zum Abruf, d. h. bis zu dem Zeitpunkt hinausgeschoben, zu dem der Käufer die Ablieferung vom Verkäufer soll verlangen dürfen. Damit wird notwendig mittelbar auch die Pflicht zur

Übergabe befristet. Der Abruf ist kein Teil der Abnahmepflicht, sondern eine neben ihr stehende selbständige Verpflichtung. Der Abruf beruht auf einer vertraglichen Nebenverpflichtung, ist regelmäßig keine Hauptleistung, kann es aber sein (BGH LM BGB § 631 Nr. 21). Die Pflicht zum Abruf hat der Käufer. Die Zeit für den Abruf kann fest bestimmt oder nach Treu und Glauben bemessen sein. Ist der Abruf der gekauften Sache aber ins Belieben des Käufers gestellt, so muß der Abruf in angemessener Zeit erfolgen (RG **94** 47; BGH WM **73** 694). Einen Abruf zu unangemessener Zeit und vor allem nach Ablauf einer langen Zeit braucht der Verkäufer als gegen Treu und Glauben verstoßend nicht gegen sich gelten zu lassen. Das Abrufen bedeutet sonach die Beseitigung der Hemmung, die bis dahin der Abnahme und der Übergabe entgegenstand. Durch Unterlassen dieser Beseitigung wird an sich die Pflicht des Verkäufers zur Übergabe und die des Käufers zur Abnahme nicht berührt; sie bleibt in Kraft, auch wenn der Käufer dadurch, daß er nicht abruft, in Verzug kommt. Der Verkäufer kann jedoch bei übermäßiger Verzögerung u. U. zum Rücktritt berechtigt sein. Bei ungenutztem Ablauf der Abruffrist wird auch die Lieferung nicht sofort fällig; es kann dann aber auf Ausübung des Abrufs vom Verkäufer geklagt werden (RG WarnRspr. **16** Nr. 190; Recht **18** Nr. 477). Es treten auch die Verzugsfolgen nach § 326 ein, wenn die Pflicht zum Abruf wesentlicher Bestandteil des Kaufvertrages war (RG SeuffArch **63** Nr. 6).

Eine besondere Art des Abrufs findet sich beim *Spezifikationskauf* (§ 375 HGB), bei einer *Wahlschuld* (§ 264 BGB). Auch wenn sich der Käufer bei der Auftragserteilung vorbehält, nähere Bestimmungen über Größe, Stärke, Farbe usw. der Ware zu treffen, liegt ein fest abgeschlossener Kauf vor. Der Käufer muß die Bestimmung nach § 375 Abs. 1 HGB vornehmen, im Zweifel nach freiem Ermessen. § 315 ist darum unanwendbar. Eine Frist ist nicht vorgeschrieben, der Zeitpunkt der Vornahme des Abrufs wird durch die Umstände bestimmt. Ist der Käufer mit der Vornahme zur Bestimmung im Verzuge, dann hat der Verkäufer das Recht der Selbstspezifikation oder die Rechte aus Schuldnerverzug. Eine Klage auf Vornahme der Spezifikation durch den Käufer hat er nicht. S. auch vor § 433 Rdn. 40.

69 **b)** Ein **Grundstücks**käufer muß, um seiner Abnahmepflicht zu genügen, das Eigentum erwerben und hat, solange der Erwerb aussteht, den Kaufvertrag nicht vollständig erfüllt. Es genügt nicht, daß er sich das Grundstück vom Verkäufer übergeben läßt. Erforderlich ist vielmehr seine Mitwirkung bei der Übereignung, insbesondere also die Entgegennahme der Auflassung und die Mitwirkung bei der Umschreibung (BGH **58** 246). Das ergibt sich daraus, daß nach § 446 Abs. 2 der Gefahrübergang mit der Eintragung erfolgt und bei Annahmeverzug des Grundstückskäufers ein Selbsthilfeverkauf ausgeschlossen ist.

3. Sonstige Verpflichtungen

a) Nebenverpflichtungen

70 **aa) Im BGB geregelt** sind: Die Verzinsung des Kaufpreises vom Zeitpunkt des Übergangs der Nutzungen (§ 452). — Die Zinsen sind gesetzliche, keine Verzugszinsen, Mahnung ist nicht erforderlich. — Die Pflichten des Käufers zum Ersatz von Verwendungen, die der Verkäufer auf die Sache macht (§ 450). Tragung der Lasten der Sache von ihrer Übergabe an (§ 446). — Die Lasten sind öffentliche oder privatrechtliche, die auf der Sache selbst ruhen, nicht auch z. B. Versicherungsprämien. Vgl. hierzu § 103 und § 446 Rdn. 12 und wegen der Nutzungen § 101. — Tragung der Kosten der Abnahme und der Versendung an einen anderen Ort als den Erfüllungsort (§ 448) sowie der Kosten des Eigentumsübergangs (§ 449).

Nach Handelsrecht: Die Pflicht zur Aufbewahrung der übersandten, aber bemängelten Ware. Diese Pflicht ist für den Handelskauf in § 379 HGB noch besonders hervorgehoben, muß aber bei jedem Kauf angenommen werden. Die Aufbewahrungspflicht ist aber nur eine einstweilige. Eine Pflicht, die Ware zurückzusenden, hat der Käufer nicht (RG **50** 173). Nach Handelsbrauch kann Abweichendes gelten. Wegen der Verpflichtung des Käufers, dem Verkäufer die Überprüfung der beanstandeten Ware zu ermöglichen, s. unten Rdn. 72 und § 459 Rdn. 30. Der Käufer braucht die Ware nicht selbst aufzubewahren, sondern kann sie bei verläßlicher Stelle einlagern. Auch bei Selbstaufbewahrung kann er nach § 354 HGB ein Lagergeld verlangen. Dann muß er aber für jedes Verschulden haften. Bei Lagerung bei einem Dritten besteht keine Haftung nach § 278, sondern nur Haftung für Verschulden bei der Auswahl (RG **98** 70). Für den Käufer von Handelsware, die dem Verderb ausgesetzt ist, besteht nach § 379 Abs. 2 HGB zwar das Recht, aber nicht die Pflicht zum Notverkauf. Der Notverkauf darf nur unter Beobachtung des § 373 HGB vorgenommen werden (s. vor § 433 Rdn. 43). Bei Zusendung unbestellter Ware ist der Empfänger nicht zur Abnahme und einstweiligen Aufbewahrung verpflichtet. In Ausnahmefällen, z. B. wenn sich der Zusendende der Ware nicht annehmen kann oder ersichtlich von einer in Wirklichkeit nicht erteilten Bestellung ausgegangen ist oder bei bestehender Geschäftsverbindung, kann jedoch Treu und Glauben ein ähnliches Verhalten fordern wie bei Zusendung bestellter Ware, deren Annahme abgelehnt wird.

bb) Auf Grund von Vorverhandlungen kann der Käufer haften, wenn er als Im- **71**
porteur seinen inländischen Vertragspartner nicht darüber aufklärt, daß infolge einer kurz vor Vertragsschluß erfolgten Gesetzesänderung, die dem Ausländer ersichtlich unbekannt geblieben ist, der Vertrag sich als nichtig erweist, während der Vertragsgegner auf die Gültigkeit des Vertrages vertraut (BGH WM **55** 1125). Das vertragsähnliche Vertrauensverhältnis verpflichtet die Beteiligten, solche Tatsachen zu *offenbaren*, die für die Entschließung des anderen Teiles erkennbar von Bedeutung sein können. Zu solchen Tatsachen ist auch die Wahrscheinlichkeit zu rechnen, daß der Erfüllung des in Aussicht genommenen Vertrages Hindernisse entgegenstehen. So ist auch der Käufer, der erkannt hat, die Entschließung des Verkäufers zum Vertragsschluß könnte beeinträchtigt werden, wenn ihm gewichtige Bedenken gegen sein Eigentum an den von ihm zu veräußernden Gegenständen mitgeteilt würden, in der Regel verpflichtet, schon bei Vertragsverhandlungen seinem Vertragsgegner solche Bedenken mitzuteilen (RG **120** 249; **132** 305; BGH LM BGB § 439 Nr. 3). Ebenso wenn ein inländischer Käufer einer Einfuhrware in dem ausländischen Verkäufer schuldhaft die Vorstellung erweckt hat, daß die deutschen devisenrechtlichen Voraussetzungen für den Abschluß des Kaufvertrages herbeigeführt seien, während das in Wahrheit nicht der Fall war; in diesem Falle hat der Käufer dem Verkäufer den Vertrauensschaden zu ersetzen (BGH WM **56** 493).

cc) Aus vertraglicher Treuepflicht. Schon vor der Annahme der Ware hat der **72**
Käufer die Pflicht, äußerlich erkennbare Mängel der übersandten Ware durch amtlich bestellte Sachverständige feststellen zu lassen, um dem Verkäufer die Ansprüche an den Frachtführer notfalls zu wahren (§ 438 Abs. 1 HGB). Der Käufer darf die Ware nicht einfach ihrem Schicksal überlassen. Den Käufer, der Mängel geltend macht, trifft als Nebenpflicht aus dem Kaufvertrage die Verpflichtung, dem Verkäufer die Überprüfung der beanstandeten Ware zu ermöglichen. Dazu gehört u. U. auch die Überlassung an den Verkäufer, wenn das dem Käufer zumutbar ist und es schutzwürdigen Belangen des Verkäufers entspricht (BGH LM BGB § 138 (Bc) Nr. 11). Aus vertraglicher Treuepflicht liegt dem Käufer im Zweifel die Beschaffung einer Einfuhrerlaubnis und eines Freigabescheines für die Kaufsache ob. Solche Verpflichtungen können allerdings auch einen Teil der Abnahmepflicht bilden.

73 dd) Wie auf der Verkäuferseite können auch für den Käufer Nebenverpflichtungen **durch Vereinbarung** begründet werden **oder nach Treu und Glauben** aus dem Inhalt des Kaufvertrages folgen. Zu den erstgenannten gehören etwa beim Kauf eines Kraftfahrzeugs die Verpflichtung des Käufers, später ein weiteres abzunehmen (BGH LM BGB § 276 (H) Nr. 3), oder die Verpflichtung des Käufers, auf dem gekauften Grundstück befindliche Gebäude zu beseitigen und neue zu errichten (BGH WM 70 1095). Wegen Ausschließlichkeitsbindungen des Käufers bei Dauerverträgen s. vor § 433 Rdn. 34. Bei Verkäufen von Geschäftsunternehmungen findet sich häufig eine Wettbewerbsklausel. Sie kann auch stillschweigend aus der Natur der Sache als vereinbart gelten (s. auch oben Rdn. 13). Bei Grundstückskaufverträgen kommt die Verpflichtung des Käufers zu bestimmter Bebauungsweise vor. Zu Kaufverträgen, mit denen die Verpflichtung des Käufers zur Zuziehung bestimmter Architekten gekoppelt ist, s. vor § 433 Rdn. 110. Wegen Abreden über Rückgabe von Verpackung im Handelsverkehr s. unten Rdn. 95, 96.

74 ee) **Nach Vertragserfüllung** bestehen bei einfachen Güterumsatzverträgen wie den Kaufverträgen in der Regel keine Treuepflichten des Käufers mehr. Daher besteht grundsätzlich auch keine Pflicht des Käufers, bei späterer Weiterveräußerung eines gekauften Grundstücks die Interessen des Verkäufers wahrzunehmen (BGH WM **63** 137). Besondere Verhältnisse können es aber nach Treu und Glauben dem Käufer gebieten, alles zu unterlassen, was den Vertragszweck nachträglich gefährden oder vereiteln würde.

75 **b) Ersatzpflicht des Kunden beim Ladendiebstahl.** Angesichts der zunehmenden Diebstähle in Großkaufläden haben die Inhaber von Kaufhäusern und Selbstbedienungsläden häufig Hinweise angebracht, daß von ertappten Dieben eine „Gebühr" in Höhe eines bestimmten Betrages erhoben werde. Diese Gebühr soll die Unkosten der Diebstahlsabwehr und der Verfolgung, mitunter auch die vom Unternehmen an die Angestellten gezahlten „Fangprämien" abgelten. Rechtsgrundlage könnte einmal ein Vertragsstrafenversprechen sein, das durch stillschweigende Willenserklärung des Kunden zustande kommen kann, zum anderen ein pauschalierter Schadensersatzanspruch (vor § 433 Rdn. 121) aus Verschulden bei Vertragsschluß oder unerlaubter Handlung. Über die damit zusammenhängenden Rechtsfragen vgl. *Canaris* NJW **74** 521.

76 **V. Rechtsverhältnisse zu Dritten**

1. Dritter außerhalb eines Kaufvertrages können bei einer Vertriebskette einmal **Hersteller und Vorlieferant** sein. Zur Haftung des Herstellers gegenüber dem Letztkäufer und Verbraucher für Mängel des Erzeugnisses (sog. Produzentenhaftung) s. § 459 Rdn. 34. Der Vorlieferant, der mit dem Hersteller nicht übereinzustimmen braucht, ist grundsätzlich nicht Erfüllungsgehilfe des Verkäufers (BGH **48** 119; BGH LM BGB § 276 (Bb) Nr. 2 und 13; WM **71** 1121), insbesondere, was Haftung für Mängel der Kaufsache betrifft (s. oben Rdn. 49). Er ist aber Erfüllungsgehilfe, wo er auf Anweisung des Verkäufers Handlungen vornimmt, die diesem gegenüber dem Käufer obliegen, so, wenn der Vorverkäufer die Kaufsache unmittelbar an den Käufer liefert.

77 2. Zum anderen kann Dritter derjenige sein, der vom Käufer die Kaufsache erworben hat und daher zum Erstverkäufer nicht in Vertragsbeziehung steht. Den seinem Abnehmer entstandenen Schaden kann der Käufer grundsätzlich nicht zum Gegenstand eines eigenen Ersatzanspruches gegen seinen Verkäufer machen. Insbesondere sind die Grundsätze über die **Drittschadensliquidation** nicht anwendbar (BGH **40** 91; LM BGB § 447 Nr. 7; BGH WarnRspr. **73** Nr. 30). Auch eine Einbeziehung Dritter in den

Schutzbereich eines Vertrages, wie es die Rechtsprechung für Fälle entwickelt hat, in denen das Ergehen des Dritten den Gläubiger selbst berührt, ist für den Kaufvertrag in der Regel abzulehnen. Bei Umsatzgeschäften steht der Verkäufer zum Käufer nicht in einem Verhältnis, aus dem er ihm zu Schutz und Fürsorge verpflichtet ist (BGH Betrieb **68** 260; BGH LM BGB § 447 Nr. 7).

VI. Beweislast. Wenn der Verkäufer aus einem Kaufvertrage Rechte herleitet, **78**
so muß er beweisen, daß die von ihm angebotene Leistung vertragsgemäß war. Erhebt der Käufer gegenüber der Kaufpreisklage die Einrede des nicht erfüllten Vertrages, so hat der Verkäufer die Erfüllung zu beweisen. Die Zahlung muß grundsätzlich der Käufer beweisen, ebenso eine Stundung. Doch spricht beim Handkauf die Vermutung dafür, daß der Käufer sofort bezahlt hat.

VII. Ort der Erfüllung **79**

Es gelten die allgemeinen Vorschriften des § 269 BGB und 361 HGB, sofern nicht aus besonderen Abreden, der Art der Leistung oder nach Treu und Glauben etwas anderes zu entnehmen ist. Danach ist Erfüllungsort für den Verkäufer sein Wohnsitz oder seine gewerbliche Niederlassung, für den Käufer dessen Wohnsitz oder gewerbliche Niederlassung zur Zeit des Abschlusses des Kaufvertrages. Das gilt für den Platzkauf wie für den Versendungskauf. Auch beim Versendungskauf erfüllt der Verkäufer am Ort seiner Niederlassung (RG **106** 212). Es kann auch der Bestimmungsort zum Erfüllungsort erhoben werden (*Fernkauf*). Da die Ablieferung und infolgedessen auch die Abnahme an dem Bestimmungsort zu erfolgen hat, ist für die Abnahmeverpflichtung des Käufers sein Wohnsitz der Erfüllungsort. Der Umstand, daß die Ware an einen anderen als den Wohnort des Käufers zu schicken ist, macht den Ort der Ablieferung noch nicht zum Ort der Zahlung für den Kaufpreis. Auch eine Vertragsbestimmung, daß der Kaufpreis durch Akzept einer an einem anderen Ort wohnenden Person zu decken sei, ändert nichts am Erfüllungsort. Bei der Klausel „Kasse gegen Dokumente" ist Zahlungsort der Sitz der Niederlassung des Käufers (BGH WarnRspr. **73** 56). Bei vereinbarter Akkreditivgestellung ist der Ort für die Akkreditivstellung auch Erfüllungsort für die Zahlungsverpflichtung (BGH WM **55** 1588). Beim Abladegeschäft gilt im Zweifel der Abladeort als Erfüllungsort für den Verkäufer (LM HGB § 376 Nr. 1). Von der Abladung an trägt der Käufer die Gefahr. Daher ist der Preis zu zahlen, auch wenn der Dampfer nicht ankommt. Es kann aber auch der Bestimmungshafen erst als Erfüllungsort vereinbart werden (RG **96** 230). Bei Unmöglichkeit oder Unzumutbarkeit, am vereinbarten Erfüllungsort zu erfüllen, tritt an die Stelle des vereinbarten Erfüllungsortes der angemessene (OGH **1** 363).

Nachträgliche Fakturenvermerke des Verkäufers über den Erfüllungsort sind in der Regel auch dann nicht maßgebend, wenn bei einer dauernden Geschäftsverbindung fortgesetzt derartige Rechnungen übersandt werden und ihr Empfänger immer neue Bestellungen ohne Widerspruch aufgibt. S. dazu und zur Frage, ob ausnahmsweise Schweigen als Zustimmung zu werten ist, vor § 433 Rdn. 82.

VIII. Handelskauf **80**

1. Begriff. Der Handelskauf ist ein Kauf, der wenigstens für einen der beiden Teile ein Handelsgeschäft, also ein Geschäft im Betriebe eines Kaufmanns, ist (§§ 343, 373 HGB). Über die besonders geregelten Arten der Handelskaufverträge (Bestimmungskauf, Fixhandelskauf, Selbsthilfeverkauf, Nothilfeverkauf) s. vor § 433 Rdn. 40, 41, 43 und über sonstige Kaufverträge des Handels s. vor § 433 Rdn. 45—49.

81 2. Für die Auslegung von Willenserklärungen beim Handelskauf sind nach § 346 HGB die im Handelsverkehr geltenden Gewohnheiten und Gebräuche (Handelsbräuche) zugrunde zu legen. **Handelsbrauch** ist die Verkehrssitte des Handels. Ein Handelsbrauch ist deshalb nicht auf die Auslegung von Willenserklärungen beschränkt. Er kann sich auch auf die Wirkungen beziehen, die Handlungen und Unterlassungen, ohne Willenserklärungen zu sein, haben können (BGH LM HGB § 346 (B) Nr. 4). Wer sich auf einen Handelsbrauch beruft, muß dessen Bestehen behaupten und beweisen (BGH LM HGB § 346 (F) Nr. 1). Besteht ein Handelsbrauch, so hat das zur Folge, daß er auch ohne besondere Bezugnahme Inhalt der Vereinbarung wird. Die Vertragspartei, zugunsten dessen er gilt, kann der Erklärung ihres Vertragsgegners die Bedeutung beimessen, die ihr nach dem Handelsbrauch zukommt. Es gilt also nicht das vom Vertragsgegner Gewollte; maßgebend ist die dem Handelsbrauch entsprechende typische Bedeutung der Erklärung. Ein Handelsbrauch hat vor nachgiebigem Recht den Vorrang, sofern nicht der Zweck des Gesetzes einen entgegenstehenden Handelsbrauch ausschließt. Wer sich dem Handelsbrauch nicht unterwerfen will, muß ihn ausdrücklich ausschließen. Die Erklärung auch nur einer Partei, sie wolle den Handelsbrauch nicht für den abzuschließenden Einzelvertrag gelten lassen, vermag deshalb ein Zustandekommen des Einzelvertrages mit dem sich aus dem Handelsbrauch ergebenden Inhalt zu verhindern (BGH aaO; LM HGB § 346 (Ef) Nr. 7).

Als „Gewohnheit" in Bank- und Handelskreisen kann es angesehen werden, mündliche Erklärungen von erheblicher Tragweite schriftlich zu bestätigen und nicht nur in internen Aktenvermerken niederzulegen (BGH WM **66** 511). Auf Handelsbrauch beruht auch die Auslegung, daß durch Schweigen auf ein kaufmännisches Bestätigungsschreiben ein Vertrag mit dem im Bestätigungsschreiben wiedergegebenen Inhalt zustande kommt (s. vor § 433 Rdn. 81).

Auch *lokaler Handelsbrauch* ist zu berücksichtigen. Dabei ist in erster Linie darauf abzustellen, ob die Handlung, deren Wirkung in Frage steht, in dem Geltungsbereich des lokalen Handelsbrauchs vorgenommen worden ist. Doch kann sich auch die Notwendigkeit ergeben, lokale Handelsbräuche auch auf Handlungen außerhalb des örtlichen Geltungsbereiches anzuwenden. Das kommt insbesondere in Frage, wenn der Vertrag an einem bestimmten Orte seinen Schwerpunkt hat, so daß es angemessen erscheint, das gesamte Vertragsverhältnis den lokalen Handelsbräuchen dieses Schwerpunktortes zu unterstellen. Das ist insbesondere für Geschäfte bejaht worden, die auf Messen oder Märkten geschlossen wurden (BGH Betrieb **73** 662 = BGH WarnRspr. **73** Nr. 56).

82 **3. Handelsklauseln**

a) Allgemeines. Der Handel verwendet häufig kurzgefaßte Klauseln. Daraus, daß die nationalen Klauseln in ihren Einzelheiten nicht ohne weiteres klar sind und in einzelnen Ländern verschiedene Bedeutung haben können, ergeben sich im internationalen Handel Unsicherheiten. Um diesen zu begegnen, sind in den von der Internationalen Handelskammer Paris aufgestellten International Commercial Terms (Incoterms) Auslegungsregeln aufgestellt. Sie erhalten zwar nur durch Bezugnahme im Kaufvertrage Wirksamkeit und stellen keine internationalen Handelsbräuche dar, können aber zur Auslegung herangezogen werden, wenn eine Bezugnahme fehlt. Die Incoterms (*Eisemann*, Die Incoterms in Handel und Verkehr 1963; ders. Die Incoterms im internationalen Warenkaufrecht 1967; *Axmann* Betrieb **73** Beilage 8, haben die Klauseln „Ab Werk, Frei Waggon, fas, fob, c & f, cif, frachtfrei ab Schiff, ab Kai" zum Gegenstand. Ihre besondere Bedeutung liegt bei der Abwicklung des Abladegeschäfts (s. zu diesem vor § 433 Rdn. 47 und folgende Rdn. 83—86).

b) Incoterms

83 aa) Der Abladeklausel wird häufig die **„Cif"-Klausel** beigefügt. Das Cif-Geschäft ist eine Variation des Abladegeschäfts, mit ihm aber keineswegs identisch (*Holländer*, Die Sorgfalt des Cif-Verkäufers, HansRZ **27** 361; *Haage*, Die Vertragsklauseln cif, fob, ab Kai unter Berücksichtigung der Trade-Terms). Die Cif-Klausel bedeutet, daß der Verkäufer die Kosten der Abladung, Fracht und Seeversicherung übernimmt (c = cost, Kosten; i = insurance, Seeversicherung; f = freight, Fracht). Sie erklärt sich daraus, daß der Verkäufer zur Versendung der Ware und der Käufer zur Tragung der Kosten der Versendung verpflichtet ist (§ 448), daß der Käufer diese Kosten nicht kennt, gleichwohl durch Konnossement über die Ware verfügen will und deshalb daran interessiert ist, daß der Verkäufer die Versendungskosten gegen einen höheren Warenkaufpreis übernimmt. Inhalt der Cif-Klausel ist also die Verpflichtung des Verkäufers, die Ware zum vereinbarten Preis auf seine Kosten zum vereinbarten Zeitpunkt oder innerhalb der vereinbarten Frist an Bord des Seeschiffes im Verschiffungshafen zu verladen, eine Versicherung gegen alle gewöhnlichen Schäden unter Berücksichtigung der besonderen Handelsbräuche und des vorgesehenen Schiffsweges abzuschließen und zu bezahlen (die Versicherung hat die Ware während der Überfahrt bis zu ihrer Niederlegung auf dem Kai des Bestimmungshafens zu decken oder bis zu ihrer dortigen Verbringung auf ein Schiff, dessen Befrachtung dem Käufer obliegt; die Versicherung muß bei zuverlässigen Versicherern oder Versicherungsgesellschaften vorgenommen werden und den Cif-Preis decken und dazu einen Betrag von 10%, wenn kein gegenteiliger Handelsbrauch besteht), den Vertrag für die Beförderung der Ware bis zum Bestimmungshafen zu den üblichen Bedingungen abzuschließen und die Fracht zu tragen. Der Käufer dagegen hat die Kosten für die Löschung, die Leichterung und die Verbringung an Land zu tragen, soweit diese Kosten nicht in der Fracht mit einbegriffen sind, wie dies beim Verkauf C. & F. landed der Fall ist. Die Franzosen gebrauchen statt Cif auch Caf (coût, assurance, fret).

Die Beifügung der Cif-Klausel zum Abladegeschäft läßt im allgemeinen erkennen, daß es bei der Regel sein Bewenden haben soll, wonach der *Abladehafen* für den Verkäufer der *Erfüllungsort* ist, er dort seiner Übergabepflicht genügt und der Käufer die Gefahr der Reise trägt (RG **87** 134; **90** 1; **96** 230). Auch die Klausel „Cif Bestimmungshafen" ändert daran nichts, daß der Abladeort Erfüllungsort bleibt, besagt nur, daß Kosten, Versicherung und Fracht bis zum Bestimmungshafen (z. B. bei Kaffee Hamburg) in den Preis der Ware inbegriffen sind (RG **87** 134; **90** 1). Abweichende Bestimmungen sind jedoch nicht ausgeschlossen.

Wird der Cif-Klausel die Klausel „Glückliche Ankunft des Dampfers vorbehalten" beigefügt, so hat der Zusatz keine Bedeutung; „Glückliche Ankunft des Dampfers vorbehalten" stellt eine Freizeichnungsklausel dar, durch die sich der Verkäufer gegen etwaige Ansprüche auf Ersatzbeschaffung für den Fall des Untergangs oder der Beschädigung der Ware schützen will; derartige Ansprüche kommen aber beim Cif-Abladegeschäft, wenn die Ware nach der Konkretisierung, die durch Absendung der Verladeanzeige oder Andienung der Dokumente eintritt, untergeht, ohnehin nicht in Frage (*Haage*, Das Abladegeschäft, 2. Aufl. S. 94). Daß die Klausel „Glückliche Ankunft des Dampfers vorbehalten" nicht bereits für die Zeit vor Konkretisierung der Ware gilt, ist anerkannt, RG JW **29** 919.

Beim *Kauf schwimmender Ware* cif Bestimmungsort ist nach dem Willen der Parteien der überseeische Abladeort als der Erfüllungsort anzusehen; kraft Handelsbrauch geht die Gefahr mit rückwirkender Kraft im Abladezeitpunkt über; der Käufer schwimmender Ware trägt wie beim reinen Cif-Geschäft das Transportrisiko; hierauf kann sich der Verkäufer jedoch nicht berufen, wenn er bei Vertragsschluß wußte oder wissen mußte, daß die reisende Ware bereits untergegangen oder beschädigt war.

Lieferungsgegenstand ist nur die abgeladene Ware, nur sie erfüllt den Vertrag; der Verkäufer ist nicht berechtigt, Abnahme noch nicht abgeladener Ware am Abladeplatz zu verlangen. Dagegen hat der Käufer das Recht, die Auslieferung der Ware schon am Abladeplatz zu verlangen. Der Verkäufer hat veränderten Anweisungen des Käufers nachzukommen und kann nur verlangen, schadlos gehalten zu werden (RG JW **17** 927). Die Abnahme und Untersuchung der Ware erfolgt nicht im Abladehafen, sondern an dem Ort, nach dem cif verkauft worden ist. Wußte der Verkäufer, daß die Ware vom Bestimmungshafen nach dem Binnenland gleich weitergeschafft werden sollte, und war er hiermit einverstanden, erfolgt Abnahme und Untersuchung erst am Ort des Binnenlandes.

84 **bb)** Bei der Klausel c & f, „Kostfracht" (Kosten und Fracht), hat der Käufer die Seeversicherung selbst zu tragen.

85 **cc)** Die Klausel **„fob"** = free on bord besagt, daß der Verkäufer die Ware an Bord des vom Käufer angegebenen Seeschiffes im vereinbarten Verschiffungshafen zur vereinbarten Zeit oder innerhalb der vereinbarten Frist entsprechend dem Hafengebrauch zu liefern und alle Kosten und Gefahren bis zu dem Zeitpunkt zu tragen hat, in dem die Ware im vereinbarten Verschiffungshafen die Reeling des Seeschiffes tatsächlich überschritten hat. Der Käufer dagegen hat ein Seeschiff zu chartern oder den notwendigen Schiffsraum zu beschaffen und alle Kosten und Gefahren von dem Zeitpunkt an zu tragen, in dem die Ware im vereinbarten Verschiffungshafen die Reeling des Seeschiffes tatsächlich überschritten hat (vgl. hierzu und weitergehend Incoterms 1936). Die fob-Klausel ist mehr als eine Spesenklausel. Der Verkäufer ist verpflichtet, die Ware an das Schiff zu bringen, auch unter Beförderung der Ware aus dem Binnenlande. Seine Verpflichtung ist nicht schon damit erfüllt, daß er die Ware einem Spediteur oder Frachtführer im Binnenland ausliefert, denn es liegt kein Fall des § 447 vor (RGZ **106** 212; **92** 130; **88** 74). Im Verhältnis des Abladers zum Schiffer bedeutet die Klausel, daß der Ablader die zu Wasser herangeschaffte Ware längs Schiffseite zu liefern, der Schiffer sie aber auf seine Kosten in sein Schiff zu laden hat (OLG **19** 354). Der Erfüllungsort ist an den fob-Ort verlegt (*Heuer* LZ **25** 26; *Ritter* ArchBR **37** 171; **38** 387; **40** 433; a. M. OLG Hamburg **3** 92). Beim fob-Verkauf von Öl hat der Käufer die Untersuchung der Ware grundsätzlich im Abladehafen und nicht erst im Bestimmungshafen vorzunehmen (BGH **60** 5). Ist die Ware „in verstärkter seemäßiger Verpackung" und fob zu liefern, so ist sie nicht schon am Verschiffungsort, sondern erst am Bestimmungsort in Übersee zu untersuchen (BGH BB **53** 186).

86 c) **Handelsklauseln beim Abladegeschäft.** Zum Abladegeschäft s. vor § 433 Rdn. 47 und *Liesecke* WM **66** 174. Wesentlich ist die Einhaltung des für die Abladung vorgesehenen Zeitpunkts. Geht die Verpflichtung dahin (*Lieferungsklausel*), daß der Verkäufer innerhalb einer bestimmten Lieferfrist oder bis zu einem bestimmten Liefertermin die Ware abzuladen und die Dokumente anzudienen hat, so gehört zur geschuldeten Leistung auch der Leistungserfolg. Ist dagegen nur mit Abladefrist verkauft *(Abladeklausel)*, so braucht der Verkäufer innerhalb dieser Frist nur abzuladen und die Ware dem Käufer nicht schon tatsächlich zu verschaffen (Schiedsgericht des Hamburger Warenvereins MDR **61** 421). In jedem Fall ist die Zeit der Verschiffung wesentlich. Daher bedarf es zur Ablehnung der Ware bei nicht rechtzeitiger Abladung keiner Nachfristsetzung (BGH LM HGB § 376 Nr. 1 u. 2). Eine Abladung außerhalb der bestimmten Zeit gilt nicht als Vertragserfüllung. Eine Garantie für rechtzeitiges Eintreffen der rechtzeitig abgeladenen Ware übernimmt aber der Verkäufer nicht. Bei Verträgen, bei denen der Zeitpunkt der Verladung nicht nur für die Rechtzeitigkeit der Lieferung, sondern auch für die Vertragsmäßigkeit der Ware (z. B. Getreide) wesentlich ist, muß regelmäßig zwischen Verladung und Ausstellung des Konnossements oder des Ladescheins unterschieden werden. Verladung kann auch Übernahme zur Beförderung sein (RG **104** 4). Liegt Unmöglichkeit der Lieferung am Ende der Abladezeit vor, wird dies als Unmöglichkeit der Abladung schlechthin angesehen (RG JW **17** 927).

Beim Abladegeschäft gilt im Zweifel der Abladeort als *Erfüllungsort* für den Verkäufer (BGH LM HGB § 376 Nr. 1). Von der Abladung an trägt der Käufer die Gefahr. Dagegen besagen die Klauseln *„Ex ship"*, *„ab Kai"*, daß durch sie der Bestimmungshafen zum Erfüllungsort wird, so daß der Verkäufer die Gefahr der Reise trägt. Wird mit einer dieser Klauseln die cif-Klausel verbunden, so hat diese nur noch die Bedeutung einer bloßen Preisbemessung. Zur cif-Klausel beim Abladegeschäft im übrigen s. oben Rdn. 83. Zur Auslegung der Klausel *„fas"* OLG Düsseldorf WM **71** 168.

Beim cif-Abladegeschäft hat der Verkäufer nicht die Ware selbst, sondern kontraktgemäße *Dokumente* anzubieten. Hierbei gilt anders als beim Akkreditiv nicht der Grundsatz der Dokumentenstrenge. Denn dieses Prinzip beruht darauf, daß die akkreditierende Bank mangels genügender Branchen- und Warenkenntnisse regelmäßig nicht übersehen kann, ob nicht schon geringfügige und scheinbar unverfängliche Abweichungen der Warenbezeichnung in den Dokumenten in Wirklichkeit für den Auftraggeber von großer Bedeutung sind, während beim Käufer, der nicht mittels Akkreditivs, sondern unmittelbar zahlt, der Grund für die Dokumentenstrenge entfällt. Bei Abladegeschäft ohne Akkreditiv genügt daher, daß aus den Dokumenten für den Käufer ersichtlich ist, daß kontraktgemäß geliefert wird. Ist in ihnen die Ware abweichend vom Vertrage bezeichnet, so kommt der Käufer nicht in Annahmeverzug, wenn er die Aufnahme der Dokumente ablehnt (BGH LM HGB § 373 Nr. 3).

Die Geschäfte des Überseehandels werden regelmäßig mittels des *Dokumententrattengeschäfts* oder eines *Dokumentenakkreditivs* abgewickelt. Zum Akkreditivgeschäft s. vor § 433 Rdn. 46 und oben Rdn. 62. Die Übergabe der Dokumente macht den Käufer bereits zum Eigentümer der Ware und befähigt ihn, die Marktlage auszunutzen. Der Käufer braucht sich nicht die Andienung der Ware statt der Konnossemente gefallen zu lassen (§§ 424, 450, 647 HGB). „Kasse gegen Dokumente bei Ankunft des Schiffes" bezieht sich lediglich auf den Zeitpunkt der Zahlung, nicht auf die Frage, ob zu zahlen ist. Die Zahlung soll so lange hinausgeschoben werden, bis das Schiff angekommen ist oder feststeht, daß es nicht ankommen wird (RG **87** 136; **90** 1). Ist die Ware verladen, kann aber die Reise wegen Kündigung des Frachtvertrages nicht zu Ende geführt werden, so hat der Käufer trotzdem den Kaufpreis zu zahlen. Die Kündigung des Frachtvertrages nach Vornahme der Verladung hat die gleiche Wirkung wie der Verlust der Ware; die Reederei ist nicht verpflichtet, die Ware auf andere Dampfer umzuladen, der Verkäufer braucht eine neue Abladung nicht vorzunehmen (RG WarnRspr. **18** Nr. 27). Im übrigen s. zur „Kassa"-Klausel oben Rdn. 61 und unten Rdn. 88).

„Glückliche Ankunft des Schiffes vorbehalten". Diese Klausel ist beim cif-Abladegeschäft ohne Bedeutung (vgl. oben Rdn. 82). Durch die Vereinbarung wird vom Verkäufer keine Gewähr dafür übernommen, daß bereits bei Vertragsschluß die von ihm verkaufte Ware abgeladen ist. Abwälzung der Versendungsgefahr und Einstehen für eine bereits erfolgte Abladung sind verschiedene Dinge; das eine schließt das andere nicht notwendig ein (RG **95** 246; **98** 141).

d) Sonstige Klauseln **87**

aa) Über *Preisklauseln* s. oben Rdn. 27, *Lieferklauseln* oben Rdn. 45 und *Zahlungsklauseln* oben Rdn. 61 und 62.

88 bb) **„Kasse gegen Dokumente"** verpflichtet den Käufer, schon bei Andienung der Dokumente zu zahlen, ohne die Ware besichtigen zu können. In jedem Falle braucht der Käufer nur gegen Dokumente zu zahlen. Gehen die Konnossemente, ohne daß dies der Verkäufer zu vertreten hat, verloren, so wird dieser zwar von der Lieferung frei, kann aber auch den Kaufpreis nicht verlangen. Daß die Dokumente wertlos und die Ware nicht mehr vorhanden sei, kann der Käufer dann nicht geltend machen, wenn, wie beim Abladegeschäft, die Gefahr der Reise bereits auf ihn übergegangen war (RG **88** 37).

89 cc) **„Beschlagnahme- und verwendungsfrei"** bezieht sich im Zweifel auf den Zeitpunkt, in dem die Ware in die Hand des Käufers gelangt (RG **93** 333). Der Ort, an dem sich die Ware zu dieser Zeit befindet, kann von dem Erfüllungsort verschieden sein. Der Verkäufer übernimmt damit eine Garantie auch für die Zeit nach der Erfüllung und Übergabe der Kaufsache. Die „Verwendung" setzt notwendig voraus, daß der Käufer in einen solchen Besitz der Ware gelangt, daß ihm die Verwendung zu den vorausgesetzten Zwecken möglich ist (RG JW **18** 767). Die Erklärung, daß die Zollpapiere einer ausländischen Ware in Ordnung seien, enthält eine Zusage, die Garantie gegen Beschlagnahme zu übernehmen.

90 dd) Ist **„laut Muster tel quel"** verkauft, so ist nicht die Haftung für zugesicherte Eigenschaften ausgeschlossen, aber gestattet, unbeschadet der Gültigkeit besonderer Vertragsabreden über Sorte und Qualität der Ware die geringwertigste Qualität der ausbedungenen Warengattung zu liefern (BGH LM HGB § 346 (D) Nr. 5; § 494 Rdn. **4**).

91 ee) **„Ausgeliefertes Gewicht"**, „sound-delivered" = „gesund ausgeliefert". Da sich oft bei Abladung schwer feststellen läßt, wie groß das Gewicht ist, auch der Schwund auf der Reise nicht sicher ist, soll die im Abladehafen vorläufig und allgemein getroffene Bestimmung des Gewichts für die Preisberechnung im Bestimmungshafen berichtigt werden. Daß damit, wie RG (HansGZ **17** Nr. 145) meint, dieser Bestimmungshafen zum Erfüllungsort werde, erweckt Bedenken. Vgl. auch RG **90** 1.

92 ff) **„Frei Bestimmungsort"** (ebenso „bahnfrei Berlin netto Kasse Zug um Zug") bürdet dem Verkäufer die Versendungskosten auf (RG **106** 212); ob er außerdem die Gefahr trägt, hängt vom Parteiwillen ab. Nach den Incoterms 1936 besagt die Bestimmung „frei Bestimmungsort" für den internationalen Handelsverkehr, daß der Verkäufer Kosten und Gefahr bis zu dem Zeitpunkt zu tragen hat, in dem der Käufer die Ware abzunehmen hat. Kosten und Gefahr der Ausladung hat der Käufer zu tragen.

93 gg) Übernimmt der Verkäufer eine **Ausbesserungs**pflicht, so wird dem Vertrag dadurch nicht die Natur eines Kaufes genommen. Die Übernahme der **Montage** kann nicht nur Nebenleistung, sondern Hauptverpflichtung sein.

94 hh) Die **Sperrklausel** beim Kauf von Pfandbriefen besagt, daß der Käufer die innerhalb der Sperrfrist an das Emissionshaus zurückgelangten Stücke mindestens zum Emissionskurs wieder abnehmen muß (BGH LM BGB § 157 (F) Nr. 1).

e) Verpackungsmaterial

95 aa) Ältere Entscheidungen über die Rechte am Verpackungsmaterial der Kaufsache sind nur mit Vorbehalt zu verwerten, weil sich mit der zunehmenden Verwendung von geringerwertigem Kunststoff als Verpackungsmaterial Handelsbräuche und Anschauungen geändert haben. Dabei besteht häufig ein Unterschied zwischen der Umhüllung oder den Behältnissen, deren die Ware wegen ihrer Beschaffenheit bedarf, z. B. Flaschen, und der Verpackung dieser Ware für den Transport, also etwa der Kiste für Flaschen. Bei den Verpackungsmitteln ist zwischen **Einweg- und Mehrwegverpackung** zu

unterscheiden. Die Einwegverpackung ist nur für den einmaligen Weg zum Verbraucher bestimmt. Sie geht deshalb bei Abwicklung des Kaufvertrages grundsätzlich in das Eigentum des Käufers über (zur Frage des Einsatzes von Ein- und Mehrwegverpackungen s. *Hartmann* Betrieb **72** 637). Die folgenden Ausführungen betreffen daher Mehrwegverpackungen.

bb) Mehrwegverpackungen. Wenn Säcke und andere Behältnisse der Ware, wie **96** Bierflaschen, Kohlensäureflaschen, die nicht mitgekauft sind, vom Käufer der Ware nicht oder nach Verzögerung zurückgesandt werden, ist der Verkäufer an sich nur berechtigt, Schadensersatz, aber nicht Nutzungsentgelt zu fordern, da es sich nicht um eine neben dem Kauf einhergehende Miete handelt, sondern um Ausführung der Versendungspflichten. Bei Verlust haftet der Käufer nach den Bestimmungen der Leihe. Über die Verpackung werden zuweilen noch besondere Vereinbarungen getroffen oder sind als verkehrsüblich getroffen anzusehen. Die gewöhnliche Vereinbarung ist die eines „*Mietzinses*" für die nicht rechtzeitig zurückgegebenen Verpackungen. Die rechtliche Natur einer solchen Abrede ist bestritten; am einfachsten wird sie als eine Nebenabrede eigener Art zum Kaufvertrag aufgefaßt, die für den Verkäufer ein Entgelt für die länger als notwendig entzogene Nutzung vorsieht. Für zufälligen Untergang haftet der Käufer nicht; auch bei Rückgabeverzug entfällt für ihn eine solche Haftung, da der Verkäufer durch den „Mietzins" entschädigt wird. Es kann auch vereinbart werden, daß der Käufer die Verpackung bei Nichtrückgabe zu bezahlen habe. In diesem Falle liegt ein aufschiebend bedingter Kauf vor. Endlich kann die Vereinbarung dahin gehen, daß für die nicht zurückgegebene Verpackung zunächst ein Mietzins, nach Ablauf einer weiteren Frist aber ein Kaufpreis zu bezahlen ist.

Beim Versendungskauf trägt der Verkäufer die *Gefahr* für die als Verpackungsmaterial dienenden Transportmittel (OLG Stuttgart NJW **49** 68). Ein Kesselwagen ist nicht nur Transportmittel, sondern gleichzeitig Verpackung für die transportierte Flüssigkeit (BGH **16** 217, 231).

Müssen Verpackungsmittel, insbesondere Flaschen, die der Verkäufer geliefert hat, als Leergut zurückgegeben werden, so haftet der Empfänger schon vor Eintritt der Rechtshängigkeit in entsprechender Anwendung des § 989 (BGH LM BGB § 989 Nr. 2). Im übrigen vgl. zur Rechtsnatur der Verträge über Leergut BGH LM BGB § 339 Nr. 10, dort auch zum Flaschenpfand als Vertragsstrafe. Zum Ganzen s. auch *Dürkes* BB **48** 68 und 196; **56** 25.

f) Die **Arbitrageabrede** geht dahin, daß der Käufer die Ware abnehmen muß **97** und nach dem Spruch der gewählten Schiedsrichter gegebenenfalls nur den entsprechenden Minderwert zu bezahlen braucht (vgl. § 476 Rdn. 3). Die Klausel wird meist in der Form „*Hamburger freundschaftliche Arbitrage*" gebraucht. Die Abmachung bedeutet die Anwendung des § 20 der Platzusancen für den hamburgischen Warenhandel. Nach § 20 der Platzusancen ist unter Arbitrage die Entscheidung von Streitigkeiten im Schiedswege nicht nur über Qualitätsfragen, sondern auch über alle anderen aus dem Geschäft entstehenden Streitigkeiten zu verstehen (BGH LM ZPO § 1029 Nr. 1).

IX. Kauf im internationalen Recht

1. Kaufverträge mit Ausländern haben in der Regel Beziehungen zu den Rechts- **98** ordnungen mehrerer Staaten. Die Parteien können grundsätzlich die Rechtsordnung bestimmen, die für den Vertrag privatrechtlich maßgebend sein soll. Diese Willenserklärung kann ausdrücklich oder stillschweigend abgegeben werden. Ist ein Wille der Parteien nicht zu ermitteln, greifen die Grundsätze des **Internationalen Privatrechts** ein. So bestimmt sich nach ständiger Rechtsprechung das Schuldstatut nach dem vermutlichen

Willen, d. h., es wird das Recht angewendet, das die Parteien bei objektiver Interessenabwägung bestimmt hätten, wenn sie eine Vereinbarung hätten treffen wollen (BGH **57** 72; **43** 162; BGH LM EGBGB Art. 7 Nr. 31 = BGH **61** 221). Bei Kaufverträgen wird regelmäßig eine solche ergänzende Vertragsauslegung nur dann möglich sein, wenn die räumlichen Beziehungen ein so verschiedenes Gewicht haben, daß *eine* Beziehung vor allen anderen erkennbar den Ausschlag gibt (BGH **57** 72; BGH LM EGBGB Art. 7 Nr. 14 und 33). So liegt im allgemeinen der Schwerpunkt eines Eigenhändlervertrages am Ort der Tätigkeit des Eigenhändlers (vgl. BGH **57** 72; **53** 332). Das Recht des Verkäufers kann nicht schon deshalb allgemeine Geltung gewinnen, weil die Sachleistungspflicht des Verkäufers gegenüber der Geldzahlungspflicht des Käufers die verwikkeltere wäre und leichter Anlaß zu Rechtsstreitigkeiten böte (BGH **57** 72; BGH LM EGBGB Art. 7 Nr. 13). Doch kann auch für die Frage, wo der Vertrag im Sinne des hypothetischen Parteiwillens seinen Schwerpunkt hat, dem Sitz des Verkäufers keine geringe und zusammen mit anderen Umständen u. U. sogar die entscheidende Bedeutung zukommen (BGH **61** 221; BGH LM EGBGB Art. 7 ff (Deutsches internationales Privatrecht) Nr. 33 = Betrieb **69** 1053). Ist auch ein mutmaßlicher Parteiwille nicht festzustellen, so kommt es auf den Erfüllungsort an (vgl. BGH **43** 162). Liegen die Erfüllungsorte für Käufer und Verkäufer in verschiedenen Staaten, so kann es dazu kommen, daß auf einen Vertrag doppeltes Recht angewendet wird: das Recht des Erfüllungsortes des Käufers für seine Verpflichtungen und das Recht des Erfüllungsortes des Verkäufers für die Verkäuferpflichten. Häufig ist anzunehmen, daß die Parteien den Kaufvertrag einem einzigen Recht unterstellen wollen. Dieser Umstand kann ein Anzeichen für eine entsprechende Vereinbarung kraft mutmaßlichen Parteiwillens sein. Ist ein einheitlicher Erfüllungsort für das ganze Vertragsverhältnis anzunehmen, ist auch die minder bedeutsame Abnahmepflicht an dem für die Zahlung bestehenden Erfüllungsort zu erfüllen (RG **56** 138). Ist bei einem Exportgeschäft vereinbart, daß der ausländische Käufer in Deutschland ein Akkreditiv zu stellen hat, so ist hier der Erfüllungsort für seine Zahlungsverpflichtung (RG **118** 282; BGH WM **55** 1588). Zur Anwendung ausländischen Rechts bei der Entscheidung, ob für die Kaufpreisklage eines deutschen Herstellers gegen den ausländischen Eigenhändler allgemeine Geschäftsbedingungen des deutschen Verkäufers durch Stillschweigen Vertragsinhalt geworden sind, BGH **57** 72 und *v. Hoffmann* RabelsZ **72** 510. Über Vorbehaltseigentum des italienischen Verkäufers beim Verkauf einer Ware nach Deutschland s. BGH **45** 95 und § 455 Rdn. 45. Über das anzuwendende Recht bei Währungsspaltung s. BGH **1** 112; **5** 302; **7** 231; **9** 151; vgl. auch BGH **43** 162.

99 2. Bei Kaufverträgen mit Ausländern wird häufig auch der Gerichtsstand vereinbart. Das Zustandekommen einer **Gerichtsstandsvereinbarung** richtet sich nach bürgerlichem Recht gemäß den Regeln des Internationalen Privatrechts, gegebenenfalls auch nach ausländischem Recht (BGH **49** 384). Da nach § 38 ZPO eine Gerichtsstandsvereinbarung formlos getroffen werden kann und das deutsche Gericht das eigene Verfahrensrecht anwendet, bedarf die Vereinbarung der internationalen Zuständigkeit eines deutschen Gerichts auch dann keiner Form, wenn nach dem maßgeblichen ausländischen Recht eine Form erforderlich ist (BGH **59** 23). Wer für Streitigkeiten aus einem Vertrag mit einem ausländischen Partner dessen Heimatgerichte als allein zuständig vereinbart hat, kann grundsätzlich auch nur vor diesen Gerichten die Aufrechnung mit einer Forderung aus dem Vertrag einwenden (BGH **60** 85). Zur Gerichtsstandsvereinbarung s. auch Gerichtsstandsnovelle v. 21. 3. 74 u. vor § 433 Rdn. 119.

3. a) **Die beiden Haager Kaufrechtsübereinkommen** über den internationalen Kauf beweglicher Sachen und den Abschluß von internationalen Kaufverträgen vom 1. 7. 1964 bedeuten eine wesentliche Erleichterung des grenzüberschreitenden Handels- und Geschäftsverkehrs. Durch die Übereinkommen verpflichten sich die Vertragsstaaten, für den internationalen Kauf beweglicher Sachen und für den Abschluß von internationalen Kaufverträgen gleichlautende einheitliche Gesetze in Kraft zu setzen. Dadurch werden zwar die innerstaatlichen Bestimmungen über Kaufverträge nicht einander angeglichen; die Vorschriften des Bürgerlichen Gesetzbuchs und des Handelsgesetzbuchs über den Kauf bleiben unverändert. Es wird aber vor allem erreicht, daß nicht mehr nach den komplizierten, von Land zu Land unterschiedlichen Regeln des Internationalen Privatrechts in jedem Einzelfall beurteilt werden muß, welches nationale Recht auf Ansprüche aus einem Kaufvertrag anzuwenden ist; die Frage des anwendbaren Rechts wird durch die Vereinheitlichung des materiellen Rechts im Verhältnis der Vertragsstaaten weitgehend gegenstandslos.

Nunmehr sind verkündet worden (BGBl. 73 I S. 853 ff):

1. *Einheitliches Gesetz über den internationalen Kauf beweglicher Sachen,*
2. *Einheitliches Gesetz über den Abschluß von internationalen Kaufverträgen über bewegliche Sachen.*

b) Das **einheitliche Gesetz über den internationalen Kauf beweglicher Sachen.** Dieses Gesetz ist auf Kaufverträge über bewegliche Sachen zwischen Parteien, die ihre Niederlassung im Gebiet verschiedener Vertragsstaaten haben, in jedem der folgenden Fälle anzuwenden:

a) wenn nach dem Vertrag die verkaufte Sache zur Zeit des Vertragsabschlusses oder später aus dem Gebiet eines Staates in das Gebiet eines anderen Staates befördert wird oder befördert werden soll;
b) wenn die Handlungen, die das Angebot und die Annahme darstellen, im Gebiet verschiedener Staaten vorgenommen worden sind;
c) wenn die Lieferung der Sache im Gebiet eines anderen als desjenigen Staates zu bewirken ist, in dem die Handlungen vorgenommen worden sind, die das Angebot und die Annahme darstellen.

Im einzelnen enthält das Gesetz Einzelbestimmungen über die ihm unterfallenden Kaufverträge.

Die beiden obengenannten Gesetze sind am 16. 4. 74 in Kraft getreten. Zu den Gesetzen vgl. *Landfermann* NJW 74 385 u. *Huber,* JZ 74 433.

4. Für die internationale Zuständigkeit von Bedeutung ist ferner das **Übereinkommen der 6 Gründerländer der EWG** v. 27. 9. 68 über die gerichtliche Zuständigkeit und die Vollstreckung gerichtlicher Entscheidungen in Zivil- und Handelssachen. S. darüber *Grunsky* JZ 73 641. **101**

§ 434

Der Verkäufer ist verpflichtet, dem Käufer den verkauften Gegenstand frei von Rechten zu verschaffen, die von Dritten gegen den Käufer geltend gemacht werden können.

Übersicht

	Rdn.
I. Beseitigung belastender Rechte	1–7
1. Beseitigungspflicht	1
2. Maßgebender Zeitpunkt für Beseitigungspflicht	2–4
a) Eigentumsübertragung	2
b) Nach Vertragsschluß begründete Rechte	3
c) Nach Eigentumsübergang geltend gemachte Rechte	4
3. Belastende Rechte	5–7
a) dingliche	5
b) obligatorische	6
c) öffentlichrechtliche Beschränkungen	7
II. Grundstückskauf mit Lastenübernahme	8
III. Rechtsfolgen	9
IV. Befreiung von der Beseitigungspflicht	10
V. Beweislast	11

I. Beseitigung belastender Rechte

1 **1. Pflicht zur Beseitigung**

Die Vorschrift des § 434 enthält eine nähere Erläuterung und Ergänzung des § 433, der die Verschaffung des Eigentums oder Rechts bestimmt. Der Kaufgegenstand ist nach § 434 so zu gewähren, daß das Recht an ihm unangefochten von Ansprüchen Dritter bleibt. Die Verpflichtung ist eine Hauptleistung. Die Vorschrift ist nicht nur auf den Sachkauf abgestellt wie § 433, sondern ist beim Kauf eines jeden Gegenstandes, insbesondere beim Rechtskauf anwendbar; für diesen gelten außerdem die Vorschriften des § 437.

§ 434 bezieht sich nur auf solche Belastungen, die nicht schon im Wesen des verkauften Gegenstandes begründet sind und deren Grund daher außerhalb des verkauften Gegenstandes liegt. Den Belastungen müssen daher Rechte Dritter entsprechen. Zu den Dritten gehört auch der Käufer selbst, wenn für ihn ein Recht im Sinne des § 434 besteht. Fraglich ist allerdings, ob in diesem Fall der Käufer, wenn im Kaufvertrage nichts erwähnt ist, nicht stillschweigend auf die Beseitigung des Rechts verzichtet hat. S. dazu auch § 439 Abs. 2.

§ 434 findet keine Anwendung, wo der Käufer die Sache nach § 936 auf Grund seines guten Glaubens frei von den Rechten Dritter erwirbt oder wo der Erwerber eines auf Grund einer Pfändung veräußerten Gegenstandes Gewährleistung wegen Mangel im Recht nicht zu beanspruchen hat (§ 806 ZPO und § 56 ZVG).

2 **2. Maßgebender Zeitpunkt für die Beseitigungspflicht**

a) Grundsätzlich kommt es auf den Zeitpunkt der **Eigentumsübertragung** an. Zu diesem Zeitpunkt muß ein Mangel im Recht bestanden haben, um Beseitigungsansprüche zu begründen. Die Verpflichtung zur Beseitigung entsteht zwar schon mit Kaufabschluß, zu erfüllen ist sie aber grundsätzlich bei beweglichen Sachen erst mit der Übergabe, bei Grundstücken erst im Auflassungstermin. Der Vorbehaltsverkäufer hat, sofern keine besondere Vereinbarung getroffen ist, Rechte Dritter erst nach Zahlung des Kaufpreises und Eigentumsübertragung zu beseitigen (RG **83** 214; BGH LM BGB § 455 Nr. 13; vgl. im übrigen § 455 Rdn. 22).

3 **b)** Unter § 434 fallen auch die wirksam **nach Vertragsschluß begründeten Rechte.** Die Belastung des Grundstücks zwischen Verkauf und Auflassung ist zwar nicht schlechthin verboten. Nimmt der Verkäufer eine solche Belastung vor, ohne sie bis zur Auflassung wieder zu beseitigen, haftet er bei Verschulden aus Vertragsverletzung (RG **83** 214; **120** 295; a. A. RG **99** 60). Ist die Beseitigung der Belastung möglich, so stehen dem Käufer nach § 440 die Rechtsbehelfe des § 326 zu; ist die Beseitigung unmöglich, so hat er die Rechtsbehelfe der §§ 323, 325. Die Vorschrift des § 434 erfaßt ferner solche Rechte, die erst nach Abschluß des Kaufvertrages oder nach Auflassung im Wege der Zwangsvollstreckung begründet worden sind (RG HRR **29** 293). Der Verkäufer hat

auch eine auf Grund einstweiliger Verfügung erst nach Auflassung eingetragene Vormerkung löschen zu lassen (RG **149** 197).

4 c) Macht der Dritte **Rechte** gegen den Käufer **nach dem Übergang des Eigentums** geltend, so liegt ein Mangel im Recht dann vor, wenn die Rechtsgrundlage für die spätere Inanspruchnahme der Sache bereits bei ihrer Übergabe vorhanden war (RG **105** 275; **111** 86; OGH **2** 363). Liegt z. B. nur eine widerrufliche Einfuhrbewilligung vor und muß für den Fall des Widerrufs damit gerechnet werden, daß die eingeführte Ware für verfallen erklärt wird, so ist, auch wenn es hierzu erst nach Übergabe der Kaufsache kommt, ein Rechtsmangel gegeben, der seine Rechtsgrundlage in Rechtsverhältnissen findet, die zur Zeit der Übergabe schon bestanden haben (RG **111** 89). Auch die rechtmäßige Beschlagnahme einer bereits übergebenen Kaufsache kann, falls die Voraussetzungen für den Eingriff schon beim Eigentumsübergang vorhanden waren, einen Rechtsmangel im Sinne des § 434 darstellen (KG MDR **53** 614).

3. Belastende Rechte

5 a) Unter § 434 fallen alle **dinglichen Rechte,** so auch Vormerkungen zur Sicherung des Anspruchs auf Bestellung eines Rechts an einem Grundstück, das Recht des Nacherben nach §§ 2113—2115, Veräußerungsverbote nach §§ 135, 136. Das Eigentum eines Dritten am Kaufgegenstand ist zwar auch ein dingliches Recht. Die Verpflichtung des Verkäufers, dem Käufer Eigentum zu verschaffen, folgt aber schon aus § 433. Der Verkäufer beweglicher Sachen, die als Zubehör eines Grundstücks dem Hypothekengläubiger haften, hat die Hypothek insoweit zu beseitigen, als sie die Zubehörstücke belastet; ebenso hat der Verkäufer von Inventar ein Vermieterpfandrecht zu beseitigen.

6 b) **Obligatorische Rechte** begründen einen Mangel im Recht, falls sie dem Käufer gegenüber wirksam sind, so namentlich nach § 571 das Recht zum Besitz aus Miete oder Pacht (BGH WarnRspr. **72** Nr. 57); ferner das Recht des Mieters auf Verlängerung des Mietverhältnisses oder auf Ausbesserung der Mieträume. Weiter das persönliche Zurückbehaltungsrecht insofern, als der im Besitz der Sache befindliche Berechtigte die Einwendungen, die er gegenüber dem Verkäufer hat, auch gegen den Käufer geltend machen kann (§ 986 Abs. 2); das ist nicht der Fall, wenn der Spediteur ohne Wissen des Verkäufers die Kaufsache versichert hat und der Käufer die Erstattung verweigert (RG **99** 56). Bei Verkauf eines Unternehmens mit der Befugnis auf Fortführung der Firma können auch ein schuldrechtlicher Anspruch gegen den Verkäufer, daß Betrieb und Herstellung gewisser Waren in einem bestimmten Bezirk unterbleibe, sowie andere Konkurrenzklauseln unter § 434 fallen, obwohl diese Beschränkung des Betriebes nur nach Maßgabe des § 25 HGB gegen den Käufer wirkt (RG **88** 103). Die Verpflichtung eines Verkäufers, den Kaufgegenstand dem Käufer frei von Rechten Dritter zu verschaffen, erstreckt sich auch auf die Freistellung des Käufers von einem Verfahrenspatent, das der vertragsmäßigen Benutzung des Kaufgegenstandes entgegensteht (BGH NJW **73** 1545). Auch der einstweilige Patentschutz auf Grund der Bekanntmachung der angemeldeten Erfindung ist ein solches vom Verkäufer zu beseitigendes Fremdrecht (RG DR **40** 810). Ferner fallen darunter Gebrauchsmusterrechte, Verlagsrechte und Lizenzrechte Dritter. Das persönliche Vorkaufsrecht fällt nicht unter § 434. Der Erstkäufer muß nach §§ 504, 505 die Befugnis des Vorkaufsberechtigten, durch Ausübung des Vorkaufsrechtes einen Kaufvertrag mit dem Vorkaufsverpflichteten wirksam werden zu lassen, hinnehmen und kann nicht Beseitigung des Vorkaufsrechts verlangen. Der Verkäufer und Vorkaufsverpflichtete ist jedoch zum Schadensersatz nach §§ 325, 326 verpflichtet (vgl. § 504 Rdn. 4 und § 505 Rdn. 7). Bei Veräußerung nicht voll eingezahlter Geschäftsanteile einer GmbH mit der Folge, daß Verkäufer und Käufer wegen des rückständigen Teiles nach § 16 Abs. 3 GmbHG haften, findet nicht § 434, sondern § 437

Anwendung, da der Geschäftsanteil an einer GmbH die aus der Mitgliedschaft fließenden Einzelrechte und Verpflichtungen in sich umfaßt, die Zahlungsverpflichtung des Erwerbers daher auf der übergegangenen Gesellschafterstellung beruht und die Gesellschaft nicht Dritter im Sinne des § 434 ist (RG **96** 227). Unter die Rechte Dritter fallen auch nicht Belastungen des Vermögens einer Kapitalgesellschaft bei dem Verkauf von Anteilen, da die Anteile dem Berechtigten nur eine rechtlich besonders geordnete Beteiligung verschaffen (RG **122** 380). Anders ist die Rechtslage beim Verkauf sämtlicher Unternehmensanteile. Sie wird wie die Veräußerung des Unternehmens angesehen. Dann werden die Gewährleistungsvorschriften des Sachkaufes entsprechend angewendet (vgl. § 433 Rdn. 9 und 13; § 459 Rdn. 12). Besteht beim Verkauf sämtlicher Anteile an einer Grundstücks-GmbH das ganze Vermögen der Gesellschaft in einem Grundstück, so sind daher die darauf lastenden Hypotheken als Belastungen des Unternehmens selbst anzusehen und der Verkäufer in entsprechender Anwendung der §§ 434, 439 zu ihrer Beseitigung verpflichtet (RG **120** 287; **122** 381; **124** 164; **150** 401).

Baubeschränkungen fallen nur unter § 434, wenn sie ihre *Grundlage in Privatrechten* Dritter haben, nicht aber auch dann, wenn sie auf öffentlichem Recht beruhen; s. dazu nächste Rdn. Die aus § 917 sich ergebende Pflicht zur Duldung eines Notwegs stellt kein Recht eines Dritten dar, von dem der Verkäufer den Käufer gemäß § 434 freizuhalten hätte. Sie bildet eine gesetzliche Eigentumsbeschränkung.

7 c) Auf **öffentlichrechtliche Beschränkungen** aus Gründen des Allgemeinwohls ist § 434 grundsätzlich nicht anwendbar. Denn solche gesetzlichen Beschränkungen vermag der Verkäufer nicht zu beseitigen, weil er die Gesetze nicht ändern kann. Nicht unter § 434 fallen daher die das Geschäft nichtig machenden Verbote im Sinne von § 134. *Auch Baubeschränkungen auf öffentlichrechtlicher Grundlage* von Bauordnungen fallen nicht unter § 434, da sie nicht beseitigt werden können (BGH Betrieb **65** 1737; teilweise a. A. *Sellner* MDR **71** 169, der für auf Ortsrecht beruhenden planungsrechtlichen Baubeschränkungen Rechtsmangel annimmt). Nach ständiger Rechtsprechung haftet der Verkäufer aber wegen eines Sachmangels (vgl. § 459 Rdn. 11). Auch die *Beschlagnahme* zum öffentlichen Wohl (z. B. Seuchenbekämpfung, Gesundheitsgefährdung) begründet keine Rechtsmängelansprüche, sondern allenfalls Sachmängelhaftung (BGH **52** 51; BGH LM BGB § 459 Nr. 28). Rechte im Sinne des § 434 können allerdings auch Rechte öffentlichrechtlicher Natur bilden, wenn nämlich der Staat nach gesetzlicher Bestimmung bei einem bestimmten Sachverhalt das Recht hat, die verkaufte Sache für sich in Anspruch zu nehmen, so etwa die Einziehung wegen verbotener Einfuhr (RG **111** 86) oder unterlassener Versteuerung (RG **105** 390). Auch das Fehlen der Betriebserlaubnis für einen verkauften Kraftwagen stellt keinen Rechtsmangel dar (BGH Urt. vom 23. 2. 60 — VIII ZR 57/59).

Öffentlichrechtliche Beschränkungen, die nicht auf dem Allgemeinwohl beruhen, sind die gesetzlichen, richterlichen und behördlichen *Verfügungsverbote* der §§ 135, 136, die den Schutz bestimmter Personen betreffen. Sie bilden Rechtsmängel im Sinne des § 434 (RG **132** 145).

8 **II. Grundstückskauf mit Lastenübernahme**

Von der Verpflichtung aus § 434 wird gemeinhin bei der Übernahme einer Hypothek in Anrechnung auf den Kaufpreis abgewichen. Hier kennt der Käufer die Belastung (vgl. dazu § 439), und er will durch Übernahme der ihr zugrunde liegenden persönlichen Schuld seine eigene Kaufpreisschuld tilgen. Genehmigt der Hypothekar die Schuldübernahme nicht, so greift § 415 Abs. 3 Satz 2 ein. Die Schuldübernahme ist dann zwar endgültig gegenstandslos geworden, aber es ist nicht der Wille der Vertragschließenden, daß in solchem Fall der Verkäufer dem Käufer ein hypothekenfreies Grundstück zu verschaffen habe. Daher ist auch die Unkündbarkeit einer vom Käufer in Anrechnung auf den Kaufpreis übernommenen Hypothek kein Rechtsmangel.

Sichert der Verkäufer einen bestimmten Hypothekenstand, der übernommen werden soll, zu, so bedeutet das im Zweifel die Verpflichtung, etwaige weitere Belastungen zu beseitigen. Die Belastungsverhältnisse eines Grundstücks können ausnahmsweise auch zugesicherte Eigenschaften sein.

Ist in einem Kaufvertrage bestimmt, daß das Grundstück mit allen Rechten und Lasten verkauft werde, so ist nicht ohne weiteres anzunehmen, daß der Käufer auch eine ihm unbekannte Grunddienstbarkeit übernommen habe (RG **69** 355). Denn unter Lasten sind nach dem Sprachgebrauch des BGB Leistungen zu verstehen, die aus dem Grundstück zu entrichten sind, nicht aber Rechte Dritter am Grundstück. Bei einer so allgemeinen Abrede haftet der Verkäufer für eine dem Käufer unbekannte Grunddienstbarkeit, von Arglist abgesehen, nur dann nicht, wenn die Parteien unter dem Ausdruck Lasten nachweisbar auch nicht eingetragene Rechte Dritter verstanden haben (RG **66** 316). Beim Verkauf schlechthin „lastenfrei" kann auch eine Verpflichtung nach § 434 gemeint sein (RG WarnRspr. **16** Nr. 131).

III. Rechtsfolgen 9

Verschafft der Verkäufer den Kaufgegenstand nicht frei von Rechten Dritter, so liegt wie bei der Nichtverschaffung des Eigentums oder des Rechtes selbst eine *teilweise Nichterfüllung* der dem Verkäufer nach § 433 obliegenden Verpflichtungen vor. Nach § 440 sind die §§ 320 ff und die besondere Vorschrift des § 437 beim Verkauf einer Forderung anzuwenden. War der Verkäufer von vornherein dauernd unvermögend, seiner Verpflichtung aus § 434 nachzukommen, so haftet er ohne weiteres auf *Schadensersatz* wegen Nichterfüllung, weil er mit der Pflicht zur Leistung zugleich die Haftung für seine Leistungsfähigkeit übernommen hat. Der Käufer kann verlangen, so gestellt zu werden, wie er stünde, wenn er den Kaufgegenstand frei von Rechten Dritter erworben hätte. Beruht die Nichterfüllung auf Verzug, ist auch § 326 Abs. 1 Satz 3 anwendbar.

IV. Befreiung von der Beseitigungspflicht 10

Die in §§ 434—436 niedergelegten Haftungsgrundsätze sind abdingbar (RG **163** 8; BGH **11** 24). Auf die Verpflichtung aus § 434 kann im Kaufvertrag verzichtet werden. Bei Einbringung einer Sachgemeinschaft in eine noch zu bildende Gesellschaft bedeutet die Klausel „wie alles steht und liegt" nicht notwendig den Ausschluß von der Verpflichtung nach § 434. Die Annahme der Sache in Kenntnis der Rechtsmängel schließt deren Geltendmachung nicht aus. Der Käufer braucht sie sich nicht vorzubehalten. Sie ist nur dann ausgeschlossen, wenn aus der Annahme ein Verzicht zu folgern ist. Wegen Kenntnis der Rechtsmängel s. im übrigen § 439.

V. **Beweislast.** Verlangt der Käufer die Erfüllung seines Anspruchs auf Übertra- 11
gung des Eigentums nach § 931, so genügt der Verkäufer der Beweislast, wenn er nachweist, daß vor der Abtretung das Eigentumsrecht in seiner Person entstanden war (BGH LM ZPO § 282 — Beweislast — Nr. 24).

§ 435

Der Verkäufer eines Grundstücks oder eines Rechtes an einem Grundstück ist verpflichtet, im Grundbuch eingetragene Rechte, die nicht bestehen, auf seine Kosten zur Löschung zu bringen, wenn sie im Falle ihres Bestehens das dem Käufer zu verschaffende Recht beeinträchtigen würden.

Das gleiche gilt beim Verkauf eines eingetragenen Schiffs oder Schiffsbauwerks oder einer Schiffshypothek für die im Schiffsregister eingetragenen Rechte.

1 Die Vorschrift erweitert die Verschaffungspflicht dahin, daß der Verkäufer auch **sachlich nicht mehr bestehende Rechte** Dritter, sofern sie im Grundbuch oder im Schiffsregister formell noch eingetragen sind, zu beseitigen hat, und zwar, wie sich nach dem Verschaffungsprinzip von selbst versteht, auf eigene Kosten (RG **149** 195). § 435 greift auch gegenüber Eintragungen ein, die schon ihrem Inhalt nach unzulässig sind (RG **88** 22). Die Vorschrift des § 435 ist für den Käufer besonders dann vorteilhaft, wenn die eingetragenen Rechte nur zweifelhaft sind, da sie ihn von der Beweislast des § 442 befreit. Die Löschungspflicht ist eine Hauptleistung (RG **149** 197). Bis zur Löschung hat der Verkäufer noch nicht voll erfüllt, und der Käufer braucht die angebotene Auflassung nicht entgegenzunehmen. Ist bereits aufgelassen, gilt § 320 Abs. 2. Bei Verzug des Verkäufers ist auch § 326 anwendbar (RG WarnRspr. **08** Nr. 613). Voraussetzung ist, daß der Verkäufer die rechtliche Möglichkeit hat, das eingetragene Recht löschen zu lassen.

2 Das *Mittel zur Löschung* eingetragener, nicht bestehender Rechte ist der Berichtigungsanspruch nach § 894. Ihn kann der Verkäufer selbst nach Auflassung und Umschreibung des Grundstücks auf den Käufer geltend machen, da das vom Käufer gestellte Löschungsverlangen den Verkäufer ermächtigt, den nach Eigentumsübergang an sich dem Käufer zustehenden Berichtigungsanspruch klageweise im eigenen Namen geltend zu machen, und da eine solche Klageermächtigung, die bei vertraglich übernommener Löschungsverpflichtung anerkannt ist (RG **112** 260; BGH LM BGB § 1169 Nr. 1), bei der gesetzlichen Löschungsverpflichtung nicht unzulässig sein kann. Das gilt selbst dann, wenn der Käufer eine unwirksame Vormerkung kraft einer für ihn eingetragenen rangbesseren Auflassungsvormerkung beseitigen könnte (RG **149** 155).

§ 436

Der Verkäufer eines Grundstücks haftet nicht für die Freiheit des Grundstücks von öffentlichen Abgaben und von anderen öffentlichen Lasten, die zur Eintragung in das Grundbuch nicht geeignet sind.

1 Der *Zweck der Vorschrift ist,* die Tragweite der §§ 434 und 435 klarzustellen. Sie ist auch auf den Verkauf von Rechten an einem Grundstück entsprechend anzuwenden, die Grundstücken gleichbehandelt werden, wie z. B. das Erbbaurecht und das Dauerwohnrecht des § 31 WohnungseigentumG. Sie bezieht sich dagegen nicht auf Verkäufe von beweglichen Sachen und anderen Gegenständen, bei denen gleichfalls öffentliche Abgaben vorkommen können (RG **105** 391). § 436 wiederholt die Bestimmung des § 435 Abs. 2 nicht. Die Parteien können eine andere Regelung als die des § 436 vereinbaren. Zur Verteilung der Lasten zwischen Verkäufer und Käufer s. im übrigen §§ 449, 103.

2 Welche Lasten als öffentliche zu gelten haben, bestimmt sich grundsätzlich nach Landesrecht. **Öffentliche Lasten** sind nur Leistungen, die aus dem Grundstück zu entrichten sind und daher dessen Nutzungen mindern (RG **66** 316; **72** 397), wie Abgaben und sonstige fortlaufend gleichmäßig zu entrichtende Leistungen öffentlichrechtlicher Art, nicht aber Ausgaben zu rein privatwirtschaftlichen Zwecken. Für den öffentlichen Charakter der Abgaben ist nicht ohne weiteres entscheidend, daß sie öffentlichrechtlichen Ursprungs sind.

Im einzelnen gehören zu den öffentlichen Abgaben und Lasten: Grundsteuern, Hauszinssteuern, kommunale Abgaben, Straßenanliegerbeiträge, Straßenbaukosten, Kirchen- und Schulbaulasten, Patronatslasten, die Wertzuwachssteuer, die Grunderwerbssteuer. Öffentlichrechtliche Baubeschränkungen bilden keine Rechtsmängel; s. § 434 Rdn. 7. **3**

Nach ausdrücklicher Vorschrift des § 123 Abs. 2 LAG haftet der Verkäufer für die *Hypothekengewinnabgabe* und *Umstellungsgrundschulden,* obwohl es sich dabei um öffentliche Lasten handelt (§ 111 LAG). **4**

Auf rückständige öffentliche Abgaben bezieht sich die Vorschrift nicht (vgl. Mot. zu Entw. I, 72). **5**

§ 437

Der Verkäufer einer Forderung oder eines sonstigen Rechtes haftet für den rechtlichen Bestand der Forderung oder des Rechtes.

Der Verkäufer eines Wertpapiers haftet auch dafür, daß es nicht zum Zwecke der Kraftloserklärung aufgeboten ist.

Übersicht

	Rdn.
I. Bedeutung der Vorschrift	1–3
II. Haftung für rechtlichen Bestand des verkauften Rechts	4–11
1. Bestand	4–7
a) Bestehen und Möglichkeit der Geltendmachung	4
b) Vereinbarte Eigenschaften	5
c) Mit einem Kaufgegenstand verbundene Rechte	6
d) Weitere Einzelfälle	7
2. Zeitpunkt des rechtlichen Bestandes	8
3. Haftung	9–11
a) Umfang der Haftung	9
b) Ausschluß der Haftung	10
c) Ausschluß der Haftung für Güte oder Verwertbarkeit	11
III. Wertpapiere	12–15
1. Allgemeines	12
2. Kaufgegenstand	13
3. Haftung	14
4. Einzelfälle	15

I. Bedeutung **1**

Das BGB behandelt den Kauf einer Sache und den Kauf eines Rechtes als zwei Arten des Kaufes und gibt für jede dieser beiden Kaufarten besondere Vorschriften über die Gewährleistung. Im Gegensatz zur Vorschrift des § 459 über die Gewährleistung für Mängel einer Sache, **haftet der Verkäufer** einer Forderung oder eines sonstigen Rechtes **für den rechtlichen Bestand** der Forderung oder des Rechtes. § 459 ist auf den Kauf einer Forderung oder eines Rechtes unanwendbar; das gilt auch für den Kauf von Rechten an Sachen (RG **103** 49). Auch aus § 493 ergibt sich kein anderes Ergebnis (RG HRR 30 608; a. A. *Flume,* Eigenschaftsirrtum und Kauf S. 177 ff).

Die Verpflichtung des Verkäufers, dem Käufer das verkaufte Recht zu verschaffen (§ 433 Abs. 1 Satz 2), setzt nicht voraus, daß das Recht schon besteht. Es kann auch eine noch nicht bestehende Forderung und ein noch nicht bestehendes Recht verkauft werden. In diesem Fall hat sich der Verkäufer den verkauften Gegenstand zu beschaffen, um erfüllen zu können. Gelingt ihm das nicht, so **haftet** er **wegen Nichterfüllung seiner Verschaffungspflicht;** anders als beim Verkauf einer nicht bestehenden Sache ist § 306 weder unmittelbar noch entsprechend anwendbar. Vielmehr läßt § 437 in Verbindung mit § 440, ausgehend von der Annahme, daß Unvermögen die Gültigkeit eines Vertrages nicht berührt, den Verkäufer schlechthin auf das Erfüllungsinteresse für den Bestand des verkauften Rechtes oder der verkauften Forderung haften (RG **92** 73). Der Grund der Haftung des Verkäufers liegt wie bei der Rechtsmängelhaftung darin, daß die Lei- **2** stung des mangelhaften Kaufgegenstandes der Kaufvereinbarung nicht entspricht. Das Gesetz hält den Käufer einer Forderung für besonders schutzwürdig, weil er keine sichtbaren Rechte erwirbt und deshalb auf die Redlichkeit und die Einstandspflicht des Verkäufers angewiesen ist. Dem Käufer wird nicht angesonnen, sich bei dem Schuldner der verkauften Forderung danach zu erkundigen, ob sie besteht (vgl. BAG AP BGB § 242 Nr. 2). Der Verkäufer haftet daher allein auf Grund des Vertragsschlusses ohne Rücksicht auf Verschulden. Eine objektiv unmögliche Leistung macht dagegen den Vertrag nichtig (§ 306). So liegt es, wenn ein Recht des vereinbarten Inhalts aus Rechtsgründen überhaupt nicht entstehen kann. Alsdann findet § 437 keine Anwendung. So etwa Verkauf einer Lizenz, die rechtlich unmöglich zur Entstehung gelangen kann (vgl. auch RG **78** 10; **90** 240; OLG München NJW **71** 1807).

3 Die Vorschriften über den Rechtskauf sind auch anwendbar, wenn ein Gesellschafter ein Recht als Sacheinlage einzubringen hat (RG **94** 210) und bei dem Versprechen eines betrieblichen Ruhegehaltes durch Verschaffung einer Forderung gegen eine selbständige Unterstützungseinrichtung (s. vor § 433 Rdn. 27).

II. Haftung für rechtlichen Bestand des verkauften Rechts

1. Rechtlicher Bestand

4 a) Dem Mangel am rechtlichen Bestand kommt gleich der Mangel der **Möglichkeit, das Recht geltend zu machen,** z. B. wegen einer über ein Wertpapier verhängten Zahlungssperre (RG **109** 297) oder wegen einer Beschlagnahme (BGH LM BGB § 437 Nr. 3 und 4). Wegen Wertpapierbereinigung s. unten Rdn. 14. Zum Mangel am rechtlichen Bestand gehört auch die *Unübertragbarkeit.* Dabei ist zu unterscheiden der Ausschluß der Übertragbarkeit durch Vereinbarung und durch Gesetz. Im ersten Fall haftet der Verkäufer nach § 437; denn das Recht besteht nicht als verschaffungsfähig, wie im Kaufvertrag vereinbart. Im zweiten Fall liegt eine objektiv unmögliche Leistung vor. Wer ein kraft Gesetzes unübertragbares Recht kauft, ist nicht schutzwürdig (vgl. Rdn. 2).

5 b) Besteht das übertragene Recht zwar, haben die Parteien aber keine besondere **Vereinbarung über Inhalt und Umfang** getroffen, so haftet der Verkäufer nicht für bestimmte Eigenschaften oder wirtschaftliche Brauchbarkeit (BGH LM BGB § 437 Nr. 5 für ein altrechtliches Wasserbenutzungsrecht hinsichtlich der Überleitung in neues Wasserrecht). Anders, wenn bestimmte Eigenschaften des verkauften Rechtes vereinbart sind. Das gilt insbesondere von dem grundbuchmäßigen Rang des Rechts. Entscheidend ist, ob nach dem Willen der Vertragsparteien der Rang des Grundpfandrechts Inhalt dieses den Kaufgegenstand bildenden Rechtes ist. Bei käuflicher Übernahme der Rechte und Pflichten aus aus einem Pachtvertrag ist wissentlich falsche Zusicherung über den Umfang der Pachtländereien und über das Bestehen und den Umfang mitübertragener Rechte (Jagd, Versicherungen) nicht nach den Gewährleistungsvorschriften der §§ 459 ff, sondern nach den Grundsätzen über den Rechtskauf zu beurteilen. Der getäuschte Käufer kann im Falle des Unvermögens des Verkäufers die Leistung des Erfüllungsinteresses fordern (RG **73** 210).

6 c) Die Haftung für den Bestand eines Rechts bezieht sich auch auf die **mit einer verkauften Sache verbundenen Rechte** und Nebenrechte. So beim Grundstückskauf mit Verkauf einer Abdeckereigerechtigkeit, einer Flössereigerechtigkeit; Übertragung des als fortbestehend bezeichneten Rechts, auf einem Nachbargut eine Feldbahn zu halten (RG **73** 210; **83** 200; **93** 73); Wasserbenutzungsrecht beim Verkauf eines Grundstücks mit Wasserturbine (BGH LM BGB § 437 Nr. 5).

Werden bei dem Verkauf einer ganzen Vermögensmasse oder eines einheitlichen geschäftlichen Unternehmens *einzelne Rechte* oder Forderungen *als Bestandteile* mit der Vermögensmasse oder dem Unternehmen zusammen abgetreten, so ist § 437 auf die Einzelrechte anwendbar, wenn auch der Verkauf des Unternehmens als Sachkauf anzusehen ist (s. § 433 Rdn. 9; § 459 Rdn. 12). Der Rechtsmangel eines Bestandteils kann allerdings auch einen Eigenschaftsmangel des Unternehmens nach § 459 darstellen. Wenn auch eine Grunddienstbarkeit als Grundstücksbestandteil gilt (§ 96), so ist sie doch ihrem Wesen nach ein Recht; der Verkäufer eines Grundstücks haftet daher nach § 437 für das Nichtbestehen einer zugesicherten Grunddienstbarkeit (RG **93** 71). Wegen der Haftung für Nebenrechte (Bürgschaften, Pfandrechte, Hypotheken, vgl. § 401) s. RG **68** 293; **90** 240; **93** 71.

d) Einzelfälle: Der Verkäufer eines Patents haftet für die richtige Erteilung des 7
Patents durch das Patentamt. Eine entsprechende Haftung tritt ein für ein immaterielles Recht, das wirtschaftlich einem patentrechtlich geschützten Gut gleichsteht. Zur Frage, ob der Patentinhaber einem anderen, dem er eine ausschließliche Lizenz verleiht, für das Nichtbestehen von Vorbenutzungsrechten haftet, s. RG **78** 365. Zu Einzelfragen s. *Nirk*, Festschrift Wilde S. 139; *Malzer* GRUR **71** 96. Der Verkäufer der Rechte aus dem Meistgebot haftet nicht für Fehler des versteigerten Grundstücks (RG **150** 397). § 437 ist auch beim Auszahlungsgeschäft (vor § 433 Rdn. 18) anwendbar. Der Verkäufer haftet hier für den Bestand des Guthabens so, wie es begründet werden soll. Wer statt einer verkauften 5%igen Hypothek nur eine zu 4 1/2% abtritt, haftet nach § 437; denn die Hypothek besteht nicht in der Art, wie sie verkauft wurde. Wegen der Haftung für den grundbuchmäßigen Rang einer Hypothek s. oben Rdn. 5.

2. Zeitpunkt des rechtlichen Bestandes 8

Die Haftung bezieht sich darauf, daß das verkaufte Recht im *Zeitpunkt des Abschlusses des Kaufvertrages* bestand (RG **143** 22). Das folgt aus § 439, wonach der Verkäufer einen Mangel im Recht dann nicht zu vertreten hat, wenn der Käufer ihn beim Abschluß des Vertrages kennt. Das bedeutet jedoch nur, daß der Inhalt und der Umfang der Vertretungspflicht, die der Verkäufer durch Abschluß des Kaufvertrages übernimmt, nach dem Zeitpunkt des Abschlusses bestimmt wird. Besteht das Recht zur Zeit des Vertragsschlusses, geht es aber vor seiner Übertragung unter oder wird es in seinem Bestand so verändert, daß seine Übertragung nicht mehr als Erfüllung gelten kann, so richten sich die Rechte des Käufers nicht nach § 437, sondern nach den Regeln über die nachfolgende Unmöglichkeit oder nachträgliches Unvermögen (RG **143** 22). Sind z. B. Aktien verkauft und ist über das Vermögen der AG vor Erfüllung des Vertrages das Konkursverfahren eröffnet worden, so wird dadurch der rechtliche Bestand des Aktienrechts beeinträchtigt. Der Käufer kann sich zwar nicht auf die Haftung nach § 437 berufen, er kann aber nach § 323 die Gegenleistung verweigern, falls sich aus den Parteivereinbarungen nicht das Gegenteil ergibt (RG **143** 20; BGH **24** 279, 297). Beim Verkauf einer künftigen Forderung erstreckt sich die Haftung nach dem zu unterstellenden Parteiwillen im Zweifel auf den Bestand zur Zeit der Fälligkeit. Der Verkäufer eines Rechts kann auch über die unmittelbare Erfüllung hinaus haften. Die Vertragspflicht des Verkäufers und abtretenden Gläubigers erreicht mit dem Vollzug der Abtretung nicht notwendig ihr Ende. Es können sich auch noch gewisse Nachwirkungen der vertraglichen Bindung ergeben (RG **111** 298; vgl. vor § 433 Rdn. 97 und § 433 Rdn. 51).

3. Haftung

a) Umfang. Kann der Verkäufer das verkaufte Recht oder die verkaufte Forderung 9
dem Käufer nicht verschaffen, so ist er zum Schadensersatz wegen Nichterfüllung ver-

pflichtet (vgl. § 440). Er kann verlangen, so gestellt zu werden, wie er bei gehöriger Erfüllung gestanden hätte. Das Erfüllungsinteresse besteht nicht im Kaufpreis, sondern im Wert der gekauften Forderung oder des gekauften Rechtes. Dafür ist die Zahlungsfähigkeit des Schuldners oder die Verwertbarkeit des Rechtes maßgebend. Es kann auch ein Mitverschulden des Käufers vorliegen (BGH **8** 222, 234). Der Erfüllungsort für die sich aus § 437 ergebende Gewährleistungspflicht, insbesondere für etwaige Schadensersatzansprüche, ist nicht der Erfüllungsort der abgetretenen Forderung, sondern der Wohnsitz des Verkäufers.

10 b) **Ausschluß.** Die Haftung kann ausdrücklich oder stillschweigend abbedungen werden. Ist eine Forderung als zweifelhaft abgetreten, so kommt es darauf an, ob sich der Zweifel auf das Recht bezieht — dann ist die Haftung in der Regel ausgeschlossen — oder auf die Güte und Beitreibbarkeit der Forderung — dann bleibt die Haftung für den Rechtsbestand bestehen. Bei den sog. gewagten Geschäften, wie der Kauf von gewerblichen Schutzrechten, muß der Käufer gegebenenfalls mit dem Vorliegen entgegenstehender Ansprüche (z. B. Abhängigkeit von Patenten) rechnen. Die Auslegung kann einen stillschweigenden Haftungsausschluß ergeben. Wird ein Wertpapier zur Kapitalanlage oder in spekulativer Absicht gekauft, so wird der Zweck, den der Käufer mit dem Geschäft verfolgt, vereitelt, wenn das im Wertpapier verkörperte Recht einen Mangel aufweist. Der Verkäufer ist hierfür grundsätzlich verantwortlich. Anders unter Umständen, wenn der Käufer über den Ankauf von Wertpapieren hinaus auf Kosten des Verkäufers spekulieren würde (RG **99** 217). Die Verpflichtung aus § 437 kann auch nach Handelsbrauch ausgeschlossen oder beschränkt werden (RG Gruchot **24** 199).

11 c) Nach dem Gesetz **haftet der Verkäufer einer Forderung nicht für ihre Güte und** der Verkäufer eines **Rechtes nicht dafür, daß es verwertbar** ist. Der Verkäufer kann sich hierzu aber anders verpflichten. Vgl. hierzu § 438.

12 **III. Wertpapiere**

1. **Allgemeines.** Für Wertpapiere gelten dieselben Grundsätze, die Abs. 1 für andere Rechte und Forderungen aufstellt. Der Verkäufer haftet also für den rechtlichen Bestand. Er haftet dagegen nicht für die Güte des verkauften Wertpapieres. Der Verkäufer kann aber vertraglich eine Haftung übernehmen. Eine Dividendengarantie ist keine Zusicherung einer Eigenschaft im Sinne des § 459 Abs. 2, sondern erweitert den Verkauf der Aktie, einen Rechtskauf, um das versprochene Nebenrecht und begründet die Haftung aus § 437 (RG **56** 253). Nach Abs. 2 stellt der Umstand, daß ein Wertpapier zum Zweck der Kraftloserklärung aufgeboten worden ist, einen Rechtsmangel dar. Schon die Gefahr eines Rechtsverlustes, der durch die Kraftloserklärung eintritt, wird als Rechtsmangel angesehen, ohne Rücksicht darauf, ob es zu dem Rechtsverlust kommt oder nicht.

13 2. **Kaufgegenstand** ist beim Kauf eines Wertpapieres das in dem Papier verkörperte Recht (RG DR **44** 485). Aber auch das Papier als körperliche Sache ist Kaufgegenstand. Ein Mangel, der zur Urkunde als solcher in Beziehung steht, das Wertpapier als Sache betrifft, löst die Sachmängelgewähr des § 459 aus. Das ist der Fall, wenn das Papier zerrissen, schadhaft oder unlesbar ist oder wenn ein Teil von ihm fehlt. Alsdann kann nur Wandlung und nicht Lieferung einer mangelfreien Urkunde und auch nicht Schadensersatz wegen Nichterfüllung verlangt werden. So liegt es auch, wenn am Bankschalter gefälschte ausländische Banknoten umgetauscht werden; denn dann sind ganz bestimmte Stücke Gegenstand des Kaufs. Der Kauf von Banknoten ist Sachkauf, so daß § 459 und nicht § 437 anwendbar ist (RG **109** 279). Anders, wenn gattungsmäßig verkaufte Banknoten gefälscht sind (RG JW **23** 179).

3. **Die Haftung** des Verkäufers für den rechtlichen Bestand des Wertpapiers umfaßt auch die Haftung dafür, daß er dem Käufer die Befugnis zur Geltendmachung des verbrieften Rechts verschafft (RG **109** 297; s. oben Rdn. 4). Der Verkäufer haftet daher z. B., wenn die verkaufte Inhaberschuldverschreibung der staatlichen Genehmigung ermangelt (§ 795), wenn das verkaufte Wertpapier wegen Nichtbeachtung wesentlicher Formerfordernisse (z. B. Art. 1, 2, 75, 76 WG) kein Recht oder nicht das versprochene Recht gibt, wenn über das verkaufte Papier eine Zahlungssperre (§ 1019 ZPO; RG **109** 298) verhängt ist, wenn es ausgelost oder gekündigt ist, wenn das Papier falsch oder gefälscht ist. Der Verkäufer hat auch dafür einzustehen, daß dem Käufer das zunächst erlangte Recht nicht durch gesetzliche Maßnahmen wieder entzogen wird, falls diese Maßnahmen in tatsächlichen Verhältnissen wurzeln, die zur Zeit des Kaufabschlusses bereits bestanden und eine gesetzliche Regelung der dann getroffenen Art (Wertpapierbereinigungsgesetz) erwarten ließen (BGH WM **58** 357; BGH **8** 222). 14

4. **Einzelfälle:** Der entgeltliche Erwerb vinkulierter Namensaktien ist Kauf. Wird die Zustimmung zur Übertragung der *Aktien* versagt, so hat der Käufer keinerlei Rechte aus dem Kauf, auch nicht aus § 437 (RG **132** 157; O. *Möhring* BB **53** 773). Der Verkäufer einer Aktie haftet nicht dafür, daß ihre Ertragsfähigkeit oder ihr Kurs bestehen bleibt. Um den Bestand, für den der Verkäufer haftet, geht es dagegen, wenn Aktien oder Zwischenscheine entgegen § 34 Abs. 4 AktG vor Eintragung der Gesellschaft ins Handelsregister ausgegeben werden. 15

Der Kauf eines *GmbH-Geschäftsanteils* ist Rechtskauf. Der Verkäufer haftet daher nur für den rechtlichen Bestand des Mitgliedschaftsrechts. Er kann aber eine vertraglich darüber hinausgehende Haftung übernehmen (RG **171** 93). § 437 greift jedoch ein, falls der Erwerber für die gesellschaftlichen Leistungen gemäß § 16 Abs. 3 GmbHG einstehen muß (RG **96** 227). Das gleiche gilt beim Verkauf eines Genossenschafts- oder GmbH-Anteils, wenn wegen Nichterfüllung von Einlageverpflichtungen die Ausschließung möglich ist.

Beim *Wechseldiskontgeschäft* haftet der Verkäufer nicht für eine spätere Verschlechterung der Valuta (RG **142** 28). Er haftet aber für den rechtlichen Bestand der Wechselforderung selbst, gleichgültig, ob in der Wechseldiskontierung oder in dem zugrunde liegenden Geschäft ein Kauf zu finden ist (RG **93** 26). Das gilt auch dann, wenn einer der Wechselverpflichteten den Wechsel veräußert hat. Der Verkäufer eines Schecks haftet nach § 437 dafür, daß der *Scheck* nicht zum Zwecke der Kraftloserklärung aufgeboten ist. Aber nicht jede Schecküberlassung gegen Zahlung ist Kauf, sondern nur, wenn aus dem Scheck neben dem Aussteller noch ein Dritter haftet. Jedenfalls haftet der Verkäufer nur für den Bestand, nicht für die Güte des Schecks. Eine besondere zivilrechtliche Haftung für den Eingang der Schecksumme übernimmt der Verkäufer, der zugleich Aussteller ist, nicht (RG **112** 46).

§ 438

Übernimmt der Verkäufer einer Forderung die Haftung für die Zahlungsfähigkeit des Schuldners, so ist die Haftung im Zweifel nur auf die Zahlungsfähigkeit zur Zeit der Abtretung zu beziehen.

Übersicht

	Rdn.		Rdn.
I. Allgemeines	1–2		
1. Grundsatz	1	II. Rechtsnatur der Haftungsübernahme	3
2. Güte oder Verwertbarkeit eines Rechts	2	III. Einzelheiten zur Haftungsübernahme	4

1 I. Allgemeines

1. Grundsatz

Die Vorschrift des § 438 fällt aus der Regelung der Haftung für Mängel im Recht heraus. Wie sich aus §§ 437, 438 ergibt, haftet der Verkäufer nach dem Gesetz nur für den rechtlichen Bestand der Forderung. Er haftet aber nicht auch für die Güte der Forderung oder für die Leistungsfähigkeit des Schuldners. Der Verkäufer kann indessen vertraglich die Haftung für die Zahlungsfähigkeit des Schuldners und die Güte der Forderung übernehmen. Die Vorschrift des § 438 hat ausschließlich diesen Fall im Auge. Sie stellt zugunsten des Verpflichteten die widerlegbare Vermutung auf, daß sich sein Versprechen auf Gewährleistung nach der Parteiabsicht nur auf den Zustand zur Zeit der Abtretung beschränke.

2 2. Güte oder Verwertbarkeit eines Rechtes

Da der Verkäufer nicht für die Güte oder Verwertbarkeit einzustehen hat, haftet der Verkäufer eines Patents nicht für die Brauchbarkeit der Erfindung. Der Verkäufer eines Mitgliedschaftsrechtes haftet für den Bestand, nicht für den Ertrag aus dem Recht. Eine Zusicherung „die Hypothek ist gut" legt der Hypothek die Eigenschaft bei, daß sie innerhalb des Wertes des belasteten Grundstücks liegt (RG Gruchot **48** 343); für die persönliche Zahlungsfähigkeit des Schuldners wird dadurch keine Haftung übernommen. Anders als beim Sachkauf haftet der Verkäufer beim Rechtskauf kraft Gesetzes auch nicht für Eigenschaften des verkauften Rechtes oder der verkauften Forderung. Auch eine entsprechende Anwendung des § 459 findet nicht statt, da das Gesetz den Sachkauf und den Rechtskauf besonders geregelt hat. Aber auch insoweit kann eine Haftung durch besonderen Gewährleistungsvertrag übernommen werden. Dazu gehört, daß sich beide Teile bewußt sind, das Einstehen für die zugesicherte Eigenschaft bilde einen Teil der vertragsmäßigen Leistung.

3 II. Rechtsnatur der Haftungsübernahme

Die Übernahme der Gewähr stellt kein bürgschaftsartiges Versprechen dar, weil der Verkäufer für seine eigene, nicht aber für eine fremde Verbindlichkeit zu haften verspricht. Sie ist vielmehr eine selbständige kaufrechtliche Verbindlichkeit. Die Haftung ist demgemäß auch nicht vom Bestehen der verkauften Forderung abhängig (RG **60** 371; **72** 140). Das Versprechen unterliegt auch nicht der Schriftform nach § 766; der Käufer darf aber § 776 entsprechend nicht arglistig Sicherheiten aufgeben.

4 III. Einzelheiten zur Haftungsübernahme

Die Bestimmung, daß die Haftung sich im Zweifel nur auf die Zahlungsfähigkeit zur Zeit der Abtretung beziehe, beruht auf dem Gedanken, daß der Verkäufer einer Forderung *für nachträgliche Veränderungen* in der Lage des Schuldners *nicht einzustehen* braucht. Nach der allgemeinen Fassung der Vorschrift muß die Vermutung auch für den Fall Platz greifen, daß die Kündbarkeit der Forderung zur Zeit der Abtretung noch ausgeschlossen und auf eine spätere Zeit hinausgeschoben war. Unter solchen Umständen wird jedoch der Parteiwille oft dahin gehen, daß für die Haftung des Verkäufers nicht der Zeitpunkt der Abtretung, sondern erst der der Kündbarkeit entscheidend sein soll.

Da die Übernahme der Haftung keine Bürgschaft bildet (s. oben Rdn. 3), steht dem Verkäufer zwar nicht die Einrede der Vorausklage zu; der Käufer kann *jedoch* nach Treu und Glauben im allgemeinen den Verkäufer *erst dann in Anspruch nehmen, wenn* er zunächst in gehöriger Weise *versucht* hat, *die Forderung vom Schuldner beizutreiben.*

Er ist auch gehalten, die Forderung rechtzeitig zu kündigen und die Zwangsvollstreckung zu betreiben.

Ist die *Haftung nur für* eine *bestimmte Dauer* übernommen, so fällt sie fort, wenn die Schuld nicht innerhalb der Gewährfrist fällig gemacht worden und eingefordert ist. Auf die zeitliche Beschränkung der Haftung hat der Verkäufer dann kein Anrecht, wenn er die Haftung für den Eingang der Forderung übernommen hat. Aber auch in diesem Fall muß der Käufer zunächst gegen den Schuldner vorgehen, um nicht den Gewährsanspruch zu verwirken. Hat indessen der Verkäufer nicht nur für den vollständigen, sondern auch für den pünktlichen Eingang der Forderung Gewähr geleistet, dann ist die Abrede dahin zu verstehen, daß der Käufer bei Säumigkeit des Schuldners zur Inanspruchnahme des Verkäufers ohne weiteres berechtigt sein soll (RG **72** 140). Auf die zeitliche Beschränkung der Haftung nach § 438 kann sich der Verkäufer auch dann nicht berufen, wenn er gewußt hat, daß die Zahlungsunfähigkeit des Schuldners droht, das aber arglistig verschwiegen hat.

Die Bestimmung des § 438 ist bei Abtretung einer Forderung an Erfüllungs Statt und auch dann entsprechend anwendbar, wenn Gegenstand des Kaufes und der Abtretung nicht eine Forderung, sondern eine Hypothek oder eine Grundschuld ist und für deren Güte die Gewähr übernommen wird (RG Gruchot **57** 930).

§ 439

Der Verkäufer hat einen Mangel im Rechte nicht zu vertreten, wenn der Käufer den Mangel bei dem Abschlusse des Kaufes kennt.

Eine Hypothek, eine Grundschuld, eine Rentenschuld, eine Schiffshypothek oder ein Pfandrecht hat der Verkäufer zu beseitigen, auch wenn der Käufer die Belastung kennt. Das gleiche gilt von einer Vormerkung zur Sicherung des Anspruchs auf Bestellung eines dieser Rechte.

Übersicht

	Rdn.		Rdn.
I. Rechtliche Bedeutung	1	IV. Maßgebender Zeitpunkt	4
II. Einzelfälle	2	V. Pfandrechte des Absatz 2	5, 6
III. Die Kenntnis des Käufers	3	VI. § 439 bei der Rückerstattung	7

I. Rechtliche Bedeutung 1

Der Grund dafür, daß die Haftung des Verkäufers entfällt, wenn der Käufer den Mangel kennt, liegt entweder in einem Verzicht des Käufers auf die Gewährleistung oder in dem zu vermutenden Willen des Käufers, die sich aus dem Mangel im Recht ergebende Gefahr zu übernehmen (BGH **13** 341). Die Vorschrift des § 439 betrifft nur die Befreiung von der gesetzlichen Haftung auf Gewährleistung, nicht auch die durch besondere Zusicherung begründete (RG **88** 165). Die Vorschrift ändert nichts an der durch den Vertrag begründeten Verpflichtung des Verkäufers, dem Käufer Eigentum und Besitz am Kaufgegenstand zu verschaffen. Wird der Gegenstand wegen eines Rechtsmangels beiden Parteien entzogen, ohne daß dies eine der Vertragsparteien zu vertreten hat, so finden — ohne Rücksicht auf § 439 — die allgemeinen Vorschriften über die Folgen der Nichterfüllung einer Vertragspflicht, insbesondere § 323 Anwendung. Der Käufer kann den bereits gezahlten Kaufpreis zurückfordern (RG **132** 148; RG DR **39** 1886). Wird *mit beiderseitigem Wissen eine fremde Sache verkauft,* so kann darin sowohl eine besondere Gewährleistung des Verkäufers als auch ein Verzicht des Käufers auf eine Haftung des Verkäufers liegen. Das ist Auslegungsfrage. Der Verkäufer haftet für Erfüllung des Kaufvertrages jedenfalls dann, wenn der Käufer nach den Umständen davon ausgehen durfte, der Verkäufer handele im Einverständnis mit dem Eigentümer und verpflichte sich, dem Käufer durch Zusammenwirken mit dem Eigentümer das Eigentum zu verschaffen. Die Kenntnis des Käufers, daß der Verkäufer einer Gattungssache sie sich erst beschaffen muß, kann, wenn die Beschaffung mißlingt, ohne Hinzutreten besonderer Umstände nicht zum Wegfall der Haftung des Verkäufers oder zu einer Schadensteilung führen (BGH LM BGB § 242 (Ba) Nr. 60).

2 **II. Einzelfälle**

Auch *schuldrechtliche Ansprüche eines Dritten*, die dem Anspruch des Käufers auf Besitzerlangung entgegenstehen, bilden einen Mangel im Recht, so Mietrechte, auf die sich der Mieter einem Grundstückskäufer gegenüber nach § 571 berufen kann (BGH WarnRspr. **72** Nr. 57; s. auch § 434 Rdn. 6). Hat der Käufer beim Abschluß des Kaufvertrages Kenntnis davon, daß das gekaufte Grundstück mit einem *dinglichen Vorkaufsrecht* belastet ist, so hat der Verkäufer diesen Mangel im Recht nicht zu vertreten, also dem Käufer insbesondere nicht Schadensersatz wegen Nichterfüllung zu leisten. Als Inhalt des Kaufvertrages ist anzunehmen, daß der Verkauf nur unter der Bedingung erfolgt, daß der Vorkaufsberechtigte sein Vorkaufsrecht nicht ausüben werde (RG JW **22** 576). Daß diese Bedingung im Kaufvertrag nicht erwähnt wird, berührt dessen Wirksamkeit nicht (RG HRR **37** 1495). Ein *persönliches Vorkaufsrecht* ist dagegen kein Mangel im Recht. Wer ein Grundstück in Kenntnis eines persönlichen Vorkaufsrechtes kauft, hat, wenn der Verkäufer das Grundstück dem Vorkaufsberechtigten übereignet, die Rechte aus §§ 440, 325 (s. § 434 Rdn. 6). Kennt der Käufer einer *Hypothek* das Nichtbestehen der gesicherten Forderung, so entfällt die Haftung für den rechtlichen Bestand sowohl der Forderung als der Hypothek, da Forderung und Hypothek untrennbar zusammenhängen (RG **81** 260).

3 **III. Kenntnis des Käufers**

Nur tatsächliche Kenntnis des Rechtsmangels schließt den Gewährleistungsanspruch aus. Das Kennenmüssen steht der wirklichen Kenntnis nicht gleich, auch wenn es auf Verschulden beruht, z. B. also der Käufer das Grundbuch nicht eingesehen hat. Gleichzustellen ist der Kenntnis aber der Fall, daß der Käufer mit einem Mangel im Recht oder den tatsächlichen Voraussetzungen hierfür gerechnet hat und das Risiko, daß diese Annahme richtig ist, übernommen hat (BGH LM BGB § 439 Nr. 3).

Die Kenntnis des Käufers muß sich auf das Nichtbestehen des Rechtes oder dessen Beschränkungen beziehen. Die Kenntnis der tatsächlichen Verhältnisse, aus denen der Rechtsmangel folgt, genügt nicht; es muß hinzukommen, daß der Käufer auch die rechtliche Folge dieser Tatsachen kennt (BGH LM BGB § 539 Nr. 1). Wer daher nur das Vorhandensein von Fenstern kennt, braucht damit noch nicht notwendig zu wissen, daß diese auf dem Recht eines Dritten beruhen. Dagegen ist unerheblich, ob der Käufer über die rechtliche oder wirtschaftliche Tragweite des ihm bekannten Rechts geirrt hat (BGH **2** 331). Anders bei einem Irrtum über den tatsächlichen Umfang des Rechts; hier liegt keine Kenntnis im Sinne des § 439 vor (BGH WarnRspr. **72** Nr. 57 für einen Fall, in dem der Käufer eines Grundstücks zwar das Bestehen von Mietverhältnissen kannte, aber über die Verlängerung der Mietdauer über einen von ihm als Endpunkt angenommenen Termin hinaus irrte). Auch wenn ein Widerspruch gegen das Recht des Grundstücksverkäufers oder eine Vormerkung eingetragen ist, kommt es doch auf die Kenntnis vom wirklichen Mangel an. Die Kenntnis davon, daß Eigentumsansprüche behauptet werden, ist nicht stets der Kenntnis vom Bestehen eines Rechtes gleichzustellen (RG **149** 198).

Wer *erklärt, die Mängel im Recht zu kennen,* muß sich so behandeln lassen, als wenn dies der Fall wäre, auch wenn er die Kenntnis in Wahrheit nicht besitzt. So kann das angenommen werden bei der Abrede im Vertrag über ein Grundstück: „Dem Käufer sind die Mietverträge bekannt". Doch ist eine solche Auslegung nicht zwingend, z. B. wenn dem Käufer nur die „Mietverhältnisse" bekannt sind (BGH WarnRspr. **72** Nr. 57). Der Käufer kennt einen Mangel im Recht auch dann, wenn er beim Abschluß des Kaufvertrages mit einem ausländischen Hersteller weiß, daß er durch den Vertrieb der eingeführten Ware gegen ein in Deutschland angemeldetes und bekanntgemachtes, aber noch nicht erteiltes Patent verstößt, selbst wenn Käufer und Verkäufer geglaubt haben, das Patent werde nicht erteilt oder vernichtet werden (BGH NJW **73** 1545). Die Kenntnis von einem Teil des Rechtes läßt bei Teilbarkeit der Befugnisse die Haftung für den unbekannten Teil bestehen. Auf welche Weise der Käufer die Kenntnis erlangt hat, ist gleichgültig, er braucht sie auch nicht durch den Verkäufer oder bei Gelegenheit der Vertragsverhandlungen erworben zu haben, noch braucht sie sich aus der Vertragsurkunde zu ergeben.

Der BGH hat ausgesprochen, ein Verkäufer werde durch die Vorschrift des § 439 über den Ausschluß der Rechtsmängelhaftung nur bei Kenntnis nicht gehindert, dem Anspruch eines Käufers wegen Nichtverschaffung des Eigentums entgegenzuhalten, der *Käufer hätte ihm bekanntgewordene Zweifel* am Eigentum des Verkäufers bei den Kaufverhandlungen *mitteilen müssen* (BGH LM BGB § 439 Nr. 3). Der Entscheidung ist zu Unrecht entgegengehalten worden, der Käufer könne nicht entgegen § 439 rechtlos gestellt werden. Es geht nicht darum, § 439 unter Berufung auf Treu und Glauben entgegen seinem Gesetzeszweck anzuwenden; vielmehr wird dem Verkäufer, der auf Gewährleistung wegen Mängel im Recht in Anspruch genommen wird, die Einwendung eingeräumt, den Käufer treffe ein Mitverschulden an dem ihm entstandenen Schaden.

IV. Maßgebender Zeitpunkt 4

Die Kenntnis muß *beim Abschluß des Vertrages* vorliegen, eine spätere Kenntnis ist ohne Einfluß. Bei Grundstückskäufen erfolgt der Abschluß erst mit der notariellen Beurkundung. Bei einer erst zur Zeit der Erfüllung erlangten Kenntnis kommt § 439 nicht zur Anwendung

V. Pfandrechte des Abs. 2 5

Nach Abs. 2 ist von der Regel des Abs. 1 eine Ausnahme in Übereinstimmung mit der Verkehrssitte dann begründet, wenn bei Abschluß eines Kaufvertrages der Käufer die Hypotheken, Grundschulden, Rentenschulden oder Pfandrechte kennt. Die Vorschrift ist im allgemeinen nur auf den Verkauf von Grundstücken anwendbar, doch weist die Erwähnung des Pfandrechts darauf hin, daß nicht bloß Rechte an Grundstükken, sondern auch an beweglichen Sachen in Frage kommen können, so bewegliches Zubehör zu Grundstücken (RG **57** 1; BGH WM **61** 482). Nach § 439 Abs. 2 kann der Käufer die Befreiung von diesen Belastungen verlangen, wenn nichts anderes vereinbart ist. Die Pflicht zur Beseitigung der Grundpfandrechte erschöpft sich nicht darin, die zugrunde liegenden persönlichen Verbindlichkeiten zum Erlöschen zu bringen; der Verkäufer hat vielmehr auch dafür Sorge zu tragen, daß die vom Grundstückskäufer nicht übernommenen Belastungen im Grundbuch gelöscht werden.

Auch § 439 Abs. 2 ist *nachgiebigen Rechtes.* Wenn der Käufer eines Grundstücks 6
die Hypothek oder die Grundschuld in Anrechnung auf den Kaufpreis übernommen hat oder der Verkäufer die Gewähr dafür übernimmt, daß das belastende Recht dem Käufer kein Hindernis bereitet, kann die Beseitigungspflicht entfallen. Hat sich der Grund-

stücksverkäufer dem Käufer gegenüber verpflichtet, eine auf dem Grundstück ruhende Rente selbst zu tragen und zur Löschung zu bringen, so muß er im Fall der Zwangsversteigerung von seinem auf die Restkaufgeldhypothek entfallenden Anteil am Erlöse so viel abziehen, wie das zur Hebung kommende Rentenkapital beträgt. Nach § 1107 gilt die Vorschrift auch wegen Rückständen von Reallasten. Die Reallast selbst fällt nicht unter § 439 Abs. 2; sie ist nicht der Hypothek gleichgestellt.

7 **VI. Rückerstattung.** Auch die Rückerstattungspflicht nach den Rückerstattungsgesetzen ist ein Rechtsmangel. Jedoch gilt im Rückerstattungsrecht § 439 Abs. 1 nicht (BGH **11** 16; **13** 341).

§ 440

Erfüllt der Verkäufer die ihm nach den §§ 433 bis 437, 439 obliegenden Verpflichtungen nicht, so bestimmen sich die Rechte des Käufers nach den Vorschriften der §§ 320 bis 327.

Ist eine bewegliche Sache verkauft und dem Käufer zum Zwecke der Eigentumsübertragung übergeben worden, so kann der Käufer wegen des Rechtes eines Dritten, das zum Besitze der Sache berechtigt, Schadensersatz wegen Nichterfüllung nur verlangen, wenn er die Sache dem Dritten mit Rücksicht auf dessen Recht herausgegeben hat oder sie dem Verkäufer zurückgewährt oder wenn die Sache untergegangen ist.

Der Herausgabe der Sache an den Dritten steht es gleich, wenn der Dritte den Käufer oder dieser den Dritten beerbt oder wenn der Käufer das Recht des Dritten anderweit erwirbt oder den Dritten abfindet.

Steht dem Käufer ein Anspruch auf Herausgabe gegen einen anderen zu, so genügt an Stelle der Rückgewähr die Abtretung des Anspruchs.

Übersicht

	Rdn.
I. Die Rechtsfolgen der Nichterfüllung	1–11
1. Nichterfüllung der Pflichten des Käufers	2, 3
2. Nichterfüllung des Verkäufers	4–11
II. Schadensersatzanspruch des Käufers nur bei Entwehrung	12–15
1. Grundsatz	12, 13
2. Einzelheiten der Entwehrung	14
3. Haftung ohne Entwehrung	15
III. Einzelfälle der Gewährleistung	16

1 **I. Die Rechtsfolgen der Nichterfüllung**

Die Rechtsfolgen der Nichterfüllung der in §§ 433 ff begründeten Vertragspflichten sind im allgemeinen sowohl für den Verkäufer als auch für den Käufer die *Folgen, die das Gesetz an die Nichterfüllung bei gegenseitigen Verträgen überhaupt knüpft.* § 440 setzt voraus, daß das Eigentum auf vertraglicher Grundlage übergeht. Fehlt es an einem abgeleiteten Erwerb, so ist für eine Rechtsmängelhaftung kein Raum (BGH WM **60** 1095 = Betrieb **60** 1125). Das gilt in allen Fällen, in denen der Eigentumserwerb auf einem Staatshoheitsakt beruht, z. B. beim Erwerb in der Zwangsvollstreckung (vgl. §§ 461 BGB, 806 ZPO, 56 Satz 3 ZVG).

2 **1. Die Nichterfüllung der Pflichten des Käufers**

§ 440 trifft insoweit keine besonderen Bestimmungen; es gelten daher die **allgemeinen Regeln.**

a) Da die *Zahlung des Kaufpreises* in Geld besteht, ist der Mangel an Geld bei dem Käufer nur Unvermögen nach § 279, nicht Unmöglichkeit. Das ist auch der Fall bei einer

Geldentwertung, nur daß dann möglicherweise die Menge der Geldzeichen, die an die Stelle des Geldes der früheren Währung tritt, sich ändert. Unmöglichkeit der Zahlung tritt dagegen ein, wenn der Käufer in Fremdwährung zu zahlen hat und keine Genehmigung zur Zahlung des Kaufpreises erhält. Hier werden beide Teile von ihrer Leistungspflicht nach § 323 frei. Der Verkäufer ist gegebenenfalls auch nach § 325 zum Rücktritt oder zum Schadensersatzanspruch berechtigt. Bei Verzug des Käufers mit der Zahlung des Kaufpreises ist der Verkäufer zur Forderung von Schadensersatz und vorbehaltlich der Ausnahmebestimmung des § 454 zum Rücktritt berechtigt (§§ 286, 326). Im einzelnen s. die Ausführungen zu diesen Bestimmungen.

b) Bei Verzug mit anderen Leistungen als der Zahlung ist § 326 in der Regel 3
nicht anwendbar, weil diese Vorschrift Verzug mit einer Hauptleistung voraussetzt. Die *Abnahmeverpflichtung* des Käufers ist im allgemeinen keine Hauptleistung; kommt der Käufer mit ihr in Verzug, so kommt regelmäßig nur § 286 und nicht § 326 zur Anwendung. Anders wenn die Abnahmeverpflichtung eine Hauptleistung darstellt (s. § 433 Rdn. 65). In der unberechtigten bedingungslosen Abnahmeverweigerung kann eine positive Vertragsverletzung liegen. Alsdann kann der Verkäufer ohne Nachfristsetzung vom Vertrage zurücktreten oder Schadensersatz wegen Nichterfüllung verlangen (vgl. BGH **11** 80). Bei *Annahmeverzug* des Käufers (s. § 433 Rdn. 67) kann der Verkäufer die Mehraufwendungen für das erfolglose Angebot und für die Aufbewahrung verlangen, § 304; Urkunden und Kostbarkeiten hinterlegen, § 372; zur Hinterlegung nicht geeignete Gegenstände öffentlich versteigern lassen und den Erlös hinterlegen, § 383. Außer diesen Rechten hat bei einem Handelskauf der Verkäufer, wenn sich der Käufer im Annahmeverzug befindet, die Rechte aus § 373 HGB: Hinterlegung oder wahlweise Selbsthilfeverkauf (vor § 433 Rdn. 43). Ferner kann der Verkäufer die Kaufsache unter Beanspruchung von Lagergeld (§ 354 HGB) aufbewahren. Wegen der Rechtsfolgen bei *Verzug mit dem Abruf* s. § 433 Rdn. 68.

Sind in einem Kaufvertrage dem Käufer *besondere Verpflichtungen* auferlegt (z. B. Abbruch von Gebäuden und Neuerrichtung eines Wohnhauses), so ist im Zweifel anzunehmen, daß die Rechtsfolgen einer Leistungsstörung nur bei schuldhafter Nichterfüllung eintreten sollen (BGH WM 70 1095).

2. Die Nichterfüllung der Pflichten des Verkäufers 4

Die Rechtsfolgen werden in § 440 für den Verkäufer noch ausdrücklich hervorgehoben, und es wird damit klargestellt, daß jede einzelne der in §§ 433—437 und 439 dem Verkäufer obliegenden Verpflichtungen einen Teil seiner Verpflichtungen ausmacht, er also, wenn er eine der Verpflichtungen nicht erfüllt, den Vertrag teilweise nicht erfüllt und die Rechtsbehelfe wegen Nichterfüllung hinsichtlich jedes Teiles zulässig sind.

a) Der Käufer hat nach §§ 320, 322 die **Einrede des nicht erfüllten Vertrages.** 5
Auch bei ursprünglichem Unvermögen des Verkäufers kann der Käufer, statt das Erfüllungsinteresse zu fordern, sich darauf beschränken, die ihm obliegende Gegenleistung zu verweigern. Die in § 440 Abs. 1 angeführten §§ 320—327 regeln zwar nicht unmittelbar den Fall, daß der Schuldner von Anfang an zur Leistung unvermögend ist, aus ihnen ist aber der Grundsatz zu entnehmen, daß der Käufer beim Verkauf eines nicht bestehenden Rechts berechtigt ist, die Zahlung des Kaufpreises zu verweigern (RG 73 210).

b) Der Käufer hat den Anspruch auf **Schadensersatz wegen Nichterfüllung** 6
(§ 325), falls die dem Verkäufer obliegende Leistung infolge eines Umstandes unmöglich wird, den er zu vertreten hat. § 325 greift nur bei verschuldeter nachträglicher Unmöglichkeit oder verschuldetem nachträglichen Unvermögen ein. Bei anfänglichem Unvermögen, wie es insbesondere beim Verkauf einer dem Verkäufer nicht gehörenden

Sache gegeben ist, kann der Käufer, falls der Verkäufer nicht erfüllt, unmittelbar aus dem Kaufvertrage Schadensersatz wegen Nichterfüllung verlangen. Denn mit der Verpflichtung zur Leistung übernimmt der Schuldner zugleich auch die Haftung für seine Leistungsfähigkeit; für sie hat er einzustehen und kann sich grundsätzlich nicht auf fehlendes Verschulden berufen (BGH **8** 222; **11** 16; LM BGB § 242 (Ba) Nr. 60; BGH WarnRspr. **72** Nr. 72). Zur Frage, ob die Haftung unter besonderen Umständen einzuschränken ist, s. Ausführungen zu § 306; vgl. auch die beiden letztgenannten Entscheidungen. Die Kenntnis des Käufers einer Gattungssache, daß sich der Verkäufer die Sache erst beschaffen muß, kann ohne Hinzutreten weiterer Umstände nicht zum Fortfall der Haftung des Verkäufers oder zu einer Schadensteilung führen (BGH LM BGB § 242 (Ba) Nr. 60). Schadensersatz wegen Nichterfüllung hat der Verkäufer auch zu leisten, wenn die Rechtsmängel auf positive Vertragsverletzung oder Verschulden bei Vertragsschluß zurückzuführen sind. Schadensersatzpflichtig ist auch ein Verkäufer, der trotz eines ihm zustehenden Zurückbehaltungsrechts dem Käufer die Kaufsache zwecks Eigentumsverschaffung übergibt, diesen Erfolg aber nicht erreichen kann, weil ein Dritter Eigentümer der Kaufsache ist und Ansprüche aus dem Eigentum erhebt. Als Grundsatz kann nicht anerkannt werden, daß, wer nicht zu erfüllen braucht, aber trotzdem leistet, nicht verpflichtet sei, die erbrachte Leistung vertragsgemäß zu bewirken. Im allgemeinen kann allerdings Schadensersatz wegen Nichterfüllung erst verlangt werden, wenn der Anspruch auf Eigentumsverschaffung fällig ist; das gilt aber nicht, wenn der Verkäufer den Käufer in die Lage versetzt, die Kaufsache zu verarbeiten und lediglich auf diese Weise ihr Eigentümer zu werden (BGH LM BGB § 134 Nr. 34).

7 c) Bei **Verzug** des Verkäufers mit einer der ihm obliegenden Verpflichtungen hat der Käufer auch das Recht, **Schadensersatz** wegen verspäteter Erfüllung nach § 286 oder nach vergeblicher Nachfristsetzung nach § 326 Schadensersatz wegen Nichterfüllung zu verlangen. Das gilt auch, wenn der Verzug darin besteht, daß bisher nur mangelhafte Ware geliefert worden ist, die der Käufer zu Recht nicht abgenommen hat, so daß Verzug mit der Übergabe vorliegt. Schadensersatz wegen verspäteter Erfüllung, nicht Schadensersatz wegen Nichterfüllung kann der Käufer verlangen, dem ein gestohlener Kraftwagen verkauft worden ist, der bei ihm zeitweilig bis zur nachträglichen Eigentumsverschaffung beschlagnahmt worden ist (BGH Urt. v. 14. November 55 — II ZR 104/54). Bei Sukzessivlieferungsverträgen kann der Käufer auch ohne Fristsetzung vom Vertrage zurücktreten oder Schadensersatz fordern, wenn eine Teillieferung erheblich fehlerhaft und zu befürchten ist, daß auch die weiteren nicht anders ausfallen werden.

8 d) Der Käufer hat das Recht zum **Rücktritt** vom Vertrage nach §§ 325, 326, 327. § 327 Satz 2 bedeutet für den Kaufvertrag, daß der Käufer, da er — wie regelmäßig — den Rechtsmangel nicht zu vertreten hat, für die ihm obliegende Rückgewähr nur nach den Vorschriften über die ungerechtfertigte Bereicherung haftet (vgl. RG **130** 123; BGH **53** 144). Die Verweisung auf die Vorschriften über die Herausgabe einer ungerechtfertigten Bereicherung begrenzt nur den Haftungsumfang und dient nicht dazu, die Tatbestände festzulegen, durch die eine Herausgabepflicht erzeugt wird (RG **139** 17); § 327 Satz 2 berührt also nicht die Voraussetzungen für den Rücktritt. Dagegen ist das Rücktrittsrecht des Käufers nach § 351 ausgeschlossen, wenn der Käufer eine wesentliche Verschlechterung, den Untergang oder die anderweitige Unmöglichkeit der Herausgabe verschuldet hat.

Die Tragweite dieser Bestimmungen ist bestritten. S. dazu allgemein die Ausführungen zu §§ 327, 351. Auf dem Gebiet des Kaufrechts geht es darum, ob und wieweit das Rücktrittsrecht berührt wird, wenn der Käufer die *Kaufsache übermäßig abgenutzt* hat oder wenn er die *Kaufsache*, an der er kein Eigentum erlangt hat — etwa weil sie gestohlen ist —, *dem Eigentümer herausgegeben* hat. Beides kann auch wie im Falle BGH **5** 337 zusammentreffen. Dieser Fall hat zu einer lebhaften Auseinandersetzung in der Rechtslehre geführt (*Boehmer* JZ **52** 521 und 588; **53** 392. *Mezger* JZ **53** 67; NJW **53** 812. *Ernst Wolf* NJW **53** 164; **54** 768. *Werner* NJW **52** 930). Für die Lösung der Frage ist zu beachten, daß Verschulden im Sinne des § 351 nicht Verschulden gegenüber dem Verkäufer bedeutet, sondern lediglich Maßstab ist für das in § 351 ausgedrückte *Verbot widersprüchlichen Verhaltens* (venire contra factum proprium) und die unzulässige Rechtsausübung bei der Wahl des Rücktritts. Hiervon ausgehend ist für die übermäßige Abnutzung zu unterscheiden zwischen der Abnutzung vor Kenntnis des Rücktrittsrechts und nach Kenntnis. Der Eigentümer kann grundsätzlich mit seiner ihm gehörenden Sache nach Belieben verfahren; er hat möglicherweise guten Grund, sie bis zur Zerstörung zu gebrauchen. Derjenige, der sich ohne Verschulden für den Eigentümer gehalten hat, handelt deshalb nicht vorwerfbar, wenn er, nachdem er nachträglich erfahren hat, daß er nicht Eigentümer ist, von dem ihm nach dem Gesetz zustehenden Rechtsbehelf des Rücktritts Gebrauch macht. Er braucht dann nicht mit dem Verkäufer darüber zu rechten, wie er mit seinem Eigentum verfahren ist. A.A. *Boehmer* (JZ **52** 522 und 588; **53** 393), der § 351 anwenden will, weil der Käufer die aus der übermäßigen Beanspruchung der Kaufsache und damit seinem unwirtschaftlichen Verhalten entspringenden Nachteile durch Ausübung des Rücktrittsrechts auf den Verkäufer abwälzen will und damit gegen Treu und Glauben verstoße. Indessen schließt § 351 gerade den Fall ein, daß auch bei nicht zufälliger Verschlechterung ein Rücktritt des Käufers zum Nachteil des Verkäufers zulässig sein kann. Dagegen ist bei übermäßiger Abnutzung in Kenntnis des Rechtsmangels der Rücktritt nach § 351 ausgeschlossen. Für die zweite Frage nach den Rechtsfolgen der Herausgabe der nicht zum Eigentum übertragenen Kaufsache an den Eigentümer spielt die Kenntnis vom Rücktrittsrecht keine Rolle, da der Käufer weiß, daß er nicht Eigentümer geworden ist. Mit Recht hält aber *Kuhn* (11. Auflage § 440 Anm. 13) für maßgebend, ob der Käufer zur Zeit der Herausgabe der Kaufsache an den Eigentümer bereits rücktrittsberechtigt war oder nicht. Das beurteilt sich beim ursprünglichen Unvermögen des Verkäufers ebenso wie der Schadensersatz wegen Nichterfüllung danach, ob der Verkäufer endgültig nicht erfüllen kann oder der Käufer gemäß § 326 vergeblich Nachfrist gesetzt hat. Erfüllt der Käufer den Eigentumsherausgabeanspruch vor einem dieser Zeitpunkte, so macht er sich die Rückgabe der Kaufsache an den Verkäufer schuldhaft unmöglich, weil er im Verhältnis der Kaufvertragsparteien noch nicht zur Herausgabe der Kaufsache an den Eigentümer berechtigt war. Gibt er dagegen an den Eigentümer heraus, nachdem er dem Verkäufer gegenüber rücktrittsberechtigt geworden war, so wird der Rücktritt nicht ausgeschlossen, da der Käufer mit der Herausgabe der gestohlenen Kaufsache an den Eigentümer gegenüber dem Verkäufer nicht vertragswidrig handelt. Hatte der Käufer von dem Verkäufer vergeblich Vertragserfüllung gefordert, so stellt es *keine unzulässige Rechtsausübung* dar, wenn der Käufer die ihm nicht gehörende Sache dem Eigentümer herausgibt und den Rücktritt vom Kaufvertrage wählt. Denn der Käufer ist dem Herausgabeanspruch (§ 985) ausgesetzt und kann die Möglichkeit des Rücktritts nicht dadurch einbüßen, daß er diesen Anspruch erfüllt (ebenso im Ergebnis BGH **16** 307). Benutzt der Käufer die Kaufsache in Kenntnis des Rechtsmangels weiter und tritt hierdurch eine wesentliche Verschlechterung des Kaufgegenstandes ein, so ist der Rücktritt nach § 351 ausgeschlossen. Gibt darauf der Käufer die gestohlene Kaufsache an den Eigentümer heraus, so stellt sich die Frage, welche Wirkung die Herausgabe hat, nicht.

Der Käufer verliert das Rücktrittsrecht nicht dadurch, daß er die *Kaufsache* bis zur Entdeckung des Rechtsmangels in gewöhnlichem Umfange *benutzt und abnutzt.* Auch nach Entdeckung schließt bloße Weiterbenutzung ohne wesentliche Verschlechterung den Rücktritt nicht aus; die Folgen regeln sich dann nach § 347. Ist der Rücktritt wirksam erfolgt, wird er nicht dadurch hinfällig, daß der Käufer die Sache weiterbenutzt. Der Käufer kann aber dadurch seine Rechte aus der Rücktrittserklärung verwirken, daß er sich durch sein Verhalten mit der Rücktrittserklärung in solchen Widerspruch setzt, daß dem Verkäufer nicht zuzumuten ist, sich am Rücktritt des Käufers festhalten zu lassen (für Wandlung BGH LM BGB § 351 Nr. 4). Eigene Vertragsuntreue des Käufers schließt grundsätzlich das Rücktrittsrecht nicht aus (BGH WarnRspr. **73** Nr. 94).

9 e) Der Käufer hat auch den **Anspruch auf Erfüllung,** und zwar auch dann, wenn der Verkäufer zur Zeit des Kaufabschlusses zur Erfüllung außerstande war. Der Verkäufer hat für die Rechtsverschaffung einzustehen und sein Unvermögen zu vertreten (s. oben Rdn. 6). Die Verurteilung des Verkäufers zur Rechtsverschaffung ist aber nur zulässig, solange noch nicht feststeht, daß dem Verkäufer die Erfüllung endgültig unmöglich ist (vgl. RG **99** 232).

10 f) War die **Erfüllung** des Kaufvertrages **von Anfang an unmöglich,** so greifen die Vorschriften der §§ 306—308 Platz; der Kaufvertrag ist nichtig. Anders nur bei persönlichem Unvermögen (vgl. oben Rdn. 2 und § 437 Rdn. 2). Bei Mangel im rechtlichen Bestand eines Rechtes findet § 306 nur dann Anwendung, wenn das Recht seiner Art nach überhaupt nicht zur Entstehung gelangen kann (vgl. § 437 Rdn. 2).

11 g) § 440 schließt die **Irrtumsanfechtung** nicht aus (RG JW 09 132). Wegen eines Rechtsmangels kann also der Kauf auch nach Übergabe der Kaufsache wegen Irrtums angefochten werden. Nach Gefahrübergang ist dagegen die auf einen Sachmangel gestützte Irrtumsanfechtung ausgeschlossen (vgl. § 462 Rdn. 8).

II. Schadensersatzanspruch des Käufers nur bei Entwehrung

1. Grundsatz

12 a) Der Grundsatz des Abs. 1 findet im allgemeinen bei allen Käufen gleiche Anwendung, mag der Kaufgegenstand ein Grundstück, eine bewegliche Sache, ein immaterielles Rechtsgut oder ein Recht sein. Beim Kauf einer beweglichen Sache, die dem Käufer zum Zwecke der Eigentumsübertragung übergeben worden ist, und beim Kauf eines Rechts an einer beweglichen Sache, das zum Besitz der Sache berechtigt (§ 441), kann der Käufer, **wenn ein Dritter Eigentümer ist** oder ein sonstiges zum Besitz der Sache berechtigendes Recht hat, nach ausdrücklicher Vorschrift des Gesetzes (§ 440 Abs. 2) nur in den in Abs. 2 bis 4 des § 440 aufgezählten Fällen Schadensersatz wegen Nichterfüllung verlangen. Nämlich:

wenn er die Sache *dem Dritten* mit Rücksicht auf dessen Recht *herausgegeben* hat, oder
sie *dem Verkäufer zurückgewährt,* oder
wenn die *Sache untergegangen* ist, oder
wenn der *Käufer den Dritten oder dieser ihn beerbt,* oder
wenn der *Käufer das Recht von dem Dritten* anderweit *erworben,* oder
er *den Dritten abgefunden,* oder
dem *Verkäufer den Anspruch* auf die Sache *zurückübertragen* hat (RG **117** 337).

13 b) § 440 Abs. 2 will verhüten, daß der Käufer eine Entschädigung wegen des Rechtsmangels erhält und gleichzeitig im Genuß der Sache verbleibt (RG **117** 335; BGH **5** 337). Der *Ausschluß dieses doppelten Vorteils* ist der leitende Gedanke des Gesetzes bei der Beschränkung des Schadensersatzanspruches auf die genannten Fälle. § 440 nimmt zwar eine erschöpfende Aufzählung von Fällen vor. Über dieser Fassung des Gesetzes steht aber sein leitender Gedanke. Darum ist § 440 Abs. 2 auch auf Fälle anwendbar, die

nicht aufgeführt sind, die aber wegen Rechtsähnlichkeit mit einem der aufgezählten Fälle oder — ohne diesen Umweg — allein wegen unmittelbarer Anwendbarkeit jenes leitenden Gedankens des Gesetzes nicht anders behandelt werden können (RG **117** 335). Daher kann der Käufer, der eine im Eigentum eines Dritten stehende bewegliche Sache gekauft oder übergeben erhalten hat, auch dann Schadensersatz wegen Nichterfüllung verlangen, wenn er dem Eigentümer wegen schuldhafter Unmöglichkeit der Herausgabe der Kaufsache seinerseits Schadensersatz leisten muß (RG aaO) oder er auf Grund eines mit dem Eigentümer geschlossenen Leihvertrages im Besitz der Kaufsache bleibt (RG **105** 350; vgl. auch RG **115** 34).

2. Einzelheiten der Entwehrung 14

Der *Käufer ist nicht verpflichtet, es mit dem Dritten,* der den Entwehrungsanspruch erhebt, *auf einen Prozeß ankommen zu lassen.*

Gibt der Käufer die Kaufsache dem Verkäufer zurück oder tritt er, wenn er die Kaufsache nicht hat, dem Verkäufer den ihm gegen einen anderen zustehenden Herausgabeanspruch ab (Abs. 4; §§ 867, 870), so liegt darin nicht ohne weiteres ein Rücktritt vom Vertrage, sondern bloß die in § 440 Abs. 2 für den Schadensersatzanspruch aufgestellte Voraussetzung.

§ 440 Abs. 2 bildet keine Ausnahme von der Gefahrtragung, wie sie § 446 regelt. Die Gefahr des zufälligen Untergangs und der zufälligen Verschlechterung ist mit der Übergabe auf den Käufer übergegangen (*Staudinger/Ostler* § 440 Anm. 22e; *Schubert,* Deutsches Kaufrecht (1937) S. 61).

Die Vorschrift des § 440 findet auch noch Anwendung, wenn die Entwehrung erst gegenüber einem Nachmann des Käufers stattfindet.

Die Vorschriften über die Entwehrung nach § 440 Abs. 2 gelten nicht für Grundstücke. Ansprüche wegen Rechtsmängeln hat der Käufer erst nach der Auflassung (RG **83** 215).

3. Haftung ohne Entwehrung 15

Dem Verkäufer kommt *der gute Glaube des Käufers* zugute. Er genügt der Verpflichtung, das Eigentum oder das lastenfreie Eigentum zu verschaffen, falls der Käufer in Ansehung des Eigentums oder der Lastenfreiheit gutgläubig ist (§§ 932, 936) und § 935 nicht seinem Erwerb entgegensteht. *Weimar* (MDR **56** 591) will dem Käufer den Anspruch auf Schadensersatz wegen Nichterfüllung auch dann zugestehen, wenn es ihm peinlich ist, eine gutgläubig erworbene Sache zu behalten, oder wenn er dem Verdacht einer strafbaren Handlung entgehen will und die Kaufsache demjenigen herausgibt, der sein Eigentum infolge des eingetretenen gutgläubigen Erwerbs verloren hat. Dieser Auffassung kann nicht gefolgt werden. Der klare Wortlaut des § 440 Abs. 2 verlangt, daß der Käufer die Kaufsache einem Dritten mit Rücksicht auf dessen Recht zum Besitz herausgibt; gibt der Käufer ohne Entwehrung heraus, so ist das seine Sache (OLG Hamburg MDR **48** 253).

III. Einzelfälle der Gewährleistung 16

Verwirkt der Käufer die von ihm gekaufte und ihm abgetretene Forderung, so hat er gegen den Verkäufer keine Rechte aus den §§ 440, 437, 325, mag auch der *Verwirkungseinwand* damit begründet werden, daß die Zeit, die sich Zedent und Zessionar für die Geltendmachung der Forderung gelassen haben, zusammengenommen, den Verwirkungstatbestand erfüllt. Denn sonst würde man den Verkäufer für die Nachlässigkeit des Käufers mithaften lassen (KG MDR **54** 547).

Beim Filmverwertungsvertrag finden die Gewährleistungsvorschriften der §§ 440, 325, 320 Anwendung, soweit nicht Mängel des Films, sondern des gewerblichen Vorführungsrechts in Frage stehen (BGH **2** 331).

Über die Bedeutung des Kraftfahrzeugbriefs beim Kauf eines Kraftfahrzeugs s. § 444 Rdn. 3 und 4.

§ 441

Die Vorschriften des § 440 Abs. 2 bis 4 gelten auch dann, wenn ein Recht an einer beweglichen Sache verkauft ist, das zum Besitze der Sache berechtigt.

Hierunter fällt der Verkauf eines zu bestellenden Nießbrauchs, §§ 1036, 1059 oder eines bestehenden Pfandrechts, § 1251, nicht dagegen das Mietrecht.

§ 442

Bestreitet der Verkäufer den vom Käufer geltend gemachten Mangel im Rechte, so hat der Käufer den Mangel zu beweisen.

1 Voraussetzung ist, daß der Käufer die *Sache als Erfüllung angenommen* hat. Behauptet der Käufer, daß der Verkäufer die zur Rechtsverschaffung notwendigen Handlungen gar nicht vorgenommen habe, z. B. die Abtretung der Forderung, die Auflassungserklärung, so muß nach den allgemeinen Grundsätzen der Verkäufer beweisen, daß er seiner Verschaffungspflicht genügt habe. Wenn der Käufer behauptet, trotz vorgenommener Übertragungshandlung kein Eigentum oder keine Forderung erlangt zu haben, so hat er den Rechtsmangel zu beweisen.

2 Die Beweisregel umfaßt alle Streitfälle im Rahmen des § 434 *ohne Unterschied, ob der Verkäufer rein äußerlich schon erfüllt hat oder nicht* (WarnRspr. **11** Nr. 395), ferner ohne Unterschied, von welchem Rechtsbehelf aus § 440 der Käufer Gebrauch macht (WarnRspr. **16** Nr. 162). § 442 greift auch Platz, wenn der Käufer unter der Behauptung, daß der Verkäufer wegen des Vorhandenseins eines Mangels im Recht nicht gehörig leisten könne, nach § 320 vom Zurückbehaltungsrecht Gebrauch macht oder wenn ein Dritter sein angebliches Recht bereits geltend macht. Im letzten Falle genügt der Käufer seiner Beweispflicht nicht schon dadurch, daß er nachweist, daß der Dritte ein Recht geltend macht, sondern nur dadurch, daß er nachweist, daß das Recht des Dritten und damit der Rechtsmangel wirklich besteht (WarnRspr. **16** Nr. 162). Es kann aber vereinbart werden, daß der Verkäufer den Käufer schon gegen die bloße Geltendmachung eines Rechtes schützen solle. Eine Abmachung, daß der Verkäufer „in jeder Beziehung“ für das Nichtbestehen einer Last aufzukommen habe, braucht indes noch nicht in jenem Sinne verstanden zu werden. Hat der Käufer die Kaufsache einem Dritten, dem sie gestohlen war, freiwillig herausgegeben, so genügt er seiner Beweislast nach § 442 schon durch den Nachweis des Diebstahls, falls sich der Dritte auf die Eigentumsvermutung des § 1006 Abs. 1 Satz 2 oder den Besitzanspruch aus § 1007 berufen kann; der Nachweis der negativen Tatsache, daß der Dritte sein zum Besitz berechtigendes Recht nicht verloren habe, kann vom Käufer nicht verlangt werden (BGH **16** 307).

§ 443

Eine Vereinbarung, durch welche die nach den §§ 433 bis 437, 439 bis 442 wegen eines Mangels im Rechte dem Verkäufer obliegende Verpflichtung zur Gewährleistung

erlassen oder beschränkt wird, ist nichtig, wenn der Verkäufer den Mangel arglistig verschweigt.

Übersicht

	Rdn.		Rdn.
I. Haftungsausschluß und Haftungsbegrenzung	1	III. Sonstige Einwendungen gegen Freizeichnung	3
II. Arglistiges Verschweigen	2		

I. Haftungsausschluß und Haftungsbegrenzung 1

Grundsätzlich herrscht auch hinsichtlich der Gewährleistung wegen Mangels im Recht Vertragsfreiheit, so daß Abreden über Ausschluß, Beschränkung oder Erweiterung zulässig sind. Dies kann auch durch stillschweigende Vereinbarung geschehen oder sich ohne weiteres aus der Besonderheit des Vertrags, z. B. aus der gewagten Natur des Geschäfts (RG **163** 1) oder aus einem Handelsbrauch (RG JW **23** 176) ergeben. Eine Abrede über den Erlaß der Gewährleistung ist nicht ausdehnend auszulegen.

II. Arglistiges Verschweigen 2

Die Vereinbarung des Ausschlusses oder der Beschränkung der Gewährleistung wegen Mängel im Recht findet ihre Grenze an der Arglist des Verkäufers. Wenn der Verkäufer den Mangel beim Vertragsabschluß arglistig verschweigt, ist die Abrede nichtig.

Der Tatbestand des arglistigen Verschweigens ist der gleiche wie in § 476 (bei Sachmängeln). Wegen Erläuterungen vgl. § 463 Rdn. 4, 5. Über die Haftung des Verkäufers für arglistige Täuschung durch Vertreter oder Gehilfen s. § 463 Rdn. 10.

III. Sonstige Einwendungen gegen Freizeichnung 3

In Ausnahmefällen kann, auch wenn die Voraussetzungen des § 443 nicht vorliegen, die Berufung auf einen vereinbarten Haftungsausschluß rechtsmißbräuchlich und damit nach § 242 unwirksam sein. Das ist noch nicht der Fall, wenn der Verkäufer einer Forderung aus einem ihm zur Sicherung einer Kreditschuld gegebenen Schuldanerkenntnis den Kaufpreis seinem Schuldner zur Abdeckung der gesicherten Forderung gutgebracht hat und eine Klage des Käufers gegen den Schuldner mit der Begründung abgewiesen wird, das Schuldanerkenntnis sei infolge der Gutschrift einredebehaftet. Gegenüber dem Anspruch des Käufers gegen den Verkäufer aus § 437 kann der Verkäufer sich dann auf die Vereinbarung, er übernehme keine Haftung für Bonität und Bestand der Forderung, berufen (BGH WarnRspr. **71** Nr. 153 = WM **71** 1120).

Sind Käufer und Verkäufer bei Vertragsschluß von dem rechtsmängelfreien Bestehen der verkauften Forderung ausgegangen, haben sie aber die Rechtsmängelhaftung ausgeschlossen, so ist für die Berufung auf ein Fehlen der Geschäftsgrundlage kein Raum, weil die Parteien die Rechtsfolgen des Fehlens ausdrücklich geregelt haben (BGH aaO).

§ 444

Der Verkäufer ist verpflichtet, dem Käufer über die den verkauften Gegenstand betreffenden rechtlichen Verhältnisse, insbesondere im Falle des Verkaufs eines Grundstücks über die Grenzen, Gerechtsame und Lasten, die nötige Auskunft zu erteilen und ihm die zum Beweise des Rechtes dienenden Urkunden, soweit sie sich in seinem Besitze befinden, auszuliefern. Erstreckt sich der Inhalt einer solchen Urkunde auch auf andere

Angelegenheiten, so ist der Verkäufer nur zur Erteilung eines öffentlich beglaubigten Auszugs verpflichtet.

Übersicht

	Rdn.		Rdn.
I. Auskunftspflicht	1	III. Kraftfahrzeugbrief	3
II. Urkundenauslieferung	2	IV. Folgen der Nichterfüllung	4

1 I. Diese **Auskunftspflicht** ist nicht zu verwechseln mit der sich u.U. nach Treu und Glauben aus dem Kaufvertrage ergebenden Nebenpflicht des Verkäufers zur Beratung und Unterweisung (§ 433 Rdn. 49) und auch nicht mit der bereits aus Vertragsverhandlungen folgenden Pflicht zur Aufklärung und Offenbarung (§ 433 Rdn. 47). Die Vorschrift des § 444 betrifft vielmehr den „verkauften" Gegenstand, setzt daher einen Kaufvertrag als bereits geschlossen voraus und begründet somit *eine weitere selbständige Verkäuferpflicht* (s. § 433 Rdn. 46). Sie bezieht sich nur auf die das rechtliche Verhältnis begründenden Unterlagen. Die Auskunftspflicht ist wie die Urkundenauslieferungspflicht grundsätzlich eine Nebenpflicht. Sie kann eine Hauptverpflichtung sein, wenn die Auskunft oder die Urkunden erst den Gebrauch der Kaufsache ermöglichen. Daß sich der Käufer anderweit, insbesondere aus dem Grundbuch, unterrichten kann, entbindet den Verkäufer von seiner Auskunftspflicht nicht. Der Käufer kann Vorlegung eines Grundbuchauszuges verlangen. Beim Verkauf von Forderungen kommt auch die das Erfüllungsgeschäft betreffende Vorschrift des § 402 in Frage.

2 II. Die Verpflichtung zur **Auslieferung von Urkunden** erstreckt sich nur auf solche im mittelbaren oder unmittelbaren Besitz des Verkäufers befindliche Urkunden, die entweder den Rechtsbestand selbst betreffen oder zum Beweise von rechtlichen Verhältnissen des Kaufgegenstandes dienen. Unter die Bestimmung fallen dagegen *nicht Urkunden, deren Übergabe zur Rechtsverschaffung selbst erforderlich ist,* bei denen also nicht bloß Beweiszwecke in Frage stehen. Zu den Beweisurkunden gehören z. B. Mietverträge und Bescheinigungen über das Eigentumsrecht des Mieters an eingebrachten Sachen. Zu den rechtlichen, den Kaufgegenstand betreffenden Verhältnissen gehört bei einem Miethaus auch die gesetzlich vorgeschriebene Miete wie die Kostenmiete. Daher ist der Verkäufer auch verpflichtet, Urkunden, die für die Berechnung der Kostenmiete erforderlich sind, dem Käufer zu übergeben (LG Essen NJW **65** 920). Dagegen ist eine entsprechende Anwendung des § 444 auf Urkunden, die für den Käufer nur von wirtschaftlichem Interesse sind, wie Bauunterlagen für mögliche spätere Umbauten (so LG Detmold NJW **69** 2144) bedenklich, weil eine solche Ausdehnung im Widerspruch zum Gesetzeswortlaut steht. Beim Forderungskauf handelt es sich auch dann um eine Beweisurkunde im Sinne des § 444, wenn sie nur den Nachweis einer besonderen Beschaffenheit der Forderung (z. B. ihrer Sicherung durch Hypothek) erbringt. Auch die Verpflichtung zur Erteilung eines Nummernverzeichnisses von verkauften Kuxen gehört hierher (RG **121** 48).

3 **III. Kraftfahrzeugbrief**

Der Kraftfahrzeugbrief schafft Handhaben zur Sicherung des Eigentums am Kraftfahrzeug. Insoweit besteht seine Bedeutung vor allem darin, daß sein Fehlen in der Hand des Veräußerers geeignet ist, den guten Glauben des Erwerbers bei einem Erwerb vom Nichtberechtigten auszuschließen (BGH **18** 110; s. § 932 Rdn. 59 ff). Der Brief dient nur dem Schutze des Eigentümers oder des dinglich Berechtigten am Wagen, nicht dem Schutze des Briefinhabers. Aus dem Besitz des Kraftfahrzeugbriefs, der kein Traditionspapier ist, kann nicht das Eigentum am Kraftfahrzeug entnommen werden

(BGH **10** 122). Wenn deshalb auch der Übergang des Eigentums am Kraftfahrzeug von der Übergabe des Kraftfahrzeugbriefs unabhängig ist, so ist doch der Verkäufer verpflichtet, den Kraftfahrzeugbrief nach § 444 herauszugeben. Wegen der besonderen Bedeutung des Kraftfahrzeugbriefs für den Kraftfahrer (§§ 23 ff StVZO) ist die Verpflichtung zur Übergabe des Kraftfahrzeugbriefes eine Hauptverpflichtung (s. oben Rdn. 1). Über die Rechtslage, wenn die Herausgabepflicht nicht erfüllt wird, s. nächste Rdn.

Bei Nichtübereinstimmung der Fahrgestell- und Motornummer des verkauften Kraftfahrzeugs mit den Eintragungen im Kraftfahrzeugbrief hat der Verkäufer nicht erfüllt, selbst wenn der Käufer Eigentümer des Fahrzeugs geworden ist. Ein auf der *Nichtübereinstimmung zwischen Kraftfahrzeugbrief und Kraftfahrzeug* beruhendes Hindernis kann je nach Länge der Zulassungsverzögerung einen Sachmangel darstellen, wenn darin nach Lage des Falles bei Berücksichtigung der Verkehrsauffassung eine wesentliche Beeinträchtigung der Gebrauchstauglichkeit des Fahrzeugs liegt (BGH **10** 242). S. auch § 459 Rdn. 14.

IV. Folgen der Nichterfüllung 4

Verletzt der Verkäufer seine Pflicht zur Auskunft und Urkundenauslieferung, so kann der Käufer grundsätzlich die Rechte aus § 280 ff geltend machen. Ist die Verpflichtung ausnahmsweise eine Hauptverpflichtung wie etwa bei der Pflicht zur Herausgabe des Kraftfahrzeugbriefes, so kann der Käufer nach § 326 verfahren und nach fruchtlosem Fristablauf Schadensersatz wegen Nichterfüllung verlangen oder vom Vertrage zurücktreten (BGH LM BGB § 433 Nr. 5).

Auf Auskunftserteilung kann auch geklagt werden; die Vollstreckung erfolgt nach § 888 ZPO. Um sich über die Vollständigkeit des Auszuges einer Urkunde vergewissern zu können, kann der Käufer auch vom Rechte auf Einsicht in die Urkunde gemäß § 810 Gebrauch machen.

§ 445

Die Vorschriften der §§ 433 bis 444 finden auf andere Verträge, die auf Veräußerung oder Belastung eines Gegenstandes gegen Entgelt gerichtet sind, entsprechende Anwendung.

Übersicht

	Rdn.		Rdn.
I. Allgemeines	1	III. Entgeltliche Belastung	3
II. Entgeltliche Veräußerung	2	IV. Keine entsprechende Anwendung	4

I. Allgemeines. Entsprechende Anwendung bedeutet, daß die Gewährleistungsregeln nur insoweit anzuwenden sind, als sie mit dem Wesen des betreffenden Vertrages vereinbar sind (BGH **45** 338, 345). Für Sachmängel gilt die ähnliche Vorschrift des § 493. 1

II. Für die entsprechende Anwendung kommen als **entgeltliche Veräußerungsgeschäfte**, bei denen das Entgelt nicht in Geld besteht, in Betracht: Der Vergleich (RG **54** 165); der Trödlervertrag; der Vertrag zwischen Verleger und Sortimenter; der Filmverwertungsvertrag, soweit nicht Mängel des Films, sondern des gewerblichen Vorführungsrechts in Frage stehen (BGH **2** 331); der Vertrag über Veräußerung der Rechte aus einem Meistgebot (RG **157** 175); die Veräußerung eines Geheimverfahrens (RG **163** 1); der Sacheinlagevertrag nach §§ 20 AktG, 5 GmbHG. Seinem Wesen nach ist der 2

Sacheinlagevertrag allerdings eine körperschaftsrechtliche Regelung (BGH **45** 338). Ferner Annahme an Erfüllungs Statt, § 365; die Auslobung, § 657; entgeltliche Überlassung eines Grundstücks in Erbbaurecht (BGH LM BGB § 463 Nr. 12); Auseinandersetzung bei Gütergemeinschaft, § 1477; Erbteilung, § 2042 Abs. 2; Gattungsvermächtnis, § 2183; Weiterveräußerung einer Erbschaft, § 2385 Abs. 1; die Übernahme des einzigen vorhandenen Nachlaßgegenstandes durch einen Miterben (BGH LM BGB § 433 Nr. 4); ein Vertrag, durch den aus der Erbmasse ein Grundstück zur Abgeltung eines Pflichtteilsanspruchs überlassen wird (BGH NJW **74** 363); ein Auseinandersetzungsvertrag, durch den einem Gesellschafter ein Grundstück oder eine andere Sache überlassen wird (BGH WM **55** 224). Bei der Auseinandersetzung von Gesellschaftern ist dagegen wie bei § 757 für Gewährleistungsansprüche kein Raum, wenn das Gesellschaftsvermögen oder einzelne Stücke davon den Gesellschaftern ihrer Beteiligung entsprechend zugeteilt wird und alle Teile gleich mangelhaft sind. Demzufolge ist für einen Rechts- oder Sachmangel nicht Gewähr zu leisten, wenn die Gesellschafter ihr Gesamthandseigentum in Miteigentum überführen (BGH WM **55** 224) oder es sich um einen Auseinandersetzungsvertrag zwischen zwei Gesellschaftern handelt (BGH WM **58** 723 zu III). Die Abtretung einer Forderung erfüllungshalber ist weder Kauf noch ein kaufähnlicher Vertrag (RG **65** 79).

3 **III.** Als **entgeltliche Belastung** ist der Verpfändungsvertrag und die Hypothekenbestellung anzuführen. Die entsprechende Anwendung führt bei der Hypothekenbestellung dahin, daß der Verpfänder dem Gläubiger das Hypothekenrecht zu verschaffen und dem entgegenstehende Rechte Dritter zu beseitigen hat. Darüber hinaus gehen seine Verpflichtungen nicht. Namentlich hat er das Grundstück nicht von Rechten, die der Hypothek vorgehen, zu befreien; denn er hat dem Gläubiger nicht das Grundstück, sondern das Hypothekenrecht daran zu verschaffen, und das ist mit Rechten, die am Grundstück bestehen, nicht beschwert. Der Hypothekar wird durch solche Rechte Dritter auch nicht berührt, da sie gegen ihn nicht geltend gemacht werden können. Von einer entsprechenden Anwendung des § 439 auf die Bestellung einer Darlehenshypothek kann daher nicht die Rede sein (RG **55** 128). Zur Frage, ob der Veräußerer einer Hypothek auch für deren Rang haftet, s. § 437 Rdn. 5.

4 **IV.** In einigen Fällen **entfällt die entsprechende Anwendung,** weil die Anwendung der Vorschriften über den Kauf in besonderer Weise schon *durch Einzelvorschriften angeordnet* worden ist; so bei Hingabe an Zahlungs Statt (§ 365), Tausch (§ 515), Werklieferungsvertrag (§ 651), Gemeinschaft (§ 757), Miete und Pacht (§§ 541, 581 Abs. 2), Vermächtnissen (§ 2182), Erbschaftskauf (§ 2376).

Ausgeschlossen ist die entsprechende Anwendung:

a) bei unentgeltlichen Verträgen, für die meist besondere Bestimmungen gelten, Schenkung (§ 523), Ausstattung (§ 1624), Schenkung einer Erbschaft (§ 2385 Abs. 2);

b) bei Veräußerung kraft Gesetzes oder staatlicher Verfügungsmacht, wie bei Zwangsversteigerung nach ZVG § 156 Abs. 3 (BGH LM REG (BrZ) Art. 39 Nr. 5), bei der Enteignung;

c) bei Überlassung von Gegenständen und Rechten zum Gebrauch.

§ 446

Mit der Übergabe der verkauften Sache geht die Gefahr des zufälligen Unterganges und einer zufälligen Verschlechterung auf den Käufer über. Von der Übergabe an gebühren dem Käufer die Nutzungen und trägt er die Lasten der Sache.

Wird der Käufer eines Grundstücks oder eines eingetragenen Schiffs oder Schiffsbauwerks vor der Übergabe als Eigentümer in das Grundbuch, das Schiffsregister oder das Schiffsbauregister eingetragen, so treten diese Wirkungen mit der Eintragung ein.

Übersicht

	Rdn.		Rdn.
I. Allgemeines	1–3	2. Übergabe	5, 6
1. Gefahr	1	3. Gefahrübergang und Mängelhaftung	7
2. Untergang, Verschlechterung	2	III. Zeitpunkt des Gefahrübergangs	8, 9
3. Sache	3	IV. Grundstückskauf	10
II. Voraussetzungen des Gefahrübergangs	4–7	V. Übergang der Nutzungen	11
1. Kaufvertrag	4	VI. Tragung der Lasten	12

I. Allgemeines

1. An sich liegt es in der Natur der Dinge, daß der Eigentümer einer Sache den 1 Nachteil, der durch den zufälligen Untergang oder durch die zufällige Verschlechterung der Sache entsteht, selbst zu tragen hat (casum sentit dominus). Im Gebiet der Verträge hat jedoch der Untergang und die Verschlechterung einer Sache, wenn sie Leistungsgegenstand ist, zugleich Bedeutung für die Leistungsmöglichkeit, und so kommt die Frage hinzu, wer die **Gefahr** der Leistungsunmöglichkeit zu tragen hat. Unter der Gefahr des zufälligen Untergangs oder der Verschlechterung ist die von keinem Teil zu vertretende Unmöglichkeit der Leistung zu verstehen. Sie trägt grundsätzlich bis zur vollständigen Erfüllung der Leistungspflichtige (§ 323). Die Bestimmung des § 446 schränkt die Regel des § 323 für den Kauf zugunsten des Verkäufers ein. Beim Kauf geht die Gefahr des zufälligen Untergangs schon vor der vollständigen Erfüllung auf den Käufer über: bei beweglichen Sachen mit der Übergabe und bei Grundstücken mit der Eintragung. Dabei ist unerheblich, ob der Verkäufer damit den Kaufvertrag vollständig erfüllt hat. Trägt der Käufer bereits die Gefahr, so hat er, wenn der Verkäufer infolge Zufalls nicht mehr endgültig leisten kann, den Kaufpreis zu zahlen, wogegen der Verkäufer von seiner Leistungspflicht ersatzlos frei geworden ist (§ 275). Die Frage nach der Anwendbarkeit der §§ 446 und 447 ist nichts anderes als die Frage, ob der Kaufpreis trotz des zufälligen Untergangs oder einer zufälligen Verschlechterung der Kaufsache zu zahlen ist. Man spricht insoweit auch von der *Vergütungs- oder Preisgefahr* im Unterschied zur *Lieferungs- oder Leistungsgefahr.* Die Leistungsgefahr trägt der Käufer bei Speziessachen bereits vom Vertragsschluß an, da der Verkäufer frei wird, wenn die Sache durch Zufall untergeht (§ 275) und er bei Annahmeverzug des Käufers nach § 300 Abs. 1 nur noch für grobe Fahrlässigkeit und Vorsatz haftet. Bei Gattungsschulden trägt der Käufer die Leistungsgefahr von der Konkretisierung an (§§ 243 Abs. 2, 300 Abs. 2).

2. Bei dem **Untergang** oder der **Verschlechterung** im Sinne des § 446 ist in er- 2 ster Linie nur an körperliche Veränderungen zu denken. Soweit jedoch Dinge, die wirtschaftlich als selbständige Verkörperungen und Gegenstände des Warenaustausches behandelt werden, sowie unkörperliche Güter den Regeln des Kaufvertrages unterworfen werden (§ 433 Rdn. 12 und 15), ist auch die entsprechende Anwendung des § 446 auf sie zulässig. Es kann allerdings sein, daß ein Fehler, der seiner Natur nach nur ganz vorübergehend ist, unter Umständen als Mangel nicht anzusehen ist. Neben körperlichen Veränderungen können auch sonstige Fälle objektiver Unmöglichkeit, so heimliche Entziehung der schon übergebenen Sache durch einen Dritten (str., s. RG **106** 16) oder Verlust infolge Kriegseinwirkung oder eine zum Verlust führende Beschlagnahme, in Betracht kommen (OGH NJW **49** 23). Anders, wenn der Verlust auf Umständen beruht, deren Grund bereits vor der Übergabe, also dem Gefahrübergang, wenigstens im Keime

vorhanden war. Dann haftet der Verkäufer nach § 323; diese Haftung wird vom Gefahrübergang nicht berührt.

Verschlechterung ist nicht schon jede Verminderung einer vorteilhaften Eigenschaft, sondern die wirtschaftlich für das Kaufgeschäft bedeutsame Beeinträchtigung. § 446 umfaßt also sowohl die Unmöglichkeit der Leistung infolge Unterganges als auch die Mangelhaftigkeit des Kaufgegenstandes.

Bei Entwertung der Kaufsache infolge Rechtsmängeln greifen die §§ 434 ff ein.

3 3. Die Vorschrift des § 446 bezieht sich auf eine **Sache als Kaufgegenstand.** Der Begriff der Sache ist im Sinne des § 433 zu verstehen. Es fallen also auch Sachgesamtheiten und Gegenstände immaterieller Art darunter (vorgehende Rdn. 2). In Betracht kommen bewegliche und unbewegliche Sachen, Gattungs- und Speziessachen. Beim Gattungskauf ist die vorherige Auswahl einer bestimmten Sache erforderlich (§ 243). Den Sachen sind nach § 451 die dort bezeichneten Rechte gleichgestellt.

4 **II. Die Voraussetzungen des Gefahrübergangs**

1. Voraussetzung des Gefahrübergangs ist, daß die Wirkungen des Kaufvertrages bereits eingetreten sind; andernfalls hat die Übergabe einer Sache nicht den Gefahrübergang zur Folge. Ein wirksamer **Kaufvertrag** liegt vor auch bei einer zugefügten auflösenden Bedingung. Tritt aber die Bedingung ein, so gilt der Vertrag als nicht geschlossen. Der Käufer braucht deshalb in diesem Fall den Kaufpreis auch dann nicht zu zahlen, wenn die Kaufsache durch Zufall untergegangen ist. Bei einem aufschiebend bedingten Vertrag kann zwar auch schon vor Eintritt der Bedingung zur Erfüllung der Verbindlichkeit aus dem Kauf vorgeleistet, also die Kaufsache übergeben werden. Das ist auch dann der Fall, wenn in der Erwartung geleistet wird, die Bedingung werde eintreten. Solange die Bedingung nicht eingetreten ist, geht aber grundsätzlich, weil der Kaufvertrag noch nicht wirksam geworden ist, die Gefahr auf den Käufer noch nicht über. Bei einem Kauf auf Probe oder Besicht, der nach § 495 im Zweifel unter der aufschiebenden Bedingung der Billigung geschlossen wird, geht daher die Gefahr nicht schon mit der Übergabe, sondern erst mit der Billigung auf den Käufer über. Zu beachten ist jedoch, daß die Parteien ausdrücklich oder stillschweigend Abweichendes über die Gefahrtragung vereinbaren können. So können nach § 159 die an den Bedingungseintritt geknüpften Folgen zurückbezogen werden, und dies muß häufig als Wille der Parteien bei der Vorleistung angenommen werden. Wesentlich kann auch sein, daß mit der Übergabe die Bewachungsmöglichkeit vom Verkäufer auf den Käufer übergeht. Was vom aufschiebend bedingten Vertrag gilt, gilt auch vom genehmigungsbedürftigen; kommt es zur Genehmigung, so kann es wegen ihrer rückwirkenden Kraft (§ 184 Abs. 2) dem Parteiwillen entsprechen, daß die Gefahr bereits mit der Übergabe übergegangen sein soll. Beim Eigentumsvorbehaltskauf (§ 455) ist Gegenstand der Übergabe die unbedingt verkaufte Sache. Nicht der Kaufvertrag, sondern der Eigentumsübergang steht unter der aufschiebenden Bedingung der vollständigen Zahlung des Kaufpreises. Beim Kauf unter Eigentumsvorbehalt geht die Gefahr deshalb mit der Übergabe auf den Käufer über (s. auch § 455 Rdn. 20).

2. Voraussetzung ist weiter, daß die **Kaufsache übergeben** wird.

5 a) Der Begriff der *Übergabe* ist der des § 433. § 446 betrifft daher unmittelbar bloß die körperliche Übergabe. Nicht erforderlich ist eine Übergabe, die zugleich die vollständige Erfüllung des Kaufs enthält. Unerheblich ist insbesondere, ob die Übergabe auch zum Eigentumsübergang führt (OGH 1 149) und ob sie überhaupt zur Eigen-

tumsverschaffung geeignet ist. Eigentumsübertragung und Gefahrübergang haben miteinander nichts zu tun (RG **93** 331). Auch Annahme und Billigung der Kaufsache sind keine Voraussetzungen des Gefahrübergangs (OGH **1** 149).

Wenn nach dem Vertrage die Leistung des Verkäufers als erfüllt anzusehen ist, sofern er dem Käufer nur den mittelbaren Besitz verschafft (§§ 930, 931) oder Traditionspapiere übergibt, so ist anzunehmen, daß auch die in § 446 geregelten Folgen sich an die Verschaffung des mittelbaren Besitzes oder an die Übergabe der Papiere knüpfen. Der Käufer erhält die Möglichkeit, die Sache zu überwachen; der Gedanke der Vorschrift des § 446 trifft auch hier zu. Anders bei bloßer Abtretung des Herausgabeanspruches, für die wieder der Grundsatz des § 323 zutrifft.

Bei der Versteigerung von geschlagenem Holz geht die Gefahr nicht schon mit dem Zuschlag auf den Ersteher über, sondern erst mit der Besitzeinräumung, die auch durch Aushändigung eines Verabfolgzettels geschehen kann. Beim Verkauf von Holz auf dem Stamme tritt der Gefahrübergang schon mit Übergabe des Grundstücks zum Holzen, nicht erst mit dem Eigentumsübergang ein (s. im übrigen § 433 Rdn. 40).

b) Es kommt nur eine Übergabe in Betracht, die *auf Grund eines Kaufes* und **6**
zur Erfüllung der daraus dem Verkäufer obliegenden Verpflichtung erfolgt. Übergibt der Verkäufer auf Grund eines nebenher gehenden Vertrages, etwa eines Gebrauchsüberlassungsvertrages, wie er gelegentlich mit aufschiebend bedingten Kaufverträgen verbunden wird, so tritt der Gefahrübergang nach dem Gesetz nicht ein (RG **85** 320; OGH **1** 149). Anderes kann vereinbart sein.

3. Gefahrübergang und Mängelhaftung. Rechtsmängel und Sachmängel hindern **7**
den Gefahrübergang nicht. Auch bei Unvermögen des Verkäufers, dem Käufer Eigentum zu verschaffen, geht mit der Übergabe die Preisgefahr auf den Käufer über. Er kann allerdings nach §§ 440, 325 sich durch Rücktritt von der Verpflichtung zur Zahlung des Kaufpreises befreien. Auch bei Lieferung einer mangelhaften Sache bleibt bei zufälligem Untergang der Käufer grundsätzlich zur Zahlung des Kaufpreises verpflichtet. Wie sich aus §§ 467, 351 ergibt, steht dem Käufer indessen das Wandelungs- und Rücktrittsrecht zu.

III. Zeitpunkt des Gefahrübergangs **8**

1. Die Gefahr geht *beim Kauf beweglicher Sachen* mit der *Übergabe* der Kaufsache, beim Kauf von *Grundstücken*, eingetragenen Schiffen und Schiffsbauwerken mit der *Eintragung* ins Grundbuch, Schiffsregister oder Schiffsbauregister über. Der Käufer hat nur die nach diesem Zeitpunkt eintretende Verschlechterung und nur den nach diesem Zeitpunkt eintretenden Untergang zu tragen. Aber auch die der Anlage nach vorhandene, schon im Keim gegebene Gefahr geht mit der Übergabe der Kaufsachen auf den Käufer über.

Nach BGH **57** 137, 143 soll bei einem Kaufvertrage, der nur auf Grund einer Täuschung des Käufers durch den Verkäufer zustande gekommen ist, der Verkäufer — abweichend von § 446 — auch nach Übergabe die Gefahr tragen, soweit die Verschlechterung oder der Untergang der Kaufsache noch adäquat ursächlich auf der Täuschung beruht. Doch ist das weniger eine Frage des Kaufrechts als des Schadensersatzes bei unerlaubter Handlung.

2. In drei Fällen durchbricht das BGB die Regel des Abs. 1 und läßt den Gefahr- **9**
übergang *vor der Übergabe* stattfinden, nämlich beim Grundstückskauf (§ 446 Abs. 2), beim Übersendungskauf (§ 447) und beim Erbschaftskauf (§ 2380). Ferner geht die Ge-

fahr früher über, wenn der Käufer sich im Annahmeverzug befindet (§§ 300 Abs. 2, 324 Abs. 2).

Außerdem kann durch *Parteivereinbarung* von der Regel des § 446 abgewichen werden. So trifft bei einem unter der cif-Klausel geschlossenen überseeischen Abladegeschäft die Transportgefahr ausnahmsweise dann den Verkäufer, wenn dieser die Gewähr für die Beschaffenheit der Ware übernommen und sich zugleich verpflichtet hat, dem Käufer für Beschädigung der Ware Vergütung zu leisten; dann ist der Bestimmungsort Erfüllungsort für die Verpflichtungen des Verkäufers (RG **96** 230).

Eine Abweichung von § 446 wird als stillschweigend vereinbart angenommen werden können, wenn ein Sachinbegriff (Inventar) oder eine andere Sachgesamtheit, ein Vermögen als Ganzes, ein Handelsunternehmen usw. verkauft wird. Diese Fälle sind dem Erbschaftskauf des § 2380 ähnlich.

Sonderbestimmungen noch beim Werkvertrag (§§ 644, 651) und bei der Zwangsversteigerung (ZVG § 56).

10 **IV. Grundstückskauf**

Beim Grundstückskauf — Entsprechendes gilt beim Kauf eines eingetragenen Schiffs oder Schiffsbauwerks — geht die Gefahr mit der Eintragung des Käufers ins Grundbuch über (§ 446 Abs. 2), falls die Eintragung der Übergabe des Grundstücks vorausgeht, das Grundstück also noch nicht in den tatsächlichen Herrschaftsbereich des Käufers gelangt ist; dies gilt auch dann, wenn der Käufer durch die Eintragung nicht Eigentümer geworden sein sollte. Kommt es dagegen zur Übergabe vor der Auflassung und Eintragung, so bleibt es bei der Regelung des § 446 Abs. 1. Werden mit dem Grundstück bewegliche Sachen verkauft (Warenvorräte — Zubehör — Bestandteile), so gelten, sofern nichts anderes gewollt ist, für das Grundstück und die beweglichen Sachen verschiedene Grundsätze über den Gefahrübergang. Die Fassung des Absatzes 2 beruht auf der DV zum SchiffsG v. 21. 12. 40.

Wird bei einem *Doppelverkauf* das Grundstück dem einen Käufer übergeben, dem anderen Käufer aber aufgelassen und dieser eingetragen, so liegt für den ersten Käufer Nichterfüllung wegen unterlassener Eigentumsverschaffung vor; er hat daher Anspruch auf Schadensersatz wegen Nichterfüllung aus § 440; der zweite kann den Kaufpreis bis zur körperlichen Übergabe zurückhalten. Die Frage, von welchem der Doppelkäufer der Verkäufer den Kaufpreis verlangen kann, wenn das verkaufte Grundstück nach der Übergabe an den einen und nach der Eintragung des anderen zufällig verschlechtert wird, ist bestritten. Die einen meinen, von beiden, andere von dem, in dessen Person zuerst der Gefahrübergang eintrat, noch andere, von keinem, wieder andere nur von dem Eingetragenen. Letzteres ist zutreffend und auch die Meinung der Motive. Vgl. über die Streitfrage Staudinger/*Ostler* § 446 Anm. 20; Enneccerus-*Lehmann* § 103 II 2; *Esser*, Schuldrecht § 103 Nr. 4.

11 **V. Übergang der Nutzungen**

Der Übergang der Nutzungen auf den Käufer ist die Gegenleistung für die Gefahrtragung; er geschieht daher in demselben Zeitpunkt (Cuius est periculum eius est commodum). Diese Abhängigkeit besteht auch dann, wenn der Gefahrübergang abredegemäß an ein anderes Ereignis geknüpft ist. Über Nutzungen vgl. § 100.

12 **VI. Tragung der Lasten**

Die Folge des Genusses der Nutzungen ist die Tragung der Lasten. Über Lasten vgl. Erläuterungen zu den §§ 103, 436. Hier sind öffentliche und privatrechtliche Lasten gemeint. Zu den Lasten gehören nicht Leistungen, zu denen sich der Verkäufer auf

Grund eines Vertrags persönlich verpflichtet hat, insbesondere nicht die zu zahlenden Versicherungsbeiträge (a.A. OLG Düsseldorf NJW 73 146 für Grundstückssachversicherung).

Auf das *Verhältnis zu Dritten,* die die Nutzungen zu gewähren haben oder an **13**
die als Lasten Beträge abzuführen sind, hat die Regelung des § 446 keinen Einfluß.

Nur die von § 446 selbst geregelten Fälle kommen in Betracht, sonach auch die in Abs. 2 angeordnete Ausnahme, nicht aber die des § 447. Beim Übersendungskauf bleibt für den Übergang der Nutzungen und Lasten der Zeitpunkt der tatsächlichen Übergabe trotz des früheren Gefahrübergangs maßgebend.

In § 2380 wird die Frage besonders geregelt, ebenso in § 56 ZVG.

Von der Eigentumsverschaffung hängen der Übergang der Nutzungen und die Tragung der Lasten nicht ab.

§ 447

Versendet der Verkäufer auf Verlangen des Käufers die verkaufte Sache nach einem anderen Orte als dem Erfüllungsorte, so geht die Gefahr auf den Käufer über, sobald der Verkäufer die Sache dem Spediteur, dem Frachtführer oder der sonst zur Ausführung der Versendung bestimmten Person oder Anstalt ausgeliefert hat.

Hat der Käufer eine besondere Anweisung über die Art der Versendung erteilt und weicht der Verkäufer ohne dringenden Grund von der Anweisung ab, so ist der Verkäufer dem Käufer für den daraus entstehenden Schaden verantwortlich.

Übersicht

	Rdn.
I. Begriff	1, 2
1. Regelung der Preisgefahr beim Versendungskauf	1
2. Verhältnis zu sonstigen Vorschriften	2
II. Voraussetzungen des Gefahrübergangs	3–12
1. Versendung	3–5
a) vom Erfüllungsort aus	3
b) vom Lieferort aus	4
c) Platzgeschäft	5
2. Entstehung und Wesen der Versendungspflicht	6–8
a) Verlangen des Käufers	6
b) Handelsklauseln	7
c) Zuwiderhandlungen gegen Anweisungen	8
3. Auslieferung an Versendungsperson	9–12
a) Versendungsperson	9
b) Versendungsgeschäft	10
c) Einzelne Arten der Auslieferung	11
d) Unmöglichkeit der Versendung	12
III. Gefahrübergang	13–15
1. Begriff	13
2. Vom Verkäufer zu vertretende Umstände	14
3. Rechtsbeziehungen zu Dritten	15
IV. Eigentumsübergang	16
V. Einzelfragen	17

I. Begriff des Versendungskaufs **1**

1. Der **Versendungskauf** (Distanzkauf, Fernkauf) — Gegensatz: Platzgeschäft — ist ein gewöhnlicher Kauf, bei dem lediglich die Besonderheit besteht, daß der Verkäufer als Nebenleistung die Versendung vom Erfüllungsort nach dem Bestimmungsort übernimmt. Für diesen Fall wird der **Gefahrübergang geregelt.** § 447 spricht vom Übergang der „Gefahr". Dieser Ausdruck bedeutet für sich allein ohne Angabe, um welche Gefahr es sich handelt, die Haftung für jeden Zufall, ohne Rücksicht auf die Art der Gefahr und ihre Wirkung. Das kann nach der Stellung der Vorschrift des § 447 nicht gemeint sein; denn sie folgt unmittelbar auf § 446, der die Gefahr des zufälligen Untergangs und die Gefahr der zufälligen Verschlechterung betrifft. § 447 verweist stillschweigend auf den vorausgehenden § 446. Unter der „Gefahr" im Sinne des § 447 ist daher wie in § 446 die Gefahr des zufälligen Untergangs und einer zufälligen Verschlechterung zu verstehen (OGH **2** 202). Eine aus anderen Gründen eintretende Leistungsun-

möglichkeit steht dem nicht gleich. § 447 enthält hinsichtlich des Begriffs der Gefahr nur insoweit eine Besonderheit gegenüber § 446, als es sich in § 447 zugleich um eine typische Beförderungsgefahr handeln muß. Die Gefahr, deren Übergang § 447 regelt, ist die *Beförderungsgefahr* (vgl. LM BGB § 447 Nr. 4).

2 2. Daraus, daß § 447 eine Ausnahmeregelung gegenüber § 446 für Beförderungsschäden bildet, folgt, daß es für **andere als Beförderungsschäden** bei der *Vorschrift des § 446* verbleibt. Die Gefahrtragung für solche Schäden geht daher mit der Übergabe der Ware an den Käufer auf diesen über. Ihm stehen nach § 459 Gewährleistungsansprüche wegen aller Schäden zu, die nicht Beförderungsschäden sind, wenn sie bei der Übergabe vorhanden waren. Darunter fallen auch solche, die während der Beförderung infolge Sachmängeln eingetreten sind (BGH LM BGB § 447 Nr. 3). Andererseits ist für **Beförderungsmängel,** deren Gefahr der Käufer trägt, die Gewährleistung aus § 459 ausgeschlossen. Dementsprechend besteht auch keine Rügepflicht aus § 377 HGB, es sei denn, daß der Verkäufer ausnahmsweise für Beförderungsmängel einzutreten hat (s. unten Rdn. 14; OLG Hamburg MDR **66** 1009). Ebenso bleibt es für Nutzungen und Lasten auch beim Versendungskauf bei der Bestimmung des § 446. Früchte, die auf der Reise vor der Übergabe anfallen, gebühren daher dem Verkäufer, falls nichts anderes vereinbart ist. Die Anwendung des § 447 entfällt auch, wenn die Gefahr nach §§ 300 Abs. 2, 324 Abs. 2 ohnehin auf den Käufer übergegangen ist.

3 **II. Voraussetzungen des Gefahrübergangs**

1. Versendung

a) Die Vorschrift des § 447 Abs. 1 setzt voraus, daß **vom Erfüllungsort aus** versandt wird, nicht von einem anderen vom Verkäufer einseitig bestimmten Ort (RG **106** 213; **111** 23). Erfüllungsort ist der Ort der Leistung im Sinne von § 269, also für den Verkäufer der Ort, wo er seinen Wohnsitz, bei gewerblichen Verkäufen seine gewerbliche Niederlassung hat. Maßgebend ist die Zeit des Abschlusses des Kaufvertrages.

Wenn die Parteien dagegen vereinbaren, daß die Ware *von einem anderen Ort als dem Erfüllungsort* des Verkäufers unmittelbar versendet werden soll (Herstellungsort, Lagerort), so trifft die Beförderungsgefahr den Käufer (RG **111** 23; s. auch nächste Rdn.). Das gleiche gilt, wenn die Ware bei der Beförderung von einem anderen Ort als dem Erfüllungsort durch den Erfüllungsort durch transportiert werden muß; alsdann geht die Gefahr mit der Ankunft am Erfüllungsort auf den Käufer über (OLG Koblenz NJW **48** 447). Haben die Parteien als Erfüllungsort abweichend von der Regel den Wohnsitz oder die gewerbliche Niederlassung des Käufers auch für die Leistung des Verkäufers vertraglich bestimmt, so kommt nicht § 447, sondern § 446 zur Anwendung (RG **106** 212). Eine Versendung vom Erfüllungsort aus findet in diesem Fall nicht statt.

4 **b)** Die **Versendung** der Ware **an den Erfüllungsort** fällt nicht unter § 447; befindet sich die Ware nicht an dem Ort, an dem der Verkäufer zu erfüllen hat, so bereitet der Verkäufer mit der Verbringung der Ware an den Erfüllungsort nur die Erfüllung seiner Übergabepflicht vor, und das fällt in seinen Gefahrenkreis (RG **111** 23). Das gilt insbesondere dann, wenn die Ware vom Lager des Lieferanten oder der Fabrik des Herstellers aus zu dem Käufer gesandt wird (vgl. BGH LM BGB § 447 Nr. 4). Abweichendes kann vereinbart werden, so durch die Abrede „ab Werk" (vgl. die vorhergehende Rdn.).

5 **c)** Versendung setzt nicht begrifflich eine Verschiedenheit von Ortschaften im geographischen Sinne voraus. Auch innerhalb einer Ortschaft kann von dem Erfüllungsort (Wohnung, geschäftliche Betriebsstelle des Verkäufers) aus nach einem anderen Bestimmungsort (der Wohnung des Käufers oder eines Dritten, dem Bahnhof) eine

„Versendung" stattfinden. Das ist namentlich bei ausgedehnten großen Städten der Fall (**Platzgeschäft**). § 447 ist mindestens entsprechend anwendbar. Hat der Verkäufer die Zusendung an den Kunden innerhalb des Ortes gefälligkeitshalber übernommen, so wird im Zweifel die Übergabe entsprechend dieser Abrede auf Grund eines Besitzmittlungsverhältnisses beim Abschluß des Kaufvertrages vollzogen sein. Der Verkäufer übernimmt dann nicht die Gefahr der Überbringung. Die Gefahr ist vielmehr auf den Käufer schon nach § 446 übergegangen.

2. Entstehung und Wesen der Versendungspflicht 6

a) Verlangen des Käufers. Die Versendung der gekauften Ware nach dem Bestimmungsort gehört an sich nicht zu den Obliegenheiten des Verkäufers. Dem § 447 liegt der Gedanke zugrunde, daß der Verkäufer, der die Versendung auf Verlangen des Käufers vornimmt, im Interesse des Käufers tätig wird und dessen Geschäft führt (RG **88** 38; **103** 130). Deshalb ist der Verkäufer für das weitere Schicksal des der berufsmäßigen Beförderungsperson übergebenen Kaufgegenstandes nicht verantwortlich (RG **99** 58). Das Verlangen des Käufers braucht nicht ausdrücklich erklärt zu sein, sondern kann sich aus den Umständen und der Übung ergeben. Es ist aber unentbehrlich, wenn § 447 angewendet werden soll. Der Übergang der Gefahr wird im Handel auch vielfach durch Klauseln geregelt (s. Rdn. 7).

Eine *gesetzliche Verpflichtung*, dem Verlangen des Käufers nachzukommen, *trifft den Verkäufer nicht.* In vielen Handelszweigen besteht aber der allgemeine Handelsbrauch, daß bei allen Fernkäufen der Verkäufer die Ware zu übersenden hat und der Käufer erst zu zahlen braucht, wenn sie am Bestimmungsort angelangt ist. Damit wird tatsächlich eine Vorleistungspflicht für den Verkäufer begründet. Kommt der Verkäufer dem Verlangen des Käufers nach, so vollzieht er damit keinen Auftrag, sondern erfüllt eine Nebenverpflichtung (BGH **50** 32).

Die Bestimmung darüber, wohin die verkaufte Ware zu versenden ist, steht dem Käufer zu. Daher muß sich regelmäßig der Verkäufer einer nachträglichen *Änderung der Versendungsanweisung* fügen, es sei denn, daß er an der Einhaltung der früheren Anweisung ein besonderes Interesse hat (RG JW **17** 283). Wenn eine große, Export betreibende Handelsmühle mit der fob-Klausel verkauft hat, kann nicht von ihr verlangt werden, daß sie nach einem anderen als dem ursprünglich bestimmten Ort des Inlands liefere. Versendet der Verkäufer vom Erfüllungsort aus an einen anderen ihm vom Käufer angegebenen Ort aus eigenem freien Belieben oder bloßer Gefälligkeit, ohne daß der Käufer die Versendung verlangt hat, ist für die in § 447 geregelte Ausnahme von der Vorschrift des § 446 kein Raum.

b) Handelsklauseln, die auch den Gefahrübergang regeln können, sind cif 7
(§ 433 Rdn. 83), fob (§ 433 Rdn. 85), ferner die weiteren Klauseln der Incoterms (vgl. vor § 433 Rdn. 47, § 433 Rdn. 82) „ab Werk, frei Waggon, fas, c&f, ab Schiff, ab Kai". S. aber auch unten Rdn. 10 und 17.

c) Ein **Zuwiderhandeln gegen** die **Anweisungen** des Käufers ändert grundsätz- 8
lich nichts am Übergang der Gefahr nach Abs. 1. Es begründet nur eine Haftung des Verkäufers für den gerade aus der Abweichung entstandenen Schaden. Dem Käufer liegt der Beweis dafür ob, daß die Abweichung für den Schaden ursächlich gewesen ist. Daß die Abweichung die ausschließliche Ursache war, ist nicht erforderlich; es genügt der Nachweis, daß der Schaden nicht eingetreten wäre, wenn der Verkäufer die getroffenen Anordnungen des Käufers nicht verletzt hätte (vgl. BGH LM BGB § 447 Nr. 2). Hat der Käufer eine besondere Anweisung über die Art der Versendung erteilt, so ist der Verkäufer grundsätzlich nicht berechtigt, von der Anweisung abzuweichen, auch wenn

er sie für unzweckmäßig hält. Der Nachweis einer dringenden Veranlassung für die Abweichung dient aber dem Verkäufer als Rechtfertigungsgrund; im allgemeinen ist auch anzunehmen, daß der Verkäufer von der ihm angewiesenen Versendungsart dann abzugehen befugt ist, wenn ihm wegen der damit verbundenen Schwierigkeiten die Befolgung nach Treu und Glauben nicht zugemutet werden kann (vgl. BGH LM BGB § 447 Nr. 2; RG JW **17** 215). Der Verkäufer ist auch grundsätzlich nicht verpflichtet, den Käufer auf die Unzweckmäßigkeit der Anweisung aufmerksam zu machen. Eine solche Verpflichtung könnte höchstens bestehen, wenn die Anweisung des Käufers für die Ware besondere Gefahren mit sich brächte, mit denen der Käufer bei seiner Anweisung nicht hatte rechnen können und die ihn bei Kenntnis zu einer Änderung der Anordnung veranlaßt hätten (BGH LM BGB § 447 Nr. 2).

9 **3. Auslieferung an Versendungsperson**

a) Versendungsperson. Bestritten ist, ob das Versenden voraussetzt, daß es durch eine vom Käufer verschiedene und von ihm unabhängige Person ausgeführt wird, oder ob es auch durch Angestellte des Verkäufers ausgeführt werden kann. Die zweite Auffassung ist zutreffend. Mag auch bei der Fassung des § 447 nur an die Zusendung durch einen Dritten gedacht worden sein, so zwingt der Wortlaut doch nicht zu einer so begrenzten Auslegung. Auch wenn der Verkäufer die Ware durch seinen *eigenen Angestellten* auf eigenem Wagen an den Bestimmungsort bringen läßt, kann man davon sprechen, daß der Verkäufer die Kaufsache an eine zur Ausführung der Versendung bestimmte Person „ausgeliefert" hat. Diese Auslegung entspricht dem Grundgedanken des § 447, daß es unbillig wäre, den Verkäufer, der die verkaufte Ware an einen anderen Ort als den Erfüllungsort versendet und damit eine ihm an sich nicht obliegende Verpflichtung übernimmt, länger die Gefahr des zufälligen Untergangs tragen zu lassen als bei unmittelbarer Übergabe der Sache an den Käufer (RG **96** 258; JW **19** 992; s. auch *Kuchinke,* Festschrift Lange 1970). Insoweit sind die eigenen Angestellten des Verkäufers allerdings seine Erfüllungsgehilfen, für deren Verschulden bei einem Transportschaden der Verkäufer nach § 278 haftet (vgl. auch unten Rdn. 14; BGH NJW **68** 1929).

Die *Beförderungsperson,* etwa der Spediteur, ist *nicht* der *Erfüllungsgehilfe* des Verkäufers, vielmehr hat der Verkäufer die Beförderungsperson nur sorgfältig auszuwählen und anzuweisen. Nur für sein Verschulden hierbei haftet der Verkäufer nach § 276. Er haftet also nicht ohne weiteres für Mißgriffe und Versehen der mit der Versendung beauftragten Person, wie z. B. für die Aushändigung an einen Unberechtigten (BGH **50** 32). Demgemäß hat der Verkäufer zu beweisen, daß er eine geeignete Person mit der Beförderung betraut hat, und falls er die Verladung selbst übernommen hat, daß er sie sorgfältig ausgeführt hat.

10 **b) Versendungsgeschäft.** Der Vertrag mit der Beförderungsperson ist, da der Verkäufer, wenn er dabei auch die Geschäfte des Käufers führt und in dessen Interesse handelt, der Versender ist, von ihm in eigenem Namen abzuschließen. Doch ändert es an den sich aus § 447 ergebenden Rechtsfolgen nichts, wenn der Verkäufer den Vertrag im Namen des Käufers abschließt. Der Käufer kann auch im eigenen Namen den Beförderungsvertrag abschließen, sofern er damit nur die vom Verkäufer nach § 447 übernommene Versendung ausführen und sie nicht selbst für sich bewirken will.

Die Versendung muß *ordnungsmäßige Versendung* sein, wenn sie die Wirkung des § 447 haben soll. Eine Versendung, die den Pflichten eines ordentlichen Kaufmanns widerspricht, z. B. mit Rücksicht auf eine außergewöhnliche Steigerung der Kriegsgefahr, kann den Gefahrübergang nicht bewirken (OLG Braunschweig SJZ **46** 224). Eine Verpflichtung des Verkäufers, die zu versendende Ware zu versichern, besteht an sich nicht, kann sich aber aus Vereinbarung oder Handelsbrauch ergeben. Der Verkäufer darf die Ware nicht einseitig mit Nachnahme belasten.

Die *Auslieferung* ist ein tatsächlicher Vorgang, der im Sinne des kaufmännischen Verkehrs die gesamten Vorgänge umfaßt, die notwendig sind, um die Ablieferung zu bewirken (RG **92** 273). Auch wenn die Abholung der Ware durch Angestellte des Käufers erfolgt, liegt dem Verkäufer noch die Anweisung bei der Entnahme vom Lager ob.

Ob die Auslieferung stattgefunden hat, richtet sich danach, wer die Beförderungsperson ist, und nach den tatsächlichen Umständen. Bei Verkäufen „franko Waggon", „frei Bahnhof" beginnt die dem Verkäufer obliegende Versendung erst mit Auslieferung in den Wagen bzw. auf dem Bahnhof (s. auch BGH **50** 32, 36). Die Beförderung bis dorthin gehört noch zu den Übergabepflichten des Verkäufers, die deshalb auf seine Gefahr geht, wenn er diese Beförderung nicht durch seine Leute, sondern durch einen Frachtführer oder sonstige selbständige Dritte vornehmen läßt. So auch bei der Klausel „fob Hamburg" (RG **106** 212). Lautet dagegen der Verkauf „ab Lager", „ab Magazin", so beginnt die Versendung bereits im Zeitpunkt der Fortschaffung aus dem Lager, gleichviel ob sie von einer selbständigen Beförderungsperson ausgeführt wird oder durch die eigenen Leute des Verkäufers erfolgt (RG JW **19** 992). Beim überseeischen Abladegeschäft trägt der Verkäufer die Gefahr bis zur Einladung in das Schiff (RG **88** 392; **92** 130).

c) Einzelne Arten der Auslieferung. Versendung von *Gattungssachen.* Die Bestim- **11**
mung des § 447 gilt sowohl für den Spezieskauf als den Gattungskauf. Bei Gattungsschulden muß zwar die Sache, bevor die Gefahr übergehen kann, regelmäßig erst ausgeschieden und konkretisiert werden (§ 243). Dieselben Tatbestände, die den Gefahrübergang nach § 447 bewirken, lassen auch die Konkretisierung eintreten (RG **106** 212; **108** 187; **111** 25). Hierzu genügt unter Umständen schon die Absendung der Verladungsanzeige; die bloße Einladung ins Schiff dagegen bewirkt den Übergang der Gefahr regelmäßig noch nicht (RG **88** 392), ebensowenig die Benennung des Dampfers (RG **92** 128).

Die Absendung in einer *Sammelladung* hindert den Gefahrübergang nicht, sofern die für den Käufer bestimmte Ware aus der Gesamtmenge genügend ausgesondert ist. Auch bei Sammelladung geht die Gefahr auf den Käufer über. Die Käufer bilden eine Gefahrengemeinschaft (*Eiffer,* Die Gefahrtragung beim Kaufvertrag, Rechtsvergl. Darstellung, 1927, S. 12). Das gleiche gilt bei Zuvielsendung. Ist der unbestellte Teil besonders ausgeschieden, so bleibt der bestellte konkretisiert. Nur wenn das nicht der Fall ist, kann die Gefahr mangels Bestimmtheit der Sache nicht durch Übergabe an die Transportperson auf den Käufer übergehen.

Die *Übergabe eines kaufmännischen Traditionspapiers* an die Transportperson steht der Aushändigung der Ware an sie nicht gleich. Daher geht die Gefahr des Transports nicht schon mit der Aushändigung des Traditionspapiers an den Beförderer auf den Käufer über. Die Gefahr des Transports des Traditionspapiers trägt der Käufer nur, wenn es selbst Gegenstand des Kaufes ist. Demnach verbleibt es in beiden Fällen grundsätzlich bei der Regel des § 446. Regelmäßig ist zwar zwischen Verladung und Ausstellung des Konnossements oder Ladescheins zu unterscheiden, die Verladung hat aber zugleich die Bedeutung der Übernahme der Ware zur Beförderung, so daß mit ihr § 447 eingreift (RG **104** 4).

d) Unmöglichkeit der Versendung. Ist der Verkäufer aus irgendeinem Grunde **12**
außerstande, die übernommene Versendungspflicht zu erfüllen, so bedeutet das nicht, daß dem Verkäufer die Erfüllung der Übergabepflicht aus § 433, die am Erfüllungsort zu erfolgen hat, unmöglich ist. Der Käufer kann daher auch nicht die Zahlung des

Kaufpreises überhaupt verweigern, braucht allerdings nur Zug um Zug zu zahlen (RG **88** 38). War in Aussicht genommen, daß die verkaufte Ware ins Ausland gesendet werde, ist das aber wegen mangelnder Ausfuhrerlaubnis nicht möglich, so ist der Kaufvertrag nicht unwirksam (RG JW **17** 215 und 283). Ungewöhnliche Transportschwierigkeiten stehen der Unmöglichkeit der Versendung gleich; ungewöhnliche Anstrengungen braucht der Verkäufer nicht zu machen.

13 **III. Gefahrübergang**

1. Begriff

Die **Gefahr des zufälligen Untergangs** bedeutet in §§ 446 und 447 dasselbe. Untergang und Verschlechterungen bedeuten an sich nur körperliche Veränderungen der Sache. Ihnen ist aber der *tatsächliche Verlust der Kaufsache gleichzusetzen,* auch wenn eine körperliche Veränderung der Kaufsache nicht stattfindet; so ist eine im Meer versunkene Kaufsache auch im Sinne der §§ 446, 447 „untergegangen". Ist auf den Käufer die Gefahr der Versendung übergegangen, so trifft ihn im Verhältnis zum Verkäufer grundsätzlich auch der Nachteil, daß der Verbleib der vom beauftragten Spediteur abgeholten Ware nicht mehr aufgeklärt werden kann. So umfaßt die Beförderungsgefahr auch Mißgriffe und Versehen der mit der Versendung beauftragten Person, wie es etwa der Fall ist, wenn die Ware einem nicht berechtigten Dritten ausgehändigt wird oder sie verschuldeterweise während kriegerischer Verwicklungen in Feindeshand gerät (BGH LM BGB § 447 Nr. 4; RG **93** 330). Das gleiche gilt für eine *Beschlagnahme.* Sie muß allerdings in der Versendung wenigstens ihre Mitursache haben (RG **114** 405). Handelt es sich dagegen um eine allgemeine Beschlagnahme, die jedermann hindert, diese Ware oder eine Ware dieser Art zu liefern, so greifen die Grundsätze der Unmöglichkeit Platz; denn eine derartige Beschlagnahme hat mit der Übergabe der Kaufsache an eine Transportperson und der Verbringung in das Gebiet des durch die Beschlagnahme ausgelösten Zugriffs nichts zu tun. Diese Auffassung hat zwar Widerspruch gefunden — *Beitzke* (MDR **47** 281), *Bettermann* (ZHR **111** 104) und *Sieveking* (MDR **49** 329) —. Dabei wird aber dem Umstand nicht genügend Rechnung getragen, daß der Verkäufer, der die Kaufsache auf Verlangen des Käufers nach einem anderen Ort als dem Erfüllungsort versendet, nach § 447 nicht besser als nach § 446 gestellt wird und daß im Falle des § 446 nicht jede Beschlagnahme, sondern nur eine solche, die dem tatsächlichen Verlust der Kaufsache gleichsteht, als „Untergang" gewertet werden kann (vgl. § 446 Rdn. 2). Unter § 447 fällt auch der Schaden, den der Käufer durch eine Verzögerung der Reise erleidet (RG **87** 134).

Daß der ordnungsmäßig ausgesuchte Spediteur die Ware aus eigenem Entschluß versichert, hindert die Anwendung des § 447 nicht (RG **99** 56). Bei Unterbrechung der Versendung bewendet es bei dem einmal erfolgten Gefahrübergang. Beruht die Unterbrechung aber auf einem vom Verkäufer zu vertretenden Umstand, so kann der Käufer dafür Schadensersatz verlangen (s. unten Rdn. 14). Das gleiche gilt bei sonstigen Eingriffen des Verkäufers.

Verlangt der Verkäufer die *Rücksendung* der an den Käufer abgelieferten, von diesem aber *bemängelten Sache* zur fachmännischen Untersuchung und geht die einem Spediteur zur Rücksendung vom Käufer übergebene Ware bei diesem ohne Verschulden des Käufers verloren, so kommt es darauf an, ob die Beanstandung der Ware durch den Käufer berechtigt war oder nicht. Im letzten Fall haftet der Käufer auf Zahlung des Kaufpreises. In dem Verlangen des Verkäufers auf Rücksendung liegt nicht ein von dem Kaufgeschäft unabhängiger selbständiger Auftrag, für dessen Kosten und Verlust der Verkäufer einstehen will (RG **106** 294; vgl. auch § 459 Rdn. 30).

2. Vom Verkäufer zu vertretende Umstände 14

Nur ausnahmsweise haftet der Verkäufer, der der Transportperson die Ware auf Verlangen des Käufers zur Versendung ausgeliefert hat, für *Versehen der Transportperson* nach § 278. So, wenn die Transportperson das für den Schaden ursächliche Versehen unmittelbar in Ausführung einer Weisung des Verkäufers begangen hat (BGH **50** 32; RG **115** 162). Wird bereits rollende Ware verkauft, so besteht die Nebenpflicht des Verkäufers zur Übersendung darin, die Ware an den Käufer auf den Weg zu bringen, also die Eisenbahn in Abweichung von dem ihr nach dem Frachtvertrag erteilten Auftrag zu veranlassen, die Ware nicht an den im Frachtbrief bezeichneten Empfänger, sondern an den Käufer an den mit ihm vereinbarten Bestimmungsort zu leiten. In diesem Fall ist der Tatbestand des § 447 nicht gegeben. Der Verkäufer hat ein Verschulden der Transportperson bei Ausführung der ihm erteilten Umleitungsanordnung zu vertreten. Dagegen hat der Verkäufer es nicht zu vertreten, wenn die Eisenbahn ein Verschulden daran trifft, daß die gewünschte Umleitung nicht vorgenommen wird. Was nach ordnungsmäßiger Umleitungsverfügung im Verantwortungsbereich der Eisenbahn mit der Ware geschieht, gehört zur Transportgefahr; die Eisenbahn ist nicht Erfüllungsgehilfe des Verkäufers für die Ausführung der Umleitungsverfügung (BGH **50** 32). Der Verkäufer kann sich auch dann nicht auf den Gefahrübergang nach § 447 berufen, wenn er den *Umstand zu vertreten* hat, *auf dem der Verderb* der Ware während des Transportes *beruht*, z. B. weil die Ware bei der Versendung nicht die für den vertragsmäßigen Transport erforderliche Haltbarkeit hatte (BGH LM BGB § 447 Nr. 3). Weitere Fälle, in denen der Verkäufer den Untergang oder den Verderb des Kaufgegenstandes während des Transportes zu vertreten hat, sind ein Zuwiderhandeln gegen Anweisungen des Käufers (oben Rdn. 8), Verschulden bei der Auswahl der Transportperson (oben Rdn. 9) und Verschulden bei der Wahl der Versendungsart (oben Rdn. 10); vgl. auch BGH NJW **68** 1929.

3. Rechtsbeziehungen zu Dritten 15

Schließt der Verkäufer den Beförderungsvertrag ab, so ist er, wenn die Ware auf dem Transport beschädigt wird oder untergeht, wegen des bereits eingetretenen Gefahrübergangs nicht geschädigt. Er kann aber den Schaden, der dem Käufer entstanden ist, nach den Grundsätzen der *Drittschadensliquidation* geltend machen (BGH **15** 224); vgl. auch BGH **49** 356). Nach dem letztgenannten Urteil kann, wenn beim Versendungskauf die Kaufsache während des Transportes durch unerlaubte Handlung beschädigt wird und der Verkäufer den dem Käufer durch die Beschädigung der Sache entstandenen Schaden ersetzt, der Verkäufer von dem Schädiger Ersatz des Schadens jedenfalls insoweit verlangen, als dieser Schaden nicht größer ist als der Schaden, der dem Verkäufer ohne den Gefahrübergang entstanden wäre.

Erleidet die Kaufsache infolge ordnungswidriger Verladung durch den Verkäufer bei dem vom Käufer mit dem Transport zu einem Drittabnehmer beauftragten Spediteur einen Schaden, so erlangt der Drittabnehmer auch dann keinen unmittelbaren Schadensersatzanspruch gegen den ersten Verkäufer, wenn die Transportgefahr auf ihn übergegangen war. Die Grundsätze über die *Einbeziehung eines Dritten in den Schutzbereich eines Vertrages* finden in der Regel beim Kaufvertrag keine Anwendung (BGH LM BGB § 447 Nr. 7; s. auch BGH **40** 91; BGH WarnRspr. **73** Nr. 30; vgl. auch § 433 Rdn. 77).

IV. Eigentumsübergang 16

Die *Auslieferung* an die Beförderungsperson begründet an und für sich dingliche Rechtsveränderungen noch nicht. Sie enthält *nicht schon die Übergabe* nach § 433, die erst mit der Ablieferung an den Käufer erfolgt. Denn der Verkäufer hat mit der Auslieferung an die Transportperson die Kaufsache noch nicht aus seiner Verfügungsgewalt entlassen (BGH **1** 4). Das Eigentum geht erst dann über, wenn der Käufer die Ware tatsächlich erhält und annimmt (BGH NJW **60** 1952; **68** 1929; RG **108** 25; **102** 38; **99** 56). Der vom Verkäufer beauftragte Spediteur oder Frachtführer ist nicht der Vertreter des Käufers. Die Ware wird darum durch Ablieferung an den Spediteur nicht schon dem Käufer übergeben und das Eigentum an der Ware geht auch trotz Übereignungswillens des Käufers nicht schon mit der Ablieferung an den Spediteur auf den Käufer über. Nur wenn der Spediteur vom Käufer oder in dessen Auftrag vom Verkäufer zum Vertreter des Käufers beim Empfang und bei der Weitersendung der Ware bestellt worden ist, kann ein Eigentumsübergang nach § 929 erfolgen (BGH NJW **68** 1929; RG **84** 320; **102** 31; **103** 31).

17 **V. Einzelfragen**

Klauseln. Die Übernahme der Versendungskosten durch den Verkäufer — abweichend von § 448 — hat an sich auf den Übergang der Transportgefahr nach § 447 ebensowenig Einfluß wie auf den Erfüllungsort. Vgl. insbesondere das „Cif-Geschäft" bei § 433 Rdn. 83. Kein Fall des § 447 ist die Vereinbarung einer „Fob-Klausel" (§ 433 Rdn. 85). Auch wenn der Verkäufer im Binnenland seinen Wohnsitz hat, ist die Beförderung der Ware an das Schiff seine vertraglich übernommene Verpflichtung. Er erfüllt sie nicht schon damit, daß er die Ware im Binnenland einem Spediteur oder Frachtführer übergibt (RG **106** 212). Auch die Klausel „ausgeliefertes Gewicht" enthält nicht die Abwälzung der Gefahr auf den Verkäufer (WarnRspr. **18** Nr. 27). Die Klausel „frei Waggon" bezieht sich nicht auf die Übersendungspflicht, auch nicht darauf, wer den Eisenbahnwagen beschaffen soll. Sie regelt nur die Verteilung der durch den Transport veranlaßten Kosten. Dagegen besteht ein Handelsbrauch dahin, daß der Verkäufer auch hier die Versendung der Ware zu bewirken habe (RG **103** 129). Im übrigen kann mit Handelsklauseln der Wille verbunden sein, auch den Gefahrübergang zu regeln (s. oben Rdn. 7).

Zur *Beweislast* beim Versendungskauf: Ist die übersandte Ware bei der Ankunft mangelhaft, so kann aus diesem Zustand nach der Erfahrung des Lebens darauf geschlossen werden, daß die Ware schon bei der Auslieferung an den Beförderungsunternehmer mangelhaft gewesen ist (Urt. vom 17. 12. 1957 — VIII ZR 315/56).

§ 447 bezieht sich nur auf die Kaufsache. Die nicht mitverkaufte *Verpackung* reist auf Gefahr des Verkäufers. Aber der Verkäufer hat die Pflicht zur Verpackung. Die Gefahr der Rücksendung der Verpackung trägt der Käufer (vgl. § 433 Rdn. 96).

Innerhalb einer ihm nach § 326 gesetzten *Nachfrist* hat der Verkäufer die ihm obliegende Leistung noch bewirkt, wenn er die Ware am letzten Tag der Frist dem Spediteur zum Versand übergeben hat. Er muß damit allerdings seine Erfüllungspflicht voll erfüllt haben, darf also nicht vertragswidrig sich etwa das Eigentum vorbehalten haben.

In BGH **16** 217, 229 ist eine Auslegung gebilligt, nach der der Zeitpunkt des Gefahrübergangs auch für die Kaufpreisberechnung maßgebend sein sollte.

§ 448

Die Kosten der Übergabe der verkauften Sache, insbesondere die Kosten des Messens und Wägens, fallen dem Verkäufer, die Kosten der Abnahme und der Versendung der Sache nach einem anderen Orte als dem Erfüllungsorte fallen dem Käufer zur Last.

Ist ein Recht verkauft, so fallen die Kosten der Begründung oder Übertragung des Rechtes dem Verkäufer zur Last.

I. Das Gesetz unterscheidet drei Arten von Kosten: **Übergabekosten, Abnahmekosten und Versendungskosten.** Entscheidend für die Verteilung der Kostentragung ist der Gesichtspunkt, daß der Verkäufer die Kaufsache am Erfüllungsort dem Käufer zu übergeben und dieser sie dort abzunehmen hat. Daraus folgt: 1

1. Vom Verkäufer zu tragen sind: 2

a) Die Übergabekosten. Sie entstehen durch die Leistung des Verkäufers. Zu ihnen gehören beim Versendungskauf auch die Kosten, die durch die Übergabe an die Transportperson erwachsen.

Die Kosten des Messens und Wägens sind nur dann Übergabekosten, wenn die Ausscheidung der Ware aus einer größeren Menge vorgenommen wird oder zur Preisberechnung nötig wird. Wenn das Messen und Wägen zur Nachprüfung vom Käufer vorgenommen wird, gehören die Kosten zu den Abnahmekosten. Kosten des Messens (Vermessens) können auch bei Grundstücksverkäufen entstehen. Sie und die Kosten der Auflassung (§ 449) trägt der Käufer.

b) Die Versendungskosten zum Erfüllungsort. Die Kosten der Verpackung sind bei Versendung nach dem Erfüllungsort Übergabekosten. Von den Verpackungskosten sind die Kosten der Aufmachung zu unterscheiden.

2. Vom Käufer zu tragen sind: 3

a) Die Abnahmekosten. Das sind diejenigen Kosten, die entstehen, wenn der Käufer die Sache in seine Verfügungsgewalt übernimmt.

b) Die *Kosten der Versendung nach einem andern Ort* als dem Erfüllungsort. Hierher gehören auch Zölle und Steuern. Die Transportversicherungsprämie zählt nicht zu den Transportkosten.

II. Die vom Gesetz vorgenommene Kostenlastverteilung wird häufig durch **Klauseln im Handelsverkehr** geändert (s. *Axmann*, Betrieb **73** Beilage 8): 4

1. „ab Lager", „frei ab Fabrik" und ähnliche. Der Käufer hat sämtliche Transportkosten, nach Handelssitte häufig auch die des Heruntertragens vom Lager, zu tragen.

2. „frei Bahn", „frei Ufer". Der Verkäufer trägt die Kosten bis zur Bahn, von da ab der Käufer.

3. „frei Waggon" (= fow) und „frei Kahn" (= fok) sind der Klausel „fob" nachgebildet. Vgl. § 433 Rdn. 85 und § 447 Rdn. 7 sowie BGH **50** 32, 36.

4. „franko" vgl. § 433 Rdn. 92.

5. „Frachtbasis", „Frachtparität" eines bestimmten Ortes zur Berechnung der Kosten.

6. „frei Haus". Hier ist zweifelhaft, ob auch die Kosten des Hineinschaffens darunter fallen („frei hinter Käufers Speicher"). „Fob Hamburg" ist nicht reine Spesenklausel, sie verpflichtet den Verkäufer, die Ware in Hamburg an das Schiff zu bringen. Die Beförderung zum Schiff ist Teil seiner vertraglichen Leistung, und bis zur Abladung trifft ihn die Gefahr (RG **106** 212).

7. „Anlieferung unfrei" bedeutet, daß die gesetzliche Regelung des § 448 nicht durch Handelsklauseln abbedungen ist (OLG Köln MDR **73** 590).

Der gesetzliche Erfüllungsort und der Zeitpunkt des Gefahrübergangs werden durch Vereinbarungen über die Kostenlast nicht geändert. Immerhin kann auch das gewollt oder handelsüblich sein; so bei der Klausel „frei ab" (RG **34** 63). Die Kosten des Gas- und Wassermessers fallen an sich dem Verkäufer von Gas und Wasser zur Last. Durch besondere Abrede kann Abweichendes vereinbart werden und geschieht vielfach durch Auferlegung eines vom Käufer zu zahlenden „Mietzinses“ für die Meßinstrumente.

5 **III. Kostentragung beim Rechtskauf**

Die zur Begründung und Übertragung eines Rechts erforderlichen Kosten gerichtlicher oder notarieller Beurkundung treffen den Verkäufer. Will der Verkäufer sich dabei durch einen Bevollmächtigten vertreten lassen, so hat er die Kosten der Vollmachtserteilung im Zweifel auch dann zu tragen, wenn der Käufer die Kosten der Begründung oder Übertragung des Rechts abweichend von § 448 Abs. 2 übernommen hat, da die Bevollmächtigung nicht zum eigentlichen Akt der Begründung des Rechtes selbst gehört.

§ 448 Abs. 2 gilt nicht für den Verkauf eines Rechtes an einem Grundstück; vgl. § 449.

§ 449

Der Käufer eines Grundstücks hat die Kosten der Auflassung und der Eintragung, der Käufer eines Rechtes an einem Grundstücke hat die Kosten der zu Begründung oder Übertragung des Rechtes nötigen Eintragung in das Grundbuch, mit Einschluß der Kosten der zu der Eintragung erforderlichen Erklärungen, zu tragen. Dem Käufer fallen in beiden Fällen auch die Kosten der Beurkundung des Kaufes zur Last.

Der Käufer eines eingetragenen Schiffs oder Schiffsbauwerks hat die Kosten der Eintragung des Eigentumsübergangs, der Käufer eines Rechts an einem eingetragenen Schiff oder Schiffsbauwerk hat die Kosten einer zur Begründung oder Übertragung nötigen Eintragung in das Schiffsregister oder das Schiffsbauregister mit Einschluß der Kosten der zur Eintragung erforderlichen Erklärungen zu tragen.

1 **I. Kosten beim Grundstückskauf**

Geregelt wird hier die Kostenpflicht allein im Verhältnis des Kaufvertragsparteien untereinander, dagegen nicht auch Dritten, wie dem Notar, dem Fiskus gegenüber (RG **96** 48).

Unter den „Kosten“ sind nur die durch den Veräußerungsakt selbst veranlaßten *Gebühren und Auslagen* zu verstehen (RG JW **11** 363); hierzu gehören auch die Kosten der Eintragung einer Auflassungsvormerkung (KG DNotZ **57** 18; OLG Neustadt NJW **64** 2117; OLG Oldenburg NdsRpfl. **65** 108; OLG Hamm NJW **65** 303; a. A. OLG Celle NJW **63** 909; DNotZ **66** 756). Etwa notwendige vorgängige Eintragungen des Verkäufers (§§ 39, 40 GBO) gehören nicht darunter (§ 435). Ebenso nicht die Kosten der Vermessung eines verkauften Teilgrundstücks. Zu den Kosten der Beurkundung gehören hier auch die nicht nach § 313 notwendigen. § 449 verpflichtet den Käufer zur Bezahlung der Kosten der Beurkundung des Kaufvertrages auch dann, wenn der Vertrag vor dem Eigentumswechsel aufgehoben wurde (OLG Karlsruhe DNotZ **63** 242) oder mangels Genehmigung nicht wirksam wird (OLG Köln MDR **74** 136).

2 § 449 bezieht sich *nicht auf Steuern;* sollen sie vom Käufer getragen werden, so bedarf es einer dahin gehenden Vereinbarung. Schuldner der Grunderwerbssteuer sind die am Kaufvertrag als Vertragsteile Beteiligten; sie haften als Gesamtschuldner. Ist über die Tragung von Steuern eine Abrede getroffen, so kann die Auslegung ergeben, daß darunter auch Ertragssteuern fallen (BGH DNotZ **70** 538; dazu *Haver BB* **71** 538). § 449 bezieht sich auch *nicht auf* die *Maklerkosten.* Auch insoweit bedarf es besonderer Vereinbarung (OLG Karlsruhe WM **56** 106).

II. Kosten beim Schiffskauf 3

Abs. 2 wurde durch die DV zum SchiffsG v. 21. 12. 40 eingefügt. Die Vorschrift ist entsprechend anzuwenden auf die in die Luftfahrzeugrolle eingetragenen Luftfahrzeuge.

§ 450

Ist vor der Übergabe der verkauften Sache die Gefahr auf den Käufer übergegangen und macht der Verkäufer vor der Übergabe Verwendungen auf die Sache, die nach dem Übergange der Gefahr notwendig geworden sind, so kann er von dem Käufer Ersatz verlangen, wie wenn der Käufer ihn mit der Verwaltung der Sache beauftragt hätte.

Die Verpflichtung des Käufers zum Ersatze sonstiger Verwendungen bestimmt sich nach den Vorschriften über die Geschäftsführung ohne Auftrag.

I. Die Vorschrift stellt **keine Verpflichtung** des Verkäufers **zu Verwendungen** 1
auf die Sache auf. Inwieweit der Verkäufer zu solchen Verwendungen noch nach Abschluß des Kaufvertrages verpflichtet ist, ist im BGB nicht ausdrücklich bestimmt; eine solche Verpflichtung ergibt sich aber aus der Verpflichtung zur Übergabe der gekauften Sache nach § 433, die auch nicht notwendig mit dem Übergang der Gefahr auf den Käufer vollständig erlischt und z. B. bei Unterbrechung der Versendung im Falle des § 447 wieder wirksam werden kann.

II. Die Vorschrift behandelt vielmehr nur die Fälle, in denen der Verkäufer 2
nach Abschluß des Kaufvertrags und vor der Übergabe der Sache **tatsächlich Verwendungen gemacht** hat, und unterscheidet hierbei, wann das geschehen ist.

1. **Nach dem Übergang der Gefahr** (Absatz 1). Dieser Fall kann nach § 446 Abs. 2, nach § 447 und bei besonderer Vereinbarung eintreten. Dann kann der Verkäufer wie ein Beauftragter nach den §§ 669, 670 Ersatz vom Käufer verlangen, wenn die Aufwendungen objektiv notwendig waren (im Gegensatz zu § 670) und die Notwendigkeit der Aufwendungen nach dem Gefahrübergang eingetreten ist. Die Auftragsvorschriften sind nur entsprechend anwendbar; der Verkäufer wird behandelt, „wie wenn" er Beauftragter wäre, er wird nicht zum Beauftragten gestempelt. Diese Vorschriften sind daher immer nur sinngemäß im Rahmen der Pflichten aus einem Kaufvertrag anzuwenden.

2. **Vor dem Übergang der Gefahr** (Absatz 2). Dann hat der Verkäufer, wenn 3
die Verwendungen einer Geschäftsführung ohne Auftrag nach § 677 entsprechen, nach den Vorschriften des § 683 (ohne daß er geradezu ein Geschäftsführer wird) Ersatz der Aufwendungen wie ein Beauftragter zu beanspruchen, also nach § 670, soweit er sie nach den Umständen für erforderlich halten durfte. Dazu gehören nicht die zur Erhaltung der Kaufsache notwendigen Verwendungen, da sie der Verkäufer nicht als Geschäftsführer des Käufers und in dessen Interesse, sondern kraft eigener Verpflichtung und im eigenen Interesse macht. *Ballerstedt* bei Soergel/Siebert, 10. Aufl. Bem. 4 nimmt an, Abs. 2 beziehe sich nur auf sonstige Verwendungen — außer denen des Abs. 1 —, die der Verkäufer nach Gefahrübergang gemacht habe.

Geringfügige Leistungen bei Erfüllung des Vertrags werden als durch den Kaufpreis mit abgegolten angesehen und daher nicht besonders vergütet, wie in der Regel die Verpackung. Wenn jedoch die Verpackung besondere Aufmerksamkeit und Aufwendungen erfordert (bei Glaswaren), kann auch eine besondere Vergütung beansprucht werden (ROHG 3 115). Mit fortschreitender Verteuerung der Verpackungsmittel überhaupt schwindet die Vermutung, daß sie durch den Kaufpreis mit gedeckt werden sollen.

4 III. Kommt der Verkäufer ausnahmsweise in die Lage, nicht nur nach Abschluß des Kaufvertrags und nach Übergang der Gefahr auf den Käufer, sondern auch noch **nach Übergabe** der Kaufsache Verwendungen auf sie zu machen, was z. B. in Fällen des Übergabeersatzes, der Übergabe durch Traditionspapiere, aber auch sonst möglich ist, so richtet sich die Ersatzpflicht entweder nach demjenigen Rechtsverhältnis, kraft dessen der Verkäufer in die Lage kommt, noch Aufwendungen auf die Sache zu machen, wie etwa im Fall des § 930, oder es finden unmittelbar die Vorschriften über Geschäftsführung ohne Auftrag Anwendung.

5 IV. Die Ansprüche aus § 450 geben dem Verkäufer ein **Zurückbehaltungsrecht** nach § 273.

§ 451

Ist ein Recht an einer Sache verkauft, das zum Besitze der Sache berechtigt, so finden die Vorschriften der §§ 446 bis 450 entsprechende Anwendung.

Auch bei dem Verkauf von Rechten, die zum Besitze berechtigen (§ 433), ist für den Gefahrübergang die Übergabe der Sache und im Falle einzutragender Rechte die Übergabe des Grundstücks oder die zuvor erfolgte Eintragung (§ 446 Abs. 2) entscheidend.

§ 452

Der Käufer ist verpflichtet, den Kaufpreis von dem Zeitpunkt an zu verzinsen, von welchem an die Nutzungen des gekauften Gegenstandes ihm gebühren, sofern nicht der Kaufpreis gestundet ist.

1 Die **Verzinsungspflicht** des Käufers beruht auf dem Grundsatz, daß niemand die Sache und zugleich den Kaufpreis nutzen soll. Die Regelung (vgl. die ähnliche Bestimmung in § 641 Abs. 2) darf auf Geschäfte ähnlicher Art nicht ausgedehnt werden, da sich dem der Gesetzgeber (Mot 2. 329) bewußt verschlossen hat (BGH **26** 7). Keine Anwendung des § 452 daher bei einem Patentveräußerungsvertrag (BGH aaO). Für den *Beginn der Verzinsungspflicht* ist regelmäßig der Übergang des Nutzungsrechts auf den Käufer, nicht die Übergabe entscheidend. Die Nutzungen können namentlich auch vor Eintragung des Käufers in das Grundbuch von ihm gezogen werden. Es genügt, daß die Nutzungen rechtlich dem Käufer gebühren (RG **80** 371); daß er tatsächlich welche gezogen hat oder ziehen konnte, ist nicht Voraussetzung. Bei Kaufleuten untereinander gilt abweichend § 353 HGB. Nach § 246 betragen die Zinsen 4 v. H., für beiderseitige Handelsgeschäfte 5 v. H. (§ 352 HGB). Die Zinsen sind nicht Verzugszinsen oder Vertragszinsen, sondern gesetzliche Zinsen (RG **80** 373). Die Anwendung des § 452 setzt voraus, daß eine Zinsvereinbarung nicht getroffen und der Kaufpreis nicht gestundet ist (BGH WM **56** 1149, 1153). Der Verkäufer kann die vereinbarten Zinsen vom vorgesehenen Zeitpunkt ab verlangen, auch wenn er nach diesem Zeitpunkt noch die Nutzungen gezogen hat.

2 Ein Anspruch auf Nutzungszinsen entsteht nicht, wenn der **Kaufpreis gestundet** ist. Der Kaufpreis ist gestundet, wenn er abredegemäß erst nach (im wesentlichen) vollendeter Leistung des Verkäufers fällig sein soll. Stundung liegt nicht vor, wenn wie der Zahlungstermin so auch der wesentliche Teil der dem Verkäufer obliegenden Leistungen hinausgeschoben ist und entweder beide Leistungen Zug um Zug erfüllt werden sollen oder die Zahlung vor der Leistung des Verkäufers fällig sein soll (RG **50** 138, wo Stundung verneint wird, falls der Kaufpreis zwar nach der Übergabe, aber vor oder nach der Auflassung des verkauften Grundstücks fällig ist). Kein Hinausschieben der Fälligkeit, also keine Stundung, wenn der Gläubiger dem Schuldner nur die zur Beschaffung des Geldes erforderliche Zeit einräumt (RG **83** 181). Jedenfalls muß die Stundung dem Käufer ein Recht auf Vorleistung des Verkäufers geben, während aus einer ihm bloß erwiesenen Nachsicht kein Recht und keine Verpflichtung erwachsen kann. Ist dem Käufer anstatt der Barzahlung die Regelung mittels eines Akzeptes nachgelassen, so wird der Kaufpreis sofort fällig, wenn der Käufer sich weigert, das Akzept zu geben (RG SeuffArch **63** Nr. 391).

§ 452 ist nicht anwendbar, wenn der Kaufpreis nicht in bar gezahlt, sondern durch Übernahme von Hypotheken gedeckt werden soll.

Bestritten ist, ob mit Ablauf der Stundung die Zinspflicht aus § 452 ohne weiteres beginnt oder Verzugsetzung erfordert wird. Ersteres ist zu bejahen, da auch in diesem Falle § 452 eingreift und es sich bei den Zinsen dieser Vorschrift nicht um Verzugs-, sondern um Nutzungszinsen handelt.

§ 453

Ist als Kaufpreis der Marktpreis bestimmt, so gilt im Zweifel der für den Erfüllungsort zur Erfüllungszeit maßgebende Marktpreis als vereinbart.

„Marktpreis" ist der Durchschnittspreis, wie er sich auf Grund der Marktlage für die in größerem Umfang abgesetzten Waren bildet, unabhängig von börsenmäßiger oder amtlicher Festsetzung, die jedoch ein wichtiges Beweismoment abgeben. Der Marktpreis ist nicht notwendig dasselbe wie der „angemessene Preis". Der Marktpreis kann ausdrücklich oder stillschweigend als Kaufpreis bestimmt sein. Die Vorschrift kommt nur bei marktgängiger Ware in Betracht, paßt dagegen auf den Kleinhandel nicht. Hier kann der übliche Ladenpreis als vereinbart gelten. Unter Umständen greift die Bestimmung des § 316 Platz. Vgl. im übrigen § 433 Rdn. 24.

Die Bestimmung gibt eine bloße *Vermutung für eine Vereinbarung,* die durch den Nachweis anderer Parteiabsicht entkräftet werden kann. Läßt sich für den Erfüllungsort kein Marktpreis mehr ermitteln, z. B. weil die Notierungen dort aufgehört haben, so ist gemäß § 242 zu erwägen, ob nicht andere Preisfestsetzungen an eben jenem Orte als Ersatz für die Preisnotierungen zu gelten haben. Ob bei Sukzessivlieferungsverträgen eine Preiserhöhung für die nach ihrem Eintritt fälligen Lieferungen maßgebend sein soll, ist Auslegungsfrage.

Als Erfüllungsort (§ 269) kommt hier der für den Verkäufer maßgebliche in Betracht. Besteht am Erfüllungsort kein Marktpreis, kann der des nächsten größeren Ortes maßgebend sein. Die Erfüllungszeit bestimmt sich nach § 271.

Die *Beweislast* regelt sich wie folgt: Fordert der Verkäufer den Marktpreis, so muß er beweisen, daß dieser (ausdrücklich oder stillschweigend) verabredet worden ist, während der Käufer gegebenenfalls zu beweisen hätte, daß der Preis in anderer Art bestimmt worden sei. Fordert der Verkäufer den üblichen Ladenpreis oder einen allgemein angemessenen Preis, und macht der Käufer demgegenüber geltend, daß der Preis in dieser oder jener Art bestimmt worden sei, so muß der Verkäufer den Beweis dafür erbringen, daß der Preis abredegemäß auf die von ihm behauptete Art habe berechnet werden sollen (RG SeuffArch **58** 266).

§ 454

Hat der Verkäufer den Vertrag erfüllt und den Kaufpreis gestundet, so steht ihm das im § 325 Abs. 2 und im § 326 bestimmte Rücktrittsrecht nicht zu.

1 **I. Voraussetzungen für den Verlust des Rücktrittsrechts**

1. Voraussetzung hierfür ist erstens, daß der Verkäufer bereits *erfüllt* hat, und zweitens, daß ein *Kreditkauf* vorliegt.

Die den Käufer begünstigende Sonderbestimmung beruht einmal auf dem Gedanken, daß der Käufer, der die Sache zur Verwendung oder zum Verbrauche erwirbt, durch die Rückgängigmachung des Kaufes unbillig belastet werden würde; zum anderen darauf, daß es naheliegt, in der Stundung des Kaufpreises einen Verzicht des Verkäufers auf das Rücktrittsrecht zu erblicken, weil sie den bei Zug-um-Zug-Leistungen sonst bestehenden Zusammenhang zwischen Leistung der Ware und Zahlung des Preises auflöst.

In § 454 handelt es sich um eine Ausnahmevorschrift, die eng auszulegen ist (BGH LM BGB § 454 Nr. 2).

Schon nach dem Wortlaut ist sie nicht anzuwenden bei unentgeltlichen Geschäften, bei der Ausstattung und bei Veräußerungen kraft Gesetzes. Auch auf Tauschverträge findet § 454 keine Anwendung (BGH LM BGB § 454 Nr. 1).

Der Ausschluß des Rücktrittsrechtes wird lediglich an die Tatsache der Erfüllung durch den Verkäufer geknüpft. Selbst die Nichterfüllung, die auf Verschulden des Verkäufers beruht, kann unter dem Gesichtspunkt von Treu und Glauben niemals der Erfüllung i. S. von § 454 gleichgestellt werden (RG **118** 104).

2 2. Was zur **Erfüllung** gehört, ergibt sich aus § 433. Auf den Verkauf unter Eigentumsvorbehalt nach § 455 trifft § 454 nicht zu, weil, solange die Bedingung nicht eingetreten ist, der Verkäufer noch nicht voll erfüllt hat (RG JW **27** 667; HRR **28** 1967; vgl. auch RG **140** 160; **140** 226; s. auch § 455 Rdn. 22). Auch hindert z. B. ein fortwirkendes Wettbewerbsverbot gegen den Verkäufer die Anwendung des § 454.

Auch bei nur *teilweiser Erfüllung* ist § 454 regelmäßig nicht anwendbar. Teilweise Erfüllung liegt vor, wenn der Verkäufer die geschuldete Leistung ihrem Umfange oder ihrer Beschaffenheit nach noch nicht voll erbracht hat, z. B. das verkaufte Grundstück ist zwar übergeben, aber noch nicht aufgelassen (RG **50** 138). Dagegen hat der Verkäufer eines Grundstücks i. S. des § 454 erfüllt, wenn er das Grundstück aufgelassen und übergeben hat (LM BGB § 454 Nr. 3). Kann die Auflassung nicht zur unmittelbaren Eintragung des Käufers führen, so enthält sie auch noch keine vollständige Erfüllung; ebenso wenn gleichzeitig Verfügungsbeschränkungen eingetragen werden. Ist Lieferung in Teilleistungen abgemacht und der für jede Teilleistung besonders zu berechnende Betrag gestundet, so greift die Bestimmung des § 454 in Ansehung des bereits erfüllten Teiles Platz, ungeachtet dessen, daß der Vertrag im ganzen als ein einheitliches Geschäft anzusehen ist (RG WarnRspr. **08** Nr. 137; streitig).

Der Verkäufer verliert das Rücktrittsrecht auch, wenn er den hauptsächlichen Teil seiner Leistung erbracht hat und nur noch verhältnismäßig unerhebliche Erfüllungsteile ausstehen, wie etwa die Lieferung von Zubehörstücken (RG **50** 138).

3. In der **Stundung** liegt ein Verzicht auf das Rücktrittsrecht (RG **83** 179), aber **3**
nur so weit, als die Stundung reicht. Wegen des nicht gestundeten Teils des Kaufpreises bleibt das Rücktrittsrecht bestehen. Stundung liegt nur vor, wenn der Kaufpreis vereinbarungsgemäß erst nach vollendeter Erfüllung des Verkäufers fällig werden soll, also nicht Zug um Zug zu zahlen ist (RG **50** 138; s. auch § 452 Rdn. 2). Die Gewährung eines Zahlungsziels kann auch handelsüblich sein.

Die Beschränkung des Verkäufers tritt insoweit nicht ein, als sich der Käufer außer zur Zahlung des Preises noch zu anderen Nebenleistungen — Bebauung des gekauften Grundstücks — verpflichtet hat und in dieser Hinsicht in Verzug geraten ist. Dasselbe gilt, wenn die vom Verkäufer gewährte Stundung und der Verzug des Käufers keine in Geld zu tilgende Kaufpreisschuld, sondern eine andere nicht nur nebensächliche Verpflichtung des Käufers betreffen (BGH LM BGB § 454 Nr. 1). Solchenfalls hat der Verkäufer die Rechtsbehelfe aus §§ 325, 326 (RG **113** 115; RG HRR **34** 1102).

II. Verlust des Rücktrittsrechts **4**

Der Verkäufer büßt nur das **gesetzliche Rücktrittsrecht** aus § 325 Abs. 2 (wegen fruchtlosen Ablaufs der dem Käufer gemäß § 283 gestellten Frist) sowie dasjenige aus § 326 (wegen Verzuges) ein, falls die dort aufgestellten Voraussetzungen gegeben sind, *nicht* auch das *vertragsmäßige Rücktrittsrecht* i. S. des § 346 oder des § 360 oder das Recht auf Schadensersatz wegen Nichterfüllung aus den §§ 325, 326 (WarnRspr. **15** Nr. 259). Das Rücktrittsrecht des Verkäufers bleibt auch beim Widerruf der Stundung ausgeschlossen (LM BGB § 454 Nr. 2). Der *Widerruf der Stundung* beseitigt diese nicht rückwirkend, sondern erst vom Zeitpunkt des Widerrufs ab. Vor den nachteiligen Folgen einer gewährten Stundung des Kaufpreises kann sich der Verkäufer nur dadurch schützen, daß er bei Gewährung der Stundung ausdrücklich ein Rücktrittsrecht vereinbart und dadurch die Anwendbarkeit des § 454 beseitigt (BGH aaO).

Der Wegfall des Rücktrittsrechts des Verkäufers eines Grundstücks schließt nicht aus, daß der Verkäufer die Erfüllung seiner aus Treu und Glauben sich ergebenden Verpflichtung, alles zu unterlassen, was die noch ausstehende Eintragung des Käufers als Eigentümer im Grundbuch verhindern könnte, nach § 321 verweigern kann (BGH LM BGB § 454 Nr. 4).

§ 455

Hat sich der Verkäufer einer beweglichen Sache das Eigentum bis zur Zahlung des Kaufpreises vorbehalten, so ist im Zweifel anzunehmen, daß die Übertragung des Eigentums unter der aufschiebenden Bedingung vollständiger Zahlung des Kaufpreises erfolgt und daß der Verkäufer zum Rücktritte von dem Vertrage berechtigt ist, wenn der Käufer mit der Zahlung in Verzug kommt.

Schrifttum

Letzgus, Die Anwartschaft des Käufers unter Eigentumsvorbehalt 1938; *Kuhn*, Die Rechtsprechung des BGH über den Eigentumsvorbehalt und das Abzahlungsgeschäft WM **55** 422; *Raiser*, Dingliche Anwartschaften 1961; *Pikart*, Probleme der sachenrechtlichen und schuldrechtlichen Anwartschaft, Recht im Wandel **65** 179; *Serick*, Eigentumsvorbehalt und Sicherungsübertragung Bd. 1 1963, Bd. 2 1965, Bd. 3 1970; *Serick*, Verbindungsklauseln als Kreditsicherungsmittel BB **73** 1405.

Übersicht

	Rdn.		Rdn.
A. Allgemeines	1	I. Kaufgegenstand	2
B. Merkmale des Eigentumsvorbehalts	2–17	II. Vorbehalt des Eigentums	3–9

	Rdn.
1. Begründung des Eigentumsvorbehalt	3–5
a) Im Kaufvertrage	3
b) Nachträglicher Eigentumsvorbehalt	4, 5
aa) Bei Lieferung der Kaufsache	4
bb) Nach Lieferung der Kaufsache	5
2. Änderung des Eigentumsvorbehalts	6
3. Untergang des Eigentumsvorbehalts	7–9
a) Verzicht des Verkäufers	7
b) Verlust des Eigentums	8
c) Eintritt oder Ausfall der Bedingung	9
III. Erstreckung des Eigentumsvorbehalts	10–17
1. Verlängerter Eigentumsvorbehalt	10–14
a) Allgemeines	10
b) Einwilligung in die Weiterveräußerung	11
c) Abtretung der Forderung des Vorbehaltskäufers	12, 13
aa) Abtretung	12
bb) Forderung	13
d) Konkurrenz des Eigentumsvorbehalts mit Globalzession	14
2. Weitergeleiteter Eigentumsvorbehalt	15
3. Erweiterter Eigentumsvorbehalt	16
4. Verarbeitungsklausel	17
C. Wirkungen des Vertrages	18–36
I. Für den Verkäufer	18–23
1. Pflicht zur Besitzverschaffung	18
2. Pflicht zur Eigentumsübertragung	19
3. Gefahrübergang	20
4. Rücktrittsrecht	21
5. Zeitpunkt der Erfüllung durch den Verkäufer	22
6. Anspruch auf Auskunft	23
II. Für den Käufer	24–34
1. Abnahme und Verwahrung	24
2. Anwartschaft	25–34
a) Wesen der Anwartschaft	25
b) Gegenseitige Rechte und Pflichten	26–33
aa) Wahrung des Bestandes	26
bb) Übertragung	27
cc) Veräußerungsverbot	28
dd) Vererbung	29
ee) Verpfändung	30
ff) Nießbrauch	31
gg) Grundpfandrecht, gesetzliches Pfandrecht	32
hh) Pfändung	33
c) Erlöschen	34
III. Verfügungen Nichtberechtigter	35, 36
1. Nichtberechtigter Vorbehaltsverkäufer	35
2. Nichtberechtigter Vorbehaltskäufer	36
D. Abzahlungsgeschäfte	37
E. Die Bedingung der Kaufpreiszahlung	38–42
I. Allgemeines	38
II. Zahlung des Kaufpreises	39–41
1. Vollständige Zahlung	39
2. Tatbestände ohne Tilgungswirkung	40
3. Zahlung durch Dritten	41
III. Eigentumsübergang	42
F. Das Vorbehaltseigentum im Konkurs	43, 44
1. Konkurs des Vorbehaltskäufers	43
2. Konkurs des Vorbehaltsverkäufers	44
G. Einzelheiten	45, 46
I. Beweislast	45
II. Internationales Privatrecht	46

1

A. Allgemeines

Der Eigentumsvorbehalt hat sich wie die Sicherungsübereignung zu einem Mittel der Kreditsicherung von ungeahntem Ausmaß entwickelt. Die einfache Vorschrift des § 455 hat durch Handhabung im Wirtschaftsverkehr, durch immer mehr verfeinerte Abreden in Allgemeinen Geschäftsbedingungen, die die von der Rechtsprechung mißbilligten Vertragsgestaltungen überdecken sollen, und durch die Rechtsprechung eine verwirrende Fortentwicklung erfahren. Das Sachgebiet ist selbst für den Kenner so unübersichtlich geworden, daß bei nicht ganz einfacher Kreditsicherung nicht vorhersehbar ist, ob sie den Angriffen der Mitgläubiger standzuhalten vermag. Verkehrssitte und Gerichtsgebrauch haben so stark gewuchert, daß es der Schaffung fester Grundsätze bedarf.

Der Ausgangspunkt ist einfach: Der Vorbehalt verfolgt zwei einander widerstreitende Zwecke. Das ist für die Beurteilung des Inhalts der Rechte und Pflichten aus einem solchen Kaufvertrag zu beachten:

1. Um einerseits dem Käufer schon vor der Zahlung den wirtschaftlichen Genuß an der gekauften Sache zu verschaffen und andererseits den Verkäufer nicht zu gefährden, wird die Kaufsache dem Käufer nicht zu Eigentum übergeben, sondern ihm nur der Besitz verschafft. Auf diese Weise hat er zwar schon das Recht der Nutzung und des Gebrauchs der Kaufsache, er darf mit ihr aber nicht nach Belieben, sondern nur unter Berücksichtigung der Eigentumsrechte des Verkäufers verfahren.

2. Um dem Verkäufer die Sicherheit für seinen Anspruch auf Zahlung des Kaufpreises zu erhalten, wird ihm der mittelbare Besitz und das Eigentum an der verkauften Sache vorbehalten. Er wird dadurch gegen Sicherungsübereignung der Ware an Dritte und im Konkurs des Käufers geschützt.

Im täglichen Verkehr besteht die Neigung, die Befugnisse des Verkäufers soweit wie möglich auszudehnen und die Sicherung, die der Verkäufer durch das vorbehaltene Eigentum und den mittelbaren Besitz hat, durch *weitere Sicherungsmittel* zu ersetzen und zu ergänzen. Das geschieht u. a. durch Anerkennung eines „Kontokorrentvorbehalts", „verlängerten Eigentumsvorbehalts", „erweiterten Eigentumsvorbehalts", durch eine Verarbeitungsklausel, Vorausabtretungsabrede und die Möglichkeit der Abtretung der Anwartschaft des Käufers. Alles das führt zu verwickelten und unsicheren rechtlichen und wirtschaftlichen Verhältnissen. Die Rechtsprechung stellt mit Recht den Grundsatz auf, ein Kaufmann, der sich von einem anderen Waren zur Sicherheit übereignen läßt, müsse ohne weiteres damit rechnen, daß auf ihnen ein Eigentumsvorbehalt ruht. Ohne nach den Eigentumsverhältnissen geforscht zu haben, ist er daher nicht gutgläubig i. S. des § 932. Klare und feste Umgrenzungen der einzelnen Möglichkeiten sind deshalb unerläßlich.

Der Eigentumsvorbehalt findet sich fast regelmäßig bei den sog. Abzahlungsgeschäften. Dazu auch unten Rdn. 3 und 37.

B. Merkmale des Kaufvertrages mit Eigentumsvorbehalt

I. Kaufgegenstand 2

Der Vorbehalt i. S. des § 455 ist nur beim **Verkauf körperlicher, beweglicher, bestimmt zu bezeichnender Sachen** zulässig. Einwandfrei bestimmt sind die Sachen auch, wenn sämtliche in einem Raum gelagerte oder dorthin zu bringende Waren verkauft werden, so etwa beim Verkauf eines Warenlagers (RG **132** 183). Der Vorbehalt kann auch erst künftig hinzutretende Sachen ergreifen; das kann auch im voraus vereinbart werden. Da die Abtretung einer Forderung kein bedingungsfeindliches Geschäft ist, kann auch eine *Forderung* oder ein anderes abtretbares Recht unter der Bedingung abgetreten werden, daß der Kaufpreis dafür bezahlt wird. Das ist aber kein Eigentumsvorbehalt, sondern ein *Vorbehalt der Inhaberschaft.*

Unzulässig ist der Eigentumsvorbehalt *bei* Auflassung von *Grundstücken* und deren wesentlichen Bestandteilen (§ 925 Abs. 2). Es kann nur ein bedingter schuldrechtlicher Anspruch auf Übereignung oder Rückübereignung begründet werden, der durch eine Vormerkung dinglich gesichert werden kann. Unzulässig ist ferner der Eigentumsvorbehalt *beim Verkauf von unkörperlichen Gütern*, wie Forderungsrechten, Patenten, Lizenzen (RG **106** 363). Hierunter fällt auch der Verkauf von Unternehmen. Hier ist der Eigentumsvorbehalt aber im Zweifel auf die mitverkauften körperlichen Gegenstände zu beziehen und für diese zulässig. Ebenso ist der Eigentumsvorbehalt an einer Sachgesamtheit, wie einem Warenlager, Inventar und ähnlichem, nicht möglich, auch wenn sie zu einem Gesamtpreis verkauft werden. Regelmäßig ist indessen der Vorbehalt dahin auszulegen, daß er sich auf die einzelnen zur Gesamtheit gehörigen Sachen beziehen soll. Insoweit ist er dann zulässig, falls die Sachen einwandfrei bestimmbar sind (s. o.).

Im übrigen ist die Zulässigkeit des Eigentumsvorbehalts *unbeschränkt.* Er erstreckt sich auf unpfändbare Sachen (§ 811 ZPO) und Bestandteile, auch wenn sie später eingebaut werden. Im letzten Fall bleibt der Eigentumsvorbehalt allerdings nur bestehen, wenn die Sache nicht *wesentlicher Bestandteil* wird. Beim Eigentumsvorbehalt an Baustoffen und Maschinen, die wesentliche Bestandteile des Grundstücks werden, verliert der Verkäufer sein Eigentum auch bei gegenteiliger Vereinbarung (§ 946). Ob ein wesentlicher Bestandteil vorliegt, richtet sich nach §§ 93 ff (s. dazu die dortigen Ausführungen). Zum Eigentumsvorbehalt an Erzeugnissen elektronischer Datenverarbeitung, die Teile von Handelsbüchern sind, vgl. Urt. KG KTS **73** 70.

Ob vom Eigentumsvorbehalt auch das *Zubehör* ergriffen wird, ist Auslegungsfrage. Im Zweifel erstreckt er sich in Anwendung des § 314 auch auf das Zubehör. Einzubauendes Material, das der Bauherr unter Eigentumsvorbehalt gekauft hat, kann vor dem Einbau Zubehör sein (BGH **58** 309).

Zweifelhaft ist, ob dem Eigentumsvorbehalt auch *Früchte* unterfallen. Nach § 953 teilen die Früchte das Schicksal der Hauptsache. Diese Bestimmung enthält aber nachgiebiges Recht, und es kommt auf den Parteiwillen an. Es kann also dem Käufer das Fruchtziehungsrecht eingeräumt werden. Auch ohne dieses ist das Eigentumsrecht des Verkäufers durch das Anwartschaftsrecht des Käufers beschränkt. Beim Verkauf von Kühen fällt nach dem vermutlichen Parteiwillen die Milch nicht unter das Vorbehaltsrecht. Bestritten ist, ob das Vorbehaltsrecht sich auf die Nachzucht (Tierjunge) erstreckt (vgl. *Mayer,* Eigentumsvorbehalt und Viehverkauf 1932).

Hat der Käufer die Kaufsache mit eigenen Sachen untrennbar *vermischt,* so erlangt der Verkäufer an dem vermischten Bestand Miteigentum nach §§ 947, 948. Ebenso entsteht Miteigentum bei einer Mehrzahl von Lieferanten. Bei *Verarbeitung* der Sache durch den Käufer wird das vorbehaltene Eigentum nach § 950 regelmäßig vernichtet. Das gilt jedoch dann nicht, wenn kraft einer Verarbeitungsklausel die Verarbeitung für den Verkäufer und mit dem Willen, ihm das Eigentum zu erhalten oder zu verschaffen, vorgenommen wird (s. unten Rdn. 17).

Auch an *verbrauchbaren* Sachen kann das Eigentum vorbehalten werden. Erfolgt der „Verbrauch" üblicherweise im Geschäftsverkehr durch Verkauf, so muß im Zweifel angenommen werden, daß dem Käufer die Befugnis zum Verbrauch oder zur Veräußerung der ihm unter Eigentumsvorbehalt verkauften Sachen auch zustehen soll. Dann beschränkt sich der Vorbehalt auf die nicht veräußerten Sachen. Bei den veräußerten Sachen erlischt der Eigentumsvorbehalt des Verkäufers. Über verlängerten Eigentumsvorbehalt s. Rdn. 10-14 und über die Rechtsfolgen, wenn der Käufer bei dem Weiterverkauf sich das Eigentumsrecht seinerseits vorbehält, s. unten Rdn. 15.

Möglich ist ein Vorbehalt auch an künstlichen Gliedern, Prothesen, Gebissen u. dgl.

3 **II. Vorbehalt des Eigentums**

1. Begründung des Eigentumsvorbehalts

a) Im Kaufvertrage. Begründet wird der Eigentumsvorbehalt durch die **Einigung**, daß das **Eigentum bedingt übertragen** wird; die Abrede über den Eigentumsvorbehalt ist also Inhalt des dinglichen Rechtsgeschäfts. Vom dinglichen Rechtsgeschäft des Eigentumsvorbehalts bei der Eigentumsübertragung ist das schuldrechtliche Vertragsverhältnis zu unterscheiden, das den Verkäufer zu einer so beschränkten Eigentumsübertragung berechtigt und hierzu auch nur verpflichtet. Regelmäßig beruht der Vorbehalt bei der Eigentumsübertragung auf einer im Kaufvertrag getroffenen Vereinbarung. Sie ändert die Eigentumsverschaffungspflicht des § 433 ab.

Die **Abrede über den Eigentumsvorbehalt** wird regelmäßig im Kaufvertrage selbst getroffen. Sie kann ausdrücklich, stillschweigend oder durch Bezugnahme auf allgemeine Geschäftsbedingungen erfolgen. Auch im Marktverkehr, für Konsignationsware und bei Hingabe in Kommission kann der Vorbehalt vereinbart werden. Auch wenn der Käufer den Inhalt der Geschäftsbedingungen nicht im einzelnen kennt, kann ein Eigentumsvorbehalt Vertragsbestandteil geworden sein, wenn nur der Käufer weiß oder wissen muß, daß der Verkäufer allgemeine Geschäftsbedingungen zugrunde zu legen pflegt und die Klausel branchenüblich ist (BGH **42** 53). Ein Handelsbrauch, daß bei Kreditkauf der Verkäufer sich das Eigentum vorbehält, besteht nicht, auch nicht für Kraftwagen (RG **143** 14). Bei der im modernen Wirtschaftsverkehr wachsenden Neigung, wertvollere Gegenstände nur unter Eigentumsvorbehalt zu verkaufen, muß jedoch häufig die stillschweigende Vereinbarung eines Eigentumsvorbehalts angenommen werden. Der Eigentumsvorbehalt ist in der Regel Vertragsinhalt beim finanzierten Abzahlungsgeschäft. Wegen des Abzahlungskaufs s. unten Rdn. 37.

b) Nachträglicher Eigentumsvorbehalt 4

aa) Bei Lieferung. Zuweilen versucht der Verkäufer, der bei Abschluß des Vertrages einen Eigentumsvorbehalt nicht vereinbart hat, nachträglich, insbesondere bei Lieferung der Ware, einen Eigentumsvorbehalt nachzuschieben. Hatten die Vertragsparteien sich bereits bei Abschluß des Vertrages, aber vor der Lieferung, über einen unbedingten Eigentumsübergang geeinigt, so ist der Verkäufer allerdings bis zur Übergabe an die vorangegangene Einigung nicht gebunden (herrschende Meinung). Der Käufer erlangt, wenn der Verkäufer vor oder bei Übergabe der Ware einen Eigentumsvorbehalt erklärt, also nicht unbedingtes Eigentum. Wirksam wird der nachträgliche Eigentumsvorbehalt aber nur, wenn der Käufer mit der bedingten Übereignung einverstanden ist, also Willensübereinstimmung besteht. Darin liegt dann zugleich eine Abänderung des Kaufvertrages. Der nachträgliche Eigentumsvorbehalt muß *deutlich erklärt* werden und dem Käufer bei der Übergabe *erkennbar* sein. Nur dann kann aus einer stillschweigenden Annahme der Sache durch den Käufer eine Einigung über einen bedingten Eigentumserwerb entnommen werden. Ist der Käufer mit der Änderung nicht einverstanden, so findet mangels Einigung eine Eigentumsübertragung nicht statt und der Verkäufer erfüllt seine Verpflichtung aus § 433 nicht, wenn er das Eigentum nur unter Vorbehalt zu übertragen erklärt. Er kann auf unbedingte Eigentumsübertragung in Anspruch genommen werden. Es kommt allerdings zum bedingten Eigentumsübergang, wenn der Käufer zwar mit bedingter Eigentumsübertragung einverstanden ist, sie aber nicht als Erfüllung des abgeschlossenen Kaufvertrages gelten läßt. Die Nichterfüllung eines auf unbedingte Eigentumsübertragung gerichteten Kaufvertrages kann aber aus § 321 gerechtfertigt sein.

bb) Bestritten ist, ob ein **auf die Rechnung gesetzter nachträglicher Eigentumsvorbehalt** Wirkung hat. In der Übersendung einer Rechnung mit Eigentumsvorbehaltsklausel vor oder zugleich mit Eingang der Ware liegt der Wille des Verkäufers, das Eigentum nicht unbedingt zu übertragen, auch wenn vertraglich ein Eigentumsvorbehalt nicht vereinbart ist. Zwar sind Rechnungen an sich nicht für Erklärungen zur Eigentumsfrage bestimmt, und der Verkäufer handelt vertragswidrig, wenn er die vorbehaltlos verkaufte Sache nur unter Eigentumsvorbehalt liefert. Tatsächlich werden aber Rechnungen zu derartigen Erklärungen häufig benutzt. Der auf die Rechnung gesetzte Eigentumsvorbehalt nimmt, wo die Rechnung dem Käufer vor oder gleichzeitig mit der Ware zugeht, der Übersendung der Ware die Bedeutung eines Angebots auf (unbedingte) Einigung. Denn wenn der Verkäufer erkennbar macht, nicht unbedingt übereignen zu wollen, kann die Übersendung der Ware eine schlüssige Erklärung auf unbedingte Übereignung nicht zum Inhalt haben. Es gelten mithin die vorhergehenden Ausführungen. Strittig ist aber die Frage, ob der Käufer, der der Rechnung nicht widerspricht, sein Einverständnis mit dem Angebot des Verkäufers auf Änderung des Kaufvertrages erklärt. Auch wenn der Käufer die Vorbehaltsklausel vor oder bei Empfang der Ware tatsächlich gelesen oder aus längerer Geschäftsverbindung gekannt hat, ändert sich durch Schweigen das bereits geschlossene Vertragsverhältnis grundsätzlich nicht in einen Kauf unter Eigentumsvorbehalt um. Der Käufer behält also seinen Anspruch auf vorbehaltlose Übereignung. 5

Auch wenn der Verkäufer dem Käufer bei Übergabe der Kaufsache einen **Lieferschein** übergibt, auf dem ein bisher nicht vereinbarter Eigentumsvorbehalt vermerkt ist, kommt es nicht zum unbedingten Eigentumserwerb des Käufers, sofern dieser den Vermerk zur Kenntnis nimmt. Der Vermerk ist dagegen nicht geeignet, den Eigentumsübergang zu hindern, wenn die Aufnahme eines solchen Vermerks in einen Lieferschein ungewöhnlich und nicht zu erwarten ist und der Empfänger deshalb den Lieferschein daraufhin nicht durchgelesen hat (BGH LM BGB § 930 Nr. 2 = NJW **53** 217 m. Anm. *Raiser*). Allgemein ist zu sagen, daß ein dem Käufer unbekannt gebliebener nachträglicher Eigentumsvorbehalt auf einer Rechnung oder einem Lieferschein dem Käufer nur zuzurechnen ist, wenn diese Erklärung ihm zugegangen ist. Die Erklärung kann grundsätzlich nur dann als zugegangen gelten, wenn vom Käufer erwartet werden konnte, daß er von dem gerade in dieser Form und unter diesen Umständen erklärten Eigentumsvorbehalt Kenntnis nehmen werde.

Zu diesen Fragen s. auch Rdn. 79 u. 82 vor § 433; § 433 Rdn. 43, dort insbesondere zum Eigentumsvorbehalt in Fakturenvermerken. Ferner *Kuhn* aaO S. 424 f und *Serick* aaO Bd. 1 § 5 II 4 a, b.

Für den Buchhandel sind dessen Handelsbräuche und Wettbewerbsregeln maßgebend. Nach ihnen gilt ein einseitiger Vorbehalt auf der Rechnung als genehmigt, wenn ihm nicht unverzüglich nach Empfang widersprochen wird.

Hat der Verkäufer vor Zahlung des Kaufpreises Volleigentum übertragen, so soll dieses nach dem Urteil BGH LM BGB § 930 Nr. 2 nicht *nachträglich* durch die *bloße Vereinbarung, der Käufer solle* in Zukunft *als Vorbehaltskäufer besitzen*, wirksam in bedingtes Eigentum umgewandelt werden können. Die Frage, ob in der nachträglichen Abrede nicht auch die stillschweigende neue Vereinbarung eines Besitzmittlungsverhältnisses liege (vgl. *Raiser* NJW **53** 217; *Kuhn* aaO S. 425; *Serick* aaO Bd. I § 5 II 5), hat der BGH im Urteil BGH **42** 53 nicht entschieden. Sie ist zu bejahen.

6 **2. Änderung des Eigentumsvorbehalts**

Solange bei bedingter Eigentumsübertragung die Bedingung nicht eingetreten ist, unterliegt die Einigung des Veräußerers und des Erwerbers der Verfügungsmacht beider Parteien. Sie können von der Einigung wieder abgehen, sie auch ändern. Insbesondere ist eine nachträgliche Ausdehnung des Eigentumsvorbehalts möglich. Dann tritt die geänderte Bedingung an die Stelle der ursprünglich vereinbarten (BGH **42** 58).

3. Untergang des Eigentumsvorbehalts

7 **a) Durch Verzicht des Verkäufers.** Durch Verzicht auf den Vorbehalt gehen die Rechte aus dem Vorbehalt unter, und der Vorbehaltskäufer wird von Rechts wegen Eigentümer. Der Verzicht bedarf zu seiner Wirksamkeit keiner Annahme, muß aber dem Vorbehaltskäufer gehörig kundgegeben werden (RG **66** 344). Die Erklärung kann auch in einem schlüssigen Verhalten des Verkäufers gesehen werden. Die Klausel, daß mündliche Abreden keine Gültigkeit haben, steht einem schlüssigen Verzicht auf den Eigentumsvorbehalt nicht entgegen (BGH LM BGB § 127 Nr. 1). Ein solcher Verzicht kann auch in der Herausgabe des Kfz-Briefes durch den Vorbehaltsverkäufer liegen (BGH aaO). Wenn aber der Lieferant eines unter Eigentumsvorbehalt verkauften Kraftfahrzeugs den Kfz-Brief an ein Finanzierungsinstitut sendet, so ist darin grundsätzlich noch nicht der Verzicht auf den Eigentumsvorbehalt zu sehen (BGH LM BGB § 455 Nr. 15). Ob ein Verzicht anzunehmen ist, wenn der Verkäufer während der Anwartschaft die Kaufsache beim Käufer pfänden läßt, ist Frage des einzelnen Falles (RG **66** 348; **79** 241). Im allgemeinen wird ein Verzicht nicht anzunehmen sein. Vgl. auch *Serick* aaO Bd. I § 12 IV 1. Das zugrunde liegende Schuldverhältnis selbst wird durch den

Verzicht nicht beeinflußt. Um den Verkäufer auch des Rücktrittsrechtes aus § 455 verlustig zu machen, bedarf es eines Verzichtsvertrages.

b) Durch Verlust des Eigentums des Vorbehaltsverkäufers. Wenn der Vorbe- **8**
haltskäufer die gekaufte Sache *vermischt*, entsteht Miteigentum an der neuen Gesamtsache (§ 948). Es fragt sich, ob sich der Eigentumsvorbehalt an dem Eigentumsanteil des Vorbehaltsverkäufers an der neuen Gesamtsache fortsetzt. Das ist auf Grund des Surrogationsprinzips anzunehmen.

Das vorbehaltene Eigentum geht auch bei *Verbrauch* und *Verarbeitung* unter. Das letztere gilt auch, wenn Baustoffe und Maschinen mit einem Grundstück verbunden werden (§ 946). Wenn der Vorbehaltsverkäufer die Verarbeitung, die Vermischung oder den Verbrauch nicht gestattet hat, verstößt der Vorbehaltskäufer mit der Vornahme dieser Handlungen gegen seine Vertragspflichten. Um dem Verlust zu begegnen, können beide Vertragsteile vereinbaren, daß der Vorbehaltskäufer bei der Verarbeitung (im Gegensatz zum Einbau von Sachen in Grundstücken) für den Vorbehaltsverkäufer tätig werden und ihn so zum mittelbaren Besitzer und zum Eigentümer an der verarbeiteten neuen Sache machen soll. Zu der Verarbeitungsklausel im übrigen s. unten Rdn. 17. Werden unter Eigentumsvorbehalt gekaufte Gegenstände in das Inventar eines Pachtgrundstücks einverleibt, so geht dadurch das Eigentum des Verkäufers nicht unter, da der Eigentumsübergang nach § 588 Abs. 2 voraussetzt, daß die ersatzbeschafften und dem Inventar einverleibten Gegenstände dem Pächter gehören.

Der Vorbehaltsverkäufer verliert das Eigentum an der unter Eigentumsvorbehalt verkauften Sache auch dann, wenn der Käufer sie mit einer anderen dergestalt *verbindet*, daß beide wesentliche Bestandteile einer einheitlichen Sache werden oder die andere Sache als Hauptsache erscheint (§§ 947, 93). Das kann insbesondere der Fall sein, wenn die unter Eigentumsvorbehalt verkaufte Sache in eine Maschine, ein Gerät oder ein Kraftfahrzeug eingebaut wird (BGH **18** 154; **20** 226; **61** 80). Im letztgenannten Urteil hat der BGH angenommen, ein serienmäßig hergestellter Motor werde auch dann nicht wesentlicher Bestandteil eines Gebrauchtfahrzeuges, wenn dieses nicht mehr im Eigentum des Herstellungsbetriebes stehe, sondern veräußert sei (s. dazu auch *Pinger*, JR **73** 462).

Ebenso wird das vorbehaltene Eigentum des Verkäufers vernichtet, wenn der Vorbehaltskäufer die Sache weiterveräußert und der *neue Erwerber* sich dabei *in gutem Glauben* über das Eigentum des Vorbehaltskäufers befindet (§§ 932, 933). Für das Vorhandensein des guten Glaubens sind verstärkte Anforderungen zu stellen, s. o. Rdn. 1. Der Vorbehaltsverkäufer kann aber die Weiterveräußerung gestatten. S. darüber und den verlängerten Eigentumsvorbehalt unten Rdn. 10 ff.

c) Durch Eintritt oder Ausfall der Bedingung. Befriedigt der Vorbehaltskäufer **9**
den Verkäufer, so geht das Eigentum ohne weiteres auf ihn über. Kein Übergang, wenn die Kaufpreisforderung verjährt ist (BGH **34** 191; vgl. unten Rdn. 21). Umgekehrt behält der Verkäufer das Eigentum unbeschränkt, wenn die Bedingung der Tilgung der Kaufpreisschuld nicht mehr eintreten kann; so etwa, wenn der Verkäufer zurückgetreten ist oder nach § 326 Schadensersatz gewählt hat (vgl. unten Rdn. 21).

III. Erstreckung des Eigentumsvorbehalts **10**

1. Verlängerter Eigentumsvorbehalt

a) Allgemeines. Ist der Käufer Zwischenhändler oder Verarbeiter, so ist es aus wirtschaftlichen Gründen erforderlich, daß der Verkäufer dem Käufer, um ihm schon vor vollständiger Zahlung des Kaufpreises die Verwertung der Kaufsache zu ermöglichen, gestattet, über die Kaufsache rechtlich oder körperlich zu verfügen. Gegen den

Verlust des vorbehaltenen Eigentums sucht sich der Verkäufer durch eine Abrede zu schützen, die den Käufer verpflichtet, den anstelle der Kaufsache erlangten Vermögenswert dem Verkäufer zur Sicherheit zuzuführen. Die Sicherung erfolgt regelmäßig dadurch, daß sich der Vorbehaltsverkäufer vom Vorbehaltskäufer die sich ***aus der Verwertung der Vorbehaltssache*** (Verarbeitung, Weiterverkauf) ***ergebenden Forderungen*** oder andere Ansprüche ***abtreten*** oder, was weniger praktisch ist, den Erlös im voraus übereignen läßt. Zur Abtretung von Ansprüchen des Vorbehaltskäufers auf Werte, die ihm noch nach der Tilgung der Kaufpreisforderung zugeflossen sind (Verkaufserlösklauseln), s. BGH WM **73** 722. Man spricht hier vom verlängerten Eigentumsvorbehalt, eine Bezeichnung, die den Rechtszustand nicht genau trifft. Denn der Eigentumsvorbehalt selbst ist mit der Sache oder deren Weiterveräußerung untergegangen; an seine Stelle tritt die Inhaberschaft eines schuldrechtlichen Anspruchs unter denselben Bedingungen wie das vorbehaltene Eigentum. Die Vereinbarung eines verlängerten Eigentumsvorbehalts kann eine zur Nichtigkeit nach § 138 führende übermäßige Beschränkung der wirtschaftlichen Bewegungsfreiheit des Vorbehaltskäufers enthalten (BGH **26** 185; BGH WM **69** 1072).

11 **b)** Für den Fall, daß die Parteien des Kaufvertrages die Weiterveräußerung der Kaufsache im Auge haben, pflegt der Vorbehaltsverkäufer dem Käufer zu **gestatten, die Ware „im ordnungsmäßigen Geschäftsverkehr" zu veräußern.** Das kann auch stillschweigend geschehen und ist als Handelsbrauch anzusehen. Was ordnungsmäßiger Geschäftsverkehr bedeutet, ist von Fall zu Fall zu beurteilen. Zur Frage, ob im Ölhandel der Vorbehaltskäufer, dem gestattet ist, im ordnungsmäßigen Geschäftsverkehr von der in Tanks eingelagerten Ware Teilmengen zu veräußern, seinem Abkäufer Miteigentum zu einem entsprechenden Bruchteil an der gesamten eingelagerten Menge übertragen darf, vgl. BGH WarnRspr. **73** Nr. 272. Besonders häufig findet sich im Geschäftsverkehr die Vereinbarung, daß die Genehmigung zum Weiterverkauf von der Vorausabtretung der Rechte, die durch die Weiterveräußerung erwachsen, abhängig gemacht wird. Da die Abtretung regelmäßig verdeckt ist, ist der Vorbehaltskäufer ermächtigt, den Kaufpreis von seinem Abkäufer einzuziehen oder — von Ausnahmen abgesehen — mit ihm zu verrechnen (BGH WM **72** 995). Als ordnungsmäßig ist auch noch anzusehen, wenn der Käufer die Zahlungen seiner Abnehmer auf ein Bankkonto gelangen läßt, das einen Passivsaldo aufweist, es sei denn, daß mit einer Sperrung des Bankkredits zu rechnen ist und Verkaufserlöse nur noch auf das Konto geleitet werden, um die Bankschuld zu vermindern (WM **63** 1187; s. aber BGH **32** 357). Keine Veräußerung im ordnungsmäßigen Geschäftsverkehr liegt vor, wenn ein Händler die Ware an einen anderen gegen Verrechnung des Kaufpreises auf eine bereits bestehende Schuld weiterveräußert und damit die Befriedigungsaussichten des Lieferanten erheblich verschlechtert (BGH WM **66** 924; **68** 1145; BGH LM BGB § 455 Nr. 23; BGH **56** 173). Das gleiche gilt für eine Veräußerung zu Schleuderpreisen (BGH LM BGB § 455 Nr. 23). Die Frage, ob eine vom Vorbehaltsverkäufer zugelassene Veräußerung sich im Rahmen des ordnungsmäßigen Geschäftsverkehrs bewegt, spielt insbes. im Baustoffhandel eine Rolle. Die öffentliche Hand als Bauherr vereinbart in der Regel mit dem Bauunternehmer, daß dieser seine Ansprüche nicht abtreten dürfe. Hat ein Baustofflieferant die Baustoffe dem Unternehmer unter verlängertem Eigentumsvorbehalt verkauft, so steht eine im Kaufvertrag vereinbarte Abtretung der künftigen Ansprüche des Käufers gegen seine Abnehmer im Widerspruch zu dem mit dem Bauherrn vereinbarten **Abtretungsverbot.** Nach § 399 ist das Abtretungsverbot gegenüber dem Vorbehaltsverkäufer wirksam (zuletzt BGH **56** 173). Der BGH hat deshalb angenommen, daß der Bauunternehmer zu einer Veräußerung nicht ermächtigt sei, wenn er sich einer Vereinbarung unterwirft, durch die die Wirksamkeit der vereinbarten Vorausabtretung verhindert werde (vgl. BGH **27** 306; **30**

176; **40** 156; **51** 113; **56** 228; WM **70** 286). Über die Rechtsbeziehungen zwischen Vorbehaltsverkäufer und Bauherrn vgl. BGH **56** 228. Aus der Kenntnis des Vorbehaltsverkäufers, daß der Käufer mit seinen Abnehmern ein Abtretungsverbot vereinbaren werde, folgt grundsätzlich noch nicht, daß der Verkäufer stillschweigend auf die durch den verlängerten Eigentumsvorbehalt vorgenommene Vorausabtretung verzichte (BGH WM **71** 71). Die Einwilligung des Vorbehaltsverkäufers zur Weiterveräußerung ist grundsätzlich widerruflich. Er darf aber die Einwilligung nicht nach freiem Belieben widerrufen und dadurch dem Vorbehaltskäufer den Warenumschlag unmöglich machen. Der Widerruf ist vielmehr nur zulässig, wenn der Vorbehaltskäufer sich nicht vertragsgemäß verhält und das Sicherungsinteresse des Verkäufers mißachtet (BGH LM § 455 Nr. 22).

c) Abtretung der Forderung des Vorbehaltskäufers 12

aa) Die Vereinbarung über die **Vorausabtretung** des dem Vorbehaltskäufer gegen seinen Abkäufer künftig entstehenden Anspruches ist nur wirksam, wenn sich die Forderung im Augenblick ihrer Entstehung eindeutig als von der Abtretung erfaßt bestimmbar zeigt. Im Gegensatz zu der Annahme des RG, daß eine in Allgemeinen Lieferungsbedingungen enthaltene Vorausabtretungsabrede, durch die ein Eigentumsvorbehalt verlängert wird, jede Unklarheit über den konkreten Fall hinaus vermeiden müsse, nicht zu unklaren, undurchsichtigen Rechtsverhältnissen führen dürfe und für jeden denkbaren Fall zweifelsfrei bestimmt und allgemein durchführbar sein müsse (RG **140** 250; **149** 96; **155** 26), lassen die Entscheidungen BGH **26** 178; **26** 185; BGH LM BGB § 398 Nr. 8 es genügen, daß die abgetretene *Forderung hinreichend bestimmbar* ist (vgl. auch *Pikart* WM **59** 1234). Hinreichend bestimmbar ist die im voraus abgetretene Forderung aus dem Weiterverkauf, wenn vereinbart ist, daß zu dem auf den weiterverkauften Teil der Ware entfallenden Teil des Kaufpreises des Vorbehaltsverkaufs ein bestimmter Zuschlag oder bei Weiterverarbeitung der Vorbehaltsware der auf sie entfallende Unternehmergewinn ohne den dazu gehörigen Lohnanteil hinzukommen solle (BGH **26** 178; vgl. auch BGH NJW **74** 1130). Diese Maßstäbe ermöglichen allerdings nicht ausnahmslos die eindeutige Bestimmung der abgetretenen Forderung. So nicht, wenn für die mehreren unter Eigentumsvorbehalt verkauften Waren keine Einzelpreise festgelegt sind und sie oder der Wert der Ware zwischen der Lieferung an den Vorbehaltskäufer und der Weiterlieferung durch ihn Schwankungen unterliegen und darum nicht ohne weiteres einwandfrei feststellbar sind; oder wenn die Rechte mehrerer Vorbehaltsverkäufer zusammentreffen und der beim Weiterverkauf erzielte Gesamtpreis den Betrag der auf jeden einzelnen Gläubiger entfallenden Teile der abgetretenen Forderung nicht deckt.

Die Abtretung ist vielfach *bedingt durch Entstehung des Rücktrittsrechts* des Vorbehaltsverkäufers. Die Abtretung braucht den Vorbehaltsverkäufer nur für den Fall zu sichern, daß er mangels Zahlung des Kaufpreises vom Kauf zurücktritt, die Vorbehaltssache aber nicht zurückerhält. Die Abtretung ist gegenstandslos, falls der Kaufpreis voll gezahlt wird oder die Vorbehaltssache trotz der vorgenommenen Weiterveräußerung an den Vorbehaltsverkäufer zurückgegeben wird. Bedingt ist in diesem Fall nicht der Vertrag, der den Vorbehaltskäufer schuldrechtlich zur Abtretung der Forderung verpflichtet, sondern die Abtretung selbst (RG **138** 92). Die Abtretung stellt sich als *Sicherungsabtretung* dar und führt im Konkurs zur Absonderung (s. unten Rdn. 42).

bb) Die Abtretung kann sich auf jede dem Vorbehaltskäufer zufließende **Vergütung** erstrecken, so auf die Werklohnforderung des Käufers für ein Werk, das mit dem von dem Vorbehaltsverkäufer gelieferten Material ausgeführt ist (BGH LM BGB § 157 [Ga] Nr. 18). Hat der Vorbehaltskäufer die Kaufsache bearbeitet oder verarbeitet und weiterveräußert, so erhebt sich die Frage, in welcher Höhe die Kaufpreisforderung als 13 an den Vorbehaltsverkäufer abgetreten gilt. Grundsätzlich bestimmt sich bei einem Einbau die Höhe nach dem Verhältnis des Wertes des unter Eigentumsvorbehalt gelieferten Materials zu dem Wert der übrigen Materialien und der Arbeitsleistung (BGH **30** 176; BGH LM BGB § 157 [Ga] Nr. 9). Zur Ermittlung des Wertes der Verarbeitung vgl. BGH **56** 88, die Spezifikation bei der Weinbrandherstellung betreffend. Wegen der Verarbeitungsklausel bei unter Eigentumsvorbehalt gelieferten Waren s. unten Rdn. 17.

Hat der Vorbehaltskäufer von seinem Abkäufer zur Bezahlung der weiterveräußerten Ware Wechsel erhalten, so erwirbt der Vorbehaltsverkäufer nicht auf Grund des verlängerten Eigentumsvorbehalts das Eigentum an diesen Wechseln, weil die Abtretung einer *Wechselforderung* die Übergabe der Wechselurkunde voraussetzt. Der Vorbehaltskäufer ist allerdings grundsätzlich verpflichtet, den Wechsel seines Abkäufers dem Vorbehaltsverkäufer zu überlassen. Eine Bank, die einen solchen Wechsel zum Ausgleich eines bei ihr bestehenden Debets des Vorbehaltskäufers erwirbt, handelt nur sittenwidrig, wenn sie in Kenntnis des verlängerten Eigentumsvorbehalts den Vorbehaltskäufer zur Überlassung des Wechsels an sie verleitet (BGH WM **70** 245).

Der Anspruch des Verkäufers auf Herausgabe des vom Käufer treuhänderisch eingezogenen Erlöses aus dem Weiterverkauf der Ware unterliegt der *kurzen Verjährung* des § 196 Abs. 1 Nr. 1 (OLG Braunschweig NJW **74** 647).

14 **d) Konkurrenz des Eigentumsvorbehalts mit Globalzession.** Hat der Vorbehaltskäufer, der dem Vorbehaltsverkäufer eine Vorausabtretung auf die ihm beim Weiterverkauf der Vorbehaltssachen erwachsenden Forderungen gegeben hat, zugunsten seiner Bank oder eines Hauptlieferanten eine Mantel- oder **Globalzession** vorgenommen, so ergibt sich bei Zahlungsunvermögen des Vorbehaltskäufers ein *Interessenwiderstreit zwischen* dem *Vorbehaltsverkäufer als Warenkreditgeber und* dem *Geldkreditgeber*. Die Lösung dieser nicht auf das Kaufrecht beschränkten Frage ist im Schrifttum unter verschiedenen Gesichtspunkten versucht worden: Nach dem „Prioritätsprinzip" soll die zeitlich zuerst vorgenommene Abtretung wirksam sein. Dagegen soll auch bei fehlender Priorität nach dem „Prinzip der Unsittlichkeit der Globalzession" die Abtretung auf Grund des Eigentumsvorbehalts vorgehen, wenn der Geldkreditgeber bei der Globalzession nicht die künftigen Lieferantenforderungen berücksichtigt. Nach dem „Surrogationsprinzip" soll in wirtschaftlicher Betrachtungsweise die durch Eigentumsvorbehalt gesicherte Forderumg des Eigentumsvorbehaltskäufers gegen seinen Abnehmer an die Stelle der unter Eigentumsvorbehalt verkauften Sache treten. Die Vertreter des „Teilungsprinzips" wollen schließlich die Forderung des Eigentumsvorbehaltskäufers zwischen dem Vorbehaltsverkäufer und dem Geldkreditgläubiger entsprechend dem Wertanteil der Forderungen dieser Gläubiger an der Forderung des Vorbehaltskäufers verteilen. Einen Überblick über das vielfältige Schrifttum geben *Nirk* NJW **71** 1913 und *Kaduk*, Festschrift Larenz 1973 S. 683. Der BGH vertritt unter Ablehnung der Gegenmeinungen grundsätzlich das Prioritätsprinzip (BGH **30** 149; **32** 361). Würde danach die dem Geldkreditgläubiger abgetretene Forderung vorgehen, so kann sich dieser Gläubiger auf den Vorrang indessen nicht berufen, wenn die Abrede des Vorrangs wegen Sittenverstoßes nichtig ist. Das ist der Fall, wenn die Globalzession den Vorbehaltskäufer notwendig dazu drängt, sich gegenüber seinem unter Eigentumsvorbehalt liefernden Warengläubiger unlauter zu verhalten, und der Geldkreditgläubiger das erkennen muß, weil im Geschäftszweig des Vorbehaltskäufers Warenlieferungen unter Eigentumsvorbehalt handelsüblich sind (BGH **30** 149; **32** 361; **55** 34; BGH LM BGB § 398 Nr. 21; § 138 [Cb] Nr. 14). Anders, wenn in der Globalabtretung auf Belange des Lieferanten Rücksicht genommen wird (BGH Betrieb **74** 863).

Der Interessenwiderstreit zwischen dem Waren- und Geldkreditgeber gewinnt neue Bedeutung durch den modernen Wirtschaftszweig des sogenannten **Factoring.** Der

Factor läßt sich von den ihm angeschlossenen Unternehmen die Kundenforderungen abtreten und zieht sie ein (vgl. vor § 433 Rdn. 58). Hat das *angeschlossene Unternehmen* die weiterveräußerten *Waren unter verlängertem Eigentumsvorbehalt* bezogen, so erhebt sich einmal die Frage, ob der Lieferant nicht nur der Weiterveräußerung, sondern auch der Einziehung der Kundenforderungen durch den Factor zugestimmt hat, etwa weil bei dem Factoring-Geschäft der angeschlossene Unternehmer, der vom Factor sofort Bargeld erhält, in die Lage versetzt wird, seinerseits die Vorbehaltsverkäufer zu befriedigen. Es fragt sich ferner, ob die Abtretung der Kundenforderungen an den Factor etwa wegen des dabei notwendig auftretenden Widerstreits zu den Rechten aus dem verlängerten Eigentumsvorbehalt der Lieferanten im Anschluß an die angeführte Rechtsprechung als nichtig angesehen werden könnte. Das Factoring-Verfahren entspricht indessen wirtschaftlich nicht einer Geldkreditgewährung mittels Globalzession (vgl. *Bette*, Betrieb **72** 1760). Im Einzelfall hat der BGH eine Sittenwidrigkeit verneint (WM **72** 683, in BGH 58 364 nicht veröffentlicht).

2. Weitergeleiteter Eigentumsvorbehalt 15

Die Vorbehaltsverkäufer legen vielfach dem Vorbehaltskäufer die Verpflichtung auf, an ihren Abnehmer nur unter Eigentumsvorbehalt zu verkaufen (**weitergeleiteter Eigentumsvorbehalt**). Das kann entweder so geschehen, daß der erneute Eigentumsvorbehalt unter Offenlegung der zwischen dem Vorbehaltsverkäufer und dem Vorbehaltskäufer bestehenden Beziehungen zugunsten des ersten Vorbehaltsverkäufers gemacht wird, daß dieser also nunmehr gegenüber dem Abnehmer Vorbehaltsverkäufer bleibt. Dieser Weg ist im Wirtschaftsleben ungebräuchlich. Oder aber, wie in der Praxis häufig, ist der *Vorbehaltskäufer verpflichtet*, die *Kaufsache* seinerseits *nur unter Vereinbarung eines eigenen Eigentumsvorbehalts weiterzuveräußern*. Dann liegen zwei aufschiebend bedingte Übereignungen vor. Auf Grund des ersten verlängerten Eigentumsvorbehalts fällt dem Vorbehaltsverkäufer nicht nur die Kaufpreisforderung des Vorbehaltskäufers gegen den Abkäufer zu, sondern auch die dingliche Sicherung des Vorbehaltskäufers durch den zweiten Eigentumsvorbehalt. Der Vorbehaltsverkäufer verliert sein Eigentum erst, wenn entweder der Vorbehaltskäufer die Kaufpreisforderung des Vorbehaltsverkäufers oder der Abkäufer die Kaufpreisforderung des Vorbehaltskäufers tilgt (BGH **56** 34).

3. Erweiterter Eigentumsvorbehalt 16

Die Zulassung des Eigentumsvorbehalts nach § 455 bezieht sich an sich nur auf die Sicherung des Kaufpreises der Ware, und zwar nur der in *einem* Kaufvertrag verkauften Ware und nur zur Sicherung der Bezahlung *dieses* Kaufpreises. Zur Kaufpreisforderung gehören allerdings auch die Kosten der Verpackung, Zinsen usw.. Für einen Geschäftsmann, der in ständiger Geschäftsverbindung mit einem Kunden steht und auch aus anderen Rechtsgeschäften Ansprüche an ihn hat, liegt es aber nahe, alle diese Ansprüche, mögen sie ihren Entstehungsgrund in anderen Rechtsgeschäften als in Warenkäufen der Vertragsparteien haben, durch den Vorbehalt des Eigentums an der verkauften Ware mit zu sichern. Man spricht vom **erweiterten Eigentumsvorbehalt** bei einem Eigentumsvorbehalt, durch den das Eigentum *bis zur Tilgung noch anderer Forderungen als der Kaufpreisforderung aus dem Vorbehaltskauf* gesichert wird. Die Zulässigkeit eines solchen Vorbehalts hat die Rechtsprechung grundsätzlich anerkannt, es sei denn, daß die Ausgestaltung des Eigentumsvorbehalts so sehr dem Sinne eines Kaufvertrages widerspricht, daß in der Erstreckung des Vorbehalts eine mißbräuchliche Ausnutzung der Vertragsfreiheit zu erblicken wäre (BGH **42** 53; BGH WM **69** 1072; BGH LM BGB § 455 Nr. 27). Der erweiterte Eigentumsvorbehalt führt zur Verschwommenheit der

Eigentumsverhältnisse und darf deshalb bei Zweifeln über seine Tragweite nicht ausdehnend ausgelegt werden. Einzelfälle: Auch für mehrere selbständige Kaufverträge kann vereinbart werden, daß das Eigentum an keiner der Kaufsachen vor Bezahlung der Kaufpreisforderungen aus allen diesen Kaufverträgen übergehen soll (RG JW **32** 2186). Der Eigentumsübergang kann auch an die Bezahlung erst künftig entstehender Forderungen geknüpft werden. Er kann insbesondere von der Bezahlung erst künftig zu liefernder Ware abhängig gemacht werden. Beim Verkauf eines Kraftwagens können auch künftige durch Reparaturen des Fahrzeugs entstehende Forderungen gesichert werden (BGH LM BGB § 127 Nr. 1). Doch ist die Klausel in Allgemeinen Geschäftsbedingungen des Kraftfahrzeughandels, der Liefergegenstand bleibe Eigentum des Lieferwerks bis zur Erledigung aller weiteren Ansprüche, die dem Lieferwerk gegen den Besteller erwachsen sind oder aus der bestehenden Geschäftsverbindung noch erwachsen, dahin ausgelegt worden, daß nur gesichert werden sollten alle, auch künftige Ansprüche aus der zur Zeit des Abschlusses des Kaufvertrages bestehenden Geschäftsverbindung (BGH LM BGB § 455 Nr. 20). Dagegen kann ein erweiterter Eigentumsvorbehalt, der auch Reparaturkostenforderungen umfaßt, dahin ausgelegt werden, daß darunter auch Reparaturkostenforderungen des Verkäufers gegen denjenigen fallen, dem der Käufer die Kaufsache mit Zustimmung des Verkäufers vermietet hat (BGH WM **72** 43). Bei Sukzessivlieferungsverträgen kann der Eigentumsübergang an den Waren sämtlicher Lieferungen einheitlich von der Bezahlung der letzten zu dem Vertrage gehörigen Lieferung abhängig gemacht werden.

Bezieht sich der erweiterte Eigentumsvorbehalt auf ein Kontokorrentverhältnis, so spricht man von einem **Kontokorrentvorbehalt**. Ein solcher Vorbehalt ist wirksam (BGH **42** 53). Ein echtes Kontokorrent wird aber nicht vorausgesetzt. Hier sichert der Eigentumsvorbehalt sämtliche aus derselben Geschäftsverbindung entstandenen und noch entstehenden Verbindlichkeiten (RG **147** 321). Er geht erst durch den Ausgleich des Saldos unter.

Auch zugunsten anderer Gläubiger und zur Sicherung der Bezahlung ihrer Forderungen kann nach dem Grundsatz der Vertragsfreiheit ein Eigentumsvorbehalt vereinbart werden. Betrifft er die Forderungen von Konzernfirmen, so spricht man von einem **Konzernvorbehalt**. Eine solche Vereinbarung hat aber für den Fall des Konkurses nicht die Fähigkeit, die einzelnen Kaufgeschäfte zu einem einheitlichen gegenseitigen Schuldverhältnis zusammenzufassen, von dem sie nur Teile sind. Vielmehr behält jedes dieser Geschäfte seine Selbständigkeit. Daher kann das Recht der Erfüllungsablehnung und des Rücktritts für jedes Geschäft einzeln ausgeübt werden.

Ist beim erweiterten Eigentumsvorbehalt die Sache, deren Eigentum vorbehalten ist, voll bezahlt, so erfüllt der Eigentumsvorbehalt die Aufgabe, die im allgemeinen einer Sicherungsübereignung zukommt; denn er dient der dinglichen Sicherung von Forderungen, die nicht den Sicherungsgegenstand betreffen. Daher kann ebenso wie bei der Sicherungsübereignung dann nur ein *Recht auf abgesonderte Befriedigung im Konkurs* des Vorbehaltskäufers entstehen (BGH LM BGB § 455 Nr. 27; vgl. auch *Kuhn*, Der Eigentumsvorbehalt im Konkurs, WM **72** 206).

17 **4. Verarbeitungsklausel**

Beim Verkauf von Rohstoffen unter Eigentumsvorbehalt kann vereinbart werden, daß die **Verarbeitung** für die Lieferfirma zu erfolgen hat. Dann ist bei entsprechender Verarbeitung die Lieferfirma ohne Rücksicht auf einen etwa entgegenstehenden Willen des Verarbeiters Hersteller im Sinne des § 950 (BGH **20** 159; BGH LM BGB § 947 Nr. 4). Das *Erzeugnis* tritt *an Stelle der verarbeiteten Sache*, die mit Eigentumsvorbehalt übertragen wurde. Der Verkäufer erlangt an ihr das Eigentum und der Käufer die Anwartschaft nach § 455, indem nun die neue Sache als unter Eigentumsvorbehalt verkauft gilt. Zu den dabei auftretenden Konkurrenzfragen s. die Ausführungen zu § 947 ff und das letztgenannte Urteil.

C. Die Wirkungen des Vertrages

I. für den Verkäufer: 18

1. Der Kaufvertrag ist ein unbedingtes Kausalgeschäft und untersteht den allgemeinen Vorschriften nach § 433, soweit sich nicht daraus, daß einzelne Verpflichtungen bedingt sind, etwas Besonderes ergibt. Der Verkäufer hat zunächst dem Käufer die Sache zu übergeben, also **Besitz** nach § 854 **zu verschaffen**. Aber der Vorbehaltskäufer erhält *nicht Eigenbesitz* im Sinne von § 872 übertragen. Durch die Übergabe der Kaufsache wird der *Käufer Besitzmittler*, der Verkäufer mittelbarer Besitzer. An sich begründet zwar ein Kaufvertrag grundsätzlich kein Besitzmittlungsverhältnis. Das ist aber beim Kauf unter Eigentumsvorbehalt wegen des rechtlichen Schwebezustandes anders. Der Vorbehaltskäufer besitzt die Kaufsache nicht als ihm gehörend, sondern als Eigentumsanwärter. Der Verkäufer hat einen bedingten dinglichen Herausgabeanspruch. Im Gegensatz zum einfachen Kauf fehlt es daher nicht an einem Besitzmittlungsverhältnis i. S. des § 868.

2. Dem Verkäufer verbleibt zunächst volles Eigentum; er ist zur **Übereignung** 19
nur **unter der aufschiebenden Bedingung vollständiger Zahlung** des Kaufpreises verpflichtet. Darin erschöpft sich die Verpflichtung des Verkäufers aber nicht. Durch Vornahme der bedingten Übereignung versetzt er den Käufer zwar in die Lage, sich selbst durch die Zahlung des Preises das volle Eigentum zu verschaffen; der Verkäufer bleibt dem Käufer aber verpflichtet, dem Übergang des vollen Eigentums seinerseits nicht entgegenzuwirken und alles zu unterlassen, was den Eintritt der Bedingung hindert (BGH LM ZPO § 857 Nr. 2). Er ist daher auch zu einem Handeln verpflichtet, wenn ein Dritter dazu übergeht, sein Recht an der Kaufsache zu verwirklichen, und dem Vorbehaltskäufer damit der Verlust seines Anwartschaftsrechtes droht (BGH aaO). Vgl. auch unten Rdn. 22. Für die Frage, in welchem Zeitpunkt die Gewährleistung für Mängel im Recht einzusetzen hat, ist der Kaufvertrag entscheidend. Fehlt es an einer — auch stillschweigenden — Vereinbarung, so hat der Vorbehaltsverkäufer Mängel grundsätzlich erst in dem Zeitpunkt zu beseitigen, in dem der Kaufpreis bezahlt und das Eigentum auf den Käufer übergegangen ist (so in Übereinstimmung mit RG **83** 214 BGH LM BGB § 455 Nr. 13; s. unten Rdn. 22).

3. Die **Gefahr geht** nach § 446 schon **mit der Übergabe**, nicht erst mit Erlan- 20
gung des Eigenbesitzes und Eigentums auf den Vorbehaltskäufer **über** (RG **93** 330). Denn nicht der Kaufvertrag, sondern der Eigentumsübergang ist bedingt. Daher tritt auch beim Kauf unter Eigentumsvorbehalt die Haftung aus § 459 bereits mit der Übergabe ein (vgl. § 459 Rdn. 29). Wegen des Zeitpunkts der Gewährleistungsverpflichtung s. oben Rdn. 19. Versichert der Vorbehaltskäufer die Kaufsache schon während der Schwebezeit, so versichert er eigenes und nicht fremdes Interesse, nämlich sein bedingtes Eigentum (RG **74** 126).

4. Anwendbar bleiben die §§ 321—326. Bei Verzug wird das **Rücktrittsrecht** aus 21
§ 326 nicht durch § 454 ausgeschlossen, weil die Verpflichtung des Verkäufers aus § 433 noch nicht erfüllt ist — vgl. unten Rdn. 22 — (RG **144** 65). Neben dem Recht aus § 326

hat der Verkäufer nach § 455 bei Nichtzahlung des Kaufpreises ein eigenes, nicht von den Voraussetzungen des § 326 abhängiges Recht zum Rücktritt vom Vertrage (RG **144** 65). Eine Fristsetzung ist daher nicht erforderlich. In der Geltendmachung des auf das Eigentum gestützten Herausgabeanspruchs ist außer im Falle des § 5 AbzG die Erklärung des Rücktritts vom Vertrag nicht enthalten. Die Herausgabe der Kaufsache kann der Verkäufer nicht schon bei Zahlungsverzug verlangen, sondern erst, wenn er nach § 455 vom Kaufvertrage zurückgetreten ist oder die nach § 326 gesetzte Nachfrist fruchtlos abgelaufen ist. Eine Notwendigkeit, daß der Vorbehaltsverkäufer schon bei Verzug des Vorbehaltskäufers ohne Rücktritt die Kaufsache zurücknehmen dürfte, ergibt sich beim Schweigen des Gesetzes auch nicht aus dem Wesen des Vorbehaltskaufs (BGH **54** 214). Daß auch beim Anspruch auf Schadensersatz der fruchtlose Ablauf der Frist das Herausgabeverlangen begründe, wird von *Blomeyer* (JZ **71** 186) zu Unrecht als widersprüchlich angesehen. Der Gläubiger aus einem gegenseitigen Schuldverhältnis, der Schadensersatz wegen Verzuges verlangt, erklärt zwar nicht seinen Rücktritt, er wird aber, soweit er noch nicht geleistet hat, grundsätzlich von seiner Leistungspflicht frei (BGH **20** 338). Ist der Vorbehaltsverkäufer aber zur Eigentumsübertragung nicht mehr verpflichtet, steht ihm als Eigentümer der Herausgabeanspruch nach § 985 zu. Nach BGH **34** 191 soll der Anspruch des Vorbehaltsverkäufers entsprechend der Anwendung des § 223 unberührt bleiben, wenn die gesicherte *Kaufpreisforderung verjährt* ist. Der Vorbehaltsverkäufer soll deshalb auch dann noch zurücktreten können, wenn der Käufer die Zahlung des Kaufpreises auf Grund berechtigter Verjährungseinrede verweigert und mit der Bezahlung der Kaufpreisforderung nicht in Verzug gekommen war. Von der in diesem Urteil zugrunde gelegten Auffassung, daß der Vorbehaltsverkäufer auch ohne Rücktritt die Kaufsache herausverlangen könne, wird zwar in BGH **54** 214 abgegangen. Die Entscheidung BGH **34** 191 wird aber im Ergebnis durch die entsprechende Anwendung des § 223 getragen. Verlangt, wie oben ausgeführt, der Vorbehaltsverkäufer nach fruchtlosem Ablauf der gemäß § 326 gesetzten Frist Schadensersatz wegen Nichterfüllung und macht er den Herausgabeanspruch nach § 985 geltend, so mindert der Wert der zurückgegebenen Sache den Schadensersatzanspruch (RG. **144** 62).

22 **5. Zeitpunkt der Erfüllung**

Streitig ist der Zeitpunkt, **zu dem der Vorbehaltsverkäufer „erfüllt" hat**. Bei der Erfüllung ist zwischen der *subjektiven Leistungshandlung* und dem *objektiven Leistungserfolg* zu unterscheiden. Der Vorbehaltsverkäufer ist verpflichtet, dem Vorbehaltskäufer die Kaufsache zu übergeben und ihm aufschiebend bedingt zu übereignen. Damit hat der Vorbehaltsverkäufer das zur Erfüllung Erforderliche seinerseits getan und hat die ihm obliegende Leistungshandlung bewirkt. Leistungserfolg ist dagegen auch beim Vorbehaltskauf nach dem beiderseitigen Willen erst der Erwerb des Eigentums durch den Vorbehaltskäufer. So auch *Serick* aaO Bd. 1 § 7 I 1—4 mit Nachweisen des Schrifttums zu dieser Frage. Bis zum Eintritt der Bedingung, der dem Käufer erst das Eigentum bringt, hat auch der Verkäufer noch Pflichten aus dem noch nicht erledigten Kaufvertrag (s. o. Rdn. 19). Leistungshandlung und Leistungserfolg fallen grundsätzlich beim Vorbehaltskauf auseinander. Soweit sich an den Begriff der Erfüllung Rechtsfolgen knüpfen, hängt die Entscheidung, ob die Leistungshandlung oder der Leistungserfolg maßgebend ist, von der jeweiligen Bestimmung ab, die den Begriff der Erfüllung zum Tatbestandsmerkmal hat. So kommt es auf den Leistungserfolg in folgenden Fällen an: Der Vorbehaltsverkäufer hat Lastenfreiheit (§ 434) erst bei Zahlung des Kaufpreises durch den Vorbehaltskäufer, mithin bei Eintritt der Bedingung, zu verschaffen, weil das Eigentum grundsätzlich erst bei Übergang auf den Käufer frei von belasteten Rechten zu sein braucht (BGH LM BGB § 455 Nr. 13; s. auch oben Rdn. 19 und § 434 Rdn. 2). Beim gewöhnlichen Kauf ist das Rücktrittsrecht des Verkäufers nach § 454 ausgeschlossen, wenn er den Vertrag erfüllt und den Kaufpreis gestundet hat. Damit stellt § 454 auf den Leistungserfolg ab. Für den Vorbehaltskauf gilt nichts anderes. Das Rücktrittsrecht des Vorbehaltsverkäufers entfällt erst, wenn der Vorbehaltskäufer mit der Zahlung des Kaufpreises das Eigentum unbedingt erworben hat. Das liegt schon im Wesen des Eigentumsvorbehalts begründet, nach dem der Vorbehaltsverkäufer bis zur Zahlung des Kaufpreises durch den Vorbehalt gesichert sein soll (vgl. auch § 454 Rdn. 2). Nach herrschender Meinung hat schließlich der Vorbehaltsverkäufer den Kaufvertrag mit Übergabe und bedingter Eigentumsübertragung noch nicht im Sinne des § 17 KO vollständig erfüllt (BGH **50** 242; vgl. unten Rdn. 43). Für den Sonderfall des § 18 Abs. 1 Ziff. 2 UmstG soll die Leistung des Vorbehaltsverkäufers aber schon mit der Leistungshandlung vollständig bewirkt sein (BGH LM UmstG § 18 Abs. 1 Ziff. 2 Nr. 6). Allerdings kann der Verkäufer die Leistungstätigkeit, zu der er nach § 433 verpflichtet ist, auch schon vor Eintritt des Eigentumsüberganges beendet und dann die ihm obliegenden Handlungspflichten bereits ausreichend erfüllt haben, so etwa, wenn er die Sache, an der er sich das Eigentum vorbehalten hat, dem Käufer übergeben und ihm die Veräußerungsbefugnis im normalen Geschäftsverkehr gewährt hat.

6. Der Vorbehaltsverkäufer hat gegen den Vorbehaltskäufer nach §§ 260, 242 **23**
einen **Anspruch auf Auskunft** über den Verbleib der Vorbehaltssache und die aus ihrem Weiterverkauf erwachsenen Forderungen. Dieser Anspruch besteht auch dem Konkursverwalter gegenüber, und zwar auch für die Zeit vor Konkurseröffnung (OLG Köln, NJW **57** 1032).

II. Für den Käufer **24**

1. Abnahme und Verwahrung

Der Käufer hat die gekaufte Sache abzunehmen. Dadurch erhält er jedoch nur Fremdbesitz; er steht zum Verkäufer in einem Besitzmittlungsverhältnis (§ 868). Der Verkäufer ist mittelbarer Besitzer. Der Käufer darf den Besitz nur entsprechend dem Sicherungszweck des Eigentumsvorbehalts ausüben, also nur das tun, was dem Verkäufer den mittelbaren Besitz erhält. Der Käufer ist Verwahrer und Verwalter der Sache und darf nur als solcher mit ihr verfahren (RG **95** 107). Er hat die fremde Sache, deren Verbleib in seinem Vermögen keineswegs sicher ist, pfleglich zu behandeln und alles zu unterlassen, was die Eigentumsrechte des Vorbehaltsverkäufers verletzen könnte (BGH LM BGB § 455 Nr. 13).

2. Die Anwartschaft **25**

a) Wesen der Anwartschaft. Der Vorbehaltskäufer hat das Recht auf Erwerb des Volleigentums und des Eigenbesitzes. Er wird mit vollständiger Zahlung des Kaufpreises Eigentümer der Kaufsache, ohne daß es noch einer Handlung des Vorbehaltsverkäufers bedarf und ohne daß bei Bedingungseintritt der Übereignungswille des Verkäufers noch vorhanden zu sein braucht (BGH **20** 88; BGH LM ZPO § 857 Nr. 2). Die gegenteilige Auffassung in RG **64** 204 und **95** 107 berücksichtigt nicht, daß die zum Eigentumsübergang erforderliche dingliche Einigung, einmal erklärt, nur noch durch Vertrag geändert werden kann. Der Eintritt des Leistungserfolges hängt also nur noch von Handlungen des Vorbehaltskäufers ab. Diese Rechtsstellung des Vorbehaltskäufers wird als Anwartschaft bezeichnet. Was das Wesen der Anwartschaft des Vorbehaltskäufers betrifft, so hat die Rechtsprechung die Anwartschaft als ein Vermögensstück des Anwartschaftsberechtigten behandelt und ist im Zusammenhang mit der überragenden Bedeutung, die der Kauf unter Eigentumsvorbehalt im Wirtschaftsleben hat, in wachsendem Umfange dazu übergegangen, die Anwartschaft des Vorbehaltskäufers in die Rechtsordnung so einzubauen, daß der Vorbehaltskäufer seine Rechtsstellung schon vor Zahlung des Restkaufpreises gleichsam wie ein Eigentümer ausnutzen kann. Die für das Eigentum geltenden Vorschriften werden entsprechend auf das Anwartschaftsrecht des Vorbehaltskäufers angewandt. Dieser kann über sein Recht ohne Zustimmung des Vorbehaltsverkäufers nach den für die Übertragung des Eigentums bestehenden Vorschriften verfügen. Die Anwartschaft ist nicht ein dem System des Sachenrechts fremdes, neuartiges Recht, sondern eine Vorstufe zum Eigentum, ein *dem Eigentum wesensgleiches „Weniger"* (BGH **20** 88; **28** 16; **35** 85). Die Anwartschaft ist ein *subjektives* Recht und ein *absolutes,* sonstiges *Recht* im Sinne des § 823 Abs. 1 (RG **170** 1; BGH **55** 20). Angesichts des geschlossenen Kreises der dinglichen Rechte nach den Vorschriften des BGB kann das Anwartschaftsrecht nicht zu den dinglichen Rechten gezählt werden. Da es nach Wirkung und Bedeutung aber einem echten dinglichen Recht nahekommt, ist es für die Sondervorschrift des § 25 Abs. 4 StVZO den dinglichen Rechten an einem Kraftfahrzeug gleichgestellt worden (BGH **30** 374). Wegen des Wesens der Anwartschaft vgl. aus dem neueren Schrifttum mit Nachweis des älteren Schrifttums *Serick* Bd. 1 § 11 I; *Pikart,* Recht im Wandel 1965, S. 179 ff.

Dem Vorbehaltskäufer steht, wenn ein Gläubiger des Vorbehaltsverkäufers in die beim Vorbehaltsverkäufer noch befindliche Sache vollstreckt, die *Widerspruchsklage nach § 771 ZPO* zu (BGH **55** 20). Da die Eigentumsanwartschaft ein sonstiges Recht nach § 823 Abs. 1 ist, ist der vollstreckende Gläubiger dem Vorbehaltskäufer schadensersatzpflichtig, wenn und insoweit er rechtswidrig und schuldhaft den Untergang der Anwartschaft veranlaßt hat und dadurch dem Käufer ein Schaden entstanden ist (BGH aaO).

b) Gegenseitige Rechte und Pflichten

26 **aa)** Beide Vertragsteile sind nach dem Grundsatz von Treu und Glauben verpflichtet, die **Anwartschaft in ihrem Bestand** und in ihrer Entwicklung zu **wahren**. Der Verkäufer darf während des Schwebezustandes, der durch die Bedingung entstanden ist, das Anwartschaftsrecht des Käufers nicht verletzen. Die Wegnahme der bedingt übereigneten Sache ist verbotene Eigenmacht (§ 858), wenn nicht der Käufer sie gestattet hat. Die vertragliche Einräumung eines solchen Wegnahmerechts kann nicht ohne weiteres als sittenwidrig bezeichnet werden. Der Verkäufer darf auch das Interesse des Käufers an der Entwicklung des Anwartschaftsrechtes zum Vollrecht nicht beeinträchtigen (BGH LM ZPO § 857 Nr. 2). In der Entscheidung BGH **55** 20 wird dahingestellt gelassen, ob ein Vorbehaltskäufer schlechthin den Verkäufer daran hindern kann, die ihm bedingt übereignete Sache ein zweites Mal zu veräußern. Jedenfalls erfordern es Sinn und Zweck des § 161, dem Vorbehaltskäufer die Möglichkeit zu geben, eine zweite Veräußerung zu hindern, wenn der in § 161 Abs. 1 Satz 1 für den bedingt Berechtigten vorgesehene Schutz notwendig versagt (BGH aaO). Unter diesen Umständen stehen dem Käufer auch die Rechtsbehelfe des § 325 zu (RG **66** 347). Da auch der Verkäufer an dem Bestand des Anwartschaftsrechts und seiner Entwicklung zu vollem Eigentum Interesse hat, darf der Käufer diese Entwicklung grundsätzlich nicht unmöglich machen; sonst haftet er. Die Haftung nach § 324 tritt z. B. ein, wenn sich der Käufer verpflichtet hatte, eine Schuld des Verkäufers zu bezahlen, das aber unterläßt und deshalb der Gläubiger die Zwangsvollstreckung in die dem Verkäufer gehörige Sache betreibt.

27 **bb) Übertragung.** Die Anwartschaft ist durch Vertrag übertragbar (BGH **20** 88). Die Übertragung der Anwartschaft vollzieht sich *in den Formen*, die *für die Übertragung des dinglichen Rechts selbst* gelten, also nach den §§ 929 ff. Das Eigentum geht dann

mit dem Eintritt der Bedingung, also der Zahlung des Kaufpreises, unmittelbar vom Vorbehaltsverkäufer auf den Dritten über. Das wird damit begründet, daß bei Eintritt der Bedingung keine Willensübereinstimmung über den Übergang des Vollrechts vorhanden zu sein braucht (BGH **20** 88; **28** 16; **35** 85). Angesichts der Bedeutung, die die Übertragung des Anwartschaftsrechts im Wirtschaftsverkehr erlangt hat, und weil der Vorbehaltsverkäufer im allgemeinen kein Interesse an der Person des Erwerbers hat, wenn er zu seinem Geld kommt, wird er in der Regel von vornherein für den Fall seiner Befriedigung mit einem Eigentumserwerb durch denjenigen, der die Anwartschaft vom Käufer erworben hat, einverstanden sein. Das heißt, der Vorbehaltsverkäufer erklärt schon bei seiner dinglichen Einigung mit dem Vorbehaltskäufer, er sei auch mit dem Eigentumserwerb eines Anwartschaftserwerbers einverstanden.

Anwartschaften können auch zum Zweck der Sicherungsübereignung übertragen werden. Übereignet ein Vorbehaltskäufer die Kaufsache zur Sicherheit an einen Dritten weiter, so kann in der nach § 933 nicht zum Ziel führenden Übereignungserklärung die Sicherungsübertragung der Anwartschaft liegen (BGH **20** 88, 101; **35** 85; s. unten Rdn. 36). Wird ein in vertraglich bestimmten Räumen befindliches Warenlager mit wechselndem Bestande, in dem sich unter Eigentumsvorbehalt gelieferte und im Eigentum des Sicherungsgebers stehende Gegenstände befinden, an einen Darlehensgläubiger in der Weise vollständig zur Sicherung übereignet, daß in erster Linie die Anwartschaft auf das Eigentum an dem Sicherungsgut übergehen soll und außerdem vereinbart wird, es solle das Eigentum an solchen Gegenständen als übertragen gelten, die bereits bei Vertragsschluß oder bei späterer Einbringung in das Lager im Eigentum des Sicherungsgebers standen, so ist die Einigung nicht mangels Bestimmtheit des Sicherungsgutes unwirksam (BGH **28** 16; **35** 85, 91, in Abweichung von BGH **21** 52). In BGH **28** 16 wird die Auffassung vertreten, bei der Übertragung des Anwartschaftsrechtes zur Sicherung werde der Sicherungsnehmer mittelbarer Fremdbesitzer ersten Grades, der Vorbehaltsverkäufer mittelbarer Eigenbesitzer zweiten Grades und der Vorbehaltskäufer unmittelbarer Fremdbesitzer und Besitzmittler des Vorbehaltsverkäufers. Diese Ansicht hat im Schrifttum Widerspruch gefunden. Über den Stand der Meinungen vgl. *Serick* aaO Bd. 1 § 11 III 4 und die Ausführungen zu §§ 929 ff.

cc) Daraus, daß die Anwartschaft nach den für das Eigentum geltenden Vorschriften übertragen wird, folgt: Vereinbart der Verkäufer im Einzelfall mit dem Käufer, daß dieser nicht nur über die Kaufsache, sondern auch über das Anwartschaftsrecht nicht verfügen dürfe, so ist auf dieses **Veräußerungsverbot** die Vorschrift des § 137, aber nicht die für Forderungen geltende Ausnahmebestimmung des § 399 2. Fall anzuwenden. Im übrigen ist eine Vertragsbestimmung, nach der dem Vorbehaltskäufer jede anderweitige Verfügung über die gelieferten Waren nur mit Genehmigung des Verkäufers gestattet ist, dahin auszulegen, daß sie dem Käufer nur eine Verfügung über die Kaufsache, nicht aber eine Verfügung über das Anwartschaftsrecht verbietet (BGH LM BGB § 182 Nr. 7; a. A. *Rose* NJW 70 1501). 28

dd) Sowohl die Anwartschaft des Käufers wie die Rechtsstellung des Verkäufers sind **vererblich**, wie aus der Vorschrift des § 2313 über bedingte Rechte hervorgeht. Danach gehen alle Rechte und Pflichten auf den Erben sowohl des Verkäufers als des Käufers über. Der Erbe des Verkäufers erwirbt also das diesem vorbehaltene Eigentum. Der Erbe des Käufers erlangt den Besitz, den der Erblasser hatte. Er ist nach § 868 verpflichtet, den Besitz nur als Mittler des Verkäufers auszuüben. Das dem Verkäufer in § 455 eingeräumte Recht des Rücktritts steht ihm auch gegen den Erben des Käufers zu, wenn der Erbe mit der Zahlung in Verzug gerät. 29

ee) Das Anwartschaftsrecht kann auch verpfändet werden. Die vertragliche **Verpfändung** der Anwartschaft geschieht nach den Vorschriften über die Verpfändung 30 einer Sache durch Besitzübertragung (BGH 35 85, 93). Die Verpfändung des Anwartschaftsrechtes erfolgt unbedingt. Die Kaufsache selbst ist aber erst verpfändet, wenn der verpfändende Vorbehaltskäufer durch Eintritt der Bedingung Eigentümer wird. Das Recht des Pfandgläubigers kann durch Rücktritt des Verkäufers beeinträchtigt werden, da der Rücktritt zulässig bleibt.

31 ff) An der Anwartschaft kann ferner ein **Nießbrauch** bestellt werden. Dessen Bestellung erfordert nach § 1032 die Übergabe der Sache und die Einigung, daß ein Nießbrauch begründet werde. An der Kaufsache selbst entsteht der Nießbrauch erst mit der vollständigen Zahlung des Kaufpreises. Vor diesem Zeitpunkt kann der Vorbehaltskäufer die Kaufsache nicht als Gegenstand der Nießbrauchsbestellung verwenden.

32 gg) Das Anwartschaftsrecht kann auch von einem **Grundpfandrecht** oder einem **gesetzlichen Pfandrecht** erfaßt werden: Schafft ein Grundstückseigentümer Zubehör des Grundstücks unter Eigentumsvorbehalt an, so erstreckt sich ein Grundpfandrecht auch auf das Anwartschaftsrecht (BGH 35 85). Bringt der Mieter oder Pächter eines Grundstücks Sachen ein, die er unter Vorbehalt des Eigentums erworben hat, so unterliegt das Anwartschaftsrecht dem Vermieter- oder Verpächterpfandrecht (BGH LM BGB § 559 Nr. 3). Das gleiche gilt für das Inventarpfandrecht eines Pachtkreditinstituts nach dem Pachtkreditgesetz an den vom Pächter eingebrachten Sachen (BGH 54 319). Die Frage, ob das Anwartschaftsrecht vom Pfandrecht erfaßt wird, ist bedeutsam insbesondere für den Fall, daß der Vorbehaltskäufer das Anwartschaftsrecht einem Dritten überträgt. Da bei Eintritt der Bedingung das Eigentum an der unter Eigentumsvorbehalt gekauften Sache unmittelbar vom Vorbehaltsverkäufer auf den Dritten übergeht (s. oben Rdn. 27), würde (streng genommen) dann, wenn zur Begründung des Pfandrechts das Eigentum an der Sache vorausgesetzt wird, ein Pfandrecht nicht begründet werden können, weil der Vorbehaltskäufer zu keiner Zeit Eigentümer geworden ist. Damit würde in unvertretbarer Weise derjenige Dritte, der Eigentum auf dem Wege über die Anwartschaftsübertragung erwirbt, lastenfreies Eigentum erwerben und damit besser stehen als derjenige, dem das Eigentum an der Sache übertragen wird. Unter Hintansetzung dogmatischer Bedenken hat daher der BGH angenommen, daß sich das Pfandrecht auch auf das Anwartschaftsrecht erstreckt. Mit der Befriedigung des Vorbehaltsverkäufers wird das Pfandrecht am Anwartschaftsrecht zum Pfandrecht an der Sache, so daß der Erwerber der Anwartschaft bei Eintritt der Bedingung nur belastetes Eigentum erworben hat (BGH 35 85). Das ist auch dann der Fall, wenn der Verkäufer mit Mitteln befriedigt wird, die ein Dritter zur Verfügung stellt, weil ihm die Sache vorher zur Sicherung übereignet war. Es bedeutet wirtschaftlich keinen Unterschied, ob die Kreditmittel des Dritten erst einmal in den Betrieb des Vorbehaltskäufers fließen und dieser mit dem gewährten Kredit den Vorbehaltsverkäufer befriedigt oder ob etwa der Dritte auf Anweisung des Vorbehaltskäufers dessen Schuld beim Vorbehaltsverkäufer unmittelbar tilgt (BGH LM BGB § 559 Nr. 3).

33 **hh)** Die Anwartschaft kann als übertragbares Recht nach §§ 857 Abs. 1, 829 Abs. 3 ZPO gepfändet werden (BGH LM ZPO § 857 Nr. 2). Anders als bei der Pfändung der Kaufsache selbst kann dann der Vorbehaltsverkäufer nicht nach § 771 ZPO widersprechen. Das **Anwartschaftsrecht** ist auch dann **pfändbar**, wenn dem Vorbehaltskäufer das Recht eingeräumt ist, die Sache weiter zu veräußern, und er den Kaufpreis nur mit Hilfe eines Weiterverkaufs aufbringen kann (BGH LM StGB § 154 Nr. 17). Mit der vollständigen Zahlung des Kaufpreises tritt an die Stelle des gepfändeten Anwartschaftsrechts nicht kraft Surrogation ein Pfandrecht an der Sache, da das Pfändungspfandrecht an Sachen Offenkundigkeit voraussetzt und nicht besitzlos sein kann. Der Gläubiger, der das Anwartschaftsrecht gepfändet hat, erlangt das Pfändungspfandrecht an der

Sache selbst nur dann, wenn er zur Zeit des Eigentumsüberganges auch die Sache nach § 808 ZPO gepfändet hat (BGH LM ZPO § 857 Nr. 2).

c) Das Anwartschaftsrecht des Käufers erlischt: 34

aa) Mit der *Wirkung*, daß der *Käufer volles Eigentum erlangt*:

Mit Eintritt der Bedingung, also mit der Zahlung des Kaufpreises oder mit anderweitiger Tilgung der Kaufpreisforderung, etwa durch Aufrechnung.

Das Anwartschaftsrecht erlischt aber auch, wenn der Käufer aus anderen Gründen volles Eigentum erlangt, z. B. bei Vermischung oder Verbindung mit einer eigenen Sache, falls diese als Hauptsache anzusehen ist (§ 947 Abs. 2), auch bei Verarbeitung, die der Vorbehaltskäufer vornimmt. Dieselbe Wirkung tritt ein, wenn ein Dritter, etwa ein gutgläubiger Erwerber nach § 932, Eigentum erlangt (RG **113** 61).

Wenn der Vorbehaltsverkäufer auf den Vorbehalt verzichtet (vgl. oben Rdn. 7).

Mit Wegfall des Sicherungszweckes. So, wenn die zu sichernde Forderung wegfällt, z. B. durch Verzicht auf sie.

bb) Mit der *Wirkung*, daß der *Verkäufer sein volles Eigentum zurückerhält*, nämlich mit Eintritt der Bedingung, unter der das Vorbehaltsrecht steht, also bei Nichtzahlung des Kaufpreises und Rücktritt des Vorbehaltsverkäufers.

III. Verfügungen Nichtberechtigter 35

1. Nichtberechtigter Vorbehaltsverkäufer

Wie die unbedingte, so kann auch die bedingte Eigentumsübertragung nur vom Eigentümer vorgenommen werden; denn nur wer Eigentum hat, kann es sich vorbehalten. Ein vom Nichteigentümer erklärter Vorbehalt wird daher erst wirksam, wenn er das Eigentum erlangt. Wer aus der Hand eines Nichteigentümers eine Sache unter Eigentumsvorbehalt gekauft hat, wird jedoch nach § 932 mit vollständiger Zahlung des Kaufpreises Eigentümer, sofern er bei Einigung und Übergabe im guten Glauben war (BGH **10** 69).

2. Nichtberechtigter Vorbehaltskäufer 36

Von der Verfügung über das Anwartschaftsrecht ist die Verfügung des Käufers über die Sache selbst zu unterscheiden. Zu einer solchen Verfügung während der Anwartschaft ist der Käufer in der Regel nicht berechtigt. Ein Rechtserwerb durch Dritte ist allerdings nach den Grundsätzen vom gutgläubigen Erwerb trotzdem möglich, entweder nach §§ 161, 932 (RG **113** 61) oder über § 185 (BGH **20** 88, 101) mit Eintritt der Bedingung. Dagegen kann nach § 933 eine unter Eigentumsvorbehalt stehende Sache gutgläubig nicht schon durch Einräumung des mittelbaren Besitzes erworben werden, doch liegt im Zweifel in einer nach § 933 nicht zum Ziel führenden Übereignungserklärung die Sicherungsübertragung der Anwartschaft (BGH **20** 88 101; **35** 85).

D. Das Abzahlungsgeschäft 37

Nicht jeder Vorbehaltskauf ist ohne weiteres ein Abzahlungsgeschäft i. S. des Ges. vom 16. 5. 1894 in der Fassung vom 1. 9. 69 und des Zweiten Gesetzes zur Änderung des AbzahlungsG vom 15. 5. 74 (BGBl. I 1169), in Kraft ab 1. 10. 74. Denn beim Vorbehaltskauf brauchen nicht notwendig Teilzahlungen vereinbart zu werden. Ferner findet das AbzG keine Anwendung, wenn der Käufer ins Handelsregister eingetragen ist (§ 8 AbzG). Der Umfang des § 455 ist also weiter als der des AbzG. Das AbzG behandelt den Eigentumsvorbehalt nur in § 5. Die übrigen Vorschriften gelten ohne Rücksicht, ob ein Eigentumsvorbehalt vereinbart ist oder nicht.

Für die Wirksamkeit des Vertrages über ein Abzahlungsgeschäft ist § 1 a maßgebend: Die Willenserklärung des Käufers bedarf der Schriftform. Über den erforderlichen Inhalt der Urkunde s. BGH NJW **74** 365. Beim finanzierten Abzahlungskauf nimmt die Rechtsprechung an, der Käufer könne grundsätzlich dem Kreditinstitut gegenüber auf Sachmängeleinwendungen und Einwendungen wegen unterbliebener Lieferung zurückgreifen, wenn aus tatsächlichen Gründen die Ansprüche gegen den Verkäufer nicht durchzusetzen sind (BGH **22** 90; **37** 94; **47** 233; BGH LM BGB § 242 [Cd] Nr. 159; über den finanzierten Abzahlungskauf vgl. im übrigen die Ausführungen im Anhang zu § 455). Die Zurücknahme der unter Eigentumsvorbehalt verkauften Sache gilt nach § 5 AbzG als Rücktritt. Die Vorschriften der §§ 1—5 finden auf andere Geschäfte, die die Zwecke eines Abzahlungsgeschäfts in anderer Form erreichen sollen, nach § 6 entsprechende Anwendung, so u. U. der Mietkauf — Leasinggeschäft — (s. vor § 433 Rdn. 24). Zur Anwendung des AbzG, wenn in einem Ratenzahlungsvertrag der Verkauf von beweglichen Sachen und andersartige vertragliche Leistungen derart zusammengefaßt sind, daß das Entgelt zwar einheitlich ausgewiesen, aber aufschlüsselbar ist, vgl. BGH NJW **73** 2200. Für Klagen aus dem Abzahlungsgeschäft schreibt § 6 a die örtliche Zuständigkeit des Wohnsitzes des Käufers vor. Das gilt auch für eine Wechselklage (BGH NJW **74** 747).

E. Die Bedingung der Kaufpreiszahlung

38 **I. Allgemeines**

Die in § 455 behandelte Bedingung ist eine aufschiebende. Bei einer auflösenden Bedingung handelt es sich nur um einen bedingten Rückfall des Eigentums. Wenn in § 455 bestimmt ist, „im Zweifel" sei aufschiebende Bedingung anzunehmen, so ergibt sich, daß die Übereignung auch unter einer auflösenden Bedingung stehen kann, nur daß dann die Bedingung nicht den Eigentumserwerb hinausschiebt, sondern den Rückfall des Eigentums herbeiführt.

39 **II. Zahlung des Kaufpreises**

1. Die Zahlung ist Bedingung für den Eigentumsübergang. Die Bedingung tritt erst mit **vollständiger Zahlung** des Kaufpreises ein. Teilzahlungen für ein unter einheitlichem Eigentumsvorbehalt stehendes Warenlager bewirken keinen ihnen entsprechenden Teilübergang des Eigentums. Das gleiche gilt, wenn eine Mehrheit von Sachen unter einheitlichem Eigentumsvorbehalt verkauft ist. Der Kaufpreis ist erst dann vollständig bezahlt, wenn alle Gegenleistungen aus dem Kaufvertrage, also auch die zu entgeltenden Kosten der Verpackung oder Versendung sowie Diskontspesen und Verzugszinsen, beglichen sind. Das gilt auch ohne besondere Vereinbarung.

40 **2. Keine Tilgungswirkung**

Die Zahlung einer *Vergleichsquote* nach § 193 KO oder § 82 VerglO bringt die vom Zwangsvergleich betroffenen Forderungen nicht zum Erlöschen. Es bleiben vielmehr natürliche Verbindlichkeiten zurück (BGH LM VerglO § 82 Nr. 1). Die Bedingung ist auch nicht eingetreten, wenn die Kaufpreisforderung *verjährt* ist (BGH **34** 191; vgl. oben Rdn. 21). Wird im Zusammenhang mit einem Vorbehaltskaufvertrag vom Käufer ein *Wechsel* akzeptiert, so verfügt in der Regel der Verkäufer über den Wechsel durch Diskontierung. Bis zur Bezahlung des Wechsels ist die Kaufpreisschuld nicht getilgt. In manchen Fällen reicht aber auch der Käufer den vom Verkäufer ausgestellten und vom Käufer akzeptierten Wechsel (sog. Akzeptantenwechsel) zur Diskontierung ein. Der Verkäufer wird, meist mit dem durch die Diskontierung vom Käufer erlangten Betrage, von diesem befriedigt. Löst der Käufer den Wechsel nicht ein und wird nunmehr der Verkäufer als Aussteller vom Wechselinhaber in Anspruch genommen, so fragt es sich, ob der Verkäufer, wenn er einen Eigentumsvorbehalt vereinbart hatte, sein Eigentum an der Kaufsache noch geltend machen kann. In BGH **56** 264 wird angenommen, der Eigentumsvorbehalt sei erloschen, weil die Kaufpreisforderung befriedigt sei. Das ist nicht zweifelsfrei. *Ulmer/Heinrich* (Betrieb **72** 1149, 1151) nehmen mit beachtlichen Gründen an, der Käufer habe zusätzlich zur Kaufpreiszahlung als weitere Erfüllungsvoraussetzung den Verkäufer von der Wechselhaftung zu befreien, der Eigentumsvorbehalt bestehe deshalb so lange weiter, bis der Käufer als Akzeptant den Wechsel eingelöst und damit die Wechselverbindlichkeit des Verkäufers zum Wegfall gebracht habe. Das wird in der Regel als stillschweigend vereinbart anzusehen sein.

3. Das Eigentum geht auf den Vorbehaltskäufer auch dann über, wenn ein **Dritter den Kaufpreis bezahlt**. Geht die Kaufpreisforderung nach §§ 268 Abs. 3, 426 Abs. 2, 774 Abs. 1 Satz 1 auf den zahlenden Dritten über, so erwirbt dieser das Vorbehaltseigentum zwar nicht ohne weiteres nach §§ 412, 401, weil es nicht als Nebenrecht im Sinne des § 401 anzusehen ist. Der Vorbehaltsverkäufer ist aber verpflichtet, das ihm noch zustehende Eigentum auf den zahlenden Dritten zu übertragen. Der Bürge wird bereits im Zeitpunkt der Zahlung Vorbehaltseigentümer, wenn die Beteiligten das vorweg vereinbart haben und der Verkäufer ihm den Herausgabeanspruch gegen den Käufer im Einverständnis mit diesem abgetreten hat (BGH **42** 53). Das gleiche gilt für einen Dritten, der auf Grund einer Delkrederehaftung zahlt (BGH aaO). **41**

III. Eigentumsübergang **42**

Mit dem Eintritt der Bedingung tritt die Wirkung der Eigentumsübertragung von selbst ein, § 158 Abs. 1. Da die Übertragungshandlungen bereits stattgefunden haben, bedarf es keines neuen Übertragungsaktes durch den Verkäufer, etwa einer unbedingten Übertragung. Der Eigentumserwerb des Vorbehaltskäufers vollzieht sich durch die vollständige Bezahlung des Kaufpreises, ohne daß es weiterer Einigung bedarf. Es ist auch nicht nötig, daß der Wille des Eigentümers, Eigentum zu übertragen, noch im Zeitpunkt des Eintritts der Bedingung vorhanden ist (s. Rdn. 25).

F. Das Vorbehaltseigentum im Konkurs

Vgl. außer den Erläuterungsbüchern zur Konkursordnung aus dem neueren Schrifttum *Serick* aaO Bd. 1 § 13; *Künne*, Betrieb **71** 1509; *Kuhn*, Der Eigentumsvorbehalt im Konkurs, WM **72** 206 ff.

1. Konkurs des Vorbehaltskäufers **43**

Das Anwartschaftsrecht des Vorbehaltskäufers gehört zu dessen Konkursmasse (RG **140** 223). Löst der Konkursverwalter den Eigentumsvorbehalt durch Zahlung des Restkaufpreises ab, so wird der Gemeinschuldner Eigentümer. Das Eigentum fällt in die Konkursmasse und wird nicht etwa konkursfreies Vermögen des Gemeinschuldners. Ein vorbehaltenes Eigentum gibt dem Vorbehaltsverkäufer die Möglichkeit, den Zugriff von Gläubigern des Vorbehaltskäufers im Konkurs mittels der *Aussonderung nach § 43 KO* abzuwehren (BGH **54** 214, 218). Hat der Vorbehaltskäufer erlaubterweise die Kaufsache weiter veräußert, so steht dem Vorbehaltsverkäufer ein Recht auf Ersatzaussonderung nicht zu (BGH **30** 176, 181). Anders bei einer nicht erlaubten oder von der Einwilligung nicht gedeckten Weiterveräußerung (BGH **27** 306). Beim verlängerten Eigentumsvorbehalt gibt der dem Vorbehaltsverkäufer abgetretene Anspruch auf die

Gegenleistung dem Vorbehaltsverkäufer nicht ein Aussonderungs-, sondern nur ein *Absonderungsrecht* (BGH LM BGB § 157 [Ga] Nr. 18). Vereitelt der Konkursverwalter das Absonderungsrecht, so ist dem Vorbehaltsverkäufer in entsprechender Anwendung des § 46 KO ein Ersatzabsonderungsrecht zuzubilligen. Im Zweifel ist nicht anzunehmen, daß der Vorbehaltsverkäufer, der die Weiterveräußerung dem Vorbehaltskäufer gestattet hat, sie auch dem Konkursverwalter erlaubt. Eine vom Konkursverwalter vorgenommene Veräußerung der Vorbehaltssache gibt dem Vorbehaltsverkäufer daher in der Regel ein Ersatzaussonderungsrecht (BGH LM BGB § 930 Nr. 2). Ist beim erweiterten Eigentumsvorbehalt der Kaufpreis für die Sache, deren Eigentum vorbehalten ist, voll bezahlt, so gibt der Vorbehalt hinsichtlich der übrigen Forderungen nur ein Absonderungsrecht an der Vorbehaltssache (BGH LM BGB § 455 Nr. 27; vgl. auch *Kuhn* aaO).

Da nach insoweit herrschender Meinung (vgl. oben Rdn. 22) der Verkäufer den Vertrag mit der Übergabe der Kaufsache noch nicht vollständig erfüllt hat, solange der Kaufpreis nicht gezahlt ist, hat der Konkursverwalter im Konkurs des Vorbehaltskäufers das *Wahlrecht*, nach § 17 KO den Vertrag zu erfüllen oder die Erfüllung abzulehnen (BGH **48** 203; ausführliche Gründe WM **67** 929).

44 **2. Konkurs des Vorbehaltsverkäufers**

Das Eigentum an der Vorbehaltssache fällt in die Konkursmasse des Vorbehaltsverkäufers. Fraglich ist, ob, wenn der Kaufpreis noch nicht voll entrichtet ist, auch der Konkursverwalter im Konkurse des Vorbehaltsverkäufers das Wahlrecht nach § 17 KO hat. Würde dem Konkursverwalter ein solches Recht eingeräumt, so hätte das zur Folge, daß dem Konkursverwalter die Möglichkeit gegeben wäre, durch Erfüllungsablehnung dem Käufer das dingliche Anwartschaftsrecht im Widerspruch zu § 161 aus der Hand zu schlagen (vgl. BGH WM **67** 929). *Kuhn* (aaO S. 210 f) nimmt mit Recht im Gegensatz zu BGH LM KO § 17 Nr. 6 an, daß mit dem Anwartschaftsrecht der Vorbehaltskäufer eine Rechtsstellung erlangt habe, die ihm nur unter den Rücktrittsvoraussetzungen des § 455 genommen werden könne, und daß diese Stellung die Anwendung des § 17 KO ausschließe.

G. Einzelheiten

45 **I. Beweislast**

Die Vermutung des § 1006 Abs. 2 spricht dafür, daß ein Besitzer mit dem Eigenbesitz auch das Eigentum erworben hat. Der Vorbehaltskäufer ist als Besitzmittler nur Fremdbesitzer. Zugunsten eines Besitzerwerbers wird jedoch Eigenbesitz vermutet. Ist streitig, ob der Verkäufer sich das Eigentum vorbehalten hat, muß der Verkäufer also beweisen, daß er sich das Eigentum vorbehalten hat und seine Kaufpreisforderung nicht getilgt worden ist (BGH WM **64** 1026).

46 **II. Eigentumsvorbehalt und Internationales Privatrecht**

Nach italienischem Recht ist ein formlos vereinbarter Eigentumsvorbehalt nur zwischen den Parteien des Kaufvertrages wirksam (Art. 1523 codice civile). Ein zwischen einem italienischen Lieferanten und einem deutschen Käufer formlos vereinbarter Eigentumsvorbehalt wird aber, wenn die Ware von vornherein für die Lieferung nach Deutschland bestimmt war, in der Regel kraft Parteivereinbarung voll wirksam, sobald die Ware in den Besitz des deutschen Käufers gelangt (BGH **45** 95). Der Eigentumsvorbehalt erlangt damit Wirksamkeit gegenüber Gläubigern des Vorbehaltskäufers. S. auch „Einheitliches Gesetz über den internationalen Kauf beweglicher Sachen" vom 17.7.73 (§ 433 Rdn. 100). Vgl. im übrigen *Reichard* u. a., Eigentumsvorbehalt und Sicherungsübertragung im Ausland 1973.

§ 456

Bei einem Verkauf im Wege der Zwangsvollstreckung dürfen der mit der Vornahme oder Leitung des Verkaufs Beauftragte und die von ihm zugezogenen Gehilfen, mit Einschluß des Protokollführers, den zum Verkaufe gestellten Gegenstand weder für sich persönlich oder durch einen anderen noch als Vertreter eines anderen kaufen.

Die Vorschrift will die **Unparteilichkeit** des Verfahrens **schützen**. In Betracht kommen Verkäufe im Wege der **Zwangsvollstreckung** nach §§ 814—817, 821, 857 ZPO, also sowohl bei öffentlicher Versteigerung als bei Verkäufen aus freier Hand. Die Vorschrift bezieht sich auch auf die Zwangsvollstreckung in Forderungen. Auch die Zwangsversteigerung von Grundstücken gehört hierher, da auch sie, wie sich aus § 53 ZVG ergibt, eine Veräußerung darstellt.

Ein *Verstoß* gegen die Vorschrift hat *nicht* die *Nichtigkeit* des Verkaufs zur Folge. Die Wirksamkeit eines dem Verbot des § 456 zuwider erfolgten Verkaufs und der Eigentumsübertragung hängt nach § 458 von der Zustimmung oder Genehmigung der Beteiligten ab. § 456 bezweckt nur den Schutz der beim Kaufe Beteiligten (M. 2, 331), ähnlich wie bei § 135.

Das Verbot des Vertragsschlusses mit sich selbst nach § 181 greift neben § 456 Platz; beide Verbote sind miteinander verwandt (RG **56** 108).

Das Kaufen „durch einen andern" umfaßt auch den Fall des Erwerbs durch einen mittelbaren (indirekten) Stellvertreter.

Als Hilfspersonen kommen namentlich die nach § 825 ZPO Beauftragten in Betracht.

Öffentlich-rechtliche Verbotsbestimmungen, namentlich die landesrechtlichen Bestimmungen, bleiben daneben in Kraft.

§ 457

Die Vorschrift des § 456 gilt auch bei einem Verkauf außerhalb der Zwangsvollstreckung, wenn der Auftrag zu dem Verkauf auf Grund einer gesetzlichen Vorsehrift erteilt worden ist, die den Auftraggeber ermächtigt, den Gegenstand für Rechnung eines anderen verkaufen zu lassen, insbesondere in den Fällen des Pfandverkaufs und des in den §§ 383, 385 zugelassenen Verkaufs, sowie bei einem Verkaufe durch den Konkursverwalter.

§ 457 **dehnt** das **Verbot des § 456 auf** bestimmte **rechtsähnliche Fälle aus.** Das sind der Verkauf zum Zwecke der Aufhebung einer Gemeinschaft (§ 753) oder Auseinandersetzung von Gesellschaftern (§ 731), unter Miterben (§ 2042) oder einer Gütergemeinschaft (§§ 1475 Abs. 3, 1498); die Versteigerung nach den §§ 966, 979, 983 (Fund), 489 (Tiere) und nach den §§ 179 Abs. 3, 268 Abs. 2, 277 Abs. 2 AktG (Aktienurkunden und Anteilscheine); der Verkauf auf Grund handelsrechtlichen Zurückbehaltungsrechts (§ 371 HGB); der handelsrechtliche Selbsthilfeverkauf (§§ 373, 376, 379, 388, 391, 407, 417, 437, 440 HGB); der Verkauf zur Befriedigung von Verwendungsansprüchen (§§ 1003, 2022); die durch die §§ 383, 385 zugelassenen Fälle; der Pfandverkauf (§§ 1228 ff; §§ 368, 397, 398, 410, 421, 440, 623 HGB). Die Aufzählung, die § 457 in zusammenfassenden Formulierungen vornimmt, ist abschließend, nicht bloß beispielhaft. Der Konkursverwalter ist als Käufer nicht ausgeschlossen, da er nicht mit der Vornahme oder der Leitung des Verkaufs beauftragt ist. § 457 greift bei der Verwertung der

Konkursmasse nur dann ein, wenn der Verwalter zur Vornahme einer freiwilligen Veräußerung von Massegegenständen sich eines Dritten bedient; dann ist dieser Dritte, nicht aber auch der Konkursverwalter als Käufer ausgeschlossen.

§ 458

Die Wirksamkeit eines den Vorschriften der §§ 456, 457 zuwider erfolgten Kaufes und der Übertragung des gekauften Gegenstandes hängt von der Zustimmung der bei dem Verkauf als Schuldner, Eigentümer oder Gläubiger Beteiligten ab. Fordert der Käufer einen Beteiligten zur Erklärung über die Genehmigung auf, so finden die Vorschriften des § 177 Abs. 2 entsprechende Anwendung.

Wird infolge der Verweigerung der Genehmigung ein neuer Verkauf vorgenommen, so hat der frühere Käufer für die Kosten des neuen Verkaufs sowie für einen Mindererlös aufzukommen.

1 An sich ist ein verbotswidrig erfolgter Kauf nach § 134 nichtig. § 458 macht aber hiervon eine Ausnahme. Von der Zustimmung der Beteiligten hängt sowohl die Wirksamkeit des Schuldverhältnisses als auch die des dinglichen Vollzugsgeschäfts ab. Ist die Zustimmung im voraus erteilt (Einwilligung, §§ 182, 183, 185 Abs. 1), dann sind das **Schuldverhältnis** sowie das **dingliche Rechtsgeschäft** von Anfang an wirksam; fehlt es bei ihrer Vornahme an der Einwilligung, dann sind beide Geschäfte **bedingt wirksam**, und bis zur Erteilung oder Versagung der Genehmigung besteht ein Schwebezustand. Der Käufer ist jedoch (anders als in den Fällen der §§ 108, 109, 177, 178) bis zur Entscheidung unbedingt gebunden; es liegt daher ein hinkendes Geschäft vor. Da die Zustimmung der „Beteiligten" gefordert wird, so ist die Einwilligung oder Genehmigung aller Beteiligten erforderlich; beim Widerspruch auch nur eines von ihnen fällt die Bedingung aus.

2 Eine erschöpfende Regel über die Beendigung des Schwebezustandes gibt das Gesetz nicht. Insbesondere gibt es dem einzelnen Beteiligten kein Mittel, die übrigen Beteiligten zur Erklärung zu nötigen. Nur den Käufer befähigt es, den endgültigen Zustand dadurch herbeizuführen, daß er denjenigen Beteiligten, um dessen Genehmigung es sich handelt, zur Erklärung mit den Folgen des § 177 Abs. 2 auffordert. Ein Widerruf der Genehmigung, § 178, ist nicht zulässig.

3 Der **Käufer haftet** ohne Verschulden nach Maßgabe des Abs. 2 kraft Gesetzes. Darüber hinaus haftet der verbotswidrig handelnde Käufer, falls ihn ein Verschulden trifft, nach § 823 Abs. 2, da dem in § 457 enthaltenen Verbot die Bedeutung eines Schutzgesetzes zukommt.

Die Frage nach der Geschäftsfähigkeit des Käufers spielt für die Haftung nach Abs. 2 keine Rolle. Der Kauf eines Geschäftsunfähigen ist nichtig (§ 105), und der Kauf eines beschränkt Geschäftsfähigen bleibt unwirksam, wenn ihn der gesetzliche Vertreter nicht genehmigt (§§ 107, 108). Ein wiederholter Verkauf würde mithin lediglich infolge der Nichtigkeit oder Unwirksamkeit des ersten Verkaufs vorgenommen werden müssen, während die Zustimmung der Beteiligten gar nicht in Frage kommen könnte. Damit fehlt es aber an einer wesentlichen Voraussetzung für die Anwendbarkeit des § 458 Abs. 2. Hat dagegen der gesetzliche Vertreter den Kauf des beschränkt Geschäftsfähigen genehmigt, so muß dieser aus § 458 auch haften.

II. Gewährleistung wegen Mängel der Sache

§ 459

Der Verkäufer einer Sache haftet dem Käufer dafür, daß sie zu der Zeit, zu welcher die Gefahr auf den Käufer übergeht, nicht mit Fehlern behaftet ist, die den Wert oder die Tauglichkeit zu dem gewöhnlichen oder dem nach dem Vertrage vorausgesetzten Gebrauch aufheben oder mindern. Eine unerhebliche Minderung des Wertes oder der Tauglichkeit kommt nicht in Betracht.

Der Verkäufer haftet auch dafür, daß die Sache zur Zeit des Überganges der Gefahr die zugesicherten Eigenschaften hat.

Übersicht

	Rdn.
A. Vorbemerkung	1–3
I. Allgemeines	1, 2
1. Geschichtliche Entwicklung	1
2. Umfang der Regelung	2
II. Das Wesen der Gewährleistungspflicht	3
B. Gewährleistung	4–33
I. Voraussetzungen	4–30
1. Wirksamer Kaufvertrag	4
2. Mängel	5–20
a) Begriff	5–8
aa) Allgemeines	5
bb) Fehlerarten	6
cc) Fehlerhafte Sache, Falschlieferung	7
dd) Fehlerhaftung ohne Verschulden	8
b) Einzelfälle	9–16
aa) Grundstücke	9
bb) Eigentumswohnungen und Eigenheime	10
cc) Öffentlichrechtliche Beschränkungen	11
dd) Unternehmenskauf	12
ee) Lebensmittel	13
ff) Kraftfahrzeuge	14
gg) Kunst und Literatur	15
hh) Verpackung, Gewicht	16
c) Gebrauchstauglichkeit	17–20
aa) Allgemeines	17
bb) Wert	18
cc) Tauglichkeit	19
dd) Erheblichkeit des Fehlers	20
3. Zusicherung (§ 459 Abs. 2)	21–28
a) Begriff	21
b) Zusicherungserklärung	22
c) Zugesicherte Eigenschaft	23
d) Haftung ohne Verschulden	24
e) Haftung auch bei Unerheblichkeit	25
f) Einzelfälle	26
g) Verweigerte Zusicherung	27
h) Abgrenzung zum Garantievertrag	28
4. Zeitpunkt für die Gewährleistung	29
5. Untersuchungs- und Rügepflicht	30
II. Gewährleistungsansprüche	31, 32
1. Gesetzliche Bestimmungen; vertragliche Grundlage	31
2. Ausschluß der Gewährleistungsansprüche	32
III. Beweislast	33
C. Produzentenhaftung	34
D. Gewährleistung im Internationalen Privatrecht	35

Schrifttum:

Rabel, Die Haftung des Verkäufers wegen Mangels im Recht (1902); Herbert *Meyer*, Festschrift für Otto Gierke, Zum Ursprung der Vermögenshaftung im deutschen Recht (1911); *Süß*, Wesen und Rechtsgrund der Gewährleistung für Sachmängel (1931); *Korintenberg*, Erfüllung und Gewährleistung beim Werkvertrag (1935) und Die rechtspolitische Großtat der Ädilizischen Rechtsgeschäfte vor 2000 Jahren und heute (1948); *Raape*, Sachmängelhaftung und Irrtum beim Kauf, AcP 150 481; *Flume*, Eigenschaftsirrtum und Kauf (1948); *von Caemmerer*, Falschlieferung, Festschrift für M. Wolff (1952) S. 1; *Fabricius*, Schlecht- und Falschlieferung beim Kauf JuS 64 1 und 46; JZ 67 464; *Ballerstedt*, Festschrift Nipperdey (1955) S. 262.

A. Vorbemerkung

I. Allgemeines 1

1. Geschichtliche Entwicklung

Die Gewährleistungspflicht hat sich historisch beim Kauf herausgebildet und wird auch vom BGB bei diesem behandelt. Die kurulischen Ädilen gingen von dem Erfahrungssatz aus, daß der Käufer einer Sache, die ihm gegen Geld hingegeben wurde, die

Erwartung hege, diese werde die regelmäßigen Eigenschaften haben, die für den gewöhnlichen Gebrauch wichtig sind, und sie hielten diese Erwartung für berechtigt. Im modernen deutschen Recht ist die Gewährleistungspflicht nichts dem Kaufvertrag Eigentümliches; das BGB bestimmt in § 493 selbst die entsprechende Anwendung auf andere Veräußerungsverträge; außerdem dehnen viele Vorschriften die Kaufgewährvorschriften auf andere Verträge aus. Man hat aus Gründen der Anschaulichkeit und praktischen Anwendung entgegen den ursprünglichen Entwürfen davon Abstand genommen, die Gewährleistung unter die allgemeinen Vorschriften über Verträge aufzunehmen, wie z. B. Preuß. ALR Teil I Tit. 5 § 318. Auch der Code civil und das Schweiz. OR haben keine allgemeine Vorschrift über die Gewährleistung aufgenommen.

2 **2. Umfang der Regelung**

Die Gewährleistungsvorschriften der §§ 459 ff betreffen nur den Sachkauf. Wenn ein Recht an einer Sache verkauft ist, das zum Besitz und Genuß der Sache berechtigt (§ 451), so wird, falls die Sache Mängel zeigt, auch hier die Sachgewährleistungspflicht nach § 459 anerkannt. Auch werden in der Rechtsprechung unkörperliche (immaterielle) Güter, wenn sie im Verkehr wie Sachen behandelt werden, im Hinblick auf die Gewährleistungspflicht diesen gleichgestellt, so namentlich ein Handelsgeschäft und ähnliche Geschäftsbetriebe, Kundschaft, Patente und Lizenzen. Die Gewährleistungsgrundsätze wegen Sachmängeln des Geschäftsunternehmens sind auch dann anzuwenden, wenn mit dem Verkauf der Anteilrechte einer mit selbständiger Rechtspersönlichkeit ausgestatteten Gesellschaft ein Verkauf des von ihr betriebenen Geschäftsunternehmens verbunden ist (vgl. § 433 Rdn. 13—15). Wegen der Gewährleistung beim Erbschaftskauf s. § 2376. Der Sache nach unterscheidet das BGB, im Gegensatz zum Preußischen Recht, zwischen Gewährleistung für Rechtsmängel (§§ 437 ff) und Sachmängel (§§ 459 ff). Zur sog. Produzentenhaftung s. unten Rdn. 34.

3 **II. Das Wesen der Gewährleistungspflicht**

1. Die besondere Regelung der §§ 459 ff **bringt** die **Interessen des Verkäufers** an einer sicheren und schnellen Abwicklung des Kaufs **und die des Käufers** am Erwerb einer seinen Vorstellungen entsprechenden Kaufsache **zum Ausgleich**. Dabei räumt sie dem Käufer eine günstige Stellung ein, wenn sie den Verkäufer für Brauchbarkeit der Sache und zugesicherte Eigenschaften auch ohne Verschulden haften läßt (§§ 462, 463 S. 1). Andererseits schließt sie Schadensersatz wegen fahrlässiger Angabe von Eigenschaften, die nicht zum Gegenstand einer Zusicherung gemacht werden, und wegen fahrlässiger Nichtangabe von Sacheigenschaften, die nicht den gewöhnlichen oder vertraglich vorausgesetzten Gebrauch beeinträchtigen, den Käufer aber aus anderen Gründen vom Kaufe abhalten könnten, aus. Diese Folgerung beruht nicht auf einem Umkehrschluß aus § 463; vielmehr *bestimmen und begrenzen* die Vorschriften des Gewährschaftsrechts in ihrer Gesamtheit *die Haftung des Verkäufers für Eigenschaften der Sache.* Es handelt sich deshalb auch nicht darum, daß eine einzelne Vorschrift des Gewährschaftsrechts wie § 463 lediglich dazu bestimmt sei, eine anderweit begründete Haftung auf den Vertrauensschaden zur Haftung auf das Erfüllungsinteresse zu „verschärfen". Ebensowenig kann der weitere Ausbau der Haftung für Verschulden bei Vertragsverhandlungen in anderer Richtung eine Aufgabe der von Rechtsprechung und Schrifttum durchweg anerkannten Grenzen der Sachmängelhaftung rechtfertigen. Damit entfällt nicht jede Haftung für fahrlässig unrichtige Angaben beim Vertragsschluß; ein solcher Anspruch ist gegeben, wenn der Sachverhalt nicht unter die Gewährleistung zu bringen ist (vgl. auch § 462 Rdn. 4).

2. Im übrigen besteht über das **Wesen der Gewährleistungspflicht** Streit. Einigkeit besteht darüber, daß die Kaufsache von vertragsmäßiger Beschaffenheit sein muß, daß der Käufer, wenn die Kaufsache mangelhaft ist, — von § 480 abgesehen — aber nicht die Beseitigung des Mangels verlangen kann, sondern die Gewährleistungsrechte hat.

Umstritten ist, ob der Verkäufer zur Leistung der Kaufsache in mangelfreiem Zustande verpflichtet ist und der Käufer dementsprechend einen Anspruch auf mangelfreie Leistung hat oder ob der Verkäufer nicht verpflichtet ist, die Sache im vertragsmäßigen Zustande zu liefern, und der Käufer auch keinen Anspruch hierauf hat. Die erste Ansicht läßt die Gewährleistung als Folge nicht erfüllter Leistungspflicht eintreten, die zweite meint, eine Leistungspflicht sei nicht bestimmt, das Gesetz lege dem Verkäufer die Gewährpflicht auf und diese treffe ihn anstelle fehlender Leistungspflicht. Der ersten Auffassung ist zu folgen. Auch die andere Meinung knüpft die Gewährleistung an die Tatsache der Nichterfüllung an. Der Kaufvertrag ist auf die Leistung der Kaufsache in mangelfreiem Zustand gerichtet. Was zur Erfüllung des Vertrages gehört, hat der Verkäufer auch zu leisten. Die Leistungspflicht deckt sich mit der Vertragserfüllungspflicht und bleibt nicht hinter ihr zurück. So geht auch beim Gattungskauf die Vorschrift des § 480 von der Pflicht des Verkäufers, die Kaufsache in mangelfreiem Zustand zu liefern, aus und gibt dem Käufer das Recht, statt Wandlung oder Minderung zu verlangen, daß ihm anstelle der mangelhaften Sache eine mangelfreie geliefert wird. Soweit es sich um einen Stückkauf handelt, ist die Leistung von vornherein auf die bestimmte Sache begrenzt und die Lieferung einer anderen Sache wäre nicht Erfüllung des Kaufvertrages. Eine andere Sache kann daher der Käufer nicht verlangen. Daraus folgt aber nicht, daß die Leistungspflicht des Verkäufers mit der Lieferung der mangelhaften Sache bereits erschöpft sei. Wenn in § 433 ausdrücklich die Verpflichtung zur Übergabe der gekauften Sache, zur Besitzverschaffung als Leistungsinhalt neben dem der Rechtsverschaffung hervorgehoben wird, so folgt daraus nicht, daß hinsichtlich der Beschaffenheit der zu übergebenden Sache Leistungspflichten aus dem Kaufvertrage nicht gegeben seien. Vielmehr *geht* die *Verpflichtung des Verkäufers* nicht nur auf die körperliche Übergabe der bestimmten Sache „so wie sie ist", sondern *auf Lieferung* dieser Sache als *einer mangelfreien oder solchen Sache, die die zugesicherten Eigenschaften hat.* So wird auch in § 463 zutreffend Schadensersatz „wegen Nichterfüllung" zugesprochen. Daß die Verpflichtung zur Leistung die Lieferung der Sache mit den zugesicherten Eigenschaften zum Inhalt hat, ist zweifelsfrei. Die zugesicherten Eigenschaften werden in § 459 aber mit den nach dem Vertrage vorausgesetzten, verkehrsüblich erwarteten gleichgesetzt. Auch diese werden Leistungsinhalt. Allerdings besteht beim Kauf grundsätzlich kein Mängelbeseitigungsanspruch. Es fehlt auch für Sachmängel eine dem § 434 entsprechende Vorschrift, wonach der Verkäufer die Kaufsache frei von Fehlern zu verschaffen hätte. Daß der Verkäufer nicht kraft ausdrücklicher Bestimmung verpflichtet ist, eine mangelfreie Sache oder eine solche mit den zugesicherten Eigenschaften zu liefern, schließt aber nicht aus, daß seine Verpflichtung an sich dahin geht, eine mangelfreie Sache zu liefern und dem Käufer zu übergeben (vgl. auch *Erman* JZ 60 41; *Fabricius* JZ 67 464). Daß schließlich der Käufer nicht auf Leistung der Kaufsache in mangelfreiem Zustand klagen und nicht nach § 283 Schadensersatz wegen Nichterfüllung verlangen kann und daß der Verkäufer nicht zur Nachbesserung oder zur Leistung einer anderen, nämlich mangelfreien, Sache verpflichtet ist, liegt an der Sonderregelung des § 459, die die auch beim Sachmangel gegebene Nichterfüllung abweichend von den allgemeinen Vorschriften über die Nichterfüllung von Verträgen regelt. Das, wofür der Verkäufer nach der Sonderregelung des § 459 haftet, ist eben der Inhalt seiner Leistungspflicht. So hindert diese Sonderregelung denn auch nicht, für die Zeit vor Gefahrübergang einen Anspruch auf Lieferung einer mangelfreien Sache anzuerkennen und dem Verkäufer eine entsprechende Pflicht aufzuerlegen (s. unten Rdn. 29).

B. Gewährleistung

4 **I. Voraussetzungen**

1. Wirksamer Kaufvertrag

Voraussetzung der Gewährleistungspflicht ist einmal das Vorliegen einer Leistungspflicht, vor allem das **Vorhandensein eines gültigen**, also in gehöriger Form abgeschlossenen, nicht verbots- oder sittenwidrigen **Kaufs.** Wenn ein Kaufvertrag angefochten wird, ist deshalb zunächst die Berechtigung der Anfechtung zu erörtern, auch wenn gleichzeitig Wandelung oder Minderung geltend gemacht wird. Die Nichtigkeit oder die Berechtigung der Anfechtung darf nicht dahingestellt bleiben. Soweit ein Anfechtungsrecht aus Mängeln oder Fehlern hergeleitet wird, die unter den Tatbestand des § 459 fallen, ist allerdings eine Anfechtung ausgeschlossen, weil die Gewährleistung als Sonderregelung der Anfechtung vorgeht (s. § 462 Rdn. 8). Bei einem erst durch Eintragung rechtswirksam gewordenen Kaufvertrag, der der Form ermangelte, entsteht die Gewährleistungspflicht erst im Zeitpunkt der Heilung (RG **134** 87).

5 **2. Mängel (§ 459 Abs. 1)**

a) Begriff

aa) Allgemeines. Als Mängel, für die nach § 459 Abs. 1 gehaftet wird, kommen Fehler in Betracht. Das Gesetz spricht in Abs. 1 von Fehlern, in Abs. 2 von Eigenschaften der Kaufsache. Beide umreißen den Zustand einer körperlichen Sache und bezeichnen damit ihren natürlichen Zustand, wie er sich der sinnlichen Wahrnehmung darstellt. Der Ausdruck „Fehler" ist doppeldeutig, je nach dem Standpunkt, von dem aus die Beurteilung vorgenommen wird. Er kann einmal bedeuten, daß dem Kaufgegenstand als Leistungs- und Erfüllungsgegenstand vom subjektiven Standpunkt der Parteien aus die im Vertrag bestimmten Eigenschaften „fehlen", daß er nicht vertragsmäßig und darum fehlerhaft ist. Sodann kann lediglich der natürliche Zustand der Kaufsache als solcher nach der allgemeinen Beurteilung im Verkehr ins Auge gefaßt werden. Danach ist *fehlerhaft* ein *Zustand*, der nicht die Eigenschaften hat, die objektiv seiner Natur nach und nach den allgemeinen Anschauungen Gegenständen dieser Art und Gattung zukommen.

Der Begriff des Fehlers ist im klassischen römischen Recht, aus dem die Grundsätze der Gewährleistung wegen Mängeln der Kaufsache in das deutsche Recht übernommen sind, im objektiven Sinn verstanden worden; das war auch die Auffassung des gemeinen Rechts. Diese Auffassung wurde ursprünglich vom Reichsgericht geteilt (RG **97** 352). Das RG ist später von der objektiven Auffassung abgegangen und hat die subjektive Auffassung angenommen, wonach Untauglichkeit zum Vertragszweck das Wesen des Fehlers ausmacht. Wenn die Kaufsache eine Eigenschaft oder einen Vorzug nicht hat, den die Parteien im Vertrag voraussetzen, so ist sie „fehlerhaft", d. h. fehlerhaft als Leistung (RG **135** 340). Der Streit zwischen der subjektiven und der objektiven Auffassung läßt sich nicht einseitig lösen. Soweit der Kaufgegenstand von der normalen Beschaffenheit abweicht, ist er fehlerhaft. Was normal ist, bestimmt sich nach objektiven Gesichtspunkten. Aber auch ein Gegenstand von nicht normaler Beschaffenheit kann verkauft werden; alsdann kann von einem Fehler keine Rede sein, weil gerade diese Sache geschuldet wurde und zu liefern war. *Entscheidend* ist also der *Wille der Parteien* des Vertrages. Der Käufer will eine Sache von vertragsmäßiger Beschaffenheit, gleichviel, ob er seiner Entschließung zugrunde legt, wie nach der Natur oder der Verkehrsauffassung das Normale, die Regelbeschaffenheit ist, oder ob er selbst bestimmt, wie er sich den Kaufgegenstand, wenn er vertragsmäßig sein soll, denkt. Auch die Bestimmung des § 459 geht von verschiedenen Gesichtspunkten aus. Sie läßt für Fehler haften, die den Wert oder die Tauglichkeit „zu dem gewöhnlichen" oder „dem nach dem Vertrage vorausgesetzten Gebrauch" aufheben oder mindern. Das eine ist objektiv, das andere subjektiv bestimmt. Aber beides hat auch etwas gemeinsam: nämlich, daß die Vertragschließenden eine Sache bestimmter Beschaffenheit wollen, nur daß sie beim Kauf einer unter dem Gesichtspunkt des gewöhnlichen Gebrauchs bestimmten Sache davon ausgehen, was hierfür objektiv gilt, während sie die Beschaffenheit einer für einen besonderen Gebrauchszweck gekauften Sache nach den Wünschen und Bedürfnissen oder Vorstellungen des Käufers im einzelnen bestimmen. So kann auch eine Abweichung von der Beschaffenheit, die die Parteien nach dem Vertrage gemeinsam vorausgesetzt haben, ein Fehler des Kaufgegenstandes sein (BGH **16** 54). Diese gemeinsame Zweckbestimmung mag zwar als „Geschäftsgrundlage" angesehen werden. Da das Gesetz beim Kauf die Rechtsfolgen solcher Mängel ausdrücklich regelt, ist es nicht zulässig, bei Mängeln der Kaufsache die vom Gesetzgeber geregelte Rechtsstellung des Käufers durch die auf Billigkeitserwägungen beruhenden Grundsätze über den Wegfall der Geschäftsgrundlage zu ersetzen. Einem Verkäufer, der eine mangelfreie Sache nicht zu liefern vermag, ist deshalb grundsätzlich versagt, sich mit der Begründung, daß der Verwendungszweck nicht erreicht werden könne, vom Vertrage zu befreien (BGH WM **71** 1016). Anders ist es, wenn sich die Abweichung von der beiderseitig vorgestellten Eigenschaft nur zuungunsten des Verkäufers, nicht des Käufers auswirkt. Dann liegt ein Fehler im Sinne des Gesetzes nicht vor (BGH aaO). Dem Verkäufer steht die Berufung auf das Fehlen der Geschäftsgrundlage frei (s. im übrigen § 462 Rdn. 7).

Für den *Begriff des Fehlers* kommt nicht nur die Beschaffenheit der Sache, sondern *auch* ihre *Beziehungen zur Umwelt* in Betracht, wenn sie nach der Verkehrsanschauung für die Brauchbarkeit oder den Wert der Sache bedeutsam sind (BGH LM BGB § 463 Nr. 18). Das ist jedoch nur dann zulässig, wenn diese Beziehungen in der Beschaffenheit der Sache selbst ihren Grund haben, von ihr ausgehen, ihr für eine gewisse Dauer anhaften und nach der Verkehrsanschauung normalerweise bei derartigen Sachen vorhanden sind. Hierhin gehören alle tatsächlichen, rechtlichen oder wirtschaftlichen Verhältnisse, die nach ihrer Art und Dauer und nach der Verkehrsanschauung einen Einfluß auf die Brauchbarkeit oder Wertschätzung der Sache zu üben pflegen (RG **161** 194; OGH **2** 367). Nur von außen her an sie herantretende, außerhalb der Sache liegende Umstände und Beziehungen, namentlich nur vorübergehender und zufälliger Natur, die ebensogut ohne weiteres jede andere Sache ergreifen könnten, sind keine der Kaufsache anhaftenden Eigenschaften. Darüber, wieweit z. B. Beschränkungen der rechtlichen Verfügungsmacht über die Sache Fehler sind oder Mängel im Recht bilden, s. unten Rdn. 11 und § 434 Rdn. 7.

Fehlt der verkauften Sache der vereinbarte Umfang oder die vereinbarte Menge, so kommen in erster Linie die Vorschriften über teilweise Nichterfüllung zur Anwendung (§ 326). Wegen der Rügepflicht s. § 378 HGB. Der **Quantitätsmangel** kann aber ein Qualitätsmangel und Fehler im Sinne des Sprachgebrauchs sein, s. Rdn. 12. Das gilt insbesondere, wenn ein verkaufter Geschäftsbetrieb weniger Ware oder Inventar enthält, als beim Verkauf angegeben wurde (RG **98** 292); dasselbe gilt beim Verkauf anderer Sachgesamtheiten, wenn sie nicht den vereinbarten Bestand aufweisen. Ein Fehler im Sinne des § 459 ist auch dann anzunehmen, wenn bei einer individuell bestimmten Sachmenge (z. B. einem Haufen) die wirklich vorhandene Menge hinter der verkauften zurückbleibt oder ein bestimmter Gegenstand nicht von der vereinbarten Größe ist.

Denn in beiden Fällen ist die Kaufsache nicht von der vereinbarten Beschaffenheit (*Flume*, Eigenschaftsirrtum und Kauf, 1948, S. 121 ff).

6 **bb) Fehlerarten.** Für den Inhalt des Gewährleistungsanspruchs kommt es darauf an, ob es sich um einen Stückkauf oder einen Gattungskauf handelt (zu diesen Begriffen vgl. vor § 433 Rdn. 32). Für den Gattungskauf enthält § 480 zusätzliche Gewährleistungsvorschriften. S. dort Rdn. 1. **Versteckte oder verborgene Mängel, die bei Kaufabschluß oder Übergabe, selbst nach zumutbarer Untersuchung, nicht erkennbar waren,** fallen unter die Gewährleistungspflicht. Die Frage der Erkennbarkeit gewinnt Bedeutung für den Beginn der Verjährungsfrist des § 477 (dort Rdn. 14) und der Rügefrist nach § 377 HGB (s. unten Rdn. 30). Auch ein abstellbarer Mangel kann als Gewährsmangel in Betracht kommen, es sei denn, daß aus seiner Natur mit seiner baldigen Beseitigung zu rechnen ist (BGH **10** 247).

7 **cc) Fehlerhafte Sache, Falschlieferung.** Hat der Verkäufer beim Gattungskauf statt einer Sache der vereinbarten Gattung eine andere Sache geliefert, so taucht die Frage der Haftung des Verkäufers für Falschlieferung (Lieferung eines aliud) auf. Das gilt auch, wenn eine gekaufte Stückware statt der vorausgesetzten Eigenschaft eine Eigenschaft aufweist, die sie zu einer ganz anderen macht. Vgl. die Beispiele bei *Flume*, Eigenschaftsirrtum und Kauf S. 105 und *Brauer*, Der Eigenschaftsirrtum, 1941, S. 23: Der Käufer hat ein bestimmtes Stück Porzellan gekauft, hat es als Meißner Porzellan kaufen wollen und bei Abgabe seiner Erklärung das Wort „Meißner" aus Versehen weggelassen; der Käufer gerät, ohne dies zu erkennen, in eine Roßschlachterei und erklärt, auf ein Filet weisend, dieses Stück kaufe er, obwohl er Pferdefleisch nicht kaufen wollte. S. dazu auch *Schmidt* NJW 62 710. Die Art der Haftung bei Falschlieferung ist umstritten. *Raape*, AcP **150** 492 befürwortet die entsprechende Anwendung der §§ 459 ff, *Flume*, aaO S. 114 ff will auch bei der Lieferung einer anderen Sache einen Fehler i. S. des § 459 annehmen, weil auch dann eine Abweichung von der vertragsmäßigen Beschaffenheit vorliege. Ihm folgt *von Caemmerer*, Festschrift für Martin Wolff, 1952, S. 1 ff, der die Ansicht von RG **86** 92, daß § 378 HGB nicht nur die in § 377 HGB für Sachmängel bestimmte Rügepflicht auf die Lieferung einer andersartigen Sache ausdehne, sondern zugleich die Anwendung der Gewährleistungsvorschriften gebiete, damit rechtfertigt, daß in jeder Abweichung von der vereinbarten Beschaffenheit ein Fehler liege und daß daher die Lieferung eines aliud ohnehin unter § 377 HGB falle. Ähnlich *Ballerstedt* bei Soergel/Siebert, 10. Aufl., vor § 459 Rdn. 35. Demgegenüber ist der BGH der Ansicht, daß bei Falschlieferung der Verkäufer nicht erfüllt habe, dem Käufer daher Ansprüche wegen Nichterfüllung nach §§ 325, 326 zuständen und die Gewährleistungsansprüche nach §§ 459 ff nicht Platz griffen (BGH LM BGB § 477 Nr. 10; BGB § 325 Nr. 12; vgl. auch *Schmidt* NJW **62** 710). Daraus wird gefolgert, daß grundsätzlich die Ansprüche des Käufers gegen den Verkäufer nicht der kurzen Verjährung des § 477 unterliegen (BGH LM BGB § 477 Nr. 5; BGB § 276 [K] Nr. 3 und BGH aaO; s. im übrigen § 477 Rdn. 9). Die Frage, ob bei einem beiderseitigen Handelsgeschäft dann, wenn die andere als bedungene Sache nicht offensichtlich abweicht (§ 378 HGB), nur Gewährleistungsansprüche gegeben sind, wird in den Urteilen BGH LM BGB § 477 Nr. 5 und LM BGB § 325 Nr. 12 dahingestellt gelassen. Sie ist zu verneinen. Ob die fehlende Übereinstimmung der gelieferten Ware mit der bestellten gerügt werden muß, liegt auf anderem Gebiet als die Frage, welche Ansprüche dem Käufer aus der fehlenden Übereinstimmung zustehen (vgl. auch *Schmidt* aaO).

8 **dd)** Schon wegen des Fehlens der vertraglichen Eigenschaften (Mängel) tritt die Haftung des Verkäufers, wie sie in §§ 462, 483 ff geregelt ist, ein. Das Gesetz knüpft diese Rechtsfolgen an die objektive Tatsache an, daß die richtige Vertragserfüllung

ausgeblieben ist, dagegen **kommt es nicht darauf an, ob** den Verkäufer ein **Verschulden** trifft oder nicht. Ohne Belang ist daher auch, ob der Verkäufer die Fehler gekannt hat. Besonderes gilt nur bei Arglist (§§ 463, 477).

b) Einzelfälle 9

aa) Grundstücke. Ein Grundstück kann einmal in seinem Zustand einen Mangel aufweisen, zum anderen können öffentlich-rechtliche Beschränkungen die Verwendbarkeit des Grundstücks beeinträchtigen (s. unten Rdn. 11). Bei Gebäuden bildet *Schädlingsbefall*, insbesondere der Hausschwamm, nicht selten einen Mangel des Zustands. Nicht nur wirklich vorhandener Hausschwamm wird als Sachfehler betrachtet, sondern auch schon die nach Beseitigung des Schwamms noch bleibende Schwammverdächtigkeit (RG **85** 252). Außer dem eigentlichen Hausschwamm ist auch die sog. Trockenfäule als Mangel anerkannt. Beim Verkäufer oder Käufer vorhandener Schwammverdacht im subjektiven Sinn ist nicht mit Schwammverdächtigkeit im objektiven Sinn als ein dem Gebäude anhaftender Verdacht der Wiederkehr zu verwechseln. Schwammverdächtigkeit muß auf tatsächlichen Umständen beruhen, die den objektiven Schluß der Wiederkehr gestatten, sonach eine gegenwärtige Gefahr bilden. Der bloße Verdacht einer Partei ist dagegen noch kein Mangel der Kaufsache. Wie lange die Schwammverdächtigkeit im einzelnen Falle fortdauert, ist eine Tatsache, die von den Fortschritten der Erkenntnis des Übels und der Mittel dagegen abhängt. Wenn auch wissenschaftlich die Gefahr der Wiederkehr eines gründlich beseitigten Hausschwamms zu verneinen ist, so soll nach RG Recht **14** Nr. 2639 fortdauernde Verdächtigkeit angenommen werden, wenn in den für das fragliche Geschäft in Betracht kommenden Verkehrskreisen noch die gegenteilige ältere Ansicht besteht; doch wird dieses Urteil bei der heutigen verbreiteten Kenntnis technischer Vorgänge im wesentlichen überholt sein. Die *Unbebaubarkeit* eines Grundstücks wegen der Bodenverhältnisse ist ein Mangel, für den der Verkäufer einstehen muß, auch wenn der Käufer wußte, daß das Grundstück im Grubensenkungsgebiet liegt (BGH WM **64** 356). Das gleiche gilt für sonstigen mangelhaften Baugrund (BGH LM BGB § 463 Nr. 12). Auch Sichtfreiheit kann eine Eigenschaft sein, deren Fehlen einen Mangel bildet (RG **161** 335; BGH WM **71** 1382 = BGH WarnRspr. **71** Nr. 202). Auch die *Lage* eines Grundstücks, die dessen Ungestörtheit und Benutzbarkeit beeinträchtigt, dauernd hoher Grundwasserstand, Nähe der Eisenbahn, das Vorhandensein eines Anschlußgleises sind Eigenschaften eines Grundstücks. Ein Fehler des Grundstücks selbst kann auch in *Mängeln des Zubehörs* gefunden werden. Wenn Vieh als Zubehör eines Grundstücks verkauft, aber in einer die Ertragsfähigkeit des Grundstücks beeinträchtigenden Weise verseucht ist, so sind nicht die Grundsätze der §§ 481 ff, sondern die Vorschriften des § 459 anwendbar (RG **102** 309). Ein Mangel ist ferner das nicht ordnungsmäßige Arbeiten der Kanalanlagen in einem Miethaus (BGH LM BGB § 459 Nr. 17).

Keinen Sachmangel, sondern einen Mangel im Recht enthält dagegen die *Belastung* des verkauften Grundstücks mit einer Grunddienstbarkeit (RG **93** 73). Daher tritt eine Haftung nach § 437, nicht eine Haftung nach § 468 ein. Das gleiche gilt für sonstige Beeinträchtigungen durch Rechte Dritter. So, daß das verkaufte Grundstück verpachtet ist, eine haftende Hypothek nicht gekündigt werden kann (RG **149** 238), ferner die Möglichkeit künftiger Entziehung des Eigentums oder die Entstehung eines Entschädigungsanspruchs nach § 951 (BGH **10** 242).

bb) Erwerb von Grundstücken mit bereits erstellten oder noch zu errichtenden Gebäuden. Es handelt sich vornehmlich um die in neuerer Zeit wichtig gewordenen Verträge zwischen Wohnungsbauunternehmern und Wohnraumbewerbern über den Erwerb solcher Grundstücke, also um den „Kauf“ von **Eigentumswohnungen** oder 10

Eigenheimen. Diese Verträge können je nach Sachlage Kaufverträge sein — so, wenn das Gebäude fertiggestellt ist (BGH **59** 104 = JZ **73** 735 m. Anm. *Weitnauer).* Vgl. vor § 433 Rdn. 12; *Kapellmann* MDR **73** 1; *Koeble* NJW **74** 721. Auf die *Sachmängelansprüche* des Erwerbers ist indessen grundsätzlich *Werkvertragsrecht* anzuwenden (BGH aaO). Die Entscheidung wird vornehmlich damit gerechtfertigt, daß die kurze Verjährungsfrist des § 477 für solche Mängel unangemessen ist (a. A. *Brych* NJW **73** 1587). Bei Verkauf einer Eigentumswohnung ist ein Gewährleistungsanspruch jedes einzelnen Käufers wegen erheblicher Fehler der gemeinschaftlichen Einrichtung begründet (BGH LM WohnungseigentumsG § 21 Nr. 1; BGH WM **71** 1251; OLG München NJW **73** 2027). Das ist grundsätzlich auch dann der Fall, wenn die Miteigentümer bei der Übergabe ihrer Wohnung keine Mängel gerügt haben (BGH LM WohnungseigentumsG § 21 Nr. 1). S. dazu auch *Deckert* NJW **73** 1073.

11 cc) Die vertraglich vorgesehene Verwendung eines Grundstücks kann auch durch **öffentlich-rechtliche Beschränkungen** behindert sein. Das führt zu der Frage, wieweit solche Beschränkungen Sachmängel sind. Auf öffentlich-rechtliche Beschränkungen aus Gründen des Allgemeinwohls sind grundsätzlich Bestimmungen über Rechtsmängel nicht anwendbar. Auch Baubeschränkungen auf öffentlich-rechtlicher Grundlage von Bauordnungen fallen nicht unter die Rechtsmängelhaftung, da sie nicht beseitigt werden können (§ 434 Rdn. 7). Nach ständiger Rechtsprechung haftet der Verkäufer aber wegen eines *Sachmangels* (BGH WM **69** 273; **70** 162). Die öffentlich-rechtliche Beschränkung muß aber in einer im Grundstück liegenden Beziehung zur Umwelt liegen, nicht aber aus in persönlichen Umständen begründeten Verhältnissen folgen. So sind mangelnde Baureife, das Verbot der Bebaubarkeit, Baubeschränkungen, die im öffentlichen Recht wurzeln, und die Unverwendbarkeit eines als Bauland verkauften Grundstücks infolge privaten Verbietungsrechts als Sachmangel des Grundstücks angesehen worden. Dagegen ist die Versagung der behördlichen Auflassungsgenehmigung und dadurch bedingte Unmöglichkeit der Eigentumsverschaffung kein Sachmangel. Der Verkäufer haftet nach §§ 440 Abs. 1, 323 ff (BGH LM BGB § 323 Nr. 6). Auch bewegliche Sachen können öffentlich-rechtlichen Eingriffen unterliegen. So kann die Beschlagnahme aus Gründen öffentlichen Wohls, z. B. bei Seuchenbekämpfung, Gesundheitsgefährdung, Sachmängelhaftung begründen (s. § 434 Rdn. 7; BGH **52** 51; BGH LM BGB § 459 Nr. 28). Auch das Fehlen der Betriebserlaubnis für einen verkauften Kraftwagen stellt einen Sachmangel, nicht einen Rechtsmangel dar (BGH Urt. vom 23. 2. 60 — VIII ZR 57/59).

12 **dd) Unternehmenskauf.** Da die Rechtsprechung in Ausdehnung der Vorschrift des § 433 nicht nur körperliche, sondern auch unkörperliche Sachen wie Geschäftsunternehmen, Kundschaft usw. als Kaufgegenstand zuläßt, soweit sie den körperlichen Sachen im Verkehr gleichbehandelt werden (§ 433 Rdn. 8—10; dort auch zum Kauf sämtlicher Anteile an einer Kapitalgesellschaft), so sind auch die §§ 459 ff auf den Kauf solcher unkörperlichen Sachen auszudehnen (BGH LM BGB § 433 Nr. 31; vgl. *Neumann-Duesberg* WM **68** 494; **69** 1002). Alles das, was begrifflich das Wesen eines solchen unkörperlichen Gegenstandes nach der allgemeinen Auffassung und Erfahrung über seine normale Beschaffenheit ausmacht und als zu ihm gehörig angesehen wird, ist seine Eigenschaft. Als Fehler ist die Abweichung des Zustandes des gesamten Unternehmens in seinen Rechtsbeziehungen von dem, wie ihn die Parteien bei Vertragsschluß vorausgesetzt haben, anzusehen. Daher können reine Quantitätsmängel bei Betriebsmitteln, wie z. B. ein zu geringes Warenlager, Inventar, geringer Vermögensbestand, der Umstand, daß das Betriebsvermögen nicht im Eigentum des Verkäufers steht, sondern zur Sicherheit an Dritte übereignet ist, sehr wohl zugleich Qualitätsmängel eines Geschäftsbetriebes als unkörperlichen Gegenstandes sein (RG **98** 289; BGH LM BGB § 433 Nr. 31). Auch das Vorhandensein eines bestimmten Betriebskapitals, die Ertragsfähigkeit des Geschäfts, der Mietertrag eines Grundstücks, dessen Unkosten (Feuerversicherung) können Eigenschaften sein (RG **100** 104; **146** 121). Zu den Eigenschaften des Unternehmens gehören auch die tatsächlichen Verhältnisse, die den Geschäftsbetrieb ermöglichen; daher bilden dauernde Möglichkeit der Benutzung eines Grundstücks, unbehindert durch polizeiliche Eingriffe, eine Eigenschaft des Unternehmens (RG **138** 356); ein Mangel ist daher eine von dem verkauften Betriebe ausgehende Abgasbelästigung (BGH WarnRspr. **73** Nr. 313). Ebenso kann der geringe Umfang einzelner Hefte einer Zeitschriftenreihe (zunächst reiner Quantitätsmangel) hinsichtlich der ganzen Reihe als Qualitätsmangel wirken. Auch das Bestehen von Arbeitsverträgen mit den Arbeitern kann als zum Betrieb gehörige Organisation eine Eigenschaft und das Fehlen gegebenenfalls Mangel eines Fabrikunternehmens sein. Ebenso sind die Art der Kundschaft und der Fabrikate sowie das Bestehen fremder, den Betrieb hindernder Patente Eigenschaften des Geschäfts. Ein Sachmangel kann schließlich vorliegen, wenn ein bei dem Verkauf mitübertragenes Mietrecht an den Geschäftsräumen nicht rechtsbeständig ist. Daneben haftet der Verkäufer für den Bestand und die Übertragbarkeit des Mietrechts nach § 437 (BGH LM BGB § 437 Nr. 4). Auch die Ertragsfähigkeit eines Unternehmens oder einer ärztlichen Praxis kann eine Eigenschaft sein. Der in einem Erwerbsgeschäft vor dem Verkauf erzielte Ertrag ist aber nicht als eine dem Unternehmen ohne weiteres anhaftende Eigenschaft anzusehen. Deshalb stellt der Mangel der bei Vertragsschluß bloß vorausgesetzten Ertragsfähigkeit grundsätzlich noch keinen Fehler i. S. des § 459 dar. Die Höhe des bisherigen Ertrages wird nur im Falle vertraglicher Zusicherung einer i. S. von § 459 Abs. 2 erheblichen Eigenschaft der Sache rechtlich gleichgestellt (BGH LM BGB § 459 Nr. 4; BGH LM BGB § 276 [Fb] Nr. 5; s. § 459 Rdn. 23). Kein Mangel des Unternehmens ist es, wenn durch Fehler von mitübertragenen Gegenständen die Tauglichkeit des Erwerbsgeschäfts nicht berührt wird (BGH LM BGB § 437 Nr. 4).

ee) Bei zur Weiterveräußerung bestimmten **Lebensmitteln** bildet der nicht ausgeräumte Verdacht einer gesundheitsgefährdenden Verseuchung der Ware und die dadurch herbeigeführte Beschlagnahme oder Beschlagnahmegefahr sowie die hierdurch bedingte Unverkäuflichkeit auch dann einen bei Gefahrübergang vorhandenen Mangel, wenn der Verdacht der Verseuchung zwar erst nach Gefahrübergang entsteht, jedoch auf Tatsachen beruht, die vor Gefahrübergang gegeben, aber nicht erkannt waren (BGH **52** 51; BGH LM BGB § 459 Nr. 28). **13**

ff) Im **Kraftfahrzeughandel** ist für die Sachmängelhaftung die Unterscheidung zwischen „*fabrikneu*" und Gebrauchtwagen wichtig. Weist ein Neuwagen einen Konstruktionsfehler auf, so kann der Hersteller als Verkäufer dafür nach Gewährleistungsrecht haften (vgl. v. *Münch* DAR **58** 62). Dabei kann die Beweislastregelung eine Rolle spielen (BGH LM BGB § 433 Nr. 36; s. im übrigen unten Rdn. 34). An die Fehlerfreiheit sind bei Neuwagen besonders strenge Anforderungen zu stellen. Streitig ist die Frage geworden, ob ein fabrikneuer Personenkraftwagen fehlerhaft ist, wenn er nicht mit allen *technischen Neuerungen der letzten Bauserie* desselben Modells ausgestattet ist. Das OLG Zweibrücken (MDR **70** 325) und das Kammergericht (NJW **69** 2145) haben angenommen, beim Kauf eines Neuwagens sei nicht Vertragsinhalt, daß der Wagen aus der letzten Bauserie stamme und die letzten technischen Neuerungen aufweise. Dem ist nicht zu folgen. Mit Recht nimmt das OLG Düsseldorf (NJW **71** 622; ebenso *Weber* NJW **70** 430) an, der Käufer eines fabrikneuen Wagens wolle ein Fahrzeug erwerben, das dem neuesten Stand der Technik entspreche; sei das bei dem angebotenen Fahrzeug nicht der Fall, so sei der Verkäufer, weil dem Käufer in der Regel technische Fachkenntnisse **14**

fehlen, verpflichtet, den Käufer darüber, daß der Wagen nicht aus der letzten Serie stamme, zu unterrichten. Davon geht im Grunde auch der Bundesgerichtshof aus. Danach darf dann, wenn ein Kraftfahrzeughändler als „Werksvertreter" bei einem „Generalvertreter" einen fabrikneuen Wagen zu sofortiger Weiterlieferung an seinen Kunden bestellt, der Wagen nicht solche Fehler haben, die den Weiterverkauf beeinträchtigen können, mag er auch lediglich probegefahren sein oder auf Lager gestanden haben (BGH WarnRspr. **67** Nr. 197 = Betrieb **67** 1849). Zu weit geht das OLG Karlsruhe (NJW **71** 1809), wenn es ein Kraftfahrzeug, das bereits zum öffentlichen Verkehr auf einen bestimmten Fahrzeughalter zugelassen war, selbst dann nicht mehr als fabrikneu bezeichnet, wenn der erste Käufer den Wagen noch nicht gefahren hatte. Wer dagegen ein *gebrauchtes Kraftfahrzeug* oder eine gebrauchte Maschine kauft, muß davon ausgehen, daß es nicht einem fabrikneuen gleicht. Er muß daher Mängel, die die Gebrauchsfähigkeit nicht wesentlich beeinträchtigen, in Kauf nehmen. Doch kann auch ein gebrauchtes Kraftfahrzeug Fehler aufweisen, die als wesentliche Mängel erscheinen. Auf sie muß der Verkäufer hinweisen, selbst wenn der Verkauf mit der Abrede „wie besichtigt und Probe gefahren" erfolgt ist (BGH Betrieb **57** 186 = BB **57** 238). In welchem Umfang die Reparaturanfälligkeit und die Abnutzung eines Gebrauchtfahrzeuges als Fehler anzusehen sind, die von dem Käufer noch hinzunehmen sind, richtet sich nach den Umständen des einzelnen Falles. Von erheblicher Bedeutung ist die bisherige Fahrleistung. Der Kilometerstand muß daher zutreffend angegeben sein. Der durch einen schweren Unfall verursachte merkantile Minderwert eines Kraftfahrzeuges stellt grundsätzlich einen Fehler dar. In solchen Fällen ist der Verkäufer verpflichtet, dem Käufer den Unfall mitzuteilen, selbst wenn die Unfallfolgen beseitigt worden sind (vgl. BGH **27** 181; **35** 396; OLG Bremen MDR **68** 1007). Gibt der Verkäufer an, der Gebrauchtwagen habe einen Austauschmotor, so trifft diese Angabe nur zu, wenn sowohl das Motorengehäuse als auch die beweglichen Teile von einem Fachmann ausgetauscht worden sind (OLG Bremen DAR **68** 128). Andererseits läßt der vereinbarte Preis Rückschlüsse darauf zu, welche Anforderungen an ein Gebrauchtfahrzeug gestellt werden: Je niedriger der Anschaffungspreis ist, desto eher muß der Käufer eines gebrauchten Fahrzeugs damit rechnen, demnächst Reparaturen an dem Fahrzeug vornehmen lassen zu müssen (vgl. hierzu und allgemein zu den Pflichten des Verkäufers OLG Köln NJW **73** 903). Zur Frage, wie weit die Formel „gekauft wie besichtigt" die Haftung des Verkäufers eines Gebrauchtwagens ausschließt, vgl. § 476 Rdn. 2, 4. Hinsichtlich des Kraftfahrzeugbriefes (über ihn vgl. § 444 Rdn. 3) gilt für Neu- und Gebrauchtwagen übereinstimmend folgendes: Der *Kraftfahrzeugbrief* hat zwar nicht die Aufgabe, durch seine Eintragungen die technischen Eigenschaften des Kraftfahrzeugs im privaten Rechtsverkehr auszuweisen und damit für den Erwerber eines Kraftfahrzeugs ein über das Fahrzeug ausgestelltes Gewährleistungspapier darzustellen (BGH **18** 110). Doch kann ein auf der Nichtübereinstimmung zwischen Kraftfahrzeugbrief und Kraftfahrzeug beruhendes Hindernis für die Zulassung je nach Länge der Zulassungsverzögerung einen Sachmangel darstellen, wenn darin nach Lage des Falles bei Berücksichtigung der Verkehrsauffassung eine wesentliche Beeinträchtigung der Gebrauchstauglichkeit des Fahrzeugs liegt (BGH **10** 242). Auch abgesehen von der Zulassungsfrage sind Fehler eines Kraftfahrzeugs, die zulassungshindernd wirken, geeignet, die Tauglichkeit des Fahrzeugs zum vorausgesetzten Gebrauch zumindest zu mindern, und bilden daher einen Mangel i. S. des § 459 Abs. 1 (RG JW **36** 1888). Hält ein Voreigentümer des Verkäufers den Kraftfahrzeugbrief zurück, so liegt ein Sachmangel i. S. des § 459 Abs. 1 nicht vor, wenn der Käufer nach § 952 Eigentum am Kraftfahrzeugbrief erworben hat und seinen Herausgabeanspruch gegen den Voreigentümer unschwer verwirklichen kann (OLG Stuttgart DAR **71** 13).

gg) Kunst und Literatur. Die dem Käufer unerwünschte Tendenz eines Geschichtswerkes, das keine erheblichen Irrtümer enthält, stellt keinen Fehler dar, der den Wert oder die *Tauglichkeit des Buches* zu dem gewöhnlichen Gebrauch aufhebt oder mindert. Ist aber das Buch zu einem bestimmten, dem Verkäufer bekannten Verwendungszweck gekauft worden, so kann der Käufer, wenn das Werk infolge der beanstandeten Tendenz hierzu ungeeignet ist, zur Wandlung des Kaufvertrages berechtigt sein (BGH LM BGB § 459 Abs. 1 Nr. 4). Unrichtigkeit eines Anleitungsbuches kann ein Sachmangel sein (dahingestellt gelassen in BGH NJW 73 843). Zum mindesten kann aber inhaltliche Richtigkeit zugesichert sein (BGH aaO; s. unten Rdn. 26). Die Tatsache der Begutachtung eines Bildes als eigenhändiges Werk eines Künstlers durch einen Kunstsachverständigen ist eine Eigenschaft des *Bildes*, weil diese Begutachtung es aus der Reihe der namenlosen Bilder heraushebt. Die Tatsache, daß es von einem Sachverständigen nicht begutachtet ist, bildet daher einen Mangel (BGH LM BGB § 463 Nr. 18). Nicht entschieden im Urteil wird, ob die Vorlage eines Gutachtens nach den Gebräuchen des Kunsthandels nur die Erklärung zum Inhalt hat, der Gutachter halte das Bild für ein Werk des Künstlers, oder auch die Zusicherung, daß es ein Werk des Künstlers ist (s. dazu unten Rdn. 26, 27). 15

hh) Auch Mängel der **Verpackung** können, wenn die Verpackung mitverkauft ist und von ihrer Beschaffenheit die Gebrauchstauglichkeit der Ware abhängt, Mängel der Ware bilden (Schwierigkeit des Absatzes der Ware im Ausland infolge fehlerhafter Verpackung, BGH Urt. vom 24. 6. 58 — VIII ZR 95/57 in NJW **58** 1724 nicht mitabgedruckt). Auch eine **Gewichts**überschreitung kann einen Sachmangel darstellen (Urt. vom 3. 2. 59 — VIII ZR 17/58 und vom 18. 11. 63 — VIII ZR 87/62). 16

c) Gebrauchstauglichkeit

aa) Allgemeines. Nicht jeder Fehler im vorbezeichneten Sinne begründet die besondere Gewährleistungspflicht des § 459, sondern nur solche, die den *Wert* einer Sache oder die Tauglichkeit zu dem gewöhnlichen oder dem nach dem Vertrag vorausgesetzten Gebrauch *aufheben oder mindern*. Das ist durchaus selbständig und getrennt von der Feststellung zu behandeln, ob eine Fehler vorliegt. Die Untauglichkeit zu diesem Gebrauch ist nicht selbst ein Fehler. Ist Gegenstand des Kaufs ein bestimmtes echtes Bild eines bestimmten Malers, ist das Bild aber unecht, so besteht der Mangel nicht in der Untauglichkeit zu dem nach dem Vertrage vorausgesetzten Gebrauch, sondern im Abweichen von der vereinbarten Beschaffenheit. Umgekehrt braucht die Abweichung von normaler Beschaffenheit dem Gebrauchszweck nicht zuwider zu laufen. Ein baufälliges Haus mit beschädigten Türen und Fenstern ist fehlerhaft; wenn der im Vertrag vorausgesetzte Gebrauch aber der Abbruch ist, so beeinträchtigt der Fehler diesen Gebrauch nicht, daher tritt keine Gewährleistungspflicht ein. 17

bb) Der Wert ist der **objektive Tauschwert**, nicht die subjektive Bewertung. Der Käufer muß im Zweifel die Möglichkeit der Weiterveräußerung haben. Daher kommen unter Umständen auch Abweichungen von den Normen der Mode und des Geschmacks in Betracht, sofern sie als Fehler anzusehen sind und die Verkäuflichkeit beeinträchtigen. 18

cc) Die **Tauglichkeit** ist vom Tauschwert unabhängig, ihr Mangel braucht ihn nicht zu beeinflussen. Es ist zu unterscheiden zwischen der Tauglichkeit zum gewöhnlichen Gebrauch — d. h. zu einem Gebrauch, wie er allgemein mit Sachen gleicher Art geübt wird — und dem nach dem Vertrag vorausgesetzten Gebrauch. Darunter ist nicht die einseitige Bestimmung nur einer Vertragspartei, insbesondere des Käufers, zu verstehen, auch wenn der Verkäufer die Zweckbestimmung der Kaufsache, die ihr der Käufer zu geben beabsichtigt, erkennt (RG 70 86). Vielmehr muß der vorausgesetzte Gebrauch die Voraussetzung *für beide Teile* gewesen sein (RG **131** 352; **135** 342). Der vorausge- 19 setzte Gebrauchszweck braucht nicht ausdrücklich genannt zu werden, er kann sich auch aus den Umständen ergeben, z. B. ein Pferd wird als Zugtier oder als Schlachttier gekauft oder als Deckhengst. Auch aus dem Preis kann erkennbar sein, daß die Kaufsache zu einem Gebrauch verwendet werden soll, der bei dem Vorliegen eines Fehlers unmöglich ist. Bei einem neu entwickelten, noch nicht erprobten Erzeugnis können sich beide Teile darüber einig sein, daß der vorausgesetzte Gebrauch ein mit einem gewissen Risiko verbundener Versuch ist. Es bedarf dann der Vertragsauslegung, wie sich nach Sinn und Zweck des Vertrages das Risiko verteilt, wenn sich beim Absatz der Ware zeigt, daß sie für die vorgesehene Verwendung nicht oder nur beschränkt verwendbar ist (BGH WM **71** 1016).

20 **dd)** Endlich genügt nicht jede Aufhebung oder Minderung des Wertes oder Gebrauchstauglichkeit der Sache schlechthin, vielmehr dürfen die Fehler den Wert oder die Tauglichkeit im vorbezeichneten Sinne **nicht bloß unerheblich mindern**. Bei der Beurteilung kommt es nicht auf die Wirkung eines jeden einzelnen von mehreren vorhandenen Mängeln an, sondern auf die Gesamtwirkung aller Mängel (RG JW **33** 1388). Die Bedeutung des Mangels ist nach der Verkehrsauffassung und nach Treu und Glauben und den Umständen des Einzelfalls zu würdigen (BGH **10** 242). Der Fehler als solcher und nicht die durch den Fehler verursachte Wertminderung soll nach RG **131** 351 entscheidend sein. Für die Frage, ob ein Mangel geringfügig ist, ist daher das Hauptgewicht auf die sachliche Bedeutung des Mangels, nicht auf die Geringfügigkeit der Wertminderung zu legen, wobei auch in Betracht gezogen werden muß, ob der Mangel mit unerheblichem Aufwand in kurzer Zeit behoben werden kann oder ob etwa ein langwieriges Aussortieren der mangelhaften Ware aus einer Gesamtmenge nötig ist (BGH BB **57** 92). So kann ein Sachmangel, der an sich nicht unerheblich ist, unter Umständen dadurch zu einem unerheblichen werden, daß er bald von selbst verschwindet, z. B. muß sich der Käufer eines neu erbauten Hauses die vorübergehende Baufeuchtigkeit gefallen lassen (RG JW **33** 1388). Der Grundsatz, daß solche Mängel für eine Wandlung nicht in Betracht kommen, die binnen kurzer Zeit mit geringen Kosten zu beseitigen sind, gilt nicht, wenn ungewiß ist, ob durch eine längere Benutzung der fehlerhaften Sache noch weitere z. Zt vielleicht noch unsichtbare Mängel entstehen können (BGH Urt. vom 30. 10. 56 — VIII ZR 76/56). Zur Beweislast s. unten Rdn. 33.

3. Zusicherung (§ 459 Abs. 2)

21 **a) Begriff. Zusicherung** ist die **vertragsmäßige Erklärung** des Verkäufers, daß er **für das Vorhandensein einer Eigenschaft einstehen** wolle. Dadurch unterscheidet sich die Zusicherung von der Übernahme einer Garantie. Ein *Garantievertrag* ist ein Vertrag, durch den sich jemand verpflichtet, einem anderen für einen bestimmten Erfolg einzustehen, oder durch den er eine Schadensgefahr übernimmt (s. unten Rdn. 28). Die Haftung wegen Fehlens zugesicherter Eigenschaften hat ihren Rechtsgrund in einer besonderen rechtsgeschäftlichen Erklärung, während die Haftung für Fehler der Kaufsache auf dem bloßen Kaufvertrag beruht. Nicht jede bei Gelegenheit von Kaufverhandlungen über einen Kaufgegenstand abgegebene Erklärung des Verkäufers kann ohne weiteres als Zusicherung nach § 459 Abs. 2 betrachtet werden. Die Zusicherung einer Eigenschaft liegt nur vor, wenn beide Vertragschließende die betreffende Erklärung als Bestandteil des Vertrages gewollt haben, mag dieser Wille auch nicht ausdrücklich geäußert sein. *Keine Zusicherungen* sind deshalb bloß *allgemeine Anpreisungen* oder Schätzungen. Entscheidend ist die Auffassung des Verkehrs. Bei der Prüfung, ob eine allgemeine Anpreisung vorliegt oder nicht, kann auch auf die Sachkunde des Käufers Gewicht gelegt werden. Darf der Käufer in Angaben des Verkäufers mehr erblicken und eine ernstlich gemeinte Angabe über die Eigenschaften annehmen, so gehen sie über bloße Anprei-

sungen hinaus. Da das Gesetz in § 459 zwischen vertragsmäßig vorausgesetzten und zugesicherten Eigenschaften unterscheidet, genügt zur Zusicherung nicht schon jede ernsthafte Angabe des Verkäufers über die Beschaffenheit der Kaufsache; entscheidend ist vielmehr, daß der Verkäufer die Gewähr für das Vorhandensein der Eigenschaft übernimmt und damit seine Bereitschaft zu erkennen gibt, für alle Folgen einzustehen, wenn diese Eigenschaft fehlt (BGH **48** 118; **59** 158). Noch weniger als bloß bei Gelegenheit von Kaufverhandlungen abgegebene Erklärungen werden Angaben in vorausgehenden Zeitungsanzeigen ohne weiteres zum verpflichtenden Vertragsinhalt. Für eine Zusicherung müßten sich hier beide Teile erst recht bewußt sein, daß der Erklärende sich zur Gewährleistung bei Fehlen der angegebenen Eigenschaften verpflichten will und der Käufer sich hierauf nach Treu und Glauben verläßt. Deshalb sind Anpreisungen in *Zeitungsanzeigen* im allgemeinen keine Zusicherungen. Anders kann es sich mit Angaben in Warenprospekten, auf Grund deren der Kaufvertrag zustande kommt, verhalten. Ob es sich um eine allgemeine Anpreisung oder um eine Zusicherung handelt, ist im Einzelfall nach Treu und Glauben und nach der Verkehrssitte zu beurteilen (BGH LM BGB § 459 Abs. 2 Nr. 2). Unter dem hieraus hergeleiteten Gesichtspunkt des Käuferschutzes hat die Rechtsprechung zunehmend Angaben über Eigenschaften bei der Werbung als zugesichert angesehen, auf deren Richtigkeit der Käufer vertrauen durfte. So etwa bei der Werbeanzeige eines Kraftfahrzeughändlers, alle von ihm angebotenen Gebrauchtfahrzeuge seien durch Meisterhand überprüft und vom TÜV abgenommen (OLG Köln NJW **72** 162). Bestellt der Käufer Ziegel mit einer bestimmten Druckfestigkeit, so muß der Verkäufer dieses Verlangen dahin verstehen, daß der Käufer eine entsprechende Beschaffenheit auch zugesichert haben wolle, selbst wenn der Verkäufer den Verwendungszweck nicht gekannt hat. Da in dem entschiedenen Fall die Ziegelei sich in eine Liste der „Güteschutz-Ziegelindustrie" hatte eintragen lassen, durfte der Käufer darauf vertrauen, daß die Verkäuferin für das Vorhandensein der vertragsmäßig zugesagten Druckfestigkeit einstehen wollte und damit diese Eigenschaft der Steine auch zusicherte (BGH Betrieb **66** 147). Mag auch eine *Warenbezeichnung* für sich genommen nicht ausreichen, um die der Ware marktmäßig zugehörenden Eigenschaften als zugesichert anzusehen, so sichert doch ein Verkäufer, der seine Ware als das Produkt der weltbekannten Markenfirma Trevira liefert, vertragsmäßig zu, daß in jeder Be- und Verarbeitungsstufe Richtlinien der Firma Trevira eingehalten worden sind und die Ware deshalb die Eigenschaften besitzt, die sich bei solcher Behandlung ergeben (BGH **48** 118). Eine Zusicherung ist ferner in einem Falle angenommen worden, in dem die Herstellerin eines Klebestoffes für Isolierplatten in ihren Prospekten erklärt hatte, der Kleber sei für Verlegung von Isolierplatten entwickelt worden und sei für bestimmte Platten geeignet. Daraus konnte geschlossen werden, die Verkäuferin sichere zu und wolle dafür einstehen, daß das für die Verlegung von Platten eigens entwickelte Erzeugnis seiner Beschaffenheit nach für diesen Zweck geeignet sei (WM **68** 828; insoweit nicht in BGH **50** 200). Mit dieser neueren Rechtsprechung, die mit Recht den Verkäufer an seinen Werbeangaben festhält, ist die frühere Rechtsprechung zum Teil als überholt anzusehen. Bedenklich ist daher das Urteil BGH LM BGB § 276 [Hb] Nr. 13, wonach in der bloßen Verwendung des Begriffes Dieselkraftstoff noch keine Zusicherung der dem Dieselkraftstoff marktmäßig zugehörigen, den Mindestanforderungen der DIN Nr. 51 601 entsprechenden Eigenschaften liege. Dieser Hinweis solle nur bedeuten, daß der Kraftstoff den Mindestanforderungen der DIN Nr. 51 601 entsprechen müsse, und bilde nur eine stillschweigende Voraussetzung des Rechtsgeschäfts, nicht aber die Zusicherung einer Eigenschaft. Ebenso für DIN-Normen BGH **59** 303 (unten Rdn. 26). Vielmehr muß, gerade weil die freiwillige Anwendung der „DIN"-Normen im Handel erwartet wird, grundsätzlich angenommen werden, daß ein Verkäufer, der

„DIN"-gerecht zu liefern verspricht, stillschweigend damit zusichert, daß die Ware den *„DIN"-Normen* entspricht. Für Heizöl hat denn auch die Rechtsprechung etwas Entsprechendes angenommen (OLG Köln VersR **64** 541). Vgl. im übrigen auch *Diederichsen* VersR **71** 1077, 1081. Auch die Verwendung eines Prüf- oder Gütezeichens enthält noch nicht eine Haftungszusage (BGH NJW **74** 1503).

22 **b) Zusicherungserklärung.** Die Frage, ob eine Zusicherung i. S. des § 459 Abs. 2 vorliegt, hängt mit der Frage zusammen, wie die **Zusicherung** erklärt werden muß. Sie kann wie jede Willenserklärung *auch stillschweigend oder durch schlüssige Handlung* erfolgen. Während nach früherer Ansicht das nur in seltenen Fällen anzunehmen sein sollte, führt die neuere Auffassung, die es namentlich auf Treu und Glauben und den Vertrauensschutz des Käufers abstellt, dazu, in Erklärungen des Verkäufers, die sich mit den Eigenschaften der Sache befassen, eine Zusicherung zu sehen, auch ohne eine ganz genaue Bezeichnung der Eigenschaften und auch ohne Verwendung des Wortes „Zusicherung". So kann eine Eigenschaft in der Weise zugesichert werden, daß der Käufer die Eigenschaften festlegt und der Verkäufer daraufhin die Bestellung annimmt (BGH LM BGB § 463 Nr. 2). Unter Umständen kann die Verwendung eines bloßen Warennamens genügen, um die dieser Ware beiwohnenden Eigenschaften zuzusichern (vgl. die oben genannte Trevira-Entscheidung). Erklärt der Verkäufer eine vom Käufer als für seine Zwecke unentbehrlich bezeichnete Eigenschaft als vorhanden, so liegt darin eine Zusicherung. So kann unter Umständen eine stillschweigende Zusicherung , daß die Kaufsache eine bestimmte Eigenschaft hat, gefunden werden, wenn der Verwendungszweck beiden Vertragsteilen bekannt ist (BGH Betrieb **66** 147; WM **71** 797; 1121). Eine Zusicherung ist ferner in einem Fall angenommen worden, in dem die unkundige Käuferin sich um fachkundigen Rat an die Verkäuferin gewandt und die auftretenden Fragen mit der Verkäuferin erörtert hatte, diese Versuche durchgeführt und ihr Erzeugnis als am besten geeignet der Käuferin empfohlen hatte (BGH **59** 158). Nach § 6 FuttermittelG bilden handelsübliche Reinheit und Unverdorbenheit zugesicherte Eigenschaften i. S. des § 459 Abs. 2, wenn der Veräußerer von Futtermitteln bei der Veräußerung keine Angaben über die Beschaffenheit macht (BGH **57** 292). Bei einem Kauf nach Probe oder nach Muster sind die Eigenschaften der Probe oder des Musters als zugesichert anzusehen (§ 494). Die Zusicherung bei Grundstückskäufen bedarf der durch § 313 gebotenen Form. Die Zusicherung muß auch Gegenstand einer erforderlichen vormundschaftlichen Genehmigung sein. Bei einer Mehrheit von Verkäufern ist die Zusicherung von allen zu erteilen. Die nur von einem erteilte Zusicherung ist auch für ihn unverbindlich, solange nicht die Mitverkäufer sie genehmigt haben oder vorher mit der Erklärung einverstanden gewesen sind.

23 **c) Zugesicherte Eigenschaft.** Alles, was nach Abs. 1 als Eigenschaft in Frage kommen kann, kann auch Inhalt der Zusicherung nach Abs. 2 sein. Unzutreffend wäre es aber, die Zusicherung nur auf diejenigen Eigenschaften zu beschränken, für deren Fehlen nicht schon nach Abs. 1 gehaftet wird. Richtig ist nur, daß es nach Abs. 2 nicht darauf ankommt, ob der Mangel der zugesicherten Eigenschaft zugleich auch einen Mangel nach Abs. 1 bildet. Das ist nicht erforderlich, aber möglich. Die Zusicherung kann sich begrifflich nur auf *Eigenschaften* beziehen, *die in der Gegenwart* (z. Zt. des Kaufabschlusses oder des Gefahrübergangs) *vorhanden* sein oder in der Vergangenheit bestanden haben sollen. Zusicherungen, daß eine zur Zeit des Gefahrübergangs vorhandene Eigenschaft auch in Zukunft fortdauere oder daß eine nicht vorhandene Eigenschaft in Zukunft vorhanden sein werde, sind nicht Eigenschaftszusicherungen nach § 459 Abs. 2 (RG **148** 295). In der Regel sind sie Gegenstand eines besonderen Garantievertrags. Die Erklärung kann aber auch als Zusicherung einer zur Zeit des Gefahr-

übergangs schon vorhandenen Eigenschaft, nämlich einer längeren in die Zukunft wirkenden Haltbarkeit ausgelegt werden (RG **91** 306). Eine wesentlich Rolle spielt bei Veräußerungen von Unternehmen und Grundstücken die Angabe über die *Ertragsfähigkeit* und den *Umsatz* des betriebenen Geschäfts. Daß die Ertragsfähigkeit Gegenstand einer Zusicherung sein kann, ist feststehende Rechtsprechung (BGH LM BGB § 459 Nr. 4). Wenn der BGH im Urteil LM BGB § 276 (Fb) Nr. 5 und WM **74** 51 annimmt, die Umsätze und Bilanzen seien keine Eigenschaft eines Unternehmens, weil der zu erzielende Reinertrag erst aus zusätzlichen Kostenfaktoren zu ermitteln sei und der Verkaufserfolg weit mehr mit der Person des Inhabers verbunden sei, so kann dem nicht gefolgt werden. Die Verkehrsauffassung legt dem Umsatz als Eigenschaft des Unternehmens für dessen Bewertung neben der Ertragsfähigkeit entscheidendes Gewicht bei (ebenso *Putzo* NJW 70 653; s. auch *Goltz* Betrieb **74** 1609). Die Erklärung, daß keine weiteren Verbindlichkeiten bestehen, ist von RG **100** 200 als Zusicherung einer Eigenschaft eines Geschäfts angesehen worden.

d) **Haftung ohne Verschulden.** Ein Verschulden oder gar eine Kenntnis des Verkäufers vom Fehlen der zugesicherten Eigenschaften wird für die Haftung ebensowenig erfordert wie nach Abs. 1. Bei einer uneingeschränkten Zusicherung, daß die Kaufsache für einen bestimmten Verwendungszweck geeignet sei, haftet der Verkäufer auch für nicht voraussehbare Mängel, deren Folgen erst durch spätere forschungsmäßige Weiterentwicklung bekannt werden. Unerheblich ist, ob dem Verkäufer diese Schäden hätten bekannt sein können (BGH **59** 158). Die Entscheidung darf nicht verallgemeinert werden; sie beruht zum wesentlichen Teil auf einer Auslegung der Zusicherung des Einzelfalls. S. dazu auch § 463 Rdn. 15. Durch den Umstand, daß dem Käufer der Fehler zufolge grober Fahrlässigkeit unbekannt blieb, wird die Haftung des Verkäufers nicht beseitigt (§ 460). **24**

e) **Haftung auch bei Unerheblichkeit.** Die Haftung nach Abs. 2 ist auch bei einem unerheblichen Mangel nicht ausgeschlossen. Ganz geringfügige, im Verkehr nicht beachtete Fehler kommen allerdings nach Treu und Glauben auch hier nicht in Betracht. Fehlt eine zugesicherte Eigenschaft, so haftet der Verkäufer auch, wenn die Gebrauchstauglichkeit nicht beeinträchtigt ist (BGH Urt. vom 28. 2. 55 — II ZR 43/54; vom 21. 12. 60 — VIII ZR 9/60). **25**

f) **Einzelfälle** **26**

aa) Zusicherung: Die Erklärung: „the goods are guaranteed for a period of 90 days after date of shipment“ kann rechtlich als eine Zusicherung des Verkäufers aufgefaßt werden, daß die Ware zur Zeit des Gefahrübergangs die Eigenschaft längerer Haltbarkeit habe und der Verkäufer dafür einstehen müsse, falls binnen 90 Tagen nach dem Datum der Verschiffung Mängel hervortreten sollten (BGH LM BGB § 480 Nr. 2). In der Erklärung des Verkäufers, eine Maschine oder ein Kraftwagen sei fabrikneu oder kaum gebraucht, fast neu oder verhältnismäßig neuwertig, kann die Zusicherung einer Eigenschaft liegen (BGH LM BGB § 459 Abs. 2 Nr. 2; OLG Karlsruhe MDR **71** 843). Zur Frage der Zusicherung über Baujahr, Typenbezeichnung und Bruchlandeschäden bei einem Gebrauchtflugzeug s. dagegen BGH WarnRspr. **73** Nr. 29. Bei einem Druckwerk, dessen wesentlicher Inhalt in einer Anleitung besteht (Anleitung an Bürgermeister für die Beurkundung von Nottestamenten) kann die inhaltliche Richtigkeit zugesicherte Eigenschaft sein (BGH NJW **73** 843; s. oben auch Rdn. 15). Zur Frage der Expertise als Zusicherung s. BGH LM BGB § 463 Nr. 18 und oben Rdn. 15. Wegen Ertragsfähigkeit und Umsatz s. oben Rdn. 23. Auch der Mietertrag eines Grundstücks (RG **134** 86), dessen Unkosten (RG **83** 242), die Feuerversicherung eines Wohnhauses (RG JW **08** 549), das Geeignetsein eines Grundstücks zum Gastwirtschaftsbetrieb (RG Recht **14**

Nr. 1819), die Bebauung mit bestimmter Getreideart (RG Recht **13** Nr. 2987), ein bestimmter Grad landwirtschaftlicher Nutzbarkeit (RG **129** 283) können als zusicherbare Eigenschaften angesehen werden (vgl. auch RG **148** 294).

bb) Keine Zusicherung: Bestellt jemand ein bestimmtes Modell einer Maschine, so liegt in der nach Vermessung der Örtlichkeit abgegebenen Erklärung des die Bestellung entgegennehmenden Vertreters der Lieferfirma, die Maschine könne an einem bestimmten Platz aufgestellt werden, keine Zusicherung einer Eigenschaft. Die Erklärung kann aber eine Raterteilung und damit die Übernahme einer Nebenverpflichtung aus dem Kaufvertrag bedeuten, deren schuldhafte Verletzung eine Schadensersatzverpflichtung begründen kann (BGH LM BGB § 459 Nr. 12; s. § 462 Rdn. 5). Keine Eigenschaft der Kaufsache ist zugesichert, wenn diese von dem ausländischen Hersteller als „patentiert" bezeichnet wird (BGH NJW **73** 1545). Eine Gemeinde, die einem gewerblichen Abnehmer aus der als öffentliche Einrichtung betriebenen Wasserversorgungsanlage in einem Einzelfall verunreinigtes Wasser geliefert hat, haftet für den infolge der Verwendung des Wassers eingetretenen Schaden nicht unter dem Gesichtspunkt des Fehlens einer zugesicherten Eigenschaft, und zwar auch dann nicht, wenn dem Abnehmer eine eigene Wasserversorgungsanlage zur Verfügung steht, er diese aber deshalb nicht benutzen kann, weil die Gemeinde ihm keine Befreiung vom Zwang zur Benutzung der gemeindlichen Wasserversorgungsanlage bewilligt hat (BGH **59** 303). Keine Zusicherung soll nach diesem Urteil auch in der — möglicherweise stillschweigenden — Bezugnahme auf DIN-Normen liegen (ebenso BGH LM BGB § 276 [Hb] Nr. 13). Wegen der Bedenken hiergegen s. oben Rdn. 21. In der Vereinbarung des Haftungsausschlusses mit dem Zusatz, daß dem Grundstücksverkäufer „von dem Vorhandensein von Schwamm oder Hausbock nichts bekannt" sei, liegt nicht die Zusicherung des Fehlens von Hausschwamm (BGH LM BGB § 463 Nr. 1). Die Zusicherung, daß keine Straßenbaukosten zu zahlen seien, enthält keine Zusicherung einer Eigenschaft des Grundstücks. Auch der Geldwert einer Sache bildet keine zugesicherte Eigenschaft i. S. des § 459 Abs. 2 (BGH Urt. vom 15. 1. 69 — VIII ZR 239/66). Doch kann der „Michel"-Wert einer Briefmarkensammlung als Eigenschaft zugesichert werden (OLG Stuttgart NJW **69** 610).

27 **g) Verweigerte Zusicherung.** *Raape,* AcP **150** 489 bildet den Fall, daß ein Bild als ein „Ruisdael der Ältere" zu einem hierauf abgestellten Preis verkauft wird, das Bild auch als solches von einem Sachverständigen begutachtet ist, daß aber der Verkäufer das Verlangen des Käufers, dieses zuzusichern, ablehnt. Raape spricht hier von Zusage im Gegensatz zur Zusicherung und will § 459 Abs. 1 entsprechend anwenden, weil die Kaufsache nicht so beschaffen ist, wie sie nach dem Vertrage sein sollte, und die vertragswidrige Beschaffenheit einer Sache der Grund für Wandlung und Minderung sei. *Flume* aaO S. 113 Anm. 10 erörtert den Fall des Reichsgerichts (RG **97** 351), daß eine Geige mit der Erklärung, sie sei von vorzüglicher Klangschönheit und besonders guter Qualität, habe hohen Kunstwert und der Preis sei billig, verkauft wird, daß der Verkäufer aber die verlangte Gewähr dafür, daß die Geige echt und den verlangten Preis wert sei, ablehnt. Flume verneint die Anwendbarkeit des § 459, weil dann, wenn eine vom Käufer verlangte Gewährübernahme vom Verkäufer abgelehnt wird, die betreffende Eigenschaft nicht Gegenstand der Kaufvereinbarung sei. Schließe der Käufer trotzdem den Vertrag ab, so nehme er die Gefahr, daß die Eigenschaft nicht bestehe, in Kauf. Beide Fälle sind ungeachtet des verschiedenen rechtlichen Standpunkts der Schriftsteller zutreffend beurteilt. Im ersten Fall ist der Kaufpreis darauf ausgerichtet worden, daß der Kaufgegenstand von einem bestimmten Maler stamme; damit bezieht sich die Kaufvereinbarung auf eine bestimmte Beschaffenheit des Kaufgegenstandes. Daran fehlt es aber im zweiten Fall.

h) Abgrenzung zum Garantievertrag. Unter einem **Garantievertrag** ist ein *selbständiger Vertrag* zu verstehen, in dem sich jemand verpflichtet, für das Eintreten eines bestimmten Erfolgs einzustehen, oder die Gewähr für einen noch nicht entstandenen Schaden übernimmt. Der gewährleistete Erfolg muß ein anderer und ein weiterer sein als die bloße Vertragsmäßigkeit der Erfüllung i. S. des § 459 (RG **123** 231; **140** 218; **146** 123). Bei einem Kaufvertrag ist ein solches Garantieversprechen, das unabhängig von den gesetzlichen Gewährleistungsansprüchen einen Schadensersatzanspruch auslöst, jedoch nicht schon in der Zusage zu finden, daß die bestellte Sache gewisse zugesicherte Eigenschaften besitze. Die Zusage muß vielmehr auf einen darüber hinausgehenden *wirtschaftlichen Erfolg gerichtet sein* (BGH BB **57** 1195; BGH NJW **65** 148; WM **69** 95; **71** 797). Die Übernahme der Garantie bedeutet mithin, daß der Verkäufer bei Lieferung mangelhafter Ware für die Rückzahlung des Kaufpreises einzustehen hat. Dem Ausdruck, daß für eine bestimmte Zeit Garantie geleistet werde, kann eine verschiedene Bedeutung beigelegt werden. Entweder, daß der Verkäufer Mängel des verkauften Gegenstandes innerhalb der Garantiefrist unentgeltlich beseitigen werde, oder, daß der Verkäufer auch nach Ablauf der gesetzlichen Verjährungsfrist für die bis zum Ablauf der Garantiefrist entdeckten Fehler haften wolle (RG **128** 213). Der Garantievertrag kommt als selbständiger Vertrag oder als *Nebenabrede zum Kaufvertrage* vor. Der Käufer muß, um den Garantiefall darzutun, beweisen, daß er den Schaden nicht schuldhaft herbeigeführt hat (OLG Köln MDR **66** 673). Zur Garantie im Kaufrecht allgemein *Stötter*, Betrieb **65** 1275. 28

4. Beginn der Gewährleistungspflicht 29

Entscheidend für die Art der Sachmängelhaftung ist der **Zeitpunkt des Gefahrübergangs**, d. h. nach § 446 regelmäßig der Zeitpunkt der Übergabe der Kaufsache. Der Grund für die Haftung aus der Lieferungspflicht entsteht mit dem Abschluß des Kaufvertrages. Der Haftungsfall aber, die Haftung selbst, tritt erst beim Übergang der Gefahr auf den Käufer ein. Das ist der Zeitpunkt, zu dem die Erfüllung aus dem Kaufvertrage stattzufinden hat und in dem sich ergibt, ob der Pflicht genügt wird oder wegen Nichterfüllung in der vom Gesetz vorgesehenen Weise zu haften ist. Die aus der Gewährpflicht erwachsenden Ansprüche entstehen sonach erst mit der Übergabe der mangelhaften Sache. Auf diese Ansprüche ist der Käufer nach Gefahrübergang aber grundsätzlich auch beschränkt, s. § 462 Rdn. 2 ff.

Bis zur Übergabe hat der Verkäufer das *Recht, nachzubessern*, um seiner Leistungspflicht bei Übergabe der Sache genügen zu können. Angesichts des Umstandes, daß die Gewährleistungspflicht auf den Zeitpunkt des Gefahrüberganges abgestellt ist, liegt kein Anlaß vor, dem Verkäufer für die Zeit davor das Nachbesserungsrecht ausdrücklich zu verleihen; es ergibt sich vielmehr von selbst, weil der Käufer kein Recht darauf hat, daß eine Sache, die beim Kaufabschluß fehlerhaft war, auch fehlerhaft bleibt, damit ihm die Wandlung ermöglicht werde. Wird beim aufschiebend bedingten Kauf vereinbart, daß die Gefahr bereits mit der vor Bedingungseintritt erfolgten Übergabe der Sache übergehen soll, so erlangt der Käufer erst bei Eintritt der Bedingung und damit zugleich mit dem Wirksamwerden des Kaufes die Gewährrechte, falls die Sache bei Übergabe mangelhaft war (BGH LM BGB § 455 Nr. 13; vgl. § 455 Rdn. 19).

Vor der Übergabe kann der Käufer die *allgemeinen Rechtsbehelfe* wegen Nichterfüllung eines Vertrages schlechthin geltend machen. Denn vor dem Übergang der Gefahr auf den Käufer können diese Rechtsbehelfe durch den Gewährleistungsanspruch deswegen nicht behindert sein, weil der Gewährleistungsfall, von besonderen Umständen abgesehen, noch nicht eingetreten ist (RG **96** 156). Daher kann der Käufer bis dahin die Rechte aus §§ 320 ff, aus Verschulden bei Vertragsschluß geltend machen, sich auf veränderte Geschäftsgrundlage oder ursprüngliche und nachträgliche Unmöglichkeit berufen, und zwar auch dann, wenn dafür Fehler der Kaufsache die Grundlage des Anspruchs bilden. Vor Gefahrübergang kann der Käufer den Kaufvertrag auch wegen Irrtums über verkehrswesentliche Eigenschaften der Kaufsache anfechten. Die Gründe, die dafür sprechen, daß die Gewährleistungsregelung die Irrtumsanfechtung ausschließt, ließen sich zwar auch dafür anführen, daß die Anfechtung wegen Irrtums über Eigenschaften bereits vom Kaufabschluß an ausgeschlossen sei (vgl. *Flume* aaO S. 134). Aber dann wäre der Käufer bereits vor Übergabe auf diejenigen Rechte verwiesen, die er nach dem Gesetz erst nach der Übergabe der Kaufsache haben soll (so auch OLG Köln MDR **58** 160).

Den *Gewährleistungsanspruch* kann der Käufer in der Regel *vor der Übergabe nicht* geltend machen. Wenn jedoch feststeht, daß sich der Mangel bis zu dem Zeitpunkt, zu dem die Kaufsache zu übergeben wäre, nicht beseitigen läßt, ist dem Käufer nicht zuzumuten, sich die Sache erst übergeben zu lassen, damit er die Gewährleistungsrechte gewinnt; er muß vielmehr berechtigt sein, schon vorher die Gewährleistungsansprüche zu verfolgen (RG **87** 260; BGH Urt. vom 14. 4. 59 — VIII ZR 58/58; *Raape*, AcP **150** 486). Dem steht es gleich, wenn der Verkäufer vorher bestimmt und endgültig erklärt, die Beseitigung des Mangels nicht vornehmen zu wollen. In diesem Fall ist der Käufer aber nicht nur zur Geltendmachung der Gewährleistungsansprüche berechtigt, wahlweise kann er auch die Rechte aus §§ 320 ff geltend machen (RG **53** 70).

Wird die verkaufte Sache nach Kaufabschluß mangelhaft und dadurch ihre mangelfreie Lieferung unmöglich, so sind bis zur Übergabe die §§ 320 ff, nach Übergabe der Kaufsache dagegen nur Wandlung, Minderung oder gegebenenfalls Schadensersatz gegeben. Die Haftung des Verkäufers geht darauf, daß die Sache bei Übergabe frei von Mängeln ist, und hierfür ist es unerheblich, ob die Mängel vor oder nach dem Kaufabschluß entstanden sind.

30 **5. Untersuchungs- und Rügepflicht**

Nach den Vorschriften des BGB ist der Käufer *grundsätzlich nicht verpflichtet*, die Kaufsache *zu untersuchen und Mängel zu rügen* (vgl. aber § 460 Rdn. 1 u. 2). Ihm droht lediglich die Verjährung nach § 477, sofern ihm ein Mangel unbekannt bleibt und er deshalb nicht binnen 6 Monaten nach Ablieferung der Kaufsache seine Rechte geltend macht. Allerdings kann ein Käufer, dem nach der Ablieferung (vgl. § 464) Mängel bekannt werden, stillschweigend auf Mängelansprüche verzichten oder durch sein Verhalten derartige Ansprüche verwirken. Auch außerhalb der Rügepflicht des § 377 HGB erfordert der Grundsatz von Treu und Glauben im Verkehr, daß der Käufer, der die ihm abgelieferte Ware als mangelhaft beanstanden will, das nicht ungebührlich verzögert; sonst muß er sich so behandeln lassen, als ob er die Ware gebilligt habe und behalten wolle (RG **104** 96). Ein Verzicht oder eine Verwirkung kann aber nicht schon deswegen unterstellt werden, weil der Käufer es an einem ausdrücklichen Vorbehalt hat fehlen lassen. Auch kann in der bloßen Weiterveräußerung der beanstandeten Ware allein ein Verzicht noch nicht gefunden werden (BGH LM BGB § 464 Nr. 1).

Nach § 377 HGB hat dagegen *beim beiderseitigen Handelskauf* der Käufer die Ware *unverzüglich* nach der Ablieferung, soweit dies nach ordnungsmäßigem Geschäftsgang tunlich ist, *zu untersuchen und einen Mangel* dem Verkäufer unverzüglich *anzuzeigen*. Wegen der Einzelheiten vgl. die Erläuterungsbücher zum HGB § 377 ff. Hier nur grundsätzlich: Der Zwischenhändler, der die Ware seinerseits gekauft hat, ist im Verhältnis zum Käufer nicht verpflichtet, die verkaufte Ware auf ihre Qualität hin zu untersuchen. Deshalb hat er auch im sog. Streckengeschäft nicht für eine Verletzung der Untersuchungspflicht durch seinen Lieferanten einzustehen (BGH LM BGB § 276 [Hd]

Nr. 13; BGH WM **71** 1121). Die Mängelrüge muß bestimmt sein; denn der Verkäufer muß gegen das Nachschieben nicht präzisierter Mängel geschützt werden. Es bedarf zwar nicht der Aufdeckung der Ursachen eines Fehlers, jedoch ist seine Beschreibung notwendig. An die Rechtzeitigkeit der Mängelanzeige ist ein strenger Maßstab anzulegen. Daraus ergibt sich aber noch nicht, daß schon jeder Verdacht, es könnte ein geliefertes Gerät mangelhaft sein, zur unverzüglichen Mängelanzeige verpflichtet (BGH LM HGB § 377 Nr. 12). Die Beantwortung der Frage, unter welchen Voraussetzungen ein Kaufmann, sofern keine besondere Abrede getroffen ist, im Rahmen seiner Untersuchungs- und Rügepflicht gehalten ist, zur Feststellung etwaiger Mängel auch chemische Analysen und sonstige laboratoriumsmäßige Untersuchungen durchzuführen, hängt von den Umständen des Einzelfalles ab (BGH LM HGB § 377 Nr. 13). Die Rügefrist wird nicht in Gang gesetzt, wenn der Käufer die Annahme der ihm durch einen Spediteur angelieferten Ware ablehnt (BGH Urt. vom 6. 3. 68 — VIII ZR 216/65). Auch bei Lieferung eines aliud oder bei Falschlieferung (s. oben Rdn. 7) bedarf es nach § 378 HGB der Untersuchung und Rüge, sofern nicht die gelieferte Ware offensichtlich von der Bestellung so erheblich abweicht, daß der Verkäufer die Genehmigung des Käufers als ausgeschlossen betrachten muß. Nur wenn die Verschiedenheit zwischen bestellter und gelieferter Ware nach ihrer Beschaffenheit so erheblich ist, daß nach vernünftiger Beurteilung der Sachlage ein Kaufmann mit der Ware auch nur den Versuch der Erfüllung nicht machen würde, andererseits ein Behalten der Ware von dem Käufer als Vertragserfüllung schlechthin nicht erwartet werden kann, entfällt die Verpflichtung zur Erhebung einer Mängelrüge. Diese Merkmale sind nach objektiven Gesichtspunkten zu prüfen (BGH LM HGB § 378 Nr. 1; LM BGB § 276 [K] Nr. 3; BGH WM **69** 95; Betrieb **69** 1056; Betrieb **70** 2165). Die Versäumung rechtzeitiger Rüge hat zur Folge, daß die Ware als genehmigt gilt. Der Käufer kann aus dem Mangel keinerlei Rechte mehr herleiten.

Abweichende Vereinbarungen über Mängelrügen sind zulässig. Der Verkäufer kann dem Käufer durch Vertrag auferlegen, Gütemängel auch dann anzuzeigen, wenn es sich um eine offensichtlich vertragswidrige Ware im Sinne von § 378 HGB handelt. Durch eine entsprechende Regelung darf sich damit der Verkäufer für den Fall decken, daß er irrtümlich dem Käufer eine Falschlieferung zukommen läßt (BGH Betrieb **69** 1056). Auf eine Vereinbarung, daß eine Mängelanzeige schriftlich erfolgen muß (hier nach den „Verkaufs- und Lieferungsbedingungen für anerkanntes landwirtschaftliches Saatgut") kann sich der Verkäufer nach Treu und Glauben nicht berufen, wenn er gegenüber der mündlichen Mängelrüge des Käufers nicht auf das Erfordernis der Schriftlichkeit hingewiesen, sondern sich mit der Untersuchung der Ware einverstanden erklärt hat (Urt. vom 21. 9. 64 — VIII ZR 298/62).

Andererseits trifft den *Käufer*, der einen Mangel geltend gemacht hat, als *Nebenpflicht* aus dem Kaufvertrage (§ 433 Rdn. 72) die Verpflichtung, dem Verkäufer die *Überprüfung der beanstandeten Ware zu ermöglichen.* Dazu gehört u. U. auch die Überlassung an den Verkäufer, wenn das dem Käufer zumutbar ist und es schutzwürdigen Belangen des Verkäufers entspricht. Der Verkäufer ist alsdann, wenn er die Mängel nicht anerkennt, verpflichtet, dem Käufer die Ware wieder zur Verfügung zu stellen, und muß im Streitfall beweisen, daß er die Ware nicht vertauscht und sie in unverändertem Zustand zurückgegeben hat (BGH LM BGB § 138 [Bc] Nr. 11).

II. Gewährleistungsansprüche 31

1. Gesetzliche Bestimmungen; vertragliche Grundlage

a) *Wandlung oder Minderung* (§§ 462, 465),
b) *Schadensersatz* (§§ 463, 480 Abs. 2),

c) *Lieferung einer mangelfreien Sache* beim Gattungskauf (§ 480 Abs. 1). Vgl. hierzu die Ausführungen zu diesen Bestimmungen.

d) Vertraglich oder nach Treu und Glauben kann dem Käufer auch ein *Recht auf Nachbesserung* zustehen (§ 462 Rdn. 3).

32 **2. Ausgeschlossen ist die Haftung:**

a) wenn der Käufer den *Mangel* beim Abschluß des Vertrages *gekannt* hat (§ 460),

b) wenn eine verpfändete Sache in öffentlicher Versteigerung als *Pfand* verkauft wird (§ 461; § 806 ZPO; § 56 ZVG),

c) im Falle des § 2376 Abs. 2; vgl. auch § 2385 Abs. 2,

d) wenn die Haftung des Verkäufers durch Vereinbarung mit dem Käufer *erlassen oder beschränkt* ist (vgl. § 476),

e) wenn der Käufer beim beiderseitigen Handelskauf die *Rüge versäumt* hat (s. oben Rdn. 30),

f) wenn vereinbart ist, daß nur gilt, was schriftlich niedergelegt ist (*Schriftlichkeitsklausel*) und das mündlich über die Brauchbarkeit der Kaufsache Besprochene nicht zutrifft. Allerdings kann dem Verkäufer nach Treu und Glauben versagt sein, sich darauf zu berufen, daß die Kaufvertragsurkunde keinen Vermerk über die Brauchbarkeit enthält. Wer sich zum Verkauf einer teueren Maschine eines Vertreters bedient, der nicht weiß, unter welchen Voraussetzungen sie in Betrieb gesetzt werden kann, und der unrichtige Angaben hierüber gemacht hat, haftet für die vom Vertreter mündlich abgegebenen unrichtigen Erklärungen (BGH LM BGB § 127 Nr. 2).

33 **III. Beweislast**

Wenn der Verkäufer aus einem Kaufvertrage Rechte herleitet, insbesondere den Kaufpreis verlangt, und der Käufer geltend macht, daß die gelieferte Sache nicht die vertragsmäßigen Eigenschaften besitze, so hat der Verkäufer zu beweisen, daß er erfüllt hat (BGH **6** 225). Im Falle des § 447 genügt es, wenn der Verkäufer beweist, daß er die Ware in vertragsmäßigem Zustande abgesandt hat. Nach § 363 kehrt sich die Beweislast um, falls der Käufer die Leistung als Erfüllung angenommen hat. Der Käufer trägt aber die Beweislast, wenn er mit der Kaufpreiszahlung vorleistungspflichtig ist (BGH LM BGB § 326 [K] Nr. 1). So, wenn der Verkäufer nach besonderer Vereinbarung schon vor Übergabe der Ware den Kaufpreis fordern darf, was beim Kauf „netto Kasse gegen Faktura", „Kasse gegen Faktura" oder „netto Kasse nach Erhalt der Faktura" der Fall ist (vgl. § 433 Rdn. 61). Hier hat der Verkäufer, der den Kaufpreis einklagt, nur darzutun, daß der Käufer die Rechnung erhalten hat (RG **106** 299). Macht der Käufer Gewährleistungsansprüche geltend, so muß er hierfür den Beweis führen, weil er ein besonderes Recht aus der Fehlerhaftigkeit herleitet (BGH LM HGB § 377 Nr. 1; BGH WM 71 528; RG **66** 279). Der Verkäufer ist aber beweispflichtig dafür, daß ein vorhandener Mangel unerheblich ist (BGH WarnRspr. 73 Nr. 313). Wegen der Beweislast bei einem Schadensersatzanspruch des Käufers s. § 463 Rdn. 11 und bei Schadensersatzansprüchen aus Produzentenhaftung s. nächste Rdn. Zur Beweislast allgemein s. *Neumann-Duesberg* BB **67** 1457.

C. Produzentenhaftung

34 Einen besonderen Fragenkreis wirft die **Haftung des Herstellers** einer Ware **für Schäden auf, die der Verbraucher durch Mängel** der Ware **erleidet**, sog. Produzentenhaftung.

Für den Fall, daß der Hersteller sein *Erzeugnis dem Geschädigten unmittelbar verkauft* hat, besteht in der Regel keine Haftung aus Zusicherung. Es gelten die oben Rdn. 21 für die Werbung und Anpreisung gemachten Ausführungen. Als Haftungsgrund bleibt die Schadensersatzpflicht aus positiver Vertragsverletzung wegen schuldhafter Schlechtlieferung (vgl. § 462 Rdn. 6). Für den Fall, daß bei einem Gattungskauf eine Verletzung der Sorgfalts- und Obhutspflicht des Verkäufers vorliegt und der Schaden an anderen Sachen als der Kaufsache eingetreten ist (sog. Mangelfolgeschaden), werden Schadensersatzansprüche durch die Gewährleistungsvorschriften nicht ausgeschlossen (BGH Betrieb **72** 1335 für die Lieferung von Propangas in mangelhaft abgedichteten Flaschen und BGH WM **70** 1418 für einen Kraftwagen mit Konstruktionsmängeln). Liegt das anspruchsbegründende Verschulden des Verkäufers in seinem, des Herstellers, Gefahrenbereich, so hat er den Beweis der Schuldlosigkeit zu führen. Dieser für die allgemeine Produzentenhaftung ausgesprochene Grundsatz gilt auch für vertragliche Beziehungen zwischen dem Geschädigten und dem Schädiger (BGH **59** 303).

Hat der Geschädigte die *Ware nicht unmittelbar vom Hersteller gekauft*, so besteht keine Haftung des Verkäufers für Verschulden des Herstellers, da der Hersteller nicht Erfüllungsgehilfe des Verkäufers ist (s. § 433 Rdn. 76). Doch kann bei gegebener Fallgestaltung dem Geschädigten ein Schadensersatzanspruch gegen seinen Verkäufer zustehen, und dieser kann möglicherweise vom Hersteller Befreiung von dieser Schadensersatzpflicht oder, wenn er die Verpflichtung erfüllt hat, selber Schadensersatz verlangen. Davon abgesehen läßt sich ein Anspruch aus Kaufrecht gegen den Hersteller nicht herleiten. Vertragsbeziehungen zwischen dem Geschädigten und dem Hersteller bestehen nicht. Der BGH lehnt im Gegensatz zu einem Teil des Schrifttums die Auffassung ab, daß der Warenhersteller für jede Art von Fehlern des Erzeugnisses ohne Rücksicht auf Verschulden aus *Verletzung von aus „sozialem Kontakt" entspringenden Schutzpflichten* einstehen müsse oder daß zwischen ihm und dem Abnehmer ein stillschweigend abgeschlossener Garantievertrag zustande gekommen sei (BGH **51** 91). Auch stehen demjenigen, der die Ware vom Hersteller gekauft und dem Geschädigten weiterverkauft hat, gegen den Hersteller keine Ansprüche zu, die er dem Geschädigten abtreten könnte. Der erste Käufer kann *weder* den Schaden seines Abnehmers nach den Grundsätzen der *Drittschadensliquidation* gegen den Hersteller geltend machen, *noch* ist der Abnehmer ein Dritter, der in die *Schutzwirkung* des zwischen Hersteller und Erstkäufer geschlossenen Kaufvertrages einbezogen ist (BGH **51** 91). Die Haftung des Herstellers läßt sich daher nur auf Schadensersatz wegen unerlaubter Handlung stützen. Hierüber s. die Ausführungen zu § 823. Zu dem ganzen Fragenkreis vgl. aus dem neuesten Schrifttum *Diederichsen* VersR **71** 1077; *Müller-Freienfels* und *Eujen* AWD **72** 503; *Schmidt-Salzer*, Produktenhaftung, 1973; *Graf von Westphalen* BB **71** 152. S. auch BGH NJW **74** 1503, insbes. zur Haftung bei Verwendung eines Prüf- oder Gütezeichens.

E. Gewährleistung im Internationalen Privatrecht

Die Feststellung eines einheitlichen Vertragsstatuts auf Grund hypothetischen **35**
Parteiwillens (s. § 433 Rdn. 98) bringt es begriffsnotwendig mit sich, daß nur das Recht *der* Partei zum Zuge kommt, in dessen Geltungsbereich eindeutig der räumliche Schwerpunkt des Vertragsverhältnisses liegt, mithin Verkäuferrecht, wenn dort der Schwerpunkt liegt. In einem solchen Fall bleibt das Käuferrecht gerade auch dann ausgeschaltet, wenn es bei Anknüpfung an den Erfüllungsort anzuwenden wäre, was bei Gewährleistungsansprüchen des Käufers nicht nur für die Kaufpreisklage des Verkäufers, sondern auch für die Klage des Käufers auf Rückzahlung des Kaufpreises gilt

(BGH 61 221, 226; BGH LM EGBGB Art. 27 Nr. 3; RG 55 107; 66 76; *Raape*, Internationales Privatrecht 5. Aufl. S. 518).

Neuerdings regelt die Sachmängelhaftung das Haager Einheitliche Kaufgesetz (s. § 433 Rdn. 100).

§ 460

Der Verkäufer hat einen Mangel der verkauften Sache nicht zu vertreten, wenn der Käufer den Mangel bei dem Abschlusse des Kaufes kennt. Ist dem Käufer ein Mangel der im § 459 Abs. 1 bezeichneten Art infolge grober Fahrlässigkeit unbekannt geblieben, so haftet der Verkäufer, sofern er nicht die Abwesenheit des Fehlers zugesichert hat, nur, wenn er den Fehler arglistig verschwiegen hat.

Übersicht

	Rdn.
I. Kenntnis	1
II. Grobfahrlässige Unkenntnis	2
III. Beweislast	3

1 I. Kenntnis

Die *Haftpflicht* des Verkäufers nach § 459 ist bei **Kenntnis** des Käufers von den der verkauften Sache anhaftenden Mängeln *ausgeschlossen* (stillschweigender Verzicht), und zwar sowohl bei Kenntnis von den Fehlern (§ 459 Abs. 1) als von dem Mangel zugesicherter Eigenschaften (§ 459 Abs. 2). Dagegen bleibt die Haftpflicht des Verkäufers für zugesicherte Eigenschaften auch bei Kenntnis des Käufers von deren Fehlen bestehen, wenn der Verkäufer eine Eigenschaft in dem Sinne zusagt, daß er sie herzustellen verspricht oder für deren Beschaffung besondere Garantie übernimmt. Eine Untersuchungspflicht besteht nach bürgerlichem Recht nicht, sondern nur bei Handelsgeschäften (§ 377 HGB). Nach den besonderen Umständen des Falles kann aber im völligen Unterlassen einer Besichtigung grobe Fahrlässigkeit liegen (unten Rdn. 2). Die Kenntnis schließt auch die Haftung des Verkäufers für arglistig verschwiegene Mängel aus (BGH LM BGB § 539 Nr. 5). Der Käufer muß den Mangel in seiner Gesamtheit kennen. Wußte der Käufer, daß von der gekauften Ware nur ein verhältnismäßig geringer Bruchteil mangelhaft ist, so genügt dies nicht, um die Mängelgewähr wegen der Gesamtheit auszuschließen. Handelt es sich um den Kauf einer Ware, die noch im Wachstum begriffen ist, so ist der Kauf darauf abgestellt, daß sie lieferungsfähig wird. Die Kenntnis des Käufers von der Mangelhaftigkeit eines Teiles der noch auf dem Felde stehenden Früchte führt daher überhaupt nicht zur Anwendung des § 460 (RG LZ 19 Sp. 867). Die Kenntnis muß sich auf alle Voraussetzungen des § 459 beziehen. Dringender Verdacht steht der Kenntnis nicht gleich. Maßgebend ist die Kenntnis zur Zeit des Vertragsschlusses; denn es ist anzunehmen, daß der Preis darauf abgestellt ist. Die Kenntnis kann aber schon vor Vertragsschluß erlangt sein. Bei einem Verkauf „auf Besicht" jedoch ist in sinngemäßer Anwendung des § 460 nicht nur der Abschluß des aufschiebend bedingten Vertrages, sondern auch die Zeit der Billigung des Vertragsgegenstandes durch den Käufer entscheidend (RG 94 285; vgl. § 495 Rdn. 8). § 460 Satz 1 ist unanwendbar, wenn der Käufer trotz seiner Kenntnis der äußeren Fehler der Sache den Umstand nicht kennt, daß durch diese Fehler der Wert oder die Gebrauchstauglichkeit der Sache aufgehoben oder gemindert wird.

II. Grob fahrlässige Unkenntnis 2

Auch **grob fahrlässige Unkenntnis** des Käufers vom Mangel *schließt die Haftpflicht im Falle des § 459 Abs. 1* (nicht Abs. 2) *aus*. Die grobe Fahrlässigkeit braucht dem Käufer nicht gerade im Augenblick des Vertragsschlusses zur Last zu fallen; es genügt, wenn er vorher aus grober Fahrlässigkeit von den Mängeln keine Kenntnis erlangt hatte. Nur eine erst nach dem Kaufabschluß eintretende Fahrlässigkeit bleibt außer Betracht (RG **131** 353). Grobe Fahrlässigkeit ist eine besonders schwere Vernachlässigung der im Verkehr erforderlichen Sorgfalt. Nicht jedes Unbeachtetlassen eines Bedenkens genügt. Daß der Käufer sich auf das Gutachten eines anerkannten Sachverständigen verläßt, kann ihn entschuldigen. Auch eine besondere Sachkunde des Käufers ist zu berücksichtigen. Wird der Käufer durch einen anderen vertreten, kommt die Bestimmung des § 166 in Betracht (RG **131** 353).

Handelt es sich um *verborgene Mängel*, so ist der Käufer, selbst wenn er Mißtrauen gegen den Verkäufer hegt, nicht veranlaßt, vor dem Kaufabschluß Untersuchungen anzustellen. Eine Untersuchung ist nur so weit erforderlich, als nach den Umständen des Falles Treu und Glauben es gebieten, etwa bei Mißtrauen in die Qualität der Ware (BGH Urt. vom 14. 4. 59 — VIII ZR 58/58). Beim Kauf von Gebrauchtfahrzeugen ist der Käufer nicht verpflichtet, einen Sachverständigen zur Untersuchung des gekauften Wagens hinzuzuziehen, um nach Fehlern zu forschen, die nur von einem Fachmann festzustellen sind, selbst wenn eine solche Untersuchung preiswert und ohne Schwierigkeit zu erlangen ist (so mit Recht OLG Köln NJW **73** 903).

Der *Verkäufer haftet* auch bei grob fahrlässiger Unkenntnis des Käufers uneingeschränkt, wenn er die *Abwesenheit des Fehlers zugesichert* oder dessen Vorhandensein *arglistig verschwiegen* hat. Gegenüber der Arglist des Verkäufers kommt eine Mitschuld des Käufers nicht in Betracht; der Verkäufer kann sich auch nicht auf ein Verschulden des Käufers beim Vertragsschluß berufen (RG **76** 313; OLG Düsseldorf NJW **52** 1177).

III. Beweislast 3

Die Beweislast trifft in den Fällen des § 460 den Verkäufer dafür, daß der Käufer den Mangel gekannt habe oder habe kennen müssen, den Käufer dafür, daß der Verkäufer die Abwesenheit des Fehlers oder dessen Beseitigung zugesichert oder ihn arglistig verschwiegen habe.

§ 461

Der Verkäufer hat einen Mangel der verkauften Sache nicht zu vertreten, wenn die Sache auf Grund eines Pfandrechts in öffentlicher Versteigerung unter der Bezeichnung als Pfand verkauft wird.

I. Die nach dieser Vorschrift *ausgeschlossene Haftpflicht* des Verkäufers kann durch Vereinbarung der Parteien begründet werden. Liegt eine solche Vereinbarung nicht vor, so kann der Verkäufer selbst bei arglistigem Verschweigen nicht auf Grund der §§ 459, 463, sondern nur aus §§ 823, 826 in Anspruch genommen werden. Auf den Mangel zugesicherter Eigenschaften ist § 461 nicht zu beziehen; denn die Vorschrift soll den Verkäufer nur vor einer von ihm nicht gewollten Haftung bewahren.

II. Nach § 806 ZPO (vgl. auch § 56 ZVG) ist auch bei der auf Grund einer Pfändung bewirkten Veräußerung die Gewährleistungspflicht des Verkäufers ausgeschlossen.

Beim freihändigen Pfandverkauf nach den §§ 1221, 1235 Abs. 2, 1245, 1246 und beim Selbsthilfeverkauf durch einen Gerichtsvollzieher nach § 383 Abs. 3 bleibt dagegen die Gewährleistungspflicht bestehen (RG JW 02 545; 04 561).

§ 462

Wegen eines Mangels, den der Verkäufer nach den Vorschriften der §§ 459, 460 zu vertreten hat, kann der Käufer Rückgängigmachung des Kaufes (Wandelung) oder Herabsetzung des Kaufpreises (Minderung) verlangen.

Übersicht

	Rdn.		Rdn.
I. Wandelung und Minderung	1	6. Fehlende Geschäftsgrundlage	7
II. Abgrenzung der Wandelung und Minderung von anderen Rechtsbehelfen	2–10	7. Anfechtung	8, 9
1. Rechte wegen Nichterfüllung	2	a) wegen Irrtums	8
2. Nachbesserung	3	b) wegen arglistiger Täuschung	9
3. Verschulden bei Vertragsschluß	4	8. Unerlaubte Handlung	10
4. Beratung	5	III. Rechte des Bürgen des Käufers	11
5. Positive Vertragsverletzung	6	IV. Gewährleistungsansprüche im Konkurs	12

1 **I. Wandelung und Minderung**

1. Mit dem Eintritt des Gewährleistungsfalles erwachsen dem Käufer die *Ansprüche auf Wandelung oder Minderung*. Der Kaufvertrag wird nicht unmittelbar rückgängig gemacht und der Kaufpreis mindert sich nicht von selbst, sondern das Gesetz gibt dem Käufer nur die Befugnis, diese Rechte geltend zu machen (s. § 465). Wandelung und Minderung stellen sich als besondere Folgen der Nichterfüllung des Vertrages dar und sind die *eigentlichen Gewährleistungsansprüche*. Daneben wird in besonderer Weise auch der Anspruch auf Schadensersatz wegen Nichterfüllung in § 463 als Gewährleistungsanspruch geregelt.

2. Die Ansprüche auf Wandelung und auf Minderung sind *zwei selbständige Ansprüche*; es liegt nicht ein einheitlicher Anspruch mit alternativem Inhalt vor (RG **66** 332). Der Käufer hat die Wahl, welchen er geltend machen will, so lange, bis der eine oder andere vollzogen ist. Zusammen können beide Ansprüche nur im Eventualverhältnis geltend gemacht werden (RG **131** 346). Daher ist auch der Übergang von einem Anspruch auf den anderen im Prozeß Klageänderung (RG **64** 374). Die Abweisung des Wandelungsanspruches schließt den Minderungsanspruch nicht aus und umgekehrt. Das durch Vollziehung erloschene Wahlrecht lebt jedoch auch dann nicht wieder auf, wenn die Wandelung infolge eines später eingetretenen Umstandes unwirksam wird.

3. Wegen eines Mangels kann der Käufer *Rückgängigmachung* des Kaufes (Wandelung) oder *Herabsetzung des Kaufpreises* (Minderung) verlangen. Nach § 465 ist die Wandelung oder die Minderung vollzogen, wenn sich der Verkäufer auf Verlangen des Käufers mit ihr einverstanden erklärt. Über die Streitfrage, ob danach dem Käufer ein Anspruch auf Abschluß eines Vertrages über Wandelung oder Minderung (Vertragstheorie) oder ein Anspruch auf Rückgängigmachung der Folgen des Kaufes zusteht (Herstellungstheorie) s. § 465 Rdn. 2—4.

Bei *geringfügigen Mängeln*, die der Käufer ohne Schwierigkeiten in seinem Betrieb ausbessern kann, hat der Käufer die Ware abzunehmen und unter angemessener Minderung des Kaufpreises zu bezahlen. Nach Treu und Glauben kann ihm ausnahmsweise auch zumutbar sein, geringfügige, ohne wesentlichen Aufwand behebbare Mängel selbst zu beseitigen (BGH BB **57** 92 = Betrieb **57** 88; vgl. auch vor § 433 Rdn. 92 und § 433 Rdn. 72).

II. Abgrenzung der Wandelung und Minderung von anderen Rechtsbehelfen 2

1. Neben der Wandelung oder der Minderung sind grundsätzlich ein **Schadensersatzanspruch wegen Nichterfüllung** — abgesehen vom Fall des § 463 — oder die **Einrede des nicht erfüllten Vertrages** ausgeschlossen (RG **161** 330; BGH LM BGB § 463 Nr. 12). Beim Gattungskauf kann die Einrede des nicht erfüllten Vertrages auch noch nach Übergabe der mangelhaften Kaufsache erhoben werden, da hier der Käufer den Nachlieferungsanspruch als Erfüllungsanspruch behält und ihn statt Wandelung oder Minderung geltend machen kann. Hat der Verkäufer als Hersteller eine Gattungssache für einen bestimmten Zweck verkauft und war er bereits vor dem Vertrage aus in seinem Bereich liegendem Grunde außerstande, die Ware mit der erforderlichen Eigenschaft herzustellen, obwohl das technisch möglich ist, so haftet er ohne Verschulden wegen Nichterfüllung (BGH MDR **63** 404 = Betrieb **63** 234).

2. Nachbesserung 3

Einen Anspruch auf Nachbesserung sieht das Gesetz nur bei Lieferung eines mangelhaften Werkes in § 633 Abs. 2 vor. Ähnlich kann der Käufer einer Gattungssache nach § 480 statt der Wandelung oder Minderung verlangen, daß ihm eine mangelfreie Sache geliefert wird. Abgesehen davon erkennt das Gesetz ein Recht des Verkäufers, den Gewährleistungsansprüchen durch Nachbesserung zu entgehen, grundsätzlich nicht an. Nur in besonders gelagerten Fällen hat der Verkäufer noch nach Übergabe der Kaufsache ein Nachbesserungsrecht. Ein Anspruch darauf, daß der Käufer die Nachbesserung gestatte, besteht insbesondere dann, wenn die *Ablehnung* des Erbietens, die Mängel zu beseitigen, *gegen Treu und Glauben* im Verkehr oder gegen § 226 verstoßen würde (BGH WM **71** 1382 = BGH WarnRspr. **71** Nr. 202; **72** Nr. 167; RG **87** 337). Das gleiche gilt, wenn sich aus dem nach Treu und Glauben mit Rücksicht auf die Verkehrssitte auszulegenden Inhalt des Vertrages für den Käufer die Verpflichtung ergibt, eine nachgebesserte Leistung gelten zu lassen. Die Parteien können eine Nachbesserung auch ausdrücklich vereinbaren. Eine solche *Abrede* kann auch nachträglich nach Übergabe der Kaufsache und Entdeckung des Fehlers getroffen werden. Verlangt der Käufer, nachdem der Verkäufer hohe Reparaturkosten aufgewendet hat, wegen weiterer Mängel Wandelung, so kann das rechtsmißbräuchlich sein (OLG Köln MDR **73** 314). Auch wenn die Parteien besondere Abreden über die Beseitigung von Mängeln getroffen und damit zu erkennen gegeben haben, daß sie mit Fehlern rechnen und den Versuch nachträglicher Beseitigung als dem Vertragszweck entsprechend betrachten, hat der Verkäufer ein Nachbesserungsrecht. Ein etwaiges Nachbesserungsrecht darf aber immer nur ausgeübt werden, wenn der Käufer hierdurch in dem Gebrauch der Kaufsache nicht erheblich gehindert wird.

Das Recht zur **Nachbesserung** ist **ausgeschlossen**, wenn der Verkäufer es nicht rechtzeitig ausnutzt, insbesondere, wenn er es zum Prozeß kommen läßt (BGH WM **71** 1382). Hat der Verkäufer ein Nachbesserungsrecht oder sind die Gewährleistungsansprüche des Käufers vertraglich auf einen Nachbesserungsanspruch beschränkt, so braucht der Käufer, wenn der *Nachbesserungsversuch mißlungen* ist, sich nicht auf weitere Versuche einzulassen, sondern kann auf die gesetzlichen Gewährleistungsansprüche zurückgreifen (BGH **22** 90; **37** 94; BGH WarnRspr. **72** Nr. 167). Das gleiche gilt, wenn der Verkäufer eine *Nachbesserung verweigert*. Der Käufer kann allerdings nicht ohne weiteres auf die Wandelung oder die Minderung zurückgreifen. In entsprechender Anwendung des § 465 ist mit der Vereinbarung der Nachbesserung die Gewährleistung vollzogen (BGH LM BGB § 326 [Ed] Nr. 8). Der Käufer muß nunmehr, um den Kauf durch Wandelung rückgängig zu machen, in entsprechender Anwendung der nach Werkvertragsrecht für die Nachlieferung geltenden Vorschriften (§ 634) die Voraussetzungen des § 326 Abs. 1 durch Fristsetzung und Ablehnungsandrohung schaffen oder nachweisen, daß der Tatbestand des § 326 Abs. 2 gegeben ist (BGH aaO). Ob der Käufer, wenn die Gewährleistung auf Nachbesserung beschränkt ist, bei *Verzug mit der Nachbesserung* oder wegen verschuldeter Mängel auch einen Schadensersatzanspruch gegen den Verkäufer geltend machen kann, ist bestritten. Die Frage bleibt im Urteil BGH LM BGB § 326 [Ed] Nr. 8 unentschieden. Im Urteil BGH LM BGB § 476 Nr. 9 hat der BGH in Fortsetzung der vorerwähnten Rechtsprechung angenommen, einen solchen Schadensersatzanspruch könne der Käufer nur geltend machen, wenn er dem Verkäufer fruchtlos eine angemessene Frist zur Beseitigung des Mangels gesetzt hat. Die entsprechende Anwendung der §§ 634, 635 rechtfertigt sich unter dem Gesichtspunkt, daß die Fristsetzung vor schikanöser Geltendmachung von Gewährleistungsansprüchen, namentlich bei Mängeln geringeren Grades und solchen, die sich leicht beheben lassen, schützen soll. S. zu dieser Frage auch *Stötter* Betrieb **69** 647; *Kirchhof* NJW **70** 2052. Wie der Besteller beim Werkvertrag kann auch der Käufer selbst die Kaufsache in vertragsmäßigen Zustand setzen und in entsprechender Anwendung des § 635 die Mängelbeseitigungskosten als Schaden geltend machen (vgl. BGH **59** 365). Ebenso ist der Käufer, dem gegen den Verkäufer ein Nachbesserungsrecht zusteht, nach Abnahme der Kaufsache in entsprechender Anwendung der Grundsätze des Werkvertragsrechtes, wenn er gegenüber der Kaufpreisklage ein Leistungsverweigerungsrecht geltend macht, zur Zahlung Zug um Zug gegen Beseitigung des Mangels zu verurteilen (BGH **61** 42).

4 **3. Verschulden bei Vertragsschluß**

Die Auffassung, daß das Gewährschaftsrecht der §§ 459 ff eine Haftung aus Verschulden bei Vertragsschluß (culpa in contrahendo) für fahrlässig falsche Angaben oder Nichtangaben des Verkäufers über Eigenschaften der Kaufsache ausschließe, hat das RG in ständiger Rechtsprechung vertreten (RG **135** 339; **161** 330). Der BGH (BGH **60** 319) ist dem unter Ablehnung der im Schrifttum dagegen erhobenen Einwendungen (vgl. *Enneccerus/Lehmann*, Schuldrecht 15. Aufl. S. 453; *Larenz*, Schuldrecht 10. Aufl. Bd. 2 S. 62; *Diederichsen* BB **65** 401) beigetreten. Die §§ 459 ff enthalten eine ins einzelne gehende Regelung für den Fall, daß die Kaufsache bestimmte für den Käufer wichtige Eigenschaften nicht besitzt. § 463 Satz 2 regelt einen Tatbestand des Verschuldens vor oder bei Vertragsschluß durch Nichtangabe oder Angabe von Sacheigenschaften; die Vorschrift knüpft Rechtsfolgen aber nur an eine Arglist des Verkäufers. Die §§ 462, 467 sehen eine Rückabwicklung des Kaufvertrages mit Rücksicht auf bestimmte Eigenschaften der Kaufsache vor und schließen eine Haftung des Verkäufers für die Vertragskosten des Käufers und eine Verzinsung des entrichteten Kaufpreises ein. Die Wandelungsvorschriften bestimmen damit die Voraussetzungen der Rückabwicklung anders und deren Umfang enger, als dies für eine Verschuldenshaftung auf den Vertrauensschaden in Betracht käme. Fahrlässigkeit des Verkäufers bei der Unterrichtung des Käufers über die Eigenschaften der Kaufsache führt als solche nach diesen Bestimmungen, auch wenn sie den Kaufentschluß mitverursacht hat, weder zur Rückabwicklung des Vertrages noch zu einer Schadensersatzhaftung auf das Erfüllungs- oder auf das Vertrauensinteresse. Es kann nicht angenommen werden, der Gesetzgeber habe außer Betracht gelassen, daß auch Fahrlässigkeit des Verkäufers in diesem Punkte zu einem für den Käufer unerwünschten Vertrage führen kann, oder er habe es der Rechtsprechung überlassen wollen, neben der gesetzlichen Verkäuferhaftung für Gebrauchstauglichkeit und zugesicherte Eigenschaften aus allgemeinen Grundsätzen eine Haftung für fahrlässige Angabe oder Nichtangabe von Mängeln oder sonstigen Eigenschaften der Kaufsache zu entwickeln. S. auch § 459 Rdn. 3.

4. Beratung 5

Hat der Verkäufer als Nebenverpflichtung aus dem Kaufvertrage oder kraft selbständiger vertraglicher Verpflichtung die Beratung des Käufers übernommen, so *haftet* er *für schuldhaft falsche Beratung* auch dann auf Schadensersatz, wenn sich sein Verschulden auf Angaben über Eigenschaften der Kaufsache bezieht (BGH BB **58** 426; BGH LM BGB § 276 [H] Nr. 5).

5. Positive Vertragsverletzung 6

Die *Haftung* auf Schadensersatz wegen Schlechtlieferung (positive Vertragsverletzung) ist ebenfalls *ausgeschlossen, soweit die gesetzliche Sonderregelung* der Gewährleistungsansprüche *eingreift*. Daher können aus positiver Vertragsverletzung solche Schäden nicht ersetzt verlangt werden, die auch schon bei Nichterfüllung entstehen würden (z. B. wegen Unverwendbarkeit der mangelhaften Ware) oder die auch bei ordnungsmäßiger Erfüllung entstehen würden (z. B. Zahlung des Kaufpreises, Aufwendung der Transportkosten); denn diese Schäden auszugleichen, ist die Gewährleistungshaftung der §§ 459 ff bestimmt (RG **125** 76; DR **41** 637; BGH LM BGB § 463 Nr. 12; BGB § 276 [K] Nr. 3). Daher steht ein Schadensersatzanspruch dem Käufer neben den Gewährleistungsansprüchen nur zu, wenn ihm ein Vermögensschaden entsteht, der nicht unmittelbar durch die Nichterfüllung ausgelöst worden ist, wenn also der *Schaden* nicht schon im Kaufgegenstand selbst begründet ist, sondern sich *in anderen Rechtsgütern des Käufers* auswirkt. Zu diesen mittelbaren Schäden gehört auch die Belastung mit Schadensersatzansprüchen, denen ein Käufer ausgesetzt ist, der die vom Verkäufer gelieferte mangelhafte Sache verarbeitet und dadurch ein mit Mängeln behaftetes Werk hergestellt hat (BGH WM **65** 271; LM BGB § 276 [K] Nr. 3). S. auch vor § 433 Rdn. 129.

6. Auch auf das **Fehlen der Geschäftsgrundlage** kann sich der Käufer nicht beru- 7
fen, wenn beide Vertragsteile bei Vertragsschluß davon ausgegangen sind, daß die Kaufsache eine bestimmte Beschaffenheit habe, diese aber tatsächlich fehlt und auch bei Gefahrübergang nicht vorhanden ist (RG **135** 346; **161** 337; BGH WM **71** 1016). Anders, wenn sich die gemeinschaftliche Vorstellung nicht nur auf die einwandfreie Beschaffenheit der Kaufsache bezog (vgl. vor § 433 Rdn. 128). So, wenn beim Stückkauf beide Parteien von Eigenschaften der Kaufsache ausgegangen sind, die tatsächlich nicht vorhanden waren und bei deren Fehlen sich die Kaufsache als eine „andere" als die von den Parteien ins Auge gefaßte darstellt. Dann kann bei Übergabe der Sache eine Falschlieferung vorliegen (s. § 433 Rdn. 5; dazu *Schmidt* NJW **62** 710). In diesem Fall sind Gewährleistungsansprüche nicht gegeben. Bei einseitigem Irrtum kann in diesem Fall Anfechtung wegen Irrtums erfolgen (s. folgende Rdn.).

7. Anfechtung 8

a) wegen Irrtums. Die Sachmängelgewähr der §§ 459 ff schließt als Sonderregelung die Irrtumsanfechtung nach § 119 Abs. 2 wegen Fehlens von verkehrswichtigen Eigenschaften der Kaufsache aus (RG **135** 339; **138** 354; **157** 174; BGH **16** 54; **34** 32). Es wäre sinnlos, wenn dasselbe Gesetz, das den Verkäufer für Sachmängel haften läßt, ihm zugleich die Handhabe böte, sich dieser Haftung, wenn auch vielleicht mit dem Nachteil der Schadensersatzpflicht nach § 122, zu entziehen. Der Käufer kann also *wegen Irrtums* über Eigenschaften der Kaufsache, die unter die *Gewährleistungshaftung* des Verkäufers für Sachmängel fallen, *nach Gefahrübergang nicht mehr* anfechten. Daher können tatsächliche oder rechtliche Verhältnisse, die wegen ihrer Beschaffenheit und vorausgesetzten Dauer nach den Verkehrsanschauungen einen Einfluß auf die Wertschätzung auszuüben pflegen und den Begriff der Eigenschaften i. S. des § 119 Abs. 2 erfüllen, nur dann zur Irrtumsanfechtung führen, wenn sie dem Vertrage zugrunde gelegt wurden, ohne daß sich die Verhandlungen zu einer Zusicherung verdichtet haben (RG **64** 266; BGH **16** 54). *Flume*, Eigenschaftsirrtum und Kauf S. 114, meint, die Anfechtung sei nicht nur in den Fällen ausgeschlossen, in denen die Rechtsprechung Irrtum über verkehrswesentliche Eigenschaften angenommen hat, sondern in allen Fällen, in denen sich der Käufer über die vereinbarte Beschaffenheit der Kaufsache irrt, insbesondere, wenn die Kaufsache gegenüber der vereinbarten Beschaffenheit anders ist. Damit wird jedoch der gesetzliche Begriff des Irrtums über verkehrswesentliche Eigenschaften verlassen und durch den des Irrtums über die vertragsmäßige Beschaffenheit ersetzt (s. § 459 Rdn. 7).

Die angeführte Rechtsprechung des RG und des BGH gilt mithin nur, wenn und soweit nach den Sonderbestimmungen der §§ 459 ff die Gewährschaftshaftung wegen Sachmangels dem Käufer Schutz gewährt, wenn also die Gewährleistungsansprüche bereits entstanden sind. Das ist aber nach § 459 grundsätzlich erst mit dem Gefahrübergang auf den Käufer und damit nach § 446 erst der Fall, wenn die Übergabe der verkauften Sache oder bei Grundstücken die Eintragung erfolgt ist. Gegen die Anwendung des § 119 Abs. 2 in der Zeit vor dem Gefahrübergang besteht daher kein Hindernis.

Der Käufer ist indessen ausnahmsweise auch schon vor dem Gefahrübergang berechtigt, die Gewährleistungsansprüche geltend zu machen, nämlich, wenn der Mangel der Sache unbehebbar ist oder die zugesicherte Eigenschaft nicht mehr zu verschaffen ist oder wenn der Verkäufer die vertragsmäßige Erfüllung endgültig ablehnt (§ 459 Rdn. 29). Bestritten ist, ob in den Fällen, in denen ausnahmsweise Gewährleistung schon vor dem Gefahrübergang geltend gemacht werden kann, auch die Anfechtung wegen Irrtums nach § 119 Abs. 2 als ausgeschlossen anzusehen ist. In BGH **34** 32 wird mit Recht die Auffassung vertreten, daß dem Käufer die Rechte auf Grund der allgemeinen Vorschriften und damit auch das Recht der *Anfechtung wegen Irrtums vor dem Gefahrübergang* auch dann zustehen, wenn er ausnahmsweise vor diesem Zeitpunkt zur Geltendmachung der Rechte aus §§ 459 ff befugt ist. Die Befugnis, Gewährleistungsansprüche schon vor dem Gefahrübergang geltend zu machen, stellt sich als eine Vergünstigung für den Käufer dar, die aus dem Grundsatz von Treu und Glauben hergeleitet wird. Dieser Grundsatz würde aber in sein Gegenteil verkehrt, wenn der Käufer auch das Anfechtungsrecht verlieren würde. Hinzu kommt, daß der Käufer im Einzelfall auf die frühere Geltendmachung der Gewährleistungsansprüche etwa deshalb keinen Wert legt, weil er ein Interesse daran hat, daß ihm zunächst einmal die Kaufsache übergeben wird, damit er ihren Zustand feststellt und sich schlüssig werden kann, ob er einen Gewährleistungsanspruch überhaupt und bejahendenfalls welchen er geltend machen will. In einem solchen Fall wäre es nicht gerechtfertigt, dem Käufer das Anfechtungsrecht schon von dem Zeitpunkt an zu versagen, in dem er lediglich die Befugnis zur Geltendmachung der Gewährleistungsansprüche hat (BGH **34** 32 im Gegensatz zu *Staudinger* 11. Aufl. § 459 Vorbem. 16 und *Enneccerus/Lehmann*, Schuldrecht § 112 III 2).

Ein mit Kaufvertragsbestandteilen *gemischter Vertrag* (z. B. Kauf- und Agenturvertrag oder Generalvertretung für den Vertrieb einer Ware innerhalb eines bestimmten Bezirks mit der gleichzeitigen Verpflichtung zum Bezuge einer bestimmten Menge der

Ware für eigene Rechnung) kann wegen Irrtums über wesentliche Eigenschaften der Ware dann angefochten werden, wenn der Irrtum dafür ursächlich war, daß die Vertriebsverpflichtung übernommen wurde (RG **65** 37; Gruchot **72** 450). Wollte man den Irrenden hier auf die kaufrechtlichen Gewährleistungsansprüche verweisen, so würde die besondere Interessenverknüpfung, die derartige Verträge von einem reinen Kaufvertrag unterscheidet, zu Unrecht unberücksichtigt bleiben.

b) wegen arglistiger Täuschung. Die Anfechtung wegen arglistiger Täuschung nach § 123 ist *neben den Gewährleistungsansprüchen zulässig.* Es würde eine ungerechtfertigte Begünstigung des Betrügers bedeuten, wenn der Käufer auf die Wandelung beschränkt wäre. Zudem ist nichts ersichtlich, was den Gesetzgeber veranlaßt haben könnte, dem Käufer, der durch arglistige Täuschung über die Beschaffenheit der Kaufsache zum Vertragsschluß bewogen worden ist, die für jeden Fall der arglistigen Täuschung berechnete Anfechtung zu entziehen und ihn auf das mit schwächeren Wirkungen ausgerüstete Wandelungsrecht zu beschränken (RG **104** 1; ständige Rechtsprechung des BGH vgl. LM BGB § 123 Nr. 16, 18; BGH **53** 144; **57** 137). Zur Frage, ob in einer Anfechtungserklärung auch die Erklärung der Wandelung und umgekehrt zu erblicken ist, s. § 465 Rdn. 6. Zur Rückabwicklung eines Kaufvertrages, den der Käufer wegen arglistiger Täuschung angefochten hat, nachdem die Kaufsache zerstört worden ist, s. § 467 Rdn. 4 u. 11. **9**

8. Schadensersatz wegen unerlaubter Handlung **10**

Einen Anspruch auf Schadensersatz aus unerlaubter Handlung kann der Käufer neben Gewährleistungsansprüchen geltend machen. Eine Haftung kann sich einmal aus einer Verletzung der allgemeinen Verkehrssicherungspflicht ergeben. Der Verkäufer wie der Hersteller gefährlicher Maschinen ist bei Verschulden nach § 823 Abs. 1 schadensersatzpflichtig, wenn der Käufer infolge fehlender Betriebssicherheit an Körper- oder Sachgütern verletzt wird (BGH LM BGB § 823 [C] Nr. 5; BGH Betrieb **72** 85). Ein Schadensersatzanspruch nach § 823 Abs. 2 kann aus einem Verstoß gegen das MaschinenschutzG vom 24. 6. 68 hergeleitet werden. Auch ein Schadensersatzanspruch nach §§ 823 Abs. 2, 826, insbesondere wegen Betruges, kann dem Käufer aus demselben Grunde wie die Anfechtung wegen arglistiger Täuschung neben dem in § 463 gewährten Schadensersatzanspruch zustehen. Dieser Anspruch ist auch zulässig, wenn der Kauf wegen arglistiger Täuschung angefochten worden ist; denn die unerlaubte Handlung ist selbständiger Klagegrund, das Bestehen eines Vertrages wird nicht vorausgesetzt (a. M. RG **74** 1). Mit der Klage aus unerlaubter Handlung kann der Käufer aber nur Wiederherstellung des früheren Zustandes (§ 249), mit der Klage aus § 463 dagegen das Erfüllungsinteresse verlangen, also begehren, so gestellt zu werden, wie er bei Richtigkeit der Zusicherung gestanden hätte (RG **132** 78).

III. Rechte des Bürgen des Käufers **11**

Dem Bürgen des Käufers steht, wenn er auf Bezahlung des Kaufpreises in Anspruch genommen wird, der Wandelungsanspruch nicht zu, wohl aber ein Minderungsanspruch nach § 768. Der Bürge hat aber ein Leistungsverweigerungsrecht, solange der Käufer wandeln kann (RG **66** 332).

IV. Gewährleistungsansprüche im Konkurs **12**

Gerät der Verkäufer, der eine mangelhafte Sache geliefert hat, in Konkurs und verlangt der Konkursverwalter nach § 17 KO Zahlung des Kaufpreises, so sind die *Gewährleistungsansprüche* des Käufers *Masseschulden* nach § 59 Nr. 2 KO (*Mentzel/Kuhn,* KO

7. Aufl. § 17 Anm. 18). Das gilt auch dann, wenn der Konkursverwalter die Mangelhaftigkeit der Lieferung nicht gekannt hat. Er kann aber das Erfüllungsverlangen anfechten (§ 119) und damit die Folge des § 59 Nr. 2 KO abwenden, wenn er bei dem Zahlungsbegehren der Meinung war, der Verkäufer habe gehörig erfüllt, und sich dabei nicht über eine Mängelrüge des Käufers oder eine sonstige Beanstandung der gelieferten Sache hinweggesetzt hat. Denn in diesem Falle liegt ein Irrtum des Konkursverwalters über den Inhalt seiner im Zahlungsverlangen gelegenen Erklärung vor (*Mentzel/Kuhn* aaO).

§ 463

Fehlt der verkauften Sache zur Zeit des Kaufes eine zugesicherte Eigenschaft, so kann der Käufer statt der Wandelung oder der Minderung Schadensersatz wegen Nichterfüllung verlangen. Das gleiche gilt, wenn der Verkäufer einen Fehler arglistig verschwiegen hat.

Übersicht

	Rdn.
I. Rechtliche Einordnung	1
II. Voraussetzungen	2–11
1. Zugesicherte Eigenschaften	2
2. Arglistige Täuschung	3–11
a) Allgemeines	3
b) Arglistiges Verschweigen	4–6
aa) Verschweigen	4
bb) Arglist	5
cc) Einzelfälle	6
c) Arglistiges Vorspiegeln	7
d) Einzelheiten	8–10
aa) Nachträgliche Arglist	8
bb) Mehrheit von Verkäufern	9
cc) Haftung für Stellvertreter und Gehilfen	10
e) Beweislast	11
III. Wahlrecht	12
IV. Schadensersatz	13–17
1. Art und Weise	13, 14
a) beim Behalten der Kaufsache	13
b) bei Ablehnung der Kaufsache	14
2. Umfang	15
3. Berechnung	16
4. Einzelheiten	17

1 **I. Rechtliche Einordnung**

Die Klage aus § 463 Satz 1 und Satz 2 ist eine Vertragsklage aus dem Rechte der Gewährleistung (RG **83** 244; JW **38** 2613). Die beiden Schadensersatzansprüche sind von den Voraussetzungen der §§ 459, 460 abhängig. Nur greift hier der Ausschluß der Gewährhaftung für unerhebliche Wertminderung nach § 459 Abs. 1 Satz 2 nicht ein (RG **134** 88).

§ 463 Satz 1 regelt nicht einen Fall der Haftung aus Verschulden beim Vertragsschluß. Die Vorschrift setzt kein Verschulden voraus; auch wenn der Verkäufer bei Anwendung äußerster Sorgfalt das Fehlen der zugesicherten Eigenschaft nicht kannte, steht dem Käufer der Schadensersatzanspruch zu. Es handelt sich um eine *Garantie-, nicht* um eine *Verschuldenshaftung*.

Auch im Falle des *§ 463 Satz 2* geht es um einen *vertraglich übernommenen Gewährleistungsanspruch*, nicht um Ersatz eines durch eine unerlaubte Handlung zugefügten Schadens. Die Haftung nach § 463 Satz 2 ist ebenfalls kein Fall des Verschuldens beim Vertragsschluß. Sonst fiele die Haftung im Hinblick darauf, daß sie nicht zum Ersatz bloß des Vertrauensschadens wie bei der culpa in contrahendo, sondern zum Ersatz des Erfüllungsinteresses verpflichtet, aus dem gesetzlichen Rahmen heraus. Der Sinn des § 463 liegt in folgendem: Die Gewährleistungspflicht des § 459 setzt einen Verkäufer voraus, der von dem Fehler der Kaufsache nichts weiß; die gleiche Rücksicht wäre im Falle der Zusicherung und des arglistigen Verschweigens fehl am Platze. Daher wird dem Käufer in diesen beiden Fällen der Anspruch auf das Erfüllungsinteresse gegeben oder, wie § 463 sagt, „Schadensersatz wegen Nichterfüllung" gewährt.

§ 463 betrifft nur den Kauf einer bestimmten einzelnen Sache; Satz 2 kann allerdings zur Anwendung kommen, wenn die ganze Gattung einen Mangel hat, den der Verkäufer arglistig verschwiegen hat (RG DR **41** 265).

Die Fassung des § 463 ist mißverständlich. Ob der verkauften Sache zur Zeit des Kaufes die zugesicherte Eigenschaft fehlt, ist für die Wandelung oder Minderung gleichgültig; hierfür kommt es lediglich auf die Zeit des Gefahrübergangs an, die den entscheidenden Zeitpunkt für die Gewährleistung bildet. Wenn daher § 463 Satz 2 anordnet, daß statt dieser Ansprüche auch Schadensersatz wegen Nichterfüllung verlangt werden kann, so wird stillschweigend vorausgesetzt, daß der Gewährleistungsfall vorliegt, daß also die zugesicherten Eigenschaften auch noch zur Zeit des Gefahrübergangs fehlen. Das ergibt auch die Natur des Schadensersatzanspruches als eines solchen wegen Nichterfüllung. Damit ist der Schadensersatzanspruch des § 463 Satz 1 gleich dem Wandelungs- und Minderungsanspruch als reiner Gewährleistungsanspruch ausgestattet. Zu den Voraussetzungen von Wandelung und Minderung muß jedoch noch als weiteres Erfordernis hinzukommen, daß der Mangel der verkauften Sache bereits zur Zeit des Kaufes bestanden hat.

§ 463 gilt nur für das Verhältnis zwischen Verkäufer und Käufer, nicht bei einem Vertrag, durch den sich jemand gegenüber einem Hypothekengläubiger verpflichtet hat, ein Grundstück in der Zwangsversteigerung zu erwerben.

Wegen Schadensersatzansprüchen beim Viehkauf s. § 482 Rdn. 7.

II. Voraussetzungen des Schadensersatzanspruches

§ 463 setzt voraus, daß der Kaufsache bei Vertragsschluß und bei Übergabe eine zugesicherte Eigenschaft fehlt oder daß der Verkäufer einen Fehler arglistig verschwiegen hat. Außerdem müssen die Erfordernisse der §§ 459, 460 erfüllt sein.

1. Unter den **zugesicherten Eigenschaften** ist in § 463 dasselbe zu verstehen wie **2**
in § 459 Abs. 2. Vgl. darum § 459 Rdn. 21. Die Zusicherung des Verkäufers, bis zur Vertragserfüllung eine besondere Eigenschaft der Sache herzustellen, verpflichtet beim Fehlen der Eigenschaft ebenfalls zum Schadensersatz wegen Nichterfüllung nach § 463. War die *Sache bei Vertragsschluß noch nicht vorhanden*, so kommt § 463 Satz 1 nicht in Frage, da diese Bestimmung voraussetzt, daß die Kaufsache zur Zeit des Kaufes bereits entstanden war (RG DR **41** 265). Denkbar ist aber, daß die in der Zusicherung liegende Garantieübernahme nicht auf den Zeitpunkt des Vertragsschlusses, sondern auf den Zeitpunkt der Vertragserfüllung bezogen wird (so z. B. „die Maschine soll am Lieferungstage vollständig betriebsfähig sein"). Dann hat der Verkäufer nur dafür einzustehen, daß die zugesicherte Eigenschaft zur Zeit der Vertragserfüllung vorhanden ist. Es steht nichts entgegen, für diesen Fall § 463 entsprechend anzuwenden (RG Gruchot **67** 313).

2. Arglistige Täuschung

a) Allgemeines. *Arglistiges Verschweigen* kann auch durch *arglistiges Vorspiegeln* von **3**
Eigenschaften begangen werden. Beides fällt unter den Begriff der arglistigen Täuschung (BGH LM BGB § 123 Nr. 18; BGH Betrieb **69** 2282). Das RG hat zwar von seiner abzulehnenden Auffassung aus angenommen, daß § 463 Satz 2 die Sonderregelung eines Falles des Verschuldens beim Vertragsschluß sei. Richtigerweise ist das Fehlen der vorgespiegelten Eigenschaft aber ein Fehlen der vertragsmäßigen Beschaffenheit, also ein Fehler der Kaufsache, so daß das arglistige Vorspiegeln einer Eigenschaft nichts an-

deres als das arglistige Verschweigen eines Fehlers und damit § 463 Satz 2 unmittelbar anwendbar ist. D. h., der Verkäufer muß sich so behandeln lassen, wie wenn er zugesichert hätte, was er vorgespiegelt hat. Arglistiges Verschweigen ist von Bedeutung für die Haftung des Verkäufers nach §§ 460 Satz 2, 463 Satz 2, 476, 478 Abs. 2, 479, 480 Abs. 2.

b) Arglistiges Verschweigen

4 aa) Ein **Verschweigen** liegt vor, *wenn* für den Verkäufer nach der Verkehrsauffassung eine *Pflicht zur Erklärung* bestand. Beim Kauf besteht allerdings in der Regel keine Aufklärungspflicht des Verkäufers gegenüber dem Käufer. Aus dem auch das Kaufrecht beherrschenden Grundsatz von Treu und Glauben kann sich aber die Verpflichtung des Verkäufers ergeben, dem Käufer Mitteilung von Tatsachen zu machen, wenn der Verkäufer erkennt, daß diese Tatsachen für den Entschluß des anderen Teils offensichtlich von Bedeutung sind (BGH LM BGB § 463 Nr. 8; Nr. 10; LM BGB § 123 Nr. 42). Nach Treu und Glauben muß der Verkäufer den Käufer auch mit seinem Verdacht auf die Mangelhaftigkeit der Sache bekannt machen, wenn es sich erkennbar um einen für den Entschluß des Gegners erheblichen Fehler handelt. Vgl. im übrigen § 433 Rdn. 47.

5 bb) Zur **Arglist** gehört, daß der Verkäufer das Vorhandensein des Fehlers kannte oder wenigstens mit der Möglichkeit des Vorhandenseins rechnete und daß er wußte, dem Käufer sei der Mangel nicht bekannt oder könne ihm wenigstens unbekannt sein, und daß er schließlich sich bewußt war, der Käufer würde bei Kenntnis der wahren Sachlage den Vertrag nicht abschließen oder die angebotene Ware als Erfüllung nicht annehmen. Dagegen ist nicht erforderlich, daß die Täuschung bezweckt war, es genügt bewußtes Schweigen auf die Gefahr der Täuschung hin (RG **62** 300). Arglist kann selbst dann vorliegen, wenn der Verkäufer bereitwillig die Untersuchung der Sache gestattet. Von Bedeutung kann auch die Art und der Grad des Mangels sein. Der Tatbestand des arglistigen Verschweigens deckt sich nach der allgemeinen Meinung weder mit dem des Betruges nach § 263 StGB noch schlechthin mit den Erfordernissen des § 826. Es genügt auch bedingter Vorsatz des Verkäufers, der Käufer werde, wenn er den Fehler nicht erkenne, auf die Fehlerfreiheit vertrauen und den Kaufvertrag schließen (BGH LM BGB § 123 Nr. 42). Bloße fahrlässige Täuschung genügt dagegen nicht (BGH LM BGB § 463 Nr. 1).

6 cc) **Einzelfälle:** Hiernach liegt arglistiges Verschweigen namentlich vor, wenn der Verkäufer schweigt, um den Käufer zu täuschen, z. B. falls dieser einen Preis bietet, der zum Wert der Sache außer Verhältnis steht und erkennbar aus Irrtum abgegeben ist; wenn er durch sein Verhalten zu verhüten sucht, daß der Käufer den Fehler erfährt, sich etwa wahrheitswidrig den Anschein gibt, als halte er das Bestehen des Fehlers für zweifelhaft, während er dessen Bestehen sicher weiß.

Der Verkäufer eines Hauses handelt arglistig, wenn er einen beim Verkauf gehegten *Schwammverdacht* dem Käufer nicht mitteilt. Ist das Dachgebälk eines verkauften Hauses von Hausbockkäfern befallen, darf der Verkäufer das mindestens dann nicht verschweigen, wenn die Schäden einen erheblichen Umfang erreicht haben (BGH LM BGB § 463 Nr. 8 u. 10).

Einen breiten Raum nehmen in der Rechtsprechung die Fälle der Täuschung über die Beschaffenheit von *Kraftfahrzeugen*, insbesondere Gebrauchtfahrzeugen, ein. Grundsätzlich hat der BGH ausgesprochen, der Verkäufer sei mit Rücksicht auf die allgemeine Verkehrssicherheit verpflichtet, auf Mängel hinzuweisen, mit denen der Käufer nicht zu rechnen habe (BGH BB **57** 238; BB **67** 311 = Betrieb **67** 1758). Das gilt insbesondere für Unfallwagen (BGH **29** 148; LM BGB § 463 Nr. 11), zumal wenn der Käufer ausdrücklich danach fragt (BGH LM BGB § 123 Nr. 35; BGH **57** 137). Die Frage nach der Offenbarungspflicht des Verkäufers kann aber nicht generell beantwortet werden, sondern je nach Lage des Falles (BGH WarnRspr. **73** Nr. 52). Zur Arglist bei Verschweigen von Konstruktionsfehlern eines Tanklastzuges, die die Fahrsicherheit beeinträchtigen, s. BGH NJW **71** 1795 = BGH LM BGB § 123 Nr. 42. Vgl. zu rechtserheblichen Eigenschaften von Kraftfahrzeugen auch § 459 Rdn. 14. Zur Hinweispflicht des Verkäufers eines Betriebes auf Abgasebelästigung s. BGH WarnRspr. **73** Nr. 313.

c) **Arglistiges Vorspiegeln** von Eigenschaften der Kaufsache erfolgt, wenn durch Handlungen oder Erklärungen des Verkäufers Mängel der Kaufsache der Kenntnis des Käufers entzogen oder günstige Eigenschaften fälschlich dargestellt werden. Auch insoweit handelt es sich nicht selten um Täuschung im Kfz-Handel. So etwa Umstellen des Tachometers bei einem Gebrauchtwagen, um die Fahrstrecke zu verschleiern (BGH **53** 144). Ein arglistiges Vorspiegeln beim Abschluß eines Eigenhändlervertrages ist in einem Falle angenommen worden, in dem der Unternehmer angegeben hatte, ein deutsches Patent sei für eine Ware angemeldet, die Patentanmeldung jedoch nicht nach § 30 Abs. 1 PatG bekannt gemacht worden war; denn einem Patentanmelder ist nach Bekanntmachung gestattet, auf sein Schutzrecht hinzuweisen (BGH Betrieb **66** 576). **7**

d) Einzelheiten

aa) Macht sich der Verkäufer nicht zur Zeit des Kaufabschlusses, sondern **erst nachträglich** eines arglistigen Verhaltens schuldig, so ist § 463 unanwendbar. Daher ist kein Schadensersatzanspruch gegeben, wenn der Verkäufer eines Grundstücks erst bei der Auflassung einen Fehler des Grundstücks verschwiegen hat. **8**

Bevor eine Sache besteht, kann sie auch nicht mangelhaft sein; in der Regel ist es darum ausgeschlossen, einen *Mangel einer noch nicht vorhandenen Sache* arglistig zu verschweigen. Weiß aber derjenige, der eine erst herzustellende Ware verkauft, daß sie nicht fehlerfrei hergestellt werden kann, so ist § 463 Satz 2 entsprechend anzuwenden (RG DR **41** 265).

bb) Stehen dem Käufer **mehrere Verkäufer** gegenüber, so ist der Wandelungsanspruch gegen alle Verkäufer begründet, wenn auch nur einer von ihnen einen Fehler arglistig verschwiegen hat. Für Minderung vgl. dagegen § 474. **9**

cc) Der Verkäufer haftet, wenn der rechtsgeschäftlich bevollmächtigte **Vertreter** innerhalb der ihm zustehenden Vollmacht einen Kaufvertrag abschließt und hierbei eine Eigenschaft arglistig vorspiegelt oder einen Fehler arglistig verschweigt (RG **120** 252; **132** 80). Das RG geht bei diesen Entscheidungen zwar davon aus, daß § 463 einen Fall des Verschuldens bei Vertragsschluß darstellt. Die Auffassung ist im Ergebnis jedenfalls richtig; vgl. BGH NJW **74** 1505. Der Vertretene muß den Vertrag so hinnehmen, wie ihn der Vertreter abgeschlossen hat. Der Vertreter selbst kann aus in Anspruch genommenem persönlichem Vertrauen und eigenem wirtschaftlichem Interesse (BGH **56** 81) nach § 249, nicht aber nach § 463 haften. Das kann insbesondere der Fall sein, wenn ein Kfz-Händler ein Fahrzeug im Namen eines Kunden — oft zur Vermeidung doppelter Umsatzsteuer — verkauft. Er haftet allerdings nicht weiter als der Kunde selbst (OLG Düsseldorf WM **73** 473). Der Vertreter haftet in diesem Falle neben dem Vertretenen. Sind die unrichtigen Angaben weder vom Verkäufer noch seinem Vertreter , sondern von einem Dritten gemacht worden, so findet § 463 Abs. 2 keine Anwendung (RG JW **11** 486); doch ist eine Haftung des Verkäufers nach § 831 möglich, falls er den Dritten zu einer bestimmten Verrichtung, beispielsweise zur Auskunftserteilung, bestellt und der andere dabei arglistig gehandelt hatte. **10**

Die Arglist eines **Gehilfen** soll nach der 11. Auflage dem Verkäufer nicht zugerechnet werden können, weil es sich beim Vertragsschluß nicht um die Erfüllung einer Verbindlichkeit handele. Das ist nur bedingt richtig. Trifft den Verkäufer bei Abschluß des Kaufvertrages die Pflicht, Mängel zu offenbaren, so haftet er, wenn er sich zur Erfüllung dieser Pflicht eines Gehilfen bedient, für dessen Verschulden, mithin auch für dessen Arglist. Allerdings ist nicht jeder Bedienstete schon als Erfüllungsgehilfe anzusehen (BGH LM BGB § 463 Nr. 13; vgl. für Werkvertrag BGH NJW **74** 553).

Verschweigt der *gesetzliche Vertreter* arglistig einen Fehler der Kaufsache oder spiegelt er eine nicht vorhandene Eigenschaft arglistig vor, so haftet der Mündel nicht, wenn der gesetzliche Vertreter den Mündel nur unter Hinzutritt vormundschaftsgerichtlicher Genehmigung vertreten kann (RG **132** 78). Anders, wenn der gesetzliche Vertreter allein zur Vertretung des Mündels befugt ist.

Der *Auktionator* kann unter Umständen für den Anspruch aus § 463 dem Käufer gegenüber als Selbstverkäufer behandelt werden, wenn er ohne Nennung seines Auftraggebers verkauft und der Käufer vor oder bei dem Kaufabschluß nicht auf andere Weise erfahren hat, wer als Auftraggeber hinter dem Auktionator steht.

11 e) **Beweislast.** Der Käufer hat die Beweislast dafür, daß die Kaufsache die zugesicherte Eigenschaft nicht hat und der Verkäufer den Fehler arglistig verschwiegen hat. Dazu gehört auch die Widerlegung der Behauptung des Verkäufers, auf den Fehler aufmerksam gemacht zu haben. Wird Schadensersatz wegen arglistiger Täuschung verlangt, so braucht der Käufer die Ursächlichkeit der Täuschung für seinen Kaufentschluß nicht darzutun. Dem Verkäufer bleibt jedoch der Beweis offen, die Vorspiegelung falscher Tatsachen sei für den Kaufentschluß ohne jede Bedeutung gewesen (BGH Betrieb **69** 2082).

12 **III. Wahlrecht**

Wie *zwischen dem Wandelungs- und Minderungsanspruch* einerseits, so hat der Käufer auch andererseits zwischen diesen Ansprüchen *und dem Schadensersatzanspruch die Wahl.* Er kann aber nicht neben der Wandelung die Minderung und nicht neben einem von diesen beiden Ansprüchen den Schadensersatzanspruch des § 463 erheben, sondern nur entweder den einen oder den anderen (RG **93** 163). Nur im Eventualverhältnis können Wandelung oder Minderung mit Schadensersatz geltend gemacht werden (RG **131** 346; **87** 237). Solange der eine oder andere Anspruch noch nicht verwirklicht, die Wandelung, Minderung nicht vollzogen, der Schadensersatzanspruch nicht anerkannt ist, kann der Käufer von der einmal getroffenen Wahl wieder abgehen. Der Käufer kann Schadensersatz wegen Nichterfüllung aus mangelhafter Beschaffenheit der Kaufsache auch dann verlangen, wenn in einem Vorprozeß die Klage des Verkäufers auf den restlichen Kaufpreis auf die vom Käufer erhobene Wandelungseinrede hin rechtskräftig abgewiesen ist, es sei denn, daß sein Verlangen mit Treu und Glauben unvereinbar ist (BGH **29** 148). In dem erfüllten Verlangen auf Rücknahme der Kaufsache kann im allgemeinen jedenfalls da keine vollzogene Wandelung gesehen werden, wo der Käufer seinerseits einem Dritten schadensersatzpflichtig ist oder eine Vertragsstrafe schuldet. Denn in einem solchen Falle erscheint es ausgeschlossen, daß der Käufer lediglich die Rückgängigmachung des Kaufvertrages verlangen wollte (vgl. BGH Betrieb **66** 415). Die Rückgabe ist auch nicht als Wandelung anzusehen, wenn der Käufer auf Rückzahlung des Preises unter Vorbehalt der Schadensersatzansprüche klagt. *Andere Schadensersatzansprüche* als Gewährleistungsansprüche können *auch nach vollzogener Wahl* erhoben werden. Der Vollzug der Minderung schließt die spätere Wandelung oder weitere

Minderung wegen eines anderen Mangels nicht aus. Ein auf § 826 gestützter Schadensersatzanspruch ist neben den Ansprüchen aus §§ 459, 462 zulässig.

Die Bezeichnung als Schadensersatz schließt nicht notwendig aus, daß der Käufer in Wahrheit eine Minderung meint. Es ist auch hier der wahre Wille zu erforschen. Wird der Hauptanspruch als Schadensersatzanspruch erhoben, so ist der Nebenanspruch auf Erstattung von Auslagen gleichfalls Schadensersatzanspruch. Ist aber der Hauptanspruch als Minderungsanspruch erhoben, so kann der zugleich erhobene Anspruch auf Erstattung von Auslagen nicht ohne weiteres als Schadensersatzanspruch zugebilligt werden.

IV. Schadensersatz

1. Art und Weise des Schadensersatzes

a) Der Käufer kann die **Kaufsache behalten** und verlangen, so gestellt zu werden, wie er bei gehöriger Erfüllung gestanden hätte. Das bedeutet nicht, daß der Käufer mit dem Schadensersatzanspruch Mängelbeseitigung in Natur oder Herstellung der fehlenden Eigenschaft verlangen könnte. Zu ersetzen ist vielmehr der Schaden, der dem Käufer aus der nichtgehörigen Erfüllung im Zeitpunkt der Erfüllung erwachsen ist (RG **103** 160). Der Anspruch besteht in dem *Wertunterschied zwischen mangelfreier und mangelhafter Sache*. Daher kann als Schaden allerdings auch der Betrag verlangt werden, der erforderlich ist, um die verkaufte Sache wieder in einen mangelfreien Zustand zu versetzen (BGH LM BGB § 463 Nr. 10; vgl. BGH **59** 365). 13

Daneben kann der Käufer den Schaden ersetzt verlangen, den er infolge Mangelhaftigkeit der Kaufsache, z. B. durch Explosion, sonst erlitten hat. Der Käufer kann schließlich in der Weise Schadensersatz wegen Nichterfüllung verlangen, daß er die Kaufsache behält und Preisherabsetzung fordert; dann muß er aber dartun, daß der Verkäufer den Gegenstand auch zu dem geringeren Preise hergegeben hätte (RG **83** 246).

b) Der Käufer kann aber auch den Gewährleistungsanspruch dahin geltend machen, daß er die **Kaufsache ablehnt**, die *Rückzahlung des Kaufpreises* fordert und den ihm *außerdem* durch die Nichterfüllung des Vertrages *erwachsenen Schaden* berechnet. Er braucht dazu nicht nachzuweisen, daß er kein Interesse mehr hat, die Sache zu behalten. Der Verkäufer muß den Käufer dann so stellen, wie dieser gestanden hätte, wenn es zur Übergabe gekommen wäre (RG DR **42** 465; BGH **27** 215 für ein mangelhaftes Werk; BGH **29** 148; s. dazu auch *Erman* JZ **60** 41). Unter dem Gesichtspunkt des Schadensersatzes wegen Nichterfüllung kann der Käufer auch einen dem Betrag des bereits gezahlten Kaufpreises gleichkommenden Betrag herausverlangen (RG **134** 90; BGH **29** 148). Zur Frage des Schadensersatzes bei Wandelung eines durch arglistige Täuschung zustande gekommenen Kaufvertrages, wenn die gekaufte Ware durch Verschulden des Käufers zerstört worden ist, s. § 467 Rdn. 4 u. 11. 14

2. Umfang des Schadensersatzes 15

Zu der umstrittenen Frage, ob ein Käufer bei Fehlen einer zugesicherten Eigenschaft als Schadensersatz nur das unmittelbare Erfüllungsinteresse geltend machen oder **auch Ersatz des sog. mittelbaren Schadens oder „Mangelfolgeschadens“**, d. h. des Schadens, den der Käufer infolge des Mangels über das bloße Interesse an mangelfreier Lieferung hinaus an anderen Vermögenswerten als dem Kaufgegenstand oder an der eigenen körperlichen Unversehrtheit erleidet, verlangen kann, hat der BGH unter Auseinandersetzung mit früheren Entscheidungen ausgeführt: Mangelfolgeschäden sind nach § 463 Satz 1 zu ersetzen, wenn die Auslegung ergibt, daß die Zusicherung nicht nur zu dem Zweck gegeben wurde, dem Käufer zu einem ungestörten Genuß der Kaufsache zu verhelfen, sondern daß sie darüber hinaus auch das Ziel verfolgte, ihn gegen auftretende Mangelfolgeschäden abzusichern (BGH **50** 200; so auch *Diederichsen* AcP **165** 150; vgl. zur Abgrenzung von Mangelschaden und Mangelfolgeschaden *Ballerstedt*, Festschrift Larenz 1973 S. 717). Das Urteil BGH **50** 200 betrifft nur den Schadensersatz wegen Fehlens zugesicherter Eigenschaft. Im Falle der Arglist ist ebenfalls ein Anspruch auf Ersatz von Mangelfolgeschäden ohne Einschränkung zuzubilligen (so *Larenz*, Schuldrecht 10. Aufl. Bd. 2 § 41 II c 3 S. 53). Die gesetzliche Haftung des Futtermittelhändlers nach § 6 FuttermittelG für Reinheit und Unverdorbenheit des Futtermittels umfaßt auch den Ersatz von Mangelfolgeschäden (BGH **57** 292). Hat der Verkäufer die Eignung der Ware für einen bestimmten Verwendungszweck zugesichert, so haftet er auch für Schäden, die bei Vertragsschluß noch nicht voraussehbar waren und erst durch die forschungsmäßige Weiterentwicklung entdeckt worden sind. Die Gewährleistung beruht auf einer mit der Zusicherung übernommenen Garantie, dem Käufer für alle Folgen eines Fehlens der fraglichen Eigenschaften einstehen zu wollen, und ist von einem Verschulden des Verkäufers und der Voraussehbarkeit einer etwaigen Schädigung unabhängig (BGH **59** 158). Das Urteil ist allerdings auf ähnliche Fälle nicht ohne weiteres anzuwenden. Es hat ersichtlich zum Ausgangspunkt den Grundsatz, daß über die Tragweite der Zusicherung und damit über das Einstehen für Mängel der — auch schlüssig geäußerte — durch Auslegung zu ermittelnde Wille der Parteien entscheidet (s. oben zu dieser Rdn. und § 459 Rdn. 24). Daß der Verkäufer nach den besonderen Umständen des Falles auch für forschungsmäßig noch nicht erkennbare Folgen, also schlechthin für sämtliche Mängel, haften will, ist zwar möglich, wird aber selten sein (s. auch die Kritiken *Teichmann* NJW **73** 20; *v. Westphalen* BB **72** 1070). Der Verkäufer kann seine Zusicherung auch dahin einschränken, daß er im Falle der Unrichtigkeit ausnahmsweise dann nicht schadensersatzpflichtig sein wolle, wenn er im Zeitpunkt des Vertragsschlusses sowohl von der Richtigkeit des Zugesicherten überzeugt gewesen sei als auch bei gewissenhafter Prüfung solche Überzeugung hätte haben dürfen (BGH LM BGB § 463 Nr. 6). Alsdann haftet der Verkäufer für das Fehlen der Eigenschaften nur unter den vorgesehenen Voraussetzungen (BGH aaO).

Der Käufer hat nach § 254 nicht Anspruch auf Ersatz seines vollen Schadens, wenn ihn ein mitwirkendes Verschulden an der Entstehung des Schadens trifft (BGH Betrieb **66** 415).

16 **3. Berechnung**

Der Käufer, der seinen Schaden abstrakt berechnet, muß das innerhalb der zulässigen Grenzen (ohne übermäßigen Gewinn) tun (RG **90** 305). Bei der Schadensberechnung sind die Grundsätze über die Vorteilsausgleichung anzuwenden (RG **80** 155; **84** 386; **93** 144; SeuffArch. **67** Nr. 31). Vorteile, die der Käufer aus bestimmungsmäßiger Verwertung der Kaufsache zieht, stellen aber keine auszugleichenden Vorteile dar; denn die Möglichkeit, Gewinn zu erzielen, steht dem Käufer ohnehin zu. Diesen Gewinn auch nur teilweise dem vertragsbrüchigen Verkäufer zukommen zu lassen, besteht kein Anlaß. Was der Käufer beim Weiterverkauf an Gewinn erzielt, wenn er anstelle der mangelhaften Kaufsache sich mit einer anderen eindeckt, braucht er bei der Schadensaufmachung dem Verkäufer gleichfalls nicht gutzubringen (RG **52** 154; JW **13** 370; **17** 709). Hat der Verkäufer eines Grundstücks dem Käufer einen höheren als den tatsächlichen Mietertrag arglistig vorgespiegelt, so ist es unerheblich, wenn es dem Käufer später gelingt, mit den Mietern einen höheren Mietzins zu vereinbaren (BGH WM **65** 272). Gegenüber arglistig vorgespiegelten Eigenschaften kann sich der Verkäufer auch nicht auf die Angemessenheit des Preises wegen anderweiter Vorzüge der Kaufsache berufen (RG Recht **14** Nr. 2421). Ebenso braucht der Käufer sich nicht auf die spätere Werterhöhung durch Beseitigung des Mangels verweisen zu lassen (RG JW **11** 647).

4. Einzelheiten 17

Zu ersetzen sind auch die Kosten eines Rechtstreits, den der Käufer infolge des Mangels im Interesse des Verkäufers gegen seinen Abnehmer hat führen müssen. Auch die Aufwendungen, die der Käufer in Erwartung der Erfüllung gemacht hat und die infolge der Nichterfüllung vergeblich gewesen sind, sind zu ersetzen. Die ihm zukommende Geldentschädigung kann der Käufer, wenn der Verkäufer die Sache sofort zu leisten hatte, ebenfalls ungekürzt sofort verlangen (RG **66** 340). Zur Frage, ob der arglistig getäuschte Käufer eines Grundstücks Schadensersatz auch dann verlangen kann, wenn er vor der Auflassung den wahren Sachverhalt erfahren hat, s. BGH **50** 164 und § 464 Rdn. 2.

Hat der Käufer einer gebrauchten, als in beschränktem Umfange „einsatzbereit" bezeichneten Maschine diese weiterverkauft und dabei seinem Abkäufer andersartige Zusicherungen gemacht, so kann er wegen Fehlens der ihm zugesicherten Einsatzbereitschaft nicht den Gewinn ersetzt verlangen, der ihm durch die Wandelung des mit seinem Abnehmer geschlossenen Kaufvertrages entgangen ist (BGH LM BGB § 463 Nr. 15).

Wegen der Zulässigkeit der Abrede eines pauschalierten Schadensersatzes vgl. vor § 433 Rdn. 121.

§ 464

Nimmt der Käufer eine mangelhafte Sache an, obschon er den Mangel kennt, so stehen ihm die in den §§ 462, 463 bestimmten Ansprüche nur zu, wenn er sich seine Rechte wegen des Mangels bei der Annahme vorbehält.

Übersicht

	Rdn.		Rdn.
I. Die Bedeutung der Vorschrift	1	IV. Vorbehalt	4
II. Annahme der Kaufsache	2	V. Verzicht auf Gewährleistungsansprüche	5
III. Kenntnis des Mangels	3	VI. Beweislast	6

I. Die Bedeutung der Vorschrift 1

§ 464 regelt die **Wirkung vorbehaltloser Annahme** einer mangelhaften Sache. Die Vorschrift gilt *nur für Sachmängel.* Eine entsprechende Vorschrift für Rechtsmängel gibt es nicht. Während § 460 bestimmt, daß die Kenntnis des Käufers beim Abschluß des Kaufvertrages als Verzicht auf die Geltendmachung der Gewährleistungsansprüche anzusehen ist, weil eine mangelhafte Sache gekauft ist, ergibt § 464 die gesetzliche Vermutung eines Verzichtes auf Gewährleistungsansprüche bei Annahme der mangelhaften Sache trotz Kenntnis der Mängel, sofern die Gewähransprüche nicht vorbehalten worden sind (RG **101** 64). Schließt sich an den Kaufabschluß die Annahme der gekauften Sache unmittelbar an, so deckt sich die Vorschrift des § 464 mit der des § 460. Die gesetzliche Vermutung des § 464 bezieht sich nur auf die in §§ 462, 463 bestimmten Ansprüche. Auch die auf Arglist des Verkäufers beruhenden Gewähransprüche gehen verloren, wenn der Käufer die mangelhafte Kaufsache trotz Kenntnis des Mangels annimmt (RG **101** 73). Soweit dagegen neben Ansprüchen aus § 463 noch Schadensersatzansprüche aus §§ 823, 826 in Betracht kommen, findet § 464 keine Anwendung (RG **63** 113; JW **11** 756 unter Aufgabe des gegenteiligen Standpunkts von RG **59** 104). Eines

Vorbehalts bedarf es auch, wenn der Verkäufer die fehlende Eigenschaft zugesichert hat (RG **101** 73; BGH Urt. v. 17. 12. 57 — VIII ZR 315/56).

Sind *mehrere Sachen* als zusammengehörend verkauft (§ 469 Satz 2), so müssen die Voraussetzungen des § 464 für jede einzelne Sache festgestellt werden; doch schließt das nicht aus, daß in der vorbehaltlosen Annahme einer einzelnen von dem Mangel betroffenen Sache nach erlangter Kenntnis von diesem Mangel ein stillschweigender Verzicht auf das Wandelungsrecht überhaupt gefunden wird. Beim *Sukzessivlieferungsvertrag* kann die vorbehaltlose Annahme der ersten mangelhaften Lieferung bedeuten, daß der Käufer solche Ware auch künftig nicht als vertragswidrig behandeln will; er kann gegen Treu und Glauben verstoßen, wenn er, obwohl er die nicht vertragsmäßige Lieferung unbeanstandet hingenommen und erkannt hat, der Verkäufer gedenke weiter so zu liefern, nach Erhalt der zweiten ebenso beschaffenen Lieferung vom Vertrage zurücktritt (RG HRR **36** 255).

2 II. Die **Annahme** ist gleichbedeutend mit Abnahme nach § 640 Abs. 2. Für die Annahme ist nicht erforderlich, daß der Empfänger die Erfüllung als eine tadellose angenommen hat. Eine Annahme liegt in jedem Verhalten, durch das der Käufer, wenn auch nur stillschweigend, zu erkennen gibt, daß er die Leistung des Verkäufers als eine der Hauptsache nach vertragsmäßige Erfüllung gelten lassen will (RG **64** 236; **109** 295; JW **11** 486; BGH LM BGB § 464 Nr. 1). Ein Aufladen und Mitnehmen (z. B. von Weihnachtsbäumen) braucht aber noch nicht notwendig eine solche Annahme zu sein, wohl aber wenn die Sache nach dem Ausladen behalten wird.

Beim Grundstückskauf gehört auch die Mitwirkung des Grundstückskäufers bei der Auflassung zur „Annahme" der Sache (RG **134** 83). Der Grundstückskäufer muß sich daher auch dann, wenn er nach der Übergabe, aber vor der Auflassung Kenntnis von einem Mangel erhält, bei der Auflassung seine Rechte vorbehalten (BGH **50** 364).

3 **III. Kenntnis des Mangels**

Erforderlich ist wirkliche **Kenntnis** vom Mangel. Die Kenntnis eines Teils des Mangels steht der Kenntnis des ganzen Mangels nicht gleich. Zum Tatbestand der Kenntnis gehört das Wissen des Käufers, durch welchen Fehler der Wert oder die Tauglichkeit der Kaufsache aufgehoben oder gemindert wird; denn nur dann kennt er den Fehler in der sich für die Gewährleistungsansprüche ergebenden Bedeutung (RG **149** 401; BGH LM BGB § 476 Nr. 8). *Grob fahrlässige Unkenntnis* genügt nicht, ebensowenig bloße Vermutung des Mangels. Dem Käufer liegt, abgesehen von dem Fall eines beiderseitigen Handelsgeschäfts nach § 377 HGB eine Pflicht zur alsbaldigen Untersuchung und Mängelanzeige nur dann ob, wenn Treu und Glauben dies erfordern (vgl. § 459 Rdn. 30).

Die *Kenntnis eines Vertreters* des Käufers ist nach § 166 dem Vertretenen zuzurechnen. Liegt jedoch ein Mißbrauch der übertragenen Vertretungsmacht beim Vertreter vor und kennt der Verkäufer diesen Mißbrauch, so kann er bei einem durch den Vertreter abgeschlossenen Rechtsgeschäft aus jenem Mißbrauch keine Rechte gegen den Käufer herleiten (RG **75** 301; **101** 73; **159** 321). Entsprechendes muß gelten, wenn sich ein Angestellter, der für den Käufer handelt oder auch nur auf den Abschluß von Kaufverträgen bestimmend einwirken darf, hinter dem Rücken seines Geschäftsherrn vom Verkäufer Vorteile für dessen bevorzugte Behandlung versprechen oder gewähren läßt (RG **161** 229). Läßt sich der Grundstückskäufer bei der Auflassung (s. Rdn. 2) durch einen dazu bevollmächtigten, i. S. des § 166 Abs. 2 nach bestimmten Weisungen des Käufers handelnden Dritten vertreten und war die Auflassung in Unkenntnis eines Mangels erklärt worden, so ist der Käufer zum Vorbehalt seiner Rechte verpflichtet, wenn er zu der Zeit, als er von dem Mangel erfahren hatte, auch positiv wußte, daß die Auflassung noch bevorstand. Die Anwendung des § 166 Abs. 2 kommt auch dann in Betracht, wenn der Käufer erst nach Erteilung der Vollmacht die Kenntnis erlangt, um deren Zurechnung es geht, und er es zu der durch den Bevollmächtigten vorzunehmenden Auflassung kommen läßt, ohne einzugreifen, obwohl er eingreifen könnte (BGH **50** 364).

IV. **Der Vorbehalt** ist eine einseitige, empfangsbedürftige Willenserklärung, für die ein bestimmter Wortlaut zwar nicht vorgeschrieben ist, in der aber der Mangel nicht nur allgemein, sondern eindeutig und der Vorbehaltswille erkennbar zum Ausdruck gebracht werden müssen. In der nach § 377 HGB dem Käufer obliegenden Mängelanzeige ist nicht ohne weiteres ein Vorbehalt, der einen Verzicht auszuschließen vermöchte, zu erblicken (RG **64** 237; JW **11** 486). **4**

V. Verzicht auf Gewährleistungsansprüche **5**

Der Käufer geht, wenn er den Mangel kennt, des Anspruches auf Wandelung auch durch einen solchen Gebrauch der Sache verlustig, der auf den Willen, sich die Sache ohne Rücksicht auf etwaige Fehler zuzueignen, schließen läßt (vgl. § 467 Rdn. 9). Diese Folge hat dagegen ein wirtschaftlich verständiger **Gebrauch des Kaufgegenstandes** nicht (RG **145** 79). Der Käufer muß aber, sobald er Wandelung begehrt, grundsätzlich die Benutzung der Kaufsache einstellen, wenn er nicht seinen Wandelungsanspruch verlieren will (RG **145** 79; BGH LM BGB § 351 Nr. 2). Eine *kurzfristige Weiterbenutzung* der Kaufsache nach Entdeckung des Mangels und ein hoher Kostenaufwand zu ihrer Instandsetzung rechtfertigen nicht ohne weiteres den Schluß, daß der Mangel für den Kaufentschluß unmaßgeblich gewesen sei (BGH WM **56** 1499). In der schon vor Ausübung des Wandelungsrechts vorgenommenen Veräußerung der Ware liegt im allgemeinen ein Verzicht (RG **98** 231; **101** 18), jedoch können die Umstände auch etwas anderes ergeben (RG **98** 232). In der *Weiterveräußerung* beanstandeter Ware allein kann nicht der Ausdruck des Willens, auf Minderung oder Schadensersatz zu verzichten, gefunden werden (RG **131** 343; BGH LM BGB § 464 Nr. 1). Ein Verzicht auf die Gewährrechte ist auch nicht ohne weiteres in der Hingabe einer fehlerhaften Sache zur Reparatur, insbesondere nicht in einem solchen Gebrauch zu finden, der im wesentlichen dem Interesse des Verkäufers dient oder durch besondere Umstände entschuldigt wird. Zwingend liegt ein solcher Wille auch nicht in der Billigung beim Kauf auf Besicht oder in der Bestätigung eines anfechtbaren Kaufes nach § 144; selbst in einem Vertrage, durch den der Käufer gegen die Übernahme der Pflicht zur Beseitigung des Mangels auf das Wandelungsrecht verzichtet, muß ein Verzichtswille nicht liegen. Auf Mängel, die dem Käufer erst nach der Annahme bekannt werden, bezieht sich die Vorschrift des § 464 nicht. Allerdings kann ein Käufer, dem nachträglich Mängel bekannt werden und der über die Kaufsache verfügt oder den Gebrauch fortsetzt, auf Wandelung verzichten (s. oben).

VI. Der **Beweis** für die Annahme der Sache und die Kenntnis des Käufers vom Mangel trifft den Verkäufer, während der Käufer für die Abgabe des Vorbehalts beweispflichtig ist. **6**

§ 465

Die Wandelung oder die Minderung ist vollzogen, wenn sich der Verkäufer auf Verlangen des Käufers mit ihr einverstanden erklärt.

Übersicht

	Rdn.		Rdn.
I. Bedeutung	1–5	d) Gemischte Theorie des RG und BGH	5
1. Allgemeines	1	II. Verlangen und Einverständnis	6–8
2. Rechtsansichten über die Vollziehung	2–5	1. Verlangen	6
a) Vertragstheorie	2	2. Einverständnis	7
b) Herstellungstheorie	3	3. Einzelheiten	8
c) Modifizierte Vertragstheorie oder Theorie der richterlichen Gestaltung	4	III. Schadensersatzanspruch	9

1 **I. Bedeutung**

1. Allgemeines

Die *Bedeutung* des § 465 ist in Rechtslehre und Rechtsprechung *bestritten. Übereinstimmung* besteht nur darüber, daß die Wandelung oder Minderung vollzogen ist, wenn sich Verkäufer und Käufer über die Wandelung oder Minderung einig sind. Die Einigung hat die Rückgängigmachung des Kaufes (Wandelung) oder die Herabsetzung des Kaufpreises (Minderung) zum Inhalt. Zweifelhaft ist schon, ob sich aus dieser Einigung für den Verkäufer der Anspruch auf Rückgabe der Kaufsache und für den Käufer der Anspruch auf Rückzahlung des Kaufpreises oder des über den geminderten Preis hinaus gezahlten Betrages ergibt. Damit hängt die Frage zusammen, ob diese Einigung, wenn sie ein Grundstück betrifft, der Form des § 313 bedarf. Sicher ist, daß der Käufer nach einer wirksam zustande gekommenen Einigung nicht mehr von dem einen Rechtsbehelf (Wandelung oder Minderung) zu dem anderen übergehen darf, daß sein Anspruch von da an von der Voraussetzung des Sachmangels unabhängig ist und daß die Neubegründung des einmal beseitigten Übereignungsanspruches bei einem Grundstück der Form des § 313 bedarf.

2 **2. Rechtsansichten über die Vollziehung**

a) Die Vertragstheorie (*Oertmann* § 462 Nr. 3; § 465 Nr. 3; *Dernburg* II § 186 Anm. II; *Endemann* § 161 Anm. 36; *Goldmann/Lilienthal* I, 499; *F. Leonhard*, Schuldrecht II, 67 ff; *Hellwig*, Anspruch und Klagerecht 383) meint, der Käufer habe Anspruch auf Abschluß eines Wandelungs- oder Minderungsvertrages und erst auf Grund dieses Vertrages, der den Kaufvertrag aufhebe oder abändere oder, anders ausgedrückt, die Wandelung oder Minderung vollziehe, könnten dem Käufer und dem Verkäufer Rückgewähransprüche erwachsen. Der Käufer müßte also bei strenger Durchführung dieser Auffassung, falls der Verkäufer mit der vom Käufer verlangten Wandelung oder Minderung nicht einverstanden ist, zunächst gestützt auf die Mangelhaftigkeit der gelieferten Kaufsache, auf Abgabe einer Willenserklärung, nämlich auf die Einverständniserklärung des Verkäufers klagen; durch die Rechtskraft eines obsiegenden Urteils würde er einen Vertrag über die Wandelung oder Minderung erzielen, aus dem er dann in einem zweiten Prozeß, falls der Verkäufer nun noch die Rückgewähr des Kaufpreises oder des Zuvielgezahlten verweigert, unabhängig vom Sachmangel auf Rückzahlung klagen müßte. Dieser Weg wäre zu umständlich und unpraktisch.

3 **b) Die Herstellungstheorie** (*Planck* § 462 Anm. 3; § 465 Anm. 1; *Thiele* AcP 93 397 ff; *Langheineken*, Anspruch und Einrede S. 215; *Staudinger/Ostler* § 462 Anm. 13 m. w. N.; *Heinichen* in HGB RGRK § 377 Anm. 60 ff; *Enneccerus/Lehmann* § 110 I 2 m. w. N.) vertritt den Standpunkt, § 462 gebe einen Anspruch auf Rückgängigmachung der Folgen des Kaufs, im Falle der Wandelung also einen unmittelbaren Anspruch auf Rückzahlung des Kaufpreises oder auf Befreiung von der Kaufpreisschuld, beide Male gegen Rückgabe der Kaufsache, und im Falle der Minderung einen unmittelbaren An-

spruch auf teilweise Rückzahlung des Kaufpreises oder teilweisen Erlaß der Kaufpreisschuld. Nach dieser Theorie besteht die Bedeutung des § 465 darin, daß die Einverständniserklärung des Verkäufers mit der Wandelung oder mit der Minderung dem Käufer das jus variandi, also das Recht nimmt, von dem einen Rechtsbehelf zum anderen überzugehen. Im Prozeßfalle soll das Wahlrecht des Käufers mit der Rechtskraft des auf die Wandelungs- oder Minderungsklage ergehenden Urteils untergehen; das Urteil sei nicht Voraussetzung der beiderseitigen Rückgewähransprüche, sondern lege nur den Zeitpunkt fest, in dem der Käufer das Recht, entweder Wandelung oder Minderung zu verlangen oder bei dem Vertrag stehenzubleiben, verliere.

Während die Herstellungstheorie im allgemeinen den Anspruch auf Wandelung oder Minderung unmittelbar an den Sachmangel knüpft, lassen *Henle* (Recht der Schuldverhältnisse, S. 613) und *Raape* (Festschrift für Heinrich Lehmann 1937, S. 159 ff, 163 ff) den Wandelungsanspruch erst mit der Wandelungserklärung entstehen. Der Käufer habe ein Gestaltungsrecht; erst durch die Ausübung dieses Rechts werde der Wandelungsanspruch ins Leben gerufen. Wie § 354 Satz 2 zeige, brauche die Gestaltung nicht endgültig zu sein; der Käufer verliere das Wahlrecht nicht schon mit der Wandelungserklärung, sondern erst entweder mit der Einverständniserklärung des Verkäufers, durch die ein Vertrag lediglich anerkennenden, feststellenden Inhalts zustande komme, oder mit der Rechtskraft der Verurteilung zur Rückgewähr. Bei der Minderung sei für eine Gestaltung kein Raum; die Auffassung, daß der Kaufvertrag abgeändert werden müsse, zu der die Fassung des § 462 („Herabsetzung des Kaufpreises") verleite, sei verfehlt; der Käufer brauche nur deshalb einen Teil des vereinbarten Preises zu zahlen, weil er nicht erhalten habe, was ihm zugestanden habe.

c) Modifizierte Vertragstheorie oder Theorie der richterlichen Gestaltung. *Bötticher* (Die Wandlung als Gestaltungsakt, 1938, Heidelberger Rechtswissenschaftliche Abhandlungen Nr. 24, und SJZ **48** 738 ff) hält das Ziel der Vertragstheorie für richtig und verlangt mit ihr die Aufhebung des Kaufvertrages (so bei der Wandelung) oder dessen Abänderung (so im Falle der Minderung). Komme es zum Wandelungs- oder Minderungsvertrage, so sei die Wandelung oder Minderung vollzogen. Im Streitfall vollziehe sich die Wandelung durch Richterspruch. § 462 gebe dem Käufer keinen Anspruch, sondern das Recht, Wandelung oder Minderung zu verlangen. Er müsse beantragen, den Verkäufer unter Wandelung des Kaufvertrages zur Rückzahlung des Kaufpreises zu verurteilen. Der Käufer habe nicht die Einwilligung des Verkäufers in die Wandelung und damit ein Leistungsurteil, sondern den Erlaß eines Gestaltungsurteils zu begehren. Bedenken gegen diese Auffassung, daß dem Urteilsspruch Gestaltungswirkung zukomme, sind insbesondere in dem Fall begründet, in dem eine Kaufpreisklage auf die Wandeleinrede des Käufers abgewiesen wird oder in dem das Urteil nur über einen Teilbetrag des Kaufpreises befindet (vgl. auch *Erman* JZ **60** 41, 44). 4

d) Gemischte Theorie des RG und des BGH. Wie *Erman* (aaO S. 41) mit Recht betont, muß ein so wichtiges, auf alltägliche Tatbestände aufgebautes Rechtsinstitut wie die Sachmängelhaftung einen besonders klaren Richtigkeitsgehalt haben und besonders einfach ausgestaltet sein. So hat sich denn auch das RG nicht auf den Streit zwischen Vertrags- und Herstellungstheorie eingelassen. Sein Standpunkt ist: Nicht wie die Anfechtung, der Vorkauf, der Wiederkauf vollzieht sich die Wandelung oder Minderung durch die einseitige Erklärung des Käufers. Auf rechtsgeschäftlichem Wege gelangt vielmehr die Wandelung und Minderung nur dadurch zur Verwirklichung und Vollziehung, daß sich auf das Verlangen des Käufers der Verkäufer damit einverstanden erklärt (RG **59** 97; **108** 26). Auch vom BGH wird die Streitfrage zwar in BGH **29** 148 erörtert, bleibt jedoch ebenfalls unentschieden. Allerdings wird in den Urteilen LM BGB 5

§ 480 Nr. 3 und Betrieb **66** 415 von einer Willenserklärung der Parteien gesprochen. Jedenfalls ist auch die Wandelung oder Minderung nicht vollzogen, wenn der Käufer sich Schadensersatzansprüche vorbehält (BGH **29** 148, 156) oder die Parteien sich über den Umfang der Mängel nicht einig geworden sind (BGH LM BGB § 480 Nr. 3). Das besagt aber nicht, daß der Käufer seine Gewährleistungsansprüche *nur* in der Weise gerichtlich geltend machen könnte, daß er den Verkäufer auf Einwilligung in die Wandelung oder Minderung verklagt. Er kann seinen Klageantrag auch unmittelbar auf Rückgängigmachung des Kaufvertrages oder auf Minderung durch das Urteil und auf die Leistungen richten, die sich aus dieser Rückgängigmachung oder der Minderung ergeben (RG **58** 423; **66** 75; **69** 385; **70** 198; **94** 331; **101** 71). Eine dann erfolgende richterliche Entscheidung über den Kaufpreis besagt aber an und für sich über die Vollziehung von Wandelung oder Minderung noch nichts. Wird der Klage des Käufers rechtskräftig stattgegeben, so ist er allerdings mit dem jeweils nicht geltend gemachten Gewährleistungsanspruch ausgeschlossen, weil er nach § 462 nur den einen oder den anderen geltend machen kann. Dem Käufer steht dann der jeweils andere Anspruch materiellrechtlich nicht zu. Diese Erwägung greift aber nicht durch, wenn die Kaufpreisklage des Verkäufers auf Grund einer Wandelungseinrede des Käufers abgewiesen worden oder über den Kaufpreis nur zum Teil entschieden worden ist. Nach Ansicht des BGH kann in dem ersten Fall in dem abweisenden Urteil weder eine Ersetzung des Einverständnisses des Verkäufers mit der verlangten Wandelung noch eine rechtsgestaltende Entscheidung gesehen werden, die einer Vollziehung der Wandelung i. S. des § 465 gleichzusetzen wäre (BGH **29** 148). Der Käufer darf daher noch zum Schadensersatz wegen Nichterfüllung übergehen. Das gleiche muß gelten, wenn das Urteil nur einen — vielleicht geringen — Teilbetrag des Kaufpreises betrifft, wenn z. B. aus Ersparungsgründen nur ein Teilbetrag oder bei Ratenzahlung eine Rate eingeklagt worden ist (vgl. *Erman* JZ **60** 41, 44). In der entscheidenden Frage, ob der Käufer in diesen Fällen durch ein Urteil das Wahlrecht als Folge der Vollziehung von Wandelung oder Minderung verloren hat, stellen das RG und der BGH es auf den *Einzelfall unter dem Gesichtspunkt von Treu und Glauben* ab (RG **147** 390; BGH **29** 148). Insbesondere darf sich der Käufer später nicht in Widerspruch zu der Haltung setzen, die er in dem Rechtsstreit eingenommen hatte und die ihm dort zum Erfolg verholfen hatte; anderenfalls würde er gegen Treu und Glauben verstoßen (vgl. die genannten Urteile; *Blomeyer* AcP **151** 114). Die bloße Tatsache, daß der Käufer, der Schadensersatz verlangt, im Vorprozeß die Wandelungseinrede erhoben hatte, genügt nicht zur Annahme eines Verstoßes gegen Treu und Glauben (BGH **29** 148, 157). Nur unter dem Gesichtspunkt von Treu und Glauben tritt mit der rechtskräftigen Abweisung der Kaufpreisklage eine Bindung des Käufers an die einmal vorgenommene Wahl ein. Kann der Käufer danach die Rückzahlung einer geleisteten Anzahlung fordern, so muß er auf die Mangelhaftigkeit der Sache zurückkommen und die im Vorprozeß nur als Entscheidungsgrund berücksichtigte Berechtigung seines Wandelungsverlangens dartun. Zur Frage, ob er der Verjährungseinrede des Verkäufers aus § 477 ausgesetzt ist, s. RG **69** 388 und § 478 Rdn. 3.

Bis zur rechtskräftigen Entscheidung eines Rechtsstreits über die Mängel ist der Käufer an die von ihm ausgeübte Wahl nicht gebunden; er kann vielmehr von dem einen Rechtsbehelf zum anderen übergehen (RG JW **05** 492). Er kann auch den einmal erhobenen Anspruch auf Wandelung oder Minderung fallenlassen.

6 **II. Verlangen und Einverständniserklärung**

1. Der Käufer muß **Wandelung oder Minderung verlangen**, was gerichtlich oder außergerichtlich geschehen kann. Es handelt sich um einen sog. verhaltenen Anspruch (*Langheineken*, Festgabe Brünneck [1912] S. 27). Eine alternative Geltendmachung

widerspricht der Natur des Anspruchs, dagegen kann sie hilfsweise erfolgen (RG **131** 346). Das Verlangen braucht nicht auf Einverständniserklärung des Verkäufers zu gehen, sondern kann unmittelbare Wandelung oder Minderung enthalten. Das außergerichtliche Verlangen bedarf auch keiner Form, wenn es sich um Wandelung eines Grundstückskaufs handelt (RG **137** 296). Im Rechtsstreit kann das Verlangen *auch einredeweise* geltend gemacht werden. In der auf Mängel gestützten Erklärung des Käufers, der Kaufvertrag werde wegen arglistiger Täuschung angefochten, kann ein Wandelungsverlangen des Käufers liegen (BGH LM BGB § 123 Nr. 42; BGH Urt. vom 26. 11. 57 — VIII ZR 232/56).

Solange der Käufer die Wahl noch ändern kann, braucht er selbst bei Geltendmachung der Wandelung die Sache noch nicht zurückzugeben. Erst mit dem Vollzug der Wandelung entsteht für den Verkäufer der Anspruch auf Rückgewähr (RG **94** 331). Vorher hat nur der Käufer ein Recht. Auch er kann nur Leistung gegen Gegenleistung (Rückzahlung gegen Rückübereignung) verlangen. Wird die Wahl nach der Klageerhebung geändert, so ist das Klageänderung (RG **64** 374), die aber in der Regel nach § 264 ZPO zuzulassen ist, da die Verteidigung des beklagten Verkäufers dadurch nicht wesentlich erschwert wird.

2. Die Einverständniserklärung des Verkäufers kann auch stillschweigend erfolgen. Solange sie an einen Vorbehalt oder eine Bedingung geknüpft ist, tritt eine Vollziehung der Wandelung noch nicht ein (RG Recht **21** Nr. 1858). Auch die Erklärung, mit der Rücknahme der Sache bei weiterbestehendem Streit über die übrigen Rechtsansprüche einverstanden zu sein, bedeutet nicht notwendig ein Einverständnis mit der Wandelung (RG Gruchot **51** 179). Die Vereinbarung, die gelieferte mangelhafte Sache in eine mangelfreie umzutauschen, kann dem Verkäufer das Recht geben, die Wandelung durch Lieferung einer fehlerfreien Sache abzuwenden. In der Regel liegt darin aber die Rückgängigmachung des Kaufvertrages und der Abschluß eines neuen Kaufvertrages über einen Ersatz (*Stölzle* JW **31** 347). Erkennt der Verkäufer eine Beanstandung der Ware nicht an und nimmt er die Ware bloß aus Entgegenkommen zurück, so liegt darin keine Rückgängigmachung des Kaufes, sondern nur ein Rückgängigmachen des Erfüllungsgeschäfts, wodurch der Verkäufer die Möglichkeit erhält, eine andere Ware aus der Gattung als Ersatz zu liefern (RG **91** 110; **93** 98; **94** 329). Nicht zu verwechseln ist das Einverständnis über die Wandelung mit dem Einverständnis über die Nichtigkeit des Kaufes, die ganz andere Folgen hat (RG WarnRspr. **12** Nr. 68). 7

3. Einzelheiten 8

Die *Erklärungen* des Käufers und Verkäufers über die Wandelung sind *rechtsgeschäftliche Willenserklärungen*, daher von beiden Seiten wegen Irrtums anfechtbar (OLG **22** 47). Kommt es zu einem Wandelungsvertrag, so gewinnt damit nur der Verkäufer einen Anspruch, den auf Rückgabe der Kaufsache; der Käufer dagegen behält den erhobenen Anspruch, der nun allerdings gegen Bestreiten des Mangels geschützt ist und der 30jährigen Verjährung, nicht der nach § 477, unterliegt. Erklärt sich der Verkäufer mit dem verlangten Minderungsbetrag einverstanden, so wird damit der erhobene Anspruch nur bestätigt und vor einseitiger Änderung geschützt, aber kein neuer Anspruch erzeugt.

Durch die *vollzogene Wandelung* wird *kein gegenseitiges Vertragsverhältnis* begründet, daher ist § 326 nicht anwendbar (RG **93** 49).

Mit der Wandelungserklärung des Käufers gerät der *Verkäufer*, wenn das Wandelungsbegehren begründet ist, in *Annahmeverzug*, falls er die Ware nicht rechtzeitig zurücknimmt. Der Käufer hat von da an gemäß § 300 nur mehr Vorsatz und grobe Fahrlässigkeit zu vertreten (RG WarnRspr. **12** Nr. 376).

Wird bei der Wandelung Zug-um-Zug-Leistung angeboten, so ist beiderseitiger gesetzlicher *Erfüllungsort* der Ort, an dem sich die Ware dem Vertrage gemäß befindet.

9 III. Auf den **Schadensersatzanspruch** aus § 463, der nur von dem Verlangen des Käufers, nicht von der Einwilligungserklärung des Verkäufers abhängt, bezieht sich *§ 465 nicht*. Dieser Anspruch wird vielmehr mit der Erfüllung oder mit der Verurteilung unwiderruflich. Ist der Anspruch auf Wandelung oder Minderung unwiderruflich geworden, so kann (vgl. § 463: statt der Wandelung oder Minderung) wegen eines Mangels Schadensersatz nach Gewährleistungsrecht nicht mehr verlangt werden.

§ 466

Behauptet der Käufer dem Verkäufer gegenüber einen Mangel der Sache, so kann der Verkäufer ihn unter dem Erbieten zur Wandelung und unter Bestimmung einer angemessenen Frist zur Erklärung darüber auffordern, ob er Wandelung verlange. Die Wandelung kann in diesem Falle nur bis zum Ablaufe der Frist verlangt werden.

Die Vorschrift bietet ein Mittel, um den Schwebezustand zu beseitigen, ähnlich § 634. Ist die gesetzte Frist unangemessen kurz, ist die Fristsetzung zwar als solche wirksam, an die Stelle der gesetzten Frist tritt aber die angemessene (RG **56** 234).

Verlangt der Käufer die Wandelung, geht er also auf das Erbieten zur Wandelung ein, so ist diese mit seiner Erklärung vollzogen; andernfalls ist sie mit Ablauf der Frist ausgeschlossen, dagegen die Geltendmachung der sonstigen Rechte (Minderung, Schadensersatz) gestattet. Wegen des Gattungskaufs s. § 480.

§ 467

Auf die Wandelung finden die für das vertragsmäßige Rücktrittsrecht geltenden Vorschriften der §§ 346 bis 348, 350 bis 354, 356 entsprechende Anwendung; im Falle des § 352 ist jedoch die Wandelung nicht ausgeschlossen, wenn der Mangel sich erst bei der Umgestaltung der Sache gezeigt hat. Der Verkäufer hat dem Käufer auch die Vertragskosten zu ersetzen.

Übersicht

	Rdn.
I. Rückgewähr	1–3
1. Allgemeines	1
2. Verpflichtungen des Verkäufers	2
3. Verpflichtungen des Käufers	3
II. Ausschluß der Wandelung	4–9
1. bei verschuldeter Veränderung der Kaufsache	4
2. bei Umgestaltung der Kaufsache	5
3. bei Veräußerung und Belastung der Kaufsache	6
4. kein Ausschluß bei zufälliger Veränderung	7
5. Verzug des Käufers	8
6. Verwirkung	9
III. Unteilbarkeit der Wandelung	10
IV. Einzelheiten zur Durchführung der Wandelung	11
V. Erfüllungsort und Internationales Privatrecht	12
VI. Beweislast	13

1 I. Rückgewähr

1. Allgemeines

Die Durchführung der Wandelung ist in den §§ 467—471 geregelt. Die sich danach ergebenden Rechtsfolgen treten kraft Gesetzes ein. Nach dem Grundsatz der Vertragsfreiheit sind aber auch Vereinbarungen zulässig. Jedoch besteht keine Vermutung, daß ein selbständige Rechte und Pflichten begründender Umtauschvertrag geschlossen sei.

Während die Anfechtung den Vertrag in den Grenzen des § 142 mit dinglicher Wirkung gegen jedermann vernichtet, setzt der Anspruch auf *Wandelung* den Käufer nur instand, die *schuldrechtliche Aufhebung* des Vertrages herbeizuführen (RG **96** 157). Eine dingliche Wirkung hat die Wandelung nicht; durch das beiderseitige Einverständnis wird nicht etwa das Eigentum ohne weiteres auf den Käufer zurückübertragen (RG **108** 27). Die für das vertragliche Rücktrittsrecht geltenden Vorschriften der §§ 346 ff finden entsprechende Anwendung. Ausgenommen sind die §§ 349, 355 wegen der besonderen Regelung in §§ 465, 466. Das *ursprüngliche Schuldverhältnis* wird *beseitigt* und *an seine Stelle* tritt das Schuldverhältnis aus § 346, nämlich die *Verpflichtung* der Parteien, einander die *empfangenen Leistungen zurückzugewähren*. Anstelle des rückgängig gemachten Kaufes tritt aber nicht ein anderer gegenseitiger Vertrag auf Austausch von Leistung und Gegenleistung, vielmehr geht die Wandelung lediglich auf Beseitigung des ursprünglichen Kaufvertrages. Die Rechte des § 326 sind daher auf diese Rückgängigmachung nicht anwendbar (RG **93** 47).

2. Verpflichtungen des Verkäufers 2

Er hat den Kaufpreis mit Zinsen zurückzuzahlen (§§ 346 Satz 1, 347 Satz 3, 246) und den Wert der etwa neben dem Kaufpreis vom Käufer erhaltenen Dienste zu vergüten (§ 346 Satz 2). Hat der Verkäufer Wertpapiere als Kaufpreis erhalten, so hat er diese, andernfalls den Kurswert, nicht den Nennwert zu ersetzen (RG JW **05** 137). Die auf die Sache vom Käufer gemachten notwendigen Verwendungen hat der Verkäufer nach den Vorschriften über die Geschäftsführung ohne Auftrag zu erstatten (§§ 347 Satz 2, 994 Abs. 2; RG **147** 393). Der Verkäufer hat auch die aus dem gewandelten Kauf erwachsenen Vertragskosten (RG JW **13** 27) zu ersetzen (§ 467 Satz 2). Der Käufer kann ferner die Kosten eines Privatgutachtens zur Feststellung der Mängel erstattet verlangen (OLG Braunschweig Recht **14** Nr. 758). Eine Pflicht, die Sache zurückzunehmen, hat der Verkäufer, da eine entsprechende Anwendung des § 433 Abs. 2 entfällt, nur dann, wenn der Käufer an der Rückgabe ein besonderes Interesse hat. Ein solches Interesse wird aber im allgemeinen gegeben sein.

3. Verpflichtungen des Käufers 3

Der Käufer hat in erster Linie dem Verkäufer die empfangene Sache frei von etwa inzwischen begründeten Lasten zurückzugewähren (§ 346 Satz 1), und zwar bei Grundstücken in der erforderlichen Form. Hat der Käufer ein Verschlechterung der Sache, ihren Untergang oder die anderweitige Unmöglichkeit der Rückgewähr verschuldet, so ist er zum Ersatz des daraus entstandenen Schadens verpflichtet (§§ 347 Satz 1, 989). Nach dem Wortlaut des in Bezug genommenen § 347 würde der Käufer zeitlich vom Empfang der Kaufsache an wie ein Besitzer haften, gegen den Klage erhoben ist. Diese Auslegung wird aber der Lage des wandelungsbefugten Käufers kaum gerecht. Sinn der Haftung des auf Grund vertragsmäßigen Rücktrittsrechts zur Herausgabe Verpflichteten ist, daß er wie der verklagte Besitzer damit rechnen muß, daß dem Vertragsgegner der Herausgabeanspruch zusteht. Dieser Grund paßt für den Käufer, der wegen eines Mangels wandeln darf, erst von dem *Zeitpunkt* an, *zu dem* er den *Mangel erkannt* hat. Da § 347 ohnehin nur entsprechend anzuwenden ist, ist es gerechtfertigt, erst diesen Zeitpunkt für den *Beginn der Verantwortlichkeit anzusetzen*. Das würde auch dem Sinn des § 993 entsprechen (vgl. *Flume* NJW **70** 1161, 1165; a. A. RG **145** 79). Der Käufer hat auch dem Verkäufer die gezogenen Nutzungen herauszugeben und für schuldhaft nicht gezogene Nutzungen Ersatz zu leisten (§ 347 Satz 2, 987). Hinsichtlich des Zeitpunkts für den Beginn dieser Haftung muß das oben Gesagte gelten.

Eine andere Frage ist, ob von einem „Verschulden" auch bei einer vor Kenntnis des Mangels erfolgten, vom Käufer nicht verschuldeten Beschädigung oder Zerstörung gesprochen werden kann, wenn die *Kaufsache ihrer Bestimmung und Natur gemäß einer Gefährdung ausgesetzt* ist, so etwa ein Kraftfahrzeug im Straßenverkehr. Denkbar wäre der Grundsatz: „Wer bewußt die vermögensmäßigen Risiken des Besitzes eines Gegenstandes für sein Vermögen auf sich nimmt, muß es seiner Person zurechnen lassen, wenn sich die Risiken verwirklichen" (so *Flume* aaO S. 1163 für die Entreicherungsgefahr nach § 818 Abs. 3; vgl. auch *Flessner* NJW **72** 1777). Für die Schadensersatzpflicht des Käufers wird dem nicht zu folgen sein. Wer mit seinem Eigentum gutgläubig bestimmungsgemäß verfährt, handelt gegenüber dem Verkäufer nicht schuldhaft (*Flume* aaO S. 1166). Anders kann sich die Frage des Verschuldens bei der Entscheidung nach § 351 darstellen, ob der Käufer nach unverschuldeter Zerstörung der Kaufsache noch wandeln kann (vgl. unten Rdn. 7).

4 **II. Ausschluß der Wandelung**

Die Wandelung ist ausgeschlossen:

1. Wenn der Käufer eine wesentliche **Verschlechterung**, den **Untergang** der Kaufsache oder eines erheblichen Teiles oder die **anderweitige Unmöglichkeit** der Herausgabe entweder selbst oder durch einen (mit der wirtschaftlichen Behandlung der Sache betrauten) Dritten, für den er nach § 278 einzustehen hat, **verschuldet** hat (§ 351). Der Ausschluß der Wandelung erfordert nicht, wie der Ausschluß des Rücktrittsrechts, eine schuldhafte Verschlechterung der Sache noch vor Erklärung der Wandelung (RG **145** 83; BGH LM BGB § 351 Nr. 4). Denn die Wandelung vollzieht sich nicht durch einseitige Willenserklärung wie der Rücktritt; erst vom Vollzug ab kann von einem Ausschluß der Wandelung nicht mehr die Rede sein. Dagegen liegt kein Grund vor, Umständen, die vorher, wenn auch nach der einseitigen Erklärung, wandeln zu wollen, eingetreten sind, die Bedeutung abzusprechen (RG **59** 87). Die wesentliche Verschlechterung muß aber *spätestens vor Vollziehung der Wandelung* schuldhaft herbeigeführt worden sein. Ist die Verschlechterung erst nachher erfolgt, so wird die Wandelung nicht ausgeschlossen, sondern der Käufer ist schadensersatzpflichtig, Die Verschlechterung muß die Sache selbst treffen und ihre Brauchbarkeit für den Vertragsgegner beeinträchtigen. Es genügt nicht eine durch ein äußeres Ereignis herbeigeführte ungünstige Auffassung beteiligter Kreise über den Wert und die Brauchbarkeit (RG **64** 375). Die Frage, ob Verschlechterung überhaupt oder gar wesentliche Verschlechterung vorliegt, ist Tatfrage. Steht die Verschlechterung oder der Untergang fest, so hat der Käufer, um dem Ausschluß der Wandelung zu begegnen, darzulegen, daß er daran nicht schuld sei. Den Käufer trifft kein Verschulden, wenn er die in Brand geratene Kaufsache nicht versichert hat (RG JW **11** 321). Wird die Herausgabe zu einer Zeit unmöglich, zu der der Verkäufer sich dem Rücknahmeverlangen des Käufers gegenüber im Rücknahmeverzug befand, so hört damit zwar die Haftung des Käufers für Verschulden nicht auf, sie beschränkt sich aber auf Vorsatz und grobe Fahrlässigkeit (§ 300; RG **56** 267; RG WarnRspr. **12** Nr. 376).

Für das Verhalten des Käufers *entscheidend* ist bei der Frage des Ausschlusses der Wandelung bereits der *Zeitpunkt der Übergabe* (vgl. dagegen oben Rdn. 3). Der Rechtsgrund für den Ausschluß ist nicht eine im Verhältnis zum Verkäufer vorwerfbare Beschädigung oder Vernichtung der Kaufsache, sondern der Grundsatz der Unbeachtlichkeit eines widersprüchlichen, gegen Treu und Glauben verstoßenden Verhaltens. Der Käufer, der die Kaufsache vorsätzlich oder fahrlässig zerstört hat und sie deshalb nicht im alten Zustand zurückgeben kann, setzt sich mit dem Wandelungsbegehren in Widerspruch zu diesem vorausgegangenen Verhalten (*Huber* JuS **72** 439, 443).

2. Wenn der Käufer die **Kaufsache** durch Bearbeitung oder Umbildung in eine Sache anderer Art **umgestaltet** hat, es sei denn, daß sich der die Wandelung begründende Mangel erst bei dieser Umgestaltung gezeigt hat (§§ 352, 467 Satz 2). Aussaat von Samen ist Umgestaltung der Sache. **5**

3. Wenn der Berechtigte den empfangenen Gegenstand oder einen erheblichen Teil desselben **veräußert** oder mit dem Recht eines Dritten **belastet** und in der Folge der Dritte eine wesentliche Verschlechterung oder den Untergang des Gegenstandes oder eines erheblichen Teiles desselben oder die anderweitige Unmöglichkeit der Herausgabe des Gegenstandes verschuldet hat. Einer Verfügung des Käufers steht eine Verfügung gleich, die im Wege der Zwangsvollstreckung oder der Arrestvollziehung oder durch den Konkursverwalter erfolgt (§ 353). Ebenso jede unzulässige Verfügung über die Ware, z. B. ein unzulässiger Notverkauf (RG **101** 19). Das bloße Auseinandernehmen einer Maschine läßt das Wandelungsrecht dagegen noch nicht verloren gehen. **6**

Auch das *verschuldete Unvermögen* des Käufers zur Herausgabe schließt die Wandelung aus, z. B. wenn der Käufer die von ihm weiterveräußerte Sache nicht wiederzuerlangen und daher nicht zurückzuerstatten vermag (RG **102** 315). Die Wandelung ist dagegen nicht ausgeschlossen, wenn der Berechtigte den veräußerten Gegenstand von dem dritten Erwerber zurückerworben hat oder zurückerwerben kann und dem Verkäufer zurückgeben kann und will. Ebenso schließt der Umstand, daß ein der Wandelung unterliegendes Grundstück zur Zwangsversteigerung gekommen ist, die Wandelung an sich nicht aus, sondern nur dann, wenn der Wandelungsberechtigte die Zwangsversteigerung verschuldet hat und infolgedessen nicht mehr in der Lage ist, das Grundstück dem Verkäufer zurückzugeben (RG WarnRspr. **13** Nr. 190). Kündigung einer Hypothek und infolgedessen Versteigerung des Grundstücks begründet Unmöglichkeit der Rückgabe (Recht **14** Nr. 1821).

4. Die Wandelung wird dagegen **nicht** dadurch **ausgeschlossen,** daß die **Kaufsache** beim Käufer **durch Zufall untergegangen oder verschlechtert** worden ist (§ 350). In diesem Sinn hat daher die Übergabe einer mangelhaften Sache nicht den Gefahrübergang (§§ 446, 447) zur Folge (vgl. *Flume* NJW **70** 1161, 1165). Zufall liegt vor, wenn der Käufer den Untergang oder die Beschädigung der Sache nicht verschuldet hat und dafür auch nicht nach §§ 352, 353 einzustehen hat. Gibt der Käufer die Kaufsache an den besser berechtigten Eigentümer ohne Wissen des Verkäufers heraus, so steht das einem vom Käufer nicht zu vertretenden Untergang der Sache gleich (BGH **5** 337 für Rücktritt, s. dazu § 440 Rdn. 8). Fraglich ist, ob Zufall auch dann anzunehmen ist, wenn der Käufer vor Erklärung der Wandelung die Kaufsache bestimmungsgemäß benutzt hat und dabei die Kaufsache übliche Abnutzungsschäden oder bei gefahrengeneigtem Einsatz ohne Verschulden des Käufers einen durch den Einsatz verursachten Schaden erlitten hat; vgl. oben Rdn. 3. In einem solchen Fall wird, soll die im Wandelungsrecht geltende Bestimmung des § 350 nicht ihren Sinn verlieren, die Wandelung nicht ausgeschlossen sein. Bei unverschuldeter Beschädigung handelt der Käufer grundsätzlich nicht widersprüchlich und damit gegen Treu und Glauben, wenn er Wandelung verlangt (vgl. BGH LM BGB § 467 Nr. 2; 351 Nr. 3, 4). Wegen Weitergebrauchs nach Wandelung s. unten Rdn. 9. **7**

5. Kommt der **Käufer** nach Vollziehung der Wandelung **mit der Rückgewähr** der Sache oder eines erheblichen Teiles in **Verzug**, so kann ihm der andere Teil eine an- **8**

gemessene Frist bestimmen mit der Erklärung, daß er die Annahme nach dem Ablauf der Frist ablehne. Mit dem Ablauf der Frist wird die erklärte Wandelung unwirksam, und der Käufer kann nicht von neuem Wandelung verlangen (§ 354; RG **123** 393). Auch der Anspruch auf Minderung ist ausgeschlossen, da der Käufer sein Wahlrecht eingebüßt hat.

9 6. Der Käufer kann auch, abgesehen von den im Gesetz ausdrücklich angeführten Fällen eines Verlustes des Wandelungsrechts, dieses **Recht verwirken**, wenn er in Kenntnis des Mangels nach Erklärung der Wandelung mit der Sache in einer Weise verfährt, die nach Treu und Glauben auf seinen Willen, sie zu behalten, schließen läßt, insbesondere, wenn er durch Veräußerung, Gebrauch oder Verbrauch seinen Willen, vom Wandelungsrecht Abstand zu nehmen, kundgibt (RG **98** 231; **101** 18; s. auch § 464 Rdn. 5). Verzicht ist namentlich anzunehmen, wenn der Käufer trotz Kenntnis des Mangels die Ware bezahlt (RG SeuffArch. **74** 43); Abschlagszahlung enthält nicht ohne weiteres einen Verzicht (RG Recht **15** Nr. 1063). Doch muß der *Weitergebrauch* der fehlerhaften Sache nach Erklärung der Wandelung trotz dadurch herbeigeführter erheblicher Wertminderung nicht unbedingt zu einem Fortfall des Wandelungsrechtes führen, so wenn die Weiterbenutzung in Anbetracht des hohen Wertes der Gebrauchsvorteile auch im Interesse des Verkäufers liegt (BGH LM BGB § 467 Nr. 2; § 351 Nr. 4).

10 **III. Unteilbarkeit der Wandelung**

Eine teilweise Wandelung ist dem Gewährleistungsrecht fremd. Eine Ausnahme bildet nach § 469 der Fall, daß von mehreren verkauften Sachen nur einzelne mangelhaft sind. Handelt es sich dagegen um eine aus mehreren Teilen bestehende einheitliche Sache, so hat der Käufer grundsätzlich nicht das Recht, die Wandelung auf einzelne Teile zu beschränken und andere Teile der empfangenen Kaufsache nach seinem Belieben endgültig für sich zu behalten und den Verkäufer insoweit auf einen Ersatzanspruch zu verweisen (BGH LM BGB § 467 Nr. 4; a. A. *Rohlff* NJW **72** 575). Sind auf der Verkäufer- oder Käuferseite mehrere beteiligt, so kann die Wandelung nur von allen oder gegen alle ausgeübt werden. Erlischt der Wandelungsanspruch für einen der Berechtigten, so erlischt er auch für die übrigen (§ 356). Anders bei der Minderung (§ 474).

11 **IV. Einzelheiten zur Durchführung der Wandelung**

Die beiderseitigen Verpflichtungen sind *Zug um Zug* zu erfüllen (§ 348). Die Verpflichtung zur Rückgabe Zug um Zug setzt aber eine vollzogene Wandelung voraus. Der Käufer braucht jedoch eine mangelhafte Ware so lange nicht zurückzugewähren, als er seine Wahl noch ändern kann. Er kann daher nach § 480 mangelfreie Ware verlangen, ohne die mangelhafte Zug um Zug zurückgeben zu müssen (RG **94** 331). Da der Käufer Anspruch auf Rückzahlung des Kaufpreises nur Zug um Zug gegen Rückgabe der Kaufsache hat, ist sein Anspruch nach §§ 348, 320 einredebehaftet. Er kann daher grundsätzlich mit seiner Forderung nach § 390 nicht aufrechnen. Das gilt nicht, wenn der Verkäufer sich auf Grund eines wirksamen Angebots, die Ware zurückzunehmen, im Annahmeverzug befindet (BGH LM HGB § 377 Nr. 5).

Streitig ist die Durchführung der Wandelung, wenn im *Kraftfahrzeughandel* der Kraftfahrzeughändler einen *Gebrauchtwagen* des Erwerbers für einen Teil des Preises *in Zahlung* nimmt. Dann liegt im Regelfall kein Tauschvertrag, sondern ein Kaufvertrag vor, bei dem der Käufer das Recht hat, den vertraglich festgelegten Teil des Kaufpreises durch Hingabe des Gebrauchtwagens zu tilgen (BGH **46** 338). Ist der vom Käufer in Zahlung gegebene Gebrauchtwagen mangelhaft oder fehlt ihm eine zugesicherte Eigenschaft, so muß der Erwerber für den an Erfüllungs Statt gegebenen Gegenstand in gleicher Weise wie ein Verkäufer Gewähr leisten. Der Kraftfahrzeughändler kann wie ein Käufer die Wandelung erklären. Das führt nicht dazu, daß die durch die Leistung an Erfüllungs Statt erloschene Kaufpreisforderung von selbst wieder auflebt. Vielmehr hat der Händler nur Anspruch auf Wiederbegründung seiner Forderung. Er kann also grundsätzlich gegen Rückgabe des Gebrauchtwagens Zahlung des Kaufpreises auch insoweit verlangen, als er durch die Inzahlungnahme des Fahrzeuges des Käufers getilgt werden sollte (BGH aaO; s. dazu *Pfister* MDR **68** 361; *Dubischar* JZ **69** 175).

Mit dem Fall, daß der *Verkäufer* eines Kraftfahrzeuges *den Käufer arglistig getäuscht* hat und das *Kraftfahrzeug* beim Käufer durch einen Unfall *stark beschädigt* worden ist, hat sich der BGH unter dem Gesichtspunkt der Anfechtung wegen arglistiger Täuschung in zwei Urteilen, BGH **53** 144 und **57** 137, befaßt. Im ersten Fall traf den Käufer am Unfall kein Verschulden, im zweiten Fall war der Unfall verschuldet. In beiden Fällen ging es um die Bereicherungshaftung des betrügerischen Verkäufers, dessen Anspruch auf Rückgabe ganz oder teilweise geschmälert ist (s. dazu vor § 812 Rdn. 5 u. 43; § 812 Rdn. 56). Die Lage des getäuschten Käufers kann aber schwerlich anders sein, wenn er Wandelung geltend macht. Solange die Beschädigung als unverschuldet gilt (s. oben Rdn. 3), haftet der Käufer nicht, er kann also den Kaufpreis ungeschmälert zurückfordern. Kommt es bei verschuldeter Beschädigung überhaupt zur Wandelung — etwa weil der Verkäufer sich auf sie einläßt —, so regelt sich die Ersatzpflicht nach §§ 347, 989, 990. Über die Ansprüche des arglistig getäuschten Käufers s. im übrigen *Weitnauer* NJW **70** 637; *Flume* NJW **70** 1161; *Flessner* NJW **72** 1777; *Huber* JuS **72** 439; *v. Caemmerer*, Festschrift Larenz, 1973, S. 621; *Honsell* NJW **73** 350.

Der *Wandelungsanspruch* verwandelt sich *im Falle der Konkurseröffnung* über das Vermögen des Verkäufers gemäß § 69 KO in eine Geldforderung und ist als solche im Konkurs geltend zu machen. Die vor der Konkurseröffnung rechtskräftig gewordene Entscheidung über den Grund des Anspruchs, d. h. über die Berechtigung des Wandelung, bildet auch für die anstelle dieses Anspruchs tretende Geldforderung die unverrückbare Grundlage (RG **65** 132). Die Gewährleistungsansprüche sind aber Masseschulden nach § 59 Nr. 2 KO, wenn der Konkursverwalter des Verkäufers Zahlung des Kaufpreises verlangt (vgl. § 462 Rdn. 12).

V. Erfüllungsort. Der Erfüllungsort für die Durchführung der Wandelung fällt **12**
weder mit dem Erfüllungsort für die ursprünglichen Verpflichtungen des Verkäufers aus dem Kaufvertrage noch mit dem Erfüllungsort bei vereinbartem Rücktritt zusammen. Gleichviel ob die Durchführung einer bereits vollzogenen Wandelung (§ 465) begehrt wird oder der Käufer unmittelbar die Rückgängigmachung des Kaufes verlangt, ist der *Ort, an dem sich die Kaufsache* dem Vertrage gemäß *befindet*, einheitlich für alle Rückgewähransprüche der Erfüllungsort, §§ 269 BGB, 29 ZPO (RG **55** 105; **57** 12; Recht **18** Nr. 980; LZ **08** 471). Das folgt aus der Natur des Rückgewährschuldverhältnisses und gilt selbst dann, wenn auf Grund des Kaufvertrages lediglich der Verkäufer geleistet hatte und der Käufer bloß auf Befreiung von der Kaufpreisschuld klagt (RG **57** 12). Der Käufer ist nicht verpflichtet, die Sache an den Ort der Übergabe auf seine Kosten zurückzubringen (RG **55** 112, 113; **57** 15).

Das Recht des Ortes, an dem sich die Kaufsache dem Vertrage gemäß befindet, ist auch für die Geltendmachung des von einem inländischen Käufer gegen einen ausländischen Verkäufer nach dem BGB erhobenen Wandelungsanspruchs nebst den damit zusammenhängenden Nebenansprüchen auf Zurücknahme der Ware und auf Ersatz der Fracht, der Versicherungs- und Lagerkosten maßgebend, einerlei, ob der Kaufpreis bezahlt ist oder nicht (RG **55** 107; vgl. auch § 459 Rdn. 35).

13 **VI. Beweislast.** Der Verkäufer hat die die Wandelung ausschließende Verschlechterung oder die Unmöglichkeit der Herausgabe der Kaufsache, der Käufer das Nichtvorhandensein eigenen Verschuldens oder das Vorhandensein überwiegenden Verschuldens beim Verkäufer zu beweisen (RG **56** 270; JW **04** 140; RG WarnRspr. **08** Nr. 621; **10** Nr. 148).

§ 468

Sichert der Verkäufer eines Grundstücks dem Käufer eine bestimmte Größe des Grundstücks zu, so haftet er für die Größe wie für eine zugesicherte Eigenschaft. Der Käufer kann jedoch wegen Mangels der zugesicherten Größe Wandelung nur verlangen, wenn der Mangel so erheblich ist, daß die Erfüllung des Vertrags für den Käufer kein Interesse hat.

1 Beim **Verkauf von Grundstücken** gilt die *Zusicherung einer bestimmten Größe* — zu unterscheiden von der an sich unverbindlichen bloßen Flächenangabe zum Zwecke der Beschreibung (RG LZ **16** 1173) — als *Zusicherung einer Eigenschaft* i. S. von § 459 Abs. 2. Die Vorschrift stellt aber keine Vermutung dahin auf, daß die Größenangabe eine solche Zusicherung enthalte (RG JW **05** 530; LZ **16** 1173). Zu einer verbindlichen Zusicherung ist eine Erklärung erforderlich, welche ergibt, daß der Verkäufer für die von ihm angegebene Größe einstehen will, und welche auch vom Käufer in diesem Sinn aufgefaßt wird. Es bleibt der Auslegung des Vertragswillens überlassen, festzustellen, welche Bedeutung im einzelnen Falle die Angabe einer bestimmten Größe hat. Die arglistig falsche Angabe der Größe eines Grundstücks steht der Zusicherung gleich (RG WarnRspr. **14** Nr. 285). Ist die Größenangabe Inhalt der Kaufvereinbarung geworden, so kann der Vertrag nicht wegen Irrtums über die Größe angefochten, sondern nur Gewährleistung geltend gemacht werden.

Für den Gewährleistungsanspruch nach §§ 459, 462 kommt es lediglich auf die Größe an, welche die Sache zur Zeit des Gefahrübergangs auf den Käufer hat (Recht 07 Nr. 3477).

2 Die hier für die Wandelung (nicht Minderung oder Schadensersatz) vorausgesetzte *Erheblichkeit des Mangels* (RG **53** 74) enthält eine Einschränkung der in §§ 459, 462 gegebenen Vorschriften. Die Erheblichkeit (sowie die Zusicherung einer bestimmten Größe) hat der Käufer zu beweisen. Vermag er das fehlende Interesse nicht darzutun, so kann er nur Minderung oder Schadensersatz wegen Nichterfüllung geltend machen (RG **63** 113). Es kommt aber nur auf die Erheblichkeit des Mangels, nicht auf die erhebliche Minderung des Wertes oder der Tauglichkeit an.

Die Vorschrift in § 468 Satz 2 findet auch Anwendung bei dem Verkauf eines Inbegriffs von einzelnen Grundstücken, wobei jedoch die als Ganzes zusammengefaßten Grundstücke für die Anwendung des Gesetzes in der Regel als ein Grundstück anzusehen sind, so daß bei Beurteilung der Frage nach dem Vorhandensein der zugesicherten Größe ihre Gesamtfläche in Betracht kommt. §§ 460, 464, 477 finden Anwendung.

§ 469

Sind von mehreren verkauften Sachen nur einzelne mangelhaft, so kann nur in Ansehung dieser Wandelung verlangt werden, auch wenn ein Gesamtpreis für alle Sachen festgesetzt ist. Sind jedoch die Sachen als zusammengehörend verkauft, so kann jeder

Teil verlangen, daß die Wandelung auf alle Sachen erstreckt wird, wenn die mangelhaften Sachen nicht ohne Nachteil für ihn von den übrigen getrennt werden können.

I. Einzelwandelung (Satz 1) 1

Sind mehrere Sachen, die nicht im Verhältnis von Haupt- und Nebensachen stehen (§ 470), Gegenstand eines Kaufvertrages, so ist die Wandelung grundsätzlich nur wegen der einzelnen mangelhaften Sache zulässig. Die Vorschrift findet keine Anwendung auf den Fall, daß nur eine einzelne Sache verkauft ist, aber deren Bestandteile mangelhaft sind.

II. Gesamtwandelung (Satz 2) 2

1. Daß *Sachen als zusammengehörend verkauft* sind, ergibt sich in der Regel aus der Absicht der Vertragsteile und dem Vertragszweck. Wollen die Parteien den Kauf mehrerer Sachen nur in ihrer durch einen bestimmten gemeinschaftlichen Zweck hergestellten Verbindung abschließen, so ist regelmäßig anzunehmen, daß die Sachen als zusammengehörend verkauft worden sind (so Maschinen einer Steinbruchanlage, BGH WarnRspr. 70 Nr. 28). Satz 2 ist nicht schon deshalb unanwendbar, weil die ganze Lieferung in Abteilungen auf den Weg gebracht wird (RG 138 337).

2. Bei Sachen, die ein *zusammengehörendes Ganzes* bilden und die *nicht ohne* 3 *Nachteil* für einen der beiden Vertragsteile *voneinander getrennt* werden können, kann jeder die Erstreckung der Wandelung auf alle Sachen verlangen. In § 469 Satz 2 findet der allgemeine Rechtsgedanke Ausdruck, daß beide Parteien, auch wenn nur ein Teil der mehreren Sachen mangelhaft ist, gleichwohl die Wandelung des Ganzen hinnehmen müssen oder verlangen können, wenn die Beschränkung der Wandelung auf die mangelhaften Sachen einer Partei nach Treu und Glauben nicht zuzumuten ist. Deshalb kann der Verkäufer einer Menge gleichartiger Sachen eine Gesamtwandelung auch dann nicht verweigern, wenn die Trennung der mangelfreien von den mangelhaften Sachen nur durch mühevolles und zeitraubendes, dem Käufer nach Treu und Glauben nicht zuzumutendes Aussortieren möglich ist (BGH LM BGB § 469 Nr. 1).

3. Beim *Sukzessivlieferungsvertrag* und bei teilbaren und in Teilen erfolgenden 4 Lieferungen beschränkt sich die Wandelung grundsätzlich auf die einzelne mangelhafte Rate (RG 104 382). Auch wenn die mangelhafte Rate für die Zukunft mangelhafte Leistungen befürchten läßt, so findet keine Erstreckung der Wandelung auf die zukünftigen Leistungen statt; wohl aber kommen dann die Grundsätze über positive Vertragsverletzung zum Zuge.

4. Die Vorschrift des § 469 wird nicht dadurch ausgeschlossen, daß ein Teil der 5 Ware nach § 377 HGB wegen Unterbleibens der vorgeschriebenen Mängelrüge als genehmigt gilt (RG 138 338).

§ 470

Die Wandelung wegen eines Mangels der Hauptsache erstreckt sich auch auf die Nebensache. Ist die Nebensache mangelhaft, so kann nur in Ansehung dieser Wandelung verlangt werden.

Für den Begriff der Nebensache ist regelmäßig der Parteiwille und der Vertragszweck maßgebend; von diesem Gesichtspunkte aus fällt in der Regel auch das Zubehör (§§ 97, 98) mit darunter. In der Regel ist entscheidend, ob die (Neben-)Sache ohne eine andere nicht gekauft worden wäre (OLG Hamburg Recht **14** Nr. 334).

§ 471

Findet im Falle des Verkaufs mehrerer Sachen für einen Gesamtpreis die Wandelung nur in Ansehung einzelner Sachen statt, so ist der Gesamtpreis in dem Verhältnisse herabzusetzen, in welchem zur Zeit des Verkaufs der Gesamtwert der Sachen in mangelfreiem Zustande zu dem Werte der von der Wandelung nicht betroffenen Sachen gestanden haben würde.

Die hier vorgeschriebene Verhältnisrechnung findet sowohl im Falle des § 469 Satz 1 als im Falle des § 470 Satz 2 Anwendung, wenn für einen Gesamtpreis verkauft ist. Die Herabsetzung muß möglich sein. Zur Ergänzung dient § 473. Zu rechnen ist, wenn man z. B. a) den Gesamtwert der Sachen in mangelfreiem Zustande zur Zeit des Verkaufs mit 800, b) den Wert der von der Wandelung nicht betroffenen Sachen mit 400, c) den Gesamtpreis mit 600 annimmt: 800 : 400 = 600 : x oder

$$x = \frac{400 \cdot 600}{800} = 300,$$

so daß der Verkäufer, wenn er den Kaufpreis bereits erhalten hat, den Betrag von 600—300 = 300 an den Verkäufer herauszuzahlen hat. Bei Geschäftsverkäufen unter Zugrundelegung des Geschäftsinventars s. RG v. 24. 3. 08 — II 593/07; vgl. auch RG Recht **18** Nr. 690 = WarnRspr. **18** Nr. 186.

§ 472

Bei der Minderung ist der Kaufpreis in dem Verhältnisse herabzusetzen, in welchem zur Zeit des Verkaufs der Wert der Sache in mangelfreiem Zustande zu dem wirklichen Werte gestanden haben würde.

Findet im Falle des Verkaufs mehrerer Sachen für einen Gesamtpreis die Minderung nur wegen einzelner Sachen statt, so ist bei der Herabsetzung des Preises der Gesamtwert aller Sachen zugrunde zu legen.

Übersicht

	Rdn.		Rdn.
I. Durchführung der Minderung	1	III. Gesamtpreis	3
II. Berechnungsgrundsatz	2	IV. Kaufpreisteilforderung	4
		V. Erfüllungsort	5

1 I. Die §§ 472—475 enthalten die Vorschriften über die **Durchführung der Minderung.** Gemindert wird der Kaufpreis, d. h. derjenige Geldbetrag, den der Käufer als Gegenleistung für die Verschaffung des Eigentums der Kaufsache nach § 433 zu entrichten hat. Wenn darüber hinaus noch andere Leistungen mit der Zahlung abgegolten werden sollen, so unterliegt dieser Teil des Entgelts nicht der Minderung (RG JW **31** 3270). Auf den Minderungsanspruch hat es keinen Einfluß, wenn der Käufer inzwischen die Sache mit Gewinn weiterveräußert oder sie durch Gebrauch entwertet hat (RG **66** 1115; LZ **18** 869). Minderung kann der Käufer auch geltend machen, wenn er die Ware

vorher dem Verkäufer zur Verfügung gestellt hat. § 472 findet Anwendung auch für die abzuziehende Fracht, die erspart wird, wenn beim cif-Geschäft die vereinbarte Übersendung unterbleibt. Für Schadensberechnungen außerhalb eines Vertragsverhältnisses gilt § 472 nicht, wenn auch das Ergebnis der Berechnung dasselbe sein kann (RG **62** 384).

II. Berechnungsgrundsatz 2

1. Allgemeines

Die Herabsetzung des Kaufpreises erfolgt in dem Verhältnis, in dem zur Zeit des Verkaufes der (objektive) Wert der Kaufsache in mangelfreiem Zustande zu dem wirklichen (objektiven) Wert der mangelhaften Sache gestanden hätte (Relative Methode, also keine Schadensersatzberechnung, RG WarnRspr. **15** Nr. 111, und keine Schätzung nach dem Ertrag der Kaufsache). Es ist deshalb grundsätzlich unzulässig zu prüfen, welche Aufwendungen der Käufer gemacht hat, um die Mängel zu beseitigen (BGH LM BGB § 472 Nr. 4 für den Fall, daß ein schwammbefallenes, abbruchreifes Gebäude gekauft worden ist, das der Käufer nicht abgebrochen, sondern saniert hat). S. aber auch die folgenden Ausführungen.

Unter Wert der Sache ist der allgemeine Verkaufswert zu verstehen, wie er ohne die vorhandenen Mängel wäre, und es ist zu untersuchen, wie er sich mit den Mängeln stellt. War zu angemessenem Preise verkauft, ist zunächst dieser zu bestimmen. Decken sich der objektive Wert der Kaufsache in mangelfreiem Zustand und der Kaufpreis, so kann der Kaufpreis in der Weise gemindert werden, daß von ihm der Betrag in Abzug gebracht wird, der benötigt wird, um den Mangel, wie er zur Zeit des Kaufabschlusses vorhanden war, zu beseitigen, also der Zustand hergestellt wird, den der Käufer erwarten durfte. Daher können bei der Ermittlung des Minderwertes eines vom Schwamm befallenen Hauses auch die Kosten der Beseitigung der Grundfeuchtigkeit des Hauses, die die Schwammbildung hervorgerufen hat, in Ansatz gebracht werden (BGH LM BGB § 472 Nr. 1).

2. Bei Berechnung des Minderwerts ist der Fehler so, wie er sich nach voller Aufklärung als zur Zeit des Kaufes wirklich vorhanden herausgestellt hat, zugrunde zu legen. Wenn hiernach der Wert der Kaufsache bei mangelfreiem Zustande 1000, der wirkliche Wert 500 und der Kaufpreis 800 beträgt, der zu suchende abgeminderte Kaufpreis aber durch x bezeichnet wird, so ergibt sich nach der Verhältnisrechnung $1000 : 500 = 800 : x$; somit für

$$x = \frac{500 \cdot 800}{1000}$$

der Betrag von 400. Es hat mithin der Verkäufer von den ihm bereits bezahlten 800 den Betrag von 400 zurückzuerstatten.

Die Wertminderung darf, da es sich nicht um einen Schadensersatzanspruch handelt, nicht nach § 287 ZPO geschätzt werden (RG Recht **15** Nr. 1057; BGH WarnRspr. **71** Nr. 202).

Sind beim Verkauf eines Miethauses bestimmte Mieterträge zugesichert, so ist die Preisänderung wegen einer Mindereinnahme zu berechnen nach dem Verhältnis der vereinbarten Kaufsumme, die für die zugesicherte Mieteinnahme bewilligt worden ist, zu demjenigen Kaufpreise, der bei gleicher Berechnungsweise für die wirkliche, geringere Mieteinnahme bewilligt worden wäre. In gleichartiger Weise ist in den anderen Fällen zu verfahren, in denen der Mangel einer zugesicherten Eigenschaft den Preisminderungsanspruch begründet (RG WarnRspr. **12** Nr. 69).

3 **III.** Bei dem Verkauf mehrerer Sachen zu einem **Gesamtpreis** ist die Verhältnisrechnung die gleiche wie im Falle des Abs. 1 und in sie nur der Gesamtwert sowie der Gesamtpreis der einzelnen Sachen einzustellen, ein Grundsatz, der auch auf den Fall auszudehnen ist, daß die mehreren Sachen als zusammengehörend verkauft worden sind.

4 **IV. Kaufpreisteilforderung**

Ist der Kaufpreis teils bezahlt, teils gestundet, so tritt die Kaufpreisminderung an jedem dieser Teilbeträge verhältnismäßig ein. Entfällt dabei eine Minderung auf eine Hypothek, so geht der Anspruch nicht auf Herauszahlung, sondern nur auf Befreiung von der Belastung nach dem ermittelten Verhältnis (SeuffArch. **67** Nr. 247). Bei z. T. fälligem, z. T. gestundetem Kaufpreis tritt auf Verlangen des Minderungspflichtigen eine gleichartige Minderung ein; ohne ein solches Verlangen ist der Minderwert ausschließlich von dem fälligen Forderungsbetrage abzurechnen. Ist eine Kaufpreisforderung teilweise abgetreten, so kann der minderungsberechtigte Käufer die Minderung grundsätzlich nur gegenüber jeder der Teilforderungen im Verhältnis ihrer Höhe verlangen (BGH **46** 242 für eine Werklohnforderung). Wenn der Verkäufer einen Teil des Kaufpreises einklagt, so kann der Käufer nicht verlangen, daß die Minderung gerade auf den eingeklagten Teil einwirkt. Die Kaufpreisforderung ist auf einen niedrigeren Betrag herabgesetzt. Es kommt deshalb nur darauf an, ob nach der Minderung noch eine Forderung in Höhe der Klageforderung verbleibt (BGH **56** 312).

5 V. **Erfüllungsort** für den Minerungsanspruch ist der Wohn- oder Niederlassungsort des Verkäufers zur Zeit des Vertragsschlusses (RG Gruchot **47** Nr. 1150). Hierfür ist unerheblich, ob der Käufer den Kaufpreis bereits voll bezahlt hat oder nicht. Denn in jedem Falle geht es darum, daß der Verkäufer, der eine mangelhafte Sache geliefert hat, noch nicht voll erfüllt hat und daher zur Nachlieferung angehalten werden soll.

§ 473

Sind neben dem in Geld festgesetzten Kaufpreise Leistungen bedungen, die nicht vertretbare Sachen zum Gegenstande haben, so sind diese Leistungen in den Fällen der §§ 471, 472 nach dem Werte zur Zeit des Verkaufs in Geld zu veranschlagen. Die Herabsetzung der Gegenleistung des Käufers erfolgt an dem in Geld festgesetzten Preise; ist dieser geringer als der abzusetzende Betrag, so hat der Verkäufer den überschießenden Betrag dem Käufer zu vergüten.

1 Die **Preisminderung** erfolgt in den Fällen, in welchen der *Kaufpreis* nicht bloß in Geld, sondern daneben *auch in nicht vertretbaren Sachen* (Diensten und sonstigen Leistungen) besteht, in der Weise, daß a) der Wert dieser Nebenleistungen und damit die Gesamtleistung des Käufers zur Zeit des Kaufabschlusses in Geld festgesetzt, b) der nach §§ 471, 472 von der Gegenleistung des Käufers abzusetzende Betrag ermittelt, c) letzterer zunächst von dem in Geld festgesetzten Preise abgezogen und, insoweit er diesen übersteigt, dem Käufer vom Verkäufer vergütet wird. Besteht die Nebenleistung des Käufers in vertretbaren Sachen, so hat der Käufer die Wahl, ob er die Preisherabsetzung durch Kürzung am Geldpreis oder an der Nebenleistung durchführen will (a. M. *Planck* § 473 Anm. 3, der dem Käufer gleichmäßige Kürzung an beiden auferlegt).

2 Die Vorschrift des § 473 gilt auch für den *Tausch* und vollzieht sich hier in der Weise, daß der, welcher eine fehlerhafte Sache gegen eine fehlerfreie vertauscht hat,

dem Minderungsberechtigten den Betrag zahlen muß, der sich aus der Verhältnisrechnung des § 472 ergibt. Also z. B.: Wert der fehlerfreien Sache = 800; Wert der fehlerhaft gelieferten Sache ohne den Fehler = 900; Wert dieser Sache mit dem Fehler = 450; hiernach verhältnismäßig herabgesetzter Wert der fehlerfreien Sache = 400, so daß ihr bisheriger Inhaber mit ihrem wirklichen Werte von 800 den Betrag von 400 zuviel leistet und diesen von dem anderen Teil noch bar herauszubekommen hat. Die Tauschanschlagsummen, also die von den Vertragschließenden für die einzelnen Tauschobjekte vereinbarten Annahmepreise, dürfen nicht herangezogen werden, da sie dem Kaufpreis i. S. der §§ 472, 473 nicht gleichstehen (RG **72** 301; **73** 152).

§ 474

Sind auf der einen oder der anderen Seite mehrere beteiligt, so kann von jedem und gegen jeden Minderung verlangt werden.

Mit der Vollziehung der von einem der Käufer verlangten Minderung ist die Wandelung ausgeschlossen.

Bei *Beteiligung mehrerer*, sei es als ursprünglich Berechtigte, sei es als deren Rechtsnachfolger, kann, abweichend von der Wandelung (§§ 467, 356), von jedem und gegen jeden die Minderung verlangt werden. Hat nur einer von mehreren Verkäufern den Käufer beim Abschluß des Kaufvertrages betrogen und liegt nicht zugleich ein die Minderung rechtfertigender Fehler i. S. des § 459 vor, so kann der Käufer, will er beim Vertrag stehenbleiben, nur von demjenigen der mehreren Verkäufer, der getäuscht hat, Schadensersatz nach §§ 463, 823 Abs. 1, 826 verlangen.

Der Ausschluß der Wandelung ist eine Folge ihrer Unteilbarkeit. Nach § 474 Abs. 2 kann ein jeder von mehreren Käufern das Wandelungsrecht der übrigen ausschließen.

§ 475

Durch die wegen eines Mangels erfolgte Minderung wird das Recht des Käufers, wegen eines anderen Mangels Wandelung oder von neuem Minderung zu verlangen, nicht ausgeschlossen.

Das Recht des Käufers, *wegen eines anderen Mangels* an derselben Sache Wandelung oder Minderung zu verlangen, ist auch dann nicht ausgeschlossen, wenn die Minderung wegen des ersten Mangels bereits vollzogen (§ 465) und der andere Mangel zu dieser Zeit bereits entdeckt war. Nur wird in diesem Falle in Frage kommen, ob nicht der Käufer durch die Nichtgeltendmachung des andern Mangels auf dessen Verfolgung verzichtet hat (OLG **12** 268). Wird nach einer vorausgegangenen Minderung die Wandelung oder Minderung wegen eines zweiten Mangels begehrt, so ist der Preis zugrunde zu legen, der sich infolge der ersten Minderung herausgestellt hat; a. M. *Planck*, wonach der Wert ohne die Minderung zur Zeit des Kaufs zugrunde zu legen ist.

§ 476

Eine Vereinbarung, durch welche die Verpflichtung des Verkäufers zur Gewährleistung wegen Mängel der Sache erlassen oder beschränkt wird, ist nichtig, wenn der Verkäufer den Mangel arglistig verschweigt.

Übersicht

	Rdn.		Rdn.
I. Grundsätzliches	1	2. bei Sittenwidrigkeit	6, 7
II. Erklärung des Ausschlusses	2, 3	a) Rechtlosstellung des Käufers	6
1. Allgemeine Erklärungen	2	b) sonstige Fälle der Sittenwidrigkeit	7
2. Handelsklauseln	3	V. Einzelfälle	8-11
III. Reichweite des Ausschlusses	4	1. Kraftfahrzeughandel	8
IV. Unwirksamkeit des Ausschlusses	5-7	2. Maschinenhandel	9
1. bei Arglist des Verkäufers	5	3. Grundstücksverkauf	10
		4. Sonstige Fälle	11

1 **I. Grundsätzliches**

Eine Vereinbarung, durch die die **Verpflichtung** des Verkäufers **zur Gewährleistung** wegen Mängel der Sache **erlassen oder beschränkt** wird, ist an sich zulässig und verstößt nicht grundsätzlich gegen Treu und Glauben. Sie kann ausdrücklich durch allgemeine Geschäftsbedingungen oder stillschweigend getroffen werden oder sich aus der ganzen Natur des Vertrages ergeben (z. B. bei gewagten Geschäften, bei Verkauf in Bausch und Bogen). So kann auch die Abrede über Nachbesserung etwaiger Mängel den Ausschluß der Gewährleistung bedeuten. Soweit es um die Auslegung von *Freizeichnungsklauseln* geht, hat der BGH im Anschluß an das RG (RG **142** 353) angenommen, daß Lieferungsbedingungen, welche die gesetzlichen Gewährleistungsansprüche beseitigen oder beschränken, eng auszulegen sind und daß Zweifel bei der Auslegung von Formularverträgen gegen die Vertragspartei auszulegen sind, die das Vertragsformular gewählt hat und sich klar hätte ausdrücken können (BGH **22** 90; **47** 312, 318).

2 **II. Erklärung des Ausschlusses**

1. Allgemeine Erklärungen

Der Ausschluß der Gewährleistung geschieht oft durch verkehrsübliche kurze Formeln, z. B. „in Bausch und Bogen", „nach Besicht" oder „wie besehen", „wie es steht und liegt". Mit der letzten Formel wird oft von vornherein die Lieferungspflicht aus dem Kauf auf die vorliegende Sache abgestellt, gleichviel, welche Eigenschaften sie hat. Daraus folgt dann notwendig auch die Beschränkung der Haftung und die Unanwendbarkeit der Vorschrift des § 459 (RG **62** 49). Die Formel „wie besehen" hat die Bedeutung, daß die Haftung für alle erkennbaren Mängel ausgeschlossen sein soll, einerlei, ob sie der Käufer tatsächlich erkennt oder nicht, nicht dagegen für später noch hervortretende (RG **94** 287; BGH BB **53** 693; **57** 238; s. auch unten Rdn. 4).

3 2. Der Ausschluß kann auch durch **Handelsklauseln** erfolgen (vgl. § 433 Rdn. 97).

Die Vereinbarung einer *Arbitrageklausel* ist keine Einschränkung der Haftung an sich, sondern nur eine Beschränkung der aus ihr sich ergebenden Folgen; sie besagt, daß aus der Gewährleistungspflicht nur Minderung des Preises nach der Feststellung von Gutachtern, keine Wandelung verlangt werden kann (RG **73** 257). Die Klausel „Hamburger freundschaftliche Arbitrage" bedeutet, daß das hiermit vorgesehene Schiedsgericht über alle aus dem Geschäft entstehenden Streitpunkte, also auch über die Frage seiner Zuständigkeit entscheiden soll (RG WarnRspr. **34** Nr. 42; BGH LM BGB § 139 Nr. 6).

Nach § 7 der Hamburger Platzusancen, die für den hamburgischen Warenhandel immer und zwischen einer Hamburger und einer auswärtigen Firma dann gelten, wenn „Hamburger freundschaftliche Arbitrage" vereinbart ist, steht dem Käufer das Recht, beim Mangel einer zugesicherten Eigenschaft statt der Wandelung oder Minderung Schadensersatz wegen Nichterfüllung zu verlangen, nicht zu (*Haage* BB **55** 944, 946).

Nach den Geschäftsbedingungen des Warenvereins der Hamburger Börse (WVB) hat der Käufer das Wandelungsrecht bei Qualitätsmängeln nur, wenn der Minderwert 10% überschreitet, bei Lieferung eines aliud dagegen ohne diese Einschränkung, und das Recht auf Schadensersatz wegen Fehlens zugesicherter Eigenschaften ohne Nachfrist niemals bei Qualitätsmängeln, auch wenn diese den Minderwert von 10% überschreiten (*Haage* aaO).

III. Reichweite des Ausschlusses 4

Der BGH hat im Urteil vom 5. 11. 57 — VIII ZR 307/56 angenommen, ausdrückliche Klauseln auf Verzicht auf Gewährleistungsansprüche seien dahin auszulegen, daß im Zweifel ein Haftungsausschluß bei *nicht erkennbaren Sachmängeln* nicht anzunehmen sei. Dagegen soll nach dem Urteil BB **65** 435 eine Klausel, nach der Ansprüche auf Minderung oder Schadensersatz ausgeschlossen sind, sich nicht nur auf offene Mängel beziehen. Ähnlich BGH WM **64** 853 mit der Einschränkung, daß der Ausschluß der Haftung für verborgene Mängel bestimmt und dem Käufer verständlich niedergelegt werden muß. Eine allgemeine Regel läßt sich nicht aufstellen; es kommt auf den Einzelfall an. Ein Kauf „wie besehen" oder „wie besichtigt" schließt im Zweifel nur die Haftung für sichtbare Mängel aus und entbindet den Verkäufer nicht schlechthin von der Verpflichtung, den Käufer auf die für den Kaufentschluß maßgebenden Mängel hinzuweisen (RG **94** 287; BGH BB **53** 693; **57** 238).

Der Ausschluß von Schadensersatzansprüchen wegen Fehlens zugesicherter Eigenschaften kann auch sog. *Mangelfolgeschäden* (s. § 463 Rdn. 15) umfassen, wenn das der Parteiwille ist (BGH **50** 200). Wegen der Unwirksamkeit eines Ausschlusses in diesem Fall vgl. unten Rdn. 6 a. E. Die Freizeichnung von Schadensersatzansprüchen beschränkt sich grundsätzlich nicht auf die gesetzlichen Gewährleistungsansprüche, sondern bezieht sich auch auf solche aus positiver Vertragsverletzung. Jedoch sind Ansprüche wegen Verletzung ausdrücklich übernommener Beratungs- und Betreuungspflichten im Zweifel durch eine Freizeichnungsklausel nicht ausgeschlossen (BGH **47** 312, 318).

Eine vertragliche Einschränkung der Gewährleistung liegt auch im *Verbot der Aufrechnung* mit Schadensersatzansprüchen aus mangelhafter oder schlechter Lieferung oder im *Verbot der Zurückbehaltung* aus diesen Gründen. Ein solches Verbot ist grundsätzlich zulässig. Ob das Verbot auch gegenüber Schadensersatzansprüchen wegen arglistigen Verschweigens gilt, ist fraglich (vgl. BGH **43** 28, ausführlicher in WM **65** 247). Im Urteil vom 13. 1. 65 — VIII ZR 37/63 wird allerdings ausgesprochen, daß der Ausschluß der Aufrechnung mit einer Forderung aus bewußter Vertragsverletzung nicht gleichbedeutend ist mit dem Ausschluß der Haftung dafür und daß ein vertragliches Aufrechnungsverbot deshalb nicht gegenüber jedem aus vorsätzlicher Vertragsverletzung hergeleiteten Schadensersatzanspruch zurücktreten muß, die Frage vielmehr nach den gesamten Umständen des Einzelfalles zu beurteilen ist. Ein Verbot in den Lieferungsbedingungen des Verkäufers, Zahlungen mit Rücksicht auf Gewährleistungsansprüche zurückzuhalten, hindert den Käufer, die Zahlung des Kaufpreises mit der Begründung zu verweigern, er sei zur Minderung oder zum Schadensersatz wegen Nichterfüllung (§ 463) berechtigt; zur Klärung eines solchen Gewährrechts ist er auf den Weg der Widerklage oder eines neuen Rechtsstreits angewiesen (BGH LM BGB § 476 Nr. 4). Eine solche Vereinbarung greift aber nicht ein, wenn im Rechtsstreit über den Kaufpreis das Wandelungsverlangen des Käufers entscheidungsreif und begründet ist (BGH LM Allg. Geschäftsbedingungen Nr. 8 und 10).

Bei einer Klausel, daß Garantiehaftung nur für ca.-Werte übernommen werde, muß der Käufer Abweichungen innerhalb gewisser Toleranzgrenzen nur insoweit hinnehmen, als er im Hinblick auf den üblichen Verwendungszweck und die Verwendungsmöglichkeiten des bestellten Materials billigerweise mit ihnen rechnen muß (BGH WM 71 217).

Im *Grundstücksverkehr* ist davon auszugehen, daß, weil der Verkäufer sich möglichst weitgehend von einer Inanspruchnahme wegen Sachmängel entlasten will, eine im Wortlaut weitgefaßte Freizeichnungsklausel so zu verstehen ist, daß eine Freizeichnung zwar nicht über den Wortlaut der Klausel hinaus gewollt ist, aber auch nicht in einem geringeren Umfang, als es dem Wortlaut entspricht. In diesem Umfang übernimmt der Käufer grundsätzlich ein Risiko (BGH LM BGB § 157 [Gf] Nr. 7). Ist allerdings der vertragliche Zweck die Bebauung eines Grundstücks, so haftet trotz einer Klausel, das Grundstück werde „in dem Zustand, in dem es sich zur Zeit befindet und unter Ausschluß der Haftung für sichtbare und unsichtbare Sachmängel“ verkauft, der Verkäufer für die Bebaubarkeit (BGH WM **62** 511). Dagegen wird durch die Klausel, daß irgendwelche Gewähr nicht geleistet werde, auch die Haftung für eine öffentlich-rechtliche Baubeschränkung ausgeschlossen (BGH WM **69** 273). S. im übrigen unten Rdn. 10.

5 **IV. Unwirksamkeit des Gewährleistungsausschlusses**

1. Freizeichnungsklauseln sind wie im Fall des § 443 **nichtig,** wenn der Verkäufer **den Mangel arglistig**, nicht bloß fahrlässig — auch grobe Fahrlässigkeit genügt nicht (BGH LM BGB § 463 Nr. 1) — **verschweigt**. Zum Begriff der Arglist s. § 463 Rdn. 3—7. Die Vorschrift des § 476 findet auch in den Fällen Anwendung, in denen nicht Fehler verschwiegen, sondern Eigenschaften arglistig vorgespiegelt sind (RG **83** 242). Vgl. dazu § 463 Rdn. 7.

Sind mehrere Mängel vorhanden und nur einige von ihnen arglistig verschwiegen, so wird dadurch der vertragsmäßige Ausschluß der Gewährleistung bezüglich der anderen Mängel, bei denen dem Verkäufer arglistiges Verhalten nicht nachzuweisen ist, nicht aufgehoben (RG **62** 125). Hat auch nur einer von mehreren Verkäufern einen Mangel arglistig verschwiegen, so werden die anderen Verkäufer nicht frei, auch wenn im Kaufvertrag jede Gewährleistung ausgeschlossen ist (RG Recht **15** Nr. 1058).

6 **2. Sittenwidrigkeit**

a) Die Rechtsprechung tritt unbilligen Freizeichnungen, namentlich in *allgemeinen Geschäftsbedingungen,* mit einer **richterlichen Inhaltskontrolle** entgegen. Der BGH hat es allerdings abgelehnt, für den Ausschluß der Gewährleistungsansprüche allgemeine Grundsätze aufzustellen (BGH **22** 90; LM Allg. Geschäftsbedingungen Nr. 8). Es gelten unterschiedliche Grundsätze, je nachdem, welche Ware den Gegenstand des Kaufvertrages bildet und zwischen welchen Vertragspartnern (Industrie, Großhandel, Einzelhandel, Verbraucher) Vertragsbeziehungen durch die Geschäftsbedingungen geregelt werden sollen. Zur richterlichen Kontrolle allgemeiner Geschäftsbedingungen s. im übrigen vor § 433 Rdn. 98, 99, 119. Die Vereinbarung eines gegen die guten Sitten verstoßenden Ausschlusses von Gewährleistungsansprüchen ist nach § 138 nichtig. Im Einzelfall kann auch die Berufung des Verkäufers auf eine Freizeichnungsklausel sich nach § 242 als unzulässige Rechtsausübung darstellen.

Sittenwidrige Freizeichnung liegt grundsätzlich vor, wenn sie zu einer untragbaren **Rechtlosstellung des Käufers** führt (BGH **22** 90; BGH NJW **72** 46). Das ist insbesondere der Fall, wenn beim Verkauf fabrikneuer Ware alle Gewährleistungsansprüche ausgeschlossen werden; vgl. auch BGH WM **74** 626. Ein solcher Ausschluß ist nur dann zulässig, wenn sich der Verkäufer zur Nachbesserung oder Ersatzlieferung bereit erklärt. Ist die Nachbesserung oder Ersatzlieferung unmöglich, unzulänglich oder wird sie verweigert oder ungebührlich verzögert, so kann der Käufer auf die gesetzlichen Gewährleistungsansprüche zurückgreifen (BGH **22** 90; **37** 94; BGH NJW **72** 46). Ist bedungen, daß der Verkäufer die gelieferte Sache, falls sie mangelhaft sein sollte, nur nachzubessern habe, „ohne für weiteren Schaden zu haften", so ist im Zweifel der Anspruch auf Schadensersatz wegen Nichterfüllung dann nicht ausgeschlossen, wenn die Nachbesserung vergeblich versucht worden ist (RG **96** 266). Unter dem Gesichtspunkt der Rechtlosstellung sind auch beim Verkauf von Kraftfahrzeugen oder Maschinen Gewährleistungsansprüche wegen Konstruktionsfehlern nicht auf Grund von Bestimmungen ausgeschlossen, daß die Gewährleistung auf Reparatur oder Ersatz unbrauchbarer Teile beschränkt ist. Die Fehlkonstruktion ließe sich mit dieser vom Verkäufer zugestandenen Gewährleistung nicht beseitigen (BGH LM BGB § 459 Nr. 1; BGH NJW **71** 1795). Ähnliches gilt für den Ausschluß von Schadensersatzansprüchen wegen Fehlens zugesicherter Eigenschaften. Ist entgegen der Zusicherung der Kaufgegenstand für die vorgesehene Verwendung untauglich, so ist eine taugliche Ersatzlieferung unmöglich. Der Verkäufer würde durch Freizeichnung dem Käufer die Rechte, die sich aus der Zusicherung ergeben, wieder nehmen. Der Verkäufer darf aber nach Treu und Glauben nicht das, was er im Vertrage versprochen hat, durch Beifügung einer Freizeichnungsklausel zunichte machen. Die Klausel hat dann keine rechtliche Wirkung (BGH **50** 200; **57** 292; s. auch BGH NJW **74** 272). Wegen Ausschlusses der Haftung für zugesicherte Eigenschaften s. im übrigen BGH **54** 236; **50** 200; BGH WarnRspr. **73** Nr. 295; BGH WM **74** 843.

b) Sonstige Fälle der Sittenwidrigkeit: Hat die Freizeichnung von Schadenser- 7
satzansprüchen wegen Nichterfüllung oder verspäteter Erfüllung den Sinn, daß der Verkäufer im gesetzlich zulässigen Umfang auch dann haftfrei sein solle, wenn die Lieferung deshalb unterbleibt, weil sich der Verkäufer hierzu nicht für verpflichtet hält, so verstößt die Berufung auf diese Klausel dann nicht gegen Treu und Glauben, wenn der Verkäufer die Lieferung aus sachlichen Gründen unterläßt, ohne daß ihm dies als grobes Verschulden angerechnet werden kann (BGH LM BGB § 242 [Cd] Nr. 47). Wegen Ausschlusses der Haftung bei Verkauf einer Briefmarkensammlung zu einem Gesamtpreis s. OLG Stuttgart NJW **69** 610. Eine in allgemeinen Geschäftsbedingungen enthaltene Klausel, nach der der Käufer seine Gewährleistungsansprüche verliert, wenn er dem Verkäufer nicht auf Verlangen die beanstandete Ware zur Verfügung stellt, ist wirksam. Die Rechte des Käufers werden durch eine solche Klausel nicht in unzulässiger Weise beschränkt. Der Verkäufer ist, wenn er die Mängel nicht anerkennt, verpflichtet, dem Käufer die Ware wieder zur Verfügung zu stellen, und muß im Streitfall beweisen, daß er die Ware nicht vertauscht und sie in unverändertem Zustand zurückgegeben hat (BGH LM BGB § 138 [Bc] Nr. 11 = BGH WarnRspr. **72** Nr. 233).

V. Einzelfälle 8

1. Beim Verkauf von **Kraftfahrzeugen** schließt die in Allgemeinen Geschäftsbedingungen häufige Klausel, daß die Gewährleistung auf Nachbesserung von Materialfehlern beschränkt ist, die Wandelung wegen eines Konstruktionsfehlers nicht aus (s. oben Rdn. 6). Eine Freizeichnungsklausel deckt auch nicht ein Verschulden bei besonders übernommener Inspektion eines Kraftfahrzeuges (BGH LM BGB § 433 Nr. 32). Häufig hat sich die Rechtsprechung mit dem Haftungsausschluß in den „Geschäftsbedingungen für den Verkauf von gebrauchten Kraftfahrzeugen und Anhängern" und ähnlichen Freizeichnungsklauseln befaßt. Diese Geschäftsbedingungen sind jedenfalls nicht in ihrer Gesamtheit unwirksam (BGH LM HGB § 346 [Ea] Nr. 10; LM BGB § 138 [Bb] Nr. 26; WM **71** 1437). Eine Haftungsbeschränkung ergibt sich aus dem Wesen des Han-

dels mit Gebrauchtwagen. Der Verkäufer ist im allgemeinen auf die Angaben seines Lieferanten angewiesen. Der Ausschluß der Gewährleistung findet seinen Sinn darin, daß der Zustand von gebrauchten Kraftfahrzeugen sehr stark auch von der Art der Benutzung, der Fahrweise und der Pflege abhängt. Schon nach kurzer Zeit ist es häufig nicht mehr feststellbar, ob ein Fehler bei Kaufabschluß schon vorhanden war (BGH LM BGB § 138 [Bb] Nr. 26). Einzelne Bestimmungen mögen allerdings der richterlichen Kontrolle nicht standhalten. Sichert der Verkäufer mit dem Ausschluß für Gewährleistung dem Käufer zu, Chassis, Achskörper und der gesamte Aufbau seien fabrikneu, so ist anzunehmen, daß eine solche Zusicherung den hiervon betroffenen Teil des Fahrzeugs von dem formularmäßigen Gewährleistungsausschluß ausnehmen sollte (BGH LM HGB § 346 [C] Nr. 8). Auch die besonders übernommene Verpflichtung, daß der Verkäufer bis zur Übergabe des Kraftfahrzeugs bestimmte Mängel abzustellen habe, stellt eine nach den Vorschriften des Werkvertrages zu bemessende Verpflichtung des Verkäufers dar, die nicht abbedungen ist (BGH WM 71 1437).

9 2. Haftungsausschlüsse im **Maschinenhandel**: Wegen der Freizeichnung in den Lieferungsbedingungen des Allgemeinen Maschinenbaus (ABLM) und in den von der Vereinigung Deutscher Maschinen-Bauanstalten (VDMA) aufgestellten „Allgemeinen Bedingungen für Lieferung von Maschinen" s. BGH LM BGB § 157 [Ga] Nr. 7; LM Allg. Geschäftsbedingungen Nr. 16; BGH **48** 264; **54** 236; BGH NJW **74** 272; NJW **74** 551. Die Ausschlußklausel der Allgemeinen Bedingungen des VDMA schließt nicht den Anspruch des Käufers auf Schadensersatz aus schuldhafter positiver Vertragsverletzung aus, wenn diese in der unberechtigten Lossage des Verkäufers vom Vertrage zu sehen ist (BGH LM BGB § 157 [Gf] Nr. 5). Die Zurückbehaltungsklausel in Art. 8 Nr. 5 und Art. 9 Nr. 1 der „Allgemeinen Lieferungsbedingungen für den Export von Maschinen und Anlagen, veranlaßt und empfohlen von der Europäischen Wirtschaftskommission der Vereinten Nationen" findet keine Anwendung, wenn die Verpflichtung des Verkäufers darin besteht, einen Mangel zu beheben, der auf einem Fehler der Konstruktion, des Materials oder der Ausführung beruht (BGH LM BGB § 476 Nr. 8).

10 3. Für den **Grundstücksverkehr** werden Freizeichnungsklauseln im allgemeinen als rechtswirksam betrachtet. Dafür wird angeführt, daß die Ausnutzung einer Monopolstellung im Regelfall ausscheidet, daß es sich nicht um allgemeine Geschäftsbedingungen handelt und daß ein Notar für die Vertragsfassung verantwortlich ist (BGH LM BGB § 157 [Gf] Nr. 7). Indessen ist eine mehr unterscheidende Betrachtungsweise angebracht. Neubauten, insbesondere Eigentumswohnungen, Reihenhäuser und ähnliche Bauten, werden in weitem Umfang von Wohnungsbauunternehmen errichtet und verkauft. Die Kaufverträge sind in der Regel Formularverträge, die infolge des Wohnungsmangels ohne Einflußnahme des Käufers aufgesetzt werden. Die finanziellen Mittel der Wohnungsbauunternehmen sind nicht immer gesichert. Das alles drängt dazu, Haftungsausschlüsse in solchen *Verträgen der Wohnungsbauunternehmen* stärker der richterlichen Kontrolle zu unterwerfen. Die Gewährleistung pflegt häufig auf die Abtretung der dem Wohnungsbauunternehmen gegen Bauunternehmer, Handwerker, Lieferanten zustehenden Ansprüche an den Käufer beschränkt zu werden. Diese Beschränkung kann sittenwidrig sein, da sie geeignet ist, den Grundstückskäufer rechtlos zu stellen. Denn die Gefahr, daß die beauftragten Unternehmer und Handwerker Pfuscharbeit leisten, ist nicht gering. Ihre Zahlungsfähigkeit kann insbesondere in Krisenzeiten gefährdet sein. Überdies hängt der Erfolg der abgetretenen Ansprüche von den für den Käufer nicht übersehbaren Beziehungen zwischen dem Wohnungsbauunternehmen und dessen Vertragsgegner ab. Eine formularmäßige Freizeichnungsklausel, in der der Veräußerer

einer neu errichteten oder noch zu errichtenden Eigentumswohnung seine eigene Gewährleistungspflicht gegenüber dem Erwerber ausschließt und gleichzeitig seine Gewährleistungsansprüche gegen die Baubeteiligten (Architekt, Bauunternehmer, Handwerker, Lieferanten) an den Erwerber abtritt, ist dahin auszulegen, daß die Eigenhaftung des Verkäufers nur insoweit abbedungen ist, als sich der Erwerber aus den abgetretenen Ansprüchen gegen die Baubeteiligten schadlos halten kann (BGH NJW **74** 1135). Zum Gewährleistungsausschluß für von Bauhandwerkern zu vertretende Mängel OLG Hamm MDR **74** 227. S. im übrigen *Brych* MDR **74** 628; *Löwe* NJW **74** 1108; *Locher* NJW **74** 1544.

Beim Verkauf *alter Häuser* sind geringere Anforderungen zu stellen. Hier muß der Käufer mit Mängeln rechnen, die dem Verkäufer unbekannt sind. Das gilt auch für die Haftung für Hausschwamm (BGH WM **63** 865 = BB **63** 1115) und für Trockenfäule und Holzwurm (BGH LM BGB § 157 [Gf] Nr. 7). Dabei bleiben dem Käufer allerdings Ansprüche aus arglistigem Verschweigen schon nach § 476 erhalten. Enthält ein schriftlicher formularmäßiger Kaufvertrag neben dem Ausschluß jeglicher Garantie noch die Aufzählung bestimmter Mängel, für die nicht gehaftet wird, so kann das dahin ausgelegt werden, daß die gesetzliche Mängelhaftung nicht ausgeschlossen ist. Eine Vereinbarung, das Haus werde gekauft „wie es steht und liegt", schließt die allgemeine Mängelgewähr nach § 459 aus, auch insoweit verborgene Fehler in Betracht kommen (a. A. OLG Celle OLGZ **71** 401). Dagegen bezieht sich bei einer Vereinbarung „wie besichtigt" der Ausschluß in der Regel nur auf sichtbare Mängel (RG JW **33** 1388). Im übrigen vgl. zu dem Gewährleistungsausschluß bei Grundstückskäufen allgemein *Wabnitz* NJW **72** 1397.

4. Sonstige Fälle. Die „Allgemeinen Bedingungen für die Versorgung mit *elektrischer Arbeit* aus dem Niederspannungsnetz der Elektrizitätsversorgungsunternehmen" 11
beziehen sich nicht auf Schäden, die infolge positiver Vertragsverletzung an Sachen des Abnehmers unmittelbar entstehen, sondern nur auf Schäden aus mangelhafter Vertragserfüllung (BGH LM Allg. Beding. d. Elektr. Versorg. Unternehmen Nr. 5 und Nr. 12; LM BGB § 138 [Cc] Nr. 2). Auch in der Bestimmung einer *Wasserabgabesatzung*, daß die Gemeinde die Haftung für die Lieferung mangelhaften Wassers ausschließe, ist kein allgemeiner Gewährleistungsausschluß für Schlechtlieferung von Wasser zu erblikken (BGH **59** 303).

§ 476 regelt nur den Fall, daß die Haftung für Sachmängel von vornherein beschränkt oder ausgeschlossen wird. Sie trifft nicht auch den Fall, daß *nach dem Kauf* eine derartige *Vereinbarung* getroffen worden ist. Es besteht aber kein Bedenken gegen die Gültigkeit des nachträglichen Ausschlusses der Haftung für Mängel, wenn sie zwar ursprünglich arglistig verschwiegen wurden, bei der nachträglichen Vereinbarung der Käufer den Mangel aber kennt. Steht freilich auch die nachträgliche Vereinbarung selbst wieder unter dem Zeichen der Arglist, so ist sie wegen Verstoßes gegen die guten Sitten nichtig, zum mindesten aber wegen arglistiger Täuschung anfechtbar.

§ 477

Der Anspruch auf Wandelung oder auf Minderung sowie der Anspruch auf Schadensersatz wegen Mangels einer zugesicherten Eigenschaft verjährt, sofern nicht der Verkäufer den Mangel arglistig verschwiegen hat, bei beweglichen Sachen in sechs Monaten von der Ablieferung, bei Grundstücken in einem Jahre von der Übergabe an. Die Verjährungsfrist kann durch Vertrag verlängert werden.

Beantragt der Käufer gerichtliche Beweisaufnahme zur Sicherung des Beweises, so wird die Verjährung unterbrochen. Die Unterbrechung dauert bis zur Beendigung des Verfahrens fort. Die Vorschriften des § 211 Abs. 2 und des § 212 finden entsprechende Anwendung.

Die Hemmung oder Unterbrechung der Verjährung eines der im Abs. 1 bezeichneten Ansprüche bewirkt auch die Hemmung oder Unterbrechung der Verjährung der anderen Ansprüche.

Übersicht

	Rdn.
I. Bedeutung	1
II. Ansprüche mit kurzer Verjährung	2–8
1. Vom Gesetz ausdrücklich geregelt	2–4
a) Wandelung, Minderung	2
b) Schadensersatz wegen Fehlens zugesicherter Eigenschaften	3
c) Nachlieferung bei Gattungssachen	4
2. Andere Ansprüche	5–8
a) Schadensersatz wegen Verschuldens bei Vertragsschluß	5
b) Schadensersatz wegen positiver Vertragsverletzung	6
c) Mangelfolgeschäden	7
d) Nachbesserungsanspruch	8
III. Ansprüche ohne kurze Verjährung	9–12
1. bei Falschlieferung	9
2. bei Arglist des Verkäufers	10
3. Ansprüche wegen unerlaubter Handlung	11
4. sonstige Fälle	12
IV. Beginn und Dauer der kurzen Verjährung	13–16
1. Beginn	13
2. Verjährungsfrist bei verborgenen Mängeln	14, 15
a) hinausgeschoben durch Vereinbarung oder bei Zusicherung	14
b) hinausgeschoben durch Garantie	15
3. Dauer	16
V. Hemmung und Unterbrechung	17, 18
1. Unterbrechung durch Beweissicherung	17
2. bei mehreren Ansprüchen	18
VI. Wirkung der Verjährung	19

1 **I. Bedeutung**

Das gesetzgeberische Ziel des § 477 Abs. 1 ist die *baldige Wiederherstellung des Rechtsfriedens im Bereich des Kaufrechts.* § 477 trägt dem Umstand Rechnung, daß Ermittlung und Feststellung von Mängeln der Kaufsache und die Klärung der Frage, zu welchem Zeitpunkt etwaige Mängel entstanden sind und welche Schäden sie verursacht haben, nach einem gewissen Zeitablauf kaum mehr durchführbar sind und es zu einer nicht vertretbaren Erschwerung des rechtsgeschäftlichen Verkehrs führen würde, wenn man ein Zurückgreifen auf solche Mängel noch nach langer Zeit zulassen würde. Die kurze Verjährung des § 477 bezieht sich nur auf Gewährleistungsansprüche wegen Mängel an Sachen (RG **108** 318).

Die Berufung des Verkäufers auf eingetretene Verjährung kann sich als *rechtsmißbräuchlich* darstellen, jedoch nur, wenn der Käufer durch das Verhalten des Verkäufers in irgendeiner Weise dazu veranlaßt worden ist, seinen Anspruch nicht rechtzeitig vor Ablauf der Verjährungsfrist geltend zu machen (BGH WM **56** 494).

Auch auf die einer Sache *gleichgestellten unkörperlichen Sachen* ist § 477 anwendbar, z. B. bei dem Verkauf eines Geschäftsunternehmens (RG **98** 289; **100** 206; **138** 326). Die kurze Verjährung gilt auch für den Kunsthandel, bei dem ein abänderndes Gewohnheitsrecht nicht anzunehmen ist (RG **135** 343; **103** 147; **112** 321). Sie findet nicht statt bei dem Verkauf von Geschäftsgeheimnissen (RG **82** 36).

2 **II. Ansprüche mit kurzer Verjährung**

1. Vom Gesetz ausdrücklich geregelt:

a) Ansprüche auf **Wandelung oder Minderung**. Die kurze Verjährung gilt auch dann, wenn die Parteien die Voraussetzungen oder den Umfang der Gewährleistung anders als im Gesetz geregelt haben (BGH LM BGB § 480 Nr. 3; LM BGB § 477 Nr. 14).

Ist die Wandelung oder Minderung *vollzogen* oder haben die Parteien sich abschließend auf Ersatzlieferung — auch hinsichtlich des Umfanges — oder auf eine Nachbesserung oder eine Minderung geeinigt, so unterliegen die hieraus erwachsenden Ansprüche des Käufers *nicht* der *kurzen Verjährung*. Es greift dann die 30jährige Verjährung Platz, denn der Anspruch ist nunmehr vom Sachmangel unabhängig; er hat eine neue selbständige Grundlage und geht nicht „auf" Wandelung oder Minderung, sondern auf Durchführung der neu erwachsenen Ansprüche. Ebenso verhält es sich bei einem *Vergleich* über Gewährleistungsansprüche. Auch hier ist es nicht mehr der gesetzliche Gewährleistungsanspruch, sondern ein Anspruch aus Vergleich, der unabhängig vom Sachmangel besteht (BGH LM BGB § 480 Nr. 2 und 3). Dagegen verbleibt es bei der kurzen Verjährung des § 477, wenn sich der Verkäufer zwar mit einer Ersatzlieferung einverstanden erklärt, aber berechtigt bleibt, die Mangelhaftigkeit der Ware und die Rücknahmepflicht in Frage zu stellen (BGH LM BGB § 480 Nr. 3).

b) Der Anspruch auf **Schadenersatz** wegen Fehlens einer zugesicherten Eigen- **3**
schaft, dagegen nicht der Anspruch wegen arglistigen Verschweigens eines Mangels oder wegen arglistiger Zusicherung einer nicht vorhandenen Eigenschaft (§ 463 Satz 1 und 2). Wegen des Anspruches auf Ersatz von Mangelfolgeschäden bei Zusicherung von Eigenschaften s. unten Rdn. 7.

c) Beim **Gattungskauf** unterliegt der Gewährleistungsanspruch auf *Ersatzliefe-* **4**
rung nach § 480 Abs. 1 Satz 2 der kurzen Verjährung. Ob die Parteien Voraussetzung und Inhalt des gesetzlichen Ersatzlieferungsanspruchs vertraglich geändert haben, ist auch hier für die Frage der Verjährung ohne Bedeutung (BGH **60** 9).

2. Andere Ansprüche

Rechtsprechung und Schrifttum erkennen allgemein an, daß über den zu engen Wortlaut des § 477 Abs. 1 hinaus wegen des Zwecks der Vorschrift (s. oben Rdn. 1) alle **im Zusammenhang mit der kaufrechtlichen Gewährleistung** geltend gemachten Ansprüche der kurzen Verjährung unterliegen, sofern sie sich unmittelbar auf Sachmängel gründen und die Frage der Mangelhaftigkeit zwischen den Parteien noch nicht — wie etwa bei einer bereits vollzogenen Wandelung oder einem Vergleich über Art und Umfang der Gewährleistung — geklärt ist (RG **53** 200; **117** 315; **129** 280; BGH **60** 9).

a) So findet § 477 bei Haftung aus *Verschulden beim Vertragsschluß* Anwendung, **5**
wenn die Haftung ihre Grundlage in schuldhaft mangelhafter Lieferung der Kaufsache hat (RG **129** 280; vgl. auch BGH **49** 77, 81; **57** 191, 197).

b) Auch Schadensersatzansprüche aus *positiver Vertragsverletzung*, die nach **6**
§ 276 auf schuldhaft mangelhafte Lieferung des Kaufgegenstandes gestützt werden, unterfallen nach dem Gesetzeszweck grundsätzlich der kurzen Verjährung (RG **53** 200; **144** 162; BGH **60** 9). Das gilt ohne weiteres von den Mangelschäden, also den Schäden, die im unmittelbaren Zusammenhang mit dem Mangel der Kaufsache stehen (über die Abgrenzung von den Mangelfolgeschäden s. § 463 Rdn. 15; über Verjährung s. nächste Rdn.). Auch der auf positive Vertragsverletzung gestützte Anspruch auf Schadensersatz wegen fahrlässiger Verletzung einer Beratungspflicht, die unter Umständen dem Verkäufer als Nebenverpflichtung obliegt, verjährt nach § 477 dann, wenn sich das Verschulden auf Angaben über Eigenschaften der Kaufsache bezieht (LM BGB § 477 Nr. 7). Anders liegt es, wenn die Schadensersatzansprüche nicht aus einer Mangelhaftigkeit der Kaufsache selbst, also nicht aus einer Verletzung der Lieferungspflicht, hergeleitet werden, sondern aus einer Verletzung von Nebenpflichten, die mit dem Mangel der Kaufsache nicht in unmittelbarem Zusammenhang stehen (RG **144** 162). Ebenso bei Verletzung der Pflicht zur Anleitung über Funktion und Wartung einer Maschine (BGH **47** 312, 319).

Hat bei einem *Sukzessivlieferungsvertrag* der Käufer für eine als mangelhaft beanstandete Ware nach § 480 Nachlieferung verlangt und lehnt der Verkäufer mit der Begründung, er habe mangelfrei geliefert und könne auch künftig nicht besser liefern, die weitere Erfüllung des Vertrages ab und löst sich daraufhin der Käufer vom Vertrage, so soll nach dem Urteil BGH LM BGB § 477 Nr. 15 die kurze Verjährungsfrist des § 477 auch für die Befugnis, Schadensersatz wegen Nichterfüllung hinsichtlich der noch ausstehenden Lieferungen zu verlangen, maßgebend sein. Die Entscheidung ist nicht unbedenklich. Der Käufer verlangt nicht Schadensersatz, weil die Teillieferungen Mängel aufgewiesen haben, sondern weil der Verkäufer die weitere Erfüllung des Kaufvertrages verweigerte. Ob der Verkäufer dazu berechtigt war, hängt zwar davon ab, ob die Mängelrüge des Käufers begründet ist. Aber nicht jeder Streit über Eigenschaften einer Kaufsache rechtfertigt die kurze Verjährung. Die Anwendung des § 477 benachteiligt den Käufer in unbilliger Weise deshalb, weil der Beginn der Verjährungsfrist zweifelhaft bleibt. Anstelle des eindeutigen Zeitpunktes der Ablieferung träte der oft unsichere Zeitpunkt, zu dem der Verkäufer durch seine Leistungsweigerung das Vertragsverhältnis tiefgreifend zerstört hat.

7 c) Treten bei einer positiven Vertragsverletzung, die sich auf Eigenschaften der Kaufsache bezieht, oder beim Fehlen zugesicherter Eigenschaften sog. *Mangelfolgeschäden* ein (zum Begriff s. § 463 Rdn. 15), so findet auf die Schadensersatzansprüche die kurze Verjährungsfrist Anwendung (BGH LM BGB § 477 Nr. 7 und Nr. 14; BGH **60** 9). Die herrschende Auffassung, die mindestens im Ergebnis durchweg gebilligt wird, steht allerdings teilweise im Gegensatz zu der vom BGH für das Werkvertragsrecht zu § 638 vertretenen (s. dazu aus dem neueren Schrifttum allgemein *Finger* Betrieb **72** 1211; *Hoche*, Festschrift Lange; *Schlechtriem*, Festschrift Rheinstein; *Schmitz* NJW **73** 2081; *Todt*, Die Schadensersatzansprüche des Käufers, Mieters und Werkbestellers aus Sachmängeln). Die Anwendung der §§ 477 BGB, 377 HGB erscheint unbedenklich für das typische Mängelrisiko, also Haftung des Verkäufers für die Vermögensverluste des Käufers, die durch Unverwendbarkeit der mangelhaften Ware, Kosten eines Deckungskaufs, Reparaturkosten, Vertragskosten, nutzlose Aufwendungen usw. entstehen. Mit beachtlichen Gründen meint *Schlechtriem* („Forum" der Versicherungswirtschaft 1973), die Verletzung der in § 823 Abs. 1 BGB geschützten Rechts- und Lebensgüter gehöre nicht zum typischen Risiko der Lieferung einer Sache von nicht vertragsgemäßer Beschaffenheit. Auf vertragliche Ansprüche wegen Verletzung dieser Rechtsgüter solle deshalb, soweit sie nicht auf Zusicherungsbruch gestützt sind, § 477 BGB, § 377 HGB nicht angewendet werden. Zur Frage, zu welchem Zeitpunkt die Verjährungsfrist bei Schadensersatzansprüchen wegen Mangelfolgeschäden beginnt, s. unten Rdn. 14.

8 d) *Nachbesserungsanspruch.* Auch der Anspruch auf Nachbesserung (s. dazu § 462 Rdn. 3) unterliegt der kurzen Verjährung. Ebenso der Anspruch auf Schadensersatz wegen Verzuges mit der vertraglich übernommenen Verpflichtung, fehlerhafte Maschinenteile durch fehlerfreie zu ersetzen (BGH **60** 9). Haben die Parteien sich auf eine Nachbesserung geeinigt, so ist in entsprechender Anwendung des § 465 die Gewährleistung vollzogen. Die aus dem Vollzug erwachsenden Ansprüche unterfallen nicht mehr der kurzen Verjährung (vgl. oben Rdn. 2).

9 **III. Ansprüche ohne kurze Verjährung**

1. Auf die Schadensersatzansprüche wegen Nichterfüllung bei Lieferung einer anderen als der vereinbarten Ware (**Falschlieferung**, Lieferung eines **aliud**) findet die kurze Verjährung grundsätzlich keine Anwendung (BGH WM **56** 494; LM BGB § 276 [K] Nr. 3; LM BGB § 477 Nr. 10 und BGB § 325 Nr. 12). Diese Auffassung ist allerdings

nicht unbestritten. Wäre, wie eine verbreitete Meinung annimmt, bei Falschlieferung oder zumindest bei Lieferung einer Ware, die nicht offensichtlich von der Bestellung so erheblich abweicht, daß der Verkäufer die Genehmigung des Käufers als ausgeschlossen betrachten mußte, Gewährleistungsrecht anwendbar (vgl. § 459 Rdn. 7), so müßte auch kurze Verjährungsfrist eingreifen. Der BGH zieht aber die Grenze anders: Die kurze Verjährungsfrist ist auch auf Schadensersatzansprüche wegen Lieferung einer anderen Sache dann anwendbar, wenn statt der vereinbarten *Art* einer Warengattung eine andere *Art* derselben Gattung geliefert worden ist (BGH WM 256 494; LM BGB § 477 Nr. 5).

2. Die kurze Verjährung ist nach ausdrücklicher Bestimmung des § 477 ausge- **10**
schlossen bei **arglistigem Verschweigen** des Mangels. Der in § 463 geregelte vertragliche Anspruch wegen arglistigen Verschweigens unterliegt daher der 30jährigen Verjährung. Trifft ein vertraglicher Anspruch wegen arglistigen Verschweigens mit einem Anspruch aus *unerlaubter Handlung* (§§ 823, 826) zusammen, so unterliegt jeder dieser Ansprüche hinsichtlich der Verjährung seinen besonderen Bestimmungen. Der Anspruch aus § 463 unterfällt daher nicht der kurzen Verjährung nach § 852, selbst wenn neben diesem vertraglichen Anspruch aus dem in dem arglistigen Verschweigen enthaltenen Verstoß nach § 826 zugleich ein selbständiger außervertraglicher Schadensersatzanspruch aus unerlaubter Handlung besteht, der an sich nach § 852 kurzfristig verjähren würde (RG 66 86).

3. Eine andere Frage ist, ob dann, wenn mit einem Schadensersatzanspruch ein **11**
Mangelfolgeschaden an den in § 823 Abs. 1 geschützten Gütern geltend gemacht wird, der Käufer sich der Einrede der Verjährung dadurch entziehen kann, daß er den Anspruch auf **unerlaubte Handlung** mit der Folge 3jähriger Verjährungsfrist des § 852 stützt. Die Frage ist zu bejahen. Für das Mietrecht wird zwar ganz überwiegend angenommen, daß die kurze Verjährungsfrist des § 558 für Schadensersatzansprüche des Vermieters wegen Beschädigung der Mietsache auch für einen auf unerlaubte Handlung gestützten Anspruch gilt. Dieser Grundsatz läßt sich auf das Kaufrecht nicht übertragen. Der Gesetzeszweck und die Fassung des § 558 sind anders als die des § 477. Da der Käufer Verschulden und Kausalität beweisen muß, ist der Verkäufer nicht unbillig belastet (ebenso *Schmitz* NJW 73 2081; *Schlechtriem*, Karlsruher Forum 1973). Im übrigen vgl. Rdn. 7.

4. Sonstige Fälle **12**

Schadensersatzansprüche aus Mängeln der Stromzuleitung bei Elektrizitätsversorgungsunternehmen verjähren erst in 30 Jahren, weil es sich nicht um einen Mangel des Stroms, sondern um die Verletzung der Pflicht zur Herstellung eines ordnungsmäßigen Hausanschlusses handelt (BGH LM Allg. Beding. d. Elektr. Versorg. Unternehmen Nr. 12). Ebenso unterliegen die Ansprüche wegen Unmöglichkeit der Leistung nach §§ 323, 325, soweit sie neben den Gewährleistungsansprüchen in Betracht kommen, der 30jährigen Verjährung. Ebenso findet die kurze Verjährung keine Anwendung auf Ansprüche aus vollzogener Wandelung und Minderung (s. oben Rdn. 2).

IV. Beginn und Dauer der kurzen Verjährung **13**

1. Beginn

a) Die Verjährungsfrist beträgt bei *beweglichen Sachen* 6 Monate von der Ablieferung an, bei mehreren fortlaufenden Lieferungen für jede Lieferung gesondert. Eine *Ablieferung* liegt vor, wenn sich der Verkäufer der Sache entäußert und dem Käufer die tatsächliche Möglichkeit verschafft hat, sie zu untersuchen und sich sofort den Gewahrsam zu verschaffen (BGH LM EGBGB Art. 27 Nr. 3). Eine in Teilen zu liefernde, vom Käufer zusammenzubauende Maschine ist schon abgeliefert, wenn sämtliche Teile in den Gewahrsam des Käufers gelangt sind. Eine vom Verkäufer aufzustellende oder zu montierende Maschine ist dagegen erst abgeliefert, wenn der Verkäufer die Arbeiten ausgeführt und den Käufer instand gesetzt hat, die Maschine oder die Anlage auf ihre Beschaffenheit zu prüfen (BGH LM BGB § 477 Nr. 4). Die Verjährung läuft von der Ablieferung an selbst dann, wenn die Untersuchung weder bei der Ablieferung noch längere Zeit danach möglich ist (RG WarnRspr. **11** Nr. 369; BGH LM BGB § 477 Nr. 4). Ist aber die Untersuchung nach § 377 HGB, weil sie erst am Ablieferungsort vorgenommen werden soll, hinausgeschoben, so beginnt die Verjährungsfrist entsprechend später (BGH BB **53** 186). Zur Ablieferung beim fob-Verkauf von Öl s. BGH **60** 5. Die Ablieferung ist auch vollzogen, wenn es zu einer zur Besitzübertragung genügenden Einigung (§ 854 Abs. 2) kommt, nicht aber im Falle der Vereinbarung eines den mittelbaren Besitz herbeiführenden Rechtsverhältnisses (§ 868) sowie im Fall einer Abtretung des Eigentumsanspruches oder der Übergabe von Traditions- und anderen Papieren. Über den Unterschied zwischen dieser „Ablieferung" von der „Übergabe" und von der „vertragsmäßigen Lieferung" der Kaufsache s. RG JW **05** 79. Hat der Verkäufer auf die Erklärung der Wandelung den Kaufgegenstand zur Ausbesserung zurückgenommen und damit die erste Übergabe rückgängig gemacht, so beginnt die Verjährungsfrist mit der zweiten Ablieferung von neuem (OLG Saarbrücken DRZ **50** 496).

Bei einem aufschiebend bedingten Kaufvertrag beginnt die Verjährungsfrist erst mit dem Eintritt der Bedingung.

b) Bei *Grundstücken* läuft die Frist von einem Jahr von der Übergabe ab. Keinesfalls beginnt die Verjährung aber vor der Entstehung des Anspruches aus dem Kaufvertrage (RG **129** 280; **134** 87). Wurde der Kaufvertrag über das Grundstück formlos abgeschlossen, so beginnt daher die Verjährung erst mit der Auflassung zu laufen (RG **75** 114). Bedarf der Kaufvertrag einer behördlichen Genehmigung, so beginnt die Verjährungsfrist erst mit der Erteilung der Genehmigung (BGH Betrieb **67** 2113 = BB **67** 1394).

14 **2. Verjährungsfrist bei verborgenen Mängeln**

a) Grundsätzlich ist es auf die Verjährungsfrist ohne Einfluß, ob der Käufer den Mangel gekannt oder erst später entdeckt hat und ob der Mangel innerhalb der Frist überhaupt erkennbar gewesen ist (RG WarnRspr. **08** Nr. 139; **11** Nr. 369; BGH LM BGB § 477 Nr. 4). Im Wege stillschweigender **Vereinbarung** wird aber der Beginn der Verjährungsfrist **hinausgeschoben** oder die Verjährungsfrist als angemessen verlängert anzusehen sein, wenn sich die Kaufsache ihrer Art nach erst später als 6 Monate nach Übergabe ausprobieren läßt, wie das z. B. bei einem im Dezember gelieferten Getreidemäher der Fall ist (*Schmidt* NJW **62** 710, 714). Auch aus den Umständen des Einzelfalles kann entnommen werden, daß die Verjährungsfrist nicht schon mit der Ablieferung, sondern zu einem späteren Zeitpunkt, z. B. einer Probevorführung beginnen soll (RG SeuffArch. **67** Nr. 110; BGH LM BGB § 477 Nr. 4). Auch kann die Zusicherung über eine Verwendbarkeit die stillschweigende Abrede enthalten, daß der Lauf der Verjährungsfrist erst mit der Entdeckung des Mangels beginnen solle (BGH WM **71** 506). Im Hinblick darauf, daß die kurze Verjährung von 6 Monaten bei verborgenen Mängeln zu grober Unbilligkeit führen kann, hat der BGH für *Ansprüche aus positiver Vertragsverletzung* allerdings ohne abschließende Entscheidung angenommen, daß es jeweils der besonderen Prüfung bedarf, ob die Verjährungsfrist bereits mit der Ablieferung der Kaufsache oder erst zu einem späteren Zeitpunkt beginnt (vgl. BGH **60** 9, 13). Entsprechendes soll nach BGH NJW **73** 843 gelten, wenn der Käufer nach § 463 Ersatz des ihm durch das Fehlen zugesicherter Eigenschaften entstandenen Mangelfolgeschadens verlangt. Für entscheidend hält der BGH in beiden Fällen, daß die Rechte des Käufers nicht in unzumutbarer Weise verkürzt werden dürfen. Der BGH führt an: Daß die Verjährungsfrist nicht bereits vor der Entstehung des Schadensersatzanspruches ablaufen könne, liege auf der Hand. Es spreche viel für die Annahme, daß die Verjährungsfrist für derartige Ansprüche erst dann beginne, wenn der Käufer den Eintritt des Schadens erkennen könne und in der Lage sei, seinen Schadensersatzanspruch in einer zur Verjährungsunterbrechung geeigneten Weise geltend zu machen. Das würde auch dem für das allgemeine Recht der Verjährung geltenden Grundsatz entsprechen, daß unter Entstehung des Anspruchs i. S. des § 198 Abs. 1 der Zeitpunkt zu verstehen ist, an dem der Anspruch erstmalig geltend gemacht werden kann (vgl. *Larenz*, Schuldrecht 10. Aufl. Bd. 2 § 41 II e, § 53 II b; s. auch BGH **55** 340). Diese Auffassung vermag zwar Unbilligkeiten zu vermeiden; es erscheint aber nicht unbedenklich, bei einer entsprechenden Anwendung des § 477 auf Mangelfolgeschäden den dieser Vorschrift zugrunde liegenden Gesetzeszweck der alsbaldigen Wiederherstellung des Rechtsfriedens weitgehend auszuschalten (a. A. auch *Schmitz* NJW **73** 2081).

b) Der Beginn der Verjährungsfrist kann auch durch **Garantiefrist** hinausgeschoben werden. Eine mit dem Verkäufer vereinbarte Garantiefrist von mehr als 6monatiger Dauer ist regelmäßig dahin auszulegen, daß der Beginn bis zu dem Zeitpunkt hinausgeschoben wird, in dem der Mangel entdeckt wird (BGH Betrieb **62** 367 = BB **62** 234; BGH Betrieb **65** 1736). Bei gleichzeitigem Beginn der 6monatigen Verjährungsfrist und einer oft mehrjährigen Garantiezeit wäre nämlich der Käufer trotz der Garantie nicht in der Lage, seine Ansprüche wegen eines erst nach 6 Monaten entdeckten Mangels geltend zu machen. Die bloße Hinausschiebung des Fristbeginns ist für den Käufer oft von geringem Wert, da ihm grundsätzlich der bei späterer Entdeckung immer schwerer zu führende Beweis obliegt, daß der Mangel bei Gefahrübergang schon vorhanden war. Die Vereinbarung einer Garantiefrist kann daher auch die Bedeutung haben, daß, wenn sich während ihrer Dauer ein Mangel zeigt, vermutet werden soll, daß der Mangel bereits bei Gefahrübergang vorhanden war. In diesem Fall trifft den Verkäufer die *Beweislast* dafür, daß er tatsächlich mangelfrei geliefert hat. Welche Bedeutung die Garantiefrist hat, ist Auslegungsfrage. In allen diesen Fällen ist die Garantievereinbarung Teil eines unselbständigen Garantievertrages (vgl. dazu allgemein § 459 Rdn. 28). Ansprüche aus einem selbständigen Garantievertrag verjähren in der regelmäßigen Frist von 30 Jahren. **15**

3. Dauer der Verjährungsfrist **16**

a) Die abweichend von § 225 zugelassene *vertragsmäßige Verlängerung* der kurzen Verjährungsfrist von 6 Monaten bei beweglichen Sachen und einem Jahr bei Grundstücken erstreckt sich nicht über die Dauer der ordentlichen Verjährungsfrist von 30 Jahren (§ 195) hinaus, da diese nach § 225 durch Vertrag nicht verlängert werden kann (WarnRspr. **14** Nr. 11). Eine Verlängerung der Verjährungsfrist kann auch durch die Vereinbarung bewirkt werden, daß die Frist erst vom Ablauf eines künftigen Ereignisses — z. B. von der Ankunft der Ware an ihrem überseeischen Bestimmungsort — ab laufen soll (RG **62** 431).

b) Ebenso kann eine solche Verlängerung durch Vereinbarung von *Probevorführungen* (SeuffArch. **67** Nr. 110) und von *Garantiefristen* (s. oben Rdn. 15) herbeigeführt werden. Die Bedeutung der Garantiefrist liegt dann darin, daß der Verkäufer für Mängel, die während ihres Laufes auftreten, Gewähr leisten solle.

Wird die Verjährungsfrist des § 477 ohne Bestimmung einer anderen ausgeschlossen, so tritt die regelmäßige Frist des § 195 ein. Bei Garantiefristen ist das aber nur anzunehmen, wenn diese länger als von 6monatiger Dauer sind, dagegen nicht, wenn die handelsgebräuchliche Garantiezeit nicht über die Verjährungsfrist hinausreicht (RG **91** 306).

17 **V. Hemmung und Unterbrechung**

1. Unterbrechung durch Beweissicherung

Die Verjährung wird durch den Antrag auf ein Beweissicherungsverfahren unterbrochen. Diese Wirkung tritt aber nicht auch durch den Antrag auf Beweiserhebung in einem anhängigen Rechtsstreit ein (BGH **59** 323). Mit der sachlichen Erledigung des Beweissicherungsverfahrens beginnt die Verjährung neu zu laufen. Die Bestimmung des § 212, wonach die Verjährung als unterbrochen gilt, wenn binnen sechs Monaten Klage erhoben wird, ist auf diesen Fall nicht entsprechend anwendbar (BGH **53** 43). Ein Beweissicherungsverfahren mit schriftlicher Begutachtung endet mit der Mitteilung des schriftlichen Gutachtens an die Parteien (BGH aaO). Wenn ein Sachverständiger sein Gutachten mündlich erstattet oder nach Erstattung eines schriftlichen Gutachtens dieses mündlich erläutert, so ist das Beweissicherungsverfahren mit dem Verlesen des Protokolls oder dessen Vorlage zur Durchsicht beendet (BGH **60** 212).

18 **2. Bei mehreren Ansprüchen**

Der Vorschrift des § 477 Abs. 3 liegt die Erwägung zugrunde, der Berechtigte, der nur einen der formell verschiedenen Ansprüche geltend macht, solle nicht Gefahr laufen, daß bei Abweisung dieses Anspruchs die übrigen auf dem vorhandenen Mangel beruhenden Ansprüche verjähren. Durch die Erhebung der Wandelungsklage wegen eines bestimmten Mangels wird indessen die Verjährung des Wandelungsanspruches wegen anderer Mängel nicht wirksam unterbrochen (BGH LM BGB § 477 Nr. 1). Zu den in Abs. 3 erwähnten Ansprüchen auf Schadensersatz gehört auch der Anspruch aus arglistigem Verschweigen (RG **134** 272).

Hat der Käufer zunächst nur ein *Nachbesserungsrecht* (s. § 462 Rdn. 3) und das Recht auf Wandelung oder Minderung erst, wenn die Nachbesserung unmöglich wird oder der Verkäufer sie verweigert, so beginnt die Verjährung zwar auch für den Anspruch auf Wandelung oder Minderung bereits mit der Ablieferung (BGH **39** 287; BGH **60** 212), also schon vor der Entstehung dieser Ansprüche. Die Verjährung ist aber, wenn sich der Verkäufer der Prüfung des angeblichen Mangels oder seiner Beseitigung unterzogen hat, dem § 639 Abs. 2 entsprechend gehemmt, bis der Verkäufer dem Käufer das Ergebnis der Prüfung mitteilt oder ihm gegenüber den Mangel als beseitigt erklärt oder die Fortsetzung der Beseitigung ablehnt (RG **96** 266; **128** 213; BGH **39** 287). Durch die Unterbrechung der Verjährung des Nachbesserungsanspruchs wird auch die Verjährung des Anspruchs auf Wandelung oder Minderung unterbrochen. Hat der Käufer, weil der Verkäufer mit der Nachbesserung im Verzuge war, die Mängel selbst beseitigt und ist er in entsprechender Anwendung des § 633 Abs. 3 berechtigt, Ersatz der Mängelbeseitigungskosten zu verlangen (vgl. BGH **59** 365), so unterbricht die Klage auf Ersatz dieser Kosten die Verjährung der sonstigen Gewährleistungsansprüche (BGH **58** 30 für Werkvertragsrecht).

19 **VI. Wirkung der Verjährung**

Aus dem Zweck der Verjährung folgt, daß Ansprüche, die sich gegen den Bestand des Geschäfts richten, als erloschen gelten sollen, wenn sie nicht innerhalb der Verjährungsfrist verfolgt werden. Das Kauf- und Erfüllungsgeschäft soll also nach Ablauf der Verjährungsfrist so angesehen werden, als hafte ihm kein Mangel an. Auch unter dem

Gesichtspunkt der ungerechtfertigten Bereicherung kann ein gezahlter Kaufpreis nicht zurückgefordert werden (RG **128** 211).

§ 478

Hat der Käufer den Mangel dem Verkäufer angezeigt oder die Anzeige an ihn abgesendet, bevor der Anspruch auf Wandelung oder auf Minderung verjährt war, so kann er auch nach der Vollendung der Verjährung die Zahlung des Kaufpreises insoweit verweigern, als er auf Grund der Wandelung oder der Minderung dazu berechtigt sein würde. Das gleiche gilt, wenn der Käufer vor der Vollendung der Verjährung gerichtliche Beweisaufnahme zur Sicherung des Beweises beantragt oder in einem zwischen ihm und einem späteren Erwerber der Sache wegen des Mangels anhängigen Rechtsstreite dem Verkäufer den Streit verkündet hat.

Hat der Verkäufer den Mangel arglistig verschwiegen, so bedarf es der Anzeige oder einer ihr nach Abs. 1 gleichstehenden Handlung nicht.

I. **Die Bedeutung der Vorschrift.** § 478 bringt eine Ausnahme von § 477. Er ge- 1
währt dem Käufer, der noch nicht erfüllt hat, eine *Einrede gegen den Kaufpreisanspruch* des Verkäufers, wenn er dem Verkäufer den Mangel innerhalb der Verjährungsfrist angezeigt oder wenigstens die Anzeige an ihn abgesandt oder eine der in Satz 2 angeführten prozessualen Maßnahmen ergriffen hat. Der angezeigte Mangel muß derselbe sein, der später geltend gemacht wird (BGH LM BGB § 477 Nr. 1). Beim Werklieferungsvertrag über unvertretbare Sachen ist § 478 entsprechend anwendbar (RG **87** 305).

II. Die **Anzeige** kann mündlich oder schriftlich, auch durch Erhebung der Wan- 2
delungsklage, bewirkt werden. In der Rücknahme der Klage ist nicht ohne weiteres auch eine Rücknahme der Anzeige zu sehen (RG **59** 154). Es muß aus der Anzeige hervorgehen, daß der Käufer Rechte aus dem Mangel herleiten will; allgemeine Redensarten genügen nicht (RG **54** 67). Die Anzeige kann auch von einem beschränkt geschäftsfähigen Käufer vorgenommen werden (bestr.) und ist widerrufbar. Sie braucht nicht sofort nach der Entdeckung des Mangels zu erfolgen; aus einer erheblichen Verzögerung kann jedoch ein Verzicht auf die Geltendmachung des Mangels entnommen werden.

III. Die **Einrede** kann auch durch Feststellungsklage geltend gemacht werden 3
(RG **74** 292; **92** 7). Ein Grundstückskäufer, dessen an sich begründetes Recht zur Minderung nach § 477 verjährt ist und nur noch nach § 478 geltend gemacht werden kann, ist berechtigt, die Löschung einer Kaufpreishypothek entsprechend der Minderungseinrede nach § 1169 zu verlangen (RG **70** 12). Die Einrede aus § 478 ist für den wandelungsberechtigten Käufer auch gegenüber dem Anspruch auf Abnahme oder Entgegennahme der Auflassung entsprechend zuzulassen. Die Einrede ist nur Entscheidungsgrund in einem Urteil, das die Klage auf Zahlung des Kaufpreises abweist. Damit ist dem Käufer kein selbständiger Anspruch auf Rückzahlung eines bereits gezahlten Kaufpreisteils zugesprochen.

§ 478 gibt nur eine Einrede, aber keinen selbständigen Anspruch (RG **128** 211). Der Käufer, der einen Mangel der Ware zwar innerhalb der Verjährungsfrist gerügt, aber nicht rechtzeitig Wandelungsklage erhoben hat, kann den vorausgezahlten Kaufpreis nicht unter dem Gesichtspunkt der ungerechtfertigten Bereicherung zurückfordern.

Wenn sich der Käufer nach Ablauf der Verjährung des Wandelungsanspruches auf die Einrede des § 478 beruft, so wird damit auch der bereits erfüllte Anspruch auf Übereignung der Kaufsache ergriffen. Der Käufer ist daher zur Rückgabe der Kaufsache verpflichtet (*Schlosser* JZ **66** 428).

Hat dem Käufer ein Nachbesserungsanspruch zugestanden, der verjährt ist, so gibt ihm auch dieser Anspruch in entsprechender Anwendung des § 478 bei rechtzeitiger Mängelanzeige ein Zurückbehaltungsrecht gegenüber der Kaufpreisforderung (vgl. BGH **53** 122).

§ 479

Der Anspruch auf Schadensersatz kann nach der Vollendung der Verjährung nur aufgerechnet werden, wenn der Käufer vorher eine der im § 478 bezeichneten Handlungen vorgenommen hat. Diese Beschränkung tritt nicht ein, wenn der Verkäufer den Mangel arglistig verschwiegen hat.

1 I. Nach § 479 kann der Käufer auch mit einem Schadensersatzanspruch wegen Mängeln der Kaufsache aufrechnen. Nach dem Zweck der kurzen Verjährung und auf Grund des Zusammenhanges zwischen § 478 und § 479 ist die Aufrechnungsbefugnis als dahin eingeschränkt anzusehen, daß die *Aufrechnung nur gegen die Kaufpreisforderung aus demjenigen Vertrage* zulässig ist, *aus dem die Schadensersatzforderung herrührt* (RG **56** 171; BGH LM BGB § 633 Nr. 6). Im letztgenannten Urteil wird allerdings ausnahmsweise die Aufrechnung mit verjährten Schadensersatzansprüchen zugelassen, die der Verkäufer nur deshalb erworben hat, weil ihn der Käufer in Unkenntnis seiner Rechte durch Beauftragung mit einer entgeltlichen Ausbesserung zunächst mit Ansprüchen aus der Gewährleistung verschont hatte. Nach dem Urteil BGH LM BGB § 479 Nr. 3 soll jedoch die Aufrechnung nicht zulässig sein gegen eine Kaufpreisforderung, die der Verkäufer dadurch erworben hatte, daß er dem Käufer ein Mittel zur Beseitigung des Mangelfolgeschadens geliefert hatte. Insoweit überzeugt die Entscheidung allerdings nicht. Ob der Käufer mit dem Verkäufer in Verkennung seiner Gewährleistungsansprüche einen Werkvertrag auf Nachbesserung schließt oder ob der Käufer selbst im Zweifel, ob ihm Gewährleistungsansprüche zustehen, Nachbesserungsversuche mit einem vom Verkäufer zusätzlich erworbenen Mittel macht, steht sich fast gleich.

2 II. Der aus einem Ereignis erwachsende *Schaden* ist ein einheitliches Ganzes. Da für den Ersatz dieses Schadens eine einheitliche Verjährungsfrist gilt, ohne Rücksicht darauf, zu welchem Zeitpunkt die einzelnen Vermögensnachteile entstanden sind, müssen andererseits auch diejenigen Maßnahmen, die dem Eintritt der Verjährung entgegengesetzt werden können, ebenso einheitlich wirken. Daher erhält eine nach § 478 BGB rechtzeitig erstattete Mängelanzeige dem Käufer die Möglichkeit, gegenüber dem Kaufpreis auch mit dem Anspruch auf Ersatz solcher Schäden aufzurechnen, die erst nach dem Ablauf der Verjährungsfrist aufgetreten sind (BGH **50** 21).

§ 480

Der Käufer einer nur der Gattung nach bestimmten Sache kann statt der Wandelung oder der Minderung verlangen, daß ihm anstelle der mangelhaften Sache eine mangelfreie geliefert wird. Auf diesen Anspruch finden die für die Wandelung geltenden Vorschriften der §§ 464 bis 466, des § 467 Satz 1 und der §§ 469, 470, 474 bis 479 entsprechende Anwendung.

Fehlt der Sache zu der Zeit, zu welcher die Gefahr auf den Käufer übergeht, eine zugesicherte Eigenschaft oder hat der Verkäufer einen Fehler arglistig verschwiegen, so kann der Käufer statt der Wandelung, der Minderung oder der Lieferung einer mangelfreien Sache Schadensersatz wegen Nichterfüllung verlangen.

Übersicht

	Rdn.
I. Gewährleistung beim Gattungskauf	1
II. Ersatzlieferung	2–5
1. Mangel der Gattungssache	2
2. Ersatzlieferungsanspruch	3
3. Ersatzlieferungsrecht des Verkäufers	4
4. Die anwendbaren Vorschriften und Grundsätze	5
III. Schadensersatz	6
IV. Verhältnis zu anderen Rechtsbehelfen	7, 8
1. Vertragliche Ansprüche	7
2. Anfechtung wegen arglistiger Täuschung	8

I. Gewährleistung beim Gattungskauf 1

Der Erfüllungsanspruch des Käufers geht allgemein auf Lieferung einer mangelfreien Sache. Beim Gattungskauf ist nach §§ 243, 279 der *Verkäufer zur Auswahl einer mangelfreien Sache aus der Gattung verpflichtet.* Ist die vom Verkäufer ausgewählte Sache nicht von vertragsmäßiger Beschaffenheit, so hat er das zur Leistung Erforderliche nicht getan. Das Schuldverhältnis hat sich deshalb nicht auf diese Sache beschränkt (BGH LM BGB § 480 Nr. 3 und 5). Der Erfüllungsanspruch wird daher von der Lieferung einer mangelhaften Sache nicht berührt. Deshalb gerät der Verkäufer, wenn der Käufer die mangelhafte Sache zurückweist und Nachlieferung einer mangelfreien verlangt, in Leistungsverzug, der ihn neben der Nachlieferung auch zum Schadensersatz verpflichten kann (RG **123** 215). Die dogmatische Begründung für den daneben bestehenden Anspruch auf Wandelung oder Minderung ist streitig; s. dazu 11. Aufl. § 480 Anm. 1. Das Wahlrecht des Käufers ist damit zu erklären, daß er die vom Verkäufer ausgewählte Sache als Gegenstand der Erfüllung behandeln kann, so daß sich das Schuldverhältnis auf sie beschränkt (BGH LM BGB § 480 Nr. 5). Das schließt nicht aus, daß ihm dann die Gewährleistungsansprüche zustehen, die der Käufer einer mit Mängeln behafteten Sache hat. Beim Gattungskauf beruhen Wandelung, Minderung und der Anspruch auf Lieferung einer mangelfreien Sache darauf, daß der Käufer durch Lieferung der mangelhaften Sache nicht das bekommen hat, was er nach dem Vertrage zu erhalten hatte (*Ballerstedt*, Festschrift Nipperdey 1955, S. 261 ff, 276; zustimmend A. *Blomeyer* AcP **154** 531).

II. Ersatzlieferung 2

1. Mangel der Gattungssache

Der Begriff des Mangels bestimmt sich nach § 459 und nicht, wie *Edye* MDR **61** 908 meint, nach den §§ 360 HGB, 243 BGB. Das ist auch beim Warenhandel nicht anders. Bei § 480 ist aber zu beachten, daß die Ware nur der Gattung nach gekauft ist. Das kann dazu führen, daß sich Leistungsgegenstand und Mangel nach objektiven Merkmalen bestimmen, insbesondere dazu, daß die geschuldete Ware von mittlerer Art und Güte und beim Warenkauf handelbar sein muß. Der Inhalt der Leistungspflicht kann aber auch subjektiv, nach der Vorstellung der Vertragsteile über den Verwendungszweck der Kaufsache, bestimmt sein. Alsdann ist die gelieferte Ware, wenn sie diesem Zweck nicht entspricht, mit einem Fehler behaftet, auch wenn sie von mittlerer Art und Güte und damit objektiv fehlerfrei ist (*Mezger* MDR **62** 253; *Ostler* JR **62** 295).

Falschlieferung (Lieferung eines aliud) ist keine mangelhafte Lieferung (s. § 459 Rdn. 3). Auf die Falschlieferung findet deshalb § 480 keine Anwendung.

3 2. Der **Ersatzlieferungsanspruch** ist zwar kein Gewährleistungsanspruch, sondern ein Erfüllungsanspruch (oben Rdn. 1); das Gesetz wendet auf ihn aber Gewährleistungsvorschriften entsprechend an. Daß er der kurzen Verjährungsfrist des § 477 unterworfen ist, erklärt sich damit, daß der Verkäufer nicht ungebührlich lange im unklaren über die Entscheidung des Käufers bleiben soll und daß der Lieferungsanspruch den Anspruch auf Wandelung oder Minderung nicht gut überdauern kann, wenn er wahlweise neben den Gewährleistungsansprüchen steht.

§ 480 ist auch beim *beschränkten Gattungskauf* anwendbar. Alsdann ist aber der Anspruch auf Ersatzlieferung ausgeschlossen, wenn die Lieferung aus der beschränkten Gattung unmöglich geworden ist, weil etwa die vom Verkäufer hergestellte Warenmenge, aus der geliefert werden sollte, oder der an einem bestimmten Ort lagernde Vorrat erschöpft ist (RG Recht **17** Nr. 373).

Der ursprüngliche Lieferungsanspruch kann im Vereinbarungswege wiederhergestellt werden. Eine solche Vereinbarung (Umtauschvertrag) kann ganz ohne Rücksicht darauf getroffen werden, ob die gelieferte Sache wirklich mangelhaft war oder zu Unrecht beanstandet wurde. Ein solcher Anspruch aus einem Umtauschvertrage ist nicht der gesetzliche Nachlieferungsanspruch aus § 480 (RG **91** 110; **93** 98; **94** 329).

4 3. **Ersatzlieferungsrecht des Verkäufers.** Der Käufer braucht sich, wenn ihm eine mangelhafte Sache geliefert worden ist, nicht auf das Angebot des Verkäufers, mangelfrei nachzuliefern, einzulassen. Der Verkäufer hat nicht das Recht, dem Käufer durch das Angebot einer Ersatzlieferung die sonstigen Gewährleistungsansprüche wie Wandelung, Minderung oder Schadensersatz abzuschneiden (BGH LM BGB § 480 Nr. 5). Das RG (RG **91** 112) hat den Standpunkt vertreten, der Käufer dürfe eine ihm vom Verkäufer unverzüglich angebotene Ersatzware dann nicht ablehnen, wenn er keinerlei Interesse habe, gerade die ihm zuerst gelieferte Ware zu erhalten. Damit würde aber der Verkäufer dem Käufer den Anspruch auf Wandelung immer nehmen können, da der Käufer, der wegen der ihm zuerst gelieferten — mangelhaften — Sache Wandelung verlangt, damit zu erkennen gibt, daß er an der empfangenen Ware kein Interesse hat (*Ballerstedt* Festschrift Nipperdey S. 276; zustimmend A. *Blomeyer* AcP **54** 532). Ballerstedt meint, der Verkäufer habe kein Nachlieferungsrecht beim Fixkauf, beim Fehlen zugesicherter Eigenschaften, bei arglistigem Verschweigen eines Fehlers und beim Verkauf aus eigenem Vorrat oder eigener Erzeugung. Wenn sich dagegen der Verkäufer zum Zweck der Erfüllung selbst erst eindecken müsse und eine längere, nicht bloß nach wenigen Tagen bemessene Lieferfrist vereinbart sei, könne der Verkäufer die Durchsetzung der Wandelung durch das unverzügliche Angebot einer Ersatzlieferung dann hindern, wenn die Lossagung des Käufers dem Sinn des Vertrages als Leistungsaustausch und als Risikoverteilung zuwiderlaufen würde. Das könne insbesondere bei einer in der Zeit zwischen dem Kaufabschluß und dem Liefertermin eingetretenen, dem Käufer ungünstigen Preisentwicklung der Fall sein, denn im allgemeinen habe der Käufer das Preisrisiko zu tragen. Dieser Gedanke wird bei sorgfältiger Abwägung der Umstände jedes einzelnen Falles eine sachgerechte Lösung ermöglichen.

5 4. **Die** auf den Ersatzlieferungsanspruch **anwendbaren Vorschriften und Grundsätze.** Für den Nachlieferungsanspruch kommen aus dem Wandelungsrecht die Vorschriften der §§ 464, 465, 466, 467 Satz 1, 469, 470, 474 Abs. 2, 475, 476, 477, 478 zur entsprechenden Anwendung. Unanwendbar sind dagegen § 467 Satz 2 (Ersatz der Vertragskosten), weil der Vertrag bestehen bleibt, § 474 Abs. 1, weil sich diese Vorschrift auf die Minderung bezieht, und § 479, weil diese Bestimmung sich nicht auf die Wandelung oder Nachlieferung bezieht und nur irrtümlich in § 480 angezogen ist. Der Nach-

lieferungsanspruch unterliegt der kurzen Verjährung des § 477. Hat sich der Verkäufer dagegen mit Ersatzlieferung einverstanden erklärt und ist ihr Umfang geregelt, so greift nicht § 477, sondern die für den Lieferungsanspruch maßgebende Verjährungsvorschrift ein (BGH LM BGB § 480 Nr. 2).

Auch der *Nachlieferungsanspruch* wird erst mit der Erklärung des Einverständnisses des Verkäufers oder durch rechtskräftiges Urteil *unwiderruflich;* bis dahin kann der Käufer seine Wahl ändern. Er ist daher auch nicht verpflichtet, die als mangelhaft zurückgewiesene Ware zurückzugewähren, solange es ihm freisteht, sie in Abänderung seiner Wahl zu behalten. Der Anspruch des Verkäufers auf Rückgewähr entsteht erst mit dem Vollzuge der Wahl nach § 465 (RG **94** 331). Ein Wahlschuldverhältnis im Sinne von § 263 liegt aber bei den mehreren Rechtsbehelfen nicht vor. Es werden nicht aus demselben Schuldverhältnis mehrere Leistungsgegenstände alternativ geschuldet, sondern der Käufer hat die Wahl zwischen mehreren Ansprüchen, die zudem von verschiedenen Voraussetzungen abhängig sind. Deshalb schließt das bloße Verlangen von Schadensersatz die spätere Geltendmachung der Wandelung nicht aus.

Verkauft der Käufer die ihm zuerst gelieferte Sache anderweit, so wird hierin in der Regel nach Treu und Glauben ein *Verzicht* auf die Nachlieferung einer mangelfreien Sache zu finden sein. Ebenso kann in der Regel nicht Lieferung einer anderen Sache verlangt werden, wenn der Käufer die gelieferte Sache bereits verarbeitet hat und sie daher nicht zurückgeben kann. Doch kann unter Umständen auch dadurch das Recht der Nachlieferung nicht verlorengehen (RG HRR **31** 731). Vorbehaltlose Annahme der mangelhaften Sache in Kenntnis des Mangels schließt den Anspruch auf Nachlieferung aus.

Setzt der Käufer nach § 326 *Nachfrist* zur Lieferung von Ersatzware, so leitet er das Schuldverhältnis vom Gebiet der Gewährleistungsansprüche auf das Gebiet des Schuldnerverzuges über. Dann kann er nur noch vom Vertrage zurücktreten oder Schadensersatz wegen Nichterfüllung fordern. Dieser Schadensersatz wegen Nichterfüllung ist ein anderer als der Schadensersatz wegen Nichterfüllung nach § 480 Abs. 2 (RG **123** 215; s. dazu unten Rdn. 6).

III. Schadensersatz 6

1. Wegen der Zusicherung von Eigenschaften s. § 459 Rdn. 21—24. Wegen arglistigen Verschweigens s. § 463 Rdn. 3—7. Arglistiges Vorspiegeln ist dem arglistigen Verschweigen gleichzustellen. Da bei Kaufabschluß noch nicht feststeht, welche Sachen vom Verkäufer aus der Gattung geliefert werden, ist anders als nach § 463 für den Mangel der zugesicherten Eigenschaft nicht der Zeitpunkt des Kaufabschlusses, sondern die Zeit des Gefahrübergangs maßgebend (§ 480 Abs. 2). Auch für das arglistige Verschweigen kommt es auf den Zeitpunkt der Lieferung und nicht den des Kaufabschlusses an (RG WarnRspr. **12** Nr. 159).

Der Anspruch auf Schadensersatz wegen Nichterfüllung nach Abs. 2 ist vom Verschulden des Verkäufers unabhängig. Der Käufer kann den Vertrag als gänzlich unerfüllt behandeln und die Zurücknahme der mangelhaften Sache verlangen. Nimmt er aber die Sache an, so kann er dann nicht Schadensersatz wegen Nichterfüllung verlangen, wenn er den Mangel kennt und sich seine Rechte nicht bei der Annahme vorbehält (RG **55** 214).

Fehlen der gelieferten Sache zugesicherte Eigenschaften, so kann der Käufer den Anspruch auf Schadensersatz wegen Nichterfüllung noch geltend machen, nachdem er die Kaufsache zurückgegeben und den Kaufpreis zurückerhalten hat (RG **90** 332).

Auf den Schadensersatzanspruch des § 480 Abs. 2 ist auch § 469 anzuwenden (RG **73** 379; **138** 331).

Der Anspruch auf Schadensersatz wegen Nichterfüllung bei Fehlen einer zugesicherten Eigenschaft unterliegt der kurzen Verjährung des § 477 (RG **53** 203).

2. Der *Schaden* kann einmal in der Weise *berechnet* werden, als ob überhaupt nicht geliefert worden wäre. Da auch die nichtgehörige Erfüllung Nichterfüllung ist und den Anspruch auf Schadensersatz wegen Nichterfüllung begründet, ist der Käufer auch berechtigt, die nicht gehörige Erfüllung und die hierdurch entstandene Sachlage hinzunehmen und Ersatz desjenigen Schadens zu fordern, der ihm hieraus entstanden ist (RG **53** 89). Deshalb kann der Käufer, der den ihm gelieferten wertlosen Samen mit eigener Ware vermischt hat, die hierdurch wertlos geworden ist, für diesen Schaden Entschädigung verlangen. Läßt der Käufer sich den nutzlos aufgewandten Kaufpreis zurückzahlen, so ist das nur eine teilweise Verwirklichung seines Schadensersatzanspruches (RG **90** 334; JW **17** 902).

7 **IV. Verhältnis zu anderen Rechtsbehelfen**

1. Vertragliche Ansprüche. Der Gattungskäufer kann wie der Käufer einer Stücksache das Angebot einer mangelhaften Sache ablehnen, ohne in Annahmeverzug zu geraten, und gegenüber dem Kaufpreisanspruch die *Einrede des nicht erfüllten Vertrages* (§ 320) erheben.

Nach Übergabe einer mangelhaften Sache kann der Käufer den Verkäufer noch in *Verzug* setzen. Der vorher bereits eingetretene Verzug wird durch Lieferung einer mangelhaften Sache nicht behoben. In beiden Fällen kann der Käufer nach § 326 vorgehen (RG **123** 215). Hat der Käufer den Weg des § 326 beschritten, ist für eine nachträgliche Annahme der Ware und ein Einvertsändnis nach §§ 480, 465 kein Raum mehr (RG Recht **24** Nr. 812). Ist der Verkäufer bei einem beschränkten Gattungskauf ohne sein Verschulden außerstande, eine Ersatzware zu liefern (z. B. nach Ausverkauf der beschränkten Gattung), so kann er mangels Nachlieferungsmöglichkeit nicht in Verzug kommen und der Käufer durch Nachfristsetzung keinen Schadensersatzanspruch aus § 326 erlangen (RG Recht **17** Nr. 373).

Bei *Sukzessivlieferungen* begründet der Verzug mit der Leistung mangelfreier Ware anstelle der gelieferten mangelhaften nach § 480 Abs. 1 auch bezüglich der noch ausstehenden Lieferungen die Rechte aus § 326 Abs. 1.

Bei schuldhafter Verletzung des Kaufvertrages kann der Käufer neben dem Anspruch auf Schadensersatz wegen Nichterfüllung aus § 480 Abs. 2 oder neben dem Anspruch auf Wandelung oder Minderung auch *Schadensersatz aus positiver Vertragsverletzung* (§ 276) verlangen, soweit nicht das Gewährleistungsrecht die Anwendung ausschließt (vgl. § 462 Rdn. 6).

8 **2.** Ein Gattungskauf kann **wegen arglistiger Täuschung** beim Abschluß des Kaufvertrages **angefochten** werden. Die bloße Absicht, einen Gattungskauf nicht oder nicht gehörig zu erfüllen, bietet in der Regel aber keine ausreichende Grundlage zur Annahme einer für den Vertragsschluß ursächlichen arglistigen Täuschung; besondere Umstände können jedoch eine gegenteilige Annahme rechtfertigen (RG **104** 2). Die arglistige Täuschung kann der Verkäufer aber auch nach Auswahl des Kaufgegenstandes aus der Gattung beim dinglichen Erfüllungsgeschäft begehen (vgl. oben Rdn. 6). Verschweigt der Verkäufer bei der in Erfüllung eines Gattungskaufs erfolgenden Lieferung einer mangelhaften Sache deren Fehler arglistig, so soll nach dem Urteil RG **70** 429 der Käufer die Rechte aus § 480 Abs. 2, nicht aber ein Anfechtungsrecht aus § 123 haben. Der beim Zusammentreffen von arglistiger Täuschung und mangelhafter Lieferung entscheidende Gesichtspunkt, daß der Betrüger nicht durch den Ausschluß des Anfechtungs-

rechts begünstigt werden darf, soll deshalb nicht durchschlagen, weil die Anfechtung nur das Erfüllungsgeschäft vernichten und damit im Ergebnis auch keine andere Lage schaffen würde, als wenn der Käufer Lieferung einer mangelfreien Sache verlangt. Diese Auffassung vermag nicht zu überzeugen. Wirtschaftlich kann die Anfechtung möglicherweise nicht weiter führen. Die Rechtsfolgen einer Anfechtung des Erfüllungsgeschäfts sind aber verschieden von denen, die das Verlangen nach Ersatzlieferung nach sich zieht. Durch Anfechtung wird das Erfüllungsgeschäft gegenüber jedermann vernichtet, das Begehren nach Ersatzlieferung führt dagegen nur zur entsprechenden Anwendung der Wandelungsvorschriften. Verlangt der zur Anfechtung des Kaufvertrages wegen arglistiger Täuschung berechtigte Käufer in Kenntnis dieses Rechts vor Erhebung der Klage Wandelung und gleichzeitig Schadensersatz nach § 463, so liegt darin grundsätzlich keine Bestätigung des anfechtbaren Kaufvertrages (BGH LM BGB § 123 Nr. 16).

§ 481

Für den Verkauf von Pferden, Eseln, Mauleseln und Maultieren, von Rindvieh, Schafen und Schweinen gelten die Vorschriften der §§ 459 bis 467, 469 bis 480 nur insoweit, als sich nicht aus den §§ 482 bis 492 ein anderes ergibt.

Schrifttum:
Stölzle/Graminger, Viehkauf, 1935; *Hanke,* Sonderrecht des Viehkaufs; *Sauer,* Viehkauf und Viehgewährschaftsrecht, 1927; *Lerche,* Viehgewährschaftsrecht, 1955; Ludwig *Maier,* Eigentumsvorbehalt und Viehverkauf; *Meisner,* Viehgewährschaftsrecht, 1927.

Zu den §§ 482—492 sind, da nach § 23 GVG Streitigkeiten wegen Viehmängel zur Zuständigkeit der Amtsgerichte gehören, Entscheidungen des RG und des BGH nur in geringer Zahl ergangen. Dagegen sind zahlreiche Entscheidungen der Amts-, Land- und Oberlandesgerichte enthalten in den „Gerichtlichen Entscheidungen des ersten Jahrzehnts des BGB über den Viehkauf, gesammelt und herausgegeben von Dr. Hans *Stölzle*" 1910 und der Fortsetzung der Sammlung der seit 1910 ergangenen Entscheidungen (1928).

I. **Grundsätzlich** finden die **allgemeinen Vorschriften** über Kauf Anwendung. 1
Nur ist die Sachmängelhaftung abweichend von §§ 459 ff geregelt. Die Regelung gilt für bestimmte Tierarten, bestimmte Mängel (Hauptmängel), setzt kurze Gewährfristen und kurze Verjährungsfristen fest, die auch bei vertraglichen besonderen Vereinbarungen eingeschränkt sind, und läßt keine Minderung des Kaufpreises zu. Nicht ausgeschlossen ist Schadensersatzanspruch nach §§ 463, 480 Abs. 2 (RG 60 234) auch bei anderen als Hauptmängeln.

Zu beachten ist auch das Ges. über den Verkehr mit Vieh und Fleisch v. 25. 4. 51 BGBl 1951, 272.

II. Die **Sondervorschriften** der §§ 482—492 gelten nur für *lebende Tiere der in* 2
§ 481 angegebenen Tiergattungen. Für andere Tiere, auch wilde Tiere, sind die allgemeinen Gewährleistungsvorschriften maßgebend. Innerhalb der hier hervorgehobenen Tiergattungen kann die Zugehörigkeit zu einer bestimmten Artklasse oder Rasse als eine besondere Eigenschaft des betreffenden Tieres in Betracht kommen.

§ 481 findet nur Anwendung, soweit es allein auf das Vieh ankommt. Wird *Vieh dagegen als Zubehör* eines Grundstückes verkauft und beeinträchtigt das mangelhafte Vieh zugleich die Tauglichkeit des Grundstücks, so sind nicht die §§ 481 ff, sondern die

§§ 459 ff anzuwenden (RG **102** 309). Bei einem Grundstückskauf „in Bausch und Bogen" kann die Haftung für Mängel bei einzelnen Tieren ausgeschlossen sein, *Stölzle,* Entsch. seit 1910 (1928) S. 60.

3 **III.** Die **Sondervorschriften** der §§ 482—492 beziehen sich nur auf *Wandelung.* Sie gehen den allgemeinen Gewährleistungsvorschriften vor. Letztere kommen daher zum Teil (so §§ 460, 461, 464, 466, 469—471, 476) nur aushilfsweise zur Anwendung, zum Teil (nämlich die von der Minderung handelnden §§ 472—475) sind sie überhaupt unanwendbar. § 459 Abs. 1 scheidet völlig aus (RG **123** 148).

§ 481 kommt erst vom Zeitpunkt des Gefahrübergangs in Betracht, da dann erst Gewährleistungsansprüche entstehen. Daher ist nach den allgemeinen Vorschriften (§§ 433, 243) zu beurteilen, ob der Käufer die gekaufte Sache abzunehmen und den Kaufpreis zu zahlen hat. So kann der Käufer bloß der Gattung nach bestimmter Tiere die Annahme und Bezahlung ablehnen, wenn das ihm angebotene Vieh zwar nicht mit Hauptmängeln behaftet, aber auch nicht von mittlerer Art und Güte ist.

Ein § 481 abänderndes Gewohnheitsrecht hat sich nicht gebildet. Über bestehende Handelsbräuche *Stölzle* aaO S. 124. Eine vertragsmäßige Regelung, insbesondere eine Verschärfung der Haftung beim Verkauf der in § 481 erwähnten Tiergattungen ist dagegen nicht ausgeschlossen.

Die Vorschriften der *§§ 377, 378 HGB* über *sofortige Untersuchung und Mängelrüge* gelten für die Viehgewährschaft *nicht,* auch nicht bei Mängeln, die nicht Hauptmängel sind (*Stölzle,* Viehkauf S. 114). Wohl aber gelten sie für andere Tiere als die in § 481 genannten. In Anwendung bleiben ferner §§ 373, 376, 379, 352 HGB.

§ 482

Der Verkäufer hat nur bestimmte Fehler (Hauptmängel) und diese nur dann zu vertreten, wenn sie sich innerhalb bestimmter Fristen (Gewährfristen) zeigen.

Die Hauptmängel und die Gewährfristen werden durch eine mit Zustimmung des Bundesrats zu erlassende Kaiserliche Verordnung bestimmt. Die Bestimmung kann auf demselben Wege ergänzt und abgeändert werden.

Übersicht

	Rdn.		Rdn.
I. Viehgewährschaft	1, 2	4. Positive Vertragsverletzung	6
1. Hauptmängel	1	5. Arglistiges Verschweigen	7
2. Gewährfristen	2	6. Anfechtung	8
II. Rechtsbehelfe	3–8	III. Haftungsausschluß	9
1. Nach allgemeinem Gewährleistungsrecht	3	IV. Die Kaiserliche Verordnung	10–12
2. Beim Fehlen zugesicherter Eigenschaften	4	1. Allgemeines	10
3. Verschulden bei Vertragsschluß	5	2. Wortlaut der Verordnung	11
		3. Einzelheiten	12

1 **I. Viehgewährschaft**

1. Die Vorschrift schränkt die Haftung aus § 459 ein. Der Verkäufer haftet nur für **Hauptmängel.** Der Kreis der Hauptmängel ist gesetzlich durch die *„Kaiserliche Verordnung"* vom 27. 3. 99 festgelegt (s. unten Rdn. 11). Der Kreis läßt sich auch im Wege der ausdehnenden Auslegung nicht erweitern (OLG Schleswig SchlHA **57** 72). Die Bestimmungen über Hauptmängel liegen auch den von dem Direktorium für Vollblutzucht und Rennen e. V. herausgegebenen Versteigerungsbedingungen zugrunde (BGH LM BGB § 481 Nr. 1 = NJW **66** 2352). Die Haftung für Hauptmängel erfolgt, ohne daß ein

Nachweis ihrer Erheblichkeit oder der von ihnen herbeigeführten Wertminderung erforderlich wäre.

2. Der Verkäufer hat **Hauptmängel** nur dann zu vertreten, wenn sie sich innerhalb bestimmter Gewährfristen zeigen. Diese Gewährfristen werden ebenfalls durch die „*Kaiserliche Verordnung*" bestimmt. Ein Hauptmangel zeigt sich im Sinne des § 482, wenn er von irgendeiner Person, die nicht der Käufer zu sein braucht, wahrgenommen worden ist. Der Nachweis, daß er innerhalb dieser Frist vorhanden gewesen ist, genügt nicht. Das Wesen der Krankheit als Hauptmangel braucht aber nicht erkannt worden zu sein. Der Hauptmangel braucht sich nicht schon am lebenden Tier gezeigt zu haben. Zeigt sich ein Hauptmangel innerhalb der Gewährfrist, so wird nach § 484 vermutet, daß er schon bei Gefahrübergang vorhanden war. Der Käufer, der die Rückzahlung des Kaufpreises verlangt, braucht deshalb nur zu beweisen, daß sich ein Hauptmangel innerhalb der Gewährfrist gezeigt hat. Die Gewährfristen sind Ausschlußfristen. Der Verkäufer braucht daher nicht Gewähr zu leisten, wenn ein Hauptmangel innerhalb der Gewährfrist hätte erkannt werden können, aber nicht erkannt worden ist (vgl. RG **128** 46). Die Gewährfristen sind von Amts wegen zu berücksichtigen. Hat der Verkäufer gegen Treu und Glauben verhindert, daß ein Hauptmangel innerhalb der Gewährfrist wahrgenommen werden konnte, so steht der Berufung auf den Ablauf der Gewährfrist allerdings die Einrede der Arglist entgegen (RG **148** 46). Im Gegensatz zur Verjährung sind bei Gewährfristen Hemmungen und Unterbrechungen des Fristablaufs ausgeschlossen (vgl. RG **128** 47; **158** 140). 2

II. Rechtsbehelfe 3

1. Das **Allgemeine Gewährschaftsrecht** tritt *in weitem Umfang außer Kraft*. Statt des dort genannten Fehlers, der den Wert oder die Tauglichkeit zu dem gewöhnlichen oder dem nach dem Vertrage vorausgesetzten Gebrauch aufhebt oder mindert, tritt der Hauptmangel, für den allein gehaftet wird. Der Käufer kann grundsätzlich nur Wandelung, nicht Minderung verlangen.

2. Dagegen verbleibt es bei dem **Schadensersatzanspruch** *wegen Fehlens zugesicherter Eigenschaften* nach § 463 Satz 1. Soweit der Verkäufer das Fehlen eines Hauptmangels zugesichert hat, ergibt sich die Haftung auf Schadensersatz aus § 482 in Verbindung mit § 490 Abs. 1. Handelt es sich bei der Zusicherung nicht um einen Hauptmangel, so ergibt sich der Schadensersatzanspruch aus § 492 (RG **60** 234; vgl. § 492 Rdn. 3). 4

3. Da beim Viehkauf der Verkäufer nur für Hauptmängel haftet, kann er auch unter dem Gesichtspunkt des **Verschuldens beim Vertragsschluß** *nicht* für fahrlässig unrichtige Angaben über die Beschaffenheit des Tieres oder für fahrlässiges Verschweigen von Fehlern *haften*, die nicht zu den Hauptmängeln gehören (BGH LM BGB § 481 Nr. 1). 5

4. Wegen der Beschränkung der Haftung des Verkäufers auf Hauptmängel, die sich innerhalb der Gewährfrist zeigen, kann der Käufer auch aus **positiver Vertragsverletzung** nur dann Schadensersatz verlangen, wenn dieser Anspruch auf einen Hauptmangel, der sich nicht später als bis zum Ablauf der Gewährfrist gezeigt hat, zurückgeführt wird. 6

5. Bei **arglistigem Verschweigen** von Hauptmängeln haftet der Verkäufer auch auf Schadensersatz nach §§ 482, 463. Nach überwiegender Meinung (RG **102** 308; OLG 7

Schleswig SchlHA 57 72; *Staudinger/Ostler* § 482 Anm. 12; *Soergel/Ballerstedt* Vorbem. 2 vor § 481) soll der Verkäufer dagegen für einen arglistig verschwiegenen Nichthauptmangel wegen der Sonderregelung der §§ 481 ff vertraglich nicht haften. Das kann nicht richtig sein. Es kann dahinstehen, ob ein Ausschluß des § 463 Abs. 2 für andere als Hauptmängel auch den Anspruch aus unerlaubter Handlung ausschlösse (so 11. Aufl. § 482 Anm. 4). Jedenfalls würde nach der angeführten Meinung ein Betrug beim Viehkauf, bloß weil er einen nicht zu den Hauptmängeln gehörenden Fehler des Tieres zum Gegenstand hat, keine vertragliche Haftung nach sich ziehen. Es ist aber nicht einzusehen, weshalb der Verkäufer, der die Abwesenheit eines nicht zu den Hauptmängeln zählenden Fehlers zusichert, nach Kaufrecht haftet (s. oben Rdn. 4), der Betrüger aber nicht für arglistiges Verschweigen eines solchen Fehlers oder gar für ein Vorspiegeln, daß ein solcher Fehler nicht vorliege, nicht haften solle. Der Grund dafür, daß § 463 Satz 2 nicht durch die §§ 481 ff ausgeschlossen wird, liegt darin, daß § 482 nur diejenige Gewährleistungspflicht betrifft, die dem Verkäufer ohne Rücksicht auf dessen etwaige Arglist auferlegt ist (OLG Königsberg HRR 41 1000).

Aus diesen Gründen bleiben auch die Schadensersatzansprüche aus §§ 823, 826 bei allen Mängeln bestehen und beschränken sich nicht nur auf die Hauptmängel.

8 6. Die **Anfechtung** eines Viehkaufs nach § 119 Abs. 2 *wegen Irrtums* ist ausgeschlossen. Im Hinblick auf § 482 kann nur ein Irrtum über einen Hauptmangel ein Irrtum über eine wesentliche Eigenschaft sein. Darum scheidet eine Anfechtung wegen Irrtums über einen Nichthauptmangel ohne weiteres aus. Da aber die §§ 481 ff eine erschöpfende Regelung für Hauptmängel enthalten und nicht umgangen werden dürfen, kommt auch eine Anfechtung wegen Irrtums über einen Hauptmangel nicht in Frage (*Stölzle/Graminger* aaO S. 267 ff; *Lerche* aaO § 481 Anm. 13). Dagegen ist eine Anfechtung des Vertrages *wegen arglistiger Täuschung* nach § 123 auch wegen anderer Mängel als Hauptmängel zulässig (vgl. auch Rdn. 7).

9 **III. Haftungsausschluß**

Ausgeschlossen ist die Haftung des Verkäufers, wenn der Käufer beim Abschluß des Kaufes den Fehler kennt (§ 460 Satz 1). Hat der Käufer erklärt, sich von der Beschaffenheit des Tieres überzeugt zu haben, so kann er sich auf einen erkennbaren Mangel nicht berufen, wenn ihm durch grobe Fahrlässigkeit der Fehler unbekannt geblieben ist (RG JW 02 343; § 460 Satz 2). Hat der Verkäufer beruhigende Angaben gemacht, kann grobe Fahrlässigkeit ausgeschlossen sein (RG JW 09 108). S. im übrigen die Bemerkungen zu § 464 und hinsichtlich der sonstigen Ausschließungsgründe die §§ 461, 464, 476, 489, 2376 BGB und §§ 806, 824, 825 ZPO.

10 **IV. Die Kaiserliche Verordnung**

1. Allgemeines. Die Hauptmängel und die Gewährfristen sind, um den einschlägigen Vorschriften die durch die wechselnden Verkehrsverhältnisse und durch den jeweiligen Stand der tierärztlichen Wissenschaft erforderliche Beweglichkeit zu geben, durch eine mit Zustimmung des Bundesrats erlassene *Kaiserliche Verordnung* vom 27. 3. 99 festgelegt worden. Die Frage, von dem sie nunmehr ergänzt oder abgeändert werden kann, regelt sich nach Art. 129 GG. Es kommt sowohl die Bundesregierung als Kollegium wie der zuständige Fachminister in Betracht. Nach Art. 80 Abs. 2 GG ist die Zustimmung des Bundesrats erforderlich.

Ob ein Tier als Nutz- und Zuchttier oder als Schlachttier verkauft wird, entscheidet der Kaufabschluß. Eine nach ihm erfolgte Änderung der Zweckbestimmung ist einflußlos. Schlachtreifes Vieh, das zum Schlachten verkauft wird, ist auch dann noch „Schlachtvieh", wenn der Käufer es zur Verbesserung seines Schlachtwertes vor der Schlachtung noch einige Zeit zu füttern gedenkt. Anders freilich, wenn das Vieh erst durch ein langes, andauerndes Mästen schlachtreif gemacht werden soll (RG BayZ 17 158).

2. Die Verordnung hat folgenden **Wortlaut**: 11

§ 1

Für den Verkauf von Nutz- und Zuchttieren gelten als Hauptmängel:

I. bei Pferden, Eseln, Mauleseln und Maultieren:

1. Rotz (Wurm) mit einer Gewährfrist von 14 Tagen;

2. Dummkoller (Koller, Dummsein) mit einer Gewährfrist von 14 Tagen; als Dummkoller ist anzusehen die allmählich oder infolge der akuten Gehirnwassersucht entstandene, unheilbare Krankheit des Gehirns, bei der das Bewußtsein des Pferdes herabgesetzt ist;

3. Dämpfigkeit (Dampf, Hartschlägigkeit, Bauchschlägigkeit) mit einer Gewährfrist von 14 Tagen; als Dämpfigkeit ist anzusehen die Atembeschwerde, die durch einen chronischen, unheilbaren Krankheitszustand der Lungen oder des Herzens bewirkt wird;

4. Kehlkopfpfeifen (Pfeiferdampf, Hartschnaufigkeit, Rohren) mit einer Gewährfrist von 14 Tagen; als Kehlkopfpfeifen ist anzusehen die durch einen chronischen und unheilbaren Krankheitszustand des Kehlkopfs oder der Luftröhre verursachte und durch ein hörbares Geräusch gekennzeichnete Atemstörung;

5. periodische Augenentzündung (innere Augenentzündung, Mondblindheit) mit einer Gewährfrist von 14 Tagen; als periodische Augenentzündung ist anzusehen die auf inneren Einwirkungen beruhende, entzündliche Veränderung an den inneren Organen des Auges;

6. Koppen (Krippensetzen, Aufsetzen, Freikoppen, Luftschnappen, Windschnappen) mit einer Gewährfrist von 14 Tagen;

II. bei Rindvieh:

1. tuberkulöse Erkrankung, sofern infolge dieser Erkrankung eine allgemeine Beeinträchtigung des Nährzustandes des Tieres herbeigeführt ist, mit einer Gewährfrist von 14 Tagen;

2. Lungenseuche mit einer Gewährfrist von 28 Tagen;

III. bei Schafen:

Räude mit einer Gewährfrist von 14 Tagen;

IV. bei Schweinen:

1. Rotlauf mit einer Gewährfrist von 3 Tagen;

2. Schweineseuche (einschließlich Schweinepest) mit einer Gewährfrist von 10 Tagen.

§ 2

Für den Verkauf solcher Tiere, die alsbald geschlachtet werden sollen und bestimmt sind, als Nahrungsmittel für Menschen zu dienen (Schlachttiere), gelten als Hauptmängel:

I. bei Pferden, Eseln, Mauleseln und Maultieren:

Rotz (Wurm) mit einer Gewährfrist von 14 Tagen;

II. bei Rindvieh:

tuberkulöse Erkrankung, sofern infolge dieser Erkrankung mehr als die Hälfte des Schlachtgewichts nicht oder nur unter Beschränkungen als Nahrungsmittel für Menschen geeignet ist, mit einer Gewährfrist von 14 Tagen;

III. bei Schafen:

allgemeine Wassersucht mit einer Gewährfrist von 14 Tagen; als allgemeine Wassersucht ist anzusehen der durch eine innere Erkrankung oder durch ungenügende Ernährung herbeigeführte wassersüchtige Zustand des Fleisches;

IV. bei Schweinen:

1. tuberkulöse Erkrankung unter der in der Nr. II bezeichneten Voraussetzung mit einer Gewährfrist von 14 Tagen;

2. Trichinen mit einer Gewährfrist von 14 Tagen;

3. Finnen mit einer Gewährfrist von 14 Tagen.

12 **3. Einzelheiten**

Zur Kaiserlichen Verordnung vom 27. 3. 99 ist zu bemerken:

a) Eine vertragsmäßige Verlängerung oder Abkürzung der Gewährfrist ist nach § 486 zulässig; ebenso ist nach § 492 eine vertragsmäßige Übernahme der Gewährpflicht auch wegen eines nicht zu den Hauptmängeln gehörenden Fehlers sowie die Zusicherung einer bestimmten Eigenschaft des Tieres gestattet.

b) Der Verkäufer steht gesetzlich in einem Haftungsverhältnis nur zu demjenigen, dem er das Tier verkauft hat. Hat mehrmaliger Verkauf stattgefunden, so greift ein sog. Sprungregreß nicht Platz.

c) Zu § 1 Nr. I 2 ist zu bemerken, daß es auf einem Redaktionsversehen beruht, wenn dort nur das Pferd genannt ist; zu Nr. II: die Verkalbungsseuche gehört nicht zu den Hauptmängeln (RG **102** 308); zu § 2 II der Verordnung ist unter Schlachtgewicht dasjenige Gewicht zu verstehen, welches das Tier sogleich nach erfolgter Schlachtung mit den beanstandeten Teilen gehabt hat. Im Falle des § 2 II ist bei tuberkulösem Rindvieh in der Überweisung des Fleisches an eine Freibank eine „Beschränkung als Nahrungsmittel für Menschen" zu erblicken, also ein Hauptmangel (*Stölzle,* Entsch. S. 61 ff).

Die gesetzliche Begriffsbestimmung der Hauptmängel in der VO ist einer ausdehnenden Auslegung nicht zugängig (OLG Schleswig SchlHA **57** 72).

§ 483

Die Gewährfrist beginnt mit dem Ablaufe des Tages, an welchem die Gefahr auf den Käufer übergeht.

Für den Gefahrübergang sind die §§ 446, 447, 300 Abs. 2 maßgebend. Für den Beginn der Gewährfrist ist § 187 Abs. 1 in Verbindung mit § 459 Abs. 1, für das Ende § 188 maßgebend. Der Ablauf ist von Amts wegen zu berücksichtigen, auch wenn es sich um eine vereinbarte Gewährfrist für Mängel handelt, die nicht Hauptmängel sind (*Stölzle* JW **01** 739; *Oertmann* § 482 Anm. 1 b). § 193 ist nicht anwendbar, da innerhalb der Gewährfrist, anders als dies § 193 voraussetzt, keine Willenserklärung abzugeben und die Länge der Gewährfrist nach wissenschaftlichen Erkenntnissen bemessen ist und darum keine zufällige und unterschiedliche Verlängerung verträgt, falls ihr Ende gerade auf einen Sonnabend, Sonn- oder Feiertag fällt (*Stölzle/Graminger,* Viehkauf, 157; *Meisner, Viehgewährschaftsrecht, 91; Staudinger/Ostler* § 483 Abm. 2). Wegen der Gewährfrist beim Kauf auf Probe vgl. § 495 Rdn. 8.

§ 484

Zeigt sich ein Hauptmangel innerhalb der Gewährfrist, so wird vermutet, daß der Mangel schon zu der Zeit vorhanden gewesen sei, zu welcher die Gefahr auf den Käufer übergegangen ist.

Zeigt sich ein Hauptmangel innerhalb der Gewährfrist oder schon vor ihrem Beginn, so braucht der Käufer nicht zu *beweisen,* daß der Mangel schon bei Gefahrübergang vorhanden war. Dem Verkäufer steht der Gegenbeweis offen, daß der Mangel erst nach dem maßgebenden Zeitpunkt entstanden sei. Dieser Gegenbeweis kann auch mit Hilfe einer Gegenvermutung geführt werden (*Eckstein,* Gruchot **57** 642). An den Gegenbeweis sind aber strenge Anforderungen zu stellen (*Stölzle/Graminger,* Viehkauf,

164 ff). Entscheidend ist der Zeitpunkt des Gefahrübergangs (RG SeuffArch **66** 183). Zeigt sich ein Fehler vorher, zur entscheidenden Zeit aber nicht mehr, so haftet der Verkäufer nicht. Die Vermutung des § 484 findet bei den nicht zu den Hauptmängeln gehörigen Fehlern dann entsprechende Anwendung, wenn eine Gewährfrist vereinbart ist (§ 492).

§ 485

Der Käufer verliert die ihm wegen des Mangels zustehenden Rechte, wenn er nicht spätestens zwei Tage nach dem Ablaufe der Gewährfrist oder, falls das Tier vor dem Ablaufe der Frist getötet worden oder sonst verendet ist, nach dem Tode des Tieres den Mangel dem Verkäufer anzeigt oder die Anzeige an ihn absendet oder wegen des Mangels Klage gegen den Verkäufer erhebt oder diesem den Streit verkündet oder gerichtliche Beweisaufnahme zur Sicherung des Beweises beantragt. Der Rechtsverlust tritt nicht ein, wenn der Verkäufer den Mangel arglistig verschwiegen hat.

I. Beim Viehkauf ist der Käufer abweichend von dem für die allgemeine Gewährleistung bestehenden Grundsatz zur **Anzeige** des Mangels an den Verkäufer oder zu einer ihr gleichstehenden Rechtshandlung innerhalb einer *zweitägigen Ausschlußfrist* verpflichtet, und zwar bei Verlust der dem Käufer wegen des Mangels zustehenden Rechte. Der Anspruch geht unter, kann also auch nicht mehr einredeweise vorgebracht werden. 1

Der Begriff des Mangels umfaßt hier Hauptmängel und, soweit eine Gewährfrist in Frage kommt, andere Mängel sowie das Fehlen zugesicherter Eigenschaften.

Die Gewährfrist wird durch den Tod des Tieres nicht berührt.

Bei Zusicherung einer Eigenschaft des verkauften Tieres findet § 485 nur dann entsprechende Anwendung, wenn eine Gewährfrist vereinbart ist (RG **123** 214).

II. Daraus, daß die **Klageerhebung** angeführt wird, ist nicht der Schluß zu ziehen, daß sie auch zur Erhaltung der Einrede aus § 478 zu den in dem dortigen Abs. 1 vom Käufer vorzunehmenden Handlungen als selbständige Handlung hinzutreten müsse (RG **59** 150). 2

Wenn der Käufer, um sich seine Rechte wegen des Viehmangels zu erhalten, zur Anzeige nach § 485 verpflichtet ist, so besteht neben dieser Anzeigepflicht beim Viehhandelskauf nicht noch eine weitere nach § 377 HGB. Wenn aber § 485 nicht zur Anwendung kommt, so verbleibt es bei der Vorschrift des § 377 HGB (KG OLG **22** 235; a. A. *Stölzle/Graminger*, Viehkauf S. 105).

III. In der Anzeige ist die bestimmte **Angabe des Mangels** oder wenigstens der zur Zeit erkennbaren, auf einen Gewährleistungsmangel hindeutenden Merkmale der dem Tier anhaftenden Krankheit erforderlich, während die allgemeine Angabe, das Tier sei krank oder es leide an einem Gewährsmangel nicht ausreicht. „Die Kuh hustet" bedeutet verkehrsüblich die Anzeige der Tuberkulose (*Stölzle*, Entsch. S. 84). Eine bestimmte Form ist nicht erforderlich. In der Zurücknahme der wegen des Mangels erhobenen Klage liegt nicht ohne weiteres die Zurücknahme der Anzeige (RG JW **05** 46). Der angezeigte Mangel muß derselbe sein, auf den der Klageanspruch gestützt wird. 3

IV. Die Vorschrift des § 485 setzt das Bestehen einer Gewährfrist voraus. Die Gewährfrist läuft zwar auch bei arglistig verschwiegenem Hauptmangel. Der Käufer 4 verliert aber die ihm aus einem arglistig verschwiegenen Mangel zustehenden Rechte nicht, selbst wenn er dem Verkäufer den Mangel nicht binnen zwei Tagen seit Ablauf der Gewährfrist anzeigt (§ 485 S. 2). In diesem Fall haftet der Verkäufer ohnehin uneingeschränkt (§ 482 Rdn. 7). Das gilt, gleichviel, ob der verschwiegene Mangel ein Hauptmangel oder ein anderer Mangel ist.

§ 486

Die Gewährfrist kann durch Vertrag verlängert oder abgekürzt werden. Die vereinbarte Frist tritt an die Stelle der gesetzlichen Frist.

1 I. Der auf Verlängerung oder Abkürzung der Gewährfrist gerichtete **Vertrag** bedarf keiner besonderen Form, kann sich aber wegen Verstoßes gegen die guten Sitten, insbesondere bei unangemessener Abkürzung der Frist, als nichtig herausstellen (§ 138). Nur die vertragsmäßige Verlängerung oder Abkürzung der Gewährfrist ist zulässig, nicht aber die gänzliche Ausschließung, da das Bestehen einer solchen Frist nach den §§ 482 Abs. 1, 486, 490 Abs. 1 Satz 1 Voraussetzung der gesetzlichen Haftpflicht für Hauptmängel ist (*Stölzle/Graminger*, Viehkauf, 185; *Meisner*, Viehgewährschaftsrecht, 92; a. M. *Oertmann* § 482 Anm. I; *Enneccerus/Lehmann* § 114 I, 3). Der Abkürzung oder Verlängerung muß immer ein bestimmter Zeitraum vorangehen. Die Verlängerung darf nicht so weit ausgedehnt werden, daß der Zweck des Gesetzes vereitelt wird (*Stölzle*, Viehkauf 1926 S. 239).

Bei arglistigem Verschweigen eines Fehlers ist nach § 476 die Abkürzung der Frist nichtig.

2 II. Durch **Handelsbräuche** und Marktregeln oder durch Gewohnheitsrecht können die gesetzlichen Vorschriften über die Gewährfrist nicht geändert werden. Die Vertragschließenden können sich aber Marktordnungen ausdrücklich oder stillschweigend und damit auch einer in dieser Weise vorgenommenen Änderung der Gewährfrist unterwerfen (*Stölzle/Graminger* aaO 186; 91).

§ 487

Der Käufer kann nur Wandelung, nicht Minderung verlangen.

Die Wandelung kann auch in den Fällen der §§ 351 bis 353, insbesondere wenn das Tier geschlachtet ist, verlangt werden; an Stelle der Rückgewähr hat der Käufer den Wert des Tieres zu vergüten. Das gleiche gilt in anderen Fällen, in denen der Käufer infolge eines Umstandes, den er zu vertreten hat, insbesondere einer Verfügung über das Tier, außerstande ist, das Tier zurückzugewähren.

Ist vor der Vollziehung der Wandelung eine unwesentliche Verschlechterung des Tieres infolge eines von dem Käufer zu vertretenden Umstandes eingetreten, so hat der Käufer die Wertminderung zu vergüten.

Nutzungen hat der Käufer nur insoweit zu ersetzen, als er sie gezogen hat.

1 I. Der gesetzliche Anspruch auf *Minderung* ist beim Viehkauf *ausgeschlossen*, nicht aber der gesetzliche Anspruch auf Schadensersatz wegen eines Hauptmangels nach § 463, der auch in dem durch das Fehlen der zugesicherten Eigenschaften herbeigeführten Minderwert des Tieres bestehen kann. Die Vorschrift des § 472 greift dann nicht Platz (RG 60 234). Abs. 1 enthält kein zwingendes Recht; zulässig bleibt ein etwai-

ger, auf besonderer vertragsmäßiger Abmachung beruhender Minderungsanspruch (RG **60** 234; JW **05** 285).

II. Die *Wandelung* ist dadurch *erleichtert*, daß sie auch in folgenden Fällen verlangt werden kann: **2**

a) in den Fällen der §§ 351—353, also namentlich bei wesentlicher Verschlechterung oder bei verschuldetem Untergang des Tieres, insbesondere, wenn es geschlachtet ist, bei sonstiger verschuldeter Unmöglichkeit der Herausgabe sowie bei den in § 353 angeführten Veräußerungen;

b) in anderen Fällen, in denen der Käufer infolge eines von ihm zu vertretenden Umstandes, insbesondere einer Verfügung über das Tier, außerstande ist, es zurückzugeben (RG **123** 214).

Ein Verzicht auf den Wandelungsanspruch ist aber anzunehmen, wenn nach seiner Geltendmachung der Käufer in Kenntnis des Mangels das Tier zum Schlachten veräußert und dadurch die Unmöglichkeit der Rückgabe an den Verkäufer herbeiführt (*Stölzle/Graminger*, Viehkauf, 201); jedoch noch nicht bei bloßer Weiterbenutzung des Tieres in Kenntnis des Mangels.

III. Bei *Durchführung der Wandelung* ist in den in Rdn. 2 genannten Fällen a) und b) der Käufer zur Vergütung des Wertes des Tieres (anstatt des Schadensersatzes nach § 347) verpflichtet. Es ist dabei der objektive Wert zugrunde zu legen, den das Tier im Zeitpunkt des Vollzugs der Wandelung gehabt hat (*Stölzle/Graminger*, Viehkauf, 211; *Meisner*, Viehgewährschaftsrecht, 141). **3**

IV. Nach Abs. 3 kann der Käufer, wenn vor der Wandelung eine *unwesentliche Verschlechterung des Tieres* infolge eines von ihm zu vertretenden Umstandes eingetreten ist, zwar auf der Wandelung bestehen, hat aber die Wertminderung zu vergüten. Schadensersatz hat der Käufer dagegen zu leisten, wenn eine derartige Verschlechterung nach Vollziehung der Wandelung infolge eines von ihm zu vertretenden Umstandes erfolgte. **4**

V. Sind *von mehreren* gleichzeitig verkauften Viehstücken *einzelne mangelhaft* (z. B. beim Kauf einer Herde), so greift § 469 ein. Dasselbe gilt, wenn eine Kuh und ihr Kalb zusammen verkauft sind und eines der beiden Tiere mangelhaft ist. **5**

VI. Auch hinsichtlich des Ersatzes der *Nutzungen* ist gegenüber der in § 467 angeführten Vorschrift des § 347 eine Erleichterung der Wandelung dadurch gegeben, daß Nutzungen vom Käufer nur insoweit zu ersetzen sind, als er sie wirklich gezogen hat. Er ist nicht verpflichtet, Nutzungen aus dem fehlerhaften Tier zu ziehen. Nur wenn das zur ordnungsmäßigen Behandlung des Tieres gehört (Melken einer Kuh), müssen die Nutzungen auch gezogen werden. Über den Begriff der Nutzung und Früchte s. §§ 100, 99. **6**

VII. Verlangt beim *Tausch* der Empfänger des mangelhaften Tieres Wandelung, so gelten die Absätze 2—4 auch für die Verpflichtungen des Empfängers des mangelfreien Tauschgegenstandes (bestritten; vgl. dazu *Staudinger/Ostler* § 487 Anm. 18). **7**

§ 488

Der Verkäufer hat im Falle der Wandelung dem Käufer auch die Kosten der Fütterung und Pflege, die Kosten der tierärztlichen Untersuchung und Behandlung sowie die Kosten der notwendig gewordenen Tötung und Wegschaffung des Tieres zu ersetzen.

1 I. Als **Nebenforderungen** zum Wandelungsanspruch sind hier dem Käufer außer den Ansprüchen aus §§ 467, 347, 683, 994 noch Ansprüche auf Ersatz weiterer Kosten ausdrücklich zugesprochen. Zu ersetzen sind die wirklich aufgewendeten Fütterungskosten, die der Art nach für die betr. Tiergattung üblich sind; Pflegekosten sind die Kosten der gewöhnlichen Wartung und der besonderen Krankenpflege. Kosten des Tierarztes kommen bloß für den nächstgelegenen, Kosten für mehrere Tierärzte nur in besonders notwendigen Fällen in Betracht. Notwendig ist die Tötung bei den sog. Notschlachtungen, um den Mangel festzustellen; das ist auch bei der gewöhnlichen Schlachtung von als Schlachtvieh verkauften, aber mit einem Hauptmangel behafteten Tieren der Fall (*Stölzle/Graminger*, Viehkauf, 287; *Staudinger/Ostler* § 488 Anm. 8). Gegenüber den Ansprüchen aus § 488 kann der Verkäufer die von dem Käufer bis zur Wandelung aus dem Tier etwa gezogenen Nutzungen aufrechnen.

2 II. **Weitere Kosten,** insbesondere diejenigen für notwendige Schutzmaßregeln gegen Seuchengefahr, kann der Käufer nicht als gesetzliche Nebenforderungen zum Wandelungsanspruch, sondern nur dann verlangen, wenn der Verkäufer, insbesondere wegen Verschuldens, zum Schadensersatz verpflichtet ist oder sich vertragsmäßig zum Ersatz derartiger Kosten verpflichtet hat oder wenn die Voraussetzungen auftragsloser Geschäftsführung vorliegen. Die gleichen Grundsätze gelten auch bezüglich des Anspruchs des Käufers auf Ersatz von Aufwendungen für ein Junges (OLG 8 74). § 488 ist Ausnahmevorschrift und darf nicht ausdehnend ausgelegt werden, aber sie ist kein zwingendes Recht.

Die Kosten des Hin- und Rücktransports hat dagegen der Verkäufer dann zu tragen, wenn das Vieh nach dem Vertragsinhalt zu versenden war oder der Verkäufer wenigstens wußte, daß es der Käufer an einen anderen Ort bringen wolle, um es zu verwerten (*Meisner*, Viehgewährschaftsrecht, 134/35; *Stölzle/Graminger* aaO 280 ff).

Die Kosten der Mängelanzeige sind nicht Aufwendungen für das Tier. Sie fallen nicht unter § 488. Ihren Ersatz kann der Käufer ohnehin verlangen.

Wegen Verjährung vgl. § 490 Rdn. 1.

§ 489

Ist über den Anspruch auf Wandelung ein Rechtsstreit anhängig, so ist auf Antrag der einen oder der anderen Partei die öffentliche Versteigerung des Tieres und die Hinterlegung des Erlöses durch einstweilige Verfügung anzuordnen, sobald die Besichtigung des Tieres nicht mehr erforderlich ist.

Die Vorschrift gehört in die Prozeßordnung. Daher sind auch die prozessualen Rechtsmittel bei Ablehnung des Antrages gegeben. Sie ist eine Ausnahmevorschrift und bezieht sich nur auf die Wandelung (OLG 20 183).

Die Voraussetzungen für die vom Prozeßrichter zu erlassende Anordnung sind im Gesetz erschöpfend aufgeführt. Ein Rechtsstreit über die Wandelung des Tieres liegt auch bei einredeweiser Geltendmachung dieses Rechtes vor (LZ 15 Sp. 1539). Auf andere Fälle ist § 489 nicht anwendbar (OLG 20 183). Die allgemeinen Voraussetzungen für den Erlaß einer einstweiligen Verfügung (§ 935 ZPO) kommen nicht in Betracht.

Nach Hinterlegung des Erlöses tritt dieser an die Stelle des Tieres, so daß dem Verkäufer im Falle der Wandelung anstatt der Rückgabe des Tieres der hinterlegte Erlös anzurechnen oder auszuzahlen ist.

Auf eine nach § 489 gerichtlich angeordnete öffentliche Versteigerung ist § 461 entsprechend anwendbar (*Stölzle/Graminger*, Viehkauf, 124; *Meisner*, Viehgewährschaftsrecht, 187/88; *Staudinger/Ostler* § 489 Anm. 4).

§ 490

Der Anspruch auf Wandelung sowie der Anspruch auf Schadensersatz wegen eines Hauptmangels, dessen Nichtvorhandensein der Verkäufer zugesichert hat, verjährt in sechs Wochen von dem Ende der Gewährfrist an. Im übrigen bleiben die Vorschriften des § 477 unberührt.

An die Stelle der in den §§ 210, 212, 215 bestimmten Fristen tritt eine Frist von sechs Wochen.

Der Käufer kann auch nach der Verjährung des Anspruchs auf Wandelung die Zahlung des Kaufpreises verweigern. Die Aufrechnung des Anspruchs auf Schadensersatz unterliegt nicht der im § 479 bestimmten Beschränkung.

I. Abweichend von § 477 ist die **Verjährungsfrist** für den Anspruch auf Wande- 1
lung und für den Anspruch auf Schadensersatz wegen eines Hauptmangels, dessen Fehlen der Verkäufer zugesichert hat (§§ 481, 463), auf sechs Wochen (anstatt sechs Monate) und der Beginn dieser Frist vom Ende der Gewährfrist (anstatt von der Ablieferung) ab festgesetzt, während es für den Anspruch auf Schadensersatz wegen arglistiger Verschweigung eines Hauptmangels, für den Anspruch aus vollzogener Wandelung und für den Anspruch aus einem rechtskräftigen Urteil bei der dreißigjährigen Verjährung verbleibt. Ob die kurze Verjährungsfrist auch für die *Ansprüche aus § 488* gilt, ist fraglich. Sie sind keine Ansprüche auf Nebenleistungen, die von dem Anspruch *auf* Wandelung abhängen (§ 224). Sie beruhen vielmehr auf der vollzogenen Wandelung und entstehen nicht vor der Vollziehung. Die Auffassung, die Ansprüche unterlägen deshalb zusammen mit den Ansprüchen aus der vollzogenen Wandelung der Verjährungsfrist von dreißig Jahren (*Soergel/Ballerstedt* § 488 Anm. 2), befriedigt aber nicht. Die Verwendungsansprüche des § 488 bedürfen zur Herstellung des Rechtsfriedens und zur Vermeidung von Beweisschwierigkeiten einer schleunigen Klärung. Wegen des jedenfalls engen Zusammenhangs mit der Frage, ob dem Käufer ein Recht auf Wandelung zusteht, ist es angebracht, in entsprechender Anwendung der §§ 224, 490 auch auf diese Ansprüche die kurze Verjährungsfrist anzuwenden. Die kurze Verjährungsfrist bezieht sich auf alle Ansprüche wegen Mängeln des Tieres, mögen diese auf Gesetz oder besonderer Vereinbarung oder auf Verschulden beruhen (RG JW 04 50). Auch der Umstand, daß durch die verlangte Zusicherung der Gesundheit von Tieren der Käufer vertraglich auch gegen die Gefahr gesichert sein sollte, Schaden von dem übrigen Viehbestand abzuwenden, schließt § 490 nicht aus. Denn die Bestimmung erfaßt auch den Anspruch auf Ersatz desjenigen Schadens, der nicht bloß an der Kaufsache, sondern durch deren Mangelhaftigkeit auch an anderen Gegenständen entsteht (RG Recht 13 27).

II. **Die einredeweise Geltendmachung** des Wandelungsanspruchs gegenüber der 2
Kaufpreisklage sowie die Aufrechnung des Schadensersatzanspruchs wegen eines Hauptmangels gegen den Kaufpreisanspruch *nach Ablauf der Verjährungsfrist* ist zwar nicht davon abhängig, daß der Käufer dem Verkäufer den Mangel angezeigt oder eine Maßnahme ergriffen hat, die denen nach den §§ 478, 479 gleichstellt, wohl aber davon, daß der Käufer rechtzeitig Anzeige nach § 485 gemacht hat. So kann der mit seiner Wandelungsklage wegen Verjährung rechtskräftig abgewiesene Käufer eines Pferdes die Zahlung des Kaufpreises verweigern, wenn er rechtzeitig (§ 485) den Mangel der zu-

gesicherten Eigenschaft angezeigt hat. Hat der Verkäufer die Gewährleistung wegen eines nicht zu den Hauptmängeln gehörenden Fehlers übernommen oder eine Eigenschaft des Tieres zugesichert, aber keine Gewährfrist vereinbart, so kann der Käufer den Wandelungsanspruch nach Ablauf der Verjährungsfrist noch einredeweise geltend machen, wenn er vor Ablauf der Verjährungsfrist eine der in den §§ 478, 479 bezeichneten Handlungen vorgenommen hat (*Stölzle/Graminger*, Viehkauf, 328; vgl. auch § 492 Rdn. 6).

3 III. Wird beim Viehkauf die Wandelungsklage wegen eines bestimmten Mangels erhoben, so wird die **Verjährung** des Wandelungsanspruches wegen anderer Mängel nicht wirksam **unterbrochen**, und zwar sowohl für Hauptmängel als auch bei vertraglicher Übernahme einer weitergehenden Gewährleistung oder Zusicherung (BGH LM BGB § 477 Nr. 1).

§ 491

Der Käufer eines nur der Gattung nach bestimmten Tieres kann statt der Wandelung verlangen, daß ihm anstelle des mangelhaften Tieres ein mangelfreies geliefert wird. Auf diesen Anspruch finden die Vorschriften der §§ 488 bis 490 entsprechende Anwendung.

Beim Verkauf eines nur der Gattung nach bestimmten Tieres ist im Falle der Mangelhaftigkeit des gelieferten Tieres auch der in § 480 Abs. 1 zugelassene Anspruch auf Nachlieferung einer mangelfreien Kaufsache gegeben. Mangel in diesem Sinn ist nur ein Hauptmangel. Wegen anderer Mängel gilt § 492. Auch beim Viehgattungskauf ist der in § 480 Abs. 2 geregelte Schadensersatzanspruch gegeben. Das folgt für die Zusicherung aus § 490 Abs. 1 und für die Arglist aus § 485 Satz 2.

§ 492

Übernimmt der Verkäufer die Gewährleistung wegen eines nicht zu den Hauptmängeln gehörenden Fehlers oder sichert er eine Eigenschaft des Tieres zu, so finden die Vorschriften der §§ 487 bis 491 und, wenn eine Gewährfrist vereinbart wird, auch die Vorschriften der §§ 483 bis 485 entsprechende Anwendung. Die im § 490 bestimmte Verjährung beginnt, wenn eine Gewährfrist nicht vereinbart wird, mit der Ablieferung des Tieres.

Übersicht

	Rdn.
I. Vertragliche Gewährleistung	1–3
1. Tiergattungen	1
2. Gewährleistung für Nichthauptmängel	2
3. Zusicherung von Eigenschaften	3
II. Gewährfrist	4–6
1. Vereinbarung einer Gewährfrist	4
2. Trächtigkeitszusage	5
3. Fehlende Vereinbarung	6
III. Hinausschiebung des Verjährungsbeginns	7

1 **I. Vertragliche Gewährleistung**

1. *Für andere* als die in § 481 genannten *Tiergattungen* findet § 492 keine Anwendung; für sie bleibt es bei den Vorschriften der §§ 459 bis 480.

2 2. Beim Verkauf der in § 481 aufgeführten Tiergattungen kann zunächst die *Gewährleistung wegen eines nicht zu den Hauptmängeln (§ 482) gehörenden Fehlers* im Sinne

von § 459 Abs. 1 übernommen werden. In diesem Falle gelangen die für die Hauptmängel geltenden Vorschriften der §§ 487 bis 491 zur entsprechenden Anwendung. In der bloßen Einigkeit über einen bestimmten Gebrauchszweck liegt aber noch keine Gewährleistungsübernahme. Die Gewährleistung für die Abwesenheit von Fehlern, die den vorausgesetzten Gebrauch beeinträchtigen, ist in § 459 Abs. 1 geregelt. Diese Vorschrift ist aber unanwendbar. Es bedarf, wie sich aus § 492 Satz 1 ergibt, einer Übernahme der Gewährleistung durch ausdrückliche Willenserklärung. Andernfalls wäre § 492 überflüssig (RG **123** 147). Es ist danach eine Grenze zu ziehen zwischen den zugesicherten Eigenschaften nach §§ 459 Abs. 2 und 492 einerseits und den Eigenschaften, die nach dem im Vertrag vorausgesetzten Gebrauch vorliegen müssen und deren Fehlen einen Fehler nach § 459 Abs. 1 darstellt. Die Grenze ist um so flüssiger, als die Zusicherung von Eigenschaften auch stillschweigend erfolgen und aus den Umständen gefolgert werden kann. Die Zweckbestimmung muß, soll § 492 anwendbar sein und die Haftung des Verkäufers sich auf sie erstrecken, mithin zum Vertragsinhalt geworden sein (RG **70** 85).

Wird die Gewährleistung für alle Mängel übernommen, so ist, wie die Entstehungsgeschichte des § 492 ergibt, im Wege der Auslegung zu bestimmen, ob diese Gewährleistung nur die Hauptmängel im Sinne des § 482 oder auch die Mängel im Sinne des § 459 Abs. 1 oder auch unerhebliche Mängel umfassen soll (RG WarnRspr. **22** Nr. 11).

3. Bei *Zusicherung einer* (mit den Hauptmängeln nicht zusammenhängenden) 3
Eigenschaft des Tieres im Sinne von § 459 Abs. 2 gelten ebenfalls die in Rdn. 2 erwähnten Grundsätze. Zum Begriff der Zusicherung s. § 459 Rdn. 22 f. Diese Zusicherung muß, um wirksam zu sein, die bestimmte Bezeichnung der Eigenschaft oder die bestimmte Angabe der als abwesend zugesicherten Mängel enthalten. Eine allgemeine Anpreisung wie z. B.: die verkaufte Kuh sei fehlerfrei und reell, oder, sie sei gesund, ist regelmäßig ohne Wirkung (*Stölzle*, Entscheidungen S. 143 ff). Die Erklärung, das Pferd sei „völlig gesund" kann dagegen die Zusicherung der Abwesenheit von Krankheiten, die auf den Wert und die Brauchbarkeit des Tieres von Einfluß sind, also einer Eigenschaft, enthalten (RG **123** 148). Abnormitäten und Untugenden brauchen keine Erkrankungen zu sein. Übernimmt der Verkäufer eines Pferdes über die allgemeine Haftung hinaus die Garantie für „vollkommen gesund und fehlerfrei", so bezieht sich diese Garantie nicht auf Mängel, die beiden Parteien bei Vertragsschluß bekannt waren (BGH LM BGB § 477 Nr. 1). Zu den Eigenschaften gehört auch die Trächtigkeit eines Tieres. Das Versprechen, daß, wenn die verkaufte Kuh nicht innerhalb einer bestimmten Frist kalbe, eine ziffermäßige Minderung am Kaufpreise oder eine näher angegebene Entschädigung des Käufers eintreten solle, enthält aber nicht die Zusicherung einer Eigenschaft, sondern eine Nebenabrede, für die auch die gewöhnliche Verjährungsfrist gilt (*Stölzle* aaO S. 151 ff, 158 ff).

Das Versprechen, eine Eigenschaft des Tieres erst herstellen zu wollen, z. B. ein Pferd zuzureiten, ist keine Zusicherung nach § 459 Abs. 2, sondern im allgemeinen Inhalt eines besonderen Vertrages (vgl. § 459 Rdn. 23; s. auch RG JW **12** 797).

II. Vereinbarung einer Gewährfrist 4

1. Bei Vereinbarung einer Gewährfrist in Verbindung mit der Gewährleistung kommen außer den §§ 487 bis 491 noch die §§ 483 bis 485 zur entsprechenden Anwendung. Es bedarf auch der Anzeige nach § 485. *Zur Vereinbarung einer Gewährfrist* gehört, daß die Parteien eine Frist vereinbaren, innerhalb deren die Fehler sich zeigen müssen, andernfalls eine Gewährleistung ausgeschlossen sein soll. Nur wenn eine Gewährfrist vereinbart ist, findet bei Zusicherung einer Eigenschaft des verkauften Tieres § 485

entsprechende Anwendung (RG **123** 212). Die Verjährungsfrist ist vom Ablauf der Gewährfrist ab zu rechnen.

5 2. In der Zusicherung, daß eine verkaufte Kuh von einem bestimmten Tage nach der Übergabe an eine gewisse Menge Milch gebe, ist keine Vereinbarung einer Gewährfrist zu erblicken (RG **123** 212). Über *Trächtigkeitsgarantie* s. *Stölzle,* Der gegenwärtige Stand der Trächtigkeitsfrage in rechtlicher Beziehung, 1929 und Viehkauf aaO S. 472 ff. So läuft in dem Falle, daß die Trächtigkeit eines Viehstücks mit einem bestimmten Endtermin zugesichert ist, die Verjährung von diesem Endtermin an. Ist dagegen nur im allgemeinen Trächtigkeit oder Trächtigkeit von einer bestimmten Anzahl Wochen der sog. „Kalbgriffigkeit", d. h. Trächtigkeit von einer seitherigen Dauer von 24—25 Wochen, zugesichert, so ist hierin die Vereinbarung einer Gewährfrist nicht zu finden (JW **06** 374), und es gilt die folgende Rdn. 6. (Vgl. auch RG Recht **17** Nr. 33). Nach Ablauf der ersten sechs Wochen nach der Begattung kann tierärztlich festgestellt werden, ob das Tier trächtig ist oder nicht. In der Zusicherung, daß die Kuh gerindert habe, liegt noch keine Zusicherung der Trächtigkeit. Im übrigen ist Trächtigkeit andererseits auch kein nach dem Gesetz zu vertretender Mangel. Wegen Verjährungsbeginn s. unten Rdn. 7.

6 3. Ist eine besondere *Gewährfrist nicht vereinbart,* so beginnt ohne Rücksicht auf die Zeit der Entdeckung des Mangels die in § 490 angeführte Verjährung des Anspruchs auf Wandelung und auf Schadensersatz mit der Ablieferung des Tieres (§ 477; s. *Planck,* BGB § 492 Anm. 2 a; RG JW **06** 86). Eine Anzeige ist in diesem Falle nicht erforderlich.

Die Bestimmung des § 492 Satz 2 betrifft lediglich die Verjährung, umfaßt aber nicht auch die in § 490 Abs. 3 geregelte Einrede gegen die Kaufpreisforderung. Ist keine Gewährfrist vereinbart und darum § 485 unanwendbar, so kann trotzdem der Verkäufer nach Ablauf der Verjährungsfrist die Zahlung des Kaufpreises nur verweigern oder die Aufrechnung nur erklären, wenn er den Mangel dem Verkäufer vor Ablauf der Verjährungsfrist angezeigt hat. Denn er kann insoweit nicht besser gestellt sein, als jeder andere Käufer durch die Bestimmungen der §§ 478, 479 oder der §§ 485, 490 Abs. 3 gestellt ist. Darum gelten, auch wenn keine Gewährfrist vereinbart ist, die §§ 478, 479 für die Geltendmachung der Einrede oder der Aufrechnung (RG JW 05 285; *Planck* aaO; *Stölzle/Graminger,* Viehkauf, 328 f m. w. N.; *Staudinger/Ostler* § 492 Anm. 11).

7 **III. Hinausschiebung des Verjährungsbeginns**

Der Beginn der Verjährungsfrist kann durch *Vereinbarung* hinausgeschoben werden. Das kann nach Treu und Glauben bei bestimmtem Vertragsinhalt der Fall sein (Hengst soll decken, JW **14** 589; WarnRspr. **14** Nr. 154). Vgl. hierzu *Stölzle* JW **25** 2223. In der Gewährleistung für Trächtigkeit liegt noch keine solche stillschweigende Vereinbarung über das Hinausschieben des Beginns der Verjährung um die Höchstträchtigkeitsdauer (*Stölzle* JW **27** 2489; a. A. *Meisner,* Viehgewährschaftsrecht, 254). Zur Zusicherung der Vollbluteigenschaft durch Lieferung eines Pedigrees und zur Hinausschiebung des Verjährungsbeginns bis zu dieser Lieferung s. 11. Aufl. § 492 Anm. 6.

§ 493

Die Vorschriften über die Verpflichtung des Verkäufers zur Gewährleistung wegen Mängel der Sache finden auf andere Verträge, die auf Veräußerung oder Belastung einer Sache gegen Entgelt gerichtet sind, entsprechende Anwendung.

I. Im Einklang mit § 445 finden auch die in §§ 459 bis 492 gegebenen Vorschriften auf andere Verträge, welche auf Veräußerung oder Belastung einer Sache gegen Entgelt gerichtet sind, entsprechende Anwendung. § 493 erfordert einen Vertrag, durch den der eine Teil die Verpflichtung übernimmt, dem anderen das Eigentum an einer Sache zu verschaffen. Hieran fehlt es beim Verkauf der Rechte aus dem Meistgebot (RG **150** 397), oder wenn dem anderen Teil nur die tatsächliche oder rechtliche Möglichkeit verschafft werden soll, ein Grundstück eines Dritten in der Zwangsversteigerung zu erstehen (RG **150** 397; **157** 175; HRR **30** 608; JW **11** 533; WarnRspr. **15** Nr. 14) oder, wenn der Erwerb eines Grundstücks über eine Ausbietungsgarantie für eine Grundschuld angestrebt wird (RG **157** 175). Die Anfechtung solcher Verträge wegen Irrtums ist daher zulässig (RG WarnRspr. **15** 16). Wegen der unter § 493 fallenden Verträge s. § 445 Rdn. 2. 1

II. *Nicht* dem § 493 unterfällt die Gewährleistung für *Mängel eines Rechts*, da sich auch die Vorschriften des § 459 nur auf Sachen und ihnen gleichgestellte Gegenstände beziehen. Eine Sonderregelung ist bei Miete und Pacht (§§ 537 ff), beim Werkvertrag (§§ 633 ff) und beim Werklieferungsvertrag (§ 651) getroffen. Nach verbreiteter Auffassung soll § 493 auf Sacheinlagen bei Handelsgesellschaften (§ 27 AktG, § 5 Abs. 4 GmbHG) anwendbar sein. Hiergegen hat *Schönle* (NJW **65** 2133 mit Nachw.) zutreffend Bedenken erhoben. Das *Sacheinlageversprechen* ist kein auf die Veräußerung einer Sache gegen Entgelt gerichteter Vertrag. Das folgt aus der gesellschaftsrechtlichen Grundlage eines solchen Versprechens. Die Übernahme und die Erfüllung der Sacheinlageverpflichtung können nicht als Entgelt für die Erlangung der Gesellschafterstellung angesehen werden. Außerdem hat die Übergabe oder die Grundbucheintragung nicht die Bedeutung des Gefahrübergangs, da Sacheinlageversprechen und Mitgliedschaftserwerb nicht im Verhältnis von Leistung und Gegenleistung stehen und die Gesellschafterstellung ohne Rücksicht auf das Schicksal des Sacheinlageversprechens erlangt wird. 2

III. Besondere Arten des Kaufes

1. Kauf nach Probe. Kauf auf Probe

§ 494

Bei einem Kaufe nach Probe oder nach Muster sind die Eigenschaften der Probe oder des Musters als zugesichert anzusehen.

Übersicht

	Rdn.		Rdn.
I. Allgemeines	1	3. Eigenschaften	4
II. Haftung	2–5	4. Haftungsumfang	5
1. Kauf nach Probe oder Muster	2	III. Aufbewahrung der Probe oder des Musters	6
2. Zusicherung	3	IV. Beweislast	7

I. Allgemeines 1

Der **Kauf nach Probe** oder nach Muster ist ein unbedingter Kauf. Bei ihm handelt es sich um eine *besondere Art der Zusicherung* von Eigenschaften des Kaufgegenstandes (§ 459 Abs. 2), um die Vereinbarung, daß die Eigenschaften der Probe oder des Musters zugesichert sein sollen (RG **94** 336).

Die Vereinbarung kann bewegliche Sachen aller Art betreffen: Vertretbare und nichtvertretbare, bestimmte Einzelsachen oder nur der Gattung nach bestimmte Sachen;

auch künstlerische Werke können nach Muster (Skizze, Modell) bestellt werden (BGH **19** 382). Selbst wissenschaftliche Bücher können nach einem bei ihrer Bestellung vorgelegten Muster verkauft werden (BGH LM BGB § 459 Abs. 1 Nr. 4). Ob Kauf nach Probe vorliegt, ist nach den Umständen des Falles zu beurteilen.

2 **II. Haftung**

1. Ein *Kauf nach Probe oder* nach *Muster* liegt immer dann vor, wenn der Verkäufer nach den Umständen des Falles die Eigenschaften des Musters oder der Probe bindend zugesagt hatte und die Vertragsparteien darüber einig waren, daß der Verkäufer eine der Probe oder dem Muster entsprechende Ware zu liefern habe und die Eigenschaften der Probe für die nach dem Vertrage vereinbarte Beschaffenheit der Lieferung maßgebend sein sollten (BGH Betrieb **66** 415). Die *Probe* muß vertragsgemäß dazu bestimmt sein, die Eigenschaften der Kaufsache zu kennzeichnen (RG **94** 336). Unter Warenprobe ist eine kleine Menge oder Stückzahl einer Ware zu verstehen, die geeignet ist, eine Untersuchung der Ware auf ihre Eigenschaften zu ermöglichen. Eine handelsübliche Packung ist dann als *Warenprobe* anzusehen, wenn nach den Umständen eine kleinere Menge zu Proben nicht ausreichen würde. Vgl. auch HGB § 418. Ist eine Ware unter einer handelsüblichen Bezeichnung, aber ausschließlich nach Muster verkauft, so genügt der Verkäufer der Vertragspflicht durch Lieferung einer dem Muster entsprechenden Ware auch dann, wenn mit der Musterware tatsächlich die Bezeichnung handelsüblicherweise nicht verbunden ist.

Daß die Probe beim Kaufabschluß vorliegt oder dem Käufer ausgehändigt wird, ist weder erforderlich noch ausreichend. Da in der Übergabe einer Probe oder eines Musters grundsätzlich die Zusicherung liegt, daß der Verkäufer der Probe oder dem Muster entsprechend liefern werde, kann unter den gleichen Voraussetzungen, unter denen eine Zusicherung auch nach Kaufabschluß erklärt werden kann, auch eine Probe oder ein Muster mit bindender Wirkung noch nach Kaufabschluß ausgehändigt werden; s. auch unten Rdn. 7. Auch die Möglichkeit, daß nach einem nicht mehr vorhandenen Muster gekauft wird, ist nicht auszuschließen. So insbesondere dann, wenn zuerst ein Probestück gekauft und verbraucht und sodann nach dieser Probe („wie gehabt") eine größere Bestellung gemacht wird. Die Nichtaushändigung eines Musters wird allerdings oft, wenn auch nicht immer, gegen die Annahme eines Kaufes nach Probe sprechen.

Die Hingabe einer Probe oder eines Musters nötigt nicht unter allen Umständen zur Annahme eines Kaufes nach Probe (RG JW **17** 710). So liegt ein Kauf nach Probe *nicht* vor, *wenn* das vorgelegte Muster im wesentlichen *nur zur Orientierung* des Käufers über die ihm angebotene Ware oder zur Erweckung der Kauflust dienen sollte und gedient hat (BGH LM BGB § 459 Abs. 1 Nr. 4; BGH Betrieb **66** 415). Ebenso können Kostproben, Haushaltsproben, Orientierungsmuster ohne die Absicht der Zusicherung ihrer Eigenschaft für die zu liefernde Ware gegeben werden (RG **94** 336).

3 2. Die Zusendung eines Musters enthält im allgemeinen die ausdrückliche *Zusicherung*, daß die zu liefernde Ware dem Muster entsprechen werde (BGH Betrieb **66** 415). Zur Probemäßigkeit der Ware können noch besondere Zusicherungen hinzutreten (BGH Betrieb **59** 1083). Die Beteiligten können aber auch einzelne Eigenschaften der Probe von der Zusicherung ausnehmen oder die Maßgeblichkeit des Musters auf bestimmte Eigenschaften beschränken. Auf den Kauf „nach Typmuster" sind die Regeln des § 494 mit der Maßgabe anzuwenden, daß nicht sämtliche, sondern nur die typischen Eigenschaften des Musters als zugesichert gelten (BGH LM BGB § 459 Abs. 1 Nr. 6; s. im übrigen nächste Rdn. 4). Bei einem offensichtlich gewagtem Geschäft ist eine vorge-

legte Probe nicht schlechthin maßgebend; sie soll oft nur einen ungefähren Anhalt geben (RG **94** 336).

3. In der Regel gelten jedoch die *Eigenschaften* des Musters als zugesichert. 4
Weicht die gelieferte Ware vom Muster ab, so kommt es für den Wandelungsanspruch nicht auf die Erheblichkeit des Mangels an. An sich betrifft § 494 alle Eigenschaften der Probe oder des Musters. Das ist indessen nicht buchstäblich zu nehmen. Fast jede Sache hat eine große Menge von Eigenschaften; eine ausnahmslose Übereinstimmung von Probe und Ware in allen Punkten liegt ebenso außerhalb des Bereichs der Möglichkeit wie außerhalb des Willens der Beteiligten. Sonst müßten auch verborgene schlechte Eigenschaften der Probe als mitzugesichert gelten, während in Wahrheit für deren Abwesenheit Gewähr geleistet werden muß. Welche Eigenschaften im einzelnen als *die* Eigenschaften der Probe zu gelten haben, kann nur unter Würdigung der gesamten Sachlage bestimmt werden. Unter Heranziehung aller Umstände ist auch die Frage zu entscheiden, ob bei Veränderlichkeit einer Probe ihre Eigenschaften im Augenblick des Kaufabschlusses oder in einem früheren oder späteren Zeitpunkt als zugesichert gelten sollen.

Steht fest, *welche* Eigenschaften als zugesichert zu gelten haben, so kann noch zu prüfen sein, wie genau diese Eigenschaften bei der Ware mit denen der Probe übereinstimmen müssen, ob insbesondere geringfügige Abweichungen in diesen Eigenschaften nach dem wirklichen Willen der Beteiligten, nach Treu und Glauben und nach der Verkehrssitte gestattet sind. Geringfügige Abweichungen der Lieferung vom Muster muß der Käufer unter Umständen hinnehmen (BGH Betrieb **66** 415).

Beim Verkauf „laut Muster tel quel" kann der Verkäufer die geringwertigste Qualität der ausbedungenen Warengattung liefern (BGH LM HGB § 346 [D] Nr. 5; s. § 433 Rdn. 90). Der Käufer von Abfällen industrieller Rohstoffe übernimmt in der Regel nicht schon dadurch das Risiko ihrer weiteren technischen Verwendbarkeit, daß er sie auf Grund eines Typmusters kauft, das Verunreinigungen bestimmter Art aufweist, wenn die gelieferte Ware Verunreinigungen anderer Art als aus dem Typmuster ersichtlich enthält und deshalb technisch schlechthin unverwertbar ist (BGH LM BGB § 459 Abs. 1 Nr. 6). Zum Kauf nach Typmuster s. im übrigen oben Rdn. 3.

War die Probe ebenso wie die der Probe entsprechende gelieferte Ware gar nicht die der Benennung nach bestellte Ware, sondern stellte sie ein *aliud* im Sinne von § 378 Halbsatz 2 HGB dar, so bedarf es keiner Rüge, daß das Muster nicht der im Vertrage benannten Ware entspreche. Es liegt vielmehr eine Nichterfüllung vor, aus der der Käufer seine Rechte geltend machen kann (BGH LM HGB § 378 Nr. 1).

4. Für das Fehlen der der Probe oder dem Muster nicht entsprechenden Eigen- 5
schaften *haftet* der Verkäufer *wie für das Fehlen zugesicherter Eigenschaften*. Die Parteien können aber, insbesondere bei entsprechendem Handelsbrauch, vereinbaren, daß dem Käufer bei nicht mustergerechter Lieferung ein Schadensersatzanspruch nicht zustehe, sondern seine Rechte auf Wandelung oder Minderung beschränkt bleiben sollen (BGH Betrieb **66** 415).

Die der Probe entsprechende Hauptlieferung gilt als *genehmigt*, wenn der Käufer die an der Probelieferung erkennbaren Mängel nicht beanstandet (BGH LM BGB § 460 Nr. 1). In diesem Falle sind ihm Gewährleistungsansprüche selbst dann versagt, wenn die Ware wegen des Mangels für den Vertragszweck überhaupt nicht verwendbar ist (BGH Urt. vom 27. 5. 64 — VIII ZR 237/62). Der Käufer verliert seine Rechte jedoch nicht, wenn Probe und endgültige Lieferung von der der Benennung nach bestellten Ware offensichtlich so erheblich abweichen, daß der Verkäufer die Billigung des Käufers als ausgeschlossen betrachten mußte (BGH LM HGB § 378 Nr. 1; s. oben Rdn. 4).

Daß die Eigenschaften des Musters als zugesichert anzusehen sind, schließt nicht aus, daß der Verkäufer auch noch für andere Umstände einzustehen hat, die sich aus der besonderen Sachlage ergeben, z. B. dafür, daß die Ware abgesetzt werden kann, ohne daß der Grundstoff, aus dem sie besteht und bei dessen Nennung sie unabsetzbar wäre, offengelegt zu werden braucht (RG DR **42** 1160).

Beim beiderseitigen *Handelskauf nach Probe* bedarf auch das Fehlen der als zugesichert geltenden Eigenschaften der Mängelrüge nach § 377 HGB (BGH LM HGB § 377 Nr. 13 = Betrieb **70** 2165).

6 **III. Aufbewahrung der Probe oder des Musters**

Soll ein vor Kaufabschluß ausgehändigtes Muster Beweismittel für die Beschaffenheit der Kaufsache sein, so hat der Käufer die Probe aufzubewahren; bei schuldhafter Verletzung dieser Pflicht ist er für die Beschaffenheit des Musters beweispflichtig (BGH **6** 224). Der Handelsmakler hat eine ihm übergebene Probe nach § 96 HGB aufzubewahren. Bei Verletzung dieser Pflicht ist er ersatzpflichtig.

Hat ein Lieferant dem Besteller Muster und Fotos übergeben, anhand deren er seine Auswahl treffen und die Bestellung aufgeben sollte, sind sie nach Abbruch der Geschäftsbeziehungen am Wohnort des Lieferanten zurückzugeben. Der Warenbesteller hat nach Handelsbrauch die Kosten der Versendung zu tragen, jedenfalls immer dann, wenn die Kosten verhältnismäßig geringfügig sind (OLG Köln vom 8. 11. 72 2 U 93/72).

Ist der Käufer zur Rücksendung der Probe oder des Musters verpflichtet, so ist sein Wohnort hierfür der Erfüllungsort (OLG Braunschweig LZ **08** 470).

7 **IV. Beweislast**

1. *Daß nach Probe oder Muster verkauft* ist, hat zu beweisen, wer aus der Probevereinbarung Rechte herleitet; also der Käufer, der wegen Probewidrigkeit Ansprüche nach § 494 geltend macht, da dann die Art des Kaufes zum Klagegrund gehört (RG **95** 119; JW **23** 457). Gesteht der Verkäufer zu, daß nach Probe verkauft ist, behauptet er aber eine nur beschränkte Bedeutung des Musters, so ist er beweispflichtig (RG JW **10** 938). Klagt der Verkäufer den Kaufpreis ein, so hat er gegenüber dem Einwand der Probewidrigkeit zu beweisen, daß nicht nach Probe verkauft ist; denn ihm obliegt der Nachweis gehöriger Erfüllung. Steht fest, daß dem Käufer eine Probe ausgehändigt worden ist, so trifft ihn auch gegenüber der Kaufpreisklage die Beweislast dafür, daß nicht nach Probe verkauft sei (ROHG **15** 171).

Eine andere Frage ist, wer die Beweislast dafür trägt, nach welcher Probe verkauft ist. Hierfür ist an sich derjenige beweispflichtig, der zu beweisen hat, daß nach Probe verkauft wurde.

2. Beim Streit, *ob* die gelieferte *Sache* die als zugesichert geltenden *Eigenschaften der Probe oder des Musters hat,* regelt sich die Beweislast wie bei der Zusicherung einer Eigenschaft (§ 459 Abs. 2). Vgl. dazu § 459 Rdn. 33 und § 463 Rdn. 11. Den Verkäufer, der den Kaufpreis einklagt, trifft die Beweislast für ordnungsmäßige Erfüllung. Den Käufer trifft die Beweislast für die Zusicherung des Verkäufers, daß die Kaufsache dem Muster entspreche, und für eine probewidrige Beschaffenheit der Kaufsache (RG JW **23** 457).

Als *Beweismittel* dafür, von welcher Beschaffenheit die *Probe* ist, kommt in erster Linie, oft sogar ausschließlich die Probe in Betracht; daher ist für die Beweislastverteilung insoweit noch zu berücksichtigen, ob und wann eine Probe ausgehändigt wurde und ob sie noch vorhanden ist. Händigt der Verkäufer eine Probe nach Vertragsschluß aus, so kann dies keinen anderen Sinn haben als den, daß sie der Überprüfung der vertragsmäßigen Beschaffenheit der zu liefernden Ware dienen und vom Käufer zu diesem Zwecke aufbewahrt werden soll; alsdann ist der Käufer dafür beweispflichtig, nach welcher Probe verkauft ist. Wird die Probe schon bei den Kaufverhandlungen ausgehändigt, so kann dies bedeuten, der Käufer solle sich durch Gebrauch der Probe davon überzeugen, von welcher Beschaffenheit die ihm angebotene Ware ist; in diesem Falle dient die Probe nur zur näheren Bezeichnung der Bestellung und besagt nichts für die Beweislast. Die Aushändigung einer Probe bei den Kaufverhandlungen kann aber auch (oder zugleich) den Sinn haben, daß die Probe Beweis liefern soll; verschafft z. B. bereits der teilweise Verbrauch der Probe ein Bild von der angebotenen Ware und läßt der danach verbleibende Rest die Überprüfung der zu liefernden Ware zu, so kann die Aushändigung der Probe auch die Bedeutung eines Beweismittels für die Beschaffenheit der zu liefernden Ware haben (RG **11** 38; SeuffArch **51** Nr. 123).

§ 495

Bei einem Kaufe auf Probe oder auf Besicht steht die Billigung des gekauften Gegenstandes im Belieben des Käufers. Der Kauf ist im Zweifel unter der aufschiebenden Bedingung der Billigung geschlossen.

Der Verkäufer ist verpflichtet, dem Käufer die Untersuchung des Gegenstandes zu gestatten.

Übersicht

	Rdn.		Rdn.
I. Allgemeines	1	III. Untersuchung	5
II. Abgrenzung zu ähnlichen Verträgen	2–4	IV. Billigung	6
1. Kaufverträge mit Klauseln	2	V. Gewährleistung	7, 8
2. Erprobungskauf	3	1. Gefahrübergang	7
3. Kauf auf Umtausch, Umtauschvertrag	4	2. Verlust von Gewährleistungsansprüchen	8

I. Allgemeines 1

Der **Kauf auf Probe oder auf Besicht** ist ein *fest abgeschlossener Kauf unter* der *im Zweifel aufschiebenden Bedingung*, daß der Käufer später sein Beharren auf den Kauf nochmals erklärt. Wesentlich ist daher bei dem Kauf auf Probe,daß ein Kaufvertrag schon zustande gekommen ist (RG **94** 287). Er erfordert die Einigung der Parteien über alle wesentlichen Punkte eines Kaufes. Der Kauf auf Probe oder auf Besicht ist deshalb von einem bindenden Angebot zu unterscheiden (RG **104** 276). Wenn ein Bevollmächtigter einen Kaufvertrag für seinen Vollmachtgeber unter der Bedingung abschließt, daß dieser die entnommene Probe und damit den Kauf selbst ausdrücklich billige, so liegt darin noch nicht ein Kauf auf Probe. Vielmehr ist ein nach § 177 bis zur Genehmigung schwebend unwirksamer Kauf geschlossen. Der Kauf auf Probe hat auch, wie der Wortlaut des Gesetzes zeigt, nicht nur die Natur eines Vorvertrages zu einem späteren Kaufvertrag.

Beim Kauf auf Probe oder Besicht ist der Verkäufer während des Schwebens der Bedingung bereits einseitig gebunden (RG JW **23** 605). Im Zweifel ist anzunehmen, daß die Billigung aufschiebende Bedingung ist. Sie kann aber auch als auflösende Bedingung gewollt sein, etwa wenn der Käufer schon den Kaufpreis bezahlt hat. Rechte und Pflichten hat also der Käufer im Zweifel aufschiebend bedingt übernommen.

2 **II. Abgrenzung**

1. Verträge mit Klauseln

Ob ein Kauf auf Probe von den Parteien gewollt und geschlossen ist, muß nach den Umständen des Falles entschieden werden, zumal der Gebrauch der Worte „zur Probe, auf Probe, als Probe" im Verkehr schwankend ist (RG JW **12** 28). Angenommen wurde ein Kauf auf Probe beim Kauf „unter Vorbehalt der Musterkonvenienz" (RG **137** 297). Über den Kauf „zur Probe" s. unten Rdn. 3. Ein Kauf auf Probe liegt nicht vor, wenn der Käufer für den Fall, daß die gelieferten Maschinen den bedungenen Anforderungen nicht entsprechen, berechtigt sein solle, die Annahme abzulehnen. Der Kauf „unter Bedingung der Probemäßigkeit" ist kein Kauf im Sinne von § 494 (ROHG **2** 418). Ob bei einer auf Bestellung gemachten Auswahlsendung oder Mustersendung ein Kauf auf Probe zugrunde liegt, kann zweifelhaft sein, wird aber in der Regel verneint werden müssen. Zum „Konditionskauf" vgl. vor § 433 Rdn. 62.

3 2. Der Kauf auf Probe ist nicht zu verwechseln mit dem Kauf zur Probe oder dem sog. **Erprobungskauf**. In diesem Fall ist der Kauf unter der *auflösenden Bedingung* geschlossen, daß der *Gegenstand sich nicht eigne*. Der Verkäufer hat alle Maßnahmen zu treffen, die dem Käufer die Erprobung ermöglichen. Nach den Grundsätzen von Treu und Glauben ist der Käufer gehalten, die Erklärung, ob die Ware sich eigne, so rechtzeitig abzugeben, wie er dazu imstande ist. Gibt er in einer solchen angemessenen Frist eine Erklärung nicht ab, so wird der Kaufvertrag endgültig wirksam (BGH WarnRspr. **70** Nr. 136 = Betrieb **70** 1432; s. auch vor § 433 Rdn. 59). Ein Erprobungskauf liegt auch beim Kauf einer Maschine „auf Feldprobe" vor; vgl. OLG München NJW **68** 109).

4 **3. Kauf auf Umtausch, Umtauschvertrag**

Zum Kauf auf Umtausch s. vor § 433 Rdn. 60. Er ist ein *unbedingter Kauf mit Ersatzbefugnis*. Die Abrede, den gekauften Gegenstand, wenn er nicht passen oder gefallen sollte, umzutauschen, kann aber auch einen Kauf auf Probe in sich bergen. Die Vereinbarung kann den Sinn haben, daß die Befugnis zur Mißbilligung an die Bedingung geknüpft sein soll, daß der Käufer vom Verkäufer aus dessen Vorräten einen anderen Gegenstand zu gleichem oder höherem Preise kauft. Beim Kauf auf Umtausch trägt der Käufer die Gefahr. Der Umtauschvertrag enthält dagegen die Vereinbarung, die gelieferte Sache in eine andere, dem Käufer besser gefallende umzutauschen. In der Regel liegt darin die Rückgängigmachung des Kaufvertrages und der Abschluß eines neuen über die Tauschsache (vgl. vor § 433 Rdn. 60; §465 Rdn. 7).

5 **III. Untersuchung**

Probieren oder *Besichtigen* ist in der Regel Zweck der Bedingung, aber nicht Voraussetzung für die Wirksamkeit der Erklärung des Käufers. Inwieweit zur Probe oder Besichtigung die Übergabe nötig ist, richtet sich mangels Vereinbarung nach den Umständen des Falles. Der Anspruch auf Gestattung ist im Klagewege selbständig verfolgbar, seine Erfüllung im Zwangsvollstreckungswege erzwingbar. Der Annahme, daß Zwang zur Gestattung nur auf dem Wege des § 888 ZPO möglich sei, kann nicht beigetreten werden. Soweit insbesondere der Verkäufer verpflichtet ist, Sachen zur Probe zu übergeben, besteht die Möglichkeit, ihm die Sache durch den Gerichtsvollzieher zur Übergabe an den Käufer zwecks Untersuchung wegnehmen zu lassen. Frei steht dem Käufer auch der Weg der §§ 283, 326 (OLG **20** 183).

Der Verkäufer einer Gattungsware, der die Mustersendung verweigert, kann nicht mit dem Einwand gehört werden, daß die Ware so schlecht gewesen sei, daß die Billigung des Käufers nicht stattgefunden haben würde. Der Verkäufer muß sich dann so behandeln lassen, wie wenn er Ware mittlerer Art und Güte geliefert und der Käufer die Ware gebilligt hätte (RG **93** 254; LZ **19** Sp. 868).

Die Kosten der Probe und Besichtigung hat der Käufer zu tragen.

IV. Billigung 6

Billigung und *Mißbilligung* sind rechtsgeschäftliche, gestaltende *Willenserklärungen*, die dem Verkäufer gegenüber abzugeben sind (RG **104** 100; **137** 299), nicht bloße tatsächliche Willenskundgebungen. Die Billigung enthält den auf freiem Belieben beruhenden Willen, daß nunmehr der bisher bedingte Kauf zu einem unbedingten werde. Diese Wirkung tritt ein, auch wenn keine Besichtigung erfolgt ist (RG **94** 287).

Der Käufer kann die *Billigung auch dann versagen*, wenn die *angebotene Sache mangelfrei* ist oder den Vertragsbedingungen oder einem vorgelegten Muster entspricht (RG **137** 298; BGH WarnRspr. 70 Nr. 136 = Betrieb 70 1432). Das unterscheidet den Kauf auf Probe von dem sog. Erprobungskauf (s. oben Rdn. 3). Der Verkäufer hat auf die Willensbildung des Käufers rechtlich keinen Einfluß. Legt er, um von dem Vertrage loszukommen, ein mangelhaftes Stück vor und erreicht er damit, daß der Käufer die Ware nicht billigt, so muß er sich nach § 162 so behandeln lassen, als habe der Käufer gebilligt, und entweder liefern oder nach §§ 325, 326 Schadensersatz wegen Nichterfüllung leisten (BGH Urt. v. 11. 10. 56 — II ZR 58/55). Hat der Käufer gebilligt, so ist die Bedingung des Kaufvertrages eingetreten; der Kauf ist zu einem unbedingten geworden, auch wenn die Billigung vor Ablauf der vereinbarten Erklärungsfrist erfolgte.

V. Gewährleistung 7

1. Gefahrübergang

Beim Kauf auf Probe oder auf Besicht geht die Gefahr des zufälligen Untergangs wie beim aufschiebend bedingten Kauf nicht schon mit der Übergabe auf den Käufer über, weil die Übergabe noch nicht die Bedeutung einer Erfüllungshandlung, sondern nur einer den künftigen Kauf vorbereitenden Handlung hat. Der Käufer ist reiner Fremdbesitzer, die Gefahr bleibt bei dem Verkäufer als dem Eigentümer.

2. Verlust von Gewährleistungsansprüchen 8

Beim Kauf auf Probe oder auf Besicht ist der Verkäufer nicht ohne weiteres von jeder Gewährleistungspflicht für etwaige Sachmängel befreit. Ob in der Billigung eine „Billigung des Kaufgegenstandes" in dem Sinne liegt, daß der Käufer ihn, so wie er ist, als vertragsgemäß anerkannt und auf das Recht verzichtet, Mängel zu rügen und Gewährleistung zu verlangen, ist eine Frage, zu deren Lösung § 495 nichts beiträgt. Nach den Umständen des einzelnen Falles ist zu beurteilen, ob die Beteiligten über § 495 hinaus bestimmt haben, daß die Billigung auch die Nebenwirkung des Verlustes des Gewährleistungsanspruches haben soll, und ob die Billigungserklärung auch noch eine Verzichtserklärung solchen Inhalts umfaßt. Dabei kann die Dauer der Probefrist, die Erkennbarkeit der Mängel von entscheidendem Einfluß sein. Ein Rechtssatz des Inhalts, daß durch die Billigung in jedem Fall auf spätere Geltendmachung der Mängel verzichtet werde, die im Augenblick der Abgabe der Erklärung erkennbar waren, besteht nicht (RG JW **12** 858). Die Vorschrift des § 460 über den Verlust von Gewährleistungsansprüchen findet zwar beim Kauf auf Probe unmittelbar Anwendung, beschränkt aber den Verlust auf den Fall, daß der Mangel dem Käufer beim Kaufabschluß bekannt war oder infolge grober Fahrlässigkeit unbekannt war. Dem in § 460 liegenden Gesetzesgedanken ist jedoch zu entnehmen, daß der Probekäufer nicht nur dann der Rüge verlustig geht, wenn die Kenntnis oder grob fahrlässige Unkenntnis des Mangels im Augenblick des Kaufabschlusses bestand, sondern auch dann, wenn sie im Augenblick der Billigungserklärung vorhanden war (RG **94** 287; RG JW **12** 858; vgl. § 460 Rdn. 1). Beim Viehkauf läuft die Gewährfrist nach der Übergabe des auf Probe verkauften Tieres neben der Probefrist. Der Käufer kann nach der Billigungserklärung einen Hauptmangel nur dann rügen, wenn die Gewährfrist sich über die Probefrist hinaus erstreckt. Die durch § 377 HGB bei beiderseitigen Handelsgeschäften dem Käufer auferlegte Pflicht zur unverzüglichen Untersuchung tritt nicht erst nach dem Ablauf der Probefrist ein. Der Käufer kann also, wenn er die Probefrist nicht zur Untersuchung benutzt hat, nach der Billigungserklärung eine wirksame Mängelanzeige nicht mehr vornehmen.

§ 496

Die Billigung eines auf Probe oder auf Besicht gekauften Gegenstandes kann nur innerhalb der vereinbarten Frist und in Ermangelung einer solchen nur bis zum Ablauf einer dem Käufer von dem Verkäufer bestimmten angemessenen Frist erklärt werden. War die Sache dem Käufer zum Zwecke der Probe oder der Besichtigung übergeben, so gilt sein Schweigen als Billigung.

I. Billigungsfrist

Bei Gebrauchsgegenständen kann die vereinbarte Frist auch als Gebrauchsfrist gemeint sein derart, daß dem Käufer zur Erprobung der Sache die gesetzte Frist voll bleiben und die Pflicht zur Erklärung erst nach Ablauf dieser Frist obliegen soll. Andererseits kann sich nach dem Willen der Beteiligten auch eine Verkürzung der Gebrauchsfrist z. B. daraus ergeben, daß der Käufer die Pflicht übernimmt, im Falle der Versagung der Billigung den gekauften Gegenstand noch innerhalb der Frist an den Verkäufer zurückgelangen zu lassen. Solange der Verkäufer die Untersuchung nicht gestattet, läuft die Frist zur Erklärung nicht.

Die Bitte des Käufers um Verlängerung der Probefrist enthält noch keine Ablehnung des Kaufes (OLG Düsseldorf JW **26** 2935). In der Regel wird das Schweigen des Verkäufers auf diese Bitte nicht seine Zustimmung bedeuten.

Die Billigung muß dem Verkäufer innerhalb der Frist zugehen; es genügt nicht, daß die Erklärung bis zum Ablauf der Frist oder gar so zeitig abgesandt worden ist, daß sie bei ordnungsmäßiger Beförderung angekommen wäre. § 149 ist nicht entsprechend anzuwenden, dagegen liegt in der verspäteten Billigungserklärung ein Vertragsangebot; § 150 ist entsprechend anwendbar.

II. Schweigen als Willenserklärung

§ 496 Satz 2 ist eine Sonderregelung, die von dem Grundsatz, daß Schweigen nicht als Erklärung gilt, abweicht. Die Vorschrift gilt für aufschiebend und auflösend bedingte Käufe. Für den Fall, daß die Übergabe der Ware erfolgt ist, verlangen Treu und Glauben und das Interesse des Verkäufers, daß der Käufer, der sich nicht oder nicht rechtzeitig erklärt, an den Vertrag gebunden ist. Ein auf Probe übersandtes Muster ist der Übergabe der Ware nicht gleichzustellen (vgl. insgesamt RG **137** 297; *Muskat* Gruchot **48** 211).

2. Wiederkauf

§ 497

Hat sich der Verkäufer in dem Kaufvertrage das Recht des Wiederkaufs vorbehalten, so kommt der Wiederkauf mit der Erklärung des Verkäufers gegenüber dem Käufer, daß er das Wiederkaufsrecht ausübe, zustande. Die Erklärung bedarf nicht der für den Kaufvertrag bestimmten Form.

Der Preis, zu welchem verkauft worden ist, gilt im Zweifel auch für den Wiederkauf.

Übersicht

	Rdn.
I. Allgemeines	1, 2
1. Vorschriften außerhalb des BGB	1
2. Rechtliche Natur des Wiederkaufvertrages	2
II. Wiederkaufsrecht	3–5
1. Begründung des Wiederkaufsvorbehalts	3
2. Rechtliche Gestaltung	4
3. Wiederkaufsrecht zugunsten eines Dritten	5
III. Die Ausübung des Wiederkaufsrechts	6–8
1. Erklärung	6
2. Inhalt des Rückkaufvertrages	7
3. Wiederkaufspreis	8
IV. Wiederverkaufsrecht	9
V. Vorzugsverträge	10

I. Allgemeines 1

1. Vorschriften außerhalb des BGB

Die Form des Wiederkaufs wird zuweilen gewählt, um denselben wirtschaftlichen Zweck zu erreichen wie mit einem Faustpfand und der Sicherungsübereignung. Deshalb ist der Wiederkauf aber noch keine unzulässige Verschleierung einer Pfandbestellung. Nach § 34 Abs. 2 GewO gilt aber der gewerbsmäßige Ankauf beweglicher Sachen mit Gewährung des Rückkaufsrechts als Pfandleihgewerbe und bedarf daher nach § 34 Abs. 1 der Erlaubnis (vgl. auch § 38 Abs. 2 GewO). Damit ist ein Sonderrecht geschaffen, dem das BGB nachgeht. Auch Landesrecht kann nach EGBGB Art. 94 für das Pfandleihgewerbe abweichende Vorschriften erlassen. Danach bezieht sich § 497 nur auf den nichtgewerbsmäßigen Rückkauf.

Gesetzliche Wiederkaufsrechte kennt das BGB nicht. Aber das ReichssiedelungsG vom 11. 8. 19 bestimmt in § 20, daß ein gemeinnütziges Siedlungsunternehmen ein Wiederkaufsrecht hat für die von ihm begründeten Ansiedelungsstellen, ebenso nach § 21 der frühere Eigentümer gegen das Siedelungsunternehmen. Ebenso hat der Ausgeber nach § 12 des ReichsheimstättenG einen Heimfallanspruch. § 2 der ErbbaurechtsVO vom 15. 1. 19 bestimmt als dingliche Verpflichtung die Vereinbarung eines Heimfallrechts.

2. Rechtliche Natur nach BGB 2

Der BGH nimmt in Übereinstimmung mit dem RG an, daß die Vereinbarung eines Wiederkaufsrechts ein *bedingtes Recht auf Übertragung* des Eigentums am Vertragsgegenstand schafft (RG **121** 369; BGH **29** 107). Es sind danach zwei Rechtsvorgänge zu unterscheiden: die Wiederkaufsabrede und die Erklärung, mit der das Recht des Wiederkaufs ausgeübt wird. Die Wiederkaufsabrede gibt dem Verkäufer das Recht, den Kaufgegenstand wieder zu kaufen, und verpflichtet den Käufer, den Kaufgegenstand auf Verlangen des Verkäufers zurückzuübereignen. § 497 legt dem Käufer nicht die Verpflichtung auf, mit dem Verkäufer bei Ausübung des Wiederkaufsrechtes einen Vertrag über den Rückverkauf abzuschließen, sondern geht davon aus, daß bereits die Abrede des Wiederkaufs die Verpflichtung zum Wiederverkauf enthält. Schon *durch die*

Wiederkaufsabrede wird ein, wenn auch ***bedingter, Anspruch auf Rückübereignung*** des Kaufgegenstandes begründet (RG **121** 367; BGH **38** 369). Diese Abrede gibt das Recht zum Rückkauf des Kaufgegenstandes zu den bereits beim Verkauf vereinbarten Bedingungen (RG **108** 228). Wie jeder andere bedingte Vertrag erzeugt auch die Vereinbarung des Wiederkaufsrechtes eine rechtliche Gebundenheit (s. dazu Ausführungen zu § 158). Diese Gebundenheit tritt bereits durch den Vertrag ein, in dem das Wiederkaufsrecht vereinbart ist. Die Urteile RG **121** 367 und BGH **29** 107 sprechen insoweit von einer wesentlichen Bindung der Parteien. Die ***Bedingung*** besteht in der ***Ausübung des Wiederkaufsrechts.*** Sie hängt ausschließlich vom Willen des Verkäufers ab (Potestativbedingung). Es handelt sich dabei um ein Gestaltungsrecht, durch dessen Ausübung von selbst ohne Annahme durch den Vertragsgegner der bis dahin bedingte Rückübereignungsanspruch zu einem endgültigen Anspruch wird (RG **126** 308; BGH **29** 107; **38** 369). Damit wird zugleich der ursprüngliche Kaufvertrag aufgelöst. Nach dem Zustandekommen des Wiederkaufs ist für einen Rücktritt des Verkäufers vom Kaufvertrag wegen Verzuges des Käufers aus § 326 kein Raum (BGH **29** 107). Wegen der im Schrifttum zum Teil abweichenden Ansichten vgl. die 11. Auflage und *Soergel/Ballerstedt,* BGH 10. Aufl. Vorbem. 7 zu § 497 m. Nachw.

3 **II. Wiederkaufsrecht**

1. Begründung des Wiederkaufsvorbehalts

Das BGB kennt an sich nur das durch Vorbehalt im Kaufvertrag begründete Wiederkaufsrecht. Der Wortlaut zwingt jedoch nicht dazu, die Einräumung des Wiederkaufsrechts auf den Fall des Vorbehalts im Kaufvertrage zu beschränken. Das Wiederkaufsrecht kann auch durch einen von dem Kaufvertrag äußerlich getrennten Vertrag vereinbart werden (RG **126** 308; BGH LM BGB § 497 Nr. 1). Auch die Rechtsnachfolger der Kaufvertragschließenden können noch einen Wiederkaufsvorbehalt vereinbaren. Immer aber muß dann das Wiederkaufsrecht nachträglich zum Inhalt des ursprünglichen Kaufvertrages gemacht werden. Das Wort „Wiederkauf" braucht nicht ausdrücklich gebraucht zu werden. Ein Optionsvertrag, durch den für den Verkäufer (hier eines Aktienpaketes) das Recht begründet wird, vom Käufer die Rückübertragung zu fordern, begründet ein Wiederkaufsrecht (BGH WM **65** 356).

Die Vereinbarung eines Wiederkaufsrechtes bedarf der durch den Kaufgegenstand bedingten *Form.* So ist die Form des § 313 einzuhalten, falls sich das Wiederkaufsrecht auf ein Grundstück bezieht (RG **126** 308). Eine Vereinbarung, die diese Form nicht wahrt, wird durch die Auflassung des Grundstücks und die Eintragung des Käufers ins Grundbuch wirksam (RG **56** 386). Wird der Wiederkaufsvorbehalt nicht in den ursprünglichen Kaufvertrag aufgenommen, sondern selbständig vereinbart, so muß auch für ihn die durch den Kaufgegenstand bedingte Form gewahrt werden. Bei einem Grundstück bedarf es der Formvorschrift des § 313, da der Käufer durch die Einräumung eines Wiederkaufsrechtes die nur durch das Verlangen des Verkäufers bedingte Verpflichtung übernimmt, das Grundstück zurückzuübereignen (RG JW **11** 320). Eine ohne Beobachtung der Form des § 313 geschlossene selbständige Wiederkaufsvereinbarung wird wirksam, wenn das Grundstück dem Käufer aufgelassen und er ins Grundbuch eingetragen wird. Die Eintragung des Käufers und Wiederverkaufsverpflichteten hat dagegen nicht schon heilende Wirkung, falls die Wiederkaufsvereinbarung erst nach diesem Zeitpunkt getroffen wird; denn in diesem Falle gehen Auflassung und Eintragung des Käufers dem Abschluß des formlosen Vertrages voraus, während zur Anwendung des § 313 Satz 2 gehört, daß Auflassung und Eintragung dem Vertragsschluß nachfolgen (RG aaO).

Ist die Vereinbarung, durch die dem Verkäufer eines Grundstücks das Wiederkaufsrecht eingeräumt wird, mangels Genehmigung der Verwaltungsbehörde schwebend unwirksam, so wird sie rückwirkend wirksam, wenn die Ausübung des Wiederkaufsrechts genehmigt wird. Der Eintritt dieser Wirkung wird nicht dadurch verzögert, daß ein Vertragsteil den Genehmigungsbescheid unzulässigerweise anficht (BGH LM BGB § 497 Nr. 1).

Der innere Zusammenhang zwischen Kauf und Vereinbarung des Wiederkaufs ist rechtlich ein anderer als bei der Bedingung und Befristung. Das rechtfertigt, die Abrede des Wiederkaufs als eine wirkliche Nebenabrede zu betrachten, die von demjenigen zu beweisen ist, der aus ihr Rechte herleiten will (RG **107** 405).

2. Rechtliche Gestaltung des Wiederkaufsrechtes 4

a) Nach dem BGB gibt es *nur* ein persönliches *schuldrechtliches Wiederkaufsrecht,* kein dingliches. Der bedingte Anspruch auf Wiedereinräumung eines Grundstücks oder Grundstücksrechts kann aber schon vor Ausübung des Wiederkaufsrechts durch eine Vormerkung gesichert werden (RG **125** 242). Sonst wirkt ein Wiederkaufsrecht gegen einen Dritten selbst dann nicht, wenn er beim Erwerb der Sache das Recht gekannt hat. Unter Umständen kann jedoch ein Schadensersatzanspruch nach § 826 begründet sein.

Dingliche Wiederkaufsrechte können seit dem Inkrafttreten des BGB nicht mehr bestellt werden (Art. 189 EGBGB). Für das altrechtliche dingliche Wiederkaufsrecht erklärt Art. 29 § 5 Abs. 1 pr. AGBGB die Vorschriften der §§ 497 Abs. 1, 498—502 für anwendbar. Ein neu bestelltes „dingliches Wiederkaufsrecht" kann aber in eine schuldrechtliche Rückkaufsverpflichtung umgedeutet werden (BGH LM BGB § 497 Nr. 6).

b) Das Wiederkaufsrecht ist ein *Vermögensrecht;* es kann sich auf Gegenstände jeder Art beziehen. Im Gegensatz zum Vorkaufsrecht ist es in der Regel vererblich und veräußerlich, unterliegt der Zwangsvollstreckung und gehört zur Konkursmasse. Das ergibt sich daraus, daß das Gesetz, das bei dem gleichartigen Falle des Vorkaufsrechts die Übertragbarkeit und Vererblichkeit im Zweifel für ausgeschlossen erklärt, beim Wiederkaufsrecht schweigt. Andererseits ist es nach der Natur des Wiederkaufsrechts möglich, durch Vereinbarung die Übertragbarkeit und Vererblichkeit auszuschließen. Dann ergibt sich die Unpfändbarkeit aus § 857 ZPO. Denn der Ausschluß der Übertragbarkeit und Vererblichkeit macht das Wiederkaufsrecht zu einem höchstpersönlichen Recht, dessen Inhalt bei einer Auswechslung des Berechtigten verändert werden würde.

c) Ein Wiederkauf liegt nicht vor, wenn der Gegenstand, der vertraglich dem Berechtigten zurückzugewähren ist, nicht der *verkaufte Gegenstand* ist. Ist ein Inbegriff von Gegenständen verkauft, so kann dabei ein Wiederkaufsrecht derart bedungen werden, daß Einzelstücke, die inzwischen vom Käufer als Ersatz für abgegangene oder sonst zur Ergänzung nachbeschafft sind, im Falle der Geltendmachung des Wiederkaufsrechtes dem Wiederkäufer zum Ankauf- oder Schätzungspreis mitübergeben werden sollen. Von einem Wiederkauf kann allerdings dann nicht gesprochen werden, wenn der ganze Bestand sich derart geändert hat, daß von den ursprünglich verkauften Stücken keines mehr vorhanden ist. Einer entsprechenden Anwendung der Grundsätze über den Wiederkauf steht jedoch, wenn sie sich als im Willen der Beteiligten gelegen erweist, kein Hindernis im Wege.

d) Das Wiederkaufsrecht kann von einer *Bedingung* abhängig gemacht werden oder *befristet* sein. So, wenn eine Gemeinde ein Grundstück mit der Vereinbarung eines Wiederkaufsrechts für den Fall verkauft, daß der Käufer nicht bis zu einem bestimmten Zeitpunkt auf dem Grundstück gewerbliche Anlagen nebst Gebäuden errichtet (BGH LM BGB § 313 Nr. 57 = WM 73 144), oder für den Fall des Weiterverkaufs eines Grundstücks (BGH **38** 369).

5 3. **Wiederkaufsrecht zugunsten eines Dritten.** Ein Wiederkaufsvorbehalt im eigentlichen Sinne ist dann nicht gegeben, wenn die Vereinbarung dahin geht, daß der Käufer die Kaufsache auf Verlangen nicht an den Verkäufer oder seinen Rechtsnachfolger, sondern an einen Dritten im Wiederverkaufswege zurückgewähren soll. Nach dem Grundsatz der Vertragsfreiheit und der Bestimmung des § 328 ist es aber möglich, dem Dritten die gleichen Rechte einzuräumen, die sich der Verkäufer durch den Wiederkaufsvorbehalt sichern kann. Ergibt sich das als der Wille der Vertragschließenden, so werden auf das Rechtsverhältnis außer den §§ 328 ff auch die §§ 497 ff angewendet (KG Recht **09** Nr. 955; KG RJA **9** 263; *Waechter,* Wiederkaufsrecht zugunsten Dritter, Diss. 1971).

6 **III. Die Ausübung des Wiederkaufsrechts**

1. Die Erklärung

Sie ist eine einseitige empfangsbedürftige Willenserklärung und bedarf zu ihrer Wirksamkeit nicht der Annahme. Durch sie erhält der bisherige Wiederkaufsberechtigte die Stellung des Wiederkäufers, sein Vertragsgegner die des Wiederverkäufers; der früher verkaufte Gegenstand ist zurückgekauft. Das Zustandekommen des Wiederkaufs hängt lediglich vom Willen des Wiederkäufers ab. Zum Grundsatz der Gleichbehandlung der Genossen einer Baugenossenschaft bei Ausübung des Wiederkaufsrechtes s. BGH LM GenG § 18 Nr. 3. Zur Wirksamkeit der Wiederkaufserklärung bedarf es nicht des gleichzeitigen (wörtlichen oder tatsächlichen) Angebots des Wiederkaufspreises (BGH LM BGB § 497 Nr. 2).

Nach Abs. 1 Satz 2 unterliegt die Ausübungserklärung nicht den Formbestimmungen für den Kaufvertrag, obwohl sie den Wiederkauf verwirklicht. Der Hauptfall, den das Gesetz im Auge hat, ist der des § 313 (RG **126** 308). Die Wiederkaufserklärung einer Gemeinde bedarf auch nicht der in § 36 DGO bestimmten Form (BGH **29** 107).

7 **2. Inhalt des Rückkaufvertrages**

Was sich aus den Abreden des Wiederkaufsberechtigten und des Wiederkaufsverpflichteten in dem Urvertrage oder aus §§ 497—503 nicht ergibt, gehört im Einzelfall auch nicht zum Inhalt des Wiederkaufsrechts. Eine Bestimmung des § 506 gibt es beim Wiederkauf nicht, da es Sache des Wiederkaufsberechtigten ist, sich entsprechend vertraglich zu sichern (RG JW **23** 1024).

8 3. **Der Wiederkaufspreis** kann im Urvertrage frei vereinbart werden. Auch der Schätzwert zur Zeit des Wiederkaufs kann als Preis des Gegenstandes vereinbart werden (§ 501); ebenso ein Höchstpreis (RG **104** 123). § 497 Abs. 2 gibt nur eine Auslegungsregel für den Fall fehlender Vereinbarung. Bei Anwendung des Abs. 2 ist nicht der vereinbarte, sondern der wirklich empfangene Preis maßgebend.

Der Wuchereinwand gegen den Wiederkaufspreis ist nicht möglich, wenn die Vermutung des Abs. 2 zutrifft; wohl aber, wenn der Kaufpreis abweichend von der Vermutung des Abs. 2 vereinbart worden ist.

Eine Verschlechterung oder Verbesserung des Geldwertes ist derart zu berücksichtigen, daß die verschiedenen Markbeträge die gleiche Kaufkraft haben (RG **109** 159; RG JW **27** 979). Das gilt nach Treu und Glauben auch für Geldwertveränderungen infolge „schleichender" Inflation. Vgl. auch § 433 Rdn. 29.

Die Klausel, daß Belastungen anzurechnen sind, bedeutet, daß der Wiederverkäufer verpflichtet ist, die Grundpfandrechte in Anrechnung auf den Wiederkaufspreis zu übernehmen (OLG Celle NJW **58** 385).

IV. Das Wiederverkaufsrecht 9

Das Wiederverkaufsrecht ist im BGB nicht geregelt worden. Rechtsprechung und Schrifttum wenden auf das Wiederverkaufsrecht die Bestimmungen des Wiederkaufsrechtes nur soweit an, als die Natur des einzelnen abgeschlossenen Rechtsgeschäftes es zuläßt (RG **126** 308; BGH LM BGB § 347 Nr. 5; LM BGB § 610 Nr. 1). Das gilt insbesondere für die Frage, ob § 498 Abs. 2 über Verschlechterung oder Untergang der Kaufsache entsprechend anwendbar ist. Die Anwendung ist verneint in einem Fall, in dem in einem Eigenhändlervertrage vereinbart war, der Hersteller sei verpflichtet, bei Beendigung des Vertragsverhältnisses die von ihm gelieferten, vom Eigenhändler aber nicht abgesetzten Waren zurückzunehmen (BGH LM BGB § 347 Nr. 5). Das Wiederverkaufsrecht kann auch die Erscheinungsform des Rücktritts annehmen (BGH aaO).

V. Vorzugsverträge 10

Der Wiederkauf gehört zu den allgemeinen Vorzugsverträgen, unter die auch die Vereinbarung eines Optionsrechts fällt. Gesetzlich geregelte Fälle des Optionsrechts sind das Wiederkaufsrecht und das Vorkaufsrecht (§ 504). Zum Optionsvertrage s. auch oben Rdn. 3 und vor § 433 Rdn. 85—87. Über die rechtliche Bedeutung von Optionsvereinbarungen vgl. *Larenz* Betrieb **55** 209; über Vorzugsverträge allgemein *Lorenz*, Vorzugsrechte beim Vertragsschluß, Festschrift Dölle I S. 103 ff; *Henrich*, Vorvertrag, Optionsvertrag, Vorrechtsvertrag. Über Ankaufsrechte insbesondere bei Grundstücken s. vor § 433 Rdn. 67.

§ 498

Der Wiederverkäufer ist verpflichtet, dem Wiederkäufer den gekauften Gegenstand nebst Zubehör herauszugeben.

Hat der Wiederverkäufer vor der Ausübung des Wiederkaufsrechts eine Verschlechterung, den Untergang oder eine aus einem anderen Grunde eingetretene Unmöglichkeit der Herausgabe des gekauften Gegenstandes verschuldet oder den Gegenstand wesentlich verändert, so ist er für den daraus entstehenden Schaden verantwortlich. Ist der Gegenstand ohne Verschulden des Wiederverkäufers verschlechtert oder ist er nur unwesentlich verändert, so kann der Wiederkäufer Minderung des Kaufpreises nicht verlangen.

I. Herausgabepflicht 1

1. Kaufgegenstand

Die Verpflichtung des Wiederverkäufers ist bloß schuldrechtlicher Art. Sie hindert an sich die Veräußerung des vom Wiederkaufsrecht betroffenen Gegenstandes nicht. Aber der Wiederverkaufsverpflichtete handelt auf seine Gefahr.

Die Aufzählung der Verpflichtungen des Wiederverkäufers in § 498 ist nicht erschöpfend. Hilfsweise sind die allgemeinen Vorschriften über die Verbindlichkeiten des Verkäufers beim Kauf heranzuziehen, soweit nicht die besonderen Verhältnisse des Wiederkaufs entgegenstehen. Der Wiederverkäufer ist auch verpflichtet, dem Wiederkäufer Eigentum an der Kaufsache zu verschaffen. Herauszugeben ist die Sache in dem Zustand, in dem sie sich zur Zeit der Herausgabe befindet; für Verwendungen, die den Wert des Kaufgegenstandes erhöhen, kann aber der Wiederverkäufer Ersatz verlangen (§ 500). Ebenso versteht es sich von selbst, daß der Wiederkäufer den Wiederkaufspreis zu zahlen hat.

Die beiderseitigen Leistungen sind Zug um Zug zu erfüllen.

2 **2. Zubehör, Nutzungen**

Alles, was im Augenblick der Geltendmachung des Wiederkaufsrechts Zubehör ist (§§ 97, 98), ist herauszugeben. Hat der Wiederverkäufer Zubehör ohne genügenden Ersatz beseitigt und dadurch den Kaufgegenstand verschlechtert, so ist er nach Abs. 2 schadensersatzpflichtig.

Nicht mit herauszugeben sind Einrichtungen, mit denen der Wiederverkäufer die herauszugebende Sache versehen hat (§ 500 Satz 2).

Nutzungen sind nicht herauszugeben. Ebenso hat der Wiederkäufer den empfangenen Kaufpreis nicht zu verzinsen.

3 **II. Haftung für Sachmängel und Herausgabeunmöglichkeit**

1. Von dem Zeitpunkt an, in dem auf Grund der Erklärung des Berechtigten der neue Kaufvertrag mit ihm endgültig abgeschlossen ist, stehen ihm als Käufer zunächst dieselben Rechte zu, wie sie jedem Käufer auf Grund eines rechtswirksam geschlossenen Kaufvertrages zukommen. Die Vorschrift des Abs. 2 regelt die **Gewährleistungsansprüche** des Käufers abschließend und unter Ausschluß anderer Rechte unter dem Gesichtspunkt der Gewährleistung (RG **126** 308). § 498 Abs. 2 zieht der Haftungsverbindlichkeit des Wiederverkäufers wesentlich engere Schranken, als sie in den allgemeinen Vorschriften über die Gewährpflicht des Verkäufers gesetzt sind (vgl. *Haymann*, JW 30 826). Der Wiederverkäufer ist vor allem frei von der Haftung für alle Mängel, die der Gegenstand schon hatte, als er ihn vom Verkäufer bekam. Aber auch die von da ab bis zur Ausübung des Wiederkaufsrechtes eingetretenen Verschlechterungen hat er nur dann zu vertreten, wenn sie nicht unwesentlich sind und er sie verschuldet hat. Bei wesentlicher oder unwesentlicher Verschlechterung in der Zeit zwischen Erwerb und Wiederveräußerung haftet der Wiederverkäufer nur nach Maßgabe des § 498 Abs. 2 und nicht nach den Vorschriften über die Gewährleistung für Sachmängel. Daraus, daß das Gesetz dem Wiederkäufer im Falle unverschuldeter Verschlechterung des Kaufgegenstandes das Recht auf Schadensersatz und auf Kaufpreisminderung versagt, ist nicht zu schließen, daß es ihm in diesem Fall die Wandelung gestatten will. Die Vorschriften über die Gewährleistung wegen Mängeln sind überhaupt nicht anwendbar. Der Wiederkäufer ist gegebenenfalls auf die Anfechtung seiner Wiederkaufserklärung nach §§ 119 ff angewiesen (RG **126** 308).

4 2. Ist die **Unmöglichkeit** der Herausgabe des gekauften Gegenstandes in der Zeit von der Übergabe an den Käufer bis zur Ausübung des Wiederkaufsrechtes ohne Verschulden des Wiederverkäufers eingetreten, so sind die §§ 323, 281 anzuwenden. Für den Fall des Eintritts der Verschlechterung oder der Unmöglichkeit der Herausgabe in der Zeit nach der Ausübung des Wiederkaufsrechts gelten die allgemeinen Grundsätze uneingeschränkt (RG JW **25** 1993).

Beim Wiederkauf zum Schätzwert trifft den Wiederverkäufer keine Haftung für Unmöglichkeit der Herausgabe.

Ob der Käufer eines *GmbH-Anteils* — anders als bei dem Kauf sämtlicher Anteile — bei Vereinbarung eines Wiederkaufsrechtes nach § 498 Abs. 2 dem Wiederkäufer für Maßnahmen verantwortlich ist, die das Unternehmen der GmbH auch in der Zeit nach Ausübung des Wiederkaufsrechts benachteiligen und infolgedessen den Wert des Geschäftsanteils beeinflussen, ist streitig. Es handelt sich strenggenommen nicht um eine Verschlechterung des verkauften Gesellschaftsrechts selbst, sondern um eine verschlechterte Beschaffenheit des Unternehmens und damit nur um eine Verschlechterung des Rechtes unter wirtschaftlichen Gesichtspunkten. Diese Frage wird im Urteil BGH BB

58 1108 = WM **58** 1366 nicht abschließend entschieden. Eine Haftung kann aber aus den dem Kaufvertrage sonst zugrunde liegenden Bindungen und aus Verstoß gegen Treu und Glauben und gegen das Schikaneverbot hergeleitet werden.

Über die Anwendung des § 498 Abs. 2 auf das Wiederverkaufsrecht s. § 497 Rdn. 9.

§ 499

Hat der Wiederverkäufer vor der Ausübung des Wiederkaufsrechts über den gekauften Gegenstand verfügt, so ist er verpflichtet, die dadurch begründeten Rechte Dritter zu beseitigen. Einer Verfügung des Wiederverkäufers steht eine Verfügung gleich, die im Wege der Zwangsvollstreckung oder der Arrestvollziehung oder durch den Konkursverwalter erfolgt.

I. Rechte Dritter 1

Der Wiederkaufsvorbehalt hindert den Käufer weder rechtlich, über den gekauften Gegenstand zu verfügen, noch verpflichtet er ihn, Verfügungen zu unterlassen. Andererseits wird aber auch der Käufer durch die Verfügung über den gekauften Gegenstand von seiner Verpflichtung, den Gegenstand im Falle der Geltendmachung des Wiederkaufsrechts dem Wiederkäufer herauszugeben, nicht befreit. Er verfügt auf seine eigene Gefahr. Seine Sache ist es, bei der Verfügung dafür zu sorgen, daß ihm die Erfüllung der Verbindlichkeit, im Falle der Geltendmachung des Wiederkaufsrechts die von ihm begründeten Rechte Dritter zu beseitigen, nicht unmöglich wird. Er hat darum die etwa durch die Verfügung entstandene Unmöglichkeit der Leistung zu vertreten und den daraus entstehenden Schaden zu ersetzen (§ 498). Zur Sicherung der Rückgabe eines Grundstücks kann eine Vormerkung im Grundbuch eingetragen werden.

II. Zwangsvollstreckung 2

Durch die Zwangsvollstreckung wird nicht wie beim Vorkaufsrecht nach § 512 der Wiederkauf ausgeschlossen (RG **154** 359). Nicht jede Verfügung im Wege der Zwangsvollstreckung fällt unter Satz 2. Wird dem Käufer auf Grund einer Eigentumsherausgabeklage im Entwehrungsstreite die gekaufte Sache entzogen, so kann der Verkäufer sich nicht auf Satz 2 berufen. Das gleiche gilt für den Fall der Zwangsenteignung und der zwangsweisen Belastung aus öffentlichrechtlichen Gründen. Ob es auch für den Fall gilt, daß bei Gemeinschaft nach Bruchteilen ein Anteil unter Wiederkaufsvorbehalt verkauft ist und daß hinterher auf den Antrag eines anderen der gemeinschaftliche Gegenstand zum Zwecke der Aufhebung der Gemeinschaft nach den Vorschriften des Pfandverkaufs oder im Wege der Zwangsversteigerung veräußert wird, ist zweifelhaft, aber wohl entsprechend anzunehmen. Denn in allen diesen Fällen ist die Veräußerung (oder Belastung) nicht auf den Käufer zurückzuführen; er kann darum auch nicht gehalten sein, sie zu vertreten.

§ 500

Der Wiederverkäufer kann für Verwendungen, die er auf den gekauften Gegenstand vor dem Wiederkaufe gemacht hat, insoweit Ersatz verlangen, als der Wert des Gegenstandes durch die Verwendungen erhöht ist. Eine Einrichtung, mit der er die herauszugebende Sache versehen hat, kann er wegnehmen.

1 **I. Anwendungsbereich**

§ 500 findet nur Anwendung, wenn der Wiederkaufspreis sich nach dem Verkaufspreis bestimmt, nicht dagegen, wenn als Wiederkaufspreis der Schätzungswert vereinbart ist, da dann im Schätzungspreis das Entgelt für Verwendungen bereits enthalten ist (s. § 501 Rdn. 4).

2 **II. Verwendungen**

Das Gesetz unterscheidet nicht zwischen notwendigen und nichtnotwendigen Verwendungen. Da der Wortlaut klar ist und auch der Zusammenhang mit den übrigen Gesetzesvorschriften keinen Zweifel bringt, geht eine Auslegung dahin, daß werterhöhende Verwendungen einen Ersatzanspruch nicht begründen können, wenn sie notwendig waren, zu weit. Richtig ist nur, daß nach § 498 Abs. 2 dem Wiederverkäufer die Kosten für die Erhaltung der Kaufsache zur Last fallen. Das bedeutet aber nur, daß der Käufer und Wiederverkäufer die Kaufsache nicht dadurch, daß er ihre Erhaltung unterläßt, verschlechtern darf. Er ist aber nicht verpflichtet, ihren Wert durch notwendige Verwendungen, die der Erhaltung dienen, zu erhöhen. Der Käufer, der z. B. das schon bei Abschluß des Kaufvertrages reparaturbedürftige Dach des unter Wiederkaufsvorbehalt gekauften Hauses für 20 000 DM neu decken läßt und dadurch den Wert des Hauses um 10 000 DM erhöht, kann nicht bloß dann einen Ersatzanspruch haben, wenn die Maßregel nicht notwendig war, sondern muß ihn in Höhe von 10 000 DM auch dann haben, wenn sie notwendig war.

3 **III. Wertmaßstab**

Die Werterhöhung ist nach sachlichem Maßstab zu errechnen. Dem Wiederverkäufer kann der Ersatz von Verwendungen nicht versagt werden, die den Wert der Sache für jedermann erhöhen, mag auch der Wiederkäufer nach seinen besonderen Verhältnissen daran kein Interesse haben. Andererseits kann dem Wiederkäufer der Ersatz von Verwendungen nicht zugemutet werden, die den Wert nur für den Wiederverkäufer erhöht haben. Zu vergleichen ist der Wert, den der Gegenstand im Augenblicke der Hingabe an den Käufer hatte, mit dem Werte, den er infolge der Verwendungen im Augenblicke der Herausgabe an den Wiederkäufer hat. Ein in der Zwischenzeit vorhanden gewesener, bei der Herausgabe aber nicht mehr vorhandener Mehrwert kommt nicht in Betracht.

Nach Prot. 2, 88 soll für die „Frage der Bereicherung des Wiederkäufers" nicht der Zeitpunkt der Herausgabe der Sache, sondern der Zeitpunkt des Abschlusses des Wiederkaufs maßgebend sein. In den Gesetzesworten hat diese Absicht der Kommission II. Lesung keinen Ausdruck gefunden. Die Natur des in Frage kommenden Ersatzanspruchs aber deutet auf den Zeitpunkt der Herausgabe. Der Ersatzanspruch des § 500 ist seiner Natur nach Bereicherungsanspruch im Gegensatze zu dem des § 450, dem der Bereicherungsgedanke fernliegt. Die Bereicherung aber ist erst im Augenblicke der Leistung vorhanden, wenn der Wiederkäufer mehr erhält, als er hingegeben und als er zu beanspruchen hat. Den Zeitpunkt der Abgabe der Wiederkaufserklärung als maßgebend anzunehmen, ist auch kaum vereinbar mit Satz 2 des § 500.

4 **IV. Wegnahme von Einrichtungen**

Vgl. § 258. Zur Wegnahme von Einrichtungen ist der Wiederverkäufer nur berechtigt, nicht verpflichtet. Ist infolge der Einrichtung der Gegenstand verschlechtert oder wesentlich verändert, so kommt § 498 Abs. 2 zur Anwendung. Hat die Einrichtung eine Verbesserung und Werterhöhung zur Folge, so kann der Wiederverkäufer für seine

Verwendungen darauf nach Abs. 1 Ersatz verlangen; der Wiederkäufer kann die Ersatzleistung nicht mit dem Hinweise auf das Recht zur Wegnahme verweigern.

§ 501

Ist als Wiederkaufpreis der Schätzungswert vereinbart, den der gekaufte Gegenstand zur Zeit des Wiederkaufs hat, so ist der Wiederverkäufer für eine Verschlechterung, den Untergang oder die aus einem anderen Grunde eingetretene Unmöglichkeit der Herausgabe des Gegenstandes nicht verantwortlich, der Wiederkäufer zum Ersatze von Verwendungen nicht verpflichtet.

I. Wiederkauf zum Schätzungswert 1

Während die §§ 497 Abs. 2, 500 davon ausgehen, daß die Vertragschließenden dadurch, daß sie den Verkaufspreis zum Wiederverkaufspreis bestimmen, ausdrücken wollen, der verkaufte Gegenstand solle im Falle des Wiederkaufs so herausgegeben werden, wie ihn der Käufer erhalten hat, unterstellt § 501 für den Fall des Wiederkaufs zum Schätzungswert, daß die Sache in dem Zustande wiedergekauft sein soll, in dem sie sich bei der Ausübung des Wiederkaufsrechts befindet. Den Beteiligten steht im einen wie im andern Falle frei, etwas anderes zu bestimmen.

II. Keine Haftung für Verschlechterung und Zerstörung 2

Nach der gegenüber § 498 Abs. 2 andersartigen Regelung des § 501 ist der Wiederverkäufer dem Wiederkäufer gegenüber auch dann nicht für den Schaden verantwortlich, wenn die Verschlechterung oder Zerstörung durch unvorsichtiges oder absichtliches Handeln des Wiederverkäufers herbeigeführt ist. Von einem Verschulden kann hier überall nicht die Rede sein, weil der Wiederverkäufer, anders als im Regelfalle des § 498, von vornherein nicht verpflichtet ist, den Kaufgegenstand unversehrt herauszugeben. Auch insoweit können die Parteien Abweichendes vereinbaren.

Eine Haftpflicht wird dagegen für den Fall angenommen werden müssen, daß der durch den Wiederverkaufsvorbehalt Verpflichtete die Verschlechterung oder Zerstörung arglistig herbeiführt, um den Wiederkauf unmöglich zu machen. Denn, daß auch dies im Sinne beider Beteiligter gelegen haben sollte, kann unmöglich angenommen werden.

III. Unmöglichkeit der Herausgabe 3

Die Bestimmung des § 499 ist auch auf den Vorbehalt des Wiederkaufs zum Schätzungspreise anzuwenden. Denn weder der Wortlaut des § 499 und seine Stellung im Gesetz noch sein Grundgedanke zwingen zur Beschränkung auf den Fall des Wiederkaufs zum Verkaufspreise.

IV. Verwendungen 4

Werterhöhende Verwendungen sind im Schätzungspreise schon mitvergütet, der Ersatz anderer Verwendungen aber ist beim Wiederkauf ohnehin grundsätzlich ausgeschlossen. Auch hier handelt es sich aber wieder nur um solche Verwendungen, die vor der Ausübung des Wiederkaufsrechts gemacht sind. Der Ersatz der nachher vom Wiederkäufer gemachten Verwendungen richtet sich nach § 450.

V. Wegnahme von Einrichtungen 5

Einrichtungen, mit denen der Wiederverkäufer die Sache versehen hat, kann er auch im Falle des Wiederkaufs zum Schätzungspreise wegnehmen (§ 500 Satz 2).

§ 502

Steht das Wiederkaufsrecht mehreren gemeinschaftlich zu, so kann es nur im ganzen ausgeübt werden. Ist es für einen der Berechtigten erloschen oder übt einer von ihnen sein Recht nicht aus, so sind die übrigen berechtigt, das Wiederkaufsrecht im ganzen auszuüben.

Übersicht

	Rdn.
I. Gemeinschaftliches Wiederkaufsrecht . . .	1
II. Erlöschen oder Nichtausüben	2
III. Ausübung durch die übrigen Berechtigten	3
IV. Mehrheit von Wiederverkaufsverpflichteten	4
V. Rechtsverhältnis nach Ausübung des Wiederkaufsrechts	5

1 **I. Gemeinschaftliches Wiederkaufsrecht**

Die Vorschrift ist eine Ausnahme von § 420, die nicht der Ausdehnung fähig ist. Unerheblich ist, ob die Gemeinschaft von vornherein durch Einräumung des Wiederkaufsrechts an eine Mehrheit von Personen oder später durch Abtretung oder Vererbung entstanden ist, ob es sich um eine Gemeinschaft zur gesamten Hand oder eine Bruchteilsgemeinschaft handelt oder ob der herauszugebende Kaufgegenstand teilbar ist oder nicht. Der Grund der Regelung liegt darin, daß der Wiederverkäufer nicht gezwungen sein soll, in die Gemeinschaft einzutreten. Vgl. auch § 513.

Gemeinschaftlichkeit des Wiederkaufsrechts ist nicht gegeben, wenn das Recht einer Mehrzahl von Personen, aber jedem für sich vorbehalten ist, z. B., wenn ein Vater beim Verkauf des Anwesens bestimmt, daß jedem einzelnen seiner Kinder nach einer bestimmten Reihenfolge das Recht des Wiederkaufs zustehen soll. Gemeinschaftlichkeit des Wiederkaufsrechts liegt auch dann nicht vor, wenn von mehreren in Bruchteilsgemeinschaft befindlichen Verkäufern eines Gegenstandes beim Verkauf jeder sich für seinen Teil das Wiederkaufsrecht vorbehalten hat.

2 **II. Erlöschen oder Nichtausübung**

Der Verkäufer kann nicht ohne weiteres das Wiederkaufsrecht als ausgeübt betrachten, wenn nur ein Teil der gemeinschaftlich Berechtigten die Ausübungserklärung abgibt. Denen, die die Erklärung abgeben, liegt vielmehr ob darzutun, daß die übrigen ihr Recht durch Erlöschen verloren haben oder nicht ausüben. Die „Nichtausübung" muß im Sinne der endgültigen Verweigerung der Ausübung erfolgen. Nicht jedes Zögern kann in diesem Sinne gedeutet werden. Schwierigkeiten können insbesondere dann entstehen, wenn die Teilhaber zwar übereinstimmend gewillt sind, das Wiederkaufsrecht auszuüben, aber über den Zeitpunkt der Ausübung verschiedener Meinung sind. Alle diejenigen, die nicht dem frühesten Zeitpunkte zustimmen, sind nicht ohne weiteres als nichtausübend zu betrachten (vgl. im übrigen die §§ 741 ff).

3 **III. Ausübung durch die übrigen Berechtigten**

Es handelt sich hier nicht um die formelle Berechtigung zur Abgabe der Erklärung, daß das Wiederkaufsrecht ausgeübt werde, sondern um die materielle Wiederkaufsberechtigung. Nur die Übriggebliebenen kommen als nunmehr allein auf das Ganze berechtigte Wiederkäufer in Betracht; nur zwischen ihnen und dem Wiederverkäufer entstehen die Rechte und Verbindlichkeiten aus dem Wiederkauf.

Die Frage, ob dann, wenn ein Wiederkaufsrecht von mehreren im ganzen ausgeübt ist, einer der Wiederkäufer die *Wiederkaufserklärung*, soweit sie ihn betrifft, nach §§ 119 ff *anfechten* kann, ist zu bejahen. Denn die Ausübung im ganzen vereinigt die mehreren zu diesem Zweck abgegebenen Willenserklärungen nicht zu einer so untrennbaren Einheit, daß der Wille des einzelnen nicht mehr in Betracht käme (RG **65** 405). Dies selbst dann nicht, wenn etwa die Willenserklärungen der mehreren Wiederkäufer durch einen Bevollmächtigten äußerlich einheitlich abgegeben waren. Freilich werden die Übrigbleibenden nach dem Ausscheiden des Anfechtenden an ihre Wiederkaufserklärung ebenfalls nicht gebunden sein, da sie nur mit dem Ausgeschiedenen, nicht für sich allein, erklärt haben, Wiederkäufer sein zu wollen. Sie haben aber mit Rücksicht auf § 502 Satz 2 das Recht, ihre Wiederkaufserklärung auch für sich allein aufrechtzuerhalten. Gleiches wird anzunehmen sein, wenn sich die Erklärung eines der Wiederkäufer hinterher als nichtig erweisen sollte (BGH WarnRspr. 71 Nr. 254 = Betrieb 71 2470).

IV. Mehrheit von Wiederverkaufsverpflichteten 4

Der Fall hat im Rahmen der Vorschriften über den Wiederkauf keine Regelung erfahren. Von entsprechender Anwendung des § 502 kann bei der Grundverschiedenheit der Lage keine Rede sein. Für die einzelnen in Betracht kommenden Fragen wird neben dem Inhalt des Wiederkaufsvorbehalts stets die besondere Art der Gemeinschaft unter den Verpflichteten zu berücksichtigen sein. Im Zweifel ist gemäß § 356 anzunehmen, daß das Wiederkaufsrecht gegenüber mehreren Verpflichteten nur gemeinsam ausgeübt werden kann.

V. Rechtsverhältnis nach der Ausübung des Wiederkaufsrechts 5

Mit der Ausübung des Wiederkaufsrechts sind die Rechte und Verbindlichkeiten aus dem Wiederkauf endgültig entstanden. Wie nunmehr zu erfüllen ist, wenn auf der einen oder andern Seite oder auf beiden Seiten eine Mehrheit von Berechtigten oder Verpflichteten vorhanden ist oder noch eintritt, ergibt sich aus den allgemeinen Gesetzesvorschriften, insbesondere aus den §§ 420 ff.

§ 503

Das Wiederkaufsrecht kann bei Grundstücken nur bis zum Ablaufe von dreißig, bei anderen Gegenständen nur bis zum Ablaufe von drei Jahren nach der Vereinbarung des Vorbehalts ausgeübt werden. Ist für die Ausübung eine Frist bestimmt, so tritt diese an die Stelle der gesetzlichen Frist.

I. Befristung 1

Das Gesetz läßt den Wiederkaufsvorbehalt im Gegensatz zum Vorkaufsrecht nur auf Zeit zu. Bestimmen die Vertragschließenden eine Frist, so gilt diese. Bestimmen sie keine Frist, so gilt die gesetzliche Frist. Nach Wortlaut, Sinn und Zweck des § 503 sind die gesetzlichen Fristen für den Fall Zwangsfristen, daß die Parteien dem Verkäufer und seinen Rechtsnachfolgern das Wiederkaufsrecht zeitlos einräumen. Der Wille der Beteiligten ist insoweit eingeschränkt. Es ist ihnen unmöglich gemacht, unbefristete Wiederkaufsrechte einzuräumen.

Die Parteien können jedoch das Zustandekommen des Wiederkaufs und damit die Berechtigung zum Wiederkauf vom Eintritt von Bedingungen abhängig machen oder für den Wiederkaufsfall bestimmte Fristen setzen, also nicht nur kürzere, sondern auch längere Fristen bestimmen als die gesetzlichen (BGH **47** 387). So kann z. B. bei mehreren Käufern vereinbart werden, daß der Verkäufer erst nach dem Tode des Längstlebenden der Käufer ein Wiederkaufsrecht haben solle. In diesem Fall beginnt das Recht zur

Ausübung des Wiederkaufsrechts erst mit dem Tode des Längstlebenden. Insoweit haben dann die Parteien von der gesetzlichen Möglichkeit Gebrauch gemacht, eine andere Frist an die Stelle der ab Vertragsschluß laufenden dreißigjährigen zu setzen (BGH aaO; Bayr. OLG MDR 70 139). Für eine nachträgliche Vereinbarung über eine Fristverlängerung ist die Form des § 313 nicht erforderlich (BGH LM BGB § 313 Nr. 57). Wird die Frist jedoch so weit erstreckt, daß nach den Umständen eine Einräumung auf unbeschränkte Zeit vorliegt, so treten die gesetzlichen Fristen in Kraft.

2 **II. Fristberechnung**

Für die Berechnung gelten §§ 187 ff. Die Frist des § 503 ist eine Ausschlußfrist. Sie beginnt mit dem Tage, der auf die Einräumung des Vorbehalts folgt, gleichviel, ob das Wiederkaufsrecht im Kaufvertrage selbst oder später durch eine neue Vereinbarung eingeräumt ist (BGH aaO; Bayr. OLG aaO). Fraglich kann sein, wann sie beginnt, wenn der Kaufvertrag, dem der *Vorbehalt* beigefügt ist, *aufschiebend bedingt oder befristet* ist. Der Wortlaut scheint auch für diesen Fall auf den Vereinbarungstag zu deuten. Der Zweck der Fristsetzung führt jedoch zu der Annahme, daß die Frist erst mit dem Ablauf des Tages zu laufen beginnt, an dem der Kauf infolge des Eintritts der Bedingung oder des Ablaufs der gesetzten Frist wirksam wird. Denn die bestimmte Frist ist die Zeit, innerhalb deren das Recht zum Wiederkauf zustehen soll. Solange aber der Kauf noch nicht wirksam ist, ist der Wiederkauf begrifflich ausgeschlossen. Das gilt sowohl für eine vereinbarte wie für die gesetzliche Frist.

Ohne Belang für den Lauf der Frist ist dagegen die Übergabe der Kaufsache an den Käufer. Die Frist läuft selbst dann, wenn vereinbarungsgemäß die verkaufte Sache dem Käufer überhaupt nicht übergeben wird, wie in den Fällen, in denen anstelle der Verpfändung der Verkauf mit Wiederkaufsvorbehalt gewählt wird.

3 **III. Verjährung**

Die Fristen des § 503 sind keine Verjährungsfristen. Die Grundsätze über die Hemmung der Verjährung finden auf sie auch nicht entsprechende Anwendung. Das Wiederkaufsrecht selbst unterliegt, weil es kein Anspruch ist, nicht der Verjährung (BGH 47 387).

Die durch die Geltendmachung des Wiederkaufsrechts entstandenen gegenseitigen Ansprüche des Wiederverkäufers und Wiederkäufers verjähren aber nach den gewöhnlichen Vorschriften der §§ 194 ff.

Zur Verjährung und Befristung beim Grundstücks-Ankaufsvertrag (vor § 433 Rdn. 67) s. BGH aaO.

3. Vorkauf

§ 504

Wer in Ansehung eines Gegenstandes zum Vorkaufe berechtigt ist, kann das Vorkaufsrecht ausüben, sobald der Verpflichtete mit einem Dritten einen Kaufvertrag über den Gegenstand geschlossen hat.

Übersicht

	Rdn.
I. Vorbemerkung	1–5
1. Schuldrechtliches und dingliches Vorkaufsrecht	1
2. Das schuldrechtliche Vorkaufsrecht	2–5
a) Entstehung	2
b) Abgrenzung zu vergleichbaren Fällen	3

	Rdn.
c) Wesen	4
d) Vormerkung	5
II. Vorkaufsfall	6–9
1. Vereinbarung des Vorkaufsrechts	6
2. Kaufvertrag mit Dritten	7, 8
a) Verträge, die Vorkaufsfall auslösen	7
b) Verträge, die Vorkaufsfall nicht auslösen	8
3. Erlöschen und Ausschluß des Vorkaufsrechts	9
III. Gesetzliches Vorkaufsrecht	10–12
1. Miterben	10
2. Nach öffentlichem Recht	11, 12
a) Grundstücksverkehrsgesetz	11
b) Bundesbaugesetz	12

I. Vorbemerkung 1

1. Schuldrechtliches und dingliches Vorkaufsrecht

Zur Rechtsprechung des BGH zum Vorkaufsrecht allgemein s. *Pikart* WM **71** 490. Das BGB unterscheidet zwischen dem persönlichen schuldrechtlichen Vorkaufsrecht, das es in den §§ 504—514 regelt, und dem dinglichen Vorkaufsrecht in den §§ 1094—1104. Das erste ist bei allen Kaufgegenständen zulässig, das zweite nur bei Grundstücken. Auch für das dingliche Vorkaufsrecht wird in § 1098 auf die Vorschriften der §§ 504 ff verwiesen, umgekehrt dagegen nicht. Das persönliche Vorkaufsrecht gilt nur für *einen* Verkaufsfall und verpflichtet ausschließlich den Besteller und seine Erben. Anders als das dingliche Vorkaufsrecht kann es nicht für mehrere oder für alle Verkaufsfälle bestellt werden (RG **104** 124). Die Parteien können bei der Bestellung eines dinglichen Vorkaufsrechtes vereinbaren, daß ihm ein schuldrechtliches Recht desselben Inhalts zugrunde liegen soll. Dieses ist auch dann wirksam, wenn die Eintragung des dinglichen unterblieben ist (BGH WM **70** 1024).

2. Das schuldrechtliche Vorkaufsrecht 2

a) Entstehung. Das schuldrechtliche Vorkaufsrecht kann ein *vertragliches*, ein *durch letztwillige Verfügung* — Vermächtnis § 1939 — *angeordnetes* und ein *gesetzliches* sein. Ein gesetzliches Vorkaufsrecht innerhalb des BGB haben Miterben (§§ 2034 ff). Von besonderer Bedeutung sind die gesetzlichen Vorkaufsrechte der öffentlichen Hand (s. unten Rdn. 11 f).

b) Abgrenzung zu vergleichbaren Fällen. Das Vorkaufsrecht ist ein Fall der all- 3
gemeinen Vorzugs- oder Einlösungsrechte. Wenn das BGB nur den Vorkauf behandelt, so liegt das in der geschichtlichen Entwicklung und wirtschaftlichen Bedeutung begründet. Die Einzelbestimmungen der §§ 504 ff sind aber der Ausdruck allgemeiner Rechtsgedanken für Fälle, in denen einem anderen regelmäßig auf Grund eines Vertrages das Recht zusteht, in einen mit einem Dritten geschlossenen Vertrag einzutreten (RG **123** 268).

Die Ausübung des Vorkaufsrechts hat *zwei bedingte Kaufverträge zur Grundlage* (s. unten Rdn. 4). Dadurch *unterscheidet* es *sich vom Wiederkaufsvertrage*, bei dem der Wiederkauf schon Teil des Urvertrages ist. Zur Abgrenzung vom *Ankaufsrecht* s. vor § 433 Rdn. 67.

Um nicht bei der Kaufbewerbung durch andere verdrängt zu werden, kann der Bewerber mit dem künftigen Verkäufer eines Gegenstandes vereinbaren, daß er ihm die Gebote der anderen mitteilt und ihn im Falle gleichhohen Gebots vor den anderen Käufern annimmt. Wenn nur die *Vorhand* vor anderen Kauflustigen zugesichert wird derart, daß der Verkäufer die Ware dem Kauflustigen zu einem bestimmten Preise anbieten oder „das letzte Wort geben" soll, dann ist noch kein Vorkaufsrecht begründet. Die Annahmefrist für ein derartiges Angebot bestimmt sich nach den allgemeinen Vorschriften, nicht nach § 510. Das Vorkaufsrecht geht erheblich weiter. So setzt die Ausübung des Rechts aus einem solchen Vorhandvertrage nicht den vorherigen Abschluß eines Vertrages mit einem anderen voraus. Bei der Vorhand braucht das künftige Rechtsgeschäft auch kein Kauf zu sein; z. B. ein Komponist räumt seinem Verleger das Vorrecht auf seine künftigen Kompositionen ein (RG **79** 156). Auch eine entsprechende Anwendung der Grundsätze des Vorkaufsrechts auf solche Fälle ist nicht möglich. Über ein Vorkaufsrecht des Verfassers gegenüber dem Verleger für den Fall der Übertragung des Verlagsrechts an einen Dritten vgl. *Kuhnke* in GRUR **35** 280.

Für *Vormiete* und *Vorpacht* ist eine entsprechende Anwendung der Vorschriften des Vorkaufs zulässig (BGH **55** 71).

4 **c) Wesen des Vorkaufs.** Der Vorkauf ist ein *doppelt bedingter Kauf*, einmal bedingt *durch den Abschluß eines Kaufvertrages zwischen dem Verpflichteten und einem Dritten* und zum zweiten bedingt *durch die Ausübung des Vorkaufsrechts* (BGH **14** 1). Hinsichtlich der Frage, ob das auch für das gesetzliche Vorkaufsrecht gilt, s. § 505 Rdn. 1. Wird der Gegenstand des Vorkaufs auf Grund eines anderen Vertrages als eines Kaufes einem Dritten übereignet, so ist die Bedingung für die Ausübung des Vorkaufsrechts ausgefallen. Über Umgehungsgeschäfte s. aber § 506 Rdn.3. Nach dem Gesetz kann nur der Kaufvertrag des Verpflichteten mit einem Dritten die Bedingung für die Ausübung des Vorkaufsrechts erfüllen (RG **101** 101; s. unten Rdn. 7). Nach dem Grundsatz der Vertragsfreiheit kann aber auch ein anderer Vertrag als Bedingung für die Ausübung des Vorkaufsrechtes vereinbart werden. Voraussetzung bleibt nur, daß dieser Veräußerungsvertrag auch Inhalt des zwischen dem Berechtigten und dem Dritten entstehenden Vertragsverhältnisses sein kann, was namentlich bei Gegenleistungen der Fall ist, die in vertretbaren Sachen bestehen (RG **110** 184). Unter diesen Umständen ist auch ein Vortauschrecht möglich.

Der Vorkaufsberechtigte tritt nicht in den zwischen dem Verkäufer und dem Dritten abgeschlossenen Kaufvertrag ein. *Durch Ausübung des Vorkaufsrechts* kommt vielmehr ein *neuer selbständiger Vertrag* zum Abschluß, für den nur dieselben Bedingungen gelten, wie sie der Verpflichtete mit dem Dritten vereinbart hat. Der Vertrag mit dem Dritten wird durch die Ausübung des Vorkaufsrechts an sich nicht berührt und läßt dessen vertragliche Rechte dem Verpflichteten gegenüber bestehen, wie etwa Schadensersatzansprüche wegen Nichterfüllung.

5 d) Zur Sicherung des persönlichen Vorkaufsrechts kann eine **Vormerkung** eingetragen werden (RG **67** 48; **69** 282; **72** 392). Das so vorgemerkte Vorkaufsrecht ist von dem dinglichen Vorkaufsrecht wesentlich verschieden. Es kann namentlich einen festen Preis haben. Dagegen kann ein dingliches Vorkaufsrecht mit festbestimmtem Preise weder begründet noch vorgemerkt werden (RG **104** 123; WarnRspr. **14** Nr. 50; LZ **14** 475). Es ist auch die Vormerkung eines persönlichen Vorkaufsrechts an einem Recht an einem Grundstück zulässig, das nicht selbst einem Grundstücke gleichsteht.

6 **II. Vorkaufsfall**

1. Vereinbarung des Vorkaufsrechts

Sie kann durch Vertrag, insbesondere als Nebenabrede eines anderen Vertrages (Miete, Pacht, Schenkung) erfolgen; ein Vorkaufsrecht kann aber auch durch Vermächtnis angeordnet werden (RG SeuffArch **69** Nr. 127). Gleich dem Wiederkaufsrecht kann das Vorkaufsrecht durch Vereinbarung beim Abschluß des Kaufvertrages dem Verkäufer vorbehalten werden; alsdann kommt es wirtschaftlich dem Wiederkaufsrecht nahe. Das Vorkaufsrecht kann aber auch zugunsten eines jeden anderen selbständig bestellt werden. Auch kann das Recht zum Vorkauf zu einem bestimmten Preise vereinbart werden (RG **104** 123).

Der Vertrag über die Bestellung eines persönlichen Vorkaufsrechtes an einem Grundstück bedarf der notariellen Beurkundung nach § 313, da sich der eine Teil verpflichtet, das Eigentum an dem Grundstück dem anderen zu übertragen, wenn er darüber mit einem Dritten einen Kaufvertrag schließen und der andere das Vorkaufsrecht ausüben sollte.

Die Vorschriften der §§ 504—514 sind nicht zwingend (RG **104** 122).

2. Kaufvertrag mit Dritten 7

a) Der **Vorkaufsfall** wird **ausgelöst** durch den *Abschluß* eines *Kaufvertrages mit einem Dritten.* Dem Verkauf aus freier Hand steht die Zwangsversteigerung zur Aufhebung einer Gemeinschaft gleich (BGH **13** 133).

Es ist zu unterscheiden zwischen dem Eintritt des Vorkaufsfalles und dem Wirksamwerden des Vorkaufsrechts durch die rechtzeitige Erklärung des Berechtigten, er mache von seinem Recht Gebrauch. Durch den Kaufvertrag mit dem Dritten wird dem Berechtigten zunächst nur die rechtliche Möglichkeit eröffnet, den Anspruch auf Erwerb zur Geltung zu bringen. Solange das Vorkaufsrecht nicht ausgeübt ist, steht es dem Verkäufer und dem Dritten frei, Zusätze und Änderungen zum Kaufvertrag zu vereinbaren (§ 505 Abs. 2), soweit nicht § 506 Platz greift (RG **118** 7).

Der Vorkaufsfall tritt nur durch einen formgemäßen und rechtsgültig zustande gekommenen *Kaufvertrag* ein. Ein nichtiger Kaufvertrag ist keine Unterlage für die Ausübung des Vorkaufsrechtes (RG **106** 324; OGH **1** 330; BGH WM **70** 321). Dagegen hindert die Anfechtbarkeit des vom Vorkaufsverpflichteten mit dem Dritten geschlossenen Kaufvertrages die Ausübung des Vorkaufsrechtes jedenfalls insoweit nicht, als die Anfechtung dem Dritten zusteht. Inwieweit ein Anfechtungsgrund, der dem Vorkaufsverpflichteten gegenüber dem Dritten zusteht, auch das Rechtsverhältnis zum Vorkaufsberechtigten beeinflußt, ist nach den besonderen Umständen des Falles zu beantworten.

Ist zur Wirksamkeit des Kaufvertrages noch die Genehmigung einer Behörde, insbesondere die nach den Vorschriften über den Verkehr mit landwirtschaftlichen Grundstücken erforderliche Genehmigung, erforderlich, liegt noch kein rechtswirksamer Vertrag vor (RG **98** 44; BGH **14** 1). Bis zur Erteilung der Genehmigung besteht ein Schwebezustand, bis dahin kann der Vertrag auch rückgängig gemacht werden, ohne daß der Vorkaufsberechtigte daraus Rechte herleiten könnte (RG **106** 323; vgl. auch BGH LM BGB § 1098 Nr. 4).

Geschlossen ist der Kaufvertrag, auch wenn er an eine Bedingung geknüpft ist. Es besteht kein Grund, den Vorkaufsfall bei bedingtem Kaufabschluß nicht zuzulassen. Das ist ohne weiteres der Fall bei der auflösenden Bedingung, muß aber auch für die aufschiebende gelten. Allerdings kann die Bedingung derart sein, daß nur der Dritte, nicht auch der Vorkaufsberechtigte, sie erfüllen kann. Nur in diesem Fall, wenn die Bedingung ernsthaft und nicht nur zur Umgehung des Rechtes gesetzt ist, ist die Ausübung des Vorkaufsrechtes wie im Falle des § 507 Satz 2 ausgeschlossen (vgl. BGH **49** 7, 11).

Die Ausübung des Vorkaufsrechts durch den Berechtigten wird nicht dadurch gehindert, daß die Vertragschließenden nachträglich den Vertrag wieder aufheben. Das gleiche gilt für den Fall der Auflösung des Kaufvertrages durch Rücktritt. Vgl. hierzu § 506. Dagegen ist der Vorkaufsberechtigte an Änderungen des Kaufvertrages, die vor Ausübung des Vorkaufsrechtes vorgenommen werden, gebunden, wenn nicht wegen der Umstände der Änderungsvereinbarung § 506 eingreift (RG **118** 7).

b) Verträge, die den Vorkaufsfall nicht auslösen 8

aa) *Kaufverträge.* Ein Vorkaufsrecht wird nicht ausgelöst durch einen Vertrag zwischen dem Verpflichteten und einem Dritten über den Verkauf des belasteten Grundstücks, wenn dieser Vertrag in seiner Wirksamkeit gekoppelt ist mit einem zwischen dem Verpflichteten und einem anderen abgeschlossenen Vertrag, der den Erwerb eines Grundstücks seitens des Verpflichteten vorsieht — *Ringtausch* — (BGH **49** 7).

Das Vorkaufsrecht erfaßt nicht einen Vertrag, der *vor Entstehung des Vorkaufsrechts geschlossen* worden ist; und zwar auch dann nicht, wenn eine zur Wirksamkeit des Kaufvertrages erforderliche behördliche Genehmigung erst nach Entstehung des Vorkaufsrechts erteilt wird (BGH **32** 383; BGH LM BGB § 1098 Nr. 4). Ob ein Vorkaufsrecht einen Kaufvertrag erfaßt, der zwar vor Entstehung des Vorkaufsrechtes abgeschlossen, aber nach der Entstehung abgeändert und alsdann erst genehmigt worden ist, hängt davon ab, ob die Änderungen zu einer so wesentlichen Umgestaltung des schon bestehenden Schuldverhältnisses geführt haben, daß statt des alten Schuldverhältnisses ein ganz neues zustande gekommen ist (BGH LM BGB § 305 Nr. 10).

bb) *Kaufvertragsähnliche Rechtsverhältnisse.* Es genügt nicht, daß das *Angebot des Dritten* vorliegt und der Verkäufer seine Absicht, das Angebot anzunehmen, dem Vorkaufsberechtigten zur Erklärung mitteilt, ob er eintrete. Erklärt der Vorkaufsberechtigte, daß er das Vorkaufsrecht ausübe, so ist damit der Vorkauf im Sinne der §§ 504 ff nicht zustande gekommen. Auf diese Weise kann aber ein Kauf zwischen dem Vorkaufsberechtigten und dem Vorkaufsverpflichteten anstelle des Vorkaufs zustande kommen. Der Unterschied ist wichtig für die Frage der Form, wenn Grundstücke Kaufgegenstand sind. Der Kauf zwischen Vorkaufsberechtigten und Vorkaufsverpflichteten bedarf der Form des § 313. Die Ausübung des Vorkaufsrechts bedarf dagegen dieser Form nicht. Die Mitteilung des Angebots kann aber auch nach anderer Richtung von Wichtigkeit sein. Erklärt der Vorkaufsberechtigte, daß er von der Ausübung des Vorkaufsrechtes keinen Gebrauch machen wolle, so wird diese Erklärung die rechtliche Wirkung eines Verzichts auf die Ausübung des Vorkaufs haben. Der Verzicht bedarf jedoch der Annahme (RG JW **12** 858).

Daß auf den *Tauschvertrag* die Vorschriften über den Kauf entsprechende Anwendung finden, berechtigt nicht zur Ausübung eines Vorkaufsrechts (BGH LM BGB § 1094 Nr. 6/7). Gegenüber Tauschverträgen kann das Vorkaufsrecht auch dann nicht ausgeübt werden, wenn eine größere Barzulage ausbedungen ist (RG **88** 361). Anders kann es sich verhalten, wenn in Wahrheit ein doppelter Kaufvertrag in Rede steht.

Die *Einräumung eines Ankaufsrechts* ohne die Voraussetzung eines Kaufvertrages zwischen dem Verpflichteten und einem Dritten erzeugt kein Vorkaufsrecht.

Durch *Schenkung* wird kein Vorkaufsrecht begründet. Auch ein Kauf, der mit Schenkung gemischt ist, erzeugt kein Vorkaufsrecht (RG **101** 99; **125** 123; BGH LM BGB § 1098 Nr. 3).

Auch durch *Einbringung in eine Gesellschaft* oder durch Erfüllung eines genossenschaftlichen Auflassungsanspruches entsteht kein Vorkaufsfall (BGH **31** 37).

Betrifft das Vorkaufsrecht einen im *Miteigentum* mehrerer Personen stehenden Gegenstand, so sind als „Dritte" im Sinne des Gesetzes nur Personen anzusehen, die an der Gemeinschaft nicht beteiligt sind. Daher ist die Ausübung des Vorkaufsrechts nicht zulässig, wenn *ein* Miteigentümer den Gegenstand käuflich erwirbt; beim schuldrechtlichen Vorkaufsrecht ist aber eine abweichende Vereinbarung zulässig (BGH **13** 133; **48** 1). Veräußert eine Erbengemeinschaft ein mit dem dinglichen Vorkaufsrecht eines Dritten belastetes Nachlaßgrundstück an einen der Miterben, so kann das Vorkaufsrecht nicht ausgeübt werden. Das gleiche gilt im Falle der Veräußerung an eine Person, an die zuvor ein Miterbe seinen Erbanteil übertragen hatte, es sei denn, daß die Übertragung zum Zwecke der Vereitelung des Vorkaufsrechts geschehen ist (BGH LM BGB § 1098 Nr. 3). Die vertragliche Verpflichtung zur Übereignung an einen der Miteigentümer löst das Vorkaufsrecht auch dann nicht aus, wenn die Beteiligung des betreffenden Gesamthandseigentümers darauf beruht, daß er zuvor den Anteil eines Miterben käuflich erworben hatte (BGH WM 70 321).

3. Erlöschen und Ausschluß des Vorkaufsrechtes 9

Durch Erlaßvertrag und Verzicht. Nach Ausübung des Vorkaufsrechts kann der zum Käufer gewordene Vorkaufsberechtigte den Kaufvertrag durch Erlaßvertrag (§ 397) zum Erlöschen bringen (RG JW **12** 858). Auch vor Eintritt des Vorkaufsfalles kann der Vorkaufsberechtigte mit dem Verpflichteten einen Erlaßvertrag schließen. Ein solcher Vertrag hat zur Folge, daß die sonst beim wirksamen Kaufabschluß eintretende Befugnis zur Ausübung des Vorkaufsrechts nicht entsteht. Einer vorherigen grundbuchmäßigen Aufhebung des Vorkaufsrechts (§ 875) bedarf es dazu nicht (BGH LM BGB § 505 Nr. 1). Der Erlaßvertrag kann auch durch schlüssiges Verhalten zustande kommen, z. B. dadurch, daß der Vorkaufsberechtigte dem Verpflichteten gegenüber im voraus den Verkauf an einen Dritten und die Erfüllung des Kaufvertrages billigt und zu verstehen gibt, daß er aus wirtschaftlichen Gründen kein Interesse an der Ausübung des Vorkaufsrechts hat, und daß sich der Verpflichtete hierauf einrichtet (BGH LM BGB § 504 Nr. 7; s. auch BGH WM **65** 1178; **66** 511). Ähnliches gilt im Verhältnis zwischen dem Vorkaufsberechtigten und dem Dritten. Hält der Vorkaufsberechtigte eine gegenüber dem Dritten gegebene Zusage, von dem Vorkaufsrecht keinen Gebrauch zu machen, nicht ein, so kann das einen Verstoß gegen Treu und Glauben darstellen, mit der Folge, daß der Vorkaufsberechtigte sich dem Dritten gegenüber nicht auf die Ausübung des Vorkaufsrechts berufen kann (BGH WM **66** 893; WM **65** 1178; RG LZ **25** 546).

Verjährung. Das Vorkaufsrecht ist aus den gleichen Gründen wie das Wiederkaufsrecht der Verjährung nicht unterworden (vgl. § 503 Rdn. 3).

Das Vorkaufsrecht ist ausgeschlossen in den Fällen der §§ 507 Satz 2, 511, 512. In diesen Fällen erlischt das Vorkaufsrecht, ohne daß dem Berechtigten ein Entschädigungsanspruch gegen den Verpflichteten zustände.

III. Gesetzliches Vorkaufsrecht 10

1. Ein gesetzliches Vorkaufsrecht haben **Miterben** nach §§ 2034 ff. S. die dortigen Ausführungen.

2. Gesetzliche Vorkaufsrechte **nach öffentlichem Recht.** 11

a) Nach dem ReichssiedlungsG vom 11. 8. 19 i. d. Fass. des *GrundstücksverkehrsG* vom 28. 7. 61 hat das zuständige Siedlungsunternehmen ein Vorkaufsrecht auf landwirtschaftliche Grundstücke in Größe von zwei Hektar aufwärts, die durch Kaufvertrag veräußert werden, falls die Veräußerung einer Genehmigung nach dem GrundstücksverkehrsG bedarf und die Genehmigung nach § 9 des Gesetzes nach Auffassung der Genehmigungsbehörde zu versagen wäre. Diese Voraussetzung fehlt, wenn eine Grundstücksveräußerung unter einer Auflage genehmigt werden kann, denn auch eine Genehmigung unter einer Auflage ist eine Genehmigung (BGH LM GrundstücksverKehrsG § 10 Nr. 1). Das Vorkaufsrecht ist nach Maßgabe des § 6 RSiedlG auszuüben. Kommt es daraufhin zum Eigentumserwerb, so erlöschen rechtsgeschäftliche Vorkaufsrechte (§ 5 RSiedlG).

b) Die gesetzlichen *Vorkaufsrechte der Gemeinden* sind durch § 24 *BBauG* vom 23. 6. 60 auf eine neue und einheitliche Grundlage gestellt. Nach dieser Bestimmung hat die Gemeinde ein Vorkaufsrecht beim Kauf von Grundstücken, die in einem Bebauungsplan als Baugrundstücke für den Gemeindebedarf oder als Verkehrs-, Versorgungs- oder Grünflächen festgesetzt oder in ein Verfahren zur Bodenordnung einbezo- 12 gen sind. Dieses Vorkaufsrecht darf nur ausgeübt werden, wenn das Wohl der Allgemeinheit dies rechtfertigt (§ 24 Abs. 2 aaO). Das den Gemeinden in den Aufbaugesetzen eingeräumte *Vorkaufsrecht* wird nicht durch Verwaltungsakt, sondern *durch privatrechtliche Willenserklärung ausgeübt* (BGH **36** 155). Da es aber nicht zu privaten, eigennützigen Zwecken, sondern zur Durchführung öffentlicher Aufgaben (sachgemäße Bodenordnung, Gewährleistung des Aufbaues) eingeräumt ist, darf es nicht im Rahmen der Privatautonomie, sondern nur im Rahmen öffentlicher Verwaltung im Interesse des Gemeinwohls ausgeübt werden (BGH **36** 155). Durch ordentliche Gerichte kann nachgeprüft werden, ob eine Gemeinde ihr gesetzliches Vorkaufsrecht ausgeübt hat oder ob die Ausübung, etwa wegen Fehlens eines öffentlichen Interesses, sich als Rechtsmißbrauch darstellt (BGH **29** 113). Die Ausübungsfrist beträgt im Unterschied zu § 510 Abs. 2 nur einen Monat. Die Ausübungserklärung gehört jedenfalls bei kleineren und mittleren Gemeinden nicht zur laufenden Verwaltung (BGH **32** 376). Die im Rahmen eines Gesetzes vorgenommene Belastung aller Grundstücke in einem Aufbaugebiet mit einem Vorkaufsrecht stellt keine Enteignung dar (BGH **29** 114; **32** 227). Eine vertragliche Nießbrauchsbestellung, durch die die Ausübung eines vom anschließend protokollierten Kaufvertrag ausgelösten Vorkaufsrechtes vereitelt werden sollte, ist nach § 134 nichtig (BGH **34** 200).

Maßgebend für die *Vorkaufsrechte der Gemeinden sind* landesrechtlich insbesondere das Bad AufbauG, Hamb AufbauG, Hess AufbauG, Nieders AufbauG, RhPf AufbauG, SchlH AufbauG, Württ AufbauG, Württ Hohenz BodenreformG. S. dazu im einzelnen *Pikart* aaO.

§ 505

Die Ausübung des Vorkaufsrechts erfolgt durch Erklärung gegenüber dem Verpflichteten. Die Erklärung bedarf nicht der für den Kaufvertrag bestimmten Form.

Mit der Ausübung des Vorkaufsrechts kommt der Kauf zwischen dem Berechtigten und dem Verpflichteten unter den Bestimmungen zustande, welche der Verpflichtete mit dem Dritten vereinbart hat.

Übersicht

	Rdn.
I. Ausübung des Vorkaufsrechts	1, 2
1. Wesen und Inhalt der Erklärung	1
2. Unwirksamkeit der Erklärung	2
II. Wirkungen der Erklärung	3–7
1. Zwischen dem Berechtigten und dem Verpflichteten	3–5
a) Begründung des Kaufvertrages	3
b) Inhalt des Kaufvertrages	4
c) Maklergebühren	5
2. Zwischen dem Berechtigten und dem Dritten	6
3. Zwischen dem Verpflichteten und dem Dritten	7

1 **I. Ausübung des Vorkaufsrechts**

1. Wesen und Inhalt der Erklärung

Das Vorkaufsrecht wird durch Erklärung gegenüber dem Verpflichteten ausgeübt. Durch die Ausübung des Vorkaufsrechts kommt ein *neuer selbständiger Vertrag* zustande. Der Berechtigte tritt nicht etwa in den ursprünglichen Vertrag anstelle des Dritten als Käufer ein und beseitigt auch nicht dessen Rechte gegenüber dem Verpflichteten. Die in der Rechtsprechung vertretene Ansicht, daß der Vorkauf ein doppelt bedingter Kauf sei (vgl. § 504 Rdn. 4), wird dem Wortlaut des § 505 Abs. 2 eher gerecht als die im Schrifttum teilweise vertretene Auffassung, das Vorkaufsrecht sei ein Gestaltungsrecht.

Danach soll das Gestaltungsrecht die Befugnis bedeuten, durch einseitige empfangsbedürftige Willenserklärung des Berechtigten einen Kaufvertrag des mit dem Dritten vereinbarten Inhalts zwischen dem Berechtigten und dem Verpflichteten zustande zu bringen. Insofern gilt ähnliches wie für das Wiederkaufsrecht (vgl. § 497 Rdn. 2). Auch die Ausübung des gesetzlichen Vorkaufsrechts einer Gemeinde stellt eine bürgerlich-rechtliche Erklärung dar (BGH **60** 275 m. Nachw.; **58** 78; **36** 155; bestr.). S. dazu auch § 504 Rdn. 12.

Die Erklärung kann *formlos* geschehen; sie bedarf zu ihrer Wirksamkeit nicht der Annahme. Nach ausdrücklicher Vorschrift des § 505 Abs. 1 Satz 2 bedarf die Erklärung auch nicht der für den Kaufvertrag bestimmten Form. Die Ausübung des Vorkaufsrechts kann aber auch durch Abschluß eines neuen Vertrages zwischen dem Vorkaufsverpflichteten und dem Berechtigten erfolgen, selbst wenn der Berechtigte von dem Eintritt des Vorkaufsfalles nichts weiß (BGH LM BGB § 157 [Gf] Nr. 11 = WM **71** 46).

2. Unwirksamkeit der Erklärung 2

Die Ausübung des Vorkaufsrechtes ist unzulässig, wenn der Vorkaufsberechtigte schuldrechtlich verpflichtet ist, von dem Vorkaufsrecht keinen Gebrauch zu machen (BGH **37** 147). Das gleiche gilt, wenn der Vorkaufsberechtigte außerstande ist, den mit dem Dritten vereinbarten Kaufpreis zu zahlen (RG HRR **32** Nr. 1208), oder es ablehnt, die mit der Ausübungserklärung durch Gesetz und Vertrag verbundenen Verpflichtungen zu tragen (BGH LM BGB § 505 Nr. 3).

Die Ausübung des Vorkaufsrechtes ist nicht deshalb ausgeschlossen, weil im Kaufvertrag zwischen dem Vorkaufsverpflichteten und dem Dritten vereinbart ist, ein Teil der Kaufpreisforderung solle durch Aufrechnung mit einer dem Dritten zustehenden Forderung getilgt werden. Der Vorkaufsberechtigte hat dann den gesamten Kaufpreis bar zu entrichten (BGH LM BGB § 505 Nr. 3).

Unwirksam ist die Ausübung des Vorkaufrechts auch, wenn der Vorkaufsberechtigte die volle Bezahlung des vom Vorkaufsverpflichteten vereinbarten Kaufpreises von der vorherigen gerichtlichen Überprüfung abhängig macht (BGH LM BGB § 505 Nr. 6). Im allgemeinen kann sich der Vorkaufsberechtigte aber mit der Berufung auf die Widersprüchlichkeit seiner eigenen Erklärung nicht von den aus der Ausübung des Vorkaufsrechtes folgenden Verpflichtungen lösen, wenn der Vorkaufsverpflichtete auf die Wirksamkeit der Erklärung vertraut hat und den Vorkaufsberechtigten an seiner Erklärung festhalten will (BGH LM BGB § 505 Nr. 5).

Die Geltendmachung eines Vorkaufsrechtes kann auch eine unzulässige Rechtsausübung darstellen. So liegt es, wenn die Ausübung des Vorkaufsrechtes durch eine Gemeinde auf eine Verhinderung der mit der Genehmigung nach dem Wohnsiedlungsgesetz verfolgten Ziele hinausläuft (BGH LM BGB § 242 [C] Nr. 20; s. auch RG **170** 209 und § 504 Rdn. 12).

Schließlich kann das Vorkaufsrecht nicht ausgeübt werden, wenn es nur einen ideellen Grundstücksbruchteil belastet und bei der Zwangsversteigerung zwecks Aufhebung der Gemeinschaft der Zuschlag einem Teilhaber erteilt wird, dessen eigener bisheriger Anteil nicht Gegenstand des Vorkaufsrechtes ist. Hier würde die Ausübung des Vorkaufsrechtes zur Folge haben, daß die Aufhebung der Gemeinschaft unmöglich wäre und praktisch für alle Zeiten ausgeschlossen bliebe (BGH **48** 1).

II. Wirkungen der Erklärung 3

1. Zwischen dem Verpflichteten und dem Berechtigten

a) Begründung des Kaufvertrages. Durch die Erklärung kommt nach § 505 Abs. 2 ein Kauf zwischen dem Verpflichteten und dem Vorkaufsberechtigten zustande, dessen

Inhalt sich nach den Bedingungen des zwischen dem Verpflichteten und dem Dritten geschlossenen Kaufvertrages richtet (s. § 504 Rdn. 4). Der Vorkaufsberechtigte hat auf die Fassung der Erwerbsbedingungen keinen Einfluß, im Gegensatz zum Wiederkaufsberechtigten, der die Rückkaufsbedingungen im voraus festlegen kann. Die Vorschrift des § 505 Abs. 2 ist, soweit sie das persönliche Vorkaufsrecht regelt, nicht zwingend. Der Vorkaufsverpflichtete und der Vorkaufsberechtigte können schon bei Vereinbarung des Vorkaufsrechtes daher unter sich auch andere Vereinbarungen treffen als die, welche der Vorkaufspflichtige mit dem Dritten trifft (RG **170** 208). Sie können insbesondere einen festen Vorkaufspreis vereinbaren (RG **104** 123). Der Zweck des Abs. 2 geht dahin, zu verhindern, daß der Berechtigte sich andere, insbesondere ungünstigere Bedingungen gefallen lassen muß als die mit dem Dritten vereinbarten. Ferner soll auch der Verpflichtete nicht schlechter gestellt werden, als wenn sein Vertrag mit dem Dritten abgewickelt würde. Deshalb schließt Abs. 2 nicht aus, daß der Verpflichtete auch nach Eintritt des Vorkaufsfalles freiwillig dem Berechtigten günstigere Bedingungen einräumt als die, die er mit dem Dritten vereinbart hat (BGH LM BGB § 157 [Gf] Nr. 11 = WM 71 46).

4 **b) Inhalt des Kaufvertrages.** Zwischen dem Vorkaufsberechtigten und dem Vorkaufsverpflichteten entstehen nur *die gleichen Rechte und Verbindlichkeiten, wie sie aus dem Kaufvertrage zwischen dem Verpflichteten und dem Dritten entspringen,* also mit allen Bedingungen, Zeitbestimmungen und sonstigen Haupt- und Nebenabreden vorbehaltlich allein der Ausnahmen der §§ 506, 507. Ist dem Dritten nur auf Probe verkauft, so ist auch der Vorkauf nur Kauf auf Probe; ist mit dem Dritten ein Rücktrittsrecht bedungen, so ist es auch Teil des Kaufvertrages zwischen dem Berechtigten und dem Verpflichteten. Nach Ausübung des Vorkaufsrechts hat der Vorkaufsberechtigte nicht nur den Kaufpreis zu zahlen, sondern schlechthin diejenigen Leistungen zu erbringen, die dem Dritten nach dem Kaufvertrage obgelegen hätten (BGH LM BGB § 505 Nr. 2). Wegen der Zahlung, wenn im Kaufvertrage mit dem Dritten die Aufrechnung vereinbart war, s. oben Rdn. 2 und BGH LM BGB § 505 Nr. 3. Der Vorkaufsberechtigte hat dem Verpflichteten daher auch die vom Dritten übernommenen Vertragskosten zu erstatten. Zu ihnen rechnen auch die Kosten der Schätzung des Grundstücks (BGH LM BGB § 505 Nr. 2) sowie alle Nebenleistungen, die zu tragen sich der Dritte im Kaufvertrage dem Verkäufer gegenüber verpflichtet hat (BGH LM BGB § 505 Nr. 4). Der Vorkaufsberechtigte braucht aber nicht für die Rückerstattung des bereits bei Kaufabschluß gezahlten Kaufpreises Verzugszinsen zu zahlen (OLG Celle NJW **57** 1802). Der Vorkaufspreis ist bei erheblicher Veränderung des Geldwertes entsprechend dieser Veränderung zu erhöhen oder zu ermäßigen, wenn die Parteien bei seiner Festsetzung von dem gleichbleibenden Wert des Geldes als Wertmesser ausgegangen sind. Die betroffene Partei würde sonst ungünstiger gestellt werden, als wenn der Vertrag mit dem Dritten abgewickelt worden wäre (s. oben Rdn. 3; OLG Hamburg MDR **71** 842; vgl. auch § 433 Rdn. 29).

Solange das Vorkaufsrecht nicht ausgeübt ist, steht es den Vertragsparteien grundsätzlich frei, Zusätze und Änderungen zum Kaufvertrage zu vereinbaren. Der Vorkaufsverpflichtete ist nicht gehalten, dem Vorkaufsberechtigten die Ausübung seines Vorkaufsrechts zu ermöglichen. Das gilt auch gegenüber einer nach dem Gesetz vorkaufsberechtigten öffentlich-rechtlichen Körperschaft (BGH LM BGB § 505 Nr. 8).

5 **c) Maklergebühren.** Die Ausübung des Vorkaufsrechts läßt den Provisionsanspruch des vom Verkäufer beauftragten Maklers unberührt. Durch die Ausübung des Vorkaufsrechts wird der Vorkaufsberechtigte nicht verpflichtet, einen vom Käufer beauftragten Makler zu bezahlen. Das folgt sowohl daraus, daß Kaufvertrag und Maklervertrag verschiedene Verträge sind (BGH LM BGB § 505 Nr. 4), als auch daraus, daß in-

folge der Ausübung des Vorkaufsrechts der wirtschaftliche Erfolg der Maklertätigkeit für den Käufer ausgeblieben ist (RG **157** 243; RG DR **39** 2107). Auch wenn der Käufer im Kaufvertrage Provision für den von ihm beauftragten Makler verspricht, hat der Vorkaufsberechtigte nach Ausübung des Vorkaufsrechts die Maklerprovision nicht zu zahlen (RG DR **39** 2107). Der BGH (LM BGB § 505 Nr. 4) meint allerdings, die Aufnahme des Maklerlohnes in die Kaufvertragsurkunde könne auch bedeuten, der Verkäufer solle einen Anspruch auf Erfüllung des dem Makler vom Käufer gegebenen Leistungsversprechens haben oder der Makler solle selbst einen Anspruch erlangen, der vom Erfolg seiner Tätigkeit für den Käufer unabhängig sei. Gegen diese Auslegung bestehen Bedenken. Soll mit der Rechtsfigur des Vertrages zugunsten eines Dritten etwas gewonnen werden, so müßte der Käufer den Maklerlohn zahlen wollen, auch wenn sich die Maklertätigkeit infolge Ausübung des Vorkaufsrechts für ihn als ein wirtschaftlicher Mißerfolg erweist. In aller Regel wird aber der Käufer für diesen Fall keine Vergütung versprechen. Dieser Gesichtspunkt trifft aber nicht nur für ein dem Makler unmittelbar erteiltes Leistungsversprechen zu, sondern auch auf einen Vertrag zugunsten des Maklers. Nur wenn im Kaufvertrage vereinbart war, der Käufer solle auch die dem vom Verkäufer beauftragten Makler gegenüber dem Verkäufer zustehende Provision zahlen, handelt es sich um eine dem Käufer obliegende Leistung, die nach Ausübung des Vorkaufsrechtes der Vorkaufsberechtigte zu erbringen hat, damit der Verkäufer durch den Vorkaufsfall nicht in seinem Vermögen beeinträchtigt wird. Vgl. im übrigen die Ausführungen zu § 652.

2. Zwischen dem Berechtigten und dem Dritten 6

Zwischen dem Vorkaufsberechtigten und dem Käufer, der durch die Ausübung des Vorkaufsrechts ausgeschlossen wird, bestehen auf Grund des Vorkaufsrechts *keine unmittelbaren Rechtsbeziehungen*. Gegen den Dritten gewährt das Vorkaufsrecht insbesondere keinen Herausgabeanspruch, auch nicht, wenn er beim Erwerb des Gegenstandes das Bestehen eines Vorkaufsrechtes kannte. Nur wenn das Vorkaufsrecht im Grundbuch eingetragen ist, gelten dem Dritten gegenüber die §§ 883 Abs. 2 und 888 Abs. 1. Beim dinglichen Vorkaufsrecht ist der schon eingetragene Dritte verpflichtet, seine Zustimmung zur Eintragung des Vorkaufsberechtigten als Eigentümer zu erteilen. Zur Frage, ob der Dritte gegenüber dem Vorkaufsberechtigten Anspruch auf Ersatz von Verwendungen hat, s. OLG Hamburg NJW **71** 1371; *Walter* NJW **71** 1845 und *Hartmann* NJW **56** 899.

3. Zwischen dem Verpflichteten und dem Dritten 7

Auf das Vertragsverhältnis zwischen dem Vorkaufsverpflichteten und seinem Käufer hat die Ausübung des persönlichen Vorkausrechts keinen Einfluß (RG **121** 137). Es ist Sache des Vorkaufsverpflichteten, den Verkauf so einzurichten, daß ihm im Falle der Ausübung des Vorkaufsrechts keine Schwierigkeiten entstehen.

§ 506

Eine Vereinbarung des Verpflichteten mit dem Dritten, durch welche der Kauf von der Nichtausübung des Vorkaufsrechts abhängig gemacht oder dem Verpflichteten für den Fall der Ausübung des Vorkaufsrechts der Rücktritt vorbehalten wird, ist dem Vorkaufsberechtigten gegenüber unwirksam.

Übersicht

	Rdn.		Rdn.
I. Unwirksame Aufhebung des Kaufvertrages	1	II. Nichtige Umgehungs- und Vereitelungsabreden	2, 3

1 **I. Unwirksame Aufhebung des Kaufvertrages**

1. Die Gefahr, infolge der Ausübung des Vorkaufsrechts von zwei Käufern auf dieselbe Sache in Anspruch genommen zu werden, legt dem Vorkaufsverpflichteten nahe, im Kaufvertrage mit dem Dritten für den Fall der Ausübung des Vorkaufs das *Rückgängigwerden des Kaufs* oder den *Rücktritt* vorzubehalten. Das ist zum Schutze des Verkäufers zulässig, *gegenüber dem Vorkaufsberechtigten* aber selbst dann *wirkungslos*, wenn der Vorbehalt zu dem Zweck gemacht sein sollte, die Ausübung des Vorkaufs auszuschließen. Die Vorschrift will verhindern, daß der hinsichtlich der Fassung der Kaufbedingungen machtlose Vorkaufsberechtigte durch diese Abreden um sein Vorkaufsrecht gebracht wird. § 506 stellt eine Ausnahme von § 505 dar, hängt mit dem Wesen des Vorkaufsrechts zusammen und findet deshalb keine entsprechende Anwendung auf das andersartige Wiederkaufsrecht (RG **108** 226).

Andere Rücktrittsvorbehalte gehen dagegen nach § 505 in den Vorkaufsvertrag zwischen dem Verpflichteten und dem Berechtigten über.

2. Einer Vereinbarung, die die Beseitigung des Vorkaufsrechts zum Gegenstand hat, ist der Fall gleichzustellen, daß die Vertragschließenden den *Kaufvertrag nachträglich* wieder *aufheben* (RG **106** 323; **118** 5). Änderungen des Inhalts des Kaufvertrages, die dessen Rechtsbeständigkeit unberührt lassen, sind zulässig, soweit es sich nicht um nichtige Vereitelungs- oder Umgehungsabreden handelt (s. unten Rdn. 2). Solche Änderungen des geschlossenen Kaufvertrages vor Ausübung des Vorkaufsrechtes sind dem Vorkaufsberechtigten nach § 510 Abs. 1 mitzuteilen. Erst von dieser Mitteilung ab läuft dann die Frist für die Ausübung.

2 **II. Nichtige Vereitelungs- und Umgehungsabreden**

1. Vereitelungsgeschäfte

Ein Vertrag, der sonst nicht zu beanstanden ist, kann sittenwidrig sein, wenn er zu dem Zweck abgeschlossen ist, die Ausübung eines Vorkaufsrechtes zu vereiteln (BGH **23** 301; BGH LM BGB § 138 [Aa] Nr. 11 m. w. N.). Für sich allein reicht aber die Absicht oder gar nur das Bewußtsein einer Vorkaufsvereitelung nicht aus, es müssen noch erschwerende Umstände hinzukommen. Denn der Vorkaufsverpflichtete kann den Kaufvertrag mit dem Dritten nach seinem eigenen Interesse gestalten und braucht keine Rücksicht darauf zu nehmen, ob die bedungenen Leistungen vom Standpunkt des Vorkaufsberechtigten vertretbar sind und diesem die Ausübung seines Rechtes möglich machen (RG **123** 269; **125** 126). Nur solche das Vorkaufsrecht vereitelnde Verträge sind nach § 138 nichtig, die durch ihren Gesamtcharakter oder die Art und Weise ihres Zustandekommens das Gepräge der Sittenwidrigkeit erhalten, sei es, daß sie auf verwerflichen Beweggründen oder der Anwendung unlauterer Mittel beruhen oder ausschließlich zu dem Zweck abgeschlossen werden, dem Vorkaufsberechtigten Schaden zuzufügen (BGH LM BGB § 138 [Aa] Nr. 11; BGH WM **70** 321).

3 **2. Umgehungsgeschäfte**

Unter dieser Voraussetzung ist auch eine Vereinbarung des Vorkaufsverpflichteten mit einem Dritten nichtig, durch die statt eines Kaufvertrages ein anderes, besonders ausgestaltetes und darum den Vorkaufsfall nicht auslösendes Rechtsverhältnis begründet wird (BGH LM BGB § 138 [Aa] Nr. 11). Für die Frage, ob ein Umgehungsgeschäft nichtig ist oder nach Treu und Glauben die Beteiligten sich so behandeln lassen müssen, als ob ein Vorkaufsfall vorläge, kann auch das eigene Verhalten des Vorkaufsberechtigten von Bedeutung sein (BGH LM BGB § 1098 Nr. 3 = WM **57** 1162; LM BGB § 138 [Aa] Nr. 11; BGH WM **70** 321).

§ 507

Hat sich der Dritte in dem Vertrage zu einer Nebenleistung verpflichtet, die der Vorkaufsberechtigte zu bewirken außerstande ist, so hat der Vorkaufsberechtigte statt der Nebenleistung ihren Wert zu entrichten. Läßt sich die Nebenleistung nicht in Geld schätzen, so ist die Ausübung des Vorkaufsrechts ausgeschlossen; die Vereinbarung der Nebenleistung kommt jedoch nicht in Betracht, wenn der Vertrag mit dem Dritten auch ohne sie geschlossen sein würde.

Ausgleich von Nebenleistungen des Drittkäufers in Geld nach dem Schätzungswert zur Zeit der Erfüllung. Abweichende Vereinbarung ist bei der Einräumung des Vorkaufsrechts zulässig. Die Vorschriften des § 507 sind nicht zwingend. Es kann insbesondere bestimmt werden, daß für den Vorkaufsberechtigten solche Nebenleistungen überhaupt nicht in Betracht kommen. Die Nebenleistungen müssen genügend bestimmt sein. Das ist der Fall bei Vereinbarung von Pflege und Wartung durch Verwandte. Diese ist auch nicht in Geld abschätzbar, wenn Pflege durch Fremde nicht zumutbar ist (RG **121** 137). Daß die Übernahme von Nebenleistungen außer Betracht bleibt, tritt regelmäßig, insbesondere bei geringfügigen, rein persönlichen Nebenleistungen ein.

§ 508

Hat der Dritte den Gegenstand, auf den sich das Vorkaufsrecht bezieht, mit anderen Gegenständen zu einem Gesamtpreise gekauft, so hat der Vorkaufsberechtigte einen verhältnismäßigen Teil des Gesamtpreises zu entrichten. Der Verpflichtete kann verlangen, daß der Vorkauf auf alle Sachen erstreckt wird, die nicht ohne Nachteil für ihn getrennt werden können.

Übersicht

	Rdn.		Rdn.
I. Allgemeines	1	III. Ausdehnung des Vorkaufs	3, 4
II. Berechnung bei Gesamtpreis	2	IV. Mitverkauf von Grundstücken	5

I. Allgemeines 1

In § 508 werden zwei Fälle geregelt:

a) Zunächst der Fall, daß der *Dritte* den Gegenstand, auf den sich das Vorkaufsrecht bezieht, mit anderen Gegenständen *zu einem Gesamtpreise gekauft* hat. Dann tritt keine Veränderung in bezug auf den Gegenstand des Vorkaufsrechts ein. Der Vorkaufsberechtigte hat nur einen verhältnismäßigen Teil des Gesamtpreises zu entrichten.

b) Sodann der Fall, daß die verkauften Sachen *nicht ohne Nachteil* für den verpflichteten Verkäufer *getrennt* werden können. Hier wird, anders als in § 469, nicht vorausgesetzt, daß sie als zusammengehörend verkauft sind. Der Vorkauf wird vielmehr auf vertragsfremde Gegenstände ausgedehnt. Dabei wird ohne Beachtung des Vorkaufsberechtigten allein der Nachteil des Vorkaufsverpflichteten berücksichtigt.

§ 508 ist auch auf das Vormietrecht entsprechend anzuwenden (RG **123** 265; **126** 123; BGH LM BGB § 504 Nr. 5).

2 **II. Berechnung bei Gesamtpreis**

Es handelt sich lediglich um die rechnerische Ermittlung des nicht ausgeworfenen Einzelpreises aus dem Gesamtpreis durch Vergleich des (zu schätzenden) Einzelwerts mit dem ebenfalls zu schätzenden Gesamtwert, ähnlich der Berechnung nach § 472. Die Formel ist danach: Unbekannter Einzelpreis: bekannten Gesamtpreis = geschätzter Einzelwert: geschätzten Gesamtwert. Wird beim Grundstückskauf von einem gesetzlichen Vorkaufsrecht nur eine Teilfläche betroffen und entspricht der Kaufpreis dem Wert des Grundstücks, so hat der Vorkaufsberechtigte für die Teilfläche einen Kaufpreis zu zahlen, der dem Wert der Teilfläche entspricht (BGH LM BGB § 508 Nr. 1 = MDR 70 221).

3 **III. Ausdehnung des Vorkaufsrechts**

1. Es kommt lediglich darauf an, daß die zusammen verkauften Gegenstände ohne Nachteil für den Verpflichteten nicht getrennt werden können. Bestand die wirtschaftliche Einheit schon bei Abschluß des Vorkaufsvertrages, so hat der Verpflichtete diese Einheit selbst gelöst, wenn er nur an einer Einzelsache ein Vorkaufsrecht bestellte. Eine Berufung auf § 508 Satz 2 würde dann gegen Treu und Glauben verstoßen. Wird die wirtschaftliche Einheit erst nachträglich hergestellt, so darf dies jedenfalls nicht arglistig geschehen sein, um das Vorkaufsrecht zu erstrecken oder zu vereiteln. Unerheblich ist, ob die Angabe von Einzelpreisansätzen unterblieben war.

Die Vorschrift ist auch auf den Verkauf von Grundstücken anzuwenden. Das gilt auch für das gesetzliche Vorkaufsrecht einer Gemeinde (BGH LM BGB § 508 Nr. 1 = MDR 70 221).

4 2. Streit herrschte darüber, ob der Vorkaufsberechtigte, wenn er in einem Falle des § 508 das Vorkaufsrecht auszuüben erklärt hat und nachträglich vom Verpflichteten auf *Ausdehnung des Vorkaufs* in Anspruch genommen wird, sich davon durch *Verzicht auf die Ausübung des Vorkaufsrechts befreien* kann. Mehrfach wird die Frage verneint, weil die Erklärung, das Vorkaufsrecht auszuüben, unwiderruflich sei und ein einseitiger Rücktritt nicht statthaft sei. Das letzte ist richtig, nicht aber die daraus gezogene Folgerung. Der Wortlaut, daß der Verpflichtete „verlangen kann, daß der Vorkauf auf alle Sachen erstreckt wird, die nicht ohne Nachteil für ihn getrennt werden können", erweckt allerdings den Anschein, als ob dem Vorkaufsberechtigten der Erstreckungsanspruch unbedingt gewährt sei. So wörtlich kann aber die Bestimmung nicht aufgefaßt werden. Sie soll lediglich den Verpflichteten davor schützen, daß er gezwungen wird, zu seinem Schaden Untrennbares auseinanderzureißen. Dazu genügt es, wenn er in der Lage ist, den Vorkaufsberechtigten vor die Wahl zu stellen, daß er entweder von der Ausübung des Vorkaufsrechts oder — wenn dieses schon ausgeübt ist — von der Geltendmachung der daraus entstandenen Rechte Abstand nimmt oder den Vorkauf auf alle untrennbaren Sachen erstreckt. Diesen Sinn hat, näher betrachtet, der Ausdehnungsanspruch. Wird er so, wie er hiernach gegeben ist, geltend gemacht und nimmt daraufhin der Berechtigte vom Vorkauf Abstand, so kann von einem einseitigen Rücktritt oder einseitigem Verzicht nicht die Rede sein. Die Abstandnahme erfolgt vielmehr im beiderseitigen Einverständnis und ist deshalb ohne Rücksicht darauf gültig, ob sie vor der Ausübung des Vorkaufsrechts erklärt wurde oder nachher. Die Erstreckung des Vorkaufs soll keinen Abschlußzwang begründen. Die Vorschrift des § 508 Satz 2 will nur Nachteile vom Vorkaufspflichtigen abwenden, aber nicht dem Berechtigten aufbürden (RG 133 76).

IV. Mitverkaufte Grundstücke 5

Die Bestimmung des § 508 ist auch auf Grundstücke anzuwenden (s. oben Rdn. 3). Der Vorkauf erstreckt sich daher nicht auf ein mitverkauftes, vom Vorkaufsrecht nicht erfaßtes Grundstück. Ist ein mit einem Vorkaufsrecht belastetes Grundstück zusammen mit einem nichtbelasteten für einen Gesamtpreis verkauft worden und ist die Auflassung erfolgt, so bleibt der Eigentumserwerb des Käufers, wenn der Verkauf auf Verlangen des Vorkaufspflichtigen vom Berechtigten auf das nichtbelastete Grundstück erstreckt wird, hinsichtlich dieses nichtbelasteten Grundstücks unberührt (RG Recht **11** 1903).

Die Bestimmung des § 508 Satz 2 enthält zwar nachgiebiges Recht, ein Ausschluß dieser Bestimmung durch Parteivereinbarung kann aber nicht schon daraus hergeleitet werden, daß die sämtlichen Grundstücke früher eine wirtschaftliche Einheit bildeten und daß dann an einzelnen zeitlich begrenzte Miet- und Vorkaufsrechte eingeräumt worden sind, ohne daß die Absicht des Gesamtverkaufs aufgegeben worden ist (RG **97** 282). Über das Vorkaufsrecht einer Gemeinde bei einem einheitlich bebauten Grundstück, von dem nur ein Teil im Bebauungsplan als Verkehrsfläche festgesetzt ist, vgl. BGH LM BBauG § 24 Nr. 3. U. U. ist § 508 Abs. 2 entsprechend anwendbar (BGH aaO; Bay OLG NJW **67** 113). Vgl. dazu auch BGH WM **72** 1279. Zum ges. Vorkaufsrecht, wenn beim Verkauf mehrerer Grundstücke nicht alle zusammen verkauften Grundstücke dem Vorkaufsrecht unterliegen, s. BGH WarnRspr. **74** Nr. 45.

§ 509

Ist dem Dritten in dem Vertrage der Kaufpreis gestundet worden, so kann der Vorkaufsberechtigte die Stundung nur in Anspruch nehmen, wenn er für den gestundeten Betrag Sicherheit leistet.

Ist ein Grundstück Gegenstand des Vorkaufs, so bedarf es der Sicherheitsleistung insoweit nicht, als für den gestundeten Kaufpreis die Bestellung einer Hypothek an dem Grundstücke vereinbart oder in Anrechnung auf den Kaufpreis eine Schuld, für die eine Hypothek an dem Grundstücke besteht, übernommen worden ist. Entsprechendes gilt, wenn ein eingetragenes Schiff oder Schiffsbauwerk Gegenstand des Vorkaufs ist.

Die Vorschrift des Abs. 1 bildet eine weitere Ausnahme von dem Satze, daß der Vorkäufer in den Kaufvertrag so eintritt, wie er mit dem Dritten geschlossen ist. Da die Stundung ohne Sicherheit Sache des persönlichen Vertrauens ist, kann der Vorkäufer sie nicht beanspruchen. Er muß vielmehr entweder Zug um Zug erfüllen oder nach §§ 232 bis 240 Sicherheit leisten.

Bei Grundstücken, eingetragenen Schiffen und Schiffsbauwerken erleidet die Vorschrift des Abs. 1 eine Einschränkung insofern, als der Berechtigte Stundung ohne Sicherheit in Anspruch nehmen kann, wenn es sich um die in Abs. 2 genannten Fälle handelt.

§ 510

Der Verpflichtete hat dem Vorkaufsberechtigten den Inhalt des mit dem Dritten geschlossenen Vertrags unverzüglich mitzuteilen. Die Mitteilung des Verpflichteten wird durch die Mitteilung des Dritten ersetzt.

Das Vorkaufsrecht kann bei Grundstücken nur bis zum Ablaufe von zwei Monaten, bei anderen Gegenständen nur bis zum Ablauf einer Woche nach dem Empfange der Mit-

teilung ausgeübt werden. Ist für die Ausübung eine Frist bestimmt, so tritt diese an die Stelle der gesetzlichen Frist.

Übersicht

	Rdn.		Rdn.
I. Wesen der Mitteilungspflicht	1	2. Inhalt der Erklärung	3
II. Mitteilung	2, 3	III. Frist zur Ausübung des Vorkaufsrechts	4
1. Art der Erklärung	2		

1 **I. Wesen der Mitteilungspflicht**

Die Vorschrift beruht auf dem für alle Verträge geltenden Rechtsgedanken: Wenn jemand einem anderen ein Recht einräumt, so räumt er ihm nach Treu und Glauben mit Rücksicht auf die Verkehrssitte auch die Mittel ein, um das Recht zu verwirklichen. Wenn also einem Dritten das Recht eingeräumt wird, in einen Vertrag einzutreten oder einen neuen Vertrag mit demselben Inhalt zu schließen, so wird damit auch die Verpflichtung übernommen, ihm diesen Vertrag mitzuteilen (RG **123** 268; **126** 126). Die Vorschrift des § 510 stellt nur eine Anwendung dieses allgemeinen Gedankens auf den Vorkauf dar. Die Bedeutung der Mitteilung liegt darin, daß mit ihrem Empfang die Frist zur Ausübung des Vorkaufsrechts beginnt. Mehr ist aus der Bestimmung des § 510 nicht zu folgern. So ist insbesondere die Mitteilung vom Eintritt des Vorkaufsfalles und vom Inhalt des Drittgeschäfts nicht etwa Wirksamkeitsvoraussetzung der Ausübung des Vorkaufsrechts (BGH LM BGB § 157 [Gf] Nr. 11 = WM **71** 46). § 510 besagt auch nicht, daß der Inhalt der Mitteilung für den Inhalt des zwischen dem Vorkaufsberechtigten und dem Vorkaufspflichtigen entstehenden Rechtsverhältnisses maßgebend sei. Der Inhalt dieses Rechtsverhältnisses bestimmt sich vielmehr nach den Bedingungen, die der Verpflichtete mit dem Dritten tatsächlich vereinbart hat (§ 505 Abs. 2; RG **170** 208).

Unter Umständen kann eine Mitteilung nach § 510 als ein dem Vorkaufsberechtigten aus Anlaß des Vorkaufsrechts gemachtes Vertragsangebot zu verstehen sein, auf der mitgeteilten Grundlage einen Vertrag mit dem Vorkaufspflichtigen abzuschließen. Das bedeutet aber nicht, daß die Ausübung des Vorkaufsrechts sich dem Wesen nach immer als die Annahme eines vom Vorkaufspflichtigen dem Vorkaufsberechtigten zu machenden Vertragsantrags darstelle, wie die Angebotstheorie meint (RG **170** 213).

Die Bestimmung des § 510 ist auf Vormiete und Vorpacht entsprechend anzuwenden (BGH LM BGB § 504 Nr. 5).

2 **II. Mitteilung**

1. Art der Erklärung

Die Mitteilung bedarf, auch öffentlichen Körperschaften gegenüber, *keiner Form* (BGH LM BGB § 510 Nr. 3). Der Dritte hat dem Vorkaufsberechtigten gegenüber keine Mitteilungspflicht. Seine Mitteilung wirkt jedoch ebenso wie die des Verpflichteten.

Bedarf ein Grundstückskaufvertrag einer behördlichen Genehmigung und ist die Genehmigung erfolgt, so besteht die Mitteilungspflicht auch dann, wenn die für die Erteilung der Genehmigung zuständige Behörde eine Dienststelle der vorkaufsberechtigten Gemeinde ist und diese damit durch das Genehmigungsverfahren bereits von dem Vertrag Kenntnis erlangt hat (BGH **23** 342). Die Vorlage eines Grundstückskaufvertrages im Zusammenhang mit anderweitiger Bearbeitung des Vertrages an eine nicht zur Ausübung des Vorkaufsrechts befugten Dienststelle der Gemeinde ist keine Mitteilung im Sinne des § 24 Abs. 4 BBauG, wenn diese Dienststelle nicht zugleich auf das Vorkaufsrecht und den weiteren Zweck der Vorlage hingewiesen wird (BGH **60** 275).

2. Inhalt der Erklärung 3

Die Pflicht entsteht mit dem Abschluß des Vertrages. Bei einem formungültigen Vertrag besteht daher keine Mitteilungspflicht. Sie entsteht erst, wenn der Vertrag rechtsgültig geworden ist. Bedarf ein Grundstücksvertrag der behördlichen Genehmigung, so ist deshalb der Vertrag erst nach Erteilung der Genehmigung mitzuteilen (BGH **23** 342; vgl. auch BGH LM BGB § 305 Nr. 10). Das gilt auch, wenn im Zeitpunkt der Mitteilung vom Verkauf eine im Kaufvertrag vereinbarte Wertsicherungsklausel noch nicht genehmigt war (BGH WM **72** 1279).

Der Vertragsinhalt muß so mitgeteilt werden, daß der Vorkaufsberechtigte genau erkennt, in welche Rechte und Verbindlichkeiten er durch die Ausübung des Vorkaufsrechts eintritt. Andererseits ist aber auch nur der Vertragsinhalt mitzuteilen. Dazu gehört auch der Name des Drittkäufers.

Ändern Verkäufer und Käufer nachträglich den Vertrag in einem wesentlichen Punkte, so ist die Mitteilung zu berichtigen. Dies selbst dann, wenn die Änderung erst nach Ablauf der Frist des Abs. 2 seit der ersten Mitteilung vorgenommen wird, sofern vom Vorkaufsrecht noch kein Gebrauch gemacht worden ist. Denn die Frist für den geänderten Vertrag, die nunmehr allein in Betracht kommt, ist erst durch die neue Mitteilung in Lauf gebracht worden. Vorausgesetzt ist dabei, daß es sich wirklich um eine Änderung des ursprünglichen Vertrages handelt und nicht etwa um eine Neuregelung der Verhältnisse zwischen Käufer und Verkäufer, die nach der Erfüllung des Kaufvertrages durch später eintretende Umstände veranlaßt worden ist (RG **118** 8).

Der Vorkaufspflichtige ist nicht verpflichtet, ihm zugegangene Kaufangebote mitzuteilen. Teilt er sie freiwillig mit, so hat diese Mitteilung nicht die im Abs. 2 bestimmte Wirkung und befreit den Verpflichteten nicht von der Mitteilung nach Abschluß des Vertrages, es sei denn, daß der Berechtigte schon auf die Mitteilung des Angebots hin in bindender Weise auf die Ausübung des Vorkaufsrechts verzichtet hat. War bereits das Kaufangebot mitgeteilt, so kann zur Mitteilung des Inhalts des Vertrages der Satz genügen, daß das Angebot angenommen worden ist. Auch die bloße Einräumung der Vorhand zugunsten eines Dritten löst keine Mitteilungspflicht in Sinne des § 510 aus (RG Recht 07 Nr. 1807). Erhält der Käufer von dritter Seite Zuwendungen, die ihn zum Kauf bestimmen sollen, so braucht darüber nichts mitgeteilt zu werden.

Eine schuldhaft *falsche oder unvollständige Mitteilung* kann eine Schadensersatzpflicht gegenüber dem Vorkaufsberechtigten begründen (RG **170** 208). Insbesondere hat nach Treu und Glauben der Vorkaufsverpflichtete dem Berechtigten die Tatsache einer notwendigen Genehmigung des Vertrages bekanntzugeben (BGH WM **66** 891).

III. Frist zur Ausübung des Vorkaufsrechts 4

Das Vorkaufsrecht kann nur innerhalb der in Abs. 2 bestimmten Frist ausgeübt werden. Die Frist ist eine *Ausschlußfrist* (BGH WM **66** 891). Der Vorkaufsverpflichtete kann sich aber auf den Ablauf der Frist dann nicht berufen, wenn er dem Vorkaufsberechtigten eine von diesem berechtigterweise verlangte Besichtigung des Kaufgegenstandes verweigert hat (RG DR **41** 1461). Die Frist des Abs. 2 wird erst in Lauf gesetzt, wenn im Zeitpunkt der Mitteilung der Vertrag wirksam ist (s. oben Rdn. 3) und der Inhalt richtig und vollständig mitgeteilt ist. Deshalb läuft die Frist nicht schon, wenn der aus einem Vorkaufsrecht Verpflichtete nur den mit dem Dritten geschlossenen ursprünglichen Vertrag mitteilt, nicht aber eine vor dieser Mitteilung erfolgte Vertragsänderung (BGH LM BGB § 510 Nr. 9). Der Vorkaufsberechtigte hat in eigener Verantwortung zu prüfen, ob der Vorkaufsfall eingetreten ist und die Erklärungsfrist begonnen hat. Er braucht aber keine eigenen Ermittlungen über die Rechtslage anzustellen.

Das Vorkaufsrecht kann schon ausgeübt werden, sobald der Kauf zwischen dem Verpflichteten und dem Dritten geschlossen ist. Der Vorkaufsberechtigte braucht also die Mitteilung des Vertrages nicht abzuwarten. Andererseits handelt ein Vorkaufsberechtigter grundsätzlich nicht rechtsmißbräuchlich, der einen Grundstückskaufvertrag ohne Mitteilung durch den Verpflichteten oder den Dritten schon seit Jahren kennt, wenn er erst nach der Mitteilung sein Recht verfolgt (BGH 60 275 für das gesetzliche Vorkaufsrecht einer Gemeinde).

Die von einem vollmachtlosen Stellvertreter abgegebene oder aus einem anderen Grunde schwebend unwirksame Ausübungserklärung kann nach Ablauf der Ausschlußfrist des Abs. 2 nicht mehr rückwirkend genehmigt werden (BGH 32 375).

§ 511

Das Vorkaufsrecht erstreckt sich im Zweifel nicht auf einen Verkauf, der mit Rücksicht auf ein künftiges Erbrecht an einen gesetzlichen Erben erfolgt.

I. § 511 gibt eine Auslegungsregel für den Fall der *vorweggenommenen Erbfolge*. Die Bestimmung soll der Erhaltung der Familienhabe dienen. Unter § 511 fallen insbesondere die im Verkaufsweg erfolgenden Gutsübergaben von Eltern an Kinder.

II. Im Falle des Verkaufs zur vorweggenommenen Erbfolge *erlischt das Vorkaufsrecht*. Es bedarf allerdings der Auslegung, ob nicht bei der Vorkaufsbestellung vereinbart war, daß der Verkäufer verpflichtet sein solle, dafür zu sorgen, daß der kaufende Erbe das Vorkaufsrecht für seine Person erneuert, und ob eine solche Erneuerung stattgefunden hat.

Gesetzlicher Erbe im Sinne dieser Vorschrift ist derjenige, der gesetzlicher Erbe des Verkäufers wäre, wenn dieser zur Zeit des Verkaufs stürbe. Fraglich kann sein, ob § 511 auch dann Anwendung findet, wenn Großeltern mit Rücksicht auf künftiges Erbrecht unter Umgehung ihrer Kinder an ihren Enkel verkaufen. Bedenkenfrei ist das jedenfalls dann, wenn die Eltern als Zwischenglieder durch Erbverzichtsvertrag aus der Reihe der gesetzlichen Erben schon ausgeschieden sind. Die Erstreckung liegt aber auch sonst im Sinne des Gesetzes. Die Vorschrift ist auch dann anwendbar, wenn als Käufer nicht nur der gesetzliche Erbe, sondern neben ihm auch sein nichterbberechtigter Ehegatte auftritt (RG JW 25 2128).

§ 512

Das Vorkaufsrecht ist ausgeschlossen, wenn der Verkauf im Wege der Zwangsvollstreckung oder durch den Konkursverwalter erfolgt.

I. **Zwangsvollstreckung** im Sinne des § 512 ist eine Zwangsvollstreckung jeder Art, gleichviel, ob durch Gericht und Gerichtsvollzieher, im Wege der ZPO oder des ZVG, gleichviel, ob durch Zwangsversteigerung oder durch Zwangsverkauf aus freier Hand (§§ 820, 821 ZPO). Dem Verkauf aus freier Hand steht die Zwangsversteigerung zum Zwecke der Aufhebung einer Gemeinschaft (§§ 180 ff ZVG) gleich (BGH 13 133). Wird aber in einem derartigen Verfahren der Zuschlag einem bisherigen Miteigentümer erteilt, so ist die Ausübung des Vorkaufsrechts nicht zulässig (BGH aaO).

Das Vorkaufsrecht ist wie im Falle der Zwangsvollstreckung auch in gleichartigen Fällen als ausgeschlossen anzusehen. So insbesondere dann, wenn der Gegenstand, für den das Vorkaufsrecht eingeräumt ist, von dem Vorkaufsverpflichteten verpfändet war und vom Pfandgläubiger im Wege des Pfandverkaufs veräußert wird (§§ 1228 ff). Entscheidend dafür ist, daß der Gegenstand auch hier nicht aus freiem Willen des Vorkaufspflichtigen verkauft wird.

II. Der Gesetzeswortlaut: „das Vorkaufsrecht ist ausgeschlossen" bedeutet nicht nur eine Auslegungsregel, sondern: „es kann für diesen Fall nicht vereinbart werden". Die Folge der Ausschließung des Zwangsvollstreckungsfalles vom Vorkaufsrecht ist weiterhin, daß mangels besonderer Vereinbarung der Vorkaufsberechtigte auch keinen Ersatzanspruch wegen Beeinträchtigung seines Vorkaufsrechts durch die Zwangsvollstreckung erheben kann. Anders dann, wenn etwa der Vorkaufsverpflichtete, um sich seiner Verpflichtung zu entziehen, im Zusammenspiel mit dem Dritten den Weg wählt, die Sache statt durch Kauf durch Zwangsvollstreckung an den Dritten gelangen zu lassen.

III. § 512 gilt auch für das *dingliche Vorkaufsrecht*. Im Gegensatz zum persönlichen Vorkaufsrecht kann aber das dingliche auch dann ausgeübt werden, wenn das Grundstück von dem Konkursverwalter aus freier Hand verkauft wird (§ 1098 Abs. 1 Satz 2).

§ 513

Steht das Vorkaufsrecht mehreren gemeinschaftlich zu, so kann es nur im ganzen ausgeübt werden. Ist es für einen der Berechtigten erloschen oder übt einer von ihnen sein Recht nicht aus, so sind die übrigen berechtigt, das Verkaufsrecht im ganzen auszuüben.

I. Die Bestimmung des § 513 entspricht der für das Wiederkaufsrecht gegebenen Vorschrift des § 502. Zur Auslegung des § 513 vgl. daher die dortigen Ausführungen. Bei Anwendung des § 513 Satz 2 darf allerdings der Grundsatz des § 514 nicht unbeachtet bleiben, wonach der Vorkaufsverpflichtete, anders als beim Wiederkauf, davor geschützt werden soll, daß er durch eine Änderung in der Person des Vorkaufsberechtigten benachteiligt wird.

II. Das Vorkaufsrecht kann *nur gemeinschaftlich ausgeübt* werden. Übt einer der nach § 2034 vorkaufsberechtigten Miterben das Vorkaufsrecht in der Weise aus, daß er die Übertragung des verkauften Erbteils an sich allein verlangt, so kommt mangels gemeinschaftlicher Ausübung des Vorkaufsrechts der Vorkauf nicht zustande (RG 158 57; BGH LM BGB § 2034 Nr. 6). Wird ein Erbteil an den Abkömmling und gesetzlichen Erben eines Miterben verkauft, so kann dessen Widerspruch gegen die Ausübung des gesetzlichen Vorkaufsrechts durch einen anderen Miterben der Anwendbarkeit des § 513 Satz 2 entgegenstehen (BGH LM BGB § 2034 Nr. 6). Im übrigen vgl. die Ausführungen zu § 2034.

§ 514

Das Vorkaufsrecht ist nicht übertragbar und geht nicht auf die Erben des Berechtigten über, sofern nicht ein anderes bestimmt ist. Ist das Recht auf eine bestimmte Zeit beschränkt, so ist es im Zweifel vererblich.

Übersicht

	Rdn.		Rdn.
I. Ausschluß der Übertragbarkeit	1	III. Form	3
II. Übertragung der durch Ausübung entstandenen Rechte	2	IV. Vererblichkeit	4

1 I. Der **Ausschluß der Übertragbarkeit** soll den Verpflichteten vor einem ihm nicht genehmen Wechsel in der Person des Berechtigten schützen und dem Vorkaufsrecht eine gewisse zeitliche Begrenzung geben (BGH **50** 307). Dieses Schutzbedürfnis ist geringer, wenn das Vorkaufsrecht einer juristischen Person oder einer OHG eingeräumt ist. Zur Frage des Übergangs eines Vorkaufsrechts bei der Gesamtrechtsnachfolge nach einer juristischen Person oder OHG bei Wahrung der wirtschaftlichen Identität s. BGH **50** 307.

Die entgegen § 514 vorgenommene *Übertragung* des Vorkaufsrechts ist nur *relativ unwirksam* und kann durch Genehmigung des Verpflichteten wirksam werden (RG **148** 105; BGH WM **63** 617).

2 II. Das Vorkaufsrecht ist im Zweifel nicht übertragbar (§ 514) und damit auch nicht pfändbar und nicht verpfändbar (§ 1274; § 851 ZPO). Die durch **die Ausübung des Vorkaufsrechts entstandenen Rechte** aus dem Kaufvertrage sind jedoch übertragbar (RG **108** 114), auch bei Grundstücken durch formlose Abtretungserklärung (RG **155** 172). Der Vorkaufsberechtigte kann sich auch einem Dritten gegenüber verpflichten, das Vorkaufsrecht auszuüben und über die ihm aus der Ausübung erwachsenden Rechte nach Weisung des Dritten zu verfügen (BGH WM **63** 617), insbesondere dem Dritten diese Rechte abzutreten (RG **155** 172).

3 **III. Form**

Die Abtretung der durch die Ausübung des Vorkaufsrechts erlangten Rechte bedarf nicht der Form des § 313 (RG **155** 172), da sie nicht die Verpflichtung zur Übertragung von Grundstückseigentum begründet. Auch die schuldrechtliche Verpflichtung zur Abtretung des Vorkaufsrechts, die Verpflichtung, das Vorkaufsrecht auszuüben, und die Verpflichtung, die aus der Ausübung des Vorkaufsrechts erwachsenden Rechte abzutreten, können formlos begründet werden. Denn Gegenstand der Verpflichtung ist nicht die Übertragung von Grundstückseigentum; verpflichtet sich der Vorkaufsberechtigte, die ihm aus der Ausübung des Vorkaufsrechts erwachsenden Rechte abzutreten, so ist der Auflassungsanspruch Gegenstand der Verpflichtung, und die Eingehung einer solchen Verpflichtung fällt nicht unter die Formvorschrift. Die Zustimmung des vorkaufspflichtigen Grundstückseigentümers zur Übertragung des Vorkaufsrechts unterliegt ebenfalls nicht der Vorschrift des § 313 (RG **148** 113), da sich an seiner bereits eingegangenen Verpflichtung nichts ändert. Dagegen bedarf ein Vertrag, durch den ein unübertragbares Vorkaufsrecht an einem Grundstück in ein übertragbares umgewandelt werden soll, der Form des § 313, da der Vorkaufsverpflichtete hierdurch über das ursprüngliche Maß belastet wird (RG **148** 105). Im übrigen vgl. die Ausführungen zu § 313.

4 **IV. Vererblichkeit** besteht von Gesetzes wegen beim gesetzlichen Vorkaufsrecht des Erben (§ 2034); sie ist im Zweifel anzunehmen beim zeitlich beschränkten Vorkaufsrecht, im übrigen im Zweifel zu verneinen. Die Erben des Vorkaufsverpflichteten treten, soweit nicht ein anderes bestimmt ist, in die Verpflichtung des Erblassers ein.

IV. Tausch

§ 515

Auf den Tausch finden die Vorschriften über den Kauf entsprechende Anwendung.

I. Wesen des Tausches 1

Unter einem Tausch im Sinne des § 515 ist ein Vertrag zu verstehen, durch den sich jeder Teil verpflichtet, dem anderen Sachen oder Rechte gegen Sachen oder Rechte zu verschaffen (RG 73 88). Ein Tausch setzt voraus, daß die Vertragschließenden selbst gegenseitig Sachen austauschen. Es genügt nicht, wenn nur von der einen Seite eine Sache übertragen, im übrigen aber bestimmt wird, daß der Abgeber für die dafür von dem Erwerber zu leistende Summe von einem Dritten eine Sache erwerben soll. Zum „Ringtausch" vgl. im übrigen BGH **49** 7.

Gegenstand des Tausches können alle Gegenstände sein, über die ein Kauf abgeschlossen werden kann. Möglich ist daher auch der Tausch einer ärztlichen Praxis (BGH **16** 71).

II. Abgrenzung vom Kauf 2

Vom Kauf, mit dem der Tausch in den übrigen wesentlichen Merkmalen übereinstimmt, unterscheidet sich der Tausch in dem einen Punkt, daß die Gegenleistung nicht in der Zahlung eines Preises (also regelmäßig Geld), sondern in der Verschaffung von Sachen oder Rechten besteht. S. dazu vor § 433 Rdn. 7. Dort auch zur Frage der Inzahlungnahme eines Altwagens im Kraftfahrzeughandel.

Ein Vertrag verliert seinen Tauschcharakter nicht schon dadurch, daß der eine Vertragsteil wegen Wertungleichheit der ausgetauschten Grundstücke dem anderen noch eine Barzulage leisten muß (RG DNotZ **43** 152; BGH NJW **64** 540). Andererseits verliert ein Vertrag nicht schon dadurch die Eigenschaft eines Kaufvertrages und wird zum Tauschvertrag, daß neben dem Kaufpreis auch Sachleistungen bedungen werden oder daß der in Geld bestimmte Kaufpreis nicht in Bargeld, sondern in anderen Umlaufwerten (Aktien, Interimsscheinen usw.) zu entrichten ist.

Zur Rechtsnatur der Geldwechselgeschäfte s. vor § 433 Rdn. 8.

III. Anwendung der Kaufvertragsvorschriften 3

Es sind alle Vorschriften über den Kauf anzuwenden, deren Anwendung nicht der Wesensunterschied zwischen Kauf und Tausch entgegensteht. Unanwendbar sind alle Vorschriften, die den Kaufpreis betreffen, insbesondere die Vorschriften der §§ 452—458. Aus anderen Gründen eignen sich zur Anwendung nicht die Vorschriften der §§ 461, 497—514. Die Vorschriften über den Vorkauf finden wenigstens dann keine Anwendung, wenn der Vorkaufsberechtigte die Tauschleistung nicht gewähren kann (RG **88** 361).

Was die Art der „entsprechenden Anwendung" betrifft, so ist im allgemeinen jeder der Vertragschließenden hinsichtlich der eingetauschten Sachen als Käufer, hinsichtlich der vertauschten als Verkäufer zu behandeln. Daher ist der Tauschgegenstand je nach den Verhältnissen bald wie der Kaufgegenstand, bald wie der Kaufpreis zu behandeln. Auf die Preisminderung kommt z. B. § 473 zur entsprechenden Anwendung. Bei teilbaren Sachen kann auch die Anzahl herabgesetzt werden. Für den Vollzug des Tauschgeschäftes aber muß, soweit nichts anderes vereinbart, der Satz gelten, daß Zug um Zug zu erfüllen ist.

Auch die Vorschriften über die Wandelung und Minderung beim Kauf finden im allgemeinen auf den Tausch entsprechende Anwendung (RG **72** 299). Bei der Berechnung der Preisminderung ergibt sich eine Besonderheit für den Tauschfall. Es steht nämlich bei Tauschgeschäften der von den Vertragschließenden für die einzelnen Tauschgegenstände angenommene Preis nicht dem Kaufpreis im Sinne des § 472 gleich. Es sind darum zur Berechnung der Preisminderung zunächst unter Außerachtlassung des Mangels die wahren Werte der Tauschgegenstände zu ermitteln und anstelle der veranschlagten Preise in die Berechnung einzusetzen. Alsdann erst ist die Minderung nach dem Verhältnis des Wertes, den die beanstandete Sache ohne den Mangel gehabt hätte, zu dem Wert, den sie mit dem Mangel hat, vorzunehmen (RG 73 152).

4 **IV. Nebenpflichten**

Wieweit nach Treu und Glauben eine Aufklärung über den Wert der Tauschsache zu erwarten ist, richtet sich nach dem einzelnen Fall. Wie beim Kauf darf die Aufklärungspflicht auch beim Tausch nicht zu weit ausgedehnt werden. Wegen der widerstreitenden Interessen können die Vertragschließenden nach den Anschauungen des Verkehrs regelmäßig keine Aufklärung über die für die Preisbildung in Betracht kommenden Verhältnisse des Marktes erwarten (RG 111 234; s. dazu § 433 Rdn. 47).

ZWEITER TITEL

Schenkung

§ 516

Eine Zuwendung, durch die jemand aus seinem Vermögen einen anderen bereichert, ist Schenkung, wenn beide Teile darüber einig sind, daß die Zuwendung unentgeltlich erfolgt.

Ist die Zuwendung ohne den Willen des anderen erfolgt, so kann ihn der Zuwendende unter Bestimmung einer angemessenen Frist zur Erklärung über die Annahme auffordern. Nach dem Ablaufe der Frist gilt die Schenkung als angenommen, wenn nicht der andere sie vorher abgelehnt hat. Im Falle der Ablehnung kann die Herausgabe des Zugewendeten nach den Vorschriften über die Herausgabe einer ungerechtfertigten Bereicherung gefordert werden.

Übersicht

	Rdn.
I. Allgemeines	1, 2
1. Inhalt des Titels	1
2. Unentgeltliche Zuwendung	2
II. Merkmale der Schenkung	3–12
1. Vertragsschluß	3, 4
a) Allgemeine Grundsätze	3
b) Fehlender Wille des zu Beschenkenden	4
2. Zuwendung	5–7
a) Bereicherung des Beschenkten	5
b) Entreicherung des Schenkers	6
c) Treuhandverhältnis	7
3. Einigung über Unentgeltlichkeit	8
4. Unentgeltlichkeit	9–12
a) Allgemeines	9
b) Mißverhältnis zwischen Leistung und Gegenleistung	10
c) Gemischte Schenkung	11
d) Einzelfragen der gemischten Schenkung	12
III. Einzelne Fälle von Zuwendungen und ihre Abgrenzung von der Schenkung	13–20
1. Unmittelbare Zuwendungen	13–16
a) Erfüllung natürlicher und sittlicher Pflicht entsprechender Verbindlichkeiten	13
b) Ruhegehaltsversprechen, Leibrentenversprechen	14
c) Erfüllung fremder Schuld	15
d) Sicherheitsleistungen	16
2. Verträge zugunsten Dritter	17–19
a) Zuwendung auf den Todesfall	17
b) Treuhänderische Übertragung	18
c) Lebensversicherungsvertrag	19
3. Gesellschaftsrechtliche Verträge	20
IV. Sittenwidrige Schenkungen	21
V. Beweisfragen	22

I. Allgemeines 1

1. Inhalt des Titels

Der zweite Titel enthält die Hauptregeln des Schenkungsrechts. Die §§ 516, 517 grenzen den Begriff der Schenkung ab, § 518 bestimmt die Form des Schenkungsversprechens, §§ 519—524 beziehen sich auf die Haftung des Schenkers. §§ 525—527 handeln von der Schenkung unter Auflage, §§ 528, 529, 534 von der Rückforderung wegen Notbedarfs, §§ 530—534 von dem Widerruf wegen Undanks. Dazu kommen zahlreiche sonstige Vorschriften; vgl. über die Rückforderung von Geschenken unter Verlobten § 1301, über die Wirkung der Schenkung im ehelichen Güterrecht §§ 1375 Abs. 2 Nr. 1, 1390, 1418 Abs. 2 Nr. 2, 1425, 1455 Nr. 4, 1478 Abs. 2 Nr. 2, über ihren Widerruf nach Scheidung der Ehe § 73 EheG, über Schenkungen aus dem Vermögen eines Kindes oder Mündels §§ 1641, 1804, über Schenkungen auf dem Gebiet des Erbrechts §§ 2207, 2287, 2288, 2325 ff. Besondere Arten von Schenkungen sind die Auflageschenkung (§§ 525 ff), die Pflicht- und Anstandsschenkung (§ 534), die gemischte Schenkung (s. unten Rdn. 11), die Schenkung von Todes wegen (§ 2301) und die Schenkung einer Erbschaft (§ 2385).

2. Unentgeltliche Zuwendung 2

Die Schenkung ist eine Unterart der unentgeltlichen Zuwendung oder der unentgeltlichen Verfügung unter Lebenden. Schenkungen können als „vorweggenommene Erbfolge" erfolgen. Dann handelt es sich nicht um eine letztwillige Verfügung; vielmehr werden unter einer vorweggenommenen Erbfolge Zuwendungen verstanden, die jemand zu seinen Lebzeiten, aber im Hinblick auf das Schicksal seines Vermögens nach seinem Tode zugunsten eines Erbberechtigten vornimmt. Vgl. dazu *Coing* NJW 67 1777; *Westhoff*, Freundesgabe f. Hengeler S. 255 = Betrieb 72 809. S. auch unten Rdn. 17.

Unentgeltlich ist eine Zuwendung, wenn ihr nach dem Inhalt des Rechtsgeschäfts keine Gegenleistung gegenübersteht. Jede Schenkung erfordert einmal eine Zuwendung, zum anderen die Einigung über deren Unentgeltlichkeit.

Für alle unentgeltlichen Zuwendungen gelten **einheitliche Grundsätze**:

a) So die Regel, daß die Ansprüche der Gläubiger dem Recht dessen, der unentgeltlich erworben hat, vorgehen. Darauf beruhen die Vorschriften der §§ 816 Abs. 1 Satz 2, 822, 988 BGB; 63 Nr. 4, 226 Abs. 2 Nr. 3 KO und §§ 32, 37 Abs. 2 KO; §§ 3 Nr. 3 und 4, 7 Abs. 2 AnfG.

b) Unentgeltliche Verfügungen des Vorerben (§ 2113 Abs. 2) und des Testamentsvollstreckers (§ 2205) sind nur insoweit voll wirksam, als sie einer sittlichen Pflicht oder einer auf den Anstand zu nehmenden Rücksicht entsprechen (vgl. § 534 Rdn. 2 u. 3).

c) Der Zuwendende kann bei Vornahme der unentgeltlichen Verfügung gewisse Anordnungen über das künftige Schicksal der Zuwendung treffen. Er kann bestimmen, daß sie Vorbehaltsgut (§ 1418 Abs. 2 Nr. 2) werden soll; er kann, wenn der Empfänger unter elterlicher Gewalt oder Vormundschaft steht, das Zugewendete der Verwaltung eines Elternteils, Vormunds oder Pflegers entziehen (§§ 1638, 1909) oder eine bestimmte Art der Verwaltung anordnen (§§ 1639, 1803, 1917).

d) Die milde Haftung des Schenkers (§§ 519, 521—524, 528) greift auch bei sonstigen unentgeltlichen Zuwendungen Platz.

3 **II. Merkmale der Schenkung**

1. Vertragsschluß

a) Allgemeine Rechtsgrundsätze. Die Schenkung ist stets *Vertrag*. Auf diesen Vertrag finden die allgemeinen Rechtsgrundsätze Anwendung. Zwar kann die Zuwendung auch ohne Willen des Beschenkten erfolgen; aber auch dann gehört ein Vertrag zur Schenkung. Erst die Einigung über Zweck und Rechtsgrund der Zuwendung macht das Geschäft zur Schenkung. Für solche Fälle gibt Abs. 2 eine erleichternde Bestimmung über die Annahme des Angebots (Rdn. 4). Nach § 107 genügt zur Wirksamkeit des Schenkungsvertrages beschränkte Geschäftsfähigkeit des zu Beschenkenden. Zur Frage, wann der Minderjährige lediglich einen rechtlichen Vorteil durch die geschenkte Sache erlangt, s. die Ausführungen zu § 107. Die Zuwendung kann auch bedingt vorgenommen werden, auch so, daß von der Bedingung abhängt, ob sie Schenkung oder entgeltlicher Vertrag sein soll (vgl. RG Recht **17** Nr. 1025). Doch darf die Bedingung nicht in einem Handeln des Empfängers bestehen, woran der Zuwendende ein Interesse hat, sonst liegt ein entgeltlicher Vertrag vor (vgl. unten Rdn. 9). Wegen Schenkung unter Vorbehalt des Widerrufs s. § 530 Rdn. 7.

Bei der ohne vorgängiges Versprechen vollzogenen Schenkung (*Handschenkung*) übernimmt der Schenker keine Verpflichtung. Aber auch bei ihr liegt in der zum Begriff des Schenkens erforderlichen Einigung der Beteiligten darüber, daß die Zuwendung unentgeltlich erfolgt, ein schuldrechtlicher Vertrag in dem Sinne, daß die Einigung den Rechtsgrund schafft, der die durch die Zuwendung bewirkte Bereicherung schuldrechtlich rechtfertigt.

Die Einigung kann beiderseits auch schlüssig erklärt werden (RG **111** 153).

4 b) Erfolgt die *Zuwendung ohne den Willen des zu Beschenkenden*, so etwa durch schenkungshalber vorgenommene Geschäftsführung (Bezahlung seiner Schulden, Verschaffung eines Rechts durch Vertrag mit einem Dritten), so hat sich der Empfänger zu erklären, ob er die Zuwendung als Schenkung annehmen will (§ 516 Abs. 2). Lehnt er ab, so ist der Tatbestand der ungerechtfertigten Bereicherung gegeben. Er haftet alsdann von dem Augenblick des Empfangs an auf Herausgabe des Zugewendeten nach § 819 Abs. 1. War Befreiung von einer Schuld zugewendet, so hat er die dazu verbrauchten Mittel zu erstatten. Um aber den Schwebezustand nicht allzusehr zu verlängern, soll der Zuwendende berechtigt sein, ihm eine angemessene Frist zur Erklärung zu bestimmen. Schweigen innerhalb der Frist gilt als Annahme. Ist die gesetzte Frist zu kurz, so setzt sie die angemessene Frist in Lauf, so daß dann auch noch später abgelehnt und Widerruf wegen Undanks vermieden werden kann.

Vor der Ablehnung ist eine Rückforderung nicht möglich. Die Zuwendung ist ein Vertragsangebot, an das der Zuwendende abweichend von der Bestimmung des § 147 bis zur Ablehnung der Schenkung gebunden ist. Dafür spricht auch Satz 3, der bei ungezwungener Auslegung den Herausgabeanspruch erst nach Ablehnung zuläßt. Es steht daher dem Zuwendenden nicht frei, durch Unterlassung der Aufforderung das Zustandekommen der Schenkung zu verhindern.

Wie die ohne Willen des anderen erfolgte Zuwendung muß auch der Fall behandelt werden, daß sich die Parteien zwar über die Zuwendung, aber noch nicht über deren Grund einigen (so etwa Übersendung einer Geldsumme mit dem Zusatz: Brief folgt).

Dagegen ist die Vorschrift auf gemischte Schenkungen nicht anwendbar. Hier greifen die §§ 145 ff ohne Einschränkung Platz. Ebenso verhält es sich mit der Schenkung unter einer Auflage, schon wegen ihrer nahen Verwandtschaft mit den gemischten Schenkungen (zweifelnd RG WarnRspr. **21** Nr. 120).

2. **Zuwendung** 5

a) **Bereicherung.** Zuwendung ist jede beabsichtigte Verschaffung eines Vermögensvorteils, gleichviel, ob das Vermögen vergrößert oder eine ihm drohende Verminderung abgewendet wird. Meist liegen Verfügungen vor, wie die Übertragung von Rechten, der Erlaß einer Forderung, Verzicht auf ein sonstiges Recht. Ferner gehören die Überlassung des Gebrauchs einer Sache und die Eingehung einer Verpflichtung hierhin. Wird für den Beschenkten eine Forderung gegen den Schenker begründet, so handelt es sich um ein Schenkungsversprechen (das schenkweise Versprechen einer Leistung § 518) im Gegensatz zur Handschenkung, die die Verfügung enthält. Das Rechtsgeschäft, das die Zuwendung bewirkt, braucht nicht unmittelbar zwischen Schenker und Beschenktem vorgenommen zu sein (z. B. Zahlung oder Übernahme einer fremden Schuld). Es ist auch nicht erforderlich, daß die Zuwendung überhaupt durch Rechtsgeschäft erfolgt. Sie kann sich durch Unterlassungen vollziehen, z. B. durch Verstreichenlassen einer Rechtsmittel- oder der Wechselprotestfrist, oder durch tatsächliche Handlungen wie die Reparatur eines Hauses. Auch immaterielle Güter, mit denen ein wirtschaftlicher Vorteil verknüpft ist und ohne weiteres erlangt werden kann, können Gegenstand einer Zuwendung sein.

Die Zuwendung muß eine objektive Bereicherung des Empfängers mit sich bringen. Die Absicht, zu bereichern, ist nicht erforderlich (RG **72** 188; **94** 322). Darüber, ob eine Bereicherung vorliegt, entscheidet der wirkliche Wert des Zugewendeten (RG WarnRspr. **16** 211; RG **62** 386). Arbeits- und Dienstleistungen sowie Gebrauchsüberlassungen bereichern den Empfänger nur dann, wenn sie ihm Ausgaben ersparen. Gegenstand der Schenkung ist dann die Ersparnis, also derjenige Wert, der für eine solche Leistung üblicherweise hätte gewährt werden müssen (BGH LM BGB § 516 Nr. 2).

Es ist nicht erforderlich, daß der geschenkte Gegenstand vor der Schenkung Eigentum des Schenkers gewesen ist. Wird ein Geldbetrag geschenkt, damit sich der Beschenkte einen Gegenstand verschaffe, so kann je nach dem Inhalt der Einigung auch der Gegenstand als geschenkt anzusehen sein — *mittelbare Schenkung* — (BGH LM BGB § 313 Nr. 1; LM KO § 37 Nr. 3; BGH FamRZ 70 19; LM BGB § 531 Nr. 3). Eine mittelbare Bereicherung liegt auch vor, wenn der Schenker Geld an einen Dritten zahlt und dadurch einen Anspruch des Beschenkten gegen diesen Dritten begründet (BGH LM BGB § 331 Nr. 3).

Keine Bereicherung und daher keine Schenkung ist die Erfüllung einer rechtsverbindlichen Forderung, auch nicht die Erfüllung eines Schenkungsversprechens, obwohl die hierin liegende Zuwendung unentgeltlich erfolgt. Zur Frage, ob Bereicherung auch in der Sicherstellung des Gläubigers durch den Schuldner oder einen Dritten erfolgt, vgl. Rdn. 16. Wegen Schenkung durch Vertrag zugunsten eines Dritten s. Rdn. 17 bis 19.

b) **Entreicherung.** Die Zuwendung muß aus dem Vermögen des Zuwendenden herrühren. Der Schenker muß ärmer, sein Vermögen muß vermindert werden. Das kann auch durch unentgeltliche Gebrauchsüberlassung geschehen (Leihe, unverzinsliches Darlehen), sofern dadurch ein Ertrag aufgeopfert wird, den der Schenker sonst gewonnen hätte. Unter der gleichen Voraussetzung kann auch die *unentgeltliche Leistung von Diensten oder Arbeiten* eine Schenkung darstellen. Daß die Arbeitskraft als solche nicht zum Vermögen gehört, fällt gegenüber der Schmälerung einer Einnahmequelle nicht ins Gewicht. Eine Zuwendung bringt keine Vermögensminderung, wenn sie unmittelbar einen entsprechenden Wertzuwachs für den Zuwendenden enthält (anteilige nachträgliche Übernahme der Gründungskosten durch die Aktionäre; denn hierdurch wird der innere Wert der Aktionärrechte gesteigert, RG **59** 423). 6

Nur die Zuwendung aus dem Vermögen des Zuwendenden ist Schenkung. Keine Schenkung liegt daher vor, wenn ein Elternteil dem Kinde aus dem Vermögen des anderen Elternteils etwas zuwendet (RG **94** 241). Ebenso liegt in der Zuwendung von Todes wegen keine Schenkung (§ 2301 Abs. 1), da sie den Zuwendenden, solange er überhaupt lebt, nicht ärmer macht. Vgl. aber die vollzogene Schenkung nach § 2301 Abs. 2 und die „vorweggenommene Erbfolge" (s. Rdn. 2 u. 17).

Die Worte „aus dem Vermögen" sollen nicht besagen, daß nicht auch das ganze Vermögen verschenkt werden könnte; doch ist Schenkung des künftigen Vermögens oder eines Bruchteils davon nach § 310 nichtig.

Bestimmte Vermögensminderungen werden durch § 517 vom Schenkungsbegriff ausgeschlossen.

7 c) Keine Schenkung liegt vor, wenn jemand etwas nur als **Treuhänder** erhält, um es in vollem Umfange an einen Dritten herauszugeben. Ein Versprechen dieses Inhalts ist formlos gültig, es sei denn, daß der Geber eine eigene Schenkung an den Dritten beabsichtigt und die Schenkungsform nur umgehen will (RG **62** 390). Ist dagegen der Erstempfänger eine juristische Person, deren Satzung die Verwendung des Erlangten in der vom Geber gewünschten Richtung vorschreibt, so liegt Schenkung schon an den Erstempfänger vor. Hier werden die eigenen, bestimmungsgemäß gemeinnützigen Zwecke der juristischen Person durch die Zuwendung gefördert; die juristische Person aber ist von ihren Zwecken nicht zu trennen (vgl. RG **70** 15; **71** 140; WarnRspr. **21** Nr. 120). Ist die Pflicht, das Empfangene der Satzung gemäß zu verwenden, vom Geber bei der Zuwendung noch besonders hervorgehoben, so kann ein derartiger Hinweis die Zuwendung zur Schenkung unter Auflage machen (vgl. dazu § 525 Rdn. 4).

8 **3. Einigung über Unentgeltlichkeit**

Die Einigung der Parteien muß sich nicht nur auf die Zuwendung selbst, sondern auch auf deren Unentgeltlichkeit beziehen. Die Absicht, zu schenken, wird vom Gesetz aber nicht gefordert. Das bedeutet nicht nur, daß die Beweggründe des Zuwendenden gleichgültig sind, sondern vor allem, daß die objektive Beurteilung entscheidet. Es genügt also, wenn die Parteien über den eine entgeltliche Leistung nicht aufweisenden Sachverhalt einig sind. Die Einigung fehlt andererseits, wenn die Parteien oder eine von ihnen subjektiv die Zuwendung als Entgelt für eine vom Empfänger zu gewährende oder gewährte Leistung ansehen, so, wenn auch nur eine Seite als ihre Meinung zu erkennen gibt, daß auf die Zuwendung ein rechtlicher Anspruch bestehe. Das gleiche gilt, wenn der eine Teil durch die Zuwendung eine Verbindlichkeit erfüllen will, der andere Teil aber sich hierüber keine Gedanken macht (BGH WM **71** 1341; RG **125** 380). Mangels Einigung über die Unentgeltlichkeit liegt in der Regel keine Schenkung vor, wenn die Zuwendung zum Ausgleich für *geleistete Dienste im Familienrahmen* erfolgt. So liegt in der Regel keine Schenkung vor, wenn ein Ehemann aus seinem Verdienst Wertpapiere zur gemeinsamen Alterssicherung der Eheleute erwirbt und dabei mit seiner Frau gemeinsame Verfügungsbefugnisse vereinbart (BGH LM BGB § 1356 Nr. 18). Das gleiche gilt bei einer Zuwendung zum Ausgleich erbrechtlicher Ansprüche (BGH LM BGB § 516 Nr. 8). Keine Schenkung besteht auch bei Zuwendung im Rahmen eines eheähnlichen Verhältnisses als Ausgleich für Leistungen in diesem Verhältnis (BGH WarnRspr. **73** Nr. 16). Für geleistete Dienste gilt: Häufig werden Dienste zunächst unentgeltlich, aber doch in der erkennbar gemachten oder als selbstverständlich unterstellten Absicht geleistet, daß unter bestimmten Umständen ein Lohn dafür gezahlt werden solle. Es handelt sich dann um vorweggenommene Erfüllungshandlungen auf einen abzuschließenden entgeltlichen Vertrag. Durch die nachträgliche Entlohnung kommt der Vertrag zustande. Hieraus ergibt sich die Abgrenzung dieser Fälle von denen der belohnenden

Schenkung (§ 534) und damit die Beantwortung der Frage, ob ein Versprechen der Lohnzahlung der Form des § 518 bedarf und ob die Zuwendung des Lohnes wegen Undanks des Empfängers widerrufen werden kann. Es kommt nicht darauf an, ob die geleisteten Dienste in dem Entlohnenden „nur ein Dankgefühl" oder das „Gefühl einer wirklichen Schuld" hervorgerufen haben (so RG **94** 324), vielmehr ist auf die Auslegung der von den beiden Beteiligten während der Dienstleistungen stillschweigend abgegebenen Willenserklärungen abzustellen. Eine Schenkung liegt auch nicht bei einem „unentgeltlichen" Flächenaustausch mit einer Gemeinde in einem Erschließungsverfahren vor (BGH WarnRspr. **71** Nr. 76).

Bei der *gemischten Schenkung* (s. unten Rdn. 11) müssen sich die Vertragsparteien darüber einig sein, daß ein Teil der Leistung nicht durch die Gegenleistung abgegolten, sondern unentgeltlich zugewendet werden soll. Kann in einem gegenseitigen Vertrag eine teilweise Schenkung des Erblassers liegen, so spricht bei einem groben Mißverhältnis zwischen seiner Leistung und der Leistung des anderen Teils eine tatsächliche Vermutung dafür, daß sich die Vertragschließenden über die Unentgeltlichkeit der dem anderen Teil zugewendeten Bereicherung einig waren (BGH **59** 132).

Die Einigung über die Unentgeltlichkeit der Zuwendung kann sich auch in der Weise vollziehen, daß der Schenker ein Schenkungsangebot einem Dritten zur Weiterleitung an den Beschenkten erklärt und dieser das Angebot dem Willen des Schenkers entsprechend nach Maßgabe des § 151 annimmt (BGH LM BGB § 331 Nr. 3).

4. Unentgeltlichkeit 9

a) Allgemeines. *Rechtliche Bedeutung von Gegenleistungen.* Unentgeltlich ist nicht gleich mit freiwillig. Unentgeltlich ist die Zuwendung, bei der der Verminderung des Vermögens keine Gegenleistung gegenübersteht (RG **125** 380). Die synallagmatische Verknüpfung von Leistung und Gegenleistung genügt, um die einander versprochenen Leistungen als entgeltliche anzusehen (BGH WM **56** 353). Entgeltlichkeit ist gegeben, gleichgültig, ob die Gegenleistung Bedingung der Leistung ist (konditionale Verknüpfung) oder als Zweck der Leistung vereinbart wird (kausale Verknüpfung, RG **163** 356; BGH NJW **51** 268). Stets ist ein rechtlicher, nicht bloß tatsächlicher, wirtschaftlicher Zusammenhang der beiden Leistungen erforderlich.

Entgeltlich ist eine Zuwendung auch, wenn die *Gegenleistung nicht geldwerter Art* ist. So etwa Abfindung des geschiedenen Ehegatten für Belassung der Kinder beim Schuldigen (RG WarnRspr. **15** Nr. 102); Verzicht auf Widerklage und Einverständnis mit Scheidung ohne Verschulden (BGH LM BGB § 138 [Cd] Nr. 4); Entschädigung der Braut für Aufgabe einer gesicherten Lebensstellung (RG Recht **19** Nr. 1949); vgl. auch RG **98** 177. Eine Leistung ist auch dann entgeltlich, wenn die Gegenleistung nicht dem Leistenden, sondern einem Dritten erbracht wird (RG **112** 368). So, wenn während eines Scheidungsstreits eine Frau, die den klagenden Mann heiraten will, der beklagten Ehefrau eine Unterhaltsrente dafür verspricht, daß sie auf Widerklage wegen Ehebruchs des Klägers verzichtet und mit Scheidung ohne Verschulden einverstanden ist (BGH LM BGB § 138 [Cd] Nr. 4; s. dazu *Boehme* MDR **58** 4). Es braucht auch keine Schenkung zu sein, wenn ein Fremder oder der künftige Schwiegervater dem Bräutigam so, daß dieser einen eigenen Anspruch darauf erwirbt, eine Mitgift verspricht; das Entgelt kann in der Übernahme der Ehelasten bestehen.

Der Umstand, daß eine Leistung im Verhältnis zum Leistungsempfänger die Bedeutung der Erfüllung eines gegenseitigen entgeltlichen Vertrages hat, steht ihrer gleichzeitigen Eigenschaft als einer unentgeltlichen (schenkweisen) Zuwendung im Verhältnis zu einem durch diese Leistung begünstigten Dritten nicht entgegen (RG **128** 190; BGH LM BGB § 531 Nr. 3).

10 **b)** Ein Geschäft ist nicht bloß deshalb, weil objektiv ein auffälliges **Mißverhältnis zwischen Leistung und Gegenleistung** besteht, in einen entgeltlichen und einen unentgeltlichen Teil zu zerlegen. Es ist Sache der Parteien, wie hoch sie die Leistungen einschätzen (RG **81** 365). Da der Minderwert der einen Leistung durch die besondere Art ihrer Verwendung oder durch andere Umstände ausgeglichen werden kann, ist es möglich, daß das ganze Geschäft als entgeltliches gewollt ist. Die Bewertung von Leistung und Gegenleistung durch die Parteien ist aber für die Frage der Unentgeltlichkeit dann nicht maßgebend, wenn sie auf Willkür beruht oder jeder sachlichen Grundlage, die sie rechtfertigen könnte, entbehrt (BGH LM BGB § 516 Nr. 4). Ein nicht vorhandenes Entgelt kann nicht durch den Willen der Vertragschließenden ersetzt werden (RG HRR **34** Nr. 1441). Das ist insbesondere für Ansprüche Dritter (Pflichtteils- oder Anfechtungsberechtigte) von Bedeutung. Mitunter wird absichtlich der Schein der Entgeltlichkeit hervorgerufen, um die Schenkung zu verhüllen (*verschleierte Schenkung*). So kann, wenn als Zweck der Zuwendung die Vergütung angeblich geleisteter Dienste genannt wird, eine auffallende Höhe die Annahme rechtfertigen, daß in Wahrheit nur eine Schenkung vorliegt (vgl. auch § 518 Rdn. 1).

11 **c)** Bei einem Mißverhältnis zwischen Leistung und Gegenleistung besteht auch die Möglichkeit, daß dasselbe einheitliche und untrennbare Geschäft — der Fall der Trennbarkeit, z. B. Verkauf eines Grundstücks unter schenkungsweiser Überlassung des Inventars, gehört nicht hierher — nach dem erklärten Willen der Parteien beides, sowohl eine entgeltliche Zuwendung wie eine unentgeltliche, umfaßt. Das ist die **gemischte Schenkung**. Das BGB enthält über sie keine Bestimmungen. Die Ungleichwertigkeit von Leistung und Gegenleistung genügt aber in der Regel nicht, um eine teilweise Unentgeltlichkeit zu begründen; es muß noch ein weiteres Merkmal hinzutreten, z. B. die Rechtsgrundlosigkeit der Zuwendung (RG **105** 248; **163** 357; BGH **10** 357; **37** 364; LM BGB § 2205 Nr. 10). Im allgemeinen wird eine Schenkung nicht vermutet; nicht jeder zweiseitige Vertrag, der dem einen Teil einen größeren Vorteil bringt als dem anderen, kann schon als Schenkung des Mehrwerts angesehen werden; vielmehr muß auch der auf eine unentgeltliche Zuwendung des Mehrwerts gerichtete Wille beider Parteien hervortreten, wenn von einer gemischten Schenkung die Rede sein soll (RG **163** 259). *Übergabeverträge* zwischen Eltern und Kindern bilden regelmäßig gemischte Schenkungen (BGH LM BGB § 2330 Nr. 2). Das RG (RG **68** 326; **148** 236; **163** 257) zerlegt die gemischte Schenkung ihrer Eigenart entsprechend in einen entgeltlichen und in einen unentgeltlichen Bestandteil, gleichviel, ob der Gegenstand des Rechtsgeschäfts teilbar (z. B. Geld) oder unteilbar (z. B. ein lebendes Tier) ist. Im letzteren Fall führt die Zerlegung des Geschäfts nicht durchweg zum sachgerechten Ergebnis (BGH **30** 120).

Wird eine Sache schenkungsweise unter dem Wert verkauft (sog. Freundeskauf), so ist das Geschäft teils Kauf, teils Schenkung, und zwar Schenkung in Höhe der gewollten Unentgeltlichkeit. Ist ein Einverständnis der Parteien über die Höhe der unentgeltlichen Zuwendung nicht zum Ausdruck gekommen, so muß der Wert der beiderseitigen Leistungen, allerdings nur als Beweismittel für den Parteiwillen, den Ausschlag geben (RG **68** 328).

12 **d) Einzelfragen der gemischten Schenkung:** § 516 Abs. 2 findet keine Anwendung. Die Form des § 518 ist zu beachten, d. h., das Leistungsversprechen als solches, nicht nur seine teilweise unentgeltliche Natur, muß beurkundet werden, wenn der geschenkte Gegenstand eine Einheit darstellt (vgl. § 518 Rdn. 1). Über die Herausgabe bei Nichterfüllung einer Auflage, über den Widerruf wegen Undanks und die Rückforderung wegen Notbedarfs bei der gemischten Schenkung vgl. §§ 527 Rdn. 3, 528 Rdn. 5, 531 Rdn. 3.

Die Anfechtbarkeit einer gemischten Schenkung als entgeltlicher oder als unentgeltlicher Verfügung hängt davon ab, ob eine Trennung in ein entgeltliches oder ein unentgeltliches Geschäft möglich ist oder der Hauptzweck des Geschäfts eine unentgeltliche Verfügung war (BGH LM BGB § 1362 Nr. 2).

Die gegenüber dem Schenkungsrecht strengere Verkäuferhaftung ist insoweit anzuwenden, als infolge eines Verschuldens des Verkäufers oder infolge eines Sach- oder Rechtsmangels der Wert des Kaufgegenstandes hinter dem Entgelt zurückbleibt (vgl. auch die entsprechende Bestimmung der Auflagenschenkung in § 526).

Das Vorkaufsrecht kann einer gemischten Schenkung gegenüber nicht ausgeübt werden (s. § 504 Rdn. 8).

III. Einzelne Fälle von Zuwendungen und ihre Abgrenzung von der Schenkung 13

1. Unmittelbare Zuwendungen

a) Die Erfüllung einer unvollkommenen (**natürlichen**) **Verbindlichkeit** (z. B. §§ 656, 762, 764; Befriedigung der Gläubiger nach konkursmäßigem Zwangserlaß) ist ebenso entgeltlich, wie wenn die Schuld klagbar wäre; auch hier wird der Leistende von einer rechtlichen Verpflichtung befreit. Anders die Erfüllung einer bloß **sittlichen Pflicht**, die in § 534 auch ausdrücklich als Schenkung bezeichnet wird (RG **120** 253; **125** 380). Die Gewährung einer *Ausstattung*, soweit sie das den Umständen und den Vermögensverhältnissen des Versprechenden zur Zeit der Erteilung des Versprechens entsprechende Maß nicht übersteigt, ist sittliche Pflicht und wird daher schon durch § 1624 Abs. 1 dem Schenkungsrecht entzogen. Das Versprechen ist daher formfrei, und es besteht kein Anspruch auf Widerruf wegen Undanks. Übersteigt eine Zuwendung das durch eine sittliche Pflicht oder den Anstand gebotene Maß, so liegt regelmäßig hinsichtlich des Mehrwerts eine gemischte Schenkung vor (für Übergabevertrag zwischen Eltern und Kindern BGH LM BGB § 2330 Nr. 2). Der Umstand, daß ein Unterhaltsversprechen abgegeben ist, obwohl ein Rechtsanspruch auf Unterhalt nicht bestand, verleiht dem Versprechen nicht notwendig das Wesen einer Schenkung, so etwa ein Unterhaltsversprechen gegenüber einer Frau, nachdem die Ehe aus deren Alleinverschulden geschieden worden ist (RG DR **41** 2611).

b) Ein arbeitsrechtliches **Ruhegehaltsversprechen** ist nicht die Zusage einer unentgeltlichen Zuwendung. Ein solches Versprechen wird zwar vielfach freiwillig gewährt, jedoch nicht als unentgeltliche Leistung, sondern als Ausfluß der Fürsorgepflicht (BAG JZ **56** 322). In diesen Fällen unterliegt das Versprechen nicht der Form des § 518 und die Zahlungen nicht der Schenkungssteuer oder der Lohnsteuer. Sowohl der Umstand, daß das Versorgungsversprechen erst längere Zeit nach Beendigung des Arbeitsverhältnisses abgegeben wird, wie der Umstand, daß das Arbeitsverhältnis, um dessentwillen die Versorgung versprochen wird, nicht übermäßig lange bestanden hat, stehen der Annahme eines arbeitsrechtlichen Versorgungsversprechens nicht unbedingt entgegen. Wenn aber andere als arbeitsrechtliche, die Unentgeltlichkeit nicht ausschließende Gründe für die Erteilung des Versprechens maßgebend sind, so ist die Form des § 518 zu wahren (BAG **8** 42). Ein Versorgungsversprechen kann auch der Witwe eines Arbeitnehmers, auch wenn sie selbst nicht versorgungsberechtigt ist, im Hinblick auf das Arbeitsverhältnis des Ehemannes erteilt werden. Wird aber ein Versprechen der Witwe eines mit dem Arbeitgeber verwandten Arbeitnehmers erteilt, so bedarf es der Form des § 518, wenn die Zusage überwiegend aus familiären Rücksichten gegeben worden ist (BAG BB **65** 1458). Keine Schenkungen sind auch Zuwendungen an Pensions- und Unterstützungskassen. 14

Zur Frage der schenkweisen Bestellung einer **Leibrente** vgl. *Reinhart*, Festschrift Wahl 1973, 261.

15 c) Wird **fremde Schuld erfüllt**, so geschieht das im Verhältnis zum Schuldner entgeltlich oder unentgeltlich, je nach den Beziehungen des Erfüllenden zum Schuldner. Eine unentgeltliche Zuwendung des Leistenden an den Gläubiger liegt im allgemeinen nicht vor. Der Gläubiger ist nicht bereichert; er erhält nur, was er zu beanspruchen hat. Anders kann es sein, wenn der Schuldner mittellos und die Forderung des Gläubigers wertlos ist. Ebenso, wenn jemand nicht erfüllt, sondern dem Gläubiger den Betrag, den er durch Mittellosigkeit des Schuldners verlieren würde, zuwendet. Vgl. hierzu noch RG **51** 416.

16 d) **Leistet** der Schuldner seinem Gläubiger, der zwar Erfüllung, aber nicht Sicherung verlangen kann, **Sicherheit,** ohne eine Gegenleistung, etwa durch Stundung oder Herabsetzung des Zinsfußes, dafür zu erlangen, so wendet er dem Gläubiger zwar etwas zu; eine Schenkung nimmt er aber nicht vor, denn der Gläubiger ist nicht bereichert. Dafür spricht auch, daß der Gläubiger mit Hilfe der Sicherheiten nur erhält, was ihm gebührt. Daß der Anspruch des Gläubigers wirtschaftlich wertvoller geworden sein mag, ist unerheblich; der Gläubiger würde auch nicht bereichert sein, wenn sich der Wert seiner Forderung durch späteren Vermögenszuwachs des Schuldners gesteigert hätte. Ebenso verhält es sich, wenn jemand dem Gläubiger eines Dritten, ohne dem Dritten verpflichtet zu sein oder dessen Geschäfte zu führen, unentgeltlich durch Verbürgung oder Pfandbestellung Sicherheit leistet. Für eine Schenkung an den Gläubiger fehlt es an dessen Bereicherung. Etwas anderes ist es, wenn die Forderung uneinbringlich ist (RG **90** 177, 181). Dagegen kann im Verhältnis zum Schuldner Schenkung vorliegen, wenn der Bürge oder Pfandgläubiger auf Rückgriff verzichtet (BGH LM BGB § 516 Nr. 2; BGH WM **56** 667).

Entsprechend sind der *Erlaß einer Bürgschaftsforderung* und der *Verzicht auf ein Pfandrecht für fremde Schuld* zwar unentgeltliche Zuwendungen des Gläubigers an denjenigen, gegen den sich das Recht richtet, aber keine Schenkungen an den Hauptschuldner, da der Gläubiger seine Forderung behält.

Auch die unentgeltliche Vorrangseinräumung eines Hypothekengläubigers zugunsten eines anderen kann eine Bereicherung mit sich bringen und deshalb Schenkung sein (RG **48** 136; bestr.).

17 **2. Verträge zugunsten Dritter**

a) Zuwendungen auf den Todesfall. Vielfach erscheint der Vertrag zugunsten Dritter im Zusammenhang mit einer unentgeltlichen Zuwendung, die erst nach dem Ableben des Zuwendenden wirksam werden soll. Durch Vertrag zugunsten eines Dritten kann ohne Einhaltung der für Schenkungen von Todes wegen geltenden Formvorschriften (§ 2301) einem Dritten ein schuldrechtlicher Anspruch dann zugewendet werden, wenn es sich im Verhältnis zwischen dem Versprechensempfänger und dem Dritten um eine unentgeltliche (schenkweise) Zuwendung handelt und der Anspruchserwerb des Dritten erst mit dem Tode des Versprechensempfängers eintreten soll (BGH **41** 95). So kann für ein Bank- oder Sparguthaben vereinbart werden, daß es mit dem Tode des Einzahlers einem anderen als dessen Erben zustehen soll (BGH **46** 198). Dementsprechend ist auch ein Bausparvertrag formlos wirksam, der für den Todesfall des Bausparers einen Dritten begünstigt (BGH LM BGB § 331 Nr. 3). Das gleiche gilt von der Lebensversicherung zugunsten eines Dritten (RG **128** 189). Ebenso kann über eine Sache ein Verwahrungsvertrag geschlossen oder ein Auftrag mit der Abrede erteilt werden, daß mit dem Tode des Hinterlegers oder Auftraggebers ein Dritter den Anspruch gegen den Verwahrer oder Beauftragten erwirbt. Bei derartigen Geschäften deckt sich der verfolgte wirtschaftliche Zweck nicht mit der gebrauchten Rechtsform. Sachlich kommt es dem Verfügenden darauf an, einer ihm nahestehenden Person nach seinem Tode einen

Vermögensvorteil durch Begründung einer Forderung zu verschaffen. Das ist an sich der wirtschaftliche Zweck eines Vermächtnisses; ein Vermächtnis im Sinne des Gesetzes wird aber nicht angeordnet. Auch eine sonstige Verfügung von Todes wegen liegt nicht vor, da sich das Geschäft nicht auf den Nachlaß bezieht. Auch wenn die Leistung an den begünstigten Dritten unentgeltlich erfolgen soll, bedarf es der Beobachtung der Formvorschriften für den Vertrag mit dem zur Leistung an den Dritten Verpflichteten nicht. Bei Verträgen zugunsten Dritter ist für die Frage einer etwaigen Formbedürftigkeit nur das Verhältnis zwischen den Vertragsparteien, also dem Zuwendenden und dem die Leistung Versprechenden, von Bedeutung. Zwischen dem Dritten als Bedachtem und dem Zuwendenden kann allerdings ein Schenkungsversprechen dadurch zustande kommen, daß der Zuwendende zugleich mit dem Abschluß des Vertrages zugunsten des Dritten gegenüber seinem Vertragsgegner sein Angebot eines Schenkungsversprechens zur Weiterleitung an den Bedachten erklärt und dieser es entsprechend dem Willen des Zuwendenden stillschweigend annimmt. Dabei wird ein Formmangel des Schenkungsversprechens durch Erfüllung geheilt (RG **128** 187; BGH **41** 95). Die Rechtsprechung hat denn auch die Wirksamkeit von unentgeltlichen Zuwendungen durch Verträge zugunsten Dritter auf den Todesfall anerkannt (RG **80** 175; **88** 137; **106** 1; **128** 187; BGH **8** 23; **22** 186, 194; **41** 95; **46** 198). Vgl. auch *Westhoff*, Freundesgabe für Hengeler 1972, 255 = Betrieb **72** 809; *Walter* NJW **71** 2311; **72** 1356; *Finger* NJW **72** 497.

b) Treuhänderische Übertragung. Ein Sparkassenbuch oder Wertpapier können einem Dritten auch in der Weise geschenkt werden, daß der Schenker diese Gegenstände treuhänderisch einem anderen mit der Weisung überträgt, sie dem Dritten nach dem Tode des Schenkers zu übereignen. Alsdann hat der Beauftragte namens und in Vollmacht des Zuwendenden dem Dritten das Eigentum zu übertragen. **18**

c) Lebensversicherung. Ist ein Lebensversicherungsvertrag zugunsten eines Dritten abgeschlossen worden und sind sich der Zuwendende und der Zuwendungsempfänger über die Unentgeltlichkeit der Zuwendung einig, so ist der Vertrag schenkweise, nicht bloß unentgeltlich eingegangen. Alsdann sind die aufgewendeten Prämienzahlungen, dagegen nicht die Versicherungssumme, für den Anspruch auf Ergänzung des Pflichtteils nach § 2325 zu berücksichtigen (RG **128** 187). **19**

3. Gesellschaftsrechtliche Verträge **20**

Die Aufnahme eines Gesellschafters in eine bestehende OHG ist im allgemeinen auch dann keine Schenkung, wenn dieser eine besondere Einlage nicht zu erbringen hat. Auch wenn die Aufnahme unter besonders günstigen Bedingungen für den neuen Gesellschafter erfolgt, liegt darin im allgemeinen keine unentgeltliche Zuwendung, weil der Aufgenommene mit seinem Eintritt in die Gesellschaft die Pflichten eines Gesellschafters und damit die Haftung für die Verbindlichkeiten der Gesellschaft übernimmt und in der Regel auch zum Einsatz seiner vollen Arbeitskraft im Dienste des Gesellschaftsunternehmen verpflichtet ist (BGH LM BGB § 516 Nr. 3; BGH WM **65** 359; RG **145** 289).

IV. Sittenwidrige Schenkungen **21**

Schenkungen, die gegen die guten Sitten verstoßen, sind wie sonstige sittenwidrige Verträge nach § 138 nichtig. Eine besondere Rolle spielen *Schenkungen an eine Geliebte* zum Nachteil von Familienangehörigen. Es sind die gleichen Gesichtspunkte zu prüfen, wie sie bei letztwilligen Zuwendungen zu beachten sind (BGH LM BGB § 138 [Cd] Nr. 11). Die Rechtsprechung hat angenommen, ein Rechtsgeschäft, durch das einer

Frau für ehebrecherische Beziehungen eine Belohnung gewährt oder sie zur Fortsetzung derartiger Beziehungen bestimmt werden solle, sei sittenwidrig. Trage aber die Zuwendung nicht ausschließlich einen derartigen Entgeltcharakter, bilde mithin nicht allein die Belohnung für geschlechtlichen Umgang oder die Bestimmung zu einem solchen den Grund für die Zuwendung an die Bedachte, dann könne auch nicht allein mit der Tatsache, daß die Bedachte zu dem Zuwendenden in geschlechtlichen Beziehungen gestanden habe, die Sittenwidrigkeit des Zuwendungsgeschäfts begründet werden (BGH **53** 369, 376). Die Schenkung einer Gemeinde kann gegen die guten Sitten verstoßen, wenn die Vertragsteile wissen und billigen, daß die Zuwendung von der Gemeinde nur unter grober Verletzung der für die Haushaltsführung der Gemeinde bestehenden gesetzlichen Bestimmungen gemacht werden kann (BGH **36** 395; OLG Köln UFITA **70** 337, hier Schenkung eines Cranach-Gemäldes durch die Stadt Köln an die Tochter Hermann Górings im Jahre 1938).

22 **V. Beweisfragen**

Die in der Vertragsurkunde enthaltene Wertangabe darf bei der Prüfung, ob eine Schenkung vorliegt, nicht schlechthin als maßgebend behandelt werden; es kommt immer auf die wirkliche Sachlage an. Eine Vermutung für den Schenkungscharakter von Leistungen ***unter nahen Verwandten*** kennt das Gesetz nur in den engen Fällen der §§ 685, 1618. Auch wenn bei der Leistung die Rücksicht auf das Verwandtschaftsverhältnis mitspielt, wird dadurch die gewollte Entgeltlichkeit nicht schlechthin ausgeschlossen. Doch entspricht es der Lebenserfahrung, wenn die Rechtsprechung bei Geld- oder Sachhingaben zwischen Eheleuten, selbst wenn sie in Gütertrennung leben, eine tatsächliche Vermutung für die Schenkung annimmt (BGH WM **71** 1338; RG JW **19** 242; WarnRspr. **20** Nr. 105).

Sind Schenkungen auch im allgemeinen nicht zu vermuten, so folgt daraus noch nicht, daß derjenige, der Rückzahlung eines angeblichen Darlehens verlangt, während der Beklagte Schenkung einwendet, von der Beweispflicht für das Darlehen befreit wäre. Es kommt lediglich darauf an, daß der Beklagte das Darlehen bestreitet (RG JW **06** 462).

Wird gegenüber einer Eigentumsherausgabeklage Schenkung eingewendet, so hat nach § 1006 Abs. 1 der Kläger zu beweisen, daß eine Schenkung nicht vorgelegen hat. Ist allerdings der Eigentumsübergang unstreitig, dagegen bestritten, ob der Beklagte die vom Kläger herausverlangten Gegenstände treuhänderisch oder auf Grund von Schenkung besitzt, so hat nicht der Beklagte die Schenkung, sondern der Kläger den Treuhandvertrag als Klagegrund zu beweisen (BGH WM **62** 1372).

Auch wenn die Nichtvalutierung einer Darlehenshypothek feststeht, dringt wegen der legitimierenden Kraft des Grundbucheintrags der Eigentümer nach §§ 891, 1138 mit seiner Löschungsklage nur durch, wenn er die Behauptung des Gläubigers, die Schuld sei schenkweise begründet worden, widerlegt (RG **98** 124).

Wird der Besitzer eines *Sparkassenbuches* auf Herausgabe in Anspruch genommen und verweigert er die Herausgabe, weil ihm das Guthaben geschenkt worden und die Guthabenforderung abgetreten worden sei, so trifft den Besitzer die Beweislast für die Schenkung, da § 1006 nicht für Sparbücher und die sonstigen Legitimationspapiere des § 952 gilt. Der Besitz des Sparbuches kann allerdings ein Beweisanzeichen für die Schenkung des Sparguthabens sein, wenn für die Übergabe des Sparbuches eine sonstige vernünftige Erklärung fehlt (BGH LM BGB § 1006 Nr. 13). Auch kann es ein gewichtiges Beweisanzeichen sein, daß das Sparbuch auf den Namen des Besitzers umgeschrieben ist.

Die Person des Beschenkten kann bei *Hochzeitsgeschenken* zweifelhaft sein. Sofern ein Stück nicht erkennbar für den persönlichen Gebrauch eines der Ehegatten bestimmt ist, ist im allgemeinen anzunehmen, daß beide beschenkt sein sollen, mag auch der Schenker nur dem einen nahestehen.

§ 517

Eine Schenkung liegt nicht vor, wenn jemand zum Vorteil eines anderen einen Vermögenserwerb unterläßt oder auf ein angefallenes, noch nicht endgültig erworbenes Recht verzichtet oder eine Erbschaft oder ein Vermächtnis ausschlägt.

I. Unterlassen eines Vermögenserwerbs zum Vorteil eines anderen 1

Dieser Tatbestand setzt voraus, daß ein Vermögenserwerb noch nicht stattgefunden hat. Daß es keine Schenkung ist, wenn jemand eine rein tatsächliche Erwerbsgelegenheit nicht wahrnimmt und ein anderer sie infolgedessen benutzen kann, folgt schon aus § 516, weil damit nichts aus dem Vermögen zugewendet wird. Durch § 517 wird aber die Nichtausbeutung besonderer Rechtslagen, wie sie z. B. die Nichtannahme eines Vertragsantrags, die Nichtgenehmigung eines Rechtsgeschäfts, die Unterlassung der Anfechtung wegen Willensmängeln oder die Versäumung einer Frist darstellen, von dem Recht der Schenkung ausgeschlossen.

Nicht unter § 517 fällt, wenn jemand, der einen Anspruch auf Übereignung einer beweglichen Sache hat, mit einem Dritten, dem er schenken will, vereinbart, daß sofort mit der Übergabe an ihn das Eigentum durch Besitzmittlungsverhältnis auf den Dritten übergehen soll (vgl. RG JW 06 161).

II. Verzicht auf angefallene, noch nicht endgültig erworbene Rechte 2

Darunter ist grundsätzlich auch der Verzicht auf *Anwartschaften*, namentlich auf aufschiebend bedingte Rechte zu verstehen. Fraglich kann sein, ob unter § 517 auch der Verzicht des Vorbehaltskäufers auf seine Anwartschaft fällt (so OLG Schleswig SchlHA 49 23). Einerseits ist die Anwartschaft ein verkehrsfähiges absolutes Recht (§ 455 Rdn. 25), das in diesem Sinn endgültig erworben ist. Vom Eigentum her betrachtet ist es aber nur eine „Vorstufe" zum Eigentumserwerb. Die Auffassung, der Vorbehaltskäufer verzichte auf das noch nicht endgültig erworbene Eigentum und die Kaufsache sei noch nicht endgültig in das Vermögen des Vorbehaltskäufers geflossen, § 517 sei daher anwendbar, erscheint vertretbar. Befristete Rechte werden von § 517 nicht erfaßt. So ist der Erlaß künftiger Miet- oder Darlehenszinsen als Schenkung anzusehen.

III. Ausschlagung

Erbschaft und Vermächtnis werden zwar kraft Gesetzes erworben. Da der Erwerb aber durch einseitige Erklärung (Ausschlagung) mit rückwirkender Kraft wieder aufgehoben wird (§§ 1953, 2180), soll nach § 517 die Ausschlagung nicht als Schenkung behandelt werden.

Dasselbe gilt für den Verzicht auf den Pflichtteilsanspruch. Die Bestimmung des § 2317 ist dahin auszulegen, daß der Pflichtteilsanspruch zwar mit dem Erbfall entsteht, aber durch den Verzicht des Berechtigten auflösend bedingt ist. Daß das Gesetz diesen Standpunkt teilt, ergibt sich außer aus § 852 Abs. 1 ZPO namentlich aus §§ 1643 Abs. 2, 1822 Nr. 2, wonach Eltern und Vormund, die nach §§ 1641, 1804 nicht in Vertretung des Kindes schenken können, mit Genehmigung des Vormundschaftsgerichts für das Kind auf den Pflichtteil verzichten können.

§ 518

Zur Gültigkeit eines Vertrags, durch den eine Leistung schenkweise versprochen wird, ist die notarielle Beurkundung des Versprechens erforderlich. Das gleiche gilt, wenn ein Schuldversprechen oder ein Schuldanerkenntnis der in den §§ 780, 781 bezeichneten Art schenkweise erteilt wird, von dem Versprechen oder der Anerkennungserklärung.

Der Mangel der Form wird durch die Bewirkung der versprochenen Leistung geheilt.

Übersicht

	Rdn.		Rdn.
I. Formzwang	1, 2	II. Heilung des Formmangels	3, 4
1. Allgemeines	1	1. Erfüllung des Schenkungsversprechens	3
2. Formzwang für abstrakte Versprechen	2	2. Einzelfälle der Vollziehung	4

1 **I. Formzwang**

1. Allgemeines

Zweck der Formvorschrift ist, den Schenker *vor Übereilung* zu *schützen.* Daneben soll einer *Umgehung der Formvorschriften für die Verfügungen von Todes wegen vorgebeugt* werden. Das Gesetz hat keine allgemeine Schenkungsform aufgestellt, sondern nur das Schenkungsversprechen dem Beurkundungszwang unterworfen. Darunter fallen auch Schenkungsversprechen, denen eine sittliche oder Anstandspflicht zugrunde liegt (RG **125** 380), und Zahlungsversprechen eines Mannes zugunsten einer Frau, die mit ihm in einem eheähnlichen Verhältnis lebt (BAG NJW **59** 1511). Das Schenkungsversprechen von Kaufleuten unterliegt der Form des § 518, selbst wenn es ein Handelsgeschäft ist. Bei einem gemischten Schenkungsversprechen bedarf dieses nur insoweit der Form, als Schenkung vorliegt (RG **101** 99; **148** 220). Ist aber nach Lage der Dinge anzunehmen, daß das Ganze als Einheit geschenkt ist, bedarf der ganze Vertrag der Form.

Der Umstand, daß das Versprechen schenkweise erfolgt, braucht nicht urkundlich offenbar gemacht zu werden, kann vielmehr verschleiert werden (RG **98** 124; **101** 101; s. auch § 516 Rdn. 10). Die *Beurkundung* muß das Versprechen, nicht eine bloße Vollmacht zum Inhalt haben (RG JW 20 490: Auflassungsvollmacht mit Ermächtigung, an sich selbst aufzulassen).

Die Annahmeerklärung des Beschenkten kann formlos, auch stillschweigend erfolgen und wird unter den Umständen des § 516 Abs. 2 als erfolgt angenommen.

Seit Inkrafttreten des BeurkundungsG (1. 1. 70) ist nur die notarielle Beurkundung zulässig. Bis dahin war auch gerichtliche Beurkundung vorgesehen.

Das *formlose Schenkungsversprechen* ist *nichtig.* Auch durch Einkleidung eines formlosen Schenkungsversprechens in ein Darlehen oder durch Umwandlung in ein solches (§ 607 Abs. 2) wird an der Ungültigkeit nichts geändert.

Neben der Form des § 518 finden die sonstigen Formvorschriften Anwendung. So §§ 311, 317, 2371, 2385; vgl. ferner § 312 Abs. 2; § 15 Abs. 3, 4 GmbHG.

2 **2. Formzwang für abstrakte Versprechen**

Da das Gesetz durch den Formzwang übereilte Schenkungsversprechen verhüten will, faßt es auch ein abstraktes Versprechen, das schenkweise erteilt ist, nicht als eine den Formzwang entbehrlich machende Vollziehung der Schenkung auf. Auch ein solches Versprechen muß vielmehr notariell beurkundet werden. Unterbleibt die Beurkundung, so ist es nichtig. Es greift nicht etwa nur die Bereicherungseinrede des § 821 Platz.

Statt von abstraktem Versprechen spricht das Gesetz nur von dem Schuldversprechen des § 780 und dem Schuldanerkenntnis des § 781. Gedacht ist die Vorschrift aber allgemein und muß daher *auch* auf die *Leibrente* (§ 759), das *Anweisungsakzept* des Schenkers (§ 784) und namentlich auf die *wechsel- und scheckmäßigen Versprechen* (RG 71 289; WarnRspr. **18** Nr. 165) bezogen werden. Die geschenkweise erteilte Wechselunterschrift verpflichtet aber gegenüber einem gutgläubigen Dritten (Art. 17 WG); dagegen hat der Schenker gegenüber dem Beschenkten den Einwand der formlosen Schenkung.

II. Heilung des Formmangels 3

1. Erfüllung des Schenkungsversprechens

Die sofort vollzogene Schenkung (Handschenkung) ist gültig. Darüber hinaus ordnet Abs. 2 die Heilung des formlosen Versprechens an. Auch wenn die Leistung in Unkenntnis der Nichtigkeit des Schenkungsversprechens erfolgt ist, ist ein Bereicherungsanspruch des Beschenkten ausgeschlossen, weil durch die Leistung der Schuldgrund entsteht. Die *Schenkung* ist auch dann *vollzogen*, wenn der Versprechende, der sich irrtümlich für verpflichtet hält, mit Zustimmung des Vertragsgegners eine andere als die vermeintlich geschuldete Leistung bewirkt. Ändern die Parteien das Versprechen bei der Leistung nicht ab, so wird es so gültig, wie es erteilt war, also mit denselben Bedingungen, Auflagen oder sonstigen Nebenbestimmungen. Sofern es sich um eine gemischte Schenkung handelt, wird das Geschäft in der vereinbarten Verbindung mit dem entgeltlichen Teil des Geschäfts wirksam.

Die Worte „Bewirkung der versprochenen Leistung" schließen nicht aus, auch der Hingabe an Erfüllungs Statt (§ 364) heilende Wirkung zuzubilligen.

Stets muß die Leistung freiwillig erfolgt sein; Beitreibung auf Grund eines fehlgehenden vorläufig vollstreckbaren Urteils würde nicht genügen.

Ein Dritter, der ohne Auftrag des Versprechenden leistet, führt keine Heilung herbei.

Teilweise Erfüllung macht das Versprechen insoweit gültig, als sie reicht. Während die Gültigkeit des erfüllten Teils durch die Ungültigkeit des nicht erfüllten Teils nicht beeinträchtigt wird, kann andererseits die weitere Erfüllung der formlosen Zusage nicht beansprucht werden (RG **77** 335; Gruchot **60** 1002). Ein formlos auf längere Zeit (Lebenszeit) erteiltes Schenkungsversprechen wird daher durch Bewirkung von Leistungen nur für die Zeit geheilt, für die die Leistungen erfolgt sind (BAG **8** 46).

Bedingter Vollzug genügt zur Heilung (RG WarnRspr. **21** Nr. 95; OLG Hamburg NJW **61** 76).

Handlungen, die die Vollziehung nur sichern oder sie vorbereiten sollen, heilen ein formloses Schenkungsversprechen nicht:

Ungenügend ist daher die bloße Gutschrift in den Geschäftsbüchern des Schenkers (RG WarnRspr. **12** Nr. 101) oder die Bestellung einer Hypothek zur Sicherung des schenkweise Versprochenen (RG **88** 366). Wird jemand in Form einer Innengesellschaft an dem Gesellschaftsvermögen eines anderen unentgeltlich beteiligt, so liegt darin noch keine Vollziehung der Schenkung (BGH 7 174; 7 378; *Fischer* JR **62** 203; a.A. *Hueck* NJW **53** 138; *Würdinger* JZ **53** 226; *von Godin* JR **53** 171).

Der Umstand, daß das Schenkungsversprechen selbst bedingt oder befristet oder unter Vorbehalt jederzeitigen Widerrufs gegeben ist, steht dem Begriff der Vollziehung nicht entgegen.

Nur der Formmangel des Schenkungsversprechens wird durch Vollziehung der Schenkung geheilt. Leidet das Geschäft noch an anderen Mängeln, etwa an Verstößen gegen andere Formvorschriften, so bleibt es unwirksam. Umgekehrt tritt keine Heilung der Form des § 518 ein, wenn nur andere Formfehler geheilt werden. Ein Schenkungsversprechen, durch das der Grundstücksverkäufer dem Käufer formlos zusichert, eine in Anrechnung auf den Kaufpreis zu übernehmende Hypothek, falls sie dem Verkäufer abgetreten werden sollte, löschen zu lassen, gewinnt durch Auflassung und Umschreibung des Grundstücks keine Kraft (vgl. RG WarnRspr. **11** Nr. 12).

4 **2. Einzelfälle der Vollziehung**

Bewirkt ist die versprochene Leistung, wenn der Versprechende alles getan hat, was ihm obliegt, um dem Versprechensempfänger den versprochenen Gegenstand zu verschaffen. Was zur Vollziehung gehört, bestimmt sich daher nach dem Schenkungsgegenstand.

a) Bewegliche Sachen, insbesondere auch Inhaberpapiere (RG **77** 335), müssen übergeben werden, doch läßt sich die Übergabe nach §§ 929—931 ersetzen. Dagegen ist unzureichend die Einräumung des Mitbesitzes, sofern nicht ein Besitzmittlungsverhältnis damit verbunden ist (RG Gruchot **62** 614). Die Schenkung von Wertpapieren aus einem Depot ist erst mit der Aussonderung der Papiere vollzogen (RG Recht **18** Nr. 1523). S. aber unten c).

b) Bei **Grundstücken** ist Auflassung notwendig, aber nach § 873 Abs. 2 auch schon vor der Eintragung im Grundbuch genügend.

c) Um eine **Forderung** schenkweise zu übertragen, genügt formlose Abtretung. Sie kann in der Aushändigung der Schuldurkunde an den zu Beschenkenden gefunden werden. Zur Abtretung einer Wechselforderung muß aber die Übergabe des Wechsels oder bei Teilabtretung die Einräumung des Mitbesitzes hinzukommen (RG WarnRspr. **21** Nr. 123). Zum Vollzug einer Schenkung von *Wertpapieren* im Bankdepot durch Abtretung des Herausgabeanspruchs s. WM **74** 450.

Die bloße *Anweisung* an einen anderen, dem zu Beschenkenden zu zahlen, bedeutet noch keine Vollziehung der Schenkung. Entgegen § 788, wonach es auf die Leistung des Angewiesenen ankommt, wird die Schenkung schon durch Annahme der Anweisung bewirkt, da hiermit dem Beschenkten eine Forderung gegen den Angewiesenen zugewendet wird (vgl. § 784).

Bei *Sparkassenbüchern* ist die Abtretung der Forderung auf das Guthaben das Entscheidende, da wie bei allen Legitimationspapieren das Papier der Forderung (§ 952), nicht umgekehrt die Forderung dem Papier folgt (§ 808). Die Abtretung kann auch ohne Übergabe des Buches stattfinden, ist aber regelmäßig darin enthalten (RG **89** 402). Zahlt der Schenker Geld auf ein Sparkassenbuch ein, das auf den Namen des zu Beschenkenden ausgestellt ist oder wird, so läßt sich nicht ohne weiteres daraus herleiten, daß der Einzahler durch Vertrag zugunsten Dritter (s. § 516 Rdn. 17) dem Begünstigten die Forderung aus dem Sparkassenbuch verschaffen wolle. Die Bezeichnung im Sparbuch ist aber ein Beweisanzeichen (RG **73** 220; BGH **21** 148; **28** 368; **46** 198). Zur Frage, wann die Schenkung durch Einzahlung auf das Sparkassenbuch vollzogen ist, vgl. BGH **46** 198, 203.

Soll eine *Forderung* schenkweise *erlassen* werden, so genügt formloser Abschluß des Erlaßvertrages (RG **53** 296; **76** 61; OLG Hamburg NJW **61** 76); das gilt auch, wenn das Schuldverhältnis erst nach dem Tode des Schenkgebers erlöschen soll (OLG Hamburg aaO). Dagegen bedarf eine mit Aufhebung des Erlasses verbundene schenkweise Wiederherstellung einer Forderung der Form des § 518 (RG **76** 61).

d) Streitig ist, wann ein Schenkungsversprechen vollzogen ist, wenn Gegenstand des Versprechens **Besitz und Nutzung** eines Gegenstandes sind. Der BGH (LM BGB § 518 Nr. 7) hat angenommen, der Mangel der Beurkundungsform werde schon dadurch geheilt, daß der Schenker die Sache dem Beschenkten einmalig zum Zwecke dieser Nutzung übergebe. Der Schenker habe damit das von seiner Seite aus Erforderliche auch für die Zukunft vollständig getätigt. Gegen diese Auffassung, die sich auf die Einräumung eines unentgeltlichen schuldrechtlichen Wohnrechts auf Lebenszeit durch einen Hauseigentümer bezog, hat *Reinicke* (NJW 70 941) mit Recht Bedenken geltend gemacht. Er meint, bei einer Verpflichtung, die in einem lang dauernden Dulden bestehe, habe der Schenker seine Zuwendung erst mit Ablauf des Dauerschuldverhältnisses vollständig erbracht. In der Tat ist die Schenkung erst vollzogen; wenn der Beschenkte den zugewendeten Gegenstand erworben hat. Der Schenker muß also alles getan haben, was zum Erwerb erforderlich ist. Es kommt also darauf an, wie die Vereinbarung, einem anderen die Nutzung eines Gegenstandes zu verschaffen, erfüllt wird. Bei Dauerverträgen, wie sie die Vereinbarung eines Nutzungsrechtes darstellt, bedeutet nur die immer wiederkehrende Überlassung der Nutzung eine Erfüllung des Vertrages. Es erscheint bedenklich, der dauernden Überlassung die einmalige bloße Besitzeinräumung gleichzustellen.

e) Auch **befristete oder bedingte Zuwendungen** können eine vollzogene Schenkung darstellen. Stets muß aber im Einzelfall geprüft werden, ob trotz der Bedingung oder Befristung die Leistung selber (etwa Abtretung oder Erlaß) sofort vorgenommen ist oder ob einstweilen nur versprochen wurde, unter der bestimmten Bedingung oder an dem künftigen Tage leisten zu wollen.

Auch eine befristete Eigentumsübertragung dergestalt, daß das Eigentum zu einem näher festgesetzten künftigen Zeitpunkt übergehen soll, ist Schenkungsvollzug, wenn der Schenker die Sache dem Beschenkten für unbeschränkte Dauer übergeben hat. Alsdann hindert den Eigentumswechsel weder ein Besitzverlust des Erwerbers noch eine spätere Erklärung des Schenkers, daß er das Eigentum nun nicht mehr übertragen wolle (BGH LM BGB § 163 Nr. 2).

f) Eine **Schenkung** unter Lebenden kann zwar auch **vom Erben** des Schenkers **vollzogen** werden. Wird aber der Auftrag des Erblassers, Sachen geschenkweise zu überbringen, durch Dritte ausgeführt, so liegt darin keine Vollziehung der Schenkung, da der Gegenstand der Schenkung mit dem Tode des Geschenkgebers Bestandteil des Nachlasses wird und die Schenkung danach nur noch von demjenigen vollzogen werden kann, der über den Nachlaß verfügen darf (RG **83** 223).

Auch der Auftrag, die Sache nach dem Tode des Auftraggebers einem Dritten herauszugeben, enthält noch keine vollzogene Schenkung (RG **106** 1; RG JW **17** 924). Nur wenn die Abmachung dahin geht, daß der begünstigte Dritte das Recht auf die Leistung mit dem Tode des Zuwendenden erwirbt, ist ein Fall des § 331 und damit ein Anspruch des Begünstigten gegeben (vgl. § 516 Rdn. 17). Eine vollzogene Schenkung liegt auch dann nicht vor, wenn ein dem Tode naher Erblasser eine Person, der er Wertpapiere zuwenden will, formlos ermächtigt, sie nach seinem Tode abzuheben (RG LZ **19** 692), oder wenn er die Papiere einem Boten aushändigt, der sie erst nach seinem Tode jener Person übergibt (RG **83** 223). Vgl. aber oben Rdn. 4a und c.

§ 519

Der Schenker ist berechtigt, die Erfüllung eines schenkweise erteilten Versprechens zu verweigern, soweit er bei Berücksichtigung seiner sonstigen Verpflichtungen außer-

stande ist, das Versprechen zu erfüllen, ohne daß sein angemessener Unterhalt oder die Erfüllung der ihm kraft Gesetzes obliegenden Unterhaltspflichten gefährdet wird.

Treffen die Ansprüche mehrerer Beschenkten zusammen, so geht der früher entstandene Anspruch vor.

1 **I. Allgemeines**

Befindet sich der Schenker in bedürftiger Lage, so kommt ihm das Gesetz mit der *Rechtswohltat des Notbedarfs* zu Hilfe. Gewährt wird eine Einrede gegen den noch unerfüllten Anspruch (§ 519) und, unter erschwerten Voraussetzungen, ein Anspruch auf Herausgabe nach Vollziehung der Schenkung (§§ 528, 529). Beiden Rechtsbehelfen ist gemeinsam, daß es nicht darauf ankommt, ob der Schenker schon zur Zeit der Schenkung bedürftig war oder ob er es erst später geworden ist. Auch der Fall, daß mehrere Schenkungen desselben Schenkers zusammentreffen, ist in den §§ 519 Abs. 2, 528 Abs. 2 übereinstimmend geregelt. Ebenso gilt für beide Rechtsbehelfe, daß sie den Schenker gegen seinen eigenen Leichtsinn schützen sollen und daß er deshalb nicht im voraus auf sie verzichten kann.

2 **II. Einrede des Notbedarfs**

Die Einrede des Notbedarfs richtet sich *gegen den Anspruch auf Erfüllung eines Schenkungsversprechens* oder eines schenkweise erteilten abstrakten Versprechens. Sie ist im Hauptprozeß, nicht erst bei der Vollstreckung vorzubringen, wirkt aber nur soweit, als, gegenständlich und zeitlich genommen, die Bedürftigkeit des Schenkers reicht. Die Klage kann teilweise abgewiesen werden; wird sie ganz abgewiesen, so kann sie der Beschenkte von neuem erheben, falls eine Besserung der Verhältnisse des Schenkers eingetreten ist.

Gegen den durch Urteil festgestellten Anspruch findet eine Einrede aufgrund späterer Vermögensverschlechterung nur nach Maßgabe des § 767 ZPO statt.

Bürgen, Schuldübernehmern oder Schuldmitübernehmern kommt die Einrede nicht zugute. Da der Gläubiger gegen die Vermögensunzulänglichkeit des Schenkers durch den Beitritt jener Personen gerade geschützt werden soll, können sie sich auf die Einrede nicht berufen. Dagegen steht es, wenn auch nicht dem Bürgen, so doch den Nach- und Mitschuldnern frei, die eigene Bedürftigkeit geltend zu machen, wenn sie ihre Verpflichtung schenkweise eingegangen sind und aus der Schenkung haften.

3 Vorausgesetzt ist entweder *Gefährdung* (nicht Beeinträchtigung; naheliegende Besorgnis einer Beeinträchtigung genügt) des eigenen angemessenen (nicht notdürftigen) *Unterhalts* (§ 1610) oder Gefährdung der dem Schenker kraft Gesetzes, also nicht lediglich kraft Vertrages, obliegenden *Unterhaltspflichten.* Die frühere Fassung „standesmäßiger Unterhalt" ist durch „angemessener Unterhalt" ersetzt worden (BGBl. 61 I 1221). Bei der Frage, ob Gefährdung vorliegt, sind die sonstigen Verpflichtungen des Schenkers zwar nicht schlechthin vom Vermögen abzuziehen, aber doch sämtlich zu berücksichtigen, also, wenn sie erst später fällig werden, zu einem angemessenen Betrage in Ansatz zu bringen.

4 **III. Mehrere Schenkungen**

Bei mehrfachen Schenkungen desselben Schenkers geht die ältere der jüngeren vor (ähnlich § 2329 Abs. 3). Entscheidend ist die Entstehung des Anspruchs, also der Zeitpunkt der Annahme der Schenkung, auch wenn der Anspruch bedingt oder betagt ist und vor Eintritt der Bedingung oder des Termins eine neue Schenkung erfolgt; die früher vorgenommene Schenkung soll durch eine spätere nicht beeinträchtigt werden. Gegenüber dem Anspruch des später Beschenkten darf sich der Schenker auf die frühere berufen; ihm steht dagegen nicht umgekehrt gegen den früher Beschenkten eine Einrede wegen der späteren Schenkung zu.

Hat er dem zweiten Beschenkten gegenüber die Geltendmachung der Einrede absichtlich unterlassen, um den ersten zu schmälern, so kann dieser verlangen, daß dasjenige, was mit Rücksicht auf ihn dem zweiten hätte abgezogen werden müssen, als noch vorhanden gerechnet wird.

IV. Geldentwertung 5

Über § 519 hinaus kann ein Weigerungsrecht auch aus einer Geldentwertung herzuleiten sein. Verspricht jemand schenkweise die Leistung eines Gegenstandes, den er noch nicht in seinem Vermögen hat, und sinkt, ehe er ihn beschaffen konnte, die Kaufkraft des Geldes infolge einer zur Zeit des Versprechens nicht vorhersehbaren Geldentwertung übermäßig, so kann es der Billigkeit und der Bestimmung des § 242 entsprechen, die Leistungspflicht zu verneinen oder herabzusetzen.

§ 520

Verspricht der Schenker eine in wiederkehrenden Leistungen bestehende Unterstützung, so erlischt die Verbindlichkeit mit seinem Tode, sofern nicht aus dem Versprechen sich ein anderes ergibt.

Das schenkweise Versprechen einer in wiederkehrenden Leistungen zu entrichtenden Unterstützung (Renten, Leistung von Unterhalt), nicht aber Teilzahlungen eines geschenkten Kapitals erlischt mangels gegenteiliger Abrede mit dem Tode des Schenkers, geht also auf dessen Erben nicht über. Bereits fällig gewordene Ansprüche (Rückstände) werden dagegen durch den Tod des einen oder des anderen Teiles nicht berührt. Die Verpflichtung des Schenkers erlischt mit dem Tode des Beschenkten, weil die Verpflichtung auf den Unterhalt abgestellt ist.

§ 521

Der Schenker hat nur Vorsatz und grobe Fahrlässigkeit zu vertreten.

I. Allgemeines 1

Der Schenkungsvertrag verpflichtet den Schenker zur Bewirkung der versprochenen Schenkung. Die §§ 521—524 bringen den Gedanken zum Ausdruck, daß der Schenker wegen Verschuldens, Verzugs und wegen Rechts- und Sachmängeln *möglichst milde* zu haften hat. Weitere Milderungen können sich aus dem Wesen der Sache ergeben. Namentlich wird meistens anzunehmen sein, daß der Beschenkte das Geschenk — entgegen § 270 auch ein Geldgeschenk — beim Schenker abzuholen hat, so daß dessen gewöhnlicher Aufenthaltsort der Leistungsort ist. Doch liegt die allgemeine Pflicht eines Schuldners, die Kosten der Erfüllung zu tragen (z. B. Auflassungskosten), dem Versprechenden ob (vgl. RFH 1 59). Die Haftungsmilderungen folgen aus der Natur des Schenkungsversprechens und kommen daher auch dem Erben des Schenkers sowie seinem Schuldübernehmer oder Schuldmitübernehmer zustatten.

II. Der Grundsatz 2

Abweichend von der Regel des § 276 Abs. 1 hat der Schenker *nur Vorsatz und grobe Fahrlässigkeit* zu vertreten. Das gilt sowohl für die Haftung bei Abschluß des Vertrags, insbesondere für den Fall, daß schuldhaft eine unmögliche oder gesetzlich verbotene Leistung versprochen wird (§§ 307, 309), wie für die positive Vertragsverletzung (Beschädigung des verschenkten Gegenstandes). Der Schenker gerät auch nur bei vorsätzlicher oder grobfahrlässiger Versäumung rechtzeitiger Leistung in Verzug (§ 285); erst wenn er sich im Verzuge befindet, steigert sich seine Haftung gemäß § 287. Dagegen bleibt er zur Leistung des Ersatzgegenstandes nach § 281 verpflichtet. Bedient er sich eines Erfüllungsgehilfen (§ 278), so vertritt er auch bei dessen Verfehlungen außer Vorsatz nur grobe Fahrlässigkeit (RG **65** 20). Die Haftung des Schenkers kann durch Vertrag verschärft wie auch weiter gemildert werden. Nur die Abrede, nicht für Arglist einzustehen, ist nach § 276 Abs. 2 auch hier unwirksam.

Die Bestimmung des § 521 ist auf Gefälligkeitsfahrten nicht anzuwenden (BGH VersR **63** 955).

§ 522

Zur Entrichtung von Verzugszinsen ist der Schenker nicht verpflichtet.

Nach § 521 kommt der Schenker nur bei grober Fahrlässigkeit in Verzug. § 522 macht von den gewöhnlichen Folgen des Verzuges die weitere Ausnahme, daß der Beschenkte nicht ohne weiteres nach § 288 Zinsen von 4% verlangen kann. Dagegen bleibt die Verpflichtung aus §§ 286, 287 bestehen. Der Beschenkte kann Ersatz des Verzugsschadens fordern, wenn er ihn im Einzelfall beweist. Anwendbar bleiben auch die §§ 291 und 292.

§ 523

Verschweigt der Schenker arglistig einen Mangel im Rechte, so ist er verpflichtet, dem Beschenkten den daraus entstehenden Schaden zu ersetzen.

Hatte der Schenker die Leistung eines Gegenstandes versprochen, den er erst erwerben sollte, so kann der Beschenkte wegen eines Mangels im Rechte Schadensersatz wegen Nichterfüllung verlangen, wenn der Mangel dem Schenker bei dem Erwerbe der Sache bekannt gewesen oder infolge grober Fahrlässigkeit unbekannt geblieben ist. Die für die Gewährleistungspflicht des Verkäufers geltenden Vorschriften des § 433 Abs. 1, der §§ 434 bis 437, des § 440 Abs. 2 bis 4 und der §§ 441 bis 444 finden entsprechende Anwendung.

1 I. **Verschweigt** der Schenker einen **Mangel im Recht arglistig,** so haftet er, aber nur auf Ersatz des Schadens, der gerade daraus, nämlich durch das Verschweigen des Rechtsmangels, entsteht, d. h. auf das negative Vertragsinteresse oder den Vertrauensschaden. Es liegt ein Fall des Verschuldens bei Vertragsschluß vor, wie er auch in §§ 600 und 694 als Grund einer Ersatzpflicht anerkannt ist. Daraus, daß sich das Verschulden nicht auf die Erfüllung des Vertrages bezieht, folgt aber nicht, daß das Recht der unerlaubten Handlung anwendbar wäre. Es handelt sich um die Nichterfüllung einer vom Gesetz an den Zeitraum der Vertragsverhandlungen geknüpften Aufklärungspflicht (RG **95** 60). Daraus folgt eine Haftung auch für den Erfüllungsgehilfen nach § 278.

2 II. **Abgesehen vom arglistigen Verschweigen** unterscheidet das Gesetz, ob der verschenkte Gegenstand schon zum Vermögen des Schenkers gehört oder ob er erst erworben werden soll. Im ersten Fall haftet der Schenker nicht, im zweiten bei Kenntnis oder grobfahrlässiger Nichtkenntnis des Mangels. In beiden Fällen kann die Haftung

durch Vereinbarung verschärft werden. Ein Gewährleistungsversprechen verpflichtet den Schenker nach den allgemeinen Vorschriften, so daß für die Haftung § 276 Abs. 1, nicht § 521 Anwendung findet. Das Versprechen bedarf aber der in § 518 bestimmten Form.

1. Schenkungsversprechen, deren *Gegenstand* sich *bereits im Vermögen des Schenkers* befindet, und Handschenkungen verpflichten den Schenker nach dem Gesetz, den Gegenstand in dem Rechtszustand zu leisten, in dem er sich befindet. Der Umstand, daß der Schenker den Mangel im Recht kennt, erfüllt nicht unbedingt den Tatbestand der Arglist, z. B. wenn er, selbst fahrlässig, annimmt, daß auch der Beschenkte Kenntnis vom Mangel hat. **3**

2. Schenkungsversprechen, deren *Gegenstand* der Schenker *erst erwerben* soll (Abs. 2). Darauf, ob es sich um eine Sache i. S. des § 90 oder um einen anderen Gegenstand handelt (das Wort „Sache" in Abs. 2 Satz 1 ist ungenau), darauf, ob der Gegenstand der Gattung nach oder individuell bestimmt ist, und darauf, ob aus der Schenkungsurkunde hervorgeht, daß der Gegenstand nicht zum bisherigen Vermögen des Schenkers gehört hat, kommt es nicht an. Da der Erwerb des Gegenstandes zur Erfüllung der Schenkung notwendig ist, haftet der Schenker nach § 521, wenn er sich zur Verschaffung des Rechts am zu verschenkenden Gegenstand bewußt oder grob fahrlässig an eine nichtberechtigte oder nicht vollberechtigte Person wendet. Dabei kommen alle Rechtsmängel in Betracht, für deren Beseitigung nach § 433 Abs. 1, §§ 434—437 ein Verkäufer einstehen muß. Der Beschenkte kann, wenn der Schenker beim Erwerb in der bezeichneten Weise schuldhaft verfahren ist, Nachholung des Versäumten (§ 433 Abs. 1) und unter den Voraussetzungen der §§ 280 Abs. 2, 283, 286 und §§ 440 Abs. 2—4, 441 Schadensersatz wegen Nichterfüllung (Ersatz des positiven Erfüllungsinteresses) verlangen. Auch die §§ 442—444 sind entsprechend anzuwenden. **4**

§ 524

Verschweigt der Schenker arglistig einen Fehler der verschenkten Sache, so ist er verpflichtet, dem Beschenkten den daraus entstehenden Schaden zu ersetzen.

Hatte der Schenker die Leistung einer nur der Gattung nach bestimmten Sache versprochen, die er erst erwerben sollte, so kann der Beschenkte, wenn die geleistete Sache fehlerhaft und der Mangel dem Schenker bei dem Erwerbe der Sache bekannt gewesen oder infolge grober Fahrlässigkeit unbekannt geblieben ist, verlangen, daß ihm an Stelle der fehlerhaften Sache eine fehlerfreie geliefert wird. Hat der Schenker den Fehler arglistig verschwiegen, so kann der Beschenkte statt der Lieferung einer fehlerfreien Sache Schadensersatz wegen Nichterfüllung verlangen. Auf diese Ansprüche finden die für die Gewährleistung wegen Fehler einer verkauften Sache geltenden Vorschriften entsprechende Anwendung.

I. Sachmängelgewähr 1

Auch bei der Gewährleistung für Sachmängel der Sache ist wie bei der Haftung für Rechtsmängel zwischen der Haftung wegen arglistigen Verschweigens und der Haftung für grobe Fahrlässigkeit zu unterscheiden. Doch gilt hier die regelmäßige Beschränkung auf Arglist nicht nur dann, wenn die Sache einen Bestandteil des Vermögens des Schenkers gebildet hat, sondern auch dann, wenn er sie erst erwerben sollte und sie individuell bestimmt ist. Die Abweichung von der Bestimmung des § 523 ist darin begründet, daß dem Schenker zwar zugemutet werden kann, sich zur Beseitigung von Rechtsmängeln an die berechtigte Person zu wenden, daß er eine individuell bestimmte Sache aber nur so zu verschenken braucht, wie sie ist. Die Haftung nach Abs. 2 gilt daher lediglich für den Erwerb von Gattungssachen. Kraft Gesetzes haftet der Schuldner nur wegen Fehler i. S. des § 459 Abs. 1. Soll er auch für zugesicherte Eigenschaften haften, so ist das gleichbedeutend mit dem Abschluß einen Garantievertrages. Dafür ist erforderlich die Form des § 518. Die Haftung aus dem Vertrage richtet sich dann nach den allgemeinen Vorschriften, so daß § 521 nicht eingreift.

2 **II. Arglistiges Verschweigen**

Bei arglistigem Verschweigen eines Sachmangels ist zwischen dem Sachmangel einer individuellen verschenkten Sache und dem Versprechen der Schenkung einer Gattungssache zu unterscheiden. Im ersten Fall (Abs. 1) geht die Verpflichtung auf Ersatz des Schadens, den der Beschenkte durch sein Vertrauen auf die Fehlerlosigkeit der Sache erlitten hat, mithin auf das negative Vertragsinteresse oder das sog. Vertrauensinteresse (z. B. das geschenkte Tier war krank und hat Tiere des Beschenkten angesteckt). Wegen der Schenkung einer Gattungssache vgl. nächste Rdn.

3 **III. Versprechen der Schenkung von Gattungssachen**

Nach § 243 Abs. 1 muß der Schenker eine Sache mittlerer Art und Güte leisten. Er wird nach § 524 aber durch Leistung einer fehlerhaften Sache befreit, wenn er den Fehler ohne grobe Fahrlässigkeit beim Erwerb übersehen hat. Beruht dagegen seine Unkenntnis auf grober Fahrlässigkeit oder kennt er den Fehler, so hat der Beschenkte Anspruch darauf, daß ihm an Stelle der mangelhaften eine fehlerfreie Sache geliefert wird. Auf den Nachlieferungsanspruch finden die in § 480 Abs. 1 und § 491 angezogenen Vorschriften entsprechende Anwendung. Auf bloßes Unvermögen zur Leistung kann sich der Schenker, solange die Leistung aus der Gattung möglich bleibt, nach § 279 nicht berufen.

Wenn der Schenker einen ihm beim Erwerb der Sache schon bekannten oder später zur Kenntnis gelangten Fehler arglistig verschwiegen hat, kann der Beschenkte statt der Nachlieferung Schadensersatz wegen Nichterfüllung (positives Erfüllungsinteresse) verlangen. Hierfür gelten die §§ 464, 476—479 entsprechend.

§ 525

Wer eine Schenkung unter einer Auflage macht, kann die Vollziehung der Auflage verlangen, wenn er seinerseits geleistet hat.

Liegt die Vollziehung der Auflage im öffentlichen Interesse, so kann nach dem Tode des Schenkers auch die zuständige Behörde die Vollziehung verlangen.

Übersicht

	Rdn.		Rdn.
I. Auflage	1–3	III. Abgrenzung	6, 7
1. Wesen der Auflage	1	1. vom entgeltlichen Vertrag	6
2. Gegenstand der Auflage	2	2. von der gemischten Schenkung	7
3. Person des Auflagebegünstigten	3	IV. Vollziehung der Auflage	8–11
II. Merkmale der Auflageschenkung	4, 5	1. Zeitpunkt	8
1. Schenkung	4	2. Person des Forderungsberechtigten	9
2. Leistungspflicht	5	3. Vollziehung im öffentlichen Interesse	10
		4. Unwirksamkeit der Auflage	11

I. Auflage 1

1. Wesen der Auflage

Unter Auflage ist *die einer Schenkung hinzugefügte Verpflichtung zu einer Leistung* zu verstehen. Es handelt sich um eine Nebenbestimmung des Geschäfts, die eine wirtschaftliche Minderung der Freigebigkeit enthält und zugleich darin besteht, daß der Empfänger etwas leisten muß. Trotz der Auflage ist die ganze Zuwendung, nicht nur der nicht durch sie aufgezehrte Teil des Wertes Schenkung (BGH **30** 120; RG **60** 238; **105** 305). Die Auflage kommt außer bei der Schenkung auch bei der Verfügung von Todes wegen vor (§§ 1940, 1941, 2192—2196). Doch weicht deren Recht darin ab, daß der durch die Auflage Begünstigte kein Forderungsrecht auf die Leistung hat.

Da die Schenkung unter einer Auflage zu einer Leistung verpflichtet, gewährt sie nicht lediglich einen rechtlichen Vorteil; ein Minderjähriger kann daher ein solches Schenkungsversprechen und die zu seiner Vollziehung abgegebene Erklärung nicht selbst wirksam entgegennehmen.

2. Gegenstand der Auflage 2

Die dem Beschenkten auferlegte Leistung kann nach § 241 *jedes Tun oder Unterlassen* zum Inhalt haben. Sie kann auch darin bestehen, daß der Beschenkte das Zugewendete ganz oder zum Teil in bestimmter Weise verwendet oder daß er aus seinem sonstigen Vermögen etwas leistet oder eine Leistung nicht geldwerter Art bewirkt.

Bei den Anordnungen über die Verwaltung des Zugewendeten, die in den §§ 1418 Abs. 2 Nr. 2, 1639, 1803, 1917 erwähnt werden, handelt es sich nicht um eine Leistung des Beschenkten und daher nicht um Auflagen.

3. Person des Auflagebegünstigten 3

Die Auflage kann sowohl zugunsten des Schenkers beigefügt sein (vgl. RG **60** 238) wie zugunsten eines Dritten. Im zweiten Fall sind die §§ 328 ff anwendbar. Schließlich kann die Auflage auch zu eigenen Gunsten des Beschenkten gemacht werden (z.B. Schenkung eines Betrages mit der Auflage, ein bestimmtes Studium zu ergreifen). Doch wird bei einer nur den Interessen des Beschenkten dienenden Leistung oft nicht mehr als ein unverbindlicher Rat oder Wunsch vorliegen. Ein Übergabevertrag, bei dem sich der Übergeber versprechen läßt, daß der Übernehmer nach dem Tode des Übergebers Abfindungen an Geschwister zahlt, enthält im Zweifel eine Schenkung unter einer Auflage (OHG **1** 258).

II. Merkmale der Auflageschenkung 4

1. Schenkung

Die Feststellung einer Auflageschenkung ist im Einzelfall schwierig. Vor allem muß das Erfordernis einer Schenkung gegeben sein. Soll der Empfänger den ganzen zugewendeten Betrag weitergeben, so ist er nur Treuhänder und kann mangels Bereicherung nicht Beschenkter sein. Er ist dann nur Durchgangsperson (RG **105** 305). Der Hauptzweck der Schenkung unter Auflage braucht aber nicht die Bereicherung des Beschenkten zu sein (RG **60** 238; **111** 212).

Schenkung ist gegeben, wenn es sich um eine *juristische Person* handelt, die die *Zuwendung zu einem satzungsmäßigen Zweck* zu verwenden hat (vgl. § 516 Rdn. 7). Wird in diesem Falle die Verwendung bei Vornahme der Zuwendung ausdrücklich vorgeschrieben, so tritt zu dem satzungsmäßigen Zwang eine Verpflichtung kraft Rechtsgeschäfts hinzu, die die Schenkung zur Auflageschenkung macht und die Erfüllung der Pflicht durch den Leistungsanspruch des § 525 sichert.

5 **2. Leistungspflicht**

Zum Tatbestand des § 525 gehört ferner, daß dem Empfänger der Zuwendung eine Leistung auferlegt ist. Die Schenkung eines Grundstücks „mit dem im Grundbuch verzeichneten Hypothekenstande" ist reine Schenkung, da der Empfänger nichts anderes leisten soll, als was sich für ihn als neuen Eigentümer schon aus dem Gesetz ergibt (RG WarnRspr. **16** Nr. 132).

6 **III. Abgrenzung**

1. vom entgeltlichen Vertrag

Die Abgrenzung gegen den entgeltlichen Vertrag kann im Einzelfall zu Zweifeln Anlaß geben. Die *auferlegte Leistung* darf sich *nicht* als *Gegenleistung für die Schenkung* darstellen. Sie ist nicht Leistung für die Zuwendung, sondern aus dem Wert der Zuwendung zu erbringen (OHG **1** 258). Ist die Leistung durch gegenseitigen Vertrag versprochen oder Bedingung oder Zweck der Schenkung, so liegt keine Auflageschenkung vor. Als Inhalt des Vertrages muß erkennbar sein, daß die beiden Leistungen einander nicht gleichgesetzt werden, vielmehr die Leistung, die durch Auflage angeordnet ist, einen Nebenzweck darstellen soll. Der Wert der auferlegten Leistung wird hierfür das wichtigste und in der Regel zutreffende Kennzeichen bilden. Daß andererseits die Gleichwertigkeit der beiden Leistungen das Vorhandensein einer Schenkung unter Auflage nicht notwendig ausschließt, wird durch § 526 bestätigt (RG **60** 238).

7 **2. von der gemischten Schenkung**

Von der gemischten Schenkung unterscheidet sich die Auflageschenkung dadurch, daß sich der Vertrag nicht aus einem unentgeltlichen und einem entgeltlichen Teil zusammensetzt. Der Gegenstand der *Zuwendung* wird *in vollem Umfange geschenkt,* auch soweit sein Wert durch den der Auflage aufgewogen wird (BGH **30** 120; RG **60** 238).

8 **IV. Vollziehung der Auflage**

1. Zeitpunkt

Die Vollziehung der Auflage kann erst verlangt werden, wenn der Schenker seinerseits geleistet hat. Diese Vorschrift ist aber nachgiebigen Rechts, so daß Leistung Zug um Zug oder Vorleistung des Beschenkten vereinbart werden kann. Kraft Gesetzes ist aber der Schenker vorleistungspflichtig, und zwar nicht nur in der Art, daß seine Forderung erst durch Bewirkung der eigenen Leistung fällig würde, sondern so, daß sie hierdurch bedingt ist. Andererseits kann die auferlegte Leistung schon in der Zwischenzeit zwischen Annahme und Erfüllung des Schenkungsversprechens durch einstweilige Verfügung gesichert werden. Gerät der Beschenkte nach Abschluß des Schenkungsvertrages in Vermögensverfall, so steht dem Schenker ein Zurückbehaltungsrecht nach § 321 mangels eines gegenseitigen Vertrages nicht zu. Auch hier ist er auf den Weg der einstweiligen Verfügung angewiesen.

9 **2. Person des Forderungsberechtigten**

Außer dem Schenker selber können auch seine Erben die Vollziehung der Auflage verlangen. Wurde dem Beschenkten die Leistung an einen Dritten auferlegt, so hat im Zweifel nach § 330 Satz 2 der Dritte einen eigenen Anspruch auf Erfüllung. Doch wird hierdurch nach § 335, sofern nicht ein gegenteiliger Wille anzunehmen ist, das Recht des Schenkers, Leistung an den Dritten zu verlangen, nicht berührt. Die beiden Berechtigten stehen zueinander wie Mitgläubiger bei unteilbarer Leistung (§ 432). Die Leistung an den Dritten ist notwendig zugleich Leistung an den Schenker (vgl. RG **66** 161). Auch der Dritte kann erst nach Vollziehung der Schenkung die Erfüllung der Auflage fordern (§ 334); auch ihm steht die Einrede aus § 526 Satz 1 entgegen, während der Ersatzanspruch nach Satz 2 nur gegen den Schenker gerichtet werden kann. Der Bereicherungsanspruch des Schenkers nach § 527 wird durch den Erfüllungsanspruch des Dritten ausgeschlossen. Ob die Vertragsparteien das dem Dritten zustehende Recht ohne seine Zustimmung aufheben oder abändern können, ist nach den Umständen des Falles zu beurteilen (§ 328 Abs. 2).

3. Vollziehung im öffentlichen Interesse 10

Liegt die Vollziehung der Schenkungsauflage im öffentlichen Interesse, so kann, wie dies auch bei der erbrechtlichen Auflage vorgesehen ist (§ 2194), auch die zuständige Behörde die Vollziehung verlangen. Von öffentlichem Interesse ist die Auflage, wenn sie den Aufgaben der Gemeinschaft dient, mag es sich um eine Aufgabe des Bundes, eines Landes, einer Kirchenverwaltung, einer Schulverwaltung oder etwa einer Berufsgenossenschaft handeln. Die zuständige Behörde wird entsprechend durch Bundes- oder Landesrecht bestimmt.

Das *Recht der Behörde* ist von anderer Art als das des Schenkers, seines Erben oder des begünstigten Dritten. Es ist ein Recht *ohne eigenes Interesse*, nur darauf gerichtet, die Durchsetzung der Auflage *zum Nutzen der Gemeinschaft* zu sichern. Solange der Schenker lebt, kann die Behörde nicht eingreifen, vielmehr steht dem Schenker frei, die Auflage zu erlassen. Diese Befugnis steht dem Erben nicht zu, zu dessen Forderungsrecht das behördliche Klagerecht hinzutritt. Der Zweck der Bestimmung ist gerade der, daß die Behörde die dem Gemeinwohl förderliche Auflage auch gegen den Willen des Erben soll zur Geltung bringen können.

4. Unwirksamkeit der Auflage 11

Daß die Auflage nur einen Nebenzweck des Geschäfts bildet, gewinnt Bedeutung, wenn sie wegen Verletzung eines Verbotsgesetzes nach § 134 oder wegen ursprünglicher Unmöglichkeit nach § 306 nichtig ist. Es greift dann nicht die Regel, sondern die Ausnahme des § 139 Platz: entsprechend der Vorschrift für erbrechtliche Auflagen (§ 2195) behält, wenn nicht ein gegenteiliger Wille anzunehmen ist, die Schenkung Bestand. Das gleiche gilt bei Unsittlichkeit der Auflage (§ 138); doch ist hier stets zu prüfen, ob nicht der ganze Vertrag unsittlich ist. Wird die Leistung des Beschenkten ohne sein Verschulden nachträglich unmöglich, so behält er das Geschenk und wird nach § 275 von der Last frei, während er bei Verschulden auf Rückgabe nach § 527 haftet.

Umgekehrt macht die Unmöglichkeit der Erfüllung des Schenkungsversprechens auch die Auflage unwirksam. Ist die Erfüllung des Versprechens teilweise unmöglich geworden, so muß die Auflage noch insoweit vollzogen werden, als sich der Beschenkte auch ohne den weggefallenen Teil zur Vollziehung verpflichtet haben würde.

Eine Befreiung von der Auflage tritt ein, wenn das Geschenk wegen Notbedarfs zurückgefordert (§ 528) oder wegen Undanks widerrufen ist (§ 530). Wegen der Frage des Einflusses der Geldentwertung s. § 526 Rdn. 2.

§ 526

Soweit infolge eines Mangels im Rechte oder eines Mangels der verschenkten Sache der Wert der Zuwendung die Höhe der zur Vollziehung der Auflage erforderlichen Aufwendungen nicht erreicht, ist der Beschenkte berechtigt, die Vollziehung der Auflage zu verweigern, bis der durch den Mangel entstandene Fehlbetrag ausgeglichen wird.

Vollzieht der Beschenkte die Auflage ohne Kenntnis des Mangels, so kann er von dem Schenker Ersatz der durch die Vollziehung verursachten Aufwendungen insoweit verlangen, als sie infolge des Mangels den Wert der Zuwendung übersteigen.

1 **I. Der Grundgedanke**

1. Der Vorschrift liegt der Gedanke zugrunde, daß die Vollziehung der *Auflage* die Schenkung nicht in ihr Gegenteil verkehren und den *Beschenkten nicht ärmer machen* dürfe, *als* er *ohne die Schenkung* gewesen wäre. Ist die verschenkte Sache mit einem tatsächlichen oder rechtlichen Mangel behaftet, für den der Schenker nach §§ 523, 524 haften muß, so wird dem mit der Auflage beschwerten Beschenkten, der hiervon keine Kenntnis hatte, ein doppelter Rechtsbehelf gewährt: eine Einrede gegen die Forderung auf Vollziehung der Auflage und ein Ersatzanspruch, wenn er diese bereits vollzogen hat. Beide Rechtsbehelfe richten sich auf den durch den Mangel entstandenen Fehlbetrag; das ist der Unterschied zwischen dem Wert der mangelhaften Schenkung und dem zur Erfüllung der Auflage benötigten Betrage und kein Ausgleich des ganzen Minderwerts der Schenkung.

2 **2. Sonstige Fälle des fehlenden Wertverhältnisses**

§ 526 setzt dem Wortlaut nach voraus, daß der Mangel schon bei Vollziehung der Schenkung vorhanden war. Die Vorschrift ist aber *entsprechend* anzuwenden, wenn eine *nachträgliche Verschlechterung* von dem Beschenkten nicht abgewendet werden konnte, sondern gleichsam zwangsläufig eintrat (RG **112** 214). Absinken des Wertes eines geschenkten Geldbetrages infolge Geldentwertung ist zwar kein Sachmangel i. S. von § 526, fällt aber gleichwohl unter diese Vorschrift, da deren Grundgedanke zutrifft (RG **108** 156).

Den Fall, daß infolge eines anderen, dem Beschenkten unbekannt gebliebenen Umstandes die Vollziehung der Auflage ihn ärmer machen würde, als er ohne die Schenkung wäre (Überschätzung des zugewendeten Gegenstandes, Unterschätzung der Auflage), behandelt das Gesetz nicht. Daraus darf aber nicht geschlossen werden, daß hier der Schenker unbekümmert um die Mehrbelastung des Beschenkten Erfüllung verlangen könnte. Es entspricht dem Grundgedanken des Gesetzes, wonach die Auflage nur Nebensache ist, den Beschenkten nicht über den Wert des Empfangenen hinaus haften zu lassen. Bei der Beratung des Gesetzes ist der Fall übersehen worden. Die Höhe der Zuwendung soll aber die Auflageverpflichtung begrenzen. Es ist deshalb jedenfalls innerlich gerechtfertigt, daß der Beschenkte, wenn ihm die *Schenkung nicht den Gegenwert verschafft*, gegen dessen Empfang er sich zur Vollziehung der Auflage verpflichtet hatte, die übernommene Leistung ablehnen kann (vgl. Prot. 2 31). Danach kann er, wenn er sich über das Wertverhältnis von Schenkung und Auflage geirrt hat, geltend machen, daß er nach Treu und Glauben nur nach Kräften der Schenkung zu erfüllen brauche (RG **112** 213).

3 **II. Rechtsbehelfe**

1. Die Einrede des § 526

Die Einrede des § 526 ist aufschiebender Natur; sie kann durch Nachzahlung des Fehlbetrags abgewendet werden und hemmt den Erfüllungsanspruch nur so lange, bis die Nachzahlung erfolgt. § 274 (Verurteilung Zug um Zug) findet Anwendung. Auch der Dritte, der ein Recht auf Vollziehung der Auflage hat, wird hiervon betroffen (§ 334).

Hat der Beschenkte die Schenkung in Kenntnis des Mangels angenommen, so steht ihm, wie aus den §§ 439, 460 zu folgern ist, die Einrede nicht zu. Der Umstand, daß

Satz 2 die Unkenntnis des Mangels als Voraussetzung des Ersatzanspruchs nennt, bietet für einen Umkehrschluß keine Stütze, da dort eine noch zur Zeit der Vollziehung der Auflage fortdauernde Unkenntnis verlangt wird.

Um die Einrede zu beseitigen, muß der Schenker beweisen, daß der Mangel dem Beschenkten bei Abschluß des Vertrags bekannt war.

2. Der Anspruch aus § 526 4

Ist die Auflage bei Entdeckung des Mangels schon vollzogen, so wird dem Beschenkten gegen den Schenker — nicht auch gegen den dritten Empfänger — ein Anspruch *auf Nachzahlung des Fehlbetrags* gewährt. Der Grund des Anspruchs liegt in der bei Vollziehung der Auflage bestehenden Unkenntnis des Mangels, die daher vom Beschenkten bewiesen werden muß. Fahrlässigkeit, auf der die Unkenntnis beruht, schadet nichts. Der Anspruch ist kein Bereicherungsanspruch, da er eine Bereicherung des Schenkers nicht voraussetzt, die Einrede des Satz 1 auch nur aufschiebend wirkt (vgl. § 813). Er ist vielmehr ein gesetzlicher Anspruch auf Ersatz von Aufwendungen, für welchen § 256 (Zinspflicht) und § 257 (Anspruch auf Befreiung oder Sicherheitsleistung, wenn der Beschenkte behufs Vollziehung der Auflage eine Verbindlichkeit einging) maßgebend sind.

§ 527

Unterbleibt die Vollziehung der Auflage, so kann der Schenker die Herausgabe des Geschenkes unter den für das Rücktrittsrecht bei gegenseitigen Verträgen bestimmten Voraussetzungen nach den Vorschriften über die Herausgabe einer ungerechtfertigten Bereicherung insoweit fordern, als das Geschenk zur Vollziehung der Auflage hätte verwendet werden müssen.

Der Anspruch ist ausgeschlossen, wenn ein Dritter berechtigt ist, die Vollziehung der Auflage zu verlangen.

Übersicht

	Rdn.		Rdn.
I. Allgemeines	1	2. Bereicherung	3
II. Der Rückforderungsanspruch	2, 3	III. Ausschluß des Rückforderungsrechts	4
1. Rücktrittsvoraussetzungen	2		

I. Allgemeines 1

Unterbleibt die Vollziehung der Auflage, so kann der Schenker auf Erfüllung klagen und den *Verzögerungsschaden* geltend machen (§ 286). In den Fällen der §§ 280, 283 steht ihm auch ein *Schadensersatzanspruch* wegen Nichterfüllung zu. Zu diesen Rechtsbehelfen tritt § 527, der dem Schenker, um ihm die Verwirklichung der Auflage zu ermöglichen, unter gewissen begrenzten Voraussetzungen ein *Rückforderungsrecht* verleiht.

Die Rückforderung ergreift nur den zur Erfüllung der Auflage zu verwendenden Teil. Daraus folgt, daß § 527 nur Schenkungen unter einer Auflage betrifft, die einen Vermögensaufwand erfordert. Hat die Auflage keine vermögenswerte Leistung zum Gegenstand, so ist eine Rückforderung ausgeschlossen. In diesem Fall kann ein Recht der Schenkungsrückforderung nur dadurch begründet werden, daß sich der Schenker für den Fall der Nichtvollziehung der Auflage den Rücktritt vertraglich vorbehält oder daß er die Leistung des Beschenkten zur Bedingung der Schenkung macht.

Bei dem *bäuerlichen Gutsüberlassungsvertrag*, der nicht selten eine Schenkung unter der Auflage eines Leibgedinges ist, erscheint eine Rücknahme des Grundstücks wegen

Säumnis des Hofannehmers mit dem Leibgedinge unangemessen. Das PrAG (Art. 15 § 7) bestimmt daher, daß der Herausgabeanspruch nach § 527 ausgeschlossen ist.

§ 527 ist eine Sondervorschrift und schließt sonstige Bestimmungen über eine Rückforderung, auch § 812 Abs. 1 Satz 2, aus (BGH LM BGB § 527 Nr. 1). Die Grundsätze über die Erschütterung der Geschäftsgrundlage sind durch § 527 nicht schlechthin ausgeschlossen, aber beschränkt auf Sachverhalte, die außerhalb des Bereiches dieser Sondervorschrift liegen (BGH LM BGB § 242 [Bb] Nr. 18; LM BGB § 133 [A] Nr. 11).

2 **II. Der Rückforderungsanspruch**

1. Rücktrittsvoraussetzungen

Es müssen die Voraussetzungen für einen Rücktritt vorliegen. In Betracht kommen nach §§ 325, 326 folgende Fälle:

a) *Unmöglichkeit* der Vollziehung der Auflage infolge eines vom Beschenkten zu vertretenden Umstandes. Unmöglichkeit schlechthin genügt nicht, da sie ein Rücktrittsrecht nicht begründet. Hat der Beschenkte die Unmöglichkeit nicht zu vertreten, so behält er das Geschenk ohne Belastung mit der Auflage (BGH LM BGB § 527 Nr. 1).

Bei teilweiser Unmöglichkeit findet teilweise Rückforderung statt. Den zur Vollziehung der ganzen Auflage nötigen Betrag kann der Schenker dann zurückfordern, wenn er an der teilweisen Vollziehung kein Interesse hat.

b) *Rechtskräftige Verurteilung* des Beschenkten und Mißachtung einer ihm nach § 283 gesetzten Nachfrist.

c) *Verzug* des Beschenkten, wenn eine Nachfrist abgelaufen ist oder wegen endgültiger Erfüllungsweigerung nicht gesetzt zu werden braucht oder wenn der Schenker infolge des Verzuges an der Vollziehung der Auflage kein Interesse hat.

Die §§ 320—322 sind nicht anwendbar.

3 **2. Bereicherung**

Anders als nach § 327 Satz 1 sind nicht die Regeln über den vertragsmäßigen Rücktritt, sondern die milderen Vorschriften des Bereicherungsrechts anwendbar. *Herauszugeben* ist das Geschenk, d. h. je nach Lage des Falles der *geschenkte Gegenstand oder dessen Wert.* Nach der in der 11. Auflage vertretenen Auffassung soll der Beschenkte nach § 819 von dem Augenblick an verschärft haften, in dem er die Auflage zu vollziehen hatte. Das erscheint fraglich. Den Mangel des rechtlichen Grundes für die Schenkung kann der Beschenkte erst erfahren haben, nachdem der Schenker die Rückforderung begehrt hat. Bis dahin stand der geschenkte Gegenstand dem Beschenkten zu; erst nach Erklärung der Rückforderung ist der Beschenkte nicht mehr zum Besitz berechtigt. Der Beschenkte hat nicht die ganze Bereicherung herauszugeben, sondern haftet nur insoweit, als er die Zuwendung zur Vollziehung der Auflage hätte verwenden müssen. Was darüber hinausgeht, kann er behalten.

Neben dem Anspruch auf Schadensersatz wegen Nichterfüllung (oben Rdn. 1) kann eine Rückforderung nicht geltend gemacht werden.

Bei gemischter Schenkung geht die Rückforderung nur so weit, als der Mehrwert durch die Gegenleistung nicht ausgeglichen ist (RG **148** 239).

4 **III. Ausschluß des Rückforderungsrechts**

Nur der Schenker und sein Erbe sind zur Rückforderung befugt. Ihr Recht entfällt aber, wenn nach § 330 ein Dritter die Vollziehung der Auflage verlangen darf. Vorausgesetzt wird dabei, daß die Vertragsparteien das Recht des Dritten nicht wirksam aufgehoben haben und daß es nicht anderweit, insbesondere durch Unmöglichwerden der Auflage, untergegangen ist. Ob der Dritte von seinem Recht Gebrauch macht oder nicht, ist gleichgültig. Bei dem Bestreben des Gesetzes, die Durchführung der Auflage möglichst sicherzustellen, muß unter den „Dritten“ auch die zuständige Behörde verstanden werden, die nach dem Tode des Schenkers im öffentlichen Interesse einschreiten kann. Nach § 534 ist die Rückforderung bei Pflicht- und Anstandsgeschenken ausgeschlossen (vgl. § 534 Rdn. 1).

§ 528

Soweit der Schenker nach der Vollziehung der Schenkung außerstande ist, seinen angemessenen Unterhalt zu bestreiten und die ihm seinen Verwandten, seinem Ehegatten oder seinem früheren Ehegatten gegenüber gesetzlich obliegende Unterhaltspflicht zu erfüllen, kann er von dem Beschenkten die Herausgabe des Geschenkes nach den Vorschriften über die Herausgabe einer ungerechtfertigten Bereicherung fordern. Der Beschenkte kann die Herausgabe durch Zahlung des für den Unterhalt erforderlichen Betrags abwenden. Auf die Verpflichtung des Beschenkten finden die Vorschriften des § 760 sowie die für die Unterhaltspflicht der Verwandten geltende Vorschrift des § 1613 und im Falle des Todes des Schenkers auch die Vorschriften des § 1615 entsprechende Anwendung.

Unter mehreren Beschenkten haftet der früher Beschenkte nur insoweit, als der später Beschenkte nicht verpflichtet ist.

Übersicht

	Rdn.		Rdn.
I. Voraussetzungen des Anspruchs	1–4	II. Rückforderungsanspruch	5, 6
1. Unterhalt	1	1. Inhalt	5
2. Unvermögen	2	2. Pfändung, Abtretung, Verzicht	6
3. Vollzug der Schenkung	3	III. Abwendungsbefugnis des Beschenkten	7
4. Mehrere Schenkungen	4		

I. Voraussetzungen des Anspruchs 1

1. Unterhalt

Der Rückforderungsanspruch setzt voraus, daß der Schenker außerstande ist, seinen angemessenen Unterhalt zu bestreiten und seine gesetzlichen Unterhaltspflichten gegenüber seinen Verwandten, seinem Ehegatten oder seinem früheren Ehegatten zu erfüllen. Aufgrund des FamRÄndG vom 11. 8. 61 ist anstelle des Wortes „standesmäßigen“ das Wort „angemessenen“ im Gesetzestext getreten (BGBl. 61 I 1221).

a) Das Gesetz gesteht dem Schenker den *angemessenen Unterhalt* (§ 1610 Abs. 1), nicht bloß den notdürftigen Unterhalt (§ 1611) zu.

b) Nur die *gesetzlichen,* nicht die ausschließlich auf Vertrag beruhenden *Unterhaltspflichten* und nur die Unterhaltspflichten gegen Verwandte und Ehegatten sind nach § 528 zu beachten. Zu den Verwandten gehören auch die nichtehelichen Kinder. Der frühere Rechtszustand, nach dem das nichteheliche Kind nicht als mit dem Erzeuger verwandt galt, ist durch Art. 1 Ziffer 3 NEhelG beseitigt worden. Nach § 1615 a kommen für die Unterhaltspflicht gegenüber nichtehelichen Kindern die allgemeinen Vorschriften für den Unterhalt unter Verwandten zur Anwendung.

c) Der Tatbestand ist schon dann verwirklicht, wenn die Mittel des Schenkers nur zu einem von beiden, entweder zum eigenen Unterhalt oder zur Ernährung der Verwandten und des Ehegatten hinreichen.

2 **2. Unvermögen**

Das Unvermögen muß anders als bei der Einrede des Notbedarfs (§ 519) schlechthin, nicht bloß unter Berücksichtigung der sonstigen Verpflichtungen gegeben sein, und es muß ein wirkliches Unvermögen, nicht bloß eine Gefährdung vorliegen. Wird der Schenker von unterhaltsberechtigten Verwandten belangt und bestreitet er, zur Leistung des Unterhalts imstande zu sein, so muß der Anspruch aus § 528 seinem Vermögen hinzugerechnet werden.

Der Schenker ist nicht unvermögend, wenn er sich den Unterhalt durch Verkauf von Vermögensgegenständen zu beschaffen vermag; eine gänzlich unwirtschaftliche Verwertung oder eine Verwertung in unwirtschaftlicher Weise kann nicht von ihm verlangt werden. Auch dann ist der Schenker nicht unvermögend, wenn ihm zugemutet werden kann, sich die fehlenden Mittel durch Arbeit zu erwerben. Die Bedürftigkeitsfrage ist stets nach den Verhältnissen zur Zeit der letzten mündlichen Verhandlung zu entscheiden.

3 **3. Vollzug der Schenkung**

Das Rückforderungsrecht besteht nur bei vollzogenen Schenkungen, ist aber davon unabhängig, ob die Schenkung aufgrund eines Schenkungsversprechens oder ohne ein solches vollzogen worden ist. Daß das Unvermögen gerade durch die Schenkung herbeigeführt wäre, ist nicht erforderlich. Es genügt sogar, wenn dieses Unvermögen schon vor Vollziehung der Schenkung eingetreten war.

4 **4. Mehrere Schenkungen**

Sind mehrere Schenkungen hintereinander vollzogen, so hat der verarmte Schenker sich zunächst an den zuletzt Beschenkten zu wenden. Jeder früher Beschenkte haftet nur insoweit, als die später Beschenkten durch Herausgabe des Empfangenen oder durch Wegfall der Bereicherung befreit sind. Bei bedingten Schenkungen kommt es auf die Vornahme des Rechtsgeschäfts, nicht auf den Eintritt der Bedingung an. Das bloße Bestehen der Verpflichtung des Zweitbeschenkten schließt die Verpflichtung des Erstbeschenkten auch dann aus, wenn jener infolge Andrangs sonstiger Gläubiger die Bereicherung nicht herauszugeben vermag.

5 **II. Rückforderungsanspruch**

1. Inhalt

Der Rückforderungsanspruch ist kein Anspruch wegen ungerechtfertigter Bereicherung, vielmehr richtet sich kraft Gesetzes nur der *Umfang nach den Vorschriften über die ungerechtfertigte Bereicherung*. Den Gegenstand der Rückforderung bildet das Geschenk mit Nutzungen und Surrogaten (§ 818 Abs. 1), jedoch nur so weit, als es zur Deckung des eigenen Unterhalts des Schenkers und der maßgebenden Unterhaltspflichten erforderlich ist. Ist der geschenkte Gegenstand noch vorhanden, ist er selbst herauszugeben. Bedarf der Schenker nicht des ganzen Geschenks und handelt es sich um einen unteilbaren Schenkungsgegenstand, so ist die Klage nach § 818 Abs. 2 auf Ersatz des Wertes des betreffenden Geschenkteils zu richten. Hat der Beschenkte das Geschenk unentgeltlich einem Dritten zugewendet und ist dadurch seine Herausgabepflicht erloschen, so trifft nach § 822 die Verpflichtung den Dritten (bestritten wegen des Wortlauts „von dem Beschenkten"). Pflicht- und Anstandsschenkungen unterliegen der Rückforderung nicht (vgl. § 534 Rdn. 1). Bei der gemischten Schenkung (s. § 516 Rdn. 12) erstreckt sich der Herausgabeanspruch nur auf den unentgeltlich zugewendeten Teil.

Verwendet der Schenker das zurückgeforderte Geschenk nicht zur Bestreitung des Unterhalts, so steht dem Beschenkten ein Rückforderungsrecht nach § 812 zu.

2. Pfändung, Abtretung, Verzicht **6**

a) Der Rückforderungsanspruch ist der *Pfändung* nur unterworfen, wenn er durch Vertrag anerkannt oder rechtshängig geworden ist (§ 852 Abs. 2 ZPO). Der Grund liegt darin, daß es in der freien Entschließung des Schenkers stehen soll, ob er vom Rückforderungsrecht Gebrauch machen will oder nicht.

b) Die *Abtretung* des Rückforderungsanspruchs ist erst nach vertraglicher Anerkennung oder Rechtshängigkeit zulässig (§§ 400 BGB, 852 Abs. 2 ZPO). § 852 Abs. 2 ZPO geht allerdings davon aus, daß der Anspruch uneingeschränkt abtretbar ist. Aber die zwingende Bestimmung des § 400 (vgl. RG **146** 401) engt die Abtretbarkeit ein.

c) Eine Vereinbarung, durch die der Schenker von vornherein auf die Rückforderung *verzichtet*, ist unwirksam, da eine derartige Abrede gegen den Schutzzweck des § 528 verstößt.

III. Abwendungsbefugnis des Beschenkten **7**

Der Beschenkte kann die Herausgabe des Geschenks durch Zahlung des für den Unterhalt erforderlichen Betrags abwenden (Satz 2). Das geschieht in Form einer laufenden Rente. Der Inhalt der Rentenpflicht ergibt sich aus § 760. Für die Vergangenheit kann die Rente nur ab Eintritt des Verzuges oder der Rechtshängigkeit gefordert werden (§ 1613). Über den Tod des Schenkers reicht sie grundsätzlich nicht hinaus, nur müssen dann noch etwa vorhandene Rückstände gezahlt und nötigenfalls die Beerdigungskosten getragen werden (§ 1615). Dagegen geht die Rentenpflicht mit dem Tode des Beschenkten nicht unter; auch erlischt sie nicht dadurch, daß der Gesamtbetrag der geleisteten Renten den Wert des Geschenks erreicht oder übersteigt.

Wegen der Klage auf künftige Renten vgl. § 258 ZPO, wegen der Abänderung des Urteils bei veränderten Umständen § 323 ZPO.

Der Anspruch auf die einzelne Rente ist abtretbar und pfändbar. Weder § 399 Fall I BGB noch § 850 Abs. 1 Nr. 2 oder § 852 Abs. 2 ZPO greifen Platz.

§ 529

Der Anspruch auf Herausgabe des Geschenkes ist ausgeschlossen, wenn der Schenker seine Bedürftigkeit vorsätzlich oder durch grobe Fahrlässigkeit herbeigeführt hat oder wenn zur Zeit des Eintritts seiner Bedürftigkeit seit der Leistung des geschenkten Gegenstandes zehn Jahre verstrichen sind.

Das gleiche gilt, soweit der Beschenkte bei Berücksichtigung seiner sonstigen Verpflichtungen außerstande ist, das Geschenk herauszugeben, ohne daß sein standesmäßiger Unterhalt oder die Erfüllung der ihm kraft Gesetzes obliegenden Unterhaltspflichten gefährdet wird.

I. Rechtliche Natur der Rechtsbehelfe des Beschenkten **1**

Der § 529 gibt gegen die Rückforderungsklage drei Verteidigungsbehelfe, die nach den Worten „der Anspruch .... ist ausgeschlossen" Einwendungen zu sein scheinen, so daß sie auch dann berücksichtigt werden müßten, wenn der Beklagte sich nicht auf sie beruft. Das trifft aber bei dem dritten Behelf, dem Einwand der eigenen Bedürftigkeit, nicht zu; denn insoweit soll die Verteidigung offenbar ebenso geregelt werden wie im

Fall des §519. Da der Wortlaut des Gesetzes mithin nicht schlechthin entscheidet, für eine verschiedene Behandlung des Einwandes nach Abs. 2 und der beiden Einwände nach Abs. 1 kein Grund vorliegt, im Gegenteil auch für die Einwände des Abs. 1 die Behandlung als *Einrede* sachlich angemessen ist, muß angenommen werden, daß es sich durchweg um Einreden handelt.

2 **II. Die Einreden im einzelnen:**

1. Die Einrede *des Verschuldens*, wenn der Schenker seine Bedürftigkeit durch Vorsatz oder grobe Fahrlässigkeit, z. B. Verschwendung, Spiel, Börsenspekulation, herbeigeführt hat.

2. Die Einrede *des Fristablaufs*, wenn seit Vollziehung der Schenkung bis zum Eintritt der Bedürftigkeit 10 Jahre verstrichen sind (nicht bis zur Geltendmachung des Rückforderungsanspruches; der Schenker kann dartun, daß er schon früher bedürftig wurde).

3. Die Einrede *der eigenen Bedürftigkeit* des Beschenkten, wenn bei ihm die Voraussetzungen des §519 vorliegen. Durch Redaktionsversehen des FamRÄndG vom 11. 8. 61 (BGBl. I 1221) ist in Art. 1 Nr. 41 die Änderung des Wortes „standesmäßiger" in „angemessener" unterblieben. Diese dritte Einrede steht dem Beschenkten auch gegenüber einer von ihm übernommenen Rentenverpflichtung zu (RG JW **36** 987).

§ 530

Eine Schenkung kann widerrufen werden, wenn sich der Beschenkte durch eine schwere Verfehlung gegen den Schenker oder einen nahen Angehörigen des Schenkers groben Undankes schuldig macht.

Dem Erben des Schenkers steht das Recht des Widerrufs nur zu, wenn der Beschenkte vorsätzlich und widerrechtlich den Schenker getötet oder am Widerrufe gehindert hat.

Übersicht

	Rdn.		Rdn.
I. Widerruf wegen groben Undanks	1, 2	2. Grober Undank	4, 5
1. Allgemeines	1	a) Schwere Verfehlung	4
2. Sonderfälle des Schenkungswiderrufs	2	b) Undank	5
II. Merkmale des Widerrufs im einzelnen	3–6	3. Widerrufsrecht	6
1. Schenkung	3	III. Vertragliches Widerrufsrecht	7

1 **I. Widerruf wegen groben Undanks**

1. Allgemeines

§530 regelt die Voraussetzungen, §531 die Vollziehung und die Wirkungen des Widerrufs, während die §§532, 533 den Verlust des Widerrufsrechts betreffen. Dazu kommt §534, der den Widerruf bei Pflicht- und Anstandsschenkungen ausschließt.

Aus einem anderen Grunde als Undank kann nach dem Gesetz die Schenkung nicht widerrufen werden. Zur Frage des vertraglich vorbehaltenen Widerrufs s. unten Rdn. 7.

Der Widerruf der Schenkung wegen Undanks ist zwingenden Rechts (vgl. auch §533) und wird daher durch die Landesgesetze über den Altenteilsvertrag, die aufgrund des Art. 96 EG ergangen sind, nicht berührt (RG **54** 110). §530 ist eine Sondervorschrift. Daher greifen neben ihr die Vorschriften über Wegfall der Geschäftsgrundlage nicht Platz (BGH LM BGB §133 [A] Nr. 11).

2. Sonderfälle des Schenkungswiderrufs 2

a) Dem *schuldlos geschiedenen Ehegatten* gewährt § 73 EheG ein selbständiges Widerrufsrecht, das groben Undank nicht voraussetzt; ausgenommen davon sind Schenkungen von unerheblichem Geld- und solche von Gefühlswert. § 73 EheG gilt neben den §§ 530 ff. Der Widerruf von Schenkungen kann also auch während bestehender Ehe und vom allein schuldigen Teil erklärt werden, setzt dann aber groben Undank voraus und ist unter den Voraussetzungen des § 532 ausgeschlossen.

b) Schenkungen der *Verlobten*. Nach § 1301 kann beim Unterbleiben der Eheschließung jeder Verlobte von dem anderen die Herausgabe desjenigen verlangen, was er ihm geschenkt hat. Der Anspruch bezieht sich nur auf Geschenke, also z. B. nicht auf die Brautbriefe. Wird die Eheschließung wider Treu und Glauben verhindert, so ist § 815 anwendbar (RG JW **25** 2110; BGH **45** 258).

c) Rückforderung durch *Vertragserben*. Nach Anfall der Erbschaft kann der Vertragserbe Schenkungen herausfordern, die der Erblasser in Beeinträchtigungsabsicht gemacht hat (§ 2287). Die Vorschrift umfaßt auch gemischte und verschleierte Schenkungen (RG **148** 240; BGH LM BGB § 2287 Nr. 2).

II. Merkmale des Widerrufs im einzelnen 3

1. Schenkung

a) *Jede Schenkung* kann dem Widerruf unterliegen, also auch die gemischte Schenkung und die Schenkung unter einer Auflage (BGH **3** 206; **30** 120). § 530 gilt auch für das Schenkungsversprechen (BGH **45** 258). Belohnende Schenkungen werden dagegen von § 530 nur erfaßt, soweit sie nicht unter § 534 fallen, Über die Schenkung von Beteiligungen an Handelsgesellschaften vgl. *Hueck* Betrieb **66** 1043.

b) *Mehrere Schenker*. Haben mehrere zusammen geschenkt, so kann jeder Schenker die Schenkung selbständig zu seinem Anteil widerrufen. Daraus ergibt sich dann lediglich eine Forderung des widerrufenden Teils auf Herausgabe der dem Beschenkten auf Kosten des Widerrufenden erwachsenen Bereicherung. Ist der geschenkte Gegenstand unteilbar, so widerruft jeder die ganze Schenkung mit der Wirkung, daß jeder nach § 432 Rückgabe an alle verlangen kann (RG DR **44** 118; BGH LM BGB § 534 Nr. 1).

c) *Mehrere Beschenkte*. Sind mehrere zusammen beschenkt, so richtet sich der Widerruf gegen den Undankbaren auf Rückleistung seines Anteils. Bei Unteilbarkeit des Gegenstandes ist der Widerruf nur möglich, wenn alle Beschenkten undankbar sind.

d) *Übergabevertrag*. Ein Übergabevertrag wird in der Regel eine wenigstens teilweise unentgeltliche Zuwendung enthalten, so daß eine Schenkung unter Auflage oder eine gemischte Schenkung vorliegt, die der Übergeber bei grobem Undank des Übernehmers nach §§ 530 ff widerrufen kann (BGH LM PrAGBGB Art. 15 Nr. 1 a; BGH **3** 206).

2. Grober Undank 4

a) *Schwere Verfehlung*. Erfordert wird eine schwere Verfehlung gegen den Schenker oder einen nahen Angehörigen desselben. Um dem richterlichen Ermessen freien Spielraum zu lassen, hat das Gesetz von einer näheren Bestimmung, was schwere Verfehlung ist, abgesehen. Die vom E I § 449 aufgezählten Handlungen (Bedrohung des Lebens oder der Freiheit, vorsätzliche körperliche Mißhandlung, schwere Beleidigung, vorsätzliche erhebliche Vermögensbeschädigung) sind weder erschöpfend noch unbedingt durchschlagend. Hinzu kommen können z. B. grundlose Entmündigungsanträge, unlauterer Wettbewerb (vgl. für Pflichtteilsentziehung BGH WarnRspr. **74** Nr. 60 =

NJW 74 1084). Stets muß die Würdigung aller Umstände maßgebend sein. Macht der Beschenkte in einem polizeilichen Ermittlungsverfahren gegen den Schenker, obgleich er zur Aussageverweigerung berechtigt ist und über dieses Recht belehrt wurde, belastende Angaben, so kann hierin eine schwere Verfehlung liegen (BGH LM BGB § 530 Nr. 6). Allgemein läßt sich sagen, daß *objektiv* eine gewisse *Schwere* der Verfehlung und *subjektiv* eine *tadelnswerte Gesinnung* vorliegen müssen. Aus diesem Grunde werden grundsätzlich Handlungen, die in Notwehr, erlaubter Selbsthilfe oder zur Wahrnehmung berechtigter Interessen vorgenommen worden sind, nicht hinreichen. Auch eine körperliche Mißhandlung braucht keine schwere Verfehlung zu sein, wenn starke Reizungen vorangegangen sind. Andererseits genügt unter Umständen auch eine leichtere Handgreiflichkeit. Eine schwere Verfehlung muß nicht gerade in einer einzelnen Handlung des Beschenkten bestehen, sondern kann auch in einem fortgesetzten Verhalten oder in einer Mehrheit von Handlungen enthalten sein, insbesondere dann, wenn eine bestimmte Handlung im Zusammenhang mit anderen Vorfällen den Tatbestand erfüllt. Auch durch Unterlassung kann sich jemand einer schweren Verfehlung schuldig machen (RG **158** 141). Die den groben Undank darstellenden Verfehlungen muß der Beschenkte selbst begangen oder durch eine Unterlassung unterstützt haben. Das Verhalten eines Dritten, insbesondere des Vertreters des Beschenkten, genügt nicht (BGH NJW **62** 956 — in BGH **36** 395 nicht abgedruckt). Nur dann kommen Verfehlungen Dritter in Betracht, wenn der Beschenkte sie dazu anhält oder doch ihr Treiben duldet, obwohl es ihm möglich und zumutbar wäre, für Abhilfe zu sorgen (OLG Hamburg FamRZ **60** 151). Da nur eine natürliche Person sich undankbar erweisen kann, ist grundsätzlich § 530 auf beschenkte juristische Personen nicht anwendbar (OLG Düsseldorf NJW **66** 550). Anders bei einer Einmanngesellschaft oder grober Undankbarkeit sämtlicher Mitglieder der juristischen Person.

Auch der Kreis der in Betracht kommenden Angehörigen ist nicht fest begrenzt. Nicht die Gradesnähe als solche, sondern das tatsächliche persönliche Verhältnis soll entscheiden. Immerhin kann der in § 52 Abs. 2 StGB bestimmte Kreis einen Anhaltspunkt bieten.

5 b) *Undank.* Der Umstand, daß sich die schwere Verfehlung als *grober Undank* darstellen muß, nötigt zwar nicht zur Annahme, daß eine besondere Beziehung zwischen Verfehlung und Schenkung bestehen müsse (RG Gruchot **52** 984; WarnRspr. **20** Nr. 169). Doch würde der Widerruf unbegründet sein, wenn der Beschenkte bei Begehung der Verfehlung die Schenkung oder die Eigenschaft des Verletzten als Schenkers oder eines nahen Angehörigen des Schenkers nicht gekannt hätte.

6 **3. Widerrufsrecht**

a) *des Schenkers.* Das Widerrufsrecht ist ein höchstpersönliches Recht des Schenkers (RG SeuffArch. **85** 233). Daher steht es einer juristischen Person, die eine Schenkung vorgenommen hat, nicht zu (BGH NJW **62** 956). Daher ist es auch nicht abtretbar, nicht pfändbar und in der Regel auch nicht vererblich.

b) *des Erben.* Nur in den beiden im Abs. 2 genannten Fällen, in denen der Beschenkte gerade durch die den Undank verkörpernde Handlung den Widerruf des Schenkers unmöglich macht, steht das Widerrufsrecht auch den Erben des Schenkers zu, und zwar mehreren Erben gemeinschaftlich (vgl. ähnlich §§ 2339 Nr. 1, 2 und 2040).

Dieses Erbenwiderrufsrecht ist als vererblich anzusehen, so daß also der Erbeserbe widerrufen kann, wenn erst ihm der Widerrufsgrund bekannt wurde.

Ist der Widerruf rechtswirksam erklärt worden, so ist dadurch eine Forderung ins Leben gerufen, die nach den gewöhnlichen Regeln übertragen und vererbt wird.

III. Vertragliches Widerrufsrecht 7

Eine in einem Schenkungsvertrage getroffene Abrede eines jederzeitigen Rechts auf Widerruf der Schenkung widerstreitet dem Begriff der Schenkung nicht. Das ergibt sich schon, abgesehen vom Widerrufsrecht des § 530, aus den dem Schenker eingeräumten Rückforderungsrechten der §§ 527, 528. Dem Schenker kann berechtigterweise daran gelegen sein, Schenkungen auch ohne die strengen Voraussetzungen dieser Bestimmungen rückgängig machen zu können und eine Schenkung nur unter Vorbehalt des Widerrufs zu vollziehen. Willkürliche, gegen Treu und Glauben verstoßende Ausübung des Widerrufsrechts kann gegebenenfalls nach § 242 unzulässig sein. Vgl. zu allem *Westhoff*, Fragen zur vorweggenommenen Erbfolge, Freundesgabe Hengeler 1972 S. 255 = Betrieb 72 809.

§ 531

Der Widerruf erfolgt durch Erklärung gegenüber dem Beschenkten.

Ist die Schenkung widerrufen, so kann die Herausgabe des Geschenkes nach den Vorschriften über die Herausgabe einer ungerechtfertigten Bereicherung gefordert werden.

I. Der Widerruf 1

Der Widerruf erfolgt durch einseitige empfangsbedürftige Willenserklärung nach §§ 130 ff; auch die Form der Klageerhebung ist dazu geeignet. Der Widerruf kann auch in einem Testament erklärt werden (RG 170 380). Die Erklärung kann vom gesetzlichen Vertreter des Schenkers abgegeben werden, Erklärungsempfänger ist immer der Beschenkte.

II. Bereicherungsanspruch 2

Durch den Widerruf erlischt das Schenkungsversprechen. War die Schenkung bereits vollzogen, so entsteht ein Bereicherungsanspruch wegen Wegfalls des Rechtsgrundes. Die Herausgabepflicht des Beschenkten bestimmt sich nach §§ 818, 819 Abs. 1. Wenn die 11. Auflage für die Haftung in entsprechender Anwendung des § 142 Abs. 2 schon den Zeitpunkt der Verfehlung, nicht erst die Erlangung der Kenntnis vom Widerruf für maßgebend hält, so bestehen dagegen Bedenken. § 142 betrifft nur die Anfechtung, während § 531 die Haftung nach Bereicherungsrecht bestimmt. Nach Bereicherungsrecht wird aber nur in § 819 Abs. 2 unter den dort genannten besonderen Voraussetzungen die Haftung vorverlegt.

Ein an sich bestehender Herausgabeanspruch kann nach § 817 Satz 2 ausgeschlossen sein (BGH 35 103; BGH FamRZ 70 19). Das ist etwa der Fall, wenn der Schenker mit der Schenkung *unsittliche Zwecke* verfolgt und der Beschenkte das erkennt und das Geschenk mit Rücksicht auf diese Zwecke angenommen hat.

Gegenüber einem schenkweise erteilten abstrakten Versprechen begründet der Widerruf außer dem Befreiungsanspruch eine Einrede nach § 821. Auch § 822 ist anwendbar.

III. Gegenstand der Rückforderung 3

Was als Geschenk zurückgefordert werden kann, ist Frage des Einzelfalles, bei dem es wesentlich auf den Willen der Beteiligten über den Gegenstand der Schenkung ankommt. Nicht erforderlich ist, daß sich gerade der geschenkte Gegenstand vorher im Vermögen des Schuldners befunden hat und aus dem Vermögen des Schenkers in das des Beschenkten übergegangen ist. Gewährt z. B. jemand schenkweise einen Geldbetrag zum Erwerb eines Gegenstandes, so kann je nach den Umständen der Geldbetrag unmittelbar oder der Gegenstand mittelbar geschenkt sein (RG **167** 199; BGH LM BGB § 313 Nr. 1). Über die Rückgewähr bei Widerruf, wenn die Beteiligung an einer Handelsgesellschaft geschenkt war, vgl. *Hueck* Betrieb **66** 1043.

Bei der *gemischten Schenkung* (§ 516 Rdn. 11) geht der dem Schenker eingeräumte Anspruch nur dann auf Herausgabe des „geschenkten" Gegenstandes, wenn der unentgeltliche Charakter des Geschäfts überwiegt. Andernfalls ist der die Gegenleistung übersteigende Mehrwert in Geld zu erstatten (BGH **30** 120; s. auch BGH LM BGB § 2287 Nr. 2). Gleiches gilt, wenn bei der *mittelbaren Schenkung* (s. oben) der Schenker zum Kaufpreis nur einen Teil beiträgt. Hier ist maßgebend, in welchem Verhältnis die zum Erwerb des Gegenstandes erforderlichen Aufwendungen vom Schenker einerseits und vom Beschenkten andererseits erbracht werden sollten (BGH LM BGB § 531 Nr. 3).

4 **IV. Prozessuales**

Jede Verfehlung, die für sich genommen den Tatbestand des § 530 erfüllt, stellt einen selbständigen Klagegrund dar. Wird anstelle einer fallengelassenen, bisher allein geltend gemachten Verfehlung eine damit in keinem Zusammenhang stehende andere Verfehlung als Widerrufsgrund in den Prozeß eingeführt, so liegt Klageänderung vor (RG WarnRspr. **15** Nr. 281).

§ 532

Der Widerruf ist ausgeschlossen, wenn der Schenker dem Beschenkten verziehen hat oder wenn seit dem Zeitpunkt, in welchem der Widerrufsberechtigte von dem Eintritte der Voraussetzungen seines Rechtes Kenntnis erlangt hat, ein Jahr verstrichen ist. Nach dem Tode des Beschenkten ist der Widerruf nicht mehr zulässig.

1 I. Nach § 532 ist der **Widerruf** der Schenkung in drei Fällen **ausgeschlossen:**

1. Verzeihung

Darunter ist, wie in den Fällen der §§ 49 EheG (Ehescheidung), 2337 (Entziehung des Pflichtteils), 2343 (Erbunwürdigkeit) ein Verhalten zu verstehen, aus dem hervorgeht, daß die durch das Verhalten des Gegners hervorgerufene Kränkung nicht mehr empfunden wird. Ein Rechtsgeschäft wie in § 533 (Verzicht) liegt nicht vor. Der Schenker braucht nur die Verfehlung des Beschenkten gekannt, aber weder von seinem Widerrufsrecht gewußt noch den Verlust dieses Rechtes als Folge der Verzeihung gewollt zu haben. Auch einer besonderen Erklärung der Verzeihung, insbesondere dem Beschenkten gegenüber, bedarf es nicht (vgl. zur Verzeihung BGH WarnRspr. **74** Nr. 60 = NJW **74** 1084).

Das durch den Widerruf begründete Rückforderungsrecht des § 531 Abs. 2 erlischt nicht durch Verzeihung, sondern durch Erlaß (§ 397). Es ist aber Auslegungsfrage, ob in der Erklärung der Verzeihung auch ein solcher Erlaß liegt.

2. Einjährige Ausschlußfrist

Die Frist beginnt für den Schenker mit seiner Kenntnis von der Verfehlung, für den Erben mit dem Zeitpunkt, in dem der Erbe über seine Erbeigenschaft und die unter § 530 Abs. 2 fallende Handlung des Beschenkten unterrichtet ist. Die Frist läuft für jede selbständige Verfehlung getrennt. Wird wegen einer bestimmt bezeichneten Verfehlung widerrufen, so kommt auch nur sie als Grund für den Herausgabeanspruch in Betracht, die nachträgliche Heranziehung einer anderen Verfehlung zur selbständigen Begründung des Anspruches ist eine erneute Ausübung des Widerrufsrechts auf einer anderen tatsächlichen Grundlage (RG WarnRspr. **40** 10; BGH **31** 81).

Für den Ablauf der Frist gelten die §§ 187 Abs. 1, 188 Abs. 2. Der Bereicherungsanspruch, der durch den Widerruf entsteht, unterliegt der gewöhnlichen Verjährung.

3. Tod des Beschenkten

Der Widerruf ist nur wirksam, wenn er dem Beschenkten noch bei Lebzeiten zugegangen ist. Der dadurch erwachsene Bereicherungsanspruch geht auch gegen die Erben des Beschenkten.

4. Dazu kommt die **Einrede des Verzichts** nach § 533.

II. Rechtsnatur der Ausschließungsgründe 2

Aus der Wortfassung „der Widerruf ist ausgeschlossen" wird von *Oertmann* (§ 532 Anm. 1) und *Planck* (§ 532 Anm. 1) gefolgert, daß alle drei Tatbestände des § 532 rechtsvernichtende Einwendungen seien. Sachlich liegt es jedoch näher, die Geltendmachung der *Verzeihung als Einrede* im materiellen Sinne und nur die Berufung auf die beiden anderen Tatbestände als rechtsvernichtende Einwendungen aufzufassen.

§ 533

Auf das Widerrufsrecht kann erst verzichtet werden, wenn der Undank dem Widerrufsberechtigten bekannt geworden ist.

I. Im Gegensatz zur Verzeihung (§ 532 Rdn. 1) ist der **Verzicht** auf das Widerrufsrecht ein Rechtsgeschäft, daher auch den Erben und Vertretern des Schenkers möglich. Wie beim Verzicht auf Einreden (RG **78** 131) genügt die einseitige Erklärung, für die die §§ 130 ff gelten. Eines Vertrages (Erlaßvertrages § 397) bedarf es nur zur Aufhebung der durch einen Widerruf begründeten Bereicherungsansprüche. Verzeihung und Verzicht werden allerdings tatsächlich meistens zusammenfallen. § 533 enthält zwingendes Recht (RG **62** 328).

II. Die Zulässigkeit des Verzichts wird durch § 533 dahin eingeschränkt, daß ein *Vorausverzicht* auf das Widerrufsrecht für Fälle künftigen Undanks *unwirksam* ist und auch ein bereits zutage getretener Undank dem Verzichtenden bekannt sein muß. Das gilt auch für den aus dem Widerruf folgenden Rückgabeanspruch (LM BGB § 533 Nr. 1 = BGH WarnRspr. **71** Nr. 203). Zulässig ist dagegen, den Inhalt des Anspruchs im voraus vertraglich abzuändern und zu bestimmen, daß etwa bei einer Grundstücksüberlassung statt der Rückgabe eine Geldabfindung erfolgen solle (BGH aaO).

§ 534

Schenkungen, durch die einer sittlichen Pflicht oder einer auf den Anstand zu nehmenden Rücksicht entsprochen wird, unterliegen nicht der Rückforderung und dem Widerrufe.

Übersicht

	Rdn.		Rdn.
I. Pflichtschenkungen (Allgemeines)	1	III. Anstandsschenkungen	3
II. Schenkungen aus sittlicher Pflicht	2	IV. Betriebliche Zuwendungen	4
		V. Rechtsfolgen	5

1 **I. Pflichtschenkungen (Allgemeines)**

Zuwendungen, die einer sittlichen oder Anstandspflicht entsprechen, sind im Rechtssinn Schenkungen und unterliegen daher auch den Formvorschriften des § 518 (RG **125** 380). Sie werden durch § 534 gegen den Widerruf wegen Undanks (§ 530) sowie gegen die Rückforderung wegen Notbedarfs (§ 528) geschützt. Dagegen greift der Schutz, wenn es sich um ein Schenkungsversprechen handelt, nicht gegen die Einrede des Notbedarfs (§ 519) durch. Ob § 534 auch die Rückforderung wegen Nichterfüllung einer Auflage (§ 527) betrifft, ist bestritten. Der Gesetzeswortlaut spricht für eine Erstreckung auf § 527. Häufig wird allerdings die Beifügung einer Auflage im Widerspruch zu einer Pflicht- oder Anstandsschenkung stehen und schon deshalb unwirksam sein. So namentlich bei Schenkungen unter einer Auflage, die einen Vermögenswert hat, weil die Leistung aus dem Zugewendeten erfolgen soll (s. § 525 Rdn. 6) und damit die Zuwendung, die gerade einer sittlichen Pflicht oder dem Anstand entspricht, im Wert gemindert wird. Bestehen solche Bedenken im Einzelfall nicht, so läßt sich die Verletzung der Auflagepflicht kaum als schwerwiegender und deshalb weniger schutzwürdig ansehen als grober Undank nach § 530.

Außerdem werden Pflicht- und Anstandsschenkungen auch in anderen Beziehungen *vom Gesetz begünstigt.* So namentlich dadurch, daß sie den gesetzlichen Vertretern geschäftsunfähiger oder beschränkt geschäftsfähiger Personen erlaubt sind (§§ 1641, 1804); daß auch der Vorerbe und der Testamentsvollstrecker sie vornehmen dürfen (§ 2113 Abs. 2, §§ 2205, 2207); daß im Falle der Gütergemeinschaft der Ehegatte, der das Gesamtgut verwaltet, nicht der Einwilligung des anderen Ehegatten bedarf (§ 1425 Abs. 2); daß der Pflichtteilsberechtigte nicht um ihretwillen eine Ergänzung des Pflichtteils verlangen kann (§ 2330) und schließlich bei der Berechnung des Endvermögens für die Ermittlung des Zugewinns (§ 1375 Abs. 2 Nr. 1).

Eine besondere Behandlung der *belohnenden* (remuneratorischen) *Schenkung* ist dem Gesetz fremd. Die Absicht des Schenkers, dem Beschenkten für eine Dienstleistung erkenntlich zu sein, hat nur insoweit Bedeutung, als Sitte und Anstand dies gebieten; im übrigen finden die allgemeinen Schenkungsregeln Anwendung. Verlangt die Sitte eine Belohnung, geht aber die Gabe über das Maß hinaus, so ist die Schenkung, soweit sie Pflicht- und soweit sie gewöhnliche Schenkung ist, verschieden zu behandeln (RG **94** 157; **94** 322). Über die Abgrenzung der belohnenden Schenkung vom nachträglichen Entgelt vgl. § 516 Rdn. 8.

Zur Pflichtschenkung allgemein s. *Migsch* AcP **73** 172.

2 **II. Schenkungen aus sittlicher Pflicht**

Unter sittlicher Pflicht ist nicht die Betätigung der allgemeinen Nächstenliebe zu verstehen, vielmehr eine Pflicht, die aus den besonderen Umständen des Einzelfalles erwachsen ist und in den Geboten der Sittlichkeit wurzelt, wobei das Vermögen und die Lebensstellung der Beteiligten sowie ihre persönlichen Beziehungen untereinander zu berücksichtigen sind (BGH LM BGB § 534 Nr. 1; RG **70** 19; **70** 386). So z. B. die Unterstützung notleidender Geschwister oder sonstiger nach dem Gesetz nicht unterhaltsberechtigter Verwandten; die Schenkung an eine dem Schenker durch jahrelange Liebesbeziehungen nahestehende Frau zur Wiederherstellung ihrer Gesundheit oder zur Sicherung ihres Unterhalts. Für die Erben eines bedeutenden Nachlasses besteht eine sittliche Pflicht zu Schenkungen an Wohltätigkeitsanstalten auch dann nicht, wenn die Religion des Erblassers oder des Erben besondere Vorschriften hinsichtlich der Wohltätigkeit gibt (RG 70 383).

III. Anstandsschenkungen 3

Die Schenkung entspricht einer Anstandspflicht, wenn der Schenker, unterbliebe die Schenkung, gegen das Empfinden der sozial Gleichgestellten verstoßen würde, so daß er bei diesen eine Einbuße in der Achtung und Anerkennung erführe (RG 73 49; 98 326).

Während über den Begriff der sittlichen Pflicht die allgemeine Rechtsüberzeugung entscheidet, kommt es bei der Anstandsschenkung auf die Anschauungen eines bestimmten Gesellschaftskreises an. Und zwar sind es nicht die Bekannten und Verwandten des Schenkers, die den Maßstab liefern, sondern seine Berufs- und Lebensgenossen im allgemeinen.

Zu den Anstandspflichten gehören z. B. die Gaben, die in § 32 Nr. 1 KO, § 3 Nr. 3 AnfG „gebräuchliche Gelegenheitsgeschenke" genannt werden, so Gaben zu Weihnachten, Neujahr, Ostern, zum Geburtstag, zur Hochzeit, bei Gelegenheiten von Reisen, Besuchen usw. Anstandsgeschenk ist auch die Spende zu einer öffentlichen Sammlung. Schließlich gehört dazu das Trinkgeld, das der Gast dem Kellner gibt.

IV. Betriebliche Zuwendungen 4

Betriebliche Zuwendungen zu *Betriebs- und Pensionskassen*, mögen sie auch freiwillig erfolgen, aber von den Betriebsangehörigen erwartet werden, sind keine Schenkungen (s. § 516 Rdn. 14). Auf sie findet § 534 keine Anwendung. Die Vereinbarung einer Altersunterstützung entspricht zwar im allgemeinen einer sozialen Denkungsart des Arbeitgebers, es läßt sich aber nicht sagen, daß damit einer sittlichen Pflicht oder einer auf den Anstand zu nehmenden Rücksicht entsprochen werde; eine entsprechende Anwendung des § 534 verbietet sich daher (BAG JZ 56 322).

Weihnachts- und sonstige *Gratifikationen* werden nicht unentgeltlich, sondern als eine, wenn auch vielleicht freiwillige zusätzliche Gegenleistung für erbrachte Dienste gewährt (BAG 1 36) und unterliegen daher nicht der Form des § 518. Da sie keine Schenkungen sind, entfällt auch die Anwendung des § 534. Die einem Pensionär gewährte Weihnachtszuwendung ist, anders als die Weihnachtsgratifikation der noch tätigen Bediensteten, kein zusätzliches Entgelt für geleistete Dienste; sie ist auch keine Schenkung, sondern hat ihren Rechtsgrund in dem Ruhestandsverhältnis. Sie beruht auf einer freiwillig übernommenen Fürsorge des ehemaligen Dienstherrn und wird um früher geleisteter Dienste willen erbracht (BAG 14 174).

V. Rechtsfolgen 5

Entspricht eine Schenkung nicht in vollem Umfang einer sittlichen Pflicht und ist der geschenkte Gegenstand unteilbar, so kann der Rückgewähranspruch auf Herausgabe des ganzen Geschenks Zug um Zug gegen eine der sittlichen Pflicht entsprechende Leistung begründet sein (BGH LM BGB § 534 Nr. 1).

Der Tatbestand des § 534 stellt eine *rechtshindernde Tatsache* dar und läßt ein Widerrufsrecht nicht zur Entstehung kommen. Die Voraussetzungen des § 534 müssen daher von Amts wegen berücksichtigt werden, auch wenn die Partei, der sie zum Vorteil gereichen, sich nicht auf sie beruft (RG JW 16 1196).

Hinweis

Die Darstellung des finanzierten Abzahlungskaufes als Anhang zu § 455 wird in einer besonderen Lieferung folgen.

Der Verlag

Hinweis

Wegen des geringen Umfanges der Kommentierung der §§ 688-700 — die sich sachlich an die Lieferung 7, §§ 662-687 anschließt — ist dieser Teil als Lieferung 13 hier mit eingeheftet. Die richtige Reihenfolge wird beim Einbinden in Band II Teil 1 hergestellt werden.

Der Verlag

ZWÖLFTER TITEL

Verwahrung

Vorbemerkungen

Vor § 688

Übersicht

	Rdn.		Rdn.
I. Rechtliche Natur	1–6	IV. Besondere Erscheinungsformen	19–24
II. Abgrenzung zu anderen Verträgen	7, 8	V. Öffentlich-rechtliche Verwahrung	25–39
III. Verträge mit verwahrungsähnlichen Nebenpflichten	9–18	VI. Haftungsfragen	40–48

Schrifttum:

Kuhlenbeck, JW **09** 649; **10** 641 (regelmäßige und unregelmäßige Verwahrung); *Degen*, SächsA **29** 81 (verwahrungsartige Verhältnisse); *Pikart*, WM **62** 862 (Rspr. des BGH zum Verwahrungsvertrag); — Öffentlich-rechtliche Verwahrung: *Schack*, RVBl. **35** 189 und DGWR **39** 17; *Weigert*, Gruchot **69** 303; *v. Arnswald*, Gruchot **73** 459. — Abstellen von Kraftfahrzeugen in Garagen und auf Parkplätzen: *Neumann-Duesberg*, VersR **68** 313; *Güllemann*, NJW **72** 889; *Ruhkopf*, VersR **67** 10; *Weimar*, NJW **63** 629; *Wintergerst*, NJW **63** 141; *Weber*, *Janssen*, NJW **69** 173, 1096 (Haftungsfreizeichnungen).

I. Rechtliche Natur

1 Der Verwahrungsvertrag macht es dem Verwahrer zur **Hauptpflicht**, eine ihm von dem Hinterleger übergebene bewegliche Sache **aufzubewahren**. Den Verwahrer können über die Pflicht zur Obhut hinaus weitere Fürsorgepflichten treffen, namentlich solche, die der Erhaltung der Sache oder der Wahrnehmung damit verbundener Rechte dienen (vgl. § 688 Rdn. 7, 8).

2 Die Fassung des Gesetzes (§ 688) spricht für *Realvertrag*. Danach wäre die Übernahme der Verpflichtung, eine erst noch zu übergebende Sache in Verwahrung zu nehmen, als Vorvertrag anzusehen (RG WarnRspr. **20** Nr. 77). Diese Konstruktion erscheint der modernen Verkehrsauffassung gekünstelt; der Verwahrungsvertrag sollte als **Konsensualvertrag** anerkannt werden (*Larenz* § 58; ebenso für Lagervertrag BGHZ **46** 34).

3 Der Verwahrungsvertrag verpflichtet grundsätzlich nur den Verwahrer. Der **unentgeltliche** Verwahrungsvertrag ist unvollkommen zweiseitiger Vertrag; ist für die Gesamtleistung des Verwahrers ein **Entgelt** (nicht nur Aufwendungsersatz) vereinbart, liegt gegenseitiger Vertrag iSd §§ 320-327 vor.

4 Der Verwahrungsvertrag ist aus den Vertragstypen **Auftrag** und **Dienstvertrag** ausgesondert und verselbständigt. Gegenüber dem grundsätzlich weisungsgebundenen Beauftragten und Dienstverpflichteten ist die Stellung des Verwahrers aufgewertet (§§ 692, 665); den genannten Vertragstypen gemeinsam ist das persönliche Vertrauensverhältnis (§§ 691, 664, 613). Die Pflicht des Hinterlegers, Aufwendungen zu ersetzen (§ 693), entspricht der Auftragsregelung (§ 670).

5 Die Fürsorge für **Grundstücke** (Gebäude) kann nicht durch Verwahrungsvertrag übernommen werden; insoweit kommen Dienst-, Werk-, Geschäftsbesorgungsver-

trag oder Auftrag in Betracht. Die Übernahme einer die bloße Aufbewahrungspflicht übersteigenden Verbindlichkeit, etwa zu besonderer Aufbewahrung und Pflege, wird regelmäßig Auftrag oder Werkvertrag nahelegen, jedoch ist die Grenze flüssig zu Verwahrungsverträgen mit bestimmten Nebenpflichten (*Enneccerus/Lehmann* § 169, 3 a).

6 Verwahrungsvertrag wird gegeben sein, wenn die Aufbewahrung den **hauptsächlichen Inhalt** des Vertrages ausmacht; anders liegt es, wenn sie nur **Nebenpflicht** eines auf einen anderen Leistungsinhalt gerichteten Vertrages ist; dann geben dessen Rechtsgrundsätze allein das Maß (vgl. RG LZ **23** 276; JW **26** 1663; RGZ **142** 188; *Nikisch*, ArbR I § 36 III 4 und Rdn. 13, 14). Eine aus dem Hauptvertrag abgeleitete Sorgfaltspflicht kann andererseits aber auch nach Maßgabe der §§ 688 ff näher zu bestimmen sein (*Enneccerus/Lehmann* § 169, 5).

7 **II. Abgrenzung zu anderen Verträgen**

Bei **Miete** und **Leihe** richtet sich das Leistungsinteresse auf die Überlassung einer Sache zum Gebrauch, beim Verwahrungsvertrag auf die Übernahme einer Obhutspflicht (BGHZ **3** 200). Im Einzelfall können bei der Miete als Nebenpflichten besondere Fürsorgepflichten bestehen (BGH LM § 535 Nr. 2: Vermietung von Kühlhaus-Zellen). Der Stahlkammer-(Schrankfach-)vertrag ist Miete (RGZ **141** 99), ebenso die Inanspruchnahme automatischer Gepäckfächer auf Bahnhöfen (*HGB-RGRK* § 459 Anm. 9).

8 Die rechtliche Einordnung des Abstellens von Kraftfahrzeugen auf **Parkplätzen** und in **Garagen** ist streitig. BGH NJW **68** 1718 enthält sich einer allgemeinen Stellungnahme dazu, ob solche Rechtsverhältnisse Verwahrungsverträge oder gemischte Verträge mit dienst-, miet- oder verwahrungsvertraglichen Elementen sind, und bejaht für bewachten Parkplatz die Haftung des Bewachungsunternehmers für (grobes) Personalverschulden bei dem Abhandenkommen von Handelsware aus einem abgestellten Kraftfahrzeug. Ein Garagenunternehmer, der die Schlüssel für ein eingestelltes Fahrzeug übernimmt, ohne Vorkehrungen gegen einen Mißbrauch der Schlüssel durch sein Personal zu treffen, haftet für einen dadurch ermöglichten Diebstahl des Kraftfahrzeuges aus eigenem Verschulden (BGH NJW **74** 900). Der Inhalt der von dem Parkplatz-(Garagen-)unternehmer übernommenen Pflichten wird sich in vielen Fällen aus *Allgemeinen Geschäftsbedingungen* ergeben (vgl. Rdn. 45, 46). Sonst wird jeweils zu ermitteln sein, welche Vorkehrungen von dem Vertragspartner nach Treu und Glauben mit Rücksicht auf die Verkehrssitte zu verlangen sind (BGH NJW **72** 150; *Neumann-Duesberg* aaO 316). Auch die Höhe des Entgelts kann einen Schluß auf das vertraglich Gewollte erlauben (*Esser*, SchuldR § 84 I 2 c). Wer als Kunde eines Warenhauses dessen Tiefgarage gegen eine geringe — mit dem Einkauf zu verrechnende — Gebühr benutzt, darf nicht auf eine sorgfältige Überwachung der abgestellten Fahrzeuge vertrauen; die Postierung eines Parkwächters an der Ausfahrt genügt den Anforderungen aber nur, wenn das Warenhaus dem Kunden einen angemessenen Versicherungsschutz verschafft (BGH NJW **72** 150).

Die rechtliche Einkleidung der im Einzelfall ermittelten Fürsorgepflichten wird für die Frage der Haftung wegen **Schlechterfüllung** oft vernachlässigt werden können, da der Grundsatz des § 282 (vgl. Rdn. 27, 41) nicht nur für den Verwahrungsvertrag gilt; auch der Dienstverpflichtete muß sich entlasten, wenn die Schadensursache in seinem Gefahrenbereich liegt (BGHZ **28** 251; **51** 91, 105; BGH MDR **66** 491; OLG Schleswig MDR **54** 738). Dieser Grundsatz wird bei entsprechender Fürsorgepflicht auch bei eingetretenem Verlust von Fahrzeugen (bzw. ihres Inhalts) zu gelten haben (BGH NJW **68** 1718; einschränkend *Neumann-Duesberg* aaO 317).

III. Verträge mit verwahrungsähnlichen Nebenpflichten 9

Nebenpflichten dieser Art treten vor allem dort auf, wo die Hauptverpflichtung von vornherein auf die Gewährung von **Fürsorge** für die **Person** und ihr **Eigentum** gerichtet ist (z. B. beim Internats-, Krankenhaus-, Arbeitsvertrag); weiter dort, wo die Erfüllung der Hauptpflicht es mit sich bringt, daß die Sache dem Schuldner **übergeben** wird und damit den Obhutsbereich des bisherigen Besitzers verläßt. Eine Verpflichtung zur Obhut wird auch dann anzunehmen sein, wenn der eine Vertragsteil den anderen zu einem Verhalten veranlaßt, das dessen **eigene Beaufsichtigung erschwert** oder ausschließt (*Degen* aaO 84 ff).

Der **Werkvertrag** über die Reparatur eines Kraftfahrzeuges begründet die Ne- 10
benverpflichtung des Unternehmers, das Fahrzeug bis zur Rückgabe in verkehrsüblicher Weise zu verwahren (BGH BB **56** 222); solange die Reparatur noch nicht beendet ist, hat der Unternehmer für die Verwahrung ohne besonderes Entgelt zu sorgen; der Schadensersatzanspruch wegen Verschlechterung der Sache folgt dem Werkvertragsrecht (RG JW **26** 1663).

Der **Pfandvertrag** (§ 1205) verpflichtet den Pfandgläubiger, das Pfand zu ver- 11
wahren (§ 1215). Wenn nichts anderes vereinbart ist, gelten die §§ 688 ff entsprechend, soweit die Pfandrechtsvorschriften nicht entgegenstehen (RGZ **103** 171). Dies gilt auch für eine Verpfändung, die nur zu einer Rückgabe an Eigentümer und Gläubiger gemeinsam führen soll (sog. Pfandhaltervertrag, § 1206 BGB, vgl. RGZ **87** 36). Wenn dagegen der Empfänger von Geld berechtigt sein soll, sich hieraus für etwaige Forderungen zu befriedigen (sog. Sicherungsvertrag), sind die §§ 688 ff nicht anwendbar (RGZ **119** 57). Die **Sicherungsübereignung** von Waren in der Form, daß nur noch der Gläubiger Zugang zu den Sachen hat, nähert sich einer Pfandrechtsbestellung; das Rechtsverhältnis ist dem Verwahrungsvertrag ähnlich, es verpflichtet den Sicherungsnehmer zur Obhut (BGH WM **67** 343).

Praktisch bedeutsame Nebenpflichten dieser Art bestehen im **Kommissionsge-** 12
schäft (§ 390 Abs. 1 HGB), im **Speditionsgeschäft** (§§ 390 Abs. 1, 407 Abs. 2 HGB), im **Frachtgeschäft** (§ 429 HGB), im **Eisenbahnfrachtgeschäft** (§§ 454, 458 HGB iVm §§ 4, 31, 42, 53, 82 ff der Eisenbahnverkehrsordnung (EVO) vom 8. September 1938 — RGBl. II 663), im **internationalen Luftgüterverkehr** (Art. 18 ff des Warschauer Abkommens BGBl. 1958 II 312; vgl. BGH Urteil vom 10. Mai 1974 — I ZR 61/73).

Nebenpflichten zur Reisegepäckaufbewahrung und -beförderung können sich 13
aus dem **Reiseveranstaltervertrag** (Werkvertrag, BGHZ **60** 14, 16) ergeben; die entsprechenden Unternehmer sind Erfüllungsgehilfen des Reiseveranstalters (OLG Köln NJW **72** 1815; vgl. auch *Bartl*, NJW **72** 505).

Für den Schutz des vom Arbeitnehmer berechtigterweise in den Betrieb einge- 14
brachten **Arbeitnehmereigentums** kommt als Anspruchsgrundlage ausschließlich die allgemeine Fürsorgepflicht des Arbeitgebers in Betracht; der Umfang der Fürsorgepflicht hängt vor allem davon ab, wie weit die betrieblichen Verhältnisse den Arbeitnehmer daran hindern, für sein Eigentum selbst zu sorgen (BAG **17** 229 = NJW **65** 2173; umfassende Nachweise bei *Monjau*, DB **72** 1435 f).

Nebenwirkung der Pflicht des **Verlegers**, das (bestellte) Manuskript zurückzuge- 15
ben (§ 27 VerlagsG), ist die Pflicht, es sorgsam zu behandeln (*Leiss*, VerlagsG Vorbem. 2 vor § 27). Die Entgegennahme unverlangt zugesandter Manuskripte begründet regelmäßig noch keinen Verwahrungsvertrag, eine Pflicht zur Rücksendung besteht nicht, der Verleger hat das Werk nur zur Abholung bereit zu halten (vgl. *Elster*, JR **35** 66); es erscheint interessegemäß, seine Haftung (entspr. § 300) auf Vorsatz und grobe Fahrlässigkeit zu beschränken.

16 Der Schankwirt ist durch den **Gastvertrag** nicht verpflichtet, die von den Gästen abgelegten Kleidungsstücke besonders zu bewachen; es ist Sache der Gäste, auf ihre im Gastraum oder im Garderoberaum abgelegten Kleidungsstücke selbst zu achten (RGZ **104** 45; **105** 209; **109** 261). Dies gilt aber nur, wenn der Schankwirt in seinen Räumen das Ablegen der Kleidungsstücke so ermöglicht, daß der Gast die Aufsicht über sie ausüben kann; fehlt eine solche Einrichtung und duldet der Wirt die Mitnahme der Kleidungsstücke in die Gasträume nicht, so ist er zur Obhut im Rahmen des Beköstigungsvertrages verpflichtet (RG JW **24** 1870; vgl. auch OLG Hamburg MDR **70** 842; *Gaisbauer,* VersR **72** 723). Zur Sorgfaltspflicht einer **Universität,** von Studenten mitgebrachte Mäntel bei Fehlen einer Ablagemöglichkeit im Hörsaal vor Verlust zu schützen vgl. BGH NJW **73** 2102. Hält ein **Hotel** eine „Vertragsgarage", auf die es die Übernachtungsgäste hinweist, und veranlaßt es, wenn ein Gast eine Garage wünscht, regelmäßig die Unterbringung der Fahrzeuge in der Garage, so besteht im Rahmen des Beherbergungsvertrages eine verwahrungsvertragliche Obhutspflicht (BGH NJW **69** 789, 1172). Zum *Beherbergungsvertrag* vgl. noch Rdn. 24.

17 Der **Arzt** übernimmt eine Verwahrungspflicht für die im Vorraum von den Besuchern abgelegten Kleidungsstücke in der Regel auch als Nebenverpflichtung nicht; er muß den abgelegten Kleidungsstücken aber den Schutz einer verschlossenen Wohnung zuteil werden lassen (RGZ **99** 35). Ein geselliger Verein, der den Mitgliedern einen Garderoberaum anbietet, bringt dadurch nicht ohne weiteres zum Ausdruck, dort abgelegte Kleider in Obhut nehmen zu wollen; die Pflicht zur sicheren Aufbewahrung kann aber Nebenpflicht des **Gesellschaftsvertrages** sein, vor allem dann, wenn die Mitnahme der Kleider in die Klubräume nicht verkehrsüblich ist (RGZ **103** 265).

18 Aus dem **Badevertrag** ergibt sich die Pflicht, die von den Badegästen abgelegten Kleider zu verwahren; § 690 findet keine Anwendung (RG LZ **23** 600). Der Kauf einer **Theaterkarte** kann eine Pflicht zur Verwahrung der Mäntel begründen (RG WarnRspr. **20** Nr. 77).

19 **IV. Besondere Erscheinungsformen**

Das kaufmännische **Lagergeschäft,** die gewerbsmäßige Übernahme von Gütern zur Lagerung und Aufbewahrung im Handelsverkehr (§§ 416—424 HGB; für den sog. Orderlagervertrag vgl. die OrderlagerscheinVO vom 16. Dezember 1931 — RGBl. I 763). Der Lagervertrag ist Konsensualvertrag (BGHZ **46** 34). Zum gesetzlichen Pfandrecht des Lagerhalters wegen der Lagerkosten (§ 421 HGB) vgl. BGH DB **60** 978 und BB **66** 179; zur Übereignung von Lagergut, über das ein Orderlagerschein ausgestellt ist, vgl. BGHZ **49** 160; zur Verwendung von sog. Liefer- und Freistellungsscheinen vgl. BGH NJW **71** 1608.

20 Die **Gemeinschaftsverwahrung** (sog. freiwillige Sequestration), wobei eine von verschiedenen Personen in Anspruch genommene Sache einem gemeinschaftlichen Verwahrer mit der ausdrücklichen oder stillschweigenden Vereinbarung übergeben wird, daß die Rückgabe an alle Hinterleger gemeinsam oder an einen von ihnen bezeichneten gemeinsamen Bevollmächtigten erfolgen soll (vgl. §§ 432, 1217, 1231, 1281, 2039 BGB; § 165 FGG).

21 Das **Depotgesetz** vom 4. Februar 1937 (RGBl. I 171) idF des ÄndG vom 24. Mai 1972 (BGBl. I 801) regelt die bankmäßige Verwahrung und Anschaffung von Wertpapieren (Aktien, Kuxe — auch diese, obwohl sie gewerkschaftliche Anteile sind, RGZ **121** 49 —, Zwischenscheine, Zins-, Gewinnanteil- und Erneuerungsscheine, Reichsbankanteilscheine, auf den Inhaber lautende oder durch Indossament übertragbare Schuldverschreibungen, ferner andere vertretbare Wertpapiere — nicht Wechsel,

Schecks, Banknoten). Das Gesetz gilt für Kaufleute (auch für öffentlich-rechtlich organisierte Banken und Sparkassen), denen im Betrieb ihres Handelsgewerbes Wertpapiere unverschlossen zur Verwahrung anvertraut werden. Es unterscheidet Sonderverwahrung (sog. Streifbanddepot, § 2; Drittverwahrung § 3), Sammelverwahrung (§§ 5—9) und Tauschverwahrung (§§ 10, 11). Näheres dazu § 700 Rdn. 6, 8, 9. Über das weitgehende Konkursvorrecht namentlich auch der Hinterleger, deren Eigentum durch rechtswidrige Verfügung des Verwahrers oder Kommissionärs beeinträchtigt worden ist, vgl. § 32. Neben die Verwahrerpflichten treten nach den Nrn. 36—39 der Allgemeinen Geschäftsbedingungen — Banken — bestimmte *Verwaltungs*pflichten, vgl. dazu auch § 128 AktG. Zur Neuregelung des sog. *Depotstimmrechts* vgl. § 135 AktG.

Über die Verwahrungspflicht des **Finders** vgl. § 966. In der **Eisenbahn** zurückge- **22**
lassenes Handgepäck ist an die Eisenbahnverwaltung abzuliefern (§ 5 EVO). Dieser obliegt eine gesetzliche Verwahrungspflicht, die sich, soweit nicht § 5 EVO eine Regelung trifft, nach den §§ 688 ff BGB bestimmt (*HGB-RGRK* § 459 Anm. 9). Die Haftungsmilderung des § 690 dürfte nicht eingreifen, da die Verwahrungspflicht hier Nebenpflicht des (entgeltlichen) Beförderungsvertrages mit dem (unbekannten) Verlierer ist.

Gem. § 36 EVO haftet die **Eisenbahn** für die *Aufbewahrung* des Gepäcks auf **23**
Bahnhöfen als Verwahrer. Der Tarif hat die Haftung auf einen Höchstbetrag von 100 DM beschränkt. Dies verletzt § 458 HGB nicht, da es sich insoweit nicht um einen Beförderungsvertrag handelt. Eine weitergehende Haftung aus unerlaubter Handlung wird durch die EVO nicht ausgeschlossen (BGHZ **24** 188; vgl. auch BGH NJW **73** 511).

Über die Erfolgshaftung auf Grund **Beherbergungsvertrages** vgl. §§ 701—703. **24**
Eine gesetzliche Verpflichtung zur Aufbewahrung von Geld, Wertpapieren und Wertsachen begründet § 702 Abs. 3. Die §§ 701—703 gewähren dem Reisenden einen Mindestschutz (dazu neuerdings BGH, Urteil vom 11. Juli 1974 — III ZR 114/72: Beherbergungspreis iSv § 702 ist der jedem *einzelnen* Gast berechnete Preis).

V. Öffentlich-rechtliche Verwahrung **25**

Sie gehört in den größeren Bereich öffentlich-rechtlicher **„Sonderverbindungen"** zwischen Verwaltung und Bürger. Die Verwaltung hat für Leistungsstörungen nach vertragsähnlichen Grundsätzen dort einzustehen, wo ein besonders enges Verhältnis des einzelnen zu ihr begründet worden ist und mangels ausdrücklicher gesetzlicher Regelung ein Bedürfnis für eine angemessene Verteilung der Verantwortung innerhalb des öffentlichen Rechts besteht (BGHZ **61** 7; **59** 303). Auch das Institut der öffentlich-rechtlichen Verwahrung hat seinen inneren Grund in der durch die Inbesitznahme von Gütern begründeten besonders engen Beziehung der öffentlichen Körperschaft zu diesen Gütern im Sinne einer besonderen Fürsorge- und Obhutspflicht für die in Besitz genommenen Gegenstände und damit für den Betroffenen selbst (BGHZ **21** 219).

Gegenstand der öffentlich-rechtlichen Verwahrung können nur bestimmte **be-** **26**
wegliche Sachen sein, nicht Forderungsrechte oder das Vermögen in seiner Gesamtheit (BGH LM GG Art. 34 Nr. 36; Anm. *Kreft* bei LM GVG § 13 Nr. 71; OLG Hamburg MDR **61** 689). Bleibt die beschlagnahmte oder sonst hoheitlich verstrickte oder nur durch ein Verfügungsverbot betroffene Sache im Gewahrsam des Berechtigten, dann muß dieser selbst für ihre ordnungsmäßige Erhaltung sorgen; ein öffentlich-rechtliches Verwahrungsverhältnis liegt erst dann vor, wenn eine Behörde in Erfüllung ihrer öffentlich-rechtlichen Aufgaben Sachen einer Privatperson in **Besitz** nimmt und dadurch den Berechtigten daran hindert, für die Sache selbst zu sorgen (BGH WM **73** 1416, dazu

Anm. *Weber* JuS **74** 191; BGHZ **3** 162; **4** 192; LM § 688 Nr. 7; LM VerwR — Allgemeines (öffentlich-rechtliche Verpflichtungen) — Nr. 2; RGZ **166** 218; **115** 419). Die öffentlich-rechtliche Verwahrung, die keinen Vertragsschluß voraussetzt, begründet ein ausschließlich nach **öffentlichem Recht** zu beurteilendes Rechtsverhältnis, auf das die für den privatrechtlichen Verwahrungsvertrag geltenden schuldrechtlichen Bestimmungen sinngemäß als öffentlich-rechtliche Rechtsgrundsätze anzuwenden sind, soweit dies mit dem öffentlichen Interesse vereinbar ist, namentlich die in **§ 278** und **§ 282** verkörperten Rechtsgedanken (BGHZ **3** 162; **4** 192; RGZ **166** 218; **115** 419).

27 Bei **Verlust** oder **Beschädigung** der in Obhut genommenen Sache muß die verwahrende Behörde dartun und bei Bestreiten beweisen, wie es zum Verlust (zur Beschädigung) gekommen ist und weshalb der Verlust (die Beschädigung) von ihren Bediensteten bei Anwendung der gebotenen Sorgfalt nicht abgewendet werden konnte (BGHZ **4** 192; RG JW **34** 2842; RGZ **74** 342; **120** 67; **137** 153). Sie genügt ihrer Beweispflicht nur dann, wenn sich für die von ihr nicht verschuldeten Umstände ein solches Maß von Wahrscheinlichkeit ergibt, daß demgegenüber die Möglichkeit eines verschuldeten Verlustes außer Betracht bleiben muß (BGH, Urteil vom 4. Juni 1956 — III ZR 314/54; BGH LM § 688 Nr. 2).

28 Der in **§ 691 S. 1** enthaltene Rechtsgedanke findet auch auf staatliche Verwahrer Anwendung (RG HRR **29** Nr. 492), dagegen grundsätzlich nicht der des § 690 (BGHZ **4** 192).

29 Der Geschädigte muß sich auch seinerseits ein schadensmitursächliches Verschulden seiner **„Erfüllungsgehilfen“** gem. § 254 anrechnen lassen (BGH NJW **65** 962).

30 Die im Vertragsschuldrecht geltenden Grundsätze der **Haftungsbeschränkung** sind sinngemäß anzuwenden, soweit die öffentlich-rechtlichen Pflichten dem nicht entgegenstehen (BGHZ **61** 13 f; dazu *Rüfner*, DÖV **73** 808; *Brehm*, DÖV **74** 415).

31 Soweit die öffentlich-rechtliche Verwahrung gesetzlich **besonders geregelt** ist, geht diese Regelung vor. Zu ihrer Ergänzung kann auf die in den §§ 688 f zum Ausdruck gekommenen allgemeinen Rechtsgedanken zurückgegriffen werden (RGZ **115** 419).

32 Die besondere Obhutspflicht entsteht erst durch die **Inbesitznahme**; daneben kann eine dem Berechtigten gegenüber zu erfüllende Amtspflicht bestehen, die Sache in amtliche Verwahrung zu nehmen (RG JW **34** 2842; RGZ **108** 249).

33 Das öffentlich-rechtliche Verwahrungsverhältnis schafft einen **selbständigen** Haftungsgrund. Die Ansprüche bestehen nicht nur hilfsweise (§ 839 Abs. 1 S. 2); sie stellen keine anderweitige Ersatzmöglichkeit iSv § 839 Abs. 1 S. 2 dar (vgl. BGH NJW **62** 791), gehen bei Versäumung eines Rechtsmittels nicht unbedingt verloren (§ 839 Abs. 3; anwendbar dagegen § 254, vgl. BGHZ **56** 65), stehen Ausländern nicht nur bei Verbürgung der Gegenseitigkeit zu (vgl. § 7 des Reichshaftungsgesetzes vom 22. Mai 1910 — RGBl. 798) und unterliegen nicht der kurzen Verjährung des § 852 (RGZ **166** 218; BGH NJW **52** 931). Auch Ansprüche aus Enteignung oder enteignungsgleichem Eingriff schließen eine Haftung aus öffentlich-rechtlicher Verwahrung regelmäßig nicht aus (vgl. BGH NJW **52** 931; RGZ **104** 18; **165** 323).

34 Für Ersatzklagen gegen die verwahrende Körperschaft ist der Zivilrechtsweg eröffnet (§ 40 Abs. 2 S. 1 Altern. 2 VwGO; BGH WM **73** 1416; *Menger-Erichsen*, VerwA **57** 73).

35 **Einzelfälle:** Verwahrungen, die eine öffentlich-rechtliche **Anstaltsnutzung** mit sich bringt (z. B. Einweisung in ein städt. Krankenhaus in Ausübung öffentlicher Fürsorge, BGHZ **4** 138; RGZ **112** 290; zwangsweise Unterbringung in staatl. Heil- und Pflegeanstalt, RG DR **43** 854 Nr. 6; Schlachthof mit Benutzungszwang, BGHZ **61** 7; BGH

VersR **63** 477; Urteil vom 20. Juni 1974 — III ZR 97/72; dagegen nur Haftung nach Amtshaftungsgrundsätzen im Strafvollzug, BGHZ **21** 214; **25** 238; BGH NJW **62** 1053, und im Schulverhältnis, BGH NJW **63** 1828; LM § 839 (Fd) Nr. 12 a; NJW **64** 1670, dazu *Menger,* VerwA **56** 90).

Hoheitsakte, die sich als **Strafmaßnahmen oder Sicherungsmaßnahmen** gegen den Eigentümer richten (BGHZ **1** 369; NJW **52** 658; RGZ **166** 218). Amtliche Verwahrung von Sachen, die dem Berechtigten durch strafbare Handlung entzogen wurden (RGZ **108** 249). Inverwahrungnahme von Hausrat aus einer nach RLG beschlagnahmten (BGHZ **3** 162) oder durch Kriegseinwirkung zerstörten Wohnung (BGHZ **4** 192). Sicherstellung von Gegenständen durch die Polizei (vgl. *Daumann,* DAR **69** 317, u. a. zur amtlichen Verwahrung von abgeschleppten Kraftfahrzeugen). Verwahrung von gepfändeten Sachen durch den *Gerichtsvollzieher* (RGZ **145** 204; *Adrian,* DGVZ **69** 177; **70** 1; **70** 17; *Noack,* JVBl **66** 270). Inbesitznahme durch Vollzugsbeamte des Finanzamts (RGZ **138** 40; RG JW **36** 383). Besondere **amtliche Verwahrung von Urkunden,** die zu Gerichtsakten gegeben werden (RG JW **34** 2842; über die Behandlung der in amtlichen Gewahrsam gelangten Gegenstände im Bereich der Justiz vgl. AV d. RJM vom 3. Dezember 1938, DJ **38** 1932); die Verletzung der Pflicht, eine Sache in besondere amtliche Verwahrung zu nehmen, begründet jedoch nur Haftung nach § 839 (RG JW **34** 2842). Ist die Behörde befugt, die verwahrten Gegenstände zu verwerten, so entsteht mit der Verwertung ein weiteres öffentlich-rechtliches **Treuhandverhältnis** eigener Art, das die Behörde verpflichtet, bestmöglich zu verwerten (BGH NJW **52** 658). Ordnet die verwahrende Behörde unbefugterweise eine Verwertung an, so kann darin gleichzeitig eine Verletzung der Pflichten aus dem öffentlich-rechtlichen Verwahrungsverhältnis liegen (BGH LM § 688 Nr. 7).

Sonderregelungen: Die **Hinterlegung** nach Maßgabe der HintO vom **36** 10. März 1937 (RGBl. I 285) begründet ein öffentlich-rechtliches Verhältnis, auf das die in §§ 700, 607, 245 zum Ausdruck gelangten Rechtsgrundsätze nicht ohne weiteres anzuwenden sind, wohl aber § 242 (BGH WM **66** 1016; RGZ **112** 221). Beschwerden gegen die Entscheidungen der Hinterlegungsstellen werden im Aufsichtswege erledigt. Hiergegen ist Antrag auf gerichtliche Entscheidung nach § 23 EG GVG zulässig. Für Klage auf Herausgabe ist der ordentliche Rechtsweg gegeben (§ 3 HintO idF des § 38 Abs. 2 RechtspflegerG vom 5. November 1969 — BGBl. I 2065).

Notare sind gem. § 23 BNotO (früher § 25 RNotO) vom 24. Februar 1961 **37** (BGBl. I 97) auch zuständig, Geld, Wertpapiere und Kostbarkeiten, die ihnen von den Beteiligten übergeben sind, zur Aufbewahrung oder zur Ablieferung an Dritte zu übernehmen. Es handelt sich um eine öffentliche Amtstätigkeit, die eine Ersatzpflicht nur nach Amtshaftungsgrundsätzen auslöst (RG DNotZ **32** 249; **33** 649; **37** 259; RGZ **156** 82; BGH vom 21. Dezember 1959 — III ZR 180/58); § 839 Abs. 1 S. 2 gilt aber insoweit nicht, § 19 Abs. 1 S. 2 BNotO. Zur amtlichen Verwahrung von Urkunden gem. § 25 BNotO vgl. BGH DNotZ **73** 379 (kein Erlöschen der Pflicht zur Verwahrung von Erbverträgen durch Zeitablauf).

Nach § 8 des **ZollG** vom 14. Juni 1961 (BGBl. I 737, Neufassung: BGBl. 1970 I **38** 530) kann die Zollstelle Zollgut selbst in Verwahrung nehmen oder einem anderen in Verwahrung geben; im letzteren Falle haftet sie entsprechend § 691 S. 2 nur für Verschulden bei der Übertragung und Auswahl. Die in § 15 Abs. 2 des ZollG vom 20. März 1939 (RGBl. I 529) enthaltene Haftungsmilderung (§ 690) ist in § 8 des neuen ZollG nicht mehr aufgenommen und mit dessen Inkrafttreten (1. Januar 1962) entfallen. Das verwahrte Zollgut kann veräußert werden, wenn es zu verderben droht oder wenn Aufbewahrung, Pflege oder Erhaltung unverhältnismäßig viel kosten. Die Vorschriften der

Reichsabgabenordnung über die Verwertung gepfändeter Sachen gelten sinngemäß (§ 8 Abs. 2 S. 1, 2 ZollG).

39 Das Rechtsverhältnis zur **Post** ist öffentlich-rechtliche Anstaltsnutzung. Das PostG vom 28. Juli 1969 (BGBl. I 1006) beschränkt in §§ 11—21 die Haftung der Post und ihrer Bediensteten (§ 11 Abs. 3: soweit die Post nicht haftet, tritt eine Haftung der Bediensteten nur bei vorsätzlicher Amtspflichtverletzung ein). Sonderbestimmungen für den Postreisedienst (Gepäckbeförderung) trifft die PostreiseO vom 6. Juli 1964 (BGBl. I 445). Zwischen der Post und einem zum Selbstbuchen von Einschreibesendungen zugelassenen Postkunden (vgl. § 43 PostO vom 16. Mai 1963 — BGBl. I 341) bestehen dauernde, rechtlich geordnete Beziehungen, die gegenseitige Rechte und Pflichten erzeugen; in diesem Rahmen muß sich der Postkunde das Verschulden von Angestellten, deren er sich zur Abwicklung des Selbstbuchungsverkehrs bedient, wie eigenes Verschulden anrechnen lassen (BGH NJW **65** 962). Zum **Postscheckvertrag** vgl. § 700 Rdn. 7.

Für Haftungsansprüche gegen die Post ist der ordentliche Rechtsweg gegeben (§ 26 Abs. 2 PostG; vgl. auch den Beschluß des Gemeinsamen Senats der Obersten Gerichtshöfe des Bundes in BGHZ **56** 395).

40 **VI. Haftungsfragen**

Der Verwahrer hat, sofern nicht ein anderes bestimmt ist, **Vorsatz** und **Fahrlässigkeit** zu vertreten (§ 276 Abs. 1 S. 1). Verschulden seines gesetzlichen Vertreters und seiner Erfüllungsgehilfen hat er wie eigenes zu vertreten (§ 278 S. 1 iVm § 691 S. 3; RGZ **98** 33). Die Haftung für den unbefugt zugezogenen Gehilfen entspricht der Haftung des Beauftragten (vgl. § 691 Rdn. 3, 5).

Bei unentgeltlicher Verwahrung hat der Verwahrer nur für diejenige Sorgfalt einzustehen, die er in eigenen Angelegenheiten anzuwenden pflegt (§§ 690, 277).

41 Wird dem Verwahrer die **Rückgabe** der in Obhut genommenen Sache **unmöglich,** so hat *er* zu beweisen, daß dies nicht die Folge eines von ihm zu vertretenden Umstandes ist (**§ 282**; BGH NJW **52** 1170; vgl. dazu auch Rdn. 27). Das gilt auch für eingetretene Sachschäden (BGHZ **3** 162, 174).

42 Eine **Beschränkung** der **Haftung** ist in den durch §§ 276 Abs. 2, 134, 138, 242 gezogenen Grenzen durch ausdrückliche oder stillschweigende Vereinbarung möglich. Auch die Haftung für vorsätzliches Handeln des Erfüllungsgehilfen kann ausgeschlossen werden (§ 278 S. 2; vgl. aber BGH NJW **68** 1718).

43 **Gesetzliche Einschränkungen** (§ 134) von **Haftungsfreizeichnungen** enthalten: § 3 der VO über das Bewachungsgewerbe (BGBl. 1963 I 846 idF der ÄndVO vom 13. April 1967 BGBl. I 481), vgl. dazu *Janssen,* NJW **69** 1096; *Güllemann,* NJW **72** 889, 892; GüterkraftverkG (BGBl. 1970 I 2) § 26 (Güterfernverkehr) und § 85 Abs. 1 (Güternahverkehr, dazu BGHZ **49** 218, 221); Art. 23 des Warschauer Abkommens für den internationalen Luftgüterverkehr (vgl. Rdn. 10); § 458 Abs. 2 S. 2 HGB (Eisenbahnfrachtgeschäft); § 14 Abs. 3 der VO über Orderlagerscheine (vgl. Rdn. 19).

44 Besteht eine Verkehrssitte dahin, daß bestimmte Arten von Unternehmen Verträge nur unter besonderen **Annahmebedingungen,** insbesondere Haftungsbeschränkungen, schließen, so werden solche Bedingungen Vertragsinhalt, wenn der Unternehmer sie dem Publikum in augenfälliger Weise kundmacht, namentlich durch entsprechende Aushänge in den Geschäftsräumen oder an sonst der Kundschaft ins Auge fallenden Stellen (RGZ **103** 84; **109** 299; **113** 425). BGH NJW **68** 1718 läßt genügen, daß ein

Kraftfahrzeug-Bewachungsunternehmen seine haftungsbeschränkenden Bedingungen in einem Aushang am Parkwärterhaus verlautbart (krit. dazu *Weber,* NJW **69** 173).

Sind die Haftungsbeschränkungen in **Allgemeinen Geschäftsbedingungen** enthalten, so sind die nachstehenden Grundsätze zu beachten: **45**

Als Ausnahmevorschriften sind solche Geschäftsbedingungen regelmäßig eng und im Zweifel gegen den auszulegen, der die Haftung abbedungen hat (BGHZ **22** 90, 96; **54** 299, 305).

Der stillschweigende Unterwerfungswille des Geschäftspartners bezieht sich nur auf solche Vertragsklauseln, mit denen er billiger- und gerechterweise rechnen konnte (BGHZ **60** 243, 377; BGH NJW **71** 1036 m. Anm. *Schmidt-Salzer;* weitere Nachweise bei § 242 Rdn. 111).

Einseitig aufgestellten Klauseln ist die Anerkennung zu versagen (§ 242), wenn sie den im dispositiven Recht enthaltenen, ausgewogenen Ausgleich widerstreitender Interessen der Vertragspartner verdrängen, ohne dem Kunden in anderer Weise einen angemessenen Schutz zu sichern (BGHZ **60** 243, 377; § 242 Rdn. 111).

Einzelfälle: Eine in **Allgemeinen Lagerungsbedingungen** enthaltene Haftungsbegrenzungsklausel ist regelmäßig unwirksam, soweit die Haftung für einen durch den Verlust des Lagergutes entstandenen unmittelbaren Schaden auch in Fällen grober Fahrlässigkeit des Lagerhalters selbst oder seiner leitenden Angestellten beschränkt wird; dies gilt auch dann, wenn der Lagerhalter keine Monopolstellung einnimmt (BGHZ **38** 183). Die Bestimmung in § 1 Abs. 1 der Allgemeinen Lagerbedingungen des deutschen Möbeltransportgewerbes, durch die dem Einlagerer die Beweislast dafür aufgebürdet wird, daß eine Beschädigung des in der Obhut des Lagerhalters stehenden Gutes vom Lagerhalter oder seinen Beauftragten verschuldet ist, ist mit Treu und Glauben im Geschäftsverkehr unvereinbar und daher nichtig (BGHZ **41** 151). Zur Freizeichnung eines Schiffs-*Bewachungsunternehmens* vgl. BGHZ **33** 216 (dagegen *Güllemann,* NJW **72** 891 m. w. Nachw. in Fn. 41). Eine gegenständliche Beschränkung der Haftung für grobes Verschulden von Parkwächtern ist jedenfalls insoweit nicht zu beanstanden, als es sich um den Verlust von in geparkten Kraftwagen zurückgelassener Handelsware handelt (BGH NJW **68** 1718). **46**

Drittschadensliquidation. Der Verwahrer haftet dem Hinterleger auch für den Verlust und die Beschädigung hinterlegter Sachen, die einem Dritten gehören. Da der Verwahrer sich verpflichtet, die übergebene Sache in Obhut zu nehmen, kann er sich bei Leistungsstörungen nicht darauf berufen, daß das durch den Vertrag geschützte Interesse infolge besonderer Rechtsbeziehungen zwischen dem Hinterleger und dem Träger des Interesses auf den Dritten verlagert ist und der Schaden rechtlich den Dritten und nicht den Hinterleger trifft (BGHZ **51** 91, 93; **40** 91, 102; BGH LM § 510 HGB Nr. 3; RGZ **93** 39, 41; **170** 246, 250; Esser § 43 II 4; *Berg,* MDR **69** 613 f). **47**

Fraglich ist, ob der geschädigte **Dritte** einen **eigenen** vertraglichen **Ersatzanspruch** gegen den Verwahrer hat. Die bisher herrschende Auffassung lehnt das ab (zu § 701 vgl. RG Recht **21** Nr 829; *Staudinger/Nipperdey* § 701 Bem. 4). Der Gedanke der Obhutspflicht für fremde Sachen könnte es nahelegen, die in der neueren Rechtsprechung anerkannten Grundsätze der **Verträge mit Schutzwirkung** für Dritte anzuwenden (BGHZ **49** 350: Vermieterhaftung für Sachschäden Dritter; BGH JZ **70** 375 = NJW **70** 419 (L): Hat ein Lagerhalter Räume zur gewerbsmäßigen Lagerung und Aufbewahrung von Gütern gemietet, so sind die Einlagerer in den Schutzbereich des von dem Lagerhalter abgeschlossenen Mietvertrages einbezogen). Allerdings fehlt es insoweit an der für diese Fallgruppe typischen Risikohäufung (*Medicus,* Bürgerl. Recht § 31 IV 7 a, aa) und den personenrechtlichen Beziehungen zwischen Hinterleger und dem Dritten (vgl. **48**

Berg aaO). Die Praxis wird der Streitfrage ausweichen können, da der vertragliche Anspruch auf Liquidation des Drittschadens dem Dritten abgetreten werden (vgl. auch § 281) und dieser auch zur prozessualen Geltendmachung ermächtigt werden kann (BGHZ **25** 250).

§ 688

Durch den Verwahrungsvertrag wird der Verwahrer verpflichtet, eine ihm von dem Hinterleger übergebene bewegliche Sache aufzubewahren.

E I 614 II 628; M 2 569—574; P 2 391—393.

1 Zur rechtlichen Natur des Verwahrungsvertrages vgl. Rdn. 1—6, zum Abstellen und Bewachen von Kraftfahrzeugen vgl. Rdn. 8, 9, zu besonderen Erscheinungsformen des Verwahrungsvertrages vgl. Rdn. 19—24, zu verwahrungsähnlichen Nebenpflichten in anderen Verträgen vgl. Rdn. 10—17, zur öffentlich-rechtlichen Verwahrung vgl. Rdn. 25—39, jeweils vor § 688.

2 Erforderlich ist die **Einigung** beider Vertragsteile darüber, daß der Verwahrer eine ihm übergebene (oder noch zu übergebende, vgl. Rdn. 2 vor § 688) bewegliche Sache für den Hinterleger auf Zeit aufbewahren soll.

3 Die Willenseinigung kann auch **stillschweigend** durch schlüssiges Verhalten erfolgen (RG JW **13** 265), z. B. durch Übergabe des Schlüssels zu einer Fabrikhalle, in der sich die zu verwahrenden Sachen befinden (BGH WM **67** 343), oder durch Unterbringung von Kundenfahrzeugen in einer Vertragsgarage seitens eines Hotels (BGH NJW **69** 789). Regelmäßig scheidet ein Verwahrungsvertrag aus, wenn nur eine Gelegenheit zum Abstellen (Ablegen) einer Sache geboten wird (vgl. RGZ **77** 336 und Rdn. 7, 8, 16, 17 vor § 688). Das einstweilige Liegenlassen gekaufter Waren beim Verkäufer auf Wunsch des Käufers wird regelmäßig Platzleihe bedeuten (RG WarnRspr. **14** Nr. 77), jedoch können die Umstände auch für einen Verwahrungsvertrag sprechen (RG WarnRspr. **16** Nr. 83). Wer eine liegengebliebene Sache in Gewahrsam nimmt, um sie für den Berechtigten aufzubewahren, hat als Geschäftsführer ohne Auftrag für ordnungsmäßige Verwahrung zu sorgen (RG WarnRspr. **22** Nr. 12).

4 Die eigentliche (regelmäßige) Verwahrung (§§ 688—699) bezieht sich nur auf bestimmte **bewegliche** (auch vertretbare, § 91) Sachen in ihrer tatsächlichen Gesamtheit (BGH NJW **69** 789, 1172: Inhalt eines Kraftfahrzeuges einschl. des Kofferraums), nicht auf Grundstücke oder auf Forderungen oder auf das Vermögen in seiner Gesamtheit (vgl. BGHZ **34** 349, 354 und Rdn. 5, 26 vor § 688).

5 **Übergabe** bedeutet Besitzübertragung nach § 854 (BGH VersR **62** 955). Der Hinterleger wird mittelbarer Besitzer (§ 868). Der bisherige Besitzer kann auch dadurch Verwahrer werden, daß er dem anderen Teil das Eigentum (sicherungshalber) auf dem Wege des § 930 überträgt (RG WarnRspr. **10** Nr. 246). In einen bestehenden Verwahrungsvertrag kann ein neuer Hinterlegungsberechtigter aufgenommen werden, wenn alle Beteiligten übereinkommen, daß der Verwahrer nunmehr für den neu in den Vertrag Eintretenden verwahren soll.

6 Der Hinterleger braucht **nicht Eigentümer** der zu verwahrenden Sache zu sein (vgl. auch Rdn. 47, 48 vor § 688). Der Gerichtsvollzieher, der gepfändete Sachen bei einem Dritten hinterlegt, schließt den (bürgerlich-rechtlichen) Verwahrungsvertrag im eigenen Namen, regelmäßig auch nicht für den Schuldner (RGZ **102** 77; **145** 204; vgl. auch Rdn. 35 vor § 688).

Verwahrung bedeutet angemessene **Unterbringung** der Sache und gehörige **Obhut** (BGH VersR **62** 955). Das schließt nach Maßgabe der Umstände des einzelnen Falles (§§ 157, 242, vgl. auch § 693) die Pflicht ein, für die Erhaltung der Sache zu sorgen. Hiernach wird der Verwahrer regelmäßig verpflichtet sein, in Obhut genommene Tiere zu füttern und zu pflegen (ggf. sie zum Zwecke der Erhaltung in einem ihrer Eignung entsprechenden Zustande zu gebrauchen, z. B. Pferde zu reiten). Bei drohender Gefahr muß der Verwahrer versuchen, die hinterlegte Sache zu retten (zu Einzelfragen bei Gefahr für mehrere Sachen vgl. *Staudinger/Nipperdey* Bem. 15). Soweit es die Erhaltung der Sache erfordert, können den Verwahrer auch **Anzeigepflichten** treffen, z. B. von einer erfolgten Sachpfändung oder von einer gefahrdrohenden Veränderung verderblicher Güter (BGH LM § 417 HGB Nr. 1). Bei der Verwahrung eines Grundschuldbriefs, an dem der Hinterleger ein Zurückbehaltungsrecht hat, kann die Treuepflicht bestehen, dem Hinterleger den mittelbaren Besitz bis zu seiner vollständigen Befriedigung zu erhalten (RG HRR **36** Nr. 1035). Vgl. auch § 691 Rdn. 1 (Pflicht zur Substitution). 7

Regelmäßig ist der Verwahrer **nicht** zur **vorbeugenden Schadensabwendung** (BGH LM § 417 HGB Nr. 1), zur **Verwaltung** der hinterlegten Sache oder zu ihrer **Versicherung** verpflichtet. Abweichendes gilt bei Sonderformen des Verwahrungsvertrages und Handelsgeschäften mit verwahrungsähnlichen Nebenpflichten. Auf Anweisung des Hinterlegers müssen versichern: Kommissionäre (§ 390 Abs. 2 HGB), Spediteure (§§ 390 Abs. 2, 407 HGB; Versicherungspflicht besteht jedoch regelmäßig nach § 39 ADSpBed.), Lagerhalter (§§ 390 Abs. 2, 417 HGB; vgl. dazu § 20 Abs. 1 der VO über Orderlagerscheine, RGBl. 1931 I 763, und die §§ 36—39 der Muster-LagerO, vgl. *HGB-RGRK* § 424 Anh. I A). In einigen Fällen gibt das Gesetz dem Unternehmer auf, das Obhutsrisiko durch eine *Haftpflichtversicherung* zu decken (§ 2 der VO über das Bewachungsgewerbe, Rdn. 43 vor § 688, in der Praxis ist aber die Sachversicherung üblich geworden, vgl. BGH NJW **72** 150; §§ 27, 85 Abs. 2, 103 Abs. 2 Nr. 7 GüterkraftverkG, Rdn. 43 vor § 688). Besteht eine Vereinbarung, daß die Sache zu versichern ist, so muß der Verwahrer bei eintretender Geldentwertung gem. § 242 für eine angemessene Erhöhung der Versicherung sorgen (RG JW **24** 1713). Zum Umfang der Pflichten bei eintretender Entwertung vgl. auch BGH WM **66** 1016. 8

Bei dem **Bankvertrag** tritt zu der Verpflichtung, Wertpapiere aufzubewahren, die Pflicht, bestimmte auf die ordnungsmäßige Erhaltung und Mehrung des Vermögens gerichtete *Verwaltungs*handlungen vorzunehmen (RGZ **109** 30; **111** 345; RG DJ **36** 1475). Nähere Bestimmungen enthalten die AGB-Banken (vgl. auch Rdn. 21 vor § 688 und § 675 Rdn. 84 ff). 9

Zum Wesen des Verwahrungsvertrages gehört die Verpflichtung des Verwahrers, die Sache **zurückzugeben** (RGZ **119** 57). Zur Haftung des Verwahrers wegen Unmöglichkeit der Rückgabe oder wegen aufgetretener Sachschäden vgl. Rdn. 40 ff vor § 688 und § 695 Rdn. 5. 10

§ 689

Eine Vergütung für die Aufbewahrung gilt als stillschweigend vereinbart, wenn die Aufbewahrung den Umständen nach nur gegen eine Vergütung zu erwarten ist.

E I 615 S. 2 II 629 S. 2; M **2** 571; P **2** 393.

Ob für die Aufbewahrung eine **Vergütung** zu entrichten ist, bestimmt sich in erster Linie nach der Parteivereinbarung. Fehlt eine ausdrückliche Vereinbarung, ist aber 1 den Umständen nach eine Verwahrung nur gegen Vergütung zu erwarten (namentlich bei Verwahrung durch Gewerbetreibende), so knüpft § 689 daran die Rechtsfolge, daß sie vereinbart sei. Maßgebend sind die gesamten objektiven Umstände, eine etwaige Verkehrssitte, die Stellung der Beteiligten zueinander, schließlich auch Umfang und Dauer der Verwahrungstätigkeit. Sprechen diese (vom Verwahrer zu beweisenden) Umstände für eine Vergütung, so muß der Hinterleger die objektive Bedeutung seines Verhaltens gegen sich gelten lassen, ein etwaiger Widerspruch ist unbeachtlich, eine Anfechtung scheidet aus (vgl. BGH NJW **65** 387 und Rdn. 12 vor § 241).

2 Zur **Höhe** der Vergütung trifft § 689 keine Bestimmung. Wenn nicht Sondervorschriften eingreifen (vgl. §§ 354, 420 HGB; § 165 Abs. 2 FGG), sind die §§ 612 Abs. 2, 632 Abs. 2 entsprechend anzuwenden. Läßt sich auch danach die Höhe der Vergütung nicht bestimmen, ist die den Umständen nach angemessene Vergütung (§§ 315, 316) zu gewähren.

§ 690

Wird die Aufbewahrung unentgeltlich übernommen, so hat der Verwahrer nur für diejenige Sorgfalt einzustehen, welche er in eigenen Angelegenheiten anzuwenden pflegt.

E II 630 III 677; M **2** 571—573; P **2** 393.

1 Der unentgeltliche Verwahrungsvertrag gehört zu den **Gefälligkeitsverträgen** (vgl. §§ 516, 598, 662). Sie sind von bloßen **Gefälligkeitsverhältnissen** zu unterscheiden, die keine vertraglichen Bindungen erzeugen. Bloße Verwahrung gefälligkeitshalber liegt vor, wenn der Verwahrer eine Rechtsbindung nicht will und der andere Teil die Sache mit dieser Kenntnis übergibt (vgl. BGHZ **21** 102, 106 f; BGH NJW **71** 1404 und Rdn. 8 vor § 241); das wird vor allem bei Gefälligkeiten des täglichen Lebens oder im rein gesellschaftlichen Verkehr der Fall sein. Dagegen sprechen für einen Willen des Verwahrers, sich rechtlich zu binden: Der Wert der anvertrauten Sache, ihre wirtschaftliche Bedeutung für den Hinterleger, die dem Verwahrer erkennbare Gefahr, in die der Hinterleger durch eine nachlässige Verwahrung geraten kann, schließlich auch ein rechtliches oder wirtschaftliches Interesse des Verwahrers an der Übernahme der Sache (BGHZ aaO). Gestattet ein Kraftfahrzeughändler einem anderen, auf seinem Grundstück Kraftfahrzeuge zum Verkauf unterzustellen, ohne daß damit für ihn irgendein Vorteil verbunden ist, wird eine bloße Gefälligkeitszusage vorliegen (Köln OLGZ **72** 213).

2 Der Verwahrungsvertrag ist **entgeltlich**, wenn die Aufbewahrung in Erfüllung einer Nebenpflicht eines anderen (entgeltlichen) Vertrages übernommen wird, z. B. bei dem Einstellen von Kraftfahrzeugen in die Kundengarage eines Warenhauses (BGH NJW **72** 150; weitere Beispiele in Rdn. 9—18 vor § 688), oder wenn sie eine Nachwirkung (§ 242) eines solchen Vertrages darstellt (in einem Hotel vergessene Kleidungs- und Gepäckstücke; Aufbewahrung verlorenen Reisegepäcks durch die Bahn, § 5 EVO, vgl. Rdn. 22 vor § 688). Entgeltlichkeit wird grundsätzlich anzunehmen sein, wenn ein Gewerbebetrieb Sachen seiner Kunden in Aufbewahrung nimmt, um sich den Kundenstamm zu erhalten.

3 Beim entgeltlichen Verwahrungsvertrag **haftet** der Verwahrer nach allgemeinen Grundsätzen (vgl. Rdn. 40 ff vor § 688), beim unentgeltlichen im Rahmen des § 277. In entgeltlichen Verträgen mit verwahrungsähnlichen Nebenpflichten kann die Höhe einer etwaigen besonderen Vergütung für die Verwahrung eine Aussage über den Umfang

der übernommenen Pflichten machen (vgl. BGH NJW 72 150: anrechenbare Parkgebühr).

4 Der Rechtsgedanke des § 690 ist auf **öffentlich-rechtliche** Verwahrer nicht übertragbar (BGHZ 4 192).

5 Die **Beweislast** dafür, daß er in eigenen Angelegenheiten nicht sorgfältiger, als geschehen, vorzugehen pflege, trifft den Verwahrer.

§ 691

Der Verwahrer ist im Zweifel nicht berechtigt, die hinterlegte Sache bei einem Dritten zu hinterlegen. Ist die Hinterlegung bei einem Dritten gestattet, so hat der Verwahrer nur ein ihm bei dieser Hinterlegung zur Last fallendes Verschulden zu vertreten. Für das Verschulden eines Gehilfen ist er nach § 278 verantwortlich.

E I 616 II 631; M 2 574, 575; P 2 394, 395.

1 Das zwischen Hinterleger und Verwahrer bestehende **Vertrauensverhältnis** (vgl. Rdn. 4 vor § 688) schließt die Hinterlegung der Sache bei einem Dritten (Substitution) nach der Auslegungsregel des S. 1 aus, wenn sie nicht ausdrücklich oder stillschweigend gestattet ist. Die Verpflichtung des Verwahrers zur Obhut (§ 688 Rdn. 7) kann in besonders liegenden Fällen (Feuer-, Kriegsgefahr, Erkrankung des Verwahrers) u. U. sogar die Pflicht begründen, die Sache einem Dritten in Aufbewahrung zu geben. Ist den Umständen nach anzunehmen, daß der Hinterleger die Drittverwahrung billigen würde, muß ihm diese vorher angezeigt und seine Entschließung abgewartet werden, sofern mit dem Aufschub nicht Gefahr verbunden ist, da es sich jedenfalls um eine Änderung der vereinbarten Art der Aufbewahrung iSv § 692 handelt.

2 Der Rechtsgedanke des § 691 S. 1 ist auch auf **staatliche** Verwahrer anwendbar (RG HRR 29 Nr. 492). Eine abweichende Regelung trifft § 8 ZollG (Rdn. 38 vor § 688). Eine andere Kasse des Staates ist aber nicht Dritter (RGZ 103 173).

3 **Haftung.** Bei nicht gestatteter Drittverwahrung handelt der Verwahrer vertragswidrig; er haftet daher für alle Schäden, die sich aus der unbefugten Einschaltung des Dritten ergeben, auf dessen Verschulden kommt es nicht an (vgl. § 664 Rdn. 9). Ist die Hinterlegung bei einem Dritten gestattet, so haftet der Verwahrer nach S. 2 nur für den Schaden, der daraus erwächst, daß er vorsätzlich oder fahrlässig (§§ 276, 690, 277) die Sache bei einem dazu ungeeigneten Dritten hinterlegt oder bei dessen Unterweisung oder Überwachung etwas versäumt hat. Der Verwahrer ist verpflichtet, dem Hinterleger Mitteilung zu machen, wenn der Dritte nachträglich zur Verwahrung ungeeignet wird (z. B. wegen Vermögensverfalls).

4 Die (unbefugte oder gestattete) Drittverwahrung läßt zwischen dem Hinterleger und dem Dritten keinen Verwahrungsvertrag entstehen. Der Hinterleger kann jedoch in den **Schutzbereich** des von dem Verwahrer geschlossenen Vertrages einbezogen sein (vgl. BGH JZ 70 375 und Rdn. 48 vor § 688); die §§ 556 Abs. 3, 604 Abs. 4 sind entsprechend anwendbar.

5 Die Zuziehung eines **Gehilfen** zu seiner Unterstützung ist dem Verwahrer grundsätzlich gestattet (vgl. S. 3). Ist sie im Einzelfall ausgeschlossen, so haftet der Verwahrer für Schadenshandlungen des Gehilfen nach den Grundsätzen der unbefugten Drittverwahrung (Rdn. 3). Ist die Zuziehung eines Gehilfen gestattet, so bestimmt sich die Haftung für den Gehilfen nach § 278 (vgl. Rdn. 41, 42 vor § 688). Im Falle des § 690 kommt es auf die Sorgfalt des Verwahrers an, nicht auf die des Gehilfen.

6 Abweichend von § 691 ist bei der **bankmäßigen Verwahrung** von **Wertpapieren** die Drittverwahrung allgemein zulässig (§ 3 DepotG). Diese Regelung drückt das Bedürfnis aus, eine sichere und zentrale Aufbewahrung von Wertpapieren zu gewährleisten. Die Haftung des (Zwischen-)Verwahrers ist in § 3 Abs. 2 DepotG besonders geregelt. § 4 DepotG begründet eine Vermutung dafür, daß die hinterlegten Wertpapiere nicht dem Verwahrer gehören und daß dies dem Dritten bekannt ist. Bei der unregelmäßigen Verwahrung (§ 700) kommt eine Drittverwahrung nicht in Betracht, weil der Verwahrer hier das Eigentum an den Wertpapieren erlangt und nicht mehr (Zwischen-)Verwahrer sondern Wertpapierschuldner ist.

§ 692

Der Verwahrer ist berechtigt, die vereinbarte Art der Aufbewahrung zu ändern, wenn er den Umständen nach annehmen darf, daß der Hinterleger bei Kenntnis der Sachlage die Änderung billigen würde. Der Verwahrer hat vor der Änderung dem Hinterleger Anzeige zu machen und dessen Entschließung abzuwarten, wenn nicht mit dem Aufschube Gefahr verbunden ist.

E I 617 II 632; M 2 575, 576; P 2 395.

1 Regelmäßig ist der Verwahrer nur an die vereinbarte Art der Aufbewahrung gebunden, wobei die Grundsätze der §§ 157, 242 zu beachten sind. Er hat, anders als der Beauftragte (§ 665), einseitige, auch nachträgliche Weisungen des Hinterlegers nicht ohne weiteres zu befolgen. Andererseits ist er grundsätzlich nur unter den in S. 1 und 2 bestimmten Voraussetzungen befugt, die Art der Aufbewahrung eigenmächtig zu ändern. Fehlt es an diesen Voraussetzungen (für die der Verwahrer die Beweislast trägt), so haftet der Verwahrer für den hieraus entstehenden (auch zufälligen) Schaden, es sei denn, daß der Schaden auch ohne die Änderung eingetreten wäre.

§ 693

Macht der Verwahrer zum Zwecke der Aufbewahrung Aufwendungen, die er den Umständen nach für erforderlich halten darf, so ist der Hinterleger zum Ersatze verpflichtet.

E I 621 II 623; M 2 581; P 2 399, 400.

1 Der Anspruch auf **Aufwendungsersatz** entsteht ohne Rücksicht darauf, ob eine Vergütung vereinbart ist oder nicht. Der Maßstab ist ein subjektiver, wie beim Auftrag (§ 670). Der Anspruch umfaßt nicht nur die Aufwendungen für die hinterlegte Sache selbst (z. B. Ausbesserungskosten, bei Tieren Fütterungs- und Pflegekosten, vgl. § 688 Rdn. 7), sondern alle Aufwendungen für die Aufbewahrung (z. B. für die Bewachung, für die Rettung aus Feuergefahr oder Wassernot, für eine etwa notwendig gewordene Drittverwahrung, vgl. § 691 Rdn. 1, u. U. auch für die Aufopferung eigener Sachen bei der Bergung der verwahrten Gegenstände, OLG Braunschweig HEZ 1 90; weiter die Aufwendungen für Versicherungen und Steuern). Die Ersatzpflicht erstreckt sich jedoch nicht auf Aufwendungen, die der Verwahrer nach dem Vertrag zu übernehmen hat, bei der gewerbsmäßigen Verwahrung in der Regel die Kosten für die Herstellung und Erhaltung geeigneter Räume.

Die Aufwendungen sind nach Maßgabe des § 256 zu **verzinsen.** Ist der Verwahrer eine Verbindlichkeit eingegangen, kann er vom Hinterleger Befreiung verlangen (§ 257). Wegen seines Anspruches auf Aufwendungsersatz hat er gem. § 273 ein Zurückbehaltungsrecht. Dem Lagerhalter (§ 416 HGB) steht wegen der Lagerkosten (§ 420 HGB) ein gesetzlicher Pfandrecht zu (§ 421, vgl. Rdn. 19 vor § 688). 2

Versteht man den Verwahrungsvertrag als **Konsensualvertrag** (Rdn. 2 vor § 688), so kann gem. § 693 Ersatz auch für Aufwendungen begehrt werden, die in Erwartung der künftigen Verwahrung gemacht werden. Qualifiziert man die Vereinbarung über die Verwahrung einer erst noch zu übergebenden Sache als Vorvertrag, so sollte § 693 jedenfalls entsprechend anwendbar sein. 3

Die Erstattung von Aufwendungen, die nicht zum Zwecke der Verwahrung gemacht sind, bestimmt sich nach den Vorschriften über die Geschäftsführung ohne Auftrag (§ 683) und der ungerechtfertigten Bereicherung (§§ 684, 812 ff). 4

§ 694

Der Hinterleger hat den durch die Beschaffenheit der hinterlegten Sache dem Verwahrer entstehenden Schaden zu ersetzen, es sei denn, daß er die gefahrdrohende Beschaffenheit der Sache bei der Hinterlegung weder kennt noch kennen muß, oder daß er sie dem Verwahrer angezeigt oder dieser sie ohne Anzeige gekannt hat.

E I 622 II 634; M 2 581, 582; P 2 400.

Die Vorschrift regelt einen Fall der Haftung des Hinterlegers für **Verschulden bei Vertragsschluß** (RGZ 107 362). Der Ersatz beschränkt sich daher grundsätzlich auf das negative Interesse. Die Haftung entfällt in vollem Umfang (2. Halbsatz), wenn der Hinterleger die gefahrdrohende Beschaffenheit der Sache bei der Hinterlegung dem Verwahrer anzeigt oder dieser sie ohne Anzeige kennt. Nach *Staudinger/Nipperdey* Bem. 8 soll dem Verwahrer gem. § 254 Abs. 1 nicht entgegengehalten werden können, daß ihm die gefahrdrohende Beschaffenheit der Sache infolge Fahrlässigkeit unbekannt geblieben sei, weil er sich um die Beschaffenheit der Sache nicht zu kümmern brauche. Dies mag bei der unentgeltlichen Verwahrung interessegemäß sein; dagegen sollte bei der entgeltlichen Verwahrung jedenfalls bewußte oder grobe Fahrlässigkeit des Verwahrers anspruchsmindernd wirken. 1

Für die Haftung aus Verschulden bei Vertragsschluß stellt die Vorschrift zu Lasten des Hinterlegers eine **Schuldvermutung** auf, die eingreift, wenn der Verwahrer dartut, daß ihm durch die Beschaffenheit der Sache ein Schaden erwachsen ist. Die Vermutung wird durch den (vom Hinterleger zu führenden) Nachweis entkräftet, daß der Hinterleger die Beschaffenheit der Sache bei der Hinterlegung weder kannte noch kennen mußte, daß er die gefahrdrohende Beschaffenheit dem Verwahrer bei oder nach der Hinterlegung angezeigt hat, oder daß der Verwahrer hiervon auch ohne Anzeige Kenntnis hatte. 2

Erlangt der Hinterleger **nachträglich Kenntnis** von der gefahrdrohenden Beschaffenheit der Sache, so muß er den Verwahrer zur Vermeidung einer Haftung unverzüglich benachrichtigen. Diese Verpflichtung ergibt sich aus der in § 694 zum Ausdruck kommenden Anforderung an den Hinterleger, sich um die Beschaffenheit der Sache zu kümmern und jede daraus drohende Gefahr dem Verwahrer anzuzeigen. 3

Für Schäden aus **anderer Ursache** als der Beschaffenheit der Sache hat der Hinterleger nach allgemeinen Grundsätzen einzustehen (§§ 276, 278). 4

§ 695

Der Hinterleger kann die hinterlegte Sache jederzeit zurückfordern, auch wenn für die Aufbewahrung eine Zeit bestimmt ist.

E I 624 II 635; M 2 582—583; P 2 402.

1 Die Regelung gilt **auch,** wenn der Verwahrungsvertrag **entgeltlich** geschlossen ist. Im Falle der Tauschverwahrung (§ 700 Rdn. 9) darf der Verwahrer das hinterlegte Papier austauschen, er braucht nur ein Papier der hinterlegten Art zurückzugewähren. Die Rückforderung darf grundsätzlich nicht zur Unzeit erfolgen (vgl. § 671 Rdn. 13). Der Hinterleger muß daher u. U. eine angemessene Frist für die Rückgabe bewilligen. Der Rückforderungsanspruch erstreckt sich auch auf die Früchte und Nutzungen der hinterlegten Sache (§§ 99, 100); der Verwahrer kann Erstattung der Fruchtgewinnungskosten verlangen (§ 102). Bei erfolgter Drittverwahrung sind die §§ 556 Abs 3, 604 Abs. 4 entsprechend anwendbar (§ 691 Rdn. 4). Im Konkurs des Verwahrers gewährt der Rückforderungsanspruch ein Aussonderungsrecht (§ 43 KO).

2 Die gesetzliche Regelung ist **nicht zwingend.** Im Einzelfall kann ein mit dem Hauptzweck des Verwahrungsvertrages zu vereinbarendes Interesse des Verwahrers bestehen, die Sache für eine gewisse Zeit als Sicherheit zu behalten (vgl. BGH WM 71 956). Der entgegengesetzte Standpunkt der Vorauflage wird aufgegeben (ebenso *Enneccerus/Lehmann* § 170 I 3 b; *Esser* § 84 II 4 a; *Staudinger/Nipperdey* Bem. 17). Ein solches Interesse kann indessen nicht geltend gemacht werden, wenn eine Bank auf die Bitte eines ihrer Kunden hin Wertsachen vorübergehend in Verwahrung nimmt, bis dessen Safe wieder gebrauchsfähig ist; sie muß die Wertsachen auf Verlangen jederzeit herausgeben (BGH NJW **59** 142 = LM Nr. 12 AGB-Banken-Ziff. 19).

3 Die dem Verwahrer zustehenden **Einwendungen** und **Einreden** bestimmen sich nach allgemeinen Vorschriften. Eigenes **Eigentum** kann er nur einwenden, wenn er vom Hinterleger die sofortige Rückgabe der Sache fordern könnte (RG vom 1. April 1924 VII 376/23); ein nachträglicher Erwerb des Eigentums vom Hinterleger kann aber die vertragliche Aufhebung des Verwahrungsvertrages bedeuten (RGZ **15** 210). Den Einwand des Eigentums eines Dritten kann der Verwahrer regelmäßig nicht erheben (RG JW **25** 472). Eine **Aufrechnung** wird mangels Gleichartigkeit der Forderungen regelmäßig ausscheiden; anderes gilt, wenn der Rückgewähranspruch des Hinterlegers wegen von dem Verwahrer zu vertretender Unmöglichkeit der Rückgabe in einen Schadensersatzanspruch übergeht. Wegen seiner Ansprüche auf Vergütung und Aufwendungsersatz (§§ 699, 693) sowie auf Schadensersatz (§ 694) kann der Verwahrer ein **Zurückbehaltungsrecht** geltend machen. Übt er es aus, so schuldet der Hinterleger für die Folgezeit nicht die vereinbarte Vergütung; die Ansprüche des Verwahrers bestimmen sich nach §§ 987 ff (OLG Celle NJW **67** 1967). Ein gesetzliches **Pfandrecht** steht nur dem Lagerhalter zu (Rdn. 19 vor § 688).

4 Das Vertragsverhältnis **endet** nicht bereits mit der Zurückforderung, es dauert vielmehr bis zur tatsächlichen Rückgabe der hinterlegten Sache fort.

5 Wird dem Verwahrer die Rückgabe der Sache ganz oder teilweise **unmöglich,** so haftet er nach den allgemeinen Vorschriften auf Schadensersatz (vgl. Rdn. 40, 41 vor § 688). Bei der unentgeltlichen Verwahrung kommt es auf die Sorgfalt des Verwahrers an, nicht auf die des Gehilfen. Hat bei dem Untergang der Sache eine gefahrdrohende Eigenschaft der Sache mitgewirkt, wird der Verwahrer sich auf die Schuldvermutung des § 694 berufen können; insoweit tritt § 282 zurück. Im übrigen ist ein mitwirkendes Verschulden des Hinterlegers und seiner Erfüllungsgehilfen zu berücksichtigen, insbe-

sondere dann, wenn er es unterläßt, den Verwahrer darauf hinzuweisen, daß die hinterlegte Sache ungewöhnlich wertvoll ist (§ 254 Abs. 2). **Einzelfälle:** Verlust von Garderobe (RGZ **113** 425; **105** 80; RG LZ **23** 600; WarnRspr. **24** Nr. 122); Verwechslung der einer Bank zur Aufbewahrung gegebenen Wertpapiere (RG JW **32** 1724); Obhutspflichten des Lagerhalters (RGZ **101** 348); zum Verlust von Tieren beim sog. Viehgräsungsvertrag vgl. LG Bielefeld MDR **68** 668.

§ 696

Der Verwahrer kann, wenn eine Zeit für die Aufbewahrung nicht bestimmt ist, jederzeit die Rücknahme der hinterlegten Sache verlangen. Ist eine Zeit bestimmt, so kann er die vorzeitige Rücknahme nur verlangen, wenn ein wichtiger Grund vorliegt.

E I 625 II 636; M **2** 583; P **2** 402.

Auch beim Rücknahmeverlangen des Verwahrers **endet** das Verwahrungsver- 1
hältnis erst mit der tatsächlichen Zurücknahme. Ebenso gilt auch hier, daß der Verwahrer die Rücknahme nicht zur Unzeit verlangen kann und dem Hinterleger für die Rücknahme eine angemessene Frist gewähren muß (§ 695 Rdn. 1, § 671 Rdn. 13).

Ein **wichtiger Grund** liegt vor, wenn es dem Verwahrer wegen nachträglich ent- 2
standener oder ihm zur Kenntnis gelangter Umstände unter Berücksichtigung der Interessen des Hinterlegers objektiv nicht zuzumuten ist, die Sache länger in Verwahrung zu halten (vgl. § 671 Rdn. 10), namentlich bei anhaltender eigener Erkrankung oder Verlust des Aufbewahrungsraums. Gegebenenfalls kommt aber die Hinterlegung bei einem Dritten in Betracht (§ 691 Rdn. 1). Für das Lagergeschäft gilt § 422 HGB.

Auf das Recht, die jederzeitige Rücknahme zu verlangen (S. 1), kann der Ver- 3
wahrer verzichten. Dagegen kann das Recht, aus wichtigem Grund die (vorzeitige) Rücknahme zu verlangen (S. 2), nicht ausgeschlossen werden. In § 696 S. 2 kommt, ebenso wie in dem vergleichbaren § 671 Abs. 3, ein allgemeiner, von § 242 beherrschter Rechtsgedanke zum Ausdruck (§ 671 Rdn. 11), der sich der Parteidisposition entzieht (§ 671 Rdn. 8, 9; *Enneccerus/Lehmann* § 170 I 3 b; *Staudinger/Nipperdey* Bem. 8).

Bei berechtigtem Rücknahmeverlangen kommt der Hinterleger in **Annahmever-** 4
zug, wenn er die Sache nicht zurückholt (§§ 697, 293 ff), aber auch in **Schuldnerverzug** (§§ 284 ff), da er die schuldnerische Verpflichtung hat, die hinterlegte Sache zurückzunehmen. Bei entgeltlichem Verwahrungsvertrag ist § 326 BGB anwendbar (vgl. Rdn. 3 vor § 688).

Da das Verwahrungsverhältnis erst mit der Rücknahme der Sache endet 5
(Rdn. 1), hat der Hinterleger die vereinbarte Vergütung bis zu diesem Zeitpunkt weiter zu entrichten (*Larenz* § 58; *Staudinger/Nipperdey* Bem. 4); bei unentgeltlichem Verwahrungsvertrag muß auf die §§ 284 ff, 812 ff zurückgegriffen werden (OLG Karlsruhe MDR **69** 219: Standgeld für einen in Zahlung genommenen Kraftwagen).

Die **Beweislast** für eine Zeitbestimmung trägt der Hinterleger, die für das Vor- 6
liegen eines wichtigen Grundes der Verwahrer.

§ 697

Die Rückgabe der hinterlegten Sache hat an dem Orte zu erfolgen, an welchem die Sache aufzubewahren war; der Verwahrer ist nicht verpflichtet, die Sache dem Hinterleger zu bringen.

E I 620 II 637; M **2** 579—581; P **2** 399.

1 Die Rückgabeverpflichtung des Verwahrers ist eine **Holschuld.** Das gilt — abweichend von § 270 Abs. 1 — auch für verwahrtes Geld. Der Hinterleger hat die Gefahr und die Kosten der Rückgabe zu tragen. Die Parteien können jedoch abweichende Vereinbarungen treffen.

2 **Ort der Rückgabe** ist der vertragsgemäß zur Aufbewahrung bestimmte Ort. Nicht maßgebend ist der Ort der letzten tatsächlichen Aufbewahrung. Bei gestatteter Drittverwahrung (§ 691 Rdn. 1, 4) ist auf den neuen Verwahrungsort abzustellen. Eine Abtretung des Anspruchs auf Rückgabe ist auf § 697 ohne Einfluß.

3 Zu den **Gegenrechten** des Verwahrers vgl. § 695 Rdn. 3.

§ 698

Verwendet der Verwahrer hinterlegtes Geld für sich, so ist er verpflichtet, es von der Zeit der Verwendung an zu verzinsen.

E I 619 II 638; M 2 579; P 2 399.

1 Die Bestimmung entspricht der **Auftragsregelung.** Vgl. die Anmerkungen zu § 668. Ist dem Verwahrer gestattet, das hinterlegte Geld zu verbrauchen, so findet § 700 Abs. 1 S. 2 Anwendung.

2 Für andere Gegenstände als Geld gilt § 698 nicht. Verwendet der Verwahrer solche Sachen vertragswidrig für sich, haftet er nach allgemeinen Grundsätzen (§§ 276, 278) auf Schadensersatz.

§ 699

Der Hinterleger hat die vereinbarte Vergütung bei der Beendigung der Aufbewahrung zu entrichten. Ist die Vergütung nach Zeitabschnitten bemessen, so ist sie nach dem Ablaufe der einzelnen Zeitabschnitte zu entrichten.

Endigt die Aufbewahrung vor dem Ablaufe der für sie bestimmten Zeit, so kann der Verwahrer einen seinen bisherigen Leistungen entsprechenden Teil der Vergütung verlangen, sofern nicht aus der Vereinbarung über die Vergütung sich ein anderes ergibt.

E I 623 II 639.

1 Der Verwahrer ist **vorleistungspflichtig.** Die Vergütung wird fällig bei Beendigung der Aufbewahrung, und zwar regelmäßig Zug um Zug gegen Rückgabe der Sache, sofern nicht ein anderes vereinbart ist. Über die Fälligkeit der Lagerkosten vgl. § 420 Abs. 2 HGB.

2 Bei **vorzeitiger** Beendigung der Aufbewahrung (§§ 695, 696; eintretende Unmöglichkeit der Rückgabe) erhält der Verwahrer eine der Regelung beim Dienstvertrag (§ 628) entsprechende **Teilvergütung,** sofern die Parteien nichts abweichendes vereinbart haben. Abzustellen ist auf Inhalt und Umfang der Leistung, nicht auf das bloße Verhältnis der zu bewertenden Zeitabschnitte zueinander.

3 Erfüllungsort für die Zahlung der Vergütung ist der Wohnsitz des Hinterlegers (§§ 269, 270, Karlsruhe OLG 3 43).

§ 700

Werden vertretbare Sachen in der Art hinterlegt, daß das Eigentum auf den Verwahrer übergehen und dieser verpflichtet sein soll, Sachen von gleicher Art, Güte und Menge zurückzugewähren, so finden die Vorschriften über das Darlehen Anwendung. Gestattet der Hinterleger dem Verwahrer, hinterlegte vertretbare Sachen zu verbrauchen, so finden die Vorschriften über das Darlehen von dem Zeitpunkt an Anwendung, in welchem der Verwahrer sich die Sachen aneignet. In beiden Fällen bestimmen sich jedoch Zeit und Ort der Rückgabe im Zweifel nach den Vorschriften über den Verwahrungsvertrag.

Bei der Hinterlegung von Wertpapieren ist eine Vereinbarung der im Abs. 1 bezeichneten Art nur gültig, wenn sie ausdrücklich getroffen wird.

E I 618 II 640; M 2 576—578; P 2 395—399.

Rechtliche Natur. Die sog. unregelmäßige Verwahrung ist eine Mischform von Darlehen und Verwahrung (**Hinterlegungsdarlehen**). Sie dient, anders als das eigentliche Darlehen (§ 607), überwiegend dem Interesse des Hinterlegers an der Verwahrung. Andererseits kann das Depot verzinst werden (§ 608). Das Hinterlegungsinteresse und die dem Recht der regelmäßigen Verwahrung entsprechende Befugnis, jederzeit zu kündigen (Abs. 1 S. 3 mit § 695), haben beim Depositengeschäft der Banken (vgl. Rdn. 6) regelmäßig niedrigere Zinssätze als beim Darlehen zur Folge. Die hinterlegten Sachen werden Eigentum des Verwahrers, der Hinterleger behält nur einen schuldrechtlichen Anspruch auf Rückgewähr von vertretbaren Sachen gleicher Art, Güte und Menge, der nach Maßgabe der §§ 829 ff ZPO pfändbar ist und dem Hinterleger im Konkurs des Verwahrers nur eine gewöhnliche Konkursforderung vermittelt. Andererseits geht mit der Übergabe der Sache die Gefahr ihres zufälligen Untergangs auf den Verwahrer über. Die Rechtsfolgen der unregelmäßigen Verwahrung bestimmen sich nach Darlehensrecht (Abs. 1 S. 1, 2); Zeit und Ort der Rückgabe (§§ 695—697) regeln sich jedoch im Zweifel nach Verwahrungsrecht (vgl. § 695 Rdn. 2, § 696 Rdn. 3). Gegenrechte (vgl. § 695 Rdn. 3) stehen dem Verwahrer nach den allgemeinen Bestimmungen zu, was der jeweiligen Parteivereinbarung besondere Bedeutung zukommen läßt. 1

Voraussetzungen. Der unregelmäßigen Verwahrung zugänglich sind vertretbare Sachen (§ 91), vor allem Geld und Wertpapiere. **§ 700 Abs. 1** regelt ausdrücklich **zwei Formen** des Abschlusses: 2

Hinterlegt werden kann mit der Vereinbarung, daß das Eigentum auf den Verwahrer übergehen und dieser verpflichtet sein soll, Sachen von gleicher Art, Güte und Menge zurückzugewähren (**Abs. 1 S. 1**). Die unregelmäßige Verwahrung wird erst wirksam, wenn der Verwahrer Eigentümer wird. Bis zu diesem Zeitpunkt bestimmen sich die Rechte und Pflichten der Vertragsparteien nach den §§ 688—699.

Bei bestehender (regelmäßiger) Verwahrung kann der Hinterleger dem Verwahrer den Verbrauch (d. h. die Aneignung) der hinterlegten vertretbaren Sache gestatten; unregelmäßige Verwahrung tritt dann mit dem Zeitpunkt ein, in dem der Verwahrer sich die Sache aneignet (**Abs. 1 S. 2**). Aneignung ist jede äußerlich erkennbare Handlung, mit der der Verwahrer seinen Aneignungswillen an den Tag legt, z. B. bei der Verwahrung von Wertpapieren die Entfernung des auf den Hinterleger lautenden Streifbandes, die Eigenanzeige (§ 4 Abs. 2 DepotG), der Widerruf einer Fremdanzeige (vgl. *Opitz*, DepotG § 4 Bem. 5) oder entsprechende Buchungen (*Opitz* § 13 Bem. 9; *HGB-RGRK* § 424 Anh. II Anm. 116). Eine Verpfändung genügt diesen Anforderungen regelmäßig nicht (RGZ 58 290/291).

3 Die auf unregelmäßige Verwahrung gerichtete **Vereinbarung** (Rdn. 2) bedarf keiner besonderen Form. Bei der Hinterlegung von **Wertpapieren** muß sie jedoch ausdrücklich getroffen werden (Abs. 2). Mit „Vereinbarung" sagt Abs. 2 mehr als beabsichtigt. Der Formzwang dient dem Schutz des Hinterlegers, der davor bewahrt werden soll, daß der Verwahrer, in diesen Fällen regelmäßig eine Bank, sich auf stillschweigende Gestattung oder auf eine Verkehrssitte beruft. Entgegen dem Wortlaut des Abs. 2 reicht daher eine unmißverständliche ausdrückliche Erklärung des *Hinterlegers* aus (vgl. *HGB-RGRK* aaO Anm. 124).

4 Abs. 2 wird bezüglich der unregelmäßigen Verwahrung von Wertpapieren durch Hinterleger, die Bank- oder Sparkassengeschäfte nicht gewerbsmäßig betreiben (§ 16 DepotG), durch die in **§§ 13, 15 DepotG** enthaltenen Formvorschriften ergänzt. Die Erklärung des Hinterlegers muß für das einzelne Geschäft ausdrücklich und schriftlich abgegeben werden, sie darf weder auf andere Urkunden verweisen noch mit anderen Erklärungen des Hinterlegers verbunden sein. In der Erklärung muß zum Ausdruck kommen, daß das Eigentum sofort auf den Verwahrer oder einen Dritten übergehen soll und dem Hinterleger nur ein schuldrechtlicher Anspruch auf Lieferung nach Art und Zahl bestimmter Wertpapiere verbleibt. Dies gilt sinngemäß, wenn Wertpapiere einem Kaufmann im Betrieb seines Handelsgewerbes als Darlehen gewährt werden.

5 Daneben besteht die sich aus **§ 607 Abs. 2** ergebende Möglichkeit der Vereinbarung, daß vertretbare Sachen, die der Verwahrer dem Hinterleger aus einem anderen Grunde schuldet, als in unregelmäßiger Verwahrung hinterlegt gelten sollen (RGZ **119** 24; **67** 262). Die Vereinbarung kann auch dahin lauten, daß die Sache veräußert und der Erlös als Gelddepot (Rdn. 6) verwahrt werden soll. Zur Frage, ob und in welchem Umfang Einwendungen aus dem ursprünglichen Schuldverhältnis erhoben werden können, vgl. RGZ **120** 340 (bloße Schuldabänderung) und RGZ **119** 21, 24 ff; BGH WM **63** 698 (Schuldumschaffung) sowie die Anmerkungen zu § 607 Abs. 2.

6 Hauptanwendungsfall der unregelmäßigen Verwahrung im Bankgeschäft ist das **Gelddepot** (Sichteinlagen, Tagesgeld, Termingeld). Bei der Hingabe von Geld an einen Bankier ist regelmäßig eine stillschweigende Vereinbarung anzunehmen, daß die Bank Eigentümer werden soll (RGZ **94** 194). Die Einlagen können, wenn nichts anderes vereinbart ist, täglich abgehoben werden, da im Zweifel § 695 gilt. Eine Aufrechnung der Bank mit Guthabensforderungen aus anderen Konten ist grundsätzlich möglich, da insoweit Darlehens-, nicht Verwahrungsrecht gilt. Der ausgestellte *Depotschein* ist kein Wertpapier, sondern Quittung; er enthält zugleich die Zusage des Bankiers, daß er dem Kunden — d. h. dem Hinterleger, auf dessen Namen das Depot angelegt ist, vgl. RG WarnRspr. **21** Nr. 19 — das Depot gegen Rückgabe der Urkunde ausfolgen werde (vgl. dazu *HGB-RGRK* § 424 Anh. II Anm. 25 ff).

7 Das Gelddepotgeschäft ist eine der wirtschaftlichen Grundlagen des **Girovertrages** (vgl. *HGB-RGRK* Anh. zu § 363 Anm. 16, 21). Dagegen stellt das **Postscheckverhältnis** ein **öffentlich-rechtliches** Vertragsverhältnis dar; maßgebend ist die PostscheckO vom 1. Dezember 1969 (BGBl. I 2159 idF der ÄndVO vom 5. Juli 1974 (BGBl. I 1445); soweit öffentliche Interessen nicht entgegenstehen, können die Grundsätze der unregelmäßigen Verwahrung sinngemäß angewendet werden (RGZ **161** 174, 180; BGHZ **9** 13, 18). Zur Hinterlegung bei **staatlichen Hinterlegungsstellen** vgl. Rdn. 36 vor § 688).

8 Die Verwahrung vertretbarer Sachen in der Form der **Sammelverwahrung** ist dagegen ein Anwendungsfall der *regelmäßigen* Verwahrung (§ 688). Hierbei werden vertretbare Sachen derselben Art ungetrennt von Beständen des Verwahrers oder/und anderer Hinterleger verwahrt. Der Hinterleger verliert mit der Einlieferung seiner Sachen in die Sammelverwahrung das Eigentum an den übergebenen Stücken, wird statt dessen

aber Miteigentümer nach Bruchteilen am Sammelbestand. Besondere Bestimmungen über die Sammelverwahrung beim **Lagergeschäft** enthalten § 419 HGB, § 23 OrderlagerscheinVO (vgl. Rdn. 19 vor § 688). Der erteilte Orderlagerschein verkörpert den Anspruch auf Herausgabe; die Übertragung von Miteigentum am eingelagerten Gut bedarf daher der Einigung und der Übergabe des Orderlagerscheins (BGHZ **49** 160, 163). Während sonst bei bestehendem Miteigentum die Miteigentümer über den gemeinschaftlichen Gegenstand nur zusammen verfügen können, insbesondere bei Aufhebung der Gemeinschaft durch Teilung in Natur (§§ 747 S. 2, 752), wird in § 419 Abs. 2 HGB dem Lagerhalter das Recht eingeräumt, aus der Gesamtmenge jedem Hinterleger seinen Teil auszuliefern (vgl. auch §§ 23 Abs. 3, 31 OrderlagerscheinVO; *HGB-RGRK* § 419 Anm. 3). Soll dagegen der Lagerhalter das Eigentum an den hinterlegten Sachen erwerben, so liegt kein eigentliches Lagergeschäft vor; es gilt dann § 700 (§ 419 Abs. 3 HGB; *HGB-RGRK* Anm. 9). Das **DepotG** regelt in den §§ 5—9 die Sammelverwahrung **vertretbarer Wertpapiere** (nicht also: Kuxe) ein und derselben Art. Durch die Einlieferung seiner Wertpapiere in Sammelverwahrung verliert der Hinterleger sein bisheriges Stückeigentum und erwirbt statt dessen Miteigentum am Sammelbestand (§ 6 DepotG). Der Verwahrer darf die Stücke jedoch nur dann in Sammelverwahrung nehmen, wenn der Hinterleger ihn hierzu ausdrücklich und schriftlich ermächtigt hat. Die Ermächtigung darf nicht schon in den Geschäftsbedingungen des Verwahrers enthalten sein; die Urkunde, welche die Ermächtigung enthält, darf nicht auf andere Urkunden verweisen; die Ermächtigung muß außerdem für jedes einzelne Verwahrungsgeschäft besonders erteilt werden, es sei denn, daß die Wertpapiere Wertpapiersammelbanken übergeben werden sollen (§ 5 Abs. 1). Der zur Sammelverwahrung ermächtigte Verwahrer kann, statt das eingelieferte Stück in Sammelverwahrung zu nehmen, einen entsprechenden Sammelbestandteil übertragen (§ 5 Abs. 2). Der Miteigentums-Bruchteil des einzelnen Hinterlegers bestimmt sich nach dem Wertpapiernennbetrag, bei Wertpapieren ohne Nennbetrag nach der anteiligen Stückzahl (§ 6 Abs. 1). § 7 regelt den Auslieferungsanspruch des Hinterlegers und seinen Anspruch auf Schadloshaltung bei Nichterfüllung. War der Hinterleger nicht Eigentümer der Wertpapiere, so entsteht das Miteigentum in der Person des bisherigen Eigentümers (§ 6 Abs. 1 S. 1). Hinterleger und Miteigentümer sind in diesem Fall verschieden. Dritte können als Miteigentümer ihre Rechte nur unter denselben Voraussetzungen wie der Hinterleger geltend machen (§ 8). Der Sammelverwahrung fähig iSv § 5 sind auch *Schuldbuchforderungen*, die zur Förderung des stückelosen Anleiheverkehrs den Wertpapieren gleichgestellt sind (zur Rechtslage vgl. BGHZ **5** 27, 30). Zur Verschaffung des Miteigentums am Sammelbestand einer Wertpapiersammelbank bedarf es nach § 24 Abs. 2 einer Gutschrift zugunsten des Erwerbers in den Büchern des Kommissionärs, es sei denn, daß der Anteil durch Abtretung des Herausgabeanspruchs übertragen wird (BGH aaO S. 33).

Die **Tauschverwahrung** (§§ 10, 11 DepotG) ist eine besondere Art der *Sonderverwahrung* (§ 2) von Wertpapieren, die gleichfalls nicht unter § 700 fällt. Der Verwahrer wird entweder ermächtigt, anstelle anvertrauter Wertpapiere andere derselben Art zurückzugeben (§ 10 Abs. 1) oder dazu, anvertraute Wertpapiere durch andere derselben Art zu ersetzen (§§ 10 Abs. 2, 11). Die Ermächtigung ist auch hier besonderen Formvorschriften unterworfen. Bei dieser Form der regelmäßigen Verwahrung bleibt der Hinterleger stets Eigentümer bestimmter Stücke. Bis zum Tausch steht ihm das Eigentum an den eingelieferten Stücken zu, mit dem Tausch wird er Eigentümer der Ersatzstücke. Anwendbar sind die §§ 688—699 BGB, § 2 DepotG, jedoch ist § 695 dahin geändert, daß der Verwahrer an Erfüllungs Statt eine andere als die hinterlegte Sache zurückgewähren kann. 9

FSC
www.fsc.org
MIX
Papier | Fördert
gute Waldnutzung
FSC® C083411

Kolibri 360 GmbH
Ferdinand-Jühlke-Straße 7
99095 Erfurt, Deutschland
produktsicherheit@kolibri360.de